外商投资法

实务精要

Foreign Investment Law
A Practical Guide

谢秋荣 / 著

中国法治出版社
CHINA LEGAL PUBLISHING HOUSE

前　言
PREFACE

这本书是我对《外商投资法》及其实施条例和现行其他主要的外商投资法规的个人解读，是对我这些年在学习、研究和从事外商投资法律实务的过程中的理解、心得、体会和经验的记录、整理和总结。

一、缘起

一直以来，都有把我对外商投资法律法规的学习、研究和实务的理解、心得、体会和经验记录下来的想法和做法。

在前些年零零散散记录的基础上，从 2016 年开始，在对《公司法》和《合伙企业法》进行注释的同时，我也对外商投资的特定专题开展了初步的有针对性的研究和写作，并在成文后陆陆续续发布在"秋荣法律评论"微信公众号上。

这些专题包括外商投资管理体制、外商投资电信行业、外国投资者入股 A 股上市公司（外资战略投资）、外国投资者 A 股证券账户开立、外资并购与外资战投、外籍员工参与 A 股上市公司股权激励、H 股 IPO 与外商投资股份公司等。

《外商投资法》于 2019 年 3 月 15 日通过后，我在 2019 年 4 月发表了针对《外商投资法》所说的"外国投资者""投资""外商投资""外商投资企业""强制转让技术"的概念和 VIE 模式等问题的解读观点；在《外商投资法》于 2020 年 1 月 1 日生效后，又针对《外商投资法》与《公司法》的问题发布了我的解读。

本书就是在上述零零散散的记录和专题文章的基础上，加以体系化修订、完善和扩充而成的。

二、内容

本书主要由6个板块组成：

一是现有外商投资的监管体系，包括第一章和第二章，分别涉及外商投资的法律体系和监管体制。这个板块介绍了现行外商投资的主要法律法规和主要监管机构及其主要职责。

二是外商投资的基础概念，包括第三章至第六章，分别涉及"外国投资者""投资""外商投资"和"外商投资企业"的界定。这几个术语都是《外商投资法》项下的基础概念，《外商投资法》的准确理解和适用以及外商投资的实操，关键在于并有赖于或取决于这些基础概念作何解释。这个板块主要结合现有法律法规和国际协定对相关术语及其关键词的含义、情形等事项进行了解读。

三是外商投资企业的组织形式、治理结构及其法律适用，包括第七章和第八章，分别涉及外商投资企业的组织形式、有限公司形式的外商投资企业的治理结构、股份公司形式的外商投资企业的治理结构、合伙企业形式的外商投资企业的活动准则、现有外商投资企业的过渡期安排、《外商投资法》与《公司法》《合伙企业法》的协调适用等内容。这个板块主要结合《外商投资法》和《公司法》《合伙企业法》的规定，对公司制外商投资企业和合伙制外商投资企业的组织形式、组织机构及其职权、治理结构、活动准则以及现有外商投资企业在过渡期内如何应对等事项作了分析。

四是外商投资的主要监管制度，包括第九章至第十五章，分别涉及外商投资的国民待遇与负面清单管理制度、外商投资项目的核准与备案、外商投资涉及的经营许可、外商投资企业的登记注册、外商投资信息报告制度、外商投资外汇管理制度和外商投资安全审查制度等内容。这个板块主要结合现有法律法规和有关监管机构的监管案例，对上述主要的外商投资监管制度的适用与实务要求、相应的法律责任等事项展开了讨论，并在必要时对特定案例进行了分析。

五是外商投资法律实务的要点，包括第十六章至第十九章，分别涉及外商投资的协议控制模式、外资并购的要点、外国投资者对上市公司战略投资和外商投资涉及的技术转让等内容。

六是优化营商环境与更高水平对外开放，包括第二十章，主要介绍了国务院的主要内容和近年来中国营商环境的改善情况。

三、希望与缺憾

本书在解读思路和写作方法方面延续了《公司法实务全书》(2018)和《合伙企业实务全书》(2019)的风格，在体例方面则延续了《公司法实务精要》(2020)的风格。

希望，本书能够在某种程度上为外商投资法的实务和研究带来些许的积极价值；也希望，我对《外商投资法》的解读思路和本书的写作方法，能够为其他法律的研究和实务提供些许的借鉴和参考。

尽管我在写作过程中力求尽量达至准确和专业，但是，由于外商投资法体系庞大，外商投资的实操性、时效性也都极强，不仅涉及不同的地区、行业、领域，还涉及不同层级的监管机构和监管事项；并且，本书主要是基于大量现行法律、法规、司法解释、规范性文件的条文写成的，而这些条文也可能不时被修改、完善、发展甚至被废止、失效或出新（比如《公司法》在2023年末完成了全面修订）；加之受我个人学识、经验、视野、能力所限，本书仍有很多的缺憾，存在这样那样的不全、不深、不鲜、不足、不准确甚至错误，还请读者朋友继续给予批评、指正和建议。

四、其他

最后，也有必要说明：本书属于研究性文献，不构成法律意见或建议；有关外商投资法律实务的具体事项，请务必以实务当时有效并且适用于当时、当地的法律法规和监管机构的要求为准。读者朋友如需法律意见或建议，还请咨询律师。

谢秋荣
2020年9月15日一稿
2020年9月20日二稿
2024年3月3日改定

目 录
CONTENTS

第一章　外商投资的法律体系

一、有关外商投资的法律 …………………………………………（ 1 ）
　（一）《外商投资法》 ……………………………………………（ 1 ）
　（二）有关外商投资的其他法律 ………………………………（ 2 ）
二、《外商投资法实施条例》及国务院的其他文件 ……………（ 3 ）
　（一）《外商投资法实施条例》 …………………………………（ 3 ）
　（二）有关外商投资的其他行政法规 …………………………（ 4 ）
　（三）有关外商投资的国务院文件 ……………………………（ 4 ）
三、有关外商投资的部门规章、规范性文件 ……………………（ 4 ）
　（一）有关外商投资的部门规章 ………………………………（ 4 ）
　（二）有关外商投资的部门规范性文件 ………………………（ 6 ）
四、有关外商投资的司法解释 ……………………………………（ 7 ）
五、有关外商投资的国际条约、协定 ……………………………（ 8 ）

第二章　外商投资的监管体制

一、商务主管部门 …………………………………………………（ 9 ）
二、投资主管部门 …………………………………………………（ 11 ）
三、市场监管部门 …………………………………………………（ 13 ）
四、行业主管部门 …………………………………………………（ 14 ）

1

五、外汇管理机关 （16）
六、其他主管部门 （17）

第三章　外国投资者的界定

一、外国投资者的界定：《外商投资法》与外资三法的比较 （18）
二、外国投资者的范围 （19）
　（一）真正的外国投资者 （19）
　（二）行政法规规定的"参照外国投资者管理"的主体 （20）
　（三）部门规章规定的"参照外国投资者管理"的主体 （20）
三、真正的外国投资者 （21）
　（一）外国的自然人 （21）
　（二）外国的企业 （23）
　（三）外国的其他组织 （25）
四、参照外国投资者管理的主体 （26）
　（一）港澳台投资者 （26）
　（二）定居在国外的中国公民 （30）
　（三）以投资为主要业务的外商投资企业 （33）

第四章　投资的界定

一、国内法关于投资的规定 （36）
　（一）企业所得税法及其实施条例 （36）
　（二）《企业境外投资管理办法》 （37）
二、国际法关于投资的规定 （37）
　（一）中日韩投资协定 （38）
　（二）中加投资协定 （39）
　（三）区域全面经济伙伴关系协定（RCEP） （40）
三、CEPA与ECFA关于投资的规定 （41）
　（一）内地与香港关于建立更紧密经贸关系的安排（CEPA） （41）
　（二）海峡两岸投资保护和促进协议（ECFA） （42）

四、关于《外商投资法》项下的"投资"的理解 ……………………（42）

第五章　外商投资的界定

一、《外商投资法》关于"外商投资"的定义 …………………………（45）
　　（一）外商投资的定义 ……………………………………………（45）
　　（二）"国家另有规定"的理解 ……………………………………（45）
二、关于"外商投资"的定义的理解 ……………………………………（46）
三、外商投资的常见方式 …………………………………………………（47）
四、外国投资者新设外商投资企业 ………………………………………（48）
　　（一）关于"其他投资者"的理解 …………………………………（48）
　　（二）关于"外商投资企业"的理解 ………………………………（50）
　　（三）外国投资者新设外商投资企业的具体情形 ………………（51）
五、外国投资者取得中国境内企业的投资性权利 ………………………（51）
　　（一）关于"中国境内企业"的理解 ………………………………（52）
　　（二）关于"股份、股权、财产份额或者其他类似权益"的理解 …（53）
　　（三）关于"取得"的理解 …………………………………………（55）
六、外国投资者投资新建项目 ……………………………………………（58）
　　（一）关于"其他投资者"的理解 …………………………………（58）
　　（二）关于"新建项目"的理解 ……………………………………（59）
　　（三）外国投资者投资新建项目的主要情形 ……………………（61）
七、外商投资的"其他方式" ……………………………………………（62）
　　（一）关于外商投资的"其他方式"的理解 ………………………（62）
　　（二）外商投资的其他方式的具体情形 …………………………（63）
八、外商投资企业境内投资 ………………………………………………（66）
　　（一）外商投资企业境内直接投资 ………………………………（66）
　　（二）外商投资企业境内多层次投资 ……………………………（68）

第六章　外商投资企业的界定

一、《外商投资法》关于"外商投资企业"的定义 ……………………（72）

3

二、关于"全部或者部分由外国投资者投资"的理解 …………………（73）
　　（一）外商投资企业既包括全部由外国投资者投资的企业，也包括部
　　　　　分由外国投资者投资的企业 ………………………………（73）
　　（二）只要企业的出资人当中有外国投资者，该企业就属于外商投资
　　　　　企业 …………………………………………………………（73）
　　（三）外商投资企业指的是外国投资者直接持有其投资性权利的企业
　　　　　………………………………………………………………（75）
三、关于"经登记注册设立"的理解 ………………………………（76）
　　（一）外商投资企业的认定须以企业登记机关登记为准 ………（76）
　　（二）外商投资企业的类型目前限于公司和合伙企业 …………（77）
四、关于金融领域外商投资企业的认定的特别规定 ………………（78）
五、以投资为主要业务的外商投资企业境内投资的企业的性质 …（79）
　　（一）以投资为主要业务的外商投资企业境内投资的企业的性质 ……（79）
　　（二）以投资为主要业务的外商投资企业境内投资的企业涉诉的案件
　　　　　是否具有涉外因素的认定 …………………………………（79）

第七章　外商投资企业的组织形式和治理结构

一、关于外商投资企业的组织和行为的原则规定 …………………（83）
二、外商投资企业的组织形式 ………………………………………（84）
　　（一）外商投资企业主要采用公司或合伙企业的形式 …………（84）
　　（二）外商投资企业不能采用个人独资企业的形式 ……………（86）
　　（三）其他形式的外商投资企业 …………………………………（87）
三、有限公司形式的外商投资企业的治理结构 ……………………（87）
　　（一）外商投资有限公司适用《公司法》关于有限公司的规定 ………（87）
　　（二）外商投资有限公司的组织机构及其职权 …………………（87）
四、股份公司形式的外商投资企业的治理结构 ……………………（89）
　　（一）外商投资股份公司适用《公司法》关于股份公司的规定 ………（89）
　　（二）外商投资股份公司的组织机构及其职权 …………………（90）
五、合伙企业形式的外商投资企业的活动准则 ……………………（91）
六、关于外商投资企业组织形式的特别规定 ………………………（92）
　　（一）既非公司亦非合伙企业的外商投资企业 …………………（93）

（二）现有外商投资企业在过渡期内可保留原组织形式不变 ……………（94）
（三）过渡期后原则上不允许存在既非公司亦非合伙企业的外商投资
　　　企业 ……………………………………………………………………（95）
（四）原组织形式的变更登记或企业注销登记 …………………………（96）
七、关于外商投资企业组织机构的特别规定 ………………………………（98）
（一）以董事会为最高权力机构的现有外商投资企业 …………………（98）
（二）以董事会为决策机构的外商投资营利性民办教育机构 …………（100）

第八章　《外商投资法》与《公司法》《合伙企业法》的协调适用

一、适用《外商投资法》与《公司法》的原则 ………………………………（104）
二、"有关外商投资的法律另有规定"的理解 ………………………………（105）
三、关于外商投资的公司的法律适用的一般要求 …………………………（108）
四、关于外商投资的公司的登记的法律适用 ………………………………（111）
五、关于外商投资有限公司的剩余财产分配办法的法律适用 ……………（111）
（一）2020年1月1日以后新设的外商投资有限公司 …………………（111）
（二）2019年12月31日以前设立的外商投资有限公司 ………………（112）
六、关于外商投资的公司的解散的法律适用 ………………………………（115）
七、《外商投资法》与《合伙企业法》的协调适用 …………………………（117）

第九章　外商投资的国民待遇与负面清单管理制度

一、外商投资的准入前国民待遇 ……………………………………………（119）
（一）与投资有关的国民待遇原则 ………………………………………（119）
（二）准入前国民待遇的定义 ……………………………………………（120）
（三）准入前国民待遇的具体要求 ………………………………………（121）
（四）准入前国民待遇的适用范围 ………………………………………（121）
（五）准入前国民待遇的例外 ……………………………………………（122）
二、准入后内外资一致原则 …………………………………………………（124）
（一）内外资一致原则的理解 ……………………………………………（124）
（二）内外资一致原则的具体要求 ………………………………………（125）

（三）内外资一致原则的例外 …………………………………………（127）
三、外商投资准入负面清单 ………………………………………………（129）
　　（一）外商投资准入负面清单的定义 …………………………………（129）
　　（二）外商投资准入负面清单与市场准入负面清单 …………………（130）
　　（三）外商投资准入负面清单的提出、批准、发布和调整 …………（132）
　　（四）外商投资准入负面清单的内容 …………………………………（135）
　　（五）外商投资准入负面清单的效力 …………………………………（137）
　　（六）外商投资准入负面清单与鼓励外商投资产业目录 ……………（145）
四、金融领域外商投资准入的特别要求 …………………………………（147）
　　（一）机构准入 …………………………………………………………（148）
　　（二）业务准入 …………………………………………………………（151）
　　（三）特别安排 …………………………………………………………（153）
五、文化领域外商投资准入的特别要求 …………………………………（153）
　　（一）禁止准入 …………………………………………………………（154）
　　（二）机构和业务准入 …………………………………………………（155）
　　（三）特别安排 …………………………………………………………（161）
六、负面清单豁免之一：国务院特批 ……………………………………（162）
　　（一）国务院特批豁免条款的理解和适用 ……………………………（162）
　　（二）境内企业赴境外上市负面清单豁免条款的理解和适用 ………（166）
　　（三）境内企业赴境外上市负面清单豁免条款与国务院特批豁免条款的
　　　　　比较 ………………………………………………………………（168）

第十章　外商投资项目管理：核准与备案

一、关于外商投资项目管理的原则规定 …………………………………（170）
　　（一）并非所有的外商投资都需要办理项目核准或备案 ……………（170）
　　（二）关于"国家有关规定"的理解 …………………………………（171）
二、外商投资项目的界定 …………………………………………………（172）
　　（一）外商投资项目的定义 ……………………………………………（172）
　　（二）关于"固定资产投资项目"的理解 ……………………………（174）
　　（三）外商投资项目的范围 ……………………………………………（178）

三、外商投资项目的管理方式 …………………………………………（181）
四、外商投资项目的核准 ………………………………………………（182）
 （一）外商投资项目核准的性质 ……………………………………（182）
 （二）适用核准制的外商投资项目的范围 …………………………（182）
 （三）核准机关及核准权限 …………………………………………（184）
 （四）核准内容和核准条件 …………………………………………（188）
 （五）核准程序 ………………………………………………………（190）
 （六）申报材料 ………………………………………………………（191）
 （七）外商投资项目的变更 …………………………………………（193）
 （八）核准的效力 ……………………………………………………（197）
 （九）外商投资项目核准的具体实施要求 …………………………（199）
 （十）外商投资项目核准与外商投资安全审查的衔接 ……………（199）
五、外商投资项目的备案 ………………………………………………（200）
 （一）外商投资项目备案的性质 ……………………………………（200）
 （二）适用备案制的外商投资项目的范围 …………………………（201）
 （三）备案机关及备案权限 …………………………………………（202）
 （四）备案内容和备案条件 …………………………………………（204）
 （五）备案信息的变更 ………………………………………………（206）
 （六）备案的效力 ……………………………………………………（207）
 （七）外商投资项目备案的具体实施要求 …………………………（208）
六、未依法办理外商投资项目核准或备案的法律责任 ………………（209）
 （一）未依法办理核准的行为及其法律责任 ………………………（209）
 （二）未依法办理备案的行为及其法律责任 ………………………（211）
七、外商投资项目管理与外商投资信息报告、企业登记、其他许可的关系
  …………………………………………………………………（212）
 （一）外商投资项目管理与外商投资信息报告 ……………………（212）
 （二）外商投资项目管理与外商投资企业登记 ……………………（213）
 （三）外商投资项目管理与其他许可 ………………………………（214）

第十一章　外商投资涉及的经营许可

一、并非所有的外商投资都需要办理许可手续 ……………………（216）
二、外商投资经营许可的主要类型 …………………………………（219）
　　（一）外国投资者直接申请的经营许可 …………………………（219）
　　（二）外商投资企业申请的经营许可 ……………………………（219）
三、外商投资适用前置许可的主要情形 ……………………………（222）
　　（一）前置许可事项目录管理制度 ………………………………（222）
　　（二）外商投资适用前置许可的主要情形 ………………………（223）
四、外商投资适用后置许可的主要情形 ……………………………（223）
五、外商投资经营许可的审核要求 …………………………………（224）

第十二章　外商投资企业的登记注册

一、有关外商投资企业登记的主要法规 ……………………………（226）
二、外商投资企业授权登记管理体制 ………………………………（227）
　　（一）外资授权登记管理体制的法律依据 ………………………（227）
　　（二）外商投资企业登记管理权的授权及其管辖范围 …………（230）
　　（三）外商投资的公司的登记管辖 ………………………………（231）
　　（四）外商投资合伙企业的登记管辖 ……………………………（231）
　　（五）特殊外商投资主体的登记管辖 ……………………………（234）
　　（六）企业名称的登记管辖 ………………………………………（234）
三、外商投资企业的登记事项 ………………………………………（235）
　　（一）外商投资的公司的登记事项 ………………………………（235）
　　（二）外商投资合伙企业的登记事项 ……………………………（238）
　　（三）在境内从事生产经营的外国（地区）企业的登记事项 …（240）
　　（四）外国（地区）企业常驻代表机构的登记事项 ……………（241）
四、外商投资企业的登记种类 ………………………………………（242）
　　（一）设立登记 ……………………………………………………（242）
　　（二）变更登记 ……………………………………………………（242）

（三）注销登记 …………………………………………………（243）
　　（四）备案 ………………………………………………………（243）
　　（五）股权出质登记 ……………………………………………（244）
五、外商投资企业登记材料 …………………………………………（245）
六、外商投资企业登记涉及的行政责任 ……………………………（246）
　　（一）无照经营的行政责任 ……………………………………（246）
　　（二）虚报注册资本的行政责任 ………………………………（249）
　　（三）骗取登记的行政责任 ……………………………………（252）
　　（四）未依法办理变更登记的行政责任 ………………………（256）
七、外商投资企业登记与外商投资准入负面清单管理 ……………（258）
八、外商投资企业登记与外商投资项目管理 ………………………（260）
九、外商投资企业登记与经营许可 …………………………………（261）
十、外商投资企业登记与外商投资信息报告 ………………………（263）

第十三章　外商投资信息报告制度

一、外商投资信息报告制度的性质和作用 …………………………（265）
　　（一）外商投资信息报告制度的性质和定位 …………………（265）
　　（二）外商投资信息报告制度的目的和作用 …………………（266）
二、外商投资信息报告的主管机构 …………………………………（267）
　　（一）商务主管部门的职责 ……………………………………（267）
　　（二）市场监管部门的职责 ……………………………………（267）
　　（三）商务主管部门与市场监管部门的工作衔接 ……………（267）
三、外商投资信息的报告主体与情形 ………………………………（268）
　　（一）外国投资者作为信息报送主体的情形 …………………（268）
　　（二）外商投资企业作为信息报送主体的情形 ………………（270）
四、外商投资信息的报告方式 ………………………………………（271）
五、外商投资信息报告的类型、报送期限和内容 …………………（271）
　　（一）初始报告及其报送期限和内容 …………………………（272）
　　（二）变更报告及其报送期限和内容 …………………………（277）
　　（三）年度报告及其报送期限和内容 …………………………（282）
　　（四）注销报告 …………………………………………………（286）

六、违反外商投资信息报告制度的行政责任 ………………………… (286)
 （一）外商投资信息报告的真实、准确、完整要求 ………………… (286)
 （二）主要的外商投资信息报告违法行为 …………………………… (287)
 （三）针对外商投资信息报告违法行为的监管措施 ………………… (287)
七、外商投资信息报告与外商投资登记注册的关系 ……………………… (290)

第十四章　外商投资外汇管理

一、外汇监管体系 …………………………………………………………… (293)
 （一）外汇管理法规体系 ………………………………………………… (293)
 （二）外汇监管机构 ……………………………………………………… (293)
二、外商投资涉及的主要外汇项目 ………………………………………… (297)
 （一）经常项目（经常账户） …………………………………………… (298)
 （二）资本项目（资本和金融账户） …………………………………… (300)
三、外资新设外汇管理 ……………………………………………………… (302)
 （一）外商投资企业基本信息登记 ……………………………………… (302)
 （二）外商投资企业外汇资本金账户开立 ……………………………… (307)
 （三）外商投资企业外汇资本金账户的入账 …………………………… (308)
 （四）外国投资者货币出资入账登记 …………………………………… (310)
 （五）外商投资企业外汇资本金账户的使用 …………………………… (312)
 （六）外商投资企业"多报合一"年度报告 …………………………… (318)
 （七）外国投资者前期费用基本信息登记 ……………………………… (319)
 （八）外国投资者前期费用外汇账户的开立、入账和使用 ………… (320)
四、外资转股并购外汇管理 ………………………………………………… (323)
 （一）转股并购设立外商投资企业基本信息登记 …………………… (324)
 （二）资本项目结算账户的开立、入账和使用 ……………………… (326)
 （三）外商投资企业"多报合一"年度报告 …………………………… (329)
 （四）外国投资者前期费用基本信息登记 ……………………………… (329)
 （五）外国投资者前期费用外汇账户的开立、入账和使用 ………… (330)
五、外资增资并购外汇管理 ………………………………………………… (330)
 （一）增资并购设立外商投资企业基本信息登记 …………………… (330)

	（二）外商投资企业外汇资本金账户开立	（331）
	（三）外商投资企业外汇资本金账户的入账	（331）
	（四）外国投资者货币出资入账登记	（331）
	（五）外商投资企业外汇资本金账户的使用	（331）
	（六）外商投资企业"多报合一"年度报告	（332）
	（七）外国投资者前期费用基本信息登记	（332）
	（八）外国投资者前期费用外汇账户的开立、入账和使用	（332）
六、外商投资企业基本信息登记变更		（332）
	（一）资本变动事项的登记变更	（333）
	（二）除资本变动外的其他登记事项的变更	（340）
七、外商投资企业外汇资本金原币再投资外汇管理		（341）
	（一）外商投资企业境内再投资的主要方式	（341）
	（二）被投资企业接收境内再投资基本信息登记	（344）
	（三）被投资企业外汇资本金账户的开立	（345）
	（四）外商投资企业外汇资本金账户资金原币划转至被投资企业外汇资本金账户	（346）
	（五）被投资企业外汇资本金账户的入账和使用	（346）
	（六）被投资企业股权出让方接收境内再投资基本信息登记	（347）
	（七）被投资企业股权出让方机构资本项目结算账户的开立、入账和使用	（348）
	（八）外商投资企业外汇资本金账户资金原币划转至被投资企业股权出让方机构资本项目结算账户	（349）
八、外商投资企业资本金结汇再投资外汇管理		（349）
	（一）投资性外商投资企业资本金结汇再投资外汇管理	（349）
	（二）非投资性外商投资企业资本金结汇再投资外汇管理	（351）
	（三）被投资企业接收境内再投资基本信息登记	（354）
	（四）被投资企业结汇待支付账户的开立	（355）
	（五）非投资性外商投资企业资本金结汇支付至被投资企业结汇待支付账户	（356）
	（六）被投资企业结汇待支付账户的使用	（356）
	（七）被投资企业股权出让方机构接收境内再投资基本信息登记	（358）

（八）非投资性外商投资企业资本金结汇支付至被投资企业股权出让
　　　　方机构人民币账户 ································· （358）
九、外商投资企业利润汇出 ································· （359）
　　（一）外商投资企业利润汇出属于经常项目外汇支出 ········ （359）
　　（二）外国投资者从外商投资企业分得的利润可依法自由汇出 ····· （360）
　　（三）外商投资企业向外方股东汇出利润的要求 ············ （361）
　　（四）外国投资者利润汇出涉及的所得税事项 ·············· （363）
十、外资退出外汇管理 ··································· （366）
　　（一）外国投资者退出的方式 ··························· （366）
　　（二）外国投资者转让股权 ····························· （367）
　　（三）外商投资企业减资 ······························· （367）
　　（四）外商投资企业回购 ······························· （368）
　　（五）外商投资企业清算 ······························· （370）
十一、外商投资企业基本信息登记注销 ······················ （371）
　　（一）基本信息登记注销的适用情形 ····················· （371）
　　（二）基本信息登记注销的时限要求 ····················· （371）
　　（三）基本信息登记注销的申请材料 ····················· （372）
十二、跨境人民币境内直接投资 ···························· （372）
　　（一）外商投资企业信息登记与变更 ····················· （375）
　　（二）外商投资企业人民币资本金专用账户的开立与使用 ···· （376）
　　（三）外国投资者人民币前期费用专用账户的开立和使用 ···· （379）
　　（四）外资转股并购：以人民币向中方股东支付股权转让对价款 ···· （380）
　　（五）外企中转外：以人民币向中方股东支付股权转让对价款 ···· （381）
　　（六）外国投资者人民币利润汇出 ······················· （382）
　　（七）外国投资者人民币再投资专用账户管理 ············· （382）

第十五章　外商投资安全审查

一、外商投资安全审查的法律体系 ·························· （384）
　　（一）外商投资国家安全审查的立法过程 ················· （385）
　　（二）法律层面的规定 ································· （387）

（三）国务院层面的规定 …………………………………………（390）
　　（四）部委层面的规定 ……………………………………………（391）
二、外商投资安全审查的定义和性质 ……………………………………（393）
　　（一）外商投资安全审查的定义 …………………………………（393）
　　（二）外商投资安全审查的性质 …………………………………（393）
三、外商投资安全审查的范围 ……………………………………………（394）
　　（一）并非所有外商投资都需要进行安全审查 …………………（394）
　　（二）外商投资安全审查范围的制度构成 ………………………（395）
　　（三）国办发〔2011〕6号文规定的外资并购安全审查范围 …（395）
　　（四）国办发〔2015〕24号文规定的自贸区外商投资安全审查范围 …（397）
　　（五）《外商投资安全审查办法》规定的申报范围 ……………（400）
　　（六）《外商投资安全审查办法》与国办发〔2011〕6号文、国办发
　　　　　〔2015〕24号文的关系 ……………………………………（403）
　　（七）专项法律法规规定的外商投资安全审查范围 ……………（404）
四、外商投资安全审查的内容 ……………………………………………（411）
　　（一）国办发〔2011〕6号文规定的外资并购安全审查的内容 …（412）
　　（二）国办发〔2015〕24号文规定的自贸区外商投资安全审查的内容
　　　　　………………………………………………………………（412）
　　（三）国办发〔2011〕6号文与国办发〔2015〕24号文的比较 …（412）
　　（四）外商投资法时代外商投资安全审查的内容 ………………（413）
五、外商投资安全审查的机构 ……………………………………………（413）
　　（一）2021年1月18日之前：外国投资者并购境内企业安全审查部
　　　　　际联席会议 …………………………………………………（414）
　　（二）2021年1月18日以来：外商投资安全审查工作机制 ……（417）
　　（三）国家发改委和商务部的职责分工及其演变 ………………（421）
六、外商投资安全审查的程序 ……………………………………………（423）
　　（一）提出安全审查申报 …………………………………………（424）
　　（二）接收安全审查申报 …………………………………………（431）
　　（三）初步审查 ……………………………………………………（432）
　　（四）通知当事人初步审查决定 …………………………………（434）
　　（五）一般审查 ……………………………………………………（435）

（六）通知当事人一般审查决定 ……………………………………（438）
　　（七）特别审查 ………………………………………………………（439）
　　（八）通知当事人特别审查决定 ……………………………………（442）
　　（九）执行安全审查决定 ……………………………………………（442）
七、外商投资安全审查决定及其效力 ……………………………………（444）
　　（一）安全审查决定的类型 …………………………………………（444）
　　（二）安全审查决定的效力 …………………………………………（447）
　　（三）影响国家安全的外商投资行为的效力 ………………………（453）
八、外国投资者在外商投资安全审查程序中的权利和义务 ……………（454）
　　（一）外国投资者在外商投资安全审查程序中的权利 ……………（454）
　　（二）外国投资者在外商投资安全审查程序中的义务 ……………（454）
九、外商投资安全审查和其他制度的关系与衔接 ………………………（455）
　　（一）外商投资安全审查与负面清单管理制度 ……………………（455）
　　（二）外商投资安全审查与外商投资项目核准的衔接 ……………（457）
　　（三）外商投资安全审查与外商投资企业登记的衔接 ……………（458）
　　（四）外商投资安全审查与外商投资信息报告的衔接 ……………（459）
　　（五）外商投资安全审查与经营者集中审查 ………………………（459）
　　（六）外商投资安全审查与网络安全审查等制度的关系 …………（461）
十、有待进一步明确的事项 ………………………………………………（463）

第十六章　外商投资的协议控制模式

一、协议控制及其与协议控制（VIE 模式）的比较 ……………………（466）
　　（一）协议控制的法律依据 …………………………………………（466）
　　（二）协议控制的主要形式 …………………………………………（466）
　　（三）VIE 模式与其他协议控制模式的比较 ………………………（470）
二、协议控制模式属于《外商投资法》规范的外商投资方式 …………（470）
三、特定领域的协议控制模式的合法性得到了认可 ……………………（472）
四、协议控制模式的合法性得到认可的过程 ……………………………（473）
　　（一）VIE 模式合法性得到认可的过程 ……………………………（473）
　　（二）监管机构对协议控制模式的审慎态度 ………………………（477）

五、《外商投资法》对 VIE 等协议控制模式的监管逻辑 …………… (478)
 （一）协议控制模式须遵守《外商投资法》关于外商投资管理的要求
  ………………………………………………………………… (478)
 （二）禁止外商投资的领域：不得通过协议控制模式或其他任何方式
  进行投资 ……………………………………………………… (478)
 （三）限制外商投资的领域：可以通过协议控制等方式进行投资，但
  须符合准入特别管理措施的要求 …………………………… (480)
 （四）负面清单以外的领域：原则上可以通过协议控制等方式进行
  投资，按照内外资一致原则进行监管 ……………………… (481)
六、《外商投资法》对已有协议控制模式的溯及力 ………………… (482)
七、国务院特批豁免条款的适用 ……………………………………… (484)
八、境内企业赴境外上市负面清单豁免条款的适用 ………………… (485)

第十七章　外资并购的要点

一、外资并购的界定 …………………………………………………… (486)
 （一）《外商投资法》关于外资并购的界定 ………………………… (486)
 （二）《商务部关于外国投资者并购境内企业的规定》关于外资并购的
  界定 …………………………………………………………… (487)
二、外资并购的方式 …………………………………………………… (487)
 （一）外资转股并购 ………………………………………………… (488)
 （二）外资增资并购 ………………………………………………… (488)
 （三）外资资产并购 ………………………………………………… (488)
 （四）外资并购合伙企业 …………………………………………… (488)
三、外资转股并购交易的要点 ………………………………………… (489)
 （一）产业政策 ……………………………………………………… (489)
 （二）外国投资者主体资格 ………………………………………… (489)
 （三）转股并购交易当事人 ………………………………………… (490)
 （四）被并购企业的资产与负债的范围 …………………………… (491)
 （五）定价与审计、评估 …………………………………………… (491)
 （六）合同的生效 …………………………………………………… (493)

（七）股权转让价款的支付 ···（494）
（八）股权转让方的个人所得税 ···（496）
（九）过渡期安排 ···（496）
（十）交割 ··（498）
（十一）股权转让与股东权利义务继受 ··································（498）
（十二）其他特别事项 ··（498）
四、外资增资并购交易的要点 ···（499）
（一）与外资转股并购交易相通之处 ·····································（499）
（二）被并购企业增资决议 ··（499）
（三）增资决议与增资协议 ··（499）
（四）增资出资义务的履行与股东权利的行使 ·························（500）
（五）增资协议的解除与增资款的返还 ··································（500）
（六）股东协议与公司章程 ··（501）
五、外资并购合同的准据法 ··（503）
六、外资并购合同争议解决办法 ··（505）
（一）仲裁 ···（505）
（二）诉讼 ···（506）

第十八章 外国投资者对上市公司战略投资

一、外资战投的监管体制 ···（507）
（一）外资战投监管的法律体系 ···（507）
（二）外资战投的主要监管机构 ···（509）
（三）《2005年版外资战投办法》在过渡期的效力 ··················（509）
二、外资战投的界定 ···（510）
（一）外资战投的定义 ··（510）
（二）外资战投的性质 ··（513）
（三）不适用《外资战投办法》的取得A股股份行为 ···············（514）
三、外资战投的条件 ···（514）
（一）外资战投须遵循的原则 ···（515）
（二）进行战略投资的外国投资者的资格 ·······························（515）

（三）跨境换股的特别要求 …………………………………………（516）
四、外资战投的情形和方式 …………………………………………………（516）
　　（一）外资战投的情形 ……………………………………………（516）
　　（二）外资战投的方式 ……………………………………………（519）
五、外资战投之协议转让 ……………………………………………………（519）
　　（一）通过协议转让方式实施战略投资的程序 …………………（520）
　　（二）通过协议转让方式实施战略投资的持股比例 ……………（520）
　　（三）通过协议转让方式实施战略投资的持股期限 ……………（521）
六、外资战投之定向增发 ……………………………………………………（521）
　　（一）通过定向增发方式实施战略投资的程序 …………………（521）
　　（二）通过定向增发方式实施战略投资的持股比例 ……………（522）
　　（三）通过定向增发方式实施战略投资的持股期限 ……………（522）
七、外资战投之要约收购 ……………………………………………………（523）
　　（一）通过要约收购方式实施战略投资的程序 …………………（523）
　　（二）通过要约收购方式实施战略投资的持股比例 ……………（523）
　　（三）通过要约收购方式实施战略投资的持股期限 ……………（523）
八、外资战投的其他要求 ……………………………………………………（524）
　　（一）《外商投资法》 ………………………………………………（524）
　　（二）《证券法》 ……………………………………………………（524）
　　（三）《公司法》 ……………………………………………………（525）
　　（四）外汇管理法规 ………………………………………………（525）
　　（五）国有资产管理法规 …………………………………………（525）
　　（六）税收法规 ……………………………………………………（526）
　　（七）《反垄断法》 …………………………………………………（526）
九、外资战投与外资并购的关系 ……………………………………………（526）
　　（一）外国投资者对内资上市公司的战略投资属于外资并购 …（526）
　　（二）外国投资者对外商投资上市公司的战略投资不属于外资并购 …（526）
　　（三）外国投资者并购上市公司股东不属于外资战投 …………（527）

第十九章　外商投资涉及的技术转让

一、行政机关：鼓励技术合作，但不得利用行政手段强制转让技术 ……（528）
二、投资者：经协商一致，可以要求将技术转让作为投资条件 …………（529）
三、司法机关：可依法强制执行合法有效的技术转让合同 ……………（530）

第二十章　优化营商环境与更高水平对外开放

一、《优化营商环境条例》的定位和意义 ………………………………（532）
二、《优化营商环境条例》的主要措施 …………………………………（533）
　　（一）市场主体平等保护 …………………………………………（533）
　　（二）营造良好市场环境 …………………………………………（534）
　　（三）提升政务服务水平 …………………………………………（535）
　　（四）规范创新监管执法 …………………………………………（535）
　　（五）加强营商环境建设的法治保障 ……………………………（536）
三、中国营商环境的持续优化与更高水平对外开放 ……………………（537）

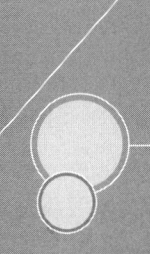

第一章

外商投资的法律体系

现行外商投资的法律体系,在国家层面,主要是由《外商投资法》、有关外商投资的其他法律规定和有关外商投资的行政法规、规章和规范性文件以及相关双边、多边协定、国际条约等组成的。[①]

《外商投资法实施条例》第 9 条规定:"政府及其有关部门应当通过政府网站、全国一体化在线政务服务平台集中列明有关外商投资的法律、法规、规章、规范性文件、政策措施和投资项目信息,并通过多种途径和方式加强宣传、解读,为外国投资者和外商投资企业提供咨询、指导等服务。"据此,实务中可以通过政府网站、全国一体化在线政务服务平台(国家政务服务平台)查询有关外商投资的法律法规。

一、有关外商投资的法律

(一)《外商投资法》

在法律层面,《外商投资法》是有关外商投资的最基本的法律。

《外商投资法》由第十三届全国人民代表大会第二次会议于 2019 年 3 月 15 日通过,自 2020 年 1 月 1 日起施行。与此同时,《中外合资经营企业法》《外资企业法》和《中外合作经营企业法》("外资三法")予以废止。

1. 定位

在定位上,《外商投资法》是我国外商投资领域新的基础性法律,是新形势下国家关于外商投资活动全面的、基本的法律规范,是外商投资领域起龙头作

[①] 值得注意的是,有的地方可能还会针对本地区的外商投资出台专门的法规,比如上海市出台了地方性法规《上海市外商投资条例》,实务中也应当予以关注。

用、具有统领性质的法律。①

2. 内容

在内容上，《外商投资法》分为6章，包括总则、投资促进、投资保护、投资管理、法律责任、附则，共42条，确立了我国新型外商投资法律制度的基本框架，对新的外商投资法律制度作出了基本的、明确的规定，确定了我国对外开放、促进外商投资的基本国策和大政方针，确立了外商投资准入、促进、保护、管理等方面的基本制度框架和规则，建立起了新时代我国外商投资法律制度的"四梁八柱"。②

（二）有关外商投资的其他法律

1. 宪法

需要注意的是，《宪法》也有关于外商投资的规定。

《宪法》（2018年修正）第18条规定："中华人民共和国允许外国的企业和其他经济组织或者个人依照中华人民共和国法律的规定在中国投资，同中国的企业或者其他经济组织进行各种形式的经济合作。在中国境内的外国企业和其他外国经济组织以及中外合资经营的企业，都必须遵守中华人民共和国的法律。它们的合法的权利和利益受中华人民共和国法律的保护。"

2. 其他法律

另外，其他法律也可能包含了有关外商投资的条款。

比如，《台湾同胞投资保护法》对我国台湾地区投资者在大陆投资作出了特别的规定；《商业银行法》第92条规定："外资商业银行、中外合资商业银行、外国商业银行分行适用本法规定，法律、行政法规另有规定的，依照其规定"；《保险法》第183条规定："中外合资保险公司、外资独资保险公司、外国保险公司分公司适用本法规定；法律、行政法规另有规定的，适用其规定"；《反垄断法》（2022年修正）第38条规定："对外资并购境内企业或者以其他方式参与经营者集中，涉及国家安全的，除依照本法规定进行经营者集中审查外，还应当按照国家有关规定进行国家安全审查"；《国家安全法》第59条规定："国家建

---

① 全国人民代表大会常务委员会时任副委员长王晨2019年3月8日在第十三届全国人民代表大会第二次会议上作的《关于〈中华人民共和国外商投资法（草案）〉的说明》（http://www.npc.gov.cn/npc/c2/c30834/201905/t20190520_297818.html，最后访问日期：2024年3月27日，下同）。

② 全国人民代表大会常务委员会时任副委员长王晨2019年3月8日在第十三届全国人民代表大会第二次会议上作的《关于〈中华人民共和国外商投资法（草案）〉的说明》。

立国家安全审查和监管的制度和机制，对影响或者可能影响国家安全的外商投资、特定物项和关键技术、网络信息技术产品和服务、涉及国家安全事项的建设项目，以及其他重大事项和活动，进行国家安全审查，有效预防和化解国家安全风险。"

还有，基于内外资一致的原则，外商投资同样需要遵守内资企业应当遵守的法律，比如《民法典》《公司法》《合伙企业法》《会计法》《社会保险法》《税收征收管理法》《民事诉讼法》等。对此，《外商投资法》第29条至第33条、第35条也作出了相应的规定。

宪法和这些其他法律也是外商投资法律体系的组成部分。

二、《外商投资法实施条例》及国务院的其他文件

（一）《外商投资法实施条例》

在行政法规层面，《外商投资法实施条例》是有关外商投资的最基本的综合性行政法规。《外商投资法实施条例》由国务院于2019年12月12日通过，自2020年1月1日起施行。与此同时，《中外合资经营企业法实施条例》《中外合资经营企业合营期限暂行规定》《外资企业法实施细则》和《中外合作经营企业法实施细则》予以废止。

1. 定位

在定位上，《外商投资法实施条例》是《外商投资法》的配套行政法规[①]。

2. 内容

在内容上，《外商投资法实施条例》分为6章，包括总则、投资促进、投资保护、投资管理、法律责任、附则，共49条。

《外商投资法实施条例》一方面对《外商投资法》需要从行政法规层面细化的事项尽可能予以明确，增强法律制度的可操作性，保障法律有效实施；另一方面也为有关部门在规章、规范性文件中对有关问题作出进一步规定或者在实际执

[①] 见《关于〈中华人民共和国外商投资法实施条例（征求意见稿）〉的说明》（司法部2019年11月1日公布）（https://www.gov.cn/xinwen/2019-11/02/content_5447867.htm，最后访问日期：2024年3月27日，下同）、《司法部、商务部、发展改革委负责人就〈中华人民共和国外商投资法实施条例〉有关问题答记者问》（https://www.moj.gov.cn/pub/sfbgw/zcjd/202001/t20200103_390254.html，最后访问日期：2024年3月27日，下同）。

行中具体掌握留有空间。[1]

（二）有关外商投资的其他行政法规

除了《外商投资法实施条例》，国务院还出台了有关外商投资的其他行政法规。

比如，2002年的《指导外商投资方向规定》（国务院令第346号）[2]从宏观上对外商投资方向作出了相应的规定；《外资银行管理条例》《外资保险公司管理条例》《外商投资电信企业管理规定》《旅行社条例》《中外合作办学条例》则分别对外国投资者在中国境内投资银行业、保险业、电信业、旅行社、中外合作办学机构作出了具体的规定。

这些行政法规也是外商投资法律体系的组成部分。

（三）有关外商投资的国务院文件

在《外商投资法实施条例》等行政法规之外，国务院还出台了有关外商投资的其他文件。比如，国务院和国务院办公厅出台了《国务院办公厅关于印发自由贸易试验区外商投资国家安全审查试行办法的通知》（国办发〔2015〕24号）、《国务院关于扩大对外开放积极利用外资若干措施的通知》（国发〔2017〕5号）、《国务院关于促进外资增长若干措施的通知》（国发〔2017〕39号）、《国务院关于积极有效利用外资推动经济高质量发展若干措施的通知》（国发〔2018〕19号）、《国务院关于进一步做好利用外资工作的意见》（国发〔2019〕23号）等一系列文件，对外商投资有关事项作出了相应的安排。

这些国务院文件也是外商投资法律体系的组成部分。

三、有关外商投资的部门规章、规范性文件

（一）有关外商投资的部门规章

在部门规章层面，有关外商投资的法规比较多。其主要原因在于有关外商投资的监管机构比较多[3]。

---

[1] 见《司法部、商务部、发展改革委负责人就〈中华人民共和国外商投资法实施条例〉有关问题答记者问》。

[2] 《外商投资法》和《外商投资法实施条例》生效后，2002年的《指导外商投资方向规定》也需要作相应的修改。

[3] 有关外商投资的监管体制，请见本书第二章。

具体来说，根据《立法法》(2023 年修正)第 91 条第 1 款关于"国务院各部、委员会、中国人民银行、审计署和具有行政管理职能的直属机构以及法律规定的机构，可以根据法律和国务院的行政法规、决定、命令，在本部门的权限范围内，制定规章"的规定，以及《外商投资法》第 7 条第 1 款关于"国务院商务各主管部门、投资主管部门按照职责分工，开展外商投资促进、保护和管理工作；国务院其他有关部门在各自职责范围内，负责外商投资促进、保护和管理的相关工作"的规定，国务院商务主管部门、国务院投资主管部门以及国务院其他有关部门（主要是行业主管部门、市场监督管理部门）都有权在本部门的权限范围内制定有关外商投资的部门规章。①

现阶段，有关外商投资的综合性的部门规章，主要是由国务院商务主管部门、国务院投资主管部门、国务院市场监督管理部门、国务院外汇管理部门单独或共同制定的；各个行业的有关外商投资的部门规章，则主要是由行业主管部门单独制定或联合国务院商务主管部门等相关部门制定的。

1. 综合性的部门规章

有关外商投资的综合性的部门规章，主要包括：

- 《外商投资准入特别管理措施（负面清单）(2024 年版)》
- 《鼓励外商投资产业目录（2022 年版）》
- 《外商投资项目核准和备案管理办法》
- 《外商投资信息报告办法》
- 《商务部关于外国投资者并购境内企业的规定》
- 《外国投资者对上市公司战略投资管理办法》
- 《外商投资企业合并与分立规定》
- 《外商投资创业投资企业管理规定》
- 《商务部关于外商投资举办投资性公司的规定》
- 《外商投资企业授权登记管理办法》

---

① 当然，有关部门制定有关外商投资的规章、规范性文件，应当遵守《立法法》《规章制定程序条例》《优化营商环境条例》《国务院办公厅关于进一步规范部门涉外规章和规范性文件制定工作的通知》(国办发〔2006〕92 号)、《国务院办公厅关于加强行政规范性文件制定和监督管理工作的通知》(国办发〔2018〕37 号)、《国务院办公厅关于全面推行行政规范性文件合法性审核机制的指导意见》(国办发〔2018〕115 号)、《国务院办公厅关于在制定行政法规规章行政规范性文件过程中充分听取企业和行业协会商会意见的通知》(国办发〔2019〕9 号)等法规的规定。

- 《商务部、国家工商行政管理局关于外商投资企业境内投资的暂行规定》

2. 行业性部门规章

相关行业有关外商投资的部门规章，主要包括：

- 《外商投资证券公司管理办法》
- 《外商投资期货公司管理办法》
- 《外资保险公司管理条例实施细则》
- 《外资银行管理条例实施细则》
- 《中国银保监会外资银行行政许可事项实施办法》
- 《外商投资电影院暂行规定》
- 《外商投资人才中介机构管理暂行规定》
- 《外商投资职业介绍机构设立管理暂行规定》
- 《设立外商投资印刷企业暂行规定》及其补充规定
- 《中外合资、合作医疗机构管理暂行办法》及其补充规定
- 《中外合作职业技能培训办学管理办法》
- 《出版物市场管理规定》

（二）有关外商投资的部门规范性文件

除了部门规章，国务院商务主管部门、国务院投资主管部门以及国务院其他有关部门（主要是行业主管部门、市场监管部门）还出台了大量的有关外商投资的部门规范性文件[①]。这些部门规范性文件[②]也是外商投资法律体系的组成部分。

需要特别注意的是，有关外商投资的部门规范性文件对外商投资法律实务具有更加直接的指引作用，甚至成为相关实务的最直接的依据或指导。

比如，外国投资者或外商投资企业进行外商投资信息报告所需填报的具体内容就是由商务部的规范性文件《关于外商投资信息报告有关事项的公告》（商务

[①] 为保障《外商投资法》的有效实施，贯彻落实《国务院办公厅关于聚焦企业关切进一步推动优化营商环境政策落实的通知》（国办发〔2018〕104号）的有关要求，商务部2019年12月25日的《商务部关于废止部分规范性文件的公告》（商务部公告2019年第59号）就一次性废止了56件有关外商投资的行政规范性文件。

[②] 根据《国务院办公厅关于加强行政规范性文件制定和监督管理工作的通知》（国办发〔2018〕37号），行政规范性文件是"除国务院的行政法规、决定、命令以及部门规章和地方政府规章外，由行政机关或者经法律、法规授权的具有管理公共事务职能的组织依照法定权限、程序制定并公开发布，涉及公民、法人和其他组织权利义务，具有普遍约束力，在一定期限内反复适用的公文"。

部公告2019年第62号）加以规定的。

又如，在《外商投资法》和《外商投资法实施条例》生效后，在外商投资企业登记注册环节落实外商投资准入前国民待遇加负面清单管理制度、过渡期内外商投资企业登记注册以及外商投资企业的登记管辖等具体事项，都是由市监总局的规范性文件《市场监管总局关于贯彻落实〈外商投资法〉做好外商投资企业登记注册工作的通知》（国市监注〔2019〕247号）予以规定的。

再如，有关外商投资的外汇事项，更多、更主要的是由国家外汇管理局制定的规范性文件（比如《外国投资者境内直接投资外汇管理规定》）加以规定的。

当然，针对有关外商投资的部门规范性文件，《外商投资法》第10条第2款和《外商投资法实施条例》第7条第2款提出了特别的要求，一是"与外商投资有关的规范性文件应当依法及时公布"；二是"未经公布的不得作为行政管理依据"。这也是优化营商环境[1]和"提高外商投资政策的透明度"[2]的要求。

其中，根据《外商投资法实施条例》第9条关于"政府及其有关部门应当通过政府网站、全国一体化在线政务服务平台集中列明有关外商投资的法律、法规、规章、规范性文件、政策措施和投资项目信息，并通过多种途径和方式加强宣传、解读，为外国投资者和外商投资企业提供咨询、指导等服务"的规定，可以通过政府网站、全国一体化在线政务服务平台查询有关外商投资的部门规范性文件。

四、有关外商投资的司法解释

在外商投资法律适用方面，最高人民法院也出台了专门的司法解释和司法规范性文件。

比如，《最高人民法院关于适用〈中华人民共和国外商投资法〉若干问题的解释》（法释〔2019〕20号）对如何认定《外商投资法》生效后相关外商投资合同的效力作出了相应的解释；《最高人民法院关于审理外商投资企业纠纷案件若干问题的规定（一）》（2020年修正）针对外商投资企业在设立、变更等过

---

[1] 《优化营商环境条例》第64条第2款规定："涉及市场主体权利义务的行政规范性文件应当按照法定要求和程序予以公布，未经公布的不得作为行政管理依据。"
[2] 见《司法部、商务部、发展改革委负责人就〈中华人民共和国外商投资法实施条例〉有关问题答记者问》。

程中产生的纠纷案件的法律适用问题作出了相应的规定。

最高人民法院出台的有关外商投资的司法解释和司法规范性文件，也是外商投资法律体系的组成部分。

五、有关外商投资的国际条约、协定

《外商投资法》第4条第4款规定："中华人民共和国缔结或者参加的国际条约、协定对外国投资者准入待遇有更优惠规定的，可以按照相关规定执行。"《外商投资准入特别管理措施（负面清单）（2024年版）说明》第9条也规定："《内地与香港关于建立更紧密经贸关系的安排》及其后续协议、《内地与澳门关于建立更紧密经贸关系的安排》及其后续协议、《海峡两岸经济合作框架协议》及其后续协议、我国缔结或者参加的国际条约、协定对境外投资者准入待遇有更优惠规定的，可以按照相关规定执行……"

因此，中国缔结或参加的有关外商投资的国际条约、协定也是现行外商投资法律体系的组成部分。

中国已经和包括德国、法国、英国、加拿大等国家在内的100多个国家签订了双边投资协定。[1] 这些协定中涉及境外投资者来华投资的规定属于现有外商投资法律体系的范围。

---

[1] 商务部条法司2016年12月12日公布的《我国对外签订双边投资协定一览表 Bilateral Investment Treaty》列出了我国与104个国家签订双边投资协定的情况（http：//tfs.mofcom.gov.cn/article/Nocategory/201111/20111107819474.shtml，最后访问日期：2024年3月2日）。我国与特定国家签订的双边投资协议的文本，也可以从外交部网站（http：//treaty.mfa.gov.cn/Treaty/web/index.jsp）查询。

第二章

外商投资的监管体制

在外商投资的监管方面,《外商投资法》和《外商投资法实施条例》建立起了主要由商务主管部门、投资主管部门、市场监管部门、行业主管部门、外汇管理部门组成的监管体制。

与外资三法相比,《外商投资法》作出的最大的调整是取消了商务主管部门对外商投资的审批权和备案权,转而赋予商务主管部门对外商投资信息报告的监管权。

本章主要介绍外商投资的主要监管机构及其各自的职能。

一、商务主管部门

由于《外商投资法》第7条第1款使用了"国务院商务主管部门、投资主管部门按照职责分工,开展外商投资促进、保护和管理工作;国务院其他有关部门在各自职责范围内,负责外商投资促进、保护和管理的相关工作"的表述,因此,国务院商务主管部门和国务院投资主管部门是外商投资促进、保护和管理的主要负责部门、牵头部门。

在外商投资的监管方面,根据《外商投资法》和《外商投资法实施条例》,商务主管部门的职权主要包括:

一是国务院商务主管部门(目前为商务部)与国务院投资主管部门(目前为国家发改委)按照职责分工[①],开展外商投资促进、保护和管理工作。[②]

[①] 其中,在外商投资的监管方面,商务部与国家发改委的职责分工如下:国家发展和改革委员会会同商务部等部门负责拟订全国和自贸试验区外商投资准入负面清单、外商投资产业指导目录、中西部地区外商投资优势产业目录,并由国家发展和改革委员会与商务部联合发布。见国家发改委官网公布的"国家发改委职能配置与内设机构"(https://www.ndrc.gov.cn/fzggw/bnpz/,最后访问日期:2024年3月2日,下同)。

[②] 《外商投资法》第7条第1款、《外商投资法实施条例》第5条第1款。

二是国务院投资主管部门会同国务院商务主管部门等有关部门提出并调整全国和自贸区外商投资准入负面清单，报国务院发布或者报国务院批准后由国务院投资主管部门、国务院商务主管部门发布。① 有关外商投资准入负面清单制度，请见本书第九章。

三是国务院投资主管部门会同国务院商务主管部门等有关部门拟订并调整鼓励外商投资产业目录，报国务院批准后由国务院投资主管部门、国务院商务主管部门发布。②

四是商务部负责统筹和指导全国范围内外商投资信息报告工作，会同国务院市场监督管理部门等有关部门确定外商投资信息报告的内容、范围、频次和具体流程③；县级以上地方人民政府商务主管部门以及自由贸易试验区、国家级经济技术开发区的相关机构负责本区域内外商投资信息报告工作。④

其中，针对外商投资信息报告，商务部与市监总局制定了《外商投资信息报告办法》，对外商投资信息的报告主体、内容和方式等事项作出了规定。有关外商投资信息报告制度，请见本书第十三章。

五是国务院商务主管部门会同国务院有关部门建立外商投资企业投诉工作部际联席会议制度，协调、推动中央层面的外商投资企业投诉工作，对地方的外商投资企业投诉工作进行指导和监督。⑤

六是在外商投资安全审查工作机制下，会同相关部门开展外商投资安全审查。⑥ 有关外商投资安全审查制度，请见本书第十五章。

七是商务部负责拟订国内外贸易和国际经济合作的发展战略、政策，起草外商投资的法律法规草案及制定部门规章，提出我国经济贸易法规之间及其与国际经贸条约、协定之间的衔接意见，研究经济全球化、区域经济合作、现代流通方

---

① 《外商投资法实施条例》第 4 条第 1 款。
② 《外商投资法实施条例》第 11 条。
③ 《外商投资法实施条例》第 39 条第 1 款。
④ 《外商投资信息报告办法》第 3 条。
⑤ 《外商投资法实施条例》第 29 条第 2 款。
⑥ 《外商投资法》第 35 条、《外商投资法实施条例》第 40 条、《国务院办公厅关于建立外国投资者并购境内企业安全审查制度的通知》（国办发〔2011〕6 号）、《国务院办公厅关于印发自由贸易试验区外商投资国家安全审查试行办法的通知》（国办发〔2015〕24 号）、《国务院办公厅关于印发国家发展和改革委员会主要职责内设机构和人员编制规定的通知》（国办发〔2008〕102 号）、《商务部主要职责内设机构和人员编制规定》（国办发〔2008〕77 号）、《外商投资安全审查办法》。

式的发展趋势和流通体制改革并提出建议。①

八是商务部负责宏观指导全国外商投资工作，拟订外商投资政策和改革方案并组织实施，依法监督检查外商投资企业执行有关法律法规规章、合同章程的情况并协调解决有关问题，规范对外招商引资活动，指导国家级经济技术开发区、苏州工业园区、边境经济合作区的有关工作。②

需要注意的是，为适应国家经济社会发展的要求，根据对外开放和利用外资以及国家机构改革的需要，商务主管部门在外商投资监管方面的职权可能会做相应的调整，实务中有必要予以关注。

二、投资主管部门

同样地，由于《外商投资法》第7条第1款使用了"国务院商务主管部门、投资主管部门按照职责分工，开展外商投资促进、保护和管理工作；国务院其他有关部门在各自职责范围内，负责外商投资促进、保护和管理的相关工作"的表述，因此，国务院商务主管部门和国务院投资主管部门是外商投资促进、保护和管理的主要负责部门、牵头部门。

在外商投资的监管方面，根据《外商投资法》《外商投资法实施条例》和国家发改委主要职责内设机构和人员编制规定，投资主管部门的职权主要包括：

一是国务院投资主管部门（目前为国家发改委）与国务院商务主管部门（目前为商务部）按照职责分工③，开展外商投资促进、保护和管理工作。④

二是国务院投资主管部门会同国务院商务主管部门等有关部门提出并调整全国和自贸区外商投资准入负面清单，报国务院发布或者报国务院批准后由国务院投资主管部门、商务主管部门发布。⑤

---

① 《商务部主要职责内设机构和人员编制规定》（国办发〔2008〕77号）、《中共中央办公厅、国务院办公厅关于调整商务部职责机构编制的通知》（2018年9月13日）。

② 《商务部主要职责内设机构和人员编制规定》（国办发〔2008〕77号）、《中共中央办公厅、国务院办公厅关于调整商务部职责机构编制的通知》（2018年9月13日）。

③ 其中，在外商投资的监管方面，商务部与国家发改委的职责分工如下：国家发展和改革委员会会同商务部等部门负责拟订全国和自贸试验区外商投资准入负面清单、外商投资产业指导目录、中西部地区外商投资优势产业目录，并由国家发展和改革委员会与商务部联合发布。见国家发改委官网公布的"职能配置与内设机构"。

④ 《外商投资法》第7条第1款、《外商投资法实施条例》第5条第1款。

⑤ 《外商投资法实施条例》第4条第1款、国家发改委官网公布的"职能配置与内设机构"。

三是国务院投资主管部门会同国务院商务主管部门等有关部门拟订并调整鼓励外商投资产业目录,报国务院批准后由国务院投资主管部门、商务主管部门发布。①

四是国家发改委负责投资综合管理,会同相关部门拟订政府投资项目审批权限和政府核准的固定资产投资项目目录,按国务院规定权限审批、核准、审核重大项目;② 投资主管部门负责外商投资项目的核准或备案③。

具体而言,(1)外商投资准入负面清单中非禁止投资领域的总投资(含增资)3亿美元及以上外商投资项目,由国务院投资主管部门核准,其中总投资(含增资)20亿美元及以上外商投资项目报国务院备案;(2)外商投资准入负面清单中非禁止投资领域的总投资(含增资)3亿美元以下(不含3亿美元)外商投资项目,由省级发展改革委核准;(3)前两项规定之外的属于《政府核准的投资项目目录(2016年本)》第一至十项所列的外商投资项目,按照《政府核准的投资项目目录(2016年本)》第一至十项的规定核准;(4)前3项规定之外且不属于外商投资准入负面清单中禁止投资领域的外商投资项目,由地方发展改革部门备案;(5)落户自贸试验区的外资项目,按照自贸试验区负面清单执行。④

其中,针对外商投资项目的核准和备案,国家发改委制定了《外商投资项目核准和备案管理办法》,对外商投资项目管理的方式、核准或备案的范围、程序等事项作出了规定。有关外商投资项目的核准或备案制度,请见本书第十章。

五是在外商投资安全审查工作机制下,国家发展改革委会同相关部门开展外

---

① 《外商投资法实施条例》第11条。
② 国家发改委官网公布的"职能配置与内设机构"。
③ 《外商投资法》第29条、《外商投资法实施条例》第36条。
④ 《国务院关于发布政府核准的投资项目目录(2016年本)的通知》(国发〔2016〕72号)、《国家发展改革委关于做好贯彻落实〈政府核准的投资项目目录(2016年本)〉有关外资工作的通知》(发改外资规〔2017〕111号)、《外商投资项目核准和备案管理办法》第4条和第5条、《国家发展改革委关于应对疫情进一步深化改革做好外资项目有关工作的通知》(发改外资〔2020〕343号)、《外商投资准入负面清单中非禁止投资领域的总投资(含增资)3亿美元及以上外商投资项目核准办事指南》(版本:V7.0,发布日期:2020年8月27日,https://services.ndrc.gov.cn/ecdomain/portal/portlets/bjweb/newpage/guide/guidService.jsp?idseq=4c28ca0b46d54a91904fd72d38b71fb3&code=&state=123,最后访问日期:2024年3月2日)。

商投资安全审查①，接收外商投资安全审查申报②，并承担外商投资安全审查的主要责任③。有关外商投资安全审查制度，请见本书第十五章。

六是国家发改委负责国家级专项规划、区域规划、空间规划与国家发展规划的统筹衔接，起草国民经济和社会发展、经济体制改革和对外开放的有关法律法规草案，制定部门规章。④

七是国家发改委负责提出利用外资的战略、规划、总量平衡和结构优化政策。⑤

需要注意的是，为适应国家经济社会发展的要求，根据对外开放和利用外资以及国家机构改革的需要，投资主管部门在外商投资监管方面的职权可能会作相应的调整，实务中有必要予以关注。

三、市场监管部门

由于《外商投资法实施条例》第 37 条第 1 款规定了"外商投资企业的登记注册，由国务院市场监督管理部门或者其授权的地方人民政府市场监督管理部门依法办理"，因此，外商投资企业的登记是由国务院市场监管部门或其授权的地方市场监管部门负责的。

在外商投资的监管方面，根据《外商投资法》《外商投资法实施条例》和《国家市场监督管理总局职能配置、内设机构和人员编制规定》的规定，市场监管部门的职权主要包括：

一是国务院市场监管部门（目前为市监总局）负责市场主体统一登记注册，指导各类外商投资企业和从事经营活动的单位以及外国（地区）企业常驻代表机构等市场主体的登记注册工作⑥；建立市场主体信息公示和共享机制，依法公示和共享有关信息，加强信用监管，推动市场主体信用体系建设。

---

① 《外商投资法》第 35 条、《外商投资法实施条例》第 40 条、《国务院办公厅关于建立外国投资者并购境内企业安全审查制度的通知》（国办发〔2011〕6 号）、《国务院办公厅关于印发自由贸易试验区外商投资国家安全审查试行办法的通知》（国办发〔2015〕24 号）、《外商投资安全审查办法》。
② 国家发展和改革委员会公告 2019 年第 4 号（2019 年 4 月 30 日）。
③ 《国务院办公厅关于印发国家发展和改革委员会主要职责内设机构和人员编制规定的通知》（国办发〔2008〕102 号）。
④ 国家发改委官网公布的"职能配置与内设机构"。
⑤ 国家发改委官网公布的"职能配置与内设机构"。
⑥ 《外商投资法实施条例》第 37 条第 1 款。

二是市监总局负责反垄断统一执法,承担国务院反垄断委员会日常工作;统筹推进竞争政策实施,指导实施公平竞争审查制度;依法对经营者集中行为进行反垄断审查①,负责垄断协议、滥用市场支配地位和滥用行政权力排除、限制竞争等反垄断执法工作。

值得注意的是,在外商投资企业的登记注册方面,现阶段实行的是外商投资企业授权登记管理体制,并非所有的市场监管部门都享有外商投资企业登记管理权,而只有经市监总局授权的地方市场监管部门("被授权局")才是外商投资企业的登记机关,具体负责本辖区内的外商投资企业登记管理。未经市监总局授权,任何机关都不具备外商投资企业登记注册的法定权限②。

对此,《外商投资企业授权登记管理办法》(2022年)作出了具体的规定。考虑到市监总局自身不再办理包括外商投资企业登记在内的各类企业的登记业务③,外商投资企业的登记注册实际上是由市监总局授权的地方市场监管部门负责的。有关外商投资企业的登记注册,请见本书第十二章。

四、行业主管部门

由于《外商投资法》第30条规定"外国投资者在依法需要取得许可的行业、领域进行投资的,应当依法办理相关许可手续。有关主管部门应当按照与内资一致的条件和程序,审核外国投资者的许可申请,法律、行政法规另有规定的除外",因此,在外商投资的监管方面,行业主管部门也承担着相应的监管职责;也因此,外国投资者在依法需要取得许可的行业、领域进行投资,总体上适用的是与内资企业一致的规则,都需要向负责实施许可的行业主管部门申请相应的许可,都需要接受行业主管部门的监管。

值得注意的是,《外商投资法》第30条所说的"依法需要取得许可的行业、领域",与外商投资准入负面清单所列明的行业、领域并非一一对应的关系;其范围甚至要远远超过外商投资准入负面清单所列明的行业、领域。

---

① 《外商投资法》第33条。
② 《工商总局办公厅关于清理规范外商投资企业授权登记工作的通知》(工商办字〔2018〕18号)、《外商投资企业授权登记管理办法》第3条。
③ 见原工商总局企业注册局2017年12月13日发布的《变更服务时间通知》地址:https://www.samr.gov.cn/djzcj/gzdt/art/2023/art_28fca87a456a45c1b75c2bc24e8bdd14.html,最后访问日期:2024年3月2日。

现阶段，包括外商投资企业在内的各类企业进行投资涉及的依法需要取得许可的行业、领域，主要是指国家发展改革委、商务部印发的市场准入负面清单中列明的"许可准入事项"。

对此，《国务院关于实行市场准入负面清单制度的意见》（国发〔2015〕55号）规定："市场准入负面清单制度，是指国务院以清单方式明确列出在中华人民共和国境内禁止和限制投资经营的行业、领域、业务等，各级政府依法采取相应管理措施的一系列制度安排"。具体而言：

一是在负面清单的类别方面，市场准入负面清单包括禁止准入类和限制准入类，适用于各类市场主体基于自愿的初始投资、扩大投资、并购投资等投资经营行为及其他市场进入行为。对禁止准入事项，市场主体不得进入，行政机关不予审批、核准，不得办理有关手续；对限制准入事项，或由市场主体提出申请，行政机关依法依规作出是否予以准入的决定，或由市场主体依照政府规定的准入条件和准入方式合规进入；对市场准入负面清单以外的行业、领域、业务等，各类市场主体皆可依法平等进入。

二是在负面清单的适用条件方面，对各类市场主体涉及以下领域的投资经营行为及其他市场进入行为，依照法律、行政法规和国务院决定的有关规定，可以采取禁止进入或限制市场主体资质、股权比例、经营范围、经营业态、商业模式、空间布局、国土空间开发保护等管理措施，即：（1）涉及人民生命财产安全、政治安全、国土安全、军事安全、经济安全、金融安全、文化安全、社会安全、科技安全、信息安全、生态安全、资源安全、核安全和新型领域安全等国家安全的有关行业、领域、业务等；（2）涉及全国重大生产力布局、战略性资源开发和重大公共利益的有关行业、领域、业务等；（3）依法可以设定行政许可且涉及市场主体投资经营行为的有关行业、领域、业务等；（4）法律、行政法规和国务院决定规定的其他情形。

三是在负面清单的类型和适用对象方面，负面清单主要包括市场准入负面清单和外商投资负面清单。其中的市场准入负面清单是适用于境内外投资者的一致性管理措施，是对各类市场主体市场准入管理的统一要求；而外商投资负面清单适用于境外投资者在华投资经营行为，是针对外商投资准入的特别管理措施。

其中，法律、行政法规、国务院决定设定（中央层面设定）的涉企经营许可事项清单，目前主要是由国务院办公厅国办发〔2023〕5号文件公布的《法律、行政法规、国务院决定设定的行政许可事项清单（2023年版）》予以列明的。

当然，在外国投资者对外商投资准入负面清单中的非禁止投资领域进行投资的情形，行业主管部门的监管表现得更为明显。比如，2024年版的外商投资准入负面清单明确规定了，外国投资者投资教育领域中的学前教育机构、普通高中和高等教育机构，只能采取中外合作办学的方式，并且须由中方主导（校长或者主要行政负责人应当具有中国国籍，理事会、董事会或者联合管理委员会的中方组成人员不得少于1/2）。

值得注意的是，外国投资者在外商投资准入负面清单之外的领域投资，也需要接受行业主管部门的监管。事实上，有的行业主管部门也制定了专门的法规，对外国投资者在相关行业进行投资作出了具体的规定。

比如，在证券业，行业主管部门中国证监会制定了《外商投资证券公司管理办法》，对外商投资证券公司的设立条件和程序等事项作出了规定。

又如，在人力资源服务业，为贯彻落实《外商投资法》精神，行业主管部门人力资源社会保障部经商国家发展改革委、商务部、市场监管总局，对《人才市场管理规定》《外商投资人才中介机构管理暂行规定》《中外合资中外合作职业介绍机构设立管理暂行规定》三件部门规章进行了专项修订，按照内外资一致的原则，取消了人力资源服务业外资准入限制，进一步降低了外商投资人力资源服务机构审批门槛，简化了审批程序。

再如，在印刷业，行业主管部门原新闻出版总署（现新闻出版署）与国务院商务主管部门制定了《设立外商投资印刷企业暂行规定》，对外商投资设立印刷企业的范围和条件等事项作出了规定。

五、外汇管理机关

由于《外商投资法》第32条规定："外商投资企业开展生产经营活动，应当……依照法律、行政法规和国家有关规定办理税收、会计、外汇等事宜，并接受相关主管部门依法实施的监督检查"，《外汇管理条例》第16条第1款也规定"境外机构、境外个人在境内直接投资，经有关主管部门批准后，应当到外汇管理机关办理登记"，因此，外商投资涉及的外汇登记、外汇收支等事宜，是由外汇管理机关负责监管的。

在外商投资的监管方面，国务院外汇管理部门（主要是国家外汇管理局）的职权主要包括：

一是研究提出外汇管理体制改革和防范国际收支风险、促进国际收支平衡的政策建议；研究逐步推进人民币资本项目可兑换、培育和发展外汇市场的政策措施，向中国人民银行提供制定人民币汇率政策的建议和依据。

二是参与起草外汇管理有关法律法规和部门规章草案，发布与履行职责有关的规范性文件。

三是负责国际收支、对外债权债务的统计和监测，按规定发布相关信息，承担跨境资金流动监测的有关工作。

四是负责全国外汇市场的监督管理工作；承担结售汇业务监督管理的责任；培育和发展外汇市场。

五是负责依法监督检查经常项目外汇收支的真实性、合法性；负责依法实施资本项目外汇管理，并根据人民币资本项目可兑换进程不断完善管理工作；规范境内外外汇账户管理。

六是负责依法实施外汇监督检查，对违反外汇管理的行为进行处罚。

七是拟订外汇管理信息化发展规划和标准、规范并组织实施，依法与相关管理部门实施监管信息共享。

有关外商投资涉及的外汇管理事项，请见本书第十四章。

需要注意的是，为适应国家经济社会发展的要求，根据对外开放和利用外资以及国家机构改革的需要，外汇管理机关在外商投资监管方面的职权可能会做相应的调整。

六、其他主管部门

除了上述主管部门，外商投资还需要遵守其他相关主管部门的规定。对此，《外商投资法》第32条规定："外商投资企业开展生产经营活动，应当遵守法律、行政法规有关劳动保护、社会保险的规定，依照法律、行政法规和国家有关规定办理税收、会计、外汇等事宜，并接受相关主管部门依法实施的监督检查。"

据此，外商投资还需要接受劳动社会保障部门、税务部门、财政部门等主管部门的监管。当然，基于内外资一致的原则，在劳动保护、社会保险、税收、会计等方面，外商投资企业适用的是与内资企业一致的规则，本书就不再一一展开了。

第三章 外国投资者的界定

考虑到《外商投资法》定位于"外商投资基础性法律",是"新形势下国家关于外商投资活动全面的、基本的法律规范,是外商投资领域起龙头作用、具有统领性质的法律",其重点是"确立外商投资准入、促进、保护、管理等方面的基本制度框架和规则,建立起新时代我国外商投资法律制度的'四梁八柱'"[①],因此,对《外商投资法》的各个条款加以准确地理解和适用,就非常重要了。

有鉴于此,本书接下来先针对《外商投资法》所规定的几个基础性概念,包括"外国投资者""投资""外商投资""外商投资企业",作一解读。

本章是对《外商投资法》所规定的"外国投资者"的解读。

一、外国投资者的界定:《外商投资法》与外资三法的比较

1.《外商投资法》

先来看看《外商投资法》的界定。由于《外商投资法》第 2 条第 2 款使用了"本法所称外商投资,是指外国的自然人、企业或者其他组织(以下称外国投资者)直接或者间接在中国境内进行的投资活动……"的表述,因此,《外商投资法》所说的"外国投资者",指的是"外国的自然人、企业或者其他组织",包括了"外国的自然人""外国的企业"和"外国的其他组织"这三类主体。其中的"外国的其他组织"包括"外国的非企业经济组织"和"外国的非经济组织"。

2. 外资三法

再来看看外资三法的界定。1979 年的《中外合资经营企业法》第 1 条界定的"外国投资者",包括"外国公司、企业和其它经济组织或个人";1986 年的

[①] 见全国人民代表大会常务委员会时任副委员长王晨 2019 年 3 月 8 日在第十三届全国人民代表大会第二次会议上作的《关于〈中华人民共和国外商投资法(草案)〉的说明》。

《外资企业法》第1条界定的"外国投资者",包括"外国的企业和其他经济组织或者个人";1988年的《中外合作经营企业法》第1条界定的"外国投资者",包括的也是"外国的企业和其他经济组织或者个人"。

3. 比较

两相比较,可以发现,在"外国投资者"的界定方面,《外商投资法》与外资三法的主要区别在于,《外商投资法》将"外国的非经济组织"也明确纳入了"外国投资者"的范围。

据此,在范围上,《外商投资法》界定的"外国投资者",比外资三法界定的"外国投资者",更加广泛,也更加周延。

当然,《外商投资法》只是在延续了外资三法关于"外国投资者"的界定中的"外国的企业和其他经济组织或者个人"的基础上,扩大了外国投资者的范围,并未从根本上改变改革开放以来我国外商投资法律制度有关"外国投资者"的界定的规定。

二、外国投资者的范围

在现行外商投资法律体系中,"外国投资者"主要包括三大类:一是《外商投资法》和《外商投资法实施条例》规定的"真正的外国投资者",二是《外商投资法实施条例》规定的"参照外国投资者管理"的主体,三是部门规章规定的"参照外国投资者管理"的主体。[①]

(一)真正的外国投资者

根据《外商投资法》第2条第2款的规定,《外商投资法》所说的"外国投资者",指的是"外国的自然人、企业或者其他组织",包括了"外国的自然人""外国的企业"和"外国的其他组织"这三类主体,这三类主体是"真正的外国

---

① 商务部曾于2015年1月公布了《外国投资法(草案征求意见稿)》(http://images.mofcom.gov.cn/tfs/201501/20150119165506850.doc,最后访问日期:2024年3月28日,下同),该草案第11条对外国投资者作出的规定为:"本法所称的外国投资者,是指在中国境内投资的以下主体:(一)不具有中国国籍的自然人;(二)依据其他国家或者地区法律设立的企业;(三)其他国家或者地区政府及其所属部门或机构;(四)国际组织。受前款规定的主体控制的境内企业,视同外国投资者。"应该说,该草案第11条第1款的规定基本被纳入了《外商投资法》。不过,值得注意的是,由于该草案第11条第2款关于"受前款规定的主体控制的境内企业,视同外国投资者"的规定最终并未纳入《外商投资法》,因此,"受外国投资者控制的境内企业"不当然按外国投资者管理,只有《外商投资信息报告办法》等法规明确规定的"外商投资举办的投资性公司、创业投资企业和以投资为主要业务的合伙企业",才参照外国投资者管理。

投资者"。

(二) 行政法规规定的"参照外国投资者管理"的主体

从法规依据看,"参照外国投资者管理"的主体包括两大类:一是行政法规规定的"参照外国投资者管理"的主体,二是部门规章规定的"参照外国投资者管理"的主体。

在行政法规层面,《外商投资法实施条例》第48条规定了以下3种参照外国投资者管理的主体:

(1) 香港特别行政区、澳门特别行政区投资者;
(2) 台湾地区投资者;
(3) 定居在国外的中国公民。

需要注意的是,根据《外商投资法实施条例》第48条第1款和第3款的但书条款,如果法律或其他行政法规对香港特别行政区投资者、澳门特别行政区投资者、定居在国外的中国公民在中国境内投资作出了不同的规定,则应当适用该等不同规定。

此外,根据《外商投资法实施条例》第48条第2款,台湾地区投资者在大陆投资,优先适用《台湾同胞投资保护法》及其实施细则的规定;只有在《台湾同胞投资保护法》及其实施细则未作规定时,才参照《外商投资法》和《外商投资法实施条例》执行。

(三) 部门规章规定的"参照外国投资者管理"的主体

在部门规章层面,《外商投资信息报告办法》第29条规定了以下3种参照外国投资者管理的主体:

(1) 外商投资的投资性公司;
(2) 外商投资的创业投资企业;
(3) 外商投资的以投资为主要业务的合伙企业。

这3种主体都是以投资为主要业务的外商投资企业。尽管这3种主体是依照中国法律在中国境内注册的企业,属于中国的法人或非法人组织,但是,从外商投资管理的角度,国家对这3种主体是参照外国投资者进行管理的。

以下将行政法规规定的"参照外国投资者管理"的主体和部门规章规定的"参照外国投资者管理"的主体统一归入"参照外国投资者管理"的主体。

三、真正的外国投资者

如前所述，根据《外商投资法》第 2 条第 2 款，真正的外国投资者，指的是"外国的自然人、企业或者其他组织"，包括了"外国的自然人""外国的企业"和"外国的其他组织"这三类主体。其中，"外国的企业"和"外国的其他组织"可以统称为"外国的机构"。

（一）外国的自然人

《外商投资法》所说的"外国的自然人"，即《国籍法》所说的"外国人"，也可称为"外国自然人"或"外国的个人"，是指具有外国国籍的自然人。[①]

值得注意的是，由于《国籍法》第 3 条规定了"中华人民共和国不承认中国公民具有双重国籍"，第 9 条规定了"定居外国的中国公民，自愿加入或取得外国国籍的，即自动丧失中国国籍"，因此，同时持有境内身份证件和外国身份证件的自然人，通常被视为外国自然人。对此，从外汇管理的角度，《资本项目外汇业务指引（2020 年版）》（汇综发〔2020〕89 号文附件），自 2024 年 5 月 6 日起废止，下同）曾经规定了："同时持有境内合法身份证件和境外（含港澳台）合法身份证件的，视同境外个人管理"。[②]

实务中，外国自然人在中国境内投资申请外商投资企业登记（包括设立登记和变更登记）时，原则上需要向登记机关提交该外国自然人的护照作为其身份证明[③]，

[①] 实务中，无国籍人，即既不具有中国国籍，又不具有除中国以外的其他国家的国籍的自然人，也可能按外国自然人对待。比如，《出境入境管理法》第 89 条第 3 款规定："外国人，是指不具有中国国籍的人。"

[②] 《资本项目外汇业务指引（2020 年版）》之"7.3 境内居民个人特殊目的公司外汇（补）登记及变更、注销登记"。《资本项目外汇业务指引（2024 年版）》未再直接作出此项规定。

[③] 见《公司登记管理条例》（在 2022 年 3 月 1 日之前适用）第 20 条第 2 款第 4 项、第 21 条第 2 款第 4 项、第 34 条第 1 款、第 81 条。《非银行支付机构网络支付业务管理办法》（中国人民银行公告〔2015〕第 43 号）第 44 条第 6 项也规定："个人客户的有效身份证件，包括……外国公民为护照或者外国人永久居留证（外国边民，按照边贸结算的有关规定办理）……"

并且,其护照应当办理相应的公证、认证手续①。当然,对于持有中华人民共和国外国人永久居留身份证的外国自然人来说,如果以其持有的中华人民共和国外国人永久居留身份证作为身份证明,则无须公证。②

关于外国的自然人,需要特别关注以下两种特殊情形:一是外国自然人当中的"获得中国永久居留资格的自然人";二是外国自然人当中的"原为中国国籍、后来取得外国国籍的自然人"。

1. 获得中国永久居留资格的外国自然人

"获得中国永久居留资格的外国自然人",指的是持有中华人民共和国外国人永久居留身份证的外籍人员③。

就"获得中国永久居留资格的外国自然人"而言,由于其本身仍然并非中国公民,因此,其在中国境内投资项目、设立外商投资企业,也应当适用外商投资管理的有关规定;不过,由于其持有中华人民共和国外国人永久居留身份证,国家给予其特别的待遇,对相关程序予以简化④。⑤

比如,在申请外商投资企业登记时的外国投资者主体资格证明方面,《市场监管总局关于贯彻落实〈外商投资法〉做好外商投资企业登记注册工作的通知》(国市监注〔2019〕247号)第5条规定,"外国自然人来华投资设立企业,提交的身份证明文件为中华人民共和国外国人永久居留身份证的,无需公证"。

2. 原为中国国籍、后来取得外国国籍的外国自然人

就"原为中国国籍、后来取得外国国籍的自然人"而言,在身份上,根据

---

① 《市场监管总局关于贯彻落实〈外商投资法〉做好外商投资企业登记注册工作的通知》(国市监注〔2019〕247号)第5条规定:"明确外国投资者主体资格。在申请外商投资企业登记时,申请人向登记机关提交的外国投资者的主体资格证明或者身份证明应当经所在国家公证机关公证并经中国驻该国使(领)馆认证。如其本国与中国没有外交关系,则应当经与中国有外交关系的第三国驻该国使(领)馆认证,再由中国驻该第三国使(领)馆认证。某些国家的海外属地出具的文书,应当在该属地办妥公证,再经该国外交机构认证,最后由中国驻该国使(领)馆认证。中国与有关国家缔结或者共同参加的国际条约对认证另有规定的除外。"

② 见《市场监管总局关于贯彻落实〈外商投资法〉做好外商投资企业登记注册工作的通知》(国市监注〔2019〕247号)第5条。

③ 见中组部等25部门2012年9月联合印发的《外国人在中国永久居留享有相关待遇的办法》(人社部发〔2012〕53号)第6条。

④ 《外国人在中国永久居留享有相关待遇的办法》第6条。

⑤ 需要注意的是,《国务院关于深化北京市新一轮服务业扩大开放综合试点建设国家服务业扩大开放综合示范区工作方案的批复》(国函〔2020〕123号)规定:"允许外籍人员使用外国人永久居留身份证开办和参股内资公司。"据此,持有中华人民共和国外国人永久居留身份证的外籍人员使用外国人永久居留身份证开办的公司或参股的公司也可以是内资公司。

《国籍法》第 3 条关于"中华人民共和国不承认中国公民具有双重国籍"、第 9 条关于"定居外国的中国公民,自愿加入或取得外国国籍的,即自动丧失中国国籍"和第 11 条关于"申请退出中国国籍获得批准的,即丧失中国国籍"的规定,该自然人已经成为外国自然人,自然属于《外商投资法》所界定的"外国投资者"。

不过,从外商投资管理的角度,现阶段,国家对其变更国籍之前在中国境内投资设立的企业作出了特别处理,即:其变更国籍不具有溯及既往的效力,该自然人在变更国籍之前在中国境内投资设立的境内企业的性质,不因其变更国籍而改变,该企业仍然为内资企业、而非外商投资企业,也不享受外商投资企业待遇。

对此,《商务部关于外国投资者并购境内企业的规定》第 55 条规定:"境内公司的自然人股东变更国籍的,不改变该公司的企业性质。"《广州市市场监督管理局关于印发促进外商投资企业注册便利化的意见的通知》(穗市监规字〔2020〕3 号)也规定:"内资公司的自然人股东变更国籍的,不改变该公司的企业类型,无需办理变更登记。"

在司法实践当中,这一处理办法通常也能得到法院的支持。比如,在 2015 年 10 月 9 日就杨某与王某、贺某明股权转让纠纷再审案作出的(2015)民申字 698 号民事裁定书[①]中,最高人民法院认为:"根据二审查明的事实,王某与贺某明于 1999 年东某公司改制时成为公司股东,王某于 2002 年 4 月 19 日取得加拿大国籍。《商务部关于外国投资者并购境内企业的规定》第五十五条规定:'境内公司的自然人股东变更国籍的,不改变该公司的企业性质。'二审判决认定东某公司因王某取得加拿大国籍而变为外商投资企业有所不当。"

(二)外国的企业

《外商投资法》所说的"外国的企业",即"外国企业",是指依照外国法律在中国境外设立的营利性组织[②],包括"外国的公司"和"外国的非公司制企业"。

[①] 见裁判文书网 https://wenshu.court.gov.cn/website/wenshu/181107ANFZ0BXSK4/index.html?docId=kCEZ3yzXGmbkZkYD6moGzd7qCDyM8JJdNYO3wW5SwjkThfoi3btzRp/dgBYosE2gFjhz/JG5GnvcwqPrg8+L+41xj0SfQbKl96UyX3wjSUPb9nGFVOacrKK3vJc8Gc5f,最后访问日期:2024 年 3 月 27 日。

[②]《外国企业常驻代表机构登记管理条例》第 42 条规定:"本条例所称外国企业,是指依照外国法律在中国境外设立的营利性组织。"

其中,"外国的公司",即"外国公司",是指依照外国法律在中国境外设立的公司[①];而"外国的非公司制企业"则是指依照外国法律在中国境外设立的非公司形式的企业,比如合伙企业、个人独资企业等。

实务中,外国的企业在华投资申请外商投资企业登记时,需要提交其所在国的登记证书等主体资格证明[②],并且其主体资格证明应当办理相应的公证、认证手续。对此,《市场监管总局关于贯彻落实〈外商投资法〉做好外商投资企业登记注册工作的通知》(国市监注〔2019〕247号)第5条规定:"在申请外商投资企业登记时,申请人向登记机关提交的外国投资者的主体资格证明或者身份证明应当经所在国家公证机关公证并经中国驻该国使(领)馆认证。如其本国与中国没有外交关系,则应当经与中国有外交关系的第三国驻该国使(领)馆认证,再由中国驻该第三国使(领)馆认证。某些国家的海外属地出具的文书,应当在该属地办妥公证,再经该国外交机构认证,最后由中国驻该国使(领)馆认证。中国与有关国家缔结或者共同参加的国际条约对认证另有规定的除外。"

不过,因《取消外国公文书认证要求的公约》于2023年11月7日在中国生效实施,自2023年11月7日起,《取消外国公文书认证要求的公约》缔约国的企业在中国境内办理外商投资企业、外国(地区)企业在中国境内从事生产经营活动、外国企业常驻代表机构登记注册时,登记机关不再要求申请人提交经中国驻外国使(领)馆认证的主体资格文件,而改为提交所属国公证机关的公证材料和当地有权机关签发的附加证明书。当然,非《取消外国公文书认证要求的公约》缔约国的企业办理相关业务时,仍然应当遵守国市监注〔2019〕247号文件的上述要求。[③]

值得注意的是,根据《公司法》第243条和《外国企业常驻代表机构登记管理条例》第42条的规定,应当将相关企业自身据以设立的法律和注册地作为

[①] 《公司法》(2023年修订)第243条规定:"本法所称外国公司,是指依照外国法律在中华人民共和国境外设立的公司。"

[②] 《公司法》(2023年修订)第244条第1款规定:"外国公司在中华人民共和国境内设立分支机构,应当向中国主管机关提出申请,并提交其公司章程、所属国的公司登记证书等有关文件,经批准后,向公司登记机关依法办理登记,领取营业执照。"

[③] 见《〈取消外国公文书认证要求的公约〉将于2023年11月7日在中国生效实施》(外交部2023年10月23日公布)、《河北省市场监督管理局全省经营主体2023年度报告报送公示公告》《重庆市市场监督管理局 成都市市场监督管理局 德阳市市场监督管理局 广安市市场监督管理局 眉山市市场监督管理局 资阳市市场监督管理局关于经营主体和外国(地区)企业常驻代表机构报送2023年度年报的通告》《大连市市场监督管理局关于外国企业常驻代表机构提交2023年度报告的通告》。

认定《外商投资法》所说的"外国的企业"的标准；至于外国的企业的股东、合伙人、投资人或实际控制人的国籍或其他因素，都不影响《外商投资法》关于"外国的企业"的界定。因此，凡是属于"依照外国法律在中国境外设立"的企业，都属于《外商投资法》所说的"外国的企业"。

这就意味着，对于依照外国法律在中国境外设立的企业来说，即使其控股股东或实际控制人是中国籍自然人或在中国注册的法人或非法人组织，该企业也是《外商投资法》所说的"外国投资者"（即"外国的企业"），而不应被视为、也不能被视为"中国境内的企业"或中国投资者。至于国家基于特殊考虑豁免相关外国投资者适用有关外商投资的要求，比如，《外商投资准入特别管理措施（负面清单）（2024年版）说明》第5条就规定："经国务院有关主管部门审核并报国务院批准，特定外商投资可以不适用《外商投资准入负面清单》中相关领域的规定"，也是以"相关投资者在身份上属于外国投资者"为基础和前提作出的特别安排，并非将其视为"中国境内的企业"或中国投资者。

（三）外国的其他组织

《外商投资法》所说的"外国的其他组织"，指的是除"外国企业"外的依照外国法律在中国境外成立的其他各类组织，既包括营利性组织，也包括非营利性组织。

具体来说，《外商投资法》所说的"外国的其他组织"，主要包括：

（1）外国的政府及其所属部门或机构[①]；

（2）国际组织[②]；

（3）外国的非企业经济组织；

（4）在境外合法成立的基金会、社会团体、智库机构等非营利、非政府的组织[③]。

[①] 比如，中国证监会《关于核准新加坡金融管理局合格境外机构投资者资格的批复》（证监许可〔2011〕1602号）2011年8月9日核准了新加坡金融管理局（Monetary Authority of Singapore）合格境外机构投资者资格。

[②] 比如，中国证监会《关于核准国际货币基金组织人民币合格境外机构投资者资格的批复》（证监许可〔2019〕298号）2019年3月5日核准了国际货币基金组织（International Monetary Fund）人民币合格境外机构投资者资格。

[③] 其中部分组织属于《境外非政府组织境内活动管理法》所说的"境外非政府组织"。

值得注意的是，在《外商投资法》施行后，原有法律法规[①]所说的"外国的其他经济组织"，即"从事经济、贸易、技术、金融业务活动，但又不称为公司、企业的组织，还包括如日中经济协会、日本国际贸易促进协会、美中贸易全国委员会、加中贸易理事会等非营利性的经济团体"[②]，已经被纳入了《外商投资法》所说的"外国的其他组织"的范围。

四、参照外国投资者管理的主体

除了上述"真正的外国投资者"，在行政法规、部门规章和规范性文件层面，还规定了"参照外国投资者管理的主体"。

如前所述，现阶段，"参照外国投资者管理的主体"，主要包括三大类：[③]

(1) 香港、澳门、台湾地区的投资者；

(2) 定居在国外的中国公民；

(3) 在中国境内注册的以投资为主要业务的外商投资企业。

（一）港澳台投资者

"香港、澳门、台湾地区的投资者"，可以分为：（1）香港、澳门、台湾地区的机构；（2）香港、澳门、台湾地区的个人。

就香港、澳门、台湾地区的投资者而言，从国家主权、领土完整和统一的角度，其所在的地区均属中国领土，因此，香港、澳门、台湾地区的投资者，在身份上并非真正的外国投资者；但是，从外商投资管理的角度，这几类主体是"参照外国投资者"管理的[④]。

对此，2019年3月12日第十三届全国人民代表大会第二次会议主席团第二次会议通过的《第十三届全国人民代表大会宪法和法律委员会关于〈中华人民

[①] 包括《中外合资经营企业法》（已废止）第1条、《中外合作经营企业法》（已废止）第1条、《外资企业法》（已废止）第1条、《关于设立外商投资股份有限公司若干问题的暂行规定》（已废止）第1条、《关于外商投资的公司审批登记管理法律适用若干问题的执行意见》（工商外企字〔2006〕81号，已废止）第2条等。

[②] 《国务院办公厅转发外国投资管理委员会关于执行〈中华人民共和国国务院关于管理外国企业常驻代表机构的暂行规定〉中若干问题的说明的通知》（1981年8月3日）。

[③] 《外商投资法实施条例》第48条、《外商投资信息报告办法》第29条、《市场监管总局关于贯彻落实〈外商投资法〉做好外商投资企业登记注册工作的通知》（国市监注〔2019〕247号）。

[④] 见《外商投资法实施条例》第48条。

共和国外商投资法（草案）〉审议结果的报告》[1] 作出了明确的说明：

"港澳台地区属于中国的一部分，港澳台投资在性质上不属于外国投资；同时，港澳台地区属于单独关税区，港澳同胞到内地投资、台湾同胞到大陆投资不完全等同于境内投资，属于特殊国内投资。国家对港澳台投资一直实行特殊的政策和管理，并在国务院行政法规、部门规章和有关规范性文件中规定，对港澳台投资，参照或者比照适用有关外商投资的规定；对台湾同胞投资，国家还专门制定了《台湾同胞投资保护法》。同时，国家还对内地与港澳台地区在经贸方面作出特殊安排。在外商投资法中不对港澳台投资法律适用问题作出明确规定，继续由国务院行政法规、部门规章和有关规范性文件来明确参照或者比照适用外商投资的有关规定，是适当的、可行的。不会改变，也不会影响多年来行之有效的制度安排和实际运作，不会因此对港澳台投资造成任何妨碍或者限制。"

1. 港澳台的机构

香港、澳门、台湾地区的机构投资者，主要是指在香港、澳门或台湾地区设立登记的公司、企业、其他经济组织和其他组织[2]。

其中，"香港、澳门、台湾地区的其他经济组织"主要是指在香港、澳门或台湾地区设立的从事经济、贸易、投资合作等活动（涉及教育、科技、卫生、体育，环保、慈善、公益事业的除外），但又不称为公司、企业、基金会的组织[3]。

实务中，港澳台的机构投资者在内地/大陆投资申请外商投资企业登记时，需要提交其设立登记证书等主体资格证明，并且按照专项规定或者协议提供当地公证机构的公证文件[4]。

其中，香港机构投资者的主体资格证明复印件须由中国委托公证人（香港

---

[1] http://www.npc.gov.cn/npc/c2/c30834/201905/t20190521_297819.html，最后访问日期：2024年3月27日，下同。

[2] 《台湾同胞投资保护法》第2条第2款、《内地与香港关于建立更紧密经贸关系的安排》附件5《关于"服务提供者"定义及相关规定》《内地与澳门关于建立更紧密经贸关系的安排》附件五《关于"服务提供者"定义及相关规定》《台湾投资者经第三地转投资认定暂行办法》第4条。

[3] 《台湾非企业经济组织在大陆常驻代表机构审批管理工作规则》第2条规定："本工作规则所称台湾非企业经济组织，是指在台湾地区设立的从事经济、贸易、投资合作等活动（涉及教育、科技、卫生、体育，环保、慈善、公益事业的除外），但又不称为公司、企业、基金会的组织。"

[4] 《市场监管总局关于贯彻落实〈外商投资法〉做好外商投资企业登记注册工作的通知》（国市监注〔2019〕247号）第6条规定，"香港特别行政区、澳门特别行政区和台湾地区投资者的主体资格证明或者身份证明应当按照专项规定或者协议，依法提供当地公证机构的公证文件"。

出具证明，并且其证明文书须经中国法律服务（香港）有限公司审核加章转递；[①] 澳门机构投资者的主体资格证明复印件须经澳门政府公证部门或中国委托公证人（澳门）核证，并经中国法律服务（澳门）公司加盖核验章；[②] 台湾机构投资者的主体资格证明的复印件须由台湾地区公证机构（地方法院公证处、民间公证人事务所）出具公证书，并且该公证书须经拟使用地的省、自治区、直辖市公证协会核验。[③]

需要注意的是，《取消外国公文书认证要求的公约》于2023年11月7日在中国生效实施之后，中国内地和香港、澳门特区，以及中国大陆和台湾地区之间的双向文书流转上述现行做法不受影响。[④]

2. 港澳台的个人

香港、澳门、台湾地区的个人包括：

（1）香港特别行政区永久性居民和非永久性居民[⑤]。

[①] 《最高人民法院、司法部关于涉港公证文书效力问题的通知》（司发通〔1996〕026号）、《司法部、商务部关于认真落实内地与香港关于建立更紧密经贸关系的安排严格执行委托公证人制度的通知》（司发通〔2003〕128号）、《国家工商行政管理总局关于贯彻落实〈内地与香港关于建立更紧密经贸关系的安排〉和〈内地与澳门关于建立更紧密经贸关系的安排〉促进内地与港、澳经济共同发展的若干意见》（工商外企字〔2003〕第149号）、《国家工商行政管理总局关于涉港企业登记文书证明效力问题的通知》（工商外企字〔2004〕第19号）、《中国委托公证人（香港）管理办法》第3条至第5条。

[②] 《司法部办公厅关于启用中国法律服务（澳门）公司核检专用章同时废止原转递专用章的通知》（司办通〔2004〕第1号）、《司法部关于印发中国委托公证人（澳门）名单及签名式样、印鉴的通知》（司发通〔2018〕39号）、《司法部办公厅关于明确中国法律服务（澳门）公司业务范围的通知》（司办通〔2019〕51号）。

[③] 《两岸公证书使用查证协议》、司法部《海峡两岸公证书使用查证协议实施办法》（司发〔1993〕006号）、《司法部关于增加寄送公证书副本种类事宜的通知》（司发通〔1994〕091号）、《江苏省司法厅关于台湾地区出具的十四类公证书在江苏使用须经江苏省公证员协会核对的通知》（苏司通〔2002〕97号）、广东省公证协会《拟在广东省使用的台湾公证书正副本核验工作指引》（http：//sft.gd.gov.cn/sfw/zwgk/zcwj/content/post_3571794.html，最后访问日期：2024年3月2日）、《广东省公证协会关于台湾公证书核验和涉台公证书寄送工作指南》（2022年1月10日）（https：//gd.12348.gov.cn/jsp/web/information/information_twgzsx_detail.jsp，最后访问日期：2024年3月2日）。

[④] 见南通市人民政府外事办公室《〈取消外国公文书认证要求的公约〉在中国生效后办理文书证明常见问题解答》（https：//wb.nantong.gov.cn/ntszfwqswbgs/wdzsk/content/19ee4508-54b4-452e-bfdb-d88c253cdee0.html，最后访问日期：2024年3月2日）。

[⑤] 《香港特别行政区基本法》第24条第1款规定："香港特别行政区居民，简称香港居民，包括永久性居民和非永久性居民。"值得注意的是，根据《内地与香港关于建立更紧密经贸关系的安排》附件五《关于"服务提供者"定义及相关规定》，《内地与香港关于建立更紧密经贸关系的安排》项下的香港"服务提供者"仅限于香港特别行政区永久性居民。

（2）澳门特别行政区永久性居民和非永久性居民①。
（3）持有台湾地区身份证明文件的自然人②。

实务中，港澳台的个人投资者在内地/大陆投资申请外商投资企业登记时，需要提交其个人身份证明，并且原则上应当按照专项规定或者协议提供当地公证机构的公证文件，具体如下③：

（1）香港、澳门自然人投资者的身份证明为当地永久性居民身份证、特别行政区护照或者内地公安部门颁发的港澳居民居住证、内地出入境管理部门颁发的往来内地通行证；并且，香港、澳门自然人投资者提交港澳居民居住证④或者往来内地通行证作为身份证明的，无须公证。

（2）台湾地区自然人投资者的身份证明为台湾地区身份证明文件、大陆公安部门颁发的台湾居民居住证、大陆出入境管理部门颁发的台湾居民往来大陆通行证；并且，台湾地区自然人投资者提交大陆公安部门颁发的台湾居民居住证、大陆出入境管理部门颁发的台湾居民往来大陆通行证作为身份证明的，无须公证。

3. CEPA 和 ECFA：对港澳台投资的特殊政策

需要特别注意的是，我国还对内地/大陆与港澳台地区在经贸方面作出了特殊安排。

就香港、澳门而言，2003 年，内地与香港、澳门特区政府分别签署了内地与香港、澳门《关于建立更紧密经贸关系的安排》（CEPA）；自此之后，又分别签署了补充协议、补充协议二、补充协议三、补充协议四、补充协议五、补充协议六、补充协议七、补充协议八、补充协议九、补充协议十、广东协议、服务贸

---

① 《澳门特别行政区基本法》第 24 条第 1 款规定："澳门特别行政区居民，简称澳门居民，包括永久性居民和非永久性居民。"值得注意的是，根据《内地与澳门关于建立更紧密经贸关系的安排》附件五《关于"服务提供者"定义及相关规定》，《内地与澳门关于建立更紧密经贸关系的安排》项下的澳门"服务提供者"仅限于澳门特别行政区永久性居民。
② 《台湾投资者经第三地转投资认定暂行办法》第 4 条规定："本办法中的'台湾投资者'是指以下自然人或企业：（一）持有台湾地区身份证明文件的自然人；（二）在台湾地区设立登记的企业，包括公司、信托、商行、合伙或其他组织，不包括大陆和台湾地区以外的国家或地区的自然人、企业或机构在台湾地区设立登记的海外分公司、办事处、联络处以及未从事实质性经营的实体。"
③ 《市场监管总局关于贯彻落实〈外商投资法〉做好外商投资企业登记注册工作的通知》（国市监注〔2019〕247 号）第 6 条。
④ 《市场监管总局关于贯彻落实〈外商投资法〉做好外商投资企业登记注册工作的通知》（国市监注〔2019〕247 号）第 6 条还规定，"香港特别行政区、澳门特别行政区自然人使用往来内地通行证……申请登记注册的，可以通过全国企业登记身份管理实名验证系统进行实名验证，无需线下核实相关证件"。

易协议、投资协议、经济技术合作协议、货物贸易协议、修订《服务贸易协议》的协议等后续协议①。

就台湾而言，2010年，海峡两岸关系协会和财团法人海峡交流基金会签署了《海峡两岸经济合作框架协议》（ECFA）《海峡两岸知识产权保护合作协议》；其后又分别签署了《海峡两岸投资保护和促进协议》等后续协议②。

国务院商务主管部门、国务院投资主管部门、行业主管部门等也出台了相应的文件，对符合条件的港澳投资者到内地投资、台湾投资者到大陆投资作出了特别的规定③，实务中应当予以关注。

（二）定居在国外的中国公民

《外商投资法实施条例》第48条第3款所说的"定居在国外的中国公民"，主要是指"华侨"④。结合《国籍法》第9条关于"定居外国的中国公民，自愿加入或取得外国国籍的，即自动丧失中国国籍"的规定，"定居在国外的中国公民"因仍然具有中国国籍、尚未取得外国国籍，故不属于"外籍华人"⑤，也不属于外国人⑥。

---

① 商务部港澳台司CEPA专题，http：//tga.mofcom.gov.cn/article/zt_cepanew/，最后访问日期：2024年3月2日。

② 商务部港澳台司ECFA专题，http：//tga.mofcom.gov.cn/article/zt_ecfa/，最后访问日期：2024年3月2日。

③ 以银行业为例，针对CEPA框架下港澳投资者投资内地银行业，国务院银行业监督管理部门先后出台了：(1)《中国银行业监督管理委员会关于落实〈内地与香港关于建立更紧密经贸关系的安排〉的通知》（银监通〔2003〕22号）；(2)《中国银监会办公厅关于根据〈内地与澳门关于建立更紧密经贸关系的安排〉补充协议四进一步对外开放银行业有关工作的通知》（银监办发〔2007〕257号）；(3)《中国银监会办公厅关于根据〈内地与香港关于建立更紧密经贸关系的安排〉补充协议四进一步对外开放银行业有关工作的通知》（银监办发〔2007〕258号）；(4)《中国银监会办公厅关于落实国务院批准的〈内地与香港关于建立更紧密经贸关系的安排〉补充协议六和〈内地与澳门关于建立更紧密经贸关系的安排〉补充协议六有关事项的通知》（银监办发〔2009〕327号）；(5)《中国银监会办公厅关于进一步对澳门开放银行业有关工作的通知》（银监办发〔2010〕404号）；(6)《中国银监会办公厅关于进一步对香港开放银行业有关工作的通知》（银监办发〔2010〕405号）；(7)《中国银监会办公厅关于落实内地与香港、澳门〈关于建立更紧密经贸关系的安排〉补充协议十〉有关事项的通知》（银监办发〔2014〕18号）；(8)《中国银监会办公厅关于落实内地在广东与港澳基本实现服务贸易自由化协议有关事项的通知》（银监办发〔2015〕50号）等文件。

④ 《归侨侨眷权益保护法》（2009年修正）第2条第1款规定："归侨是指回国定居的华侨。华侨是指定居在国外的中国公民。"

⑤ 《国务院侨务办公室关于界定华侨外籍华人归侨侨眷身份的规定》（国侨发〔2009〕5号）第2条规定："外籍华人是指已加入外国国籍的原中国公民及其外国籍后裔；中国公民的外国籍后裔。"

⑥ 《出境入境管理法》第89条第3款规定："外国人，是指不具有中国国籍的人。"

符合以下任一情形的中国公民，属于"华侨"：

（1）已取得住在国长期居留权或者永久居留权，并已在住在国连续居留两年，两年内累计居留不少于18个月[①]；

（2）虽然未取得住在国长期居留权或者永久居留权，但已取得住在国连续5年以上（含5年）合法居留资格，5年内在住在国累计居留不少于30个月[②]。

但是，中国公民出国留学（包括公派和自费）在外学习期间，或因公务出国（包括外派劳务人员）在外工作期间，均不视为华侨[③]。

因此，定居在国外的中国公民，可以分为两种情况：一是已经取得了境外永久居留权的；二是没有取得境外永久居留权的。

实务中，定居在国外的中国公民在大陆投资申请企业登记时，通常需要提交其持有的中华人民共和国护照作为身份证明[④]；并且，定居在国外的中国公民（华侨）使用护照申请登记注册的，可以通过全国企业登记身份管理实名验证系统进行实名验证，无须线下核实相关证件[⑤]。

需要注意的是，实践中，有的定居在国外的中国公民在持有中国护照的同时，还持有中国居民身份证；有的则只持有中国护照，但不持有中国居民身份证。

[①]《国务院侨务办公室关于界定华侨外籍华人归侨侨眷身份的规定》（国侨发〔2009〕5号）第1条第1款。

[②]《国务院侨务办公室关于界定华侨外籍华人归侨侨眷身份的规定》（国侨发〔2009〕5号）第1条第2款。

[③]《国务院侨务办公室关于界定华侨外籍华人归侨侨眷身份的规定》（国侨发〔2009〕5号）第1条第3款。

[④]《护照法》第2条第1款规定："中华人民共和国护照是中华人民共和国公民出入国境和在国外证明国籍和身份的证件。"《出境入境管理法》第14条规定："定居国外的中国公民在中国境内办理金融、教育、医疗、交通、电信、社会保险、财产登记等事务需要提供身份证明的，可以凭本人的护照证明其身份。"

[⑤]《市场监管总局关于贯彻落实〈外商投资法〉做好外商投资企业登记注册工作的通知》（国市监注〔2019〕247号）第6条规定："……定居在国外的中国公民（华侨）使用护照申请登记注册的，可以通过全国企业登记身份管理实名验证系统进行实名验证，无需线下核实相关证件。"

具体来说，只有出国定居的中国公民在办理出境手续时才可能需要注销户口①并交回中国居民身份证②，那些虽然获得了境外国家或者地区的永久居留签证，但不到境外定居的中国公民，在办理出境手续时可能并没有注销户口、也没有交回中国居民身份证。

基于上述，笔者理解，从外商投资管理的角度，并非所有定居在国外的中国公民都属于参照外国投资者管理的主体，参照外国投资者管理的主体针对的是未持有中国居民身份证的定居在国外的中国公民；定居在国外的中国公民，如果仍然依法持有中国居民身份证，可以以其中国居民身份证作为身份证件在中国境内

---

① 《出境入境管理法》本身没有直接规定中国公民出国定居必须注销户口、交回居民身份证。从《出境入境管理法》第14条关于"定居国外的中国公民在中国境内办理金融、教育、医疗、交通、电信、社会保险、财产登记等事务需要提供身份证明的，可以凭本人的护照证明其身份"的规定看，中国公民出国定居应该是需要注销户口、交回居民身份证的，否则《出境入境管理法》第14条就没有必要作出这样的规定了。此外，《公民出境入境管理法实施细则》（2011年修订）第7条曾规定："居住国内的公民办妥前往国家的签证或者入境许可证件后，应当在出境前办理户口手续。出境定居的，须到当地公安派出所或者户籍办公室注销户口。短期出境的，办理临时外出的户口登记，返回后凭护照在原居住地恢复常住户口。"不过，该细则被2020年3月27日的《国务院关于修改和废止部分行政法规的决定》（国务院令第726号）废止了。实践中，公安机关通常都会要求出国定居的中国公民在办理出境手续时必须注销户口。比如，上海市公安局印发的《上海市常住户口管理规定》（沪公行规〔2018〕1号）第45条规定："经批准前往香港、澳门地区定居的，本人应当持出入境管理部门出具的注销户口通知书向户口所在地公安派出所申报注销户口登记。自行取得香港、澳门地区居民身份的，本人应当向户口所在地公安派出所申报注销户口登记；自行取得台湾地区居民身份的，本人应当持出入境管理部门出具的注销户口通知书向户口所在地公安派出所申报注销户口登记。未办理注销户口登记的，公安派出所应当及时告知本人、近亲属、户主或者集体户口协管员，拒绝注销户口或者告知后一个月内仍未办理注销户口登记的，可以注销其户口。"第46条规定："出国定居或者加入外国国籍的，本人应当向户口所在地公安派出所办理注销户口登记。未办理注销户口登记的，公安派出所应当及时告知本人、近亲属、户主或者集体户口协管员，拒绝注销户口或者告知后一个月内仍未办理注销户口登记的，可以注销其户口。"又如，《福建省居民户口登记管理办法》（福建省政府令第179号）第43条规定："公民有下列情形之一的，应当申报户口注销……（三）往香港、澳门、台湾定居的……"，福建省公安厅2017年12月4日的《福建省居民户口登记管理实施规定》第85条第1款规定："公民经批准前往港澳地区定居的，应当提交县级以上公安出入境管理部门出具的《内地居民申请前往香港/澳门定居批准通知书》；公民经批准前往台湾地区定居的，应当提交县级以上公安出入境管理部门出具的注销户口通知，向户籍所在地公安派出所申请户口注销。"再如，浙江省公安厅印发的《浙江省常住户口登记管理规定》（浙公通字〔2020〕5号）第98条规定："短期出国，不注销户口。已在国外定居的，由本人、户主或近亲属凭驻在国居留资格证明和护照等材料，向户口所在地公安派出所申报注销户口登记，交回居民户口簿和居民身份证。发现未按规定申报注销户口登记，经我国驻外使领馆或县级以上公安机关出入境管理部门确认已在国外定居的，应当提醒申报义务人申报注销。经提醒后未申报的，公安派出所应当依职权注销其户口，同时注销其居民户口簿和居民身份证。"

② 《公安部关于对已领民身份证的公民在办理注销户口时是否收缴居民身份证问题的批复》（公治〔2006〕246号）第2条规定："对已经领取居民身份证的公民因死亡、出国（境）定居注销户口的，应当收回其居民身份证。"该文件被列入公安部2018年4月12日公布的继续有效的《公安部规范性文件目录》，目前应该仍然有效。

投资。

(三) 以投资为主要业务的外商投资企业

现阶段，以投资为主要业务的外商投资企业主要包括外商投资性公司、外商投资创业投资企业、以投资为主要业务的外商投资合伙企业和外商投资股权投资企业这4种。这4种主体在身份上都属于中国的机构（法人或非法人组织）。

(1) 外商投资性公司

外商投资性公司是指外国投资者在中国以独资或与中国投资者合资的形式设立的从事直接投资的公司，其公司形式为有限责任公司或股份有限公司。[②]

外商投资性公司可以作为发起人发起设立外商投资股份有限公司或持有外商投资股份有限公司未上市流通的法人股，也可以根据国家有关规定持有境内其他股份有限公司未上市流通的法人股；此时，外商投资性公司应视为股份有限公司的境外发起人或境外股东。[③]

(2) 外商投资创业投资企业

外商投资创业投资企业是指外国投资者或外国投资者与根据中国法律注册成立的公司、企业或其他经济组织，依法在中国境内设立的以创业投资为经营活动的外商投资企业[④]；其中，创业投资是指主要向未上市高新技术企业进行股权投资，并为之提供创业管理服务，以期获取资本增值收益的投资方式[⑤]。

(3) 以投资为主要业务的外商投资合伙企业

现阶段，国家层面没有对何为"以投资为主要业务的外商投资合伙企业"直接作出界定；原行政法规《外国企业或者个人在中国境内设立合伙企业管理办法》（已于2020年11月废止）第14条规定"国家对外国企业或者个人在中国境内设立以投资为主要业务的合伙企业另有规定的，依照其规定。"原部门规章《外商投资合伙企业登记管理规定》（2019年修订，于2021年6月废止）第61条也曾经作出两项原则性规定：一是以投资为主要业务的外商投资合伙企业境内投资，应当依照国家有关外商投资的法律、行政法规、规章办理[⑥]；二是省、自治区、直辖市及计划单列市、副省级市市场监督管理部门负责以投资为主要业务

---

② 《商务部关于外商投资举办投资性公司的规定》（2015年修正）第2条。
③ 《商务部关于外商投资举办投资性公司的规定》（2015年修正）第14条。
④ 《外商投资创业投资企业管理规定》（2015年修正）第2条。
⑤ 《外商投资创业投资企业管理规定》（2015年修正）第3条。
⑥ 《外商投资合伙企业登记管理规定》（2019年修订，于2021年6月废止）第61条。

的外商投资合伙企业的登记管理①。

需要注意的是，"以投资为主要业务的外商投资合伙企业"如果符合《私募投资基金监督管理条例》和《私募投资基金监督管理暂行办法》规定的私募投资基金的条件②，则应当同时遵守法律法规有关私募投资基金的规定。

（4）外商投资股权投资企业

尽管《外商投资信息报告办法》和《市场监管总局关于贯彻落实〈外商投资法〉做好外商投资企业登记注册工作的通知》（国市监注〔2019〕247号）没有直接提及，但是，实践中还存在"外商投资股权投资企业"这类以投资为主要业务的外商投资企业，国务院办公厅的文件，商务部、中国人民银行、国家外汇管理局的文件也都使用了"外商投资股权投资企业"的表述，并将其与"外商投资性公司""外商投资创业投资企业"并列对待。③

现阶段，国家层面尚未就外商投资股权投资企业出台统一的专门的文件，而主要是由地方监管部门出台的规范性文件加以规定的④。根据这些规范性文件，外商投资股权投资企业是指依据相关规定在中国境内设立的从事股权投资的外商

---

① 《外商投资合伙企业登记管理规定》（2019年修订，于2021年6月废止）第5条第3款。
② 《私募投资基金监督管理条例》第2条规定："在中华人民共和国境内，以非公开方式募集资金，设立投资基金或者以进行投资活动为目的依法设立公司、合伙企业，由私募基金管理人或者普通合伙人管理，为投资者的利益进行投资活动，适用本条例"，《私募投资基金监督管理暂行办法》第2条规定："本办法所称私募投资基金（以下简称私募基金），是指在中华人民共和国境内，以非公开方式向投资者募集资金设立的投资基金。私募基金财产的投资包括买卖股票、股权、债券、期货、期权、基金份额及投资合同约定的其他投资标的。非公开募集资金，以进行投资活动为目的设立的公司或者合伙企业，资产由基金管理人或者普通合伙人管理的，其登记备案、资金募集和投资运作适用本办法"。
③ 《国务院关于印发北京、湖南、安徽自由贸易试验区总体方案及浙江自由贸易试验区扩展区域方案的通知》（国发〔2020〕10号）、《国务院办公厅关于印发自由贸易试验区外商投资国家安全审查试行办法的通知》（国办发〔2015〕24号）、《上海国际金融中心建设行动计划（2018-2020年）》（银发〔2019〕17号）、《国家外汇管理局关于进一步促进跨境贸易投资便利化的通知》（汇发〔2019〕28号，经汇发〔2023〕28号修改）、《外商投资统计制度（2017年）》（商资函〔2017〕508号）、《关于外商投资企业设立及变更备案管理有关事项的公告》（商务部公告2017年第37号，已废止）附件1《外商投资企业设立申报表》《国家外汇管理局关于进一步改进和调整直接投资外汇管理政策的通知》（汇发〔2012〕59号）、《外商直接投资人民币结算业务管理办法》（中国人民银行公告〔2011〕第23号）第15条、《国家外汇管理局关于改革外商投资企业外汇资本金结汇管理方式的通知》（汇发〔2015〕19号）、《国家外汇管理局关于进一步促进跨境贸易投资便利化的通知》（汇发〔2019〕28号，经汇发〔2023〕28号修改）等。
④ 比如，上海市《关于本市开展外商投资股权投资企业试点工作的实施办法》（沪金融办通〔2010〕38号）、《海南省关于开展合格境外有限合伙人（QFLP）境内股权投资暂行办法》（琼金监函〔2020〕186号）、《湖南省外商投资股权投资类企业试点暂行办法》（湘金监发〔2022〕74号）等。

投资企业①，以对非上市企业进行股权投资为其主要经营业务②。

尽管这些以投资为主要业务的外商投资企业是依照中国法律在中国境内注册的企业、属于中国的法人或非法人组织，但是，从外商投资管理的角度，国家对这些以投资为主要业务的外商投资企业也是参照外国投资者管理的③，具体来说：

一是在外商投资信息报告方面，以投资为主要业务的外商投资企业在境内投资设立企业的，参照外国投资者或外商投资企业报送投资信息。④

二是在投资设立企业的登记注册方面，以投资为主要业务的外商投资企业境内投资设立的企业参照外商投资企业登记注册。⑤

三是在负面清单管理方面，以投资为主要业务的外商投资企业在外商投资准入负面清单以外的领域投资的，按照内外资一致的原则进行登记注册；外商投资准入负面清单内对出资比例、法定代表人（主要负责人）国籍等有限制性规定的领域，对于符合准入特别管理措施规定条件的，依法予以登记注册（行业主管部门在登记注册前已经依法核准相关涉企经营许可事项的，登记机关无需就是否符合准入特别管理措施规定条件进行重复审查）；在外商投资准入负面清单禁止投资的领域投资的，不予登记注册。⑥

---

① 《外商投资统计制度（2017年）》（商资函〔2017〕508号）。
② 上海市《关于本市开展外商投资股权投资企业试点工作的实施办法》（沪金融办通〔2010〕38号））第2条、《海南省关于开展合格境外有限合伙人（QFLP）境内股权投资暂行办法》（琼金监函〔2020〕186号）第5条、《湖南省外商投资股权投资类企业试点暂行办法》（湘金监发〔2022〕74号）第2条。
③ 值得一提的是，在《外商投资法》实施之前，从外商投资管理的角度，这些以投资为主要业务的外商投资企业在当时是"视同外国投资者"管理的（见《外商投资企业设立及变更备案管理暂行办法》（已废止）第32条、《商务部关于外商投资管理工作有关问题的通知》（商资函〔2011〕72号，已废止）第6条）。不过，在《外商投资法》实施之后，就不再区分"参照外国投资者管理"和"视同外国投资者管理"了，而是统一作为"参照外国投资者"管理，"视同外国投资者"也就成了历史概念。
④ 《外商投资信息报告办法》第29条。
⑤ 《市场监管总局关于贯彻落实〈外商投资法〉做好外商投资企业登记注册工作的通知》（国市监注〔2019〕247号）第14条。
⑥ 《市场监管总局关于贯彻落实〈外商投资法〉做好外商投资企业登记注册工作的通知》（国市监注〔2019〕247号）第2条。

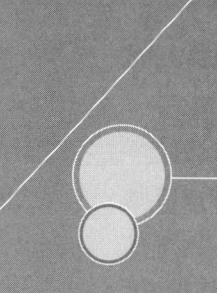

第四章

投资的界定

《外商投资法》第2条第2款针对"外商投资"作出的界定是："本法所称外商投资，是指外国的自然人、企业或者其他组织（以下称外国投资者）直接或者间接在中国境内进行的投资活动，包括下列情形……（四）法律、行政法规或者国务院规定的其他方式的投资"。据此，"投资"也是《外商投资法》项下的基础性概念，对《外商投资法》关于"外商投资"的定义的准确理解，关键在于并有赖于甚至取决于对其中的"投资活动"或"投资"（本章以下统称为"投资"）作何解释。

问题是，《外商投资法》所说的"投资"，指的是什么？包括哪些方式或情形？由于《外商投资法》本身没有直接对"投资"进行定义，为理解《外商投资法》所说的"投资"的含义，有必要考察其他法律法规甚至国际条约、协定关于"投资"的规定。

一、国内法关于投资的规定

在法律层面，尚未对"投资"作出统一的直接的定义。可以从相关法律、法规的规定来探析"投资"可能具有的含义。

（一）企业所得税法及其实施条例

《企业所得税法》使用了"投资""债权性投资"和"权益性投资"的概念[1]，《企业所得税法实施条例》则对这几个概念进行了定义。

关于"投资"，《企业所得税法》（2018年修正）第14条规定："企业对外投资期间，投资资产的成本在计算应纳税所得额时不得扣除"，《企业所得税法实施条例》（2024年修订）第71条第1款规定："企业所得税法第十四条所称投

---

[1] 见《企业所得税法》（2018年修正）第14条、第46条。

资资产，是指企业对外进行权益性投资和债权性投资形成的资产。"

关于"权益性投资"，《企业所得税法实施条例》（2024年修订）第119条第3款规定："企业所得税法第四十六条所称权益性投资，是指企业接受的不需要偿还本金和支付利息，投资人对企业净资产拥有所有权的投资。"

关于"债权性投资"，《企业所得税法实施条例》（2024年修订）第119条第1款规定："企业所得税法第四十六条所称债权性投资，是指企业直接或者间接从关联方获得的，需要偿还本金和支付利息或者需要以其他具有支付利息性质的方式予以补偿的融资"，第2款规定："企业间接从关联方获得的债权性投资，包括：（一）关联方通过无关联第三方提供的债权性投资；（二）无关联第三方提供的、由关联方担保且负有连带责任的债权性投资；（三）其他间接从关联方获得的具有负债实质的债权性投资。"

由此，如无特别说明，通常所说的"投资"，可以是权益性投资，也可以是债权性投资，还可以是既包括权益性投资，又包括债权性投资的"投资组合"。

（二）《企业境外投资管理办法》

针对境外投资，《企业境外投资管理办法》（国家发展和改革委员会令第11号）第2条第1款规定："本办法所称境外投资，是指中华人民共和国境内企业（以下称投资主体）直接或通过其控制的境外企业，以投入资产、权益或提供融资、担保等方式，获得境外所有权、控制权、经营管理权及其他相关权益的投资活动"，第2款规定："前款所称投资活动，主要包括但不限于下列情形：（一）获得境外土地所有权、使用权等权益；（二）获得境外自然资源勘探、开发特许权等权益；（三）获得境外基础设施所有权、经营管理权等权益；（四）获得境外企业或资产所有权、经营管理权等权益；（五）新建或改扩建境外固定资产；（六）新建境外企业或向既有境外企业增加投资；（七）新设或参股境外股权投资基金；（八）通过协议、信托等方式控制境外企业或资产。"

由此可见，《企业境外投资管理办法》所说的"投资"，主要是指权益性投资，但不仅限于权益性投资，还包括了直接"获得境外土地所有权、使用权等权益""获得境外自然资源勘探、开发特许权等权益""获得境外资产所有权""新建或改扩建境外固定资产"等行为。

二、国际法关于投资的规定

由于《外商投资法》第12条规定了"国家与其他国家和地区、国际组织建立多边、双边投资促进合作机制,加强投资领域的国际交流与合作",第4条第4款规定了"中华人民共和国缔结或者参加的国际条约、协定对外国投资者准入待遇有更优惠规定的,可以按照相关规定执行",第40条规定了"任何国家或者地区在投资方面对中华人民共和国采取歧视性的禁止、限制或者其他类似措施的,中华人民共和国可以根据实际情况对该国家或者该地区采取相应的措施",因此,中国与其他国家和地区、国际组织之间的多边投资协定、双边投资协定关于"投资"的规定,也可以作为理解《外商投资法》所说的"投资"的含义的参考;甚至,在特定情况下,可以依法直接作为界定《外商投资法》所说的"投资"的依据。

以下分别以中日韩投资协定、中加投资协定和《区域全面经济伙伴关系协定》(RCEP)等分别予以说明。

（一）中日韩投资协定

2012年5月13日签署、2014年5月17日生效的《中华人民共和国政府、日本国政府及大韩民国政府关于促进、便利及保护投资的协定》（以下简称《中日韩投资协定》）[①]对"投资"作出了直接的界定,并列举了投资的主要形式。

根据《中日韩投资协定》第1条第1款规定,中日韩投资协定项下的"投资"一词是指"投资者直接或间接拥有或控制的、具有投资性质的各种财产,例如资本或其他资源投入、收益或利润预期或风险承担等";在具体形式上,"投资"可能包括以下各种:"（一）企业及其分支机构;（二）企业的股份,股票或其他参股形式,以及由此衍生出的权利;（三）债券、信用债券、贷款及其他形式的债,以及由此衍生出的权利;（四）合同权利,包括统包、建设、管理、生产或者收益分配合同;（五）金钱请求权,以及请求履行具有与投资相关经济价值的合同的权利;（六）知识产权,包括著作权及相关权力,专利权,以及与实用新型、商标、工业设计、集成电路布图设计、植物新品种、商号、产地标识、地理标识及未披露信息相关的权力;（七）依据法律法规或合同授予的权力,如特许权、许可、授权及许可证;以及（八）任何其他有形及无形财产,动产、不动产以及任何相关的财产权利,如租赁、抵押、留置权、质押权。"

并且,"投资也包括由投资产生的孳息,特别是利润、利息、资本利得、股

[①] 中日韩投资协定中文本请见外交部网站 http://treaty.mfa.gov.cn/tykfiles/20180718/1531876124071.pdf,最后访问日期:2024年3月2日。

息、特许权使用费及收费。作为投资的财产发生形式上的变化，不影响其作为投资的性质"。

《中日韩协定》第1条第5款规定："'投资行为'一词是指投资的管理、运营、经营、维持、使用、享有、出售或其他处分行为。"

由此可见，《中日韩投资协定》项下的作为名词的"投资"，实质即为"财产及财产权利"；"投资行为"或作为动词的"投资"，实质即为直接或间接取得、占有、使用、收益、处分各种财产或财产权利的行为。

此外，2007年11月26日签署、2010年8月20日生效的《中华人民共和国政府和法兰西共和国政府关于相互促进和保护投资的协定》[①] 第1条和2009年1月27日签署、2010年4月13日生效的《中华人民共和国政府和瑞士联邦委员会关于促进和相互保护投资协定》[②] 第1条也有类似的规定。

（二）中加投资协定

2012年9月9日签署、2014年10月1日生效的《中华人民共和国政府和加拿大政府关于促进和相互保护投资的协定》（以下简称《中加投资协定》）[③] 采取列举的方式对"投资"作出了定义。

根据《中加投资协定》第1条第1款规定，中加投资协定项下的"投资"一词是指以下权益：

"（一）一家企业；

"（二）企业中的股份、股票和其他形式的参股；

"（三）债券、信用债券和企业的其他债务工具；

"（四）对一家企业的贷款

"1. 当这家企业附属于投资者，或

"2. 当此贷款的原始到期时限至少为三年；

"（五）尽管有上述第（三）（四）分款规定，对金融机构的贷款或金融机构发放的债务证券只有在该贷款或债务证券被该金融机构所在的缔约方视为监管资

[①] 《中法投资协定》中文本请见外交部网站 http://treaty.mfa.gov.cn/tykfiles/20180718/1531876909873.pdf，最后访问日期：2024年3月2日。

[②] 《中瑞投资协定》中文本请见外交部网站 http://treaty.mfa.gov.cn/tykfiles/20180718/1531876951854.pdf，最后访问日期：2024年3月2日。

[③] 《中加投资协定》中文本请见外交部网站 http://treaty.mfa.gov.cn/tykfiles/20180718/1531877002117.pdf，最后访问日期：2024年3月2日。

本时才是投资；

"（六）在企业中的一项权益，该权益能使所有者分享该企业的收入或者利润；

"（七）在企业中的一项权益，该权益能使所有者在该企业解散时获得资产分配；

"（八）由于向缔约一方境内投入用于该境内经济活动的资本或其他资源而产生的权益，例如：

"1. 依据涉及投资者的财产存在于缔约一方领土内的合同，包括交钥匙或建筑合同，或对勘探和开采石油或者其他自然资源的特许权，或

"2. 依据报酬主要取决于企业的产量、收入或者利润的合同；

"（九）知识产权；以及

"（十）其他任何出于商业目的取得或使用的有形或无形、可移动或不可移动的财产和相关财产权利；"

值得注意的是，《中加投资协定》第1条第1款明确规定以下金钱请求权不属于"投资"：(1) 仅来源于销售商品或服务的商业合同或与一项商业交易有关的授信（例如贸易融资)[①]的金钱请求权；(2) 其他任何金钱请求权。

由此可见，《中加投资协定》项下的"投资"，总体上与《中日韩投资协定》项下的"投资"类似，但在范围上要小些，不包括与商业交易有关的大部分金钱请求权。

（三）区域全面经济伙伴关系协定（RCEP）

2020年11月15日由东盟十国和中国、日本、韩国、新西兰、澳大利亚等5个非东盟成员国签署、2022年1月1日正式生效的《区域全面经济伙伴关系协定》（RCEP)[②]也对"投资"作出了直接的界定，并列举了投资的主要形式和不属于投资的若干情形。

根据RCEP第10章"投资"第1条第1款，RCEP项下的"投资"一词是指"一个投资者直接或间接，拥有或控制的，具有投资特征的各种资产，此类特

[①] 根据《中加投资协定》第1条第1款第12分款，对附属于投资者的企业的贷款和原始到期时限为三年以上的贷款属于该协定界定的投资。

[②] 《区域全面经济伙伴关系协定》（RCEP）中文本请见商务部中国自由贸易区服务网 http://fta.mofcom.gov.cn/rcep/rcep_new.shtml，最后访问日期：2024年3月2日。

征包括承诺资本或其他资源的投入、收益或利润的期待或风险的承担",投资可以采取的形式包括:"1. 法人中的股份、股票和其他形式的参股,包括由此派生的权利;2. 法人的债券、无担保债券、贷款及其他债务工具以及由此派生的权利;3. 合同项下的权利,包括交钥匙、建设、管理、生产或收入分享合同;4. 东道国法律和法规所认可的知识产权和商誉;5. 与业务相关且具有财务价值的金钱请求权或任何合同行为的给付请求权;6. 根据东道国法律法规或依合同授予的权利,如特许经营权、许可证、授权和许可,包括勘探和开采自然资源的权利;以及 7. 动产、不动产及其他财产权利,如租赁、抵押、留置或质押",并且,"用于投资的投资回报应当被视为投资。投资或再投资资产发生任何形式上的变化,不得影响其作为投资的性质"。

需要注意的是,RCEP 第 10 章"投资"第 1 条第 1 款还明确规定了一些不属于其规定的"投资"的情形:

(1)"投资"不包括司法、行政行为或仲裁程序中的命令或裁决;

(2)一缔约方向另一缔约方发行的贷款不是投资;

(3)并非所有的债务均属投资,一些形式的债务,如债券、无担保债券和长期票据,更可能具有投资的特征,而其他形式的债务,如因销售货物或服务而立即到期的付款请求权,则较不可能具有投资的特征;

(4)投资并不是完全来源于销售货物或服务的商业合同或者与此类商业合同有关的授信的金钱请求权。

(5)市场份额、市场准入、预期收益和盈利机会本身并不是投资。

由此可见,RCEP 项下的"投资",总体上与中日韩投资协定、中加投资协定项下的"投资"类似,需要满足"具有投资特征(或投资性质)"的要求。

三、CEPA 与 ECFA 关于投资的规定

(一)内地与香港关于建立更紧密经贸关系的安排(CEPA)

2017 年 6 月 28 日签署、2018 年 1 月 1 日生效的《〈内地与香港关于建立更紧密经贸关系的安排〉投资协议》对"投资"作出了直接的界定,并列举了投资的主要形式。

根据《〈内地与香港关于建立更紧密经贸关系的安排〉投资协议》第 2 条第 1 款,该投资协议项下的"投资"是指"所有由投资者直接或间接拥有或控制

的、具有投资特征的各种资产",其中的"投资特征"包括"资本或其他资源的投入、收益或利润的预期和风险的承担",投资形式包括(但不限于)以下各种:"(一)一家企业;(二)企业的股份、股票和其他形式的参股;(三)债券、信用债券、贷款和其他债务工具,包括由企业或一方发行的债务工具;(四)期货、期权及其他衍生工具;(五)交钥匙、建筑、管理、生产、特许、收入分配及其他类似合同;(六)知识产权;(七)根据一方法律授予的执照、授权、许可及类似权益;以及(八)其他有形或无形资产、动产、不动产以及相关财产权利,如租赁、抵押、留置权及质押权"。

2017年12月18日签署、2018年1月1日生效的《〈内地与澳门关于建立更紧密经贸关系的安排〉投资协议》也有类似的规定。

由此可见,CEPA[①]框架下的"投资",指向的也是各种资产(包括财产及财产权利),但需要满足"具有投资特征"的条件,不具有"投资特征"的资产,不视为CEPA框架下的"投资"。而"投资特征"强调"资本或资源的投入""收益或利润的预期"和"风险的承担"这3个要素。

(二)海峡两岸投资保护和促进协议(ECFA)

2012年8月9日签署、2013年2月1日生效的《海峡两岸投资保护和促进协议》第1条第1款也采取了直接定义并列举主要形式的方式对"投资"进行了界定。

总体上看,在定义和形式方面,ECFA[②]框架下的"投资"与CEPA框架下的"投资"是类似的,并且都强调"具有投资特征(或特性)"这一要求。

四、关于《外商投资法》项下的"投资"的理解

基于上述法律文件关于"投资"的规定,笔者理解,可以从以下角度来理解《外商投资法》所说的"投资"和"投资活动":

[①] 有关《内地与香港关于建立更紧密经贸关系的安排》及其后续协议、《内地与澳门关于建立更紧密经贸关系的安排》及其后续协议的文本,请见商务部台港澳司网页"内地与港澳关于建立更紧密经贸关系的安排(CEPA)专题"(http://tga.mofcom.gov.cn/article/zt_cepanew/,最后访问日期:2024年3月2日)。

[②] 有关海峡两岸经济合作框架协议及其相关协议的文本,请见商务部台港澳司网页"海峡两岸经济合作框架协议(ECFA)"(http://tga.mofcom.gov.cn/article/zt_ecfa/,最后访问日期:2024年3月2日)。

第一，《外商投资法》所说的"投资活动"或作为动词的"投资"，指的是有偿（包括低价甚至零对价）取得、占有、使用、收益、处分各种财产或财产权利（或资产）的活动，涵盖了各种方式、各种情形的投资活动，既包括直接投资行为，又包括间接投资行为。

其中，作为取得、占有、使用、收益、处分各种财产或财产权利（或资产）的对价，可以是货币，也可以是实物、知识产权、土地使用权等非货币财产或财产权利，甚至可以是劳务（比如，外国自然人依照《合伙企业法》的规定作为普通合伙人以劳务对普通合伙企业或有限合伙企业出资）。

第二，《外商投资法》所说的作为名词的"投资"，指的则是所持有或控制的各种财产或财产权利（或资产），包括动产、不动产（或物权）、债权（或债权性投资）、股权等投资性权利（或权益性投资）、知识产权等财产或财产权利。

第三，《外商投资法》所说的"投资活动"（或作为动词的"投资"）和作为名词的"投资"，应当具有投资特征，即同时具有"资本或资源的投入""收益或利润的预期"和"风险的承担"这3个要素。在由数人共同进行的投资活动中，"投资特征"指向的是各个投资者在总体上"共同出资、共享收益、共担风险"。

正是基于投资特征，"投资活动"或作为动词的"投资"，才得以与《劳动法》《劳动合同法》所规范的自然人以劳动者身份提供劳动获得劳动报酬的行为，与《民法典》继承编所规范的合法继承人继承被继承人财产的行为，与《消费者权益保护法》所规范的消费者为生活消费需要而购买、使用商品或者接受服务的行为[①]，与《民法典》合同编等法律所规范的普通的货物贸易行为、普通的服务贸易行为，区别开来。

也正是基于此，《中加投资协定》第1条第1款才专门规定："下述第（十一）分款、第（十二）分款中不涉及第（一）分款至第（十）分款规定权益的情形不是投资：（十一）金钱请求权，此请求权仅来源于1. 销售商品或服务的商业合同，或2. 与一项商业交易有关的授信，例如贸易融资，除了第（四）分款涵盖的贷款以外；或（十二）其他任何金钱请求权"；《〈内地与香港关于建立更紧密经贸关系的安排〉投资协议》针对其第1条第1款第37三项所说的"债务

[①] 《消费者权益保护法》第2条规定："消费者为生活消费需要购买、使用商品或者接受服务，其权益受本法保护；本法未作规定的，受其他有关法律、法规保护。"

工具"的注释①也特别规定："若干债务形式，如债券、信用债券及长期票据较可能具有投资特征；而其他债务形式，如由于货物或服务销售所得而即将到期的付款索偿，则具有投资特征的可能性较小"②，针对其第1条第1款第7项"执照、授权、许可及类似权益"的注释规定："个别种类的执照、授权、许可及类似工具（包括特许权，如具有此工具的性质）是否具有投资特征的资产，亦取决于例如持有人在一方法律下所享有权利的性质及范围等因素。"

有鉴于此，将来在制定《外商投资法》的其他配套法规、规章和规范性文件时，有必要将《外商投资法》所说的"投资活动"或"投资"，与上述行为区别开来，将明显不属于"投资"的情形排除出去。

其中，考虑到对"投资活动"或"投资"作出清晰的定义可能是比较困难的③，在立法方案方面，可以借鉴CEPA、ECFA和RCEP以及《公司法》第48条第1款关于有限责任公司股东出资方式的规定④，采取"原则规定+正面列举+负面清单"的立法模式，对《外商投资法》所说的"投资活动""投资"加以界定。

---

① 《〈内地与澳门关于建立更紧密经贸关系的安排〉投资协议》也有类似的注释。
② 《中华人民共和国政府与智利共和国政府自由贸易协定关于投资的补充协定》也有类似的注释。
③ 比如，1965年的《关于解决国家和他国国民之间投资争端公约》（华盛顿公约）第25条在规定解决投资争端国际中心（ICSID）的管辖"适用于缔约国（或缔约国向中心指定的该国的任何组成部分或机构）和另一缔约国国民之间直接因投资而产生并经双方书面同意提交给中心的任何法律争端"的同时，却有意未对"投资"一词下定义（见ICSID Model Clauses，来源：http://documents.worldbank.org/curated/en/258581488537192045/text/110241-WP-Box396328B-PULBIC-ICSID-Model-Clauses-02-01-1993.txt，最后访问日期：2024年3月2日）。其背后的原因在于私人与外国公共实体之间的交易具有多样性，任何定义都无法将之全部概括（转引自季烨：《国际投资条约中投资定义的扩张及其限度》，载《北大法律评论》2011年第1期，来源于北大法宝（www.pkulaw.cn））。
④ 《公司法》第48条第1款规定："股东可以用货币出资，也可以用实物、知识产权、土地使用权、股权、债权等可以用货币估价并可以依法转让的非货币财产作价出资；但是，法律、行政法规规定不得作为出资的财产除外。"

第五章

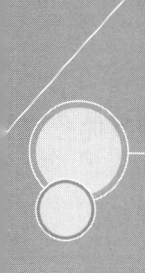

外商投资的界定

"外商投资"是《外商投资法》项下的一个基础性概念,"外商投资"的界定将直接影响法律的适用和监管措施的实施。《外商投资法》所说的"外商投资",指的是什么、包括哪些方式或情形?本章将进行解读。

一、《外商投资法》关于"外商投资"的定义

(一)外商投资的定义

《外商投资法》第2条第2款对"外商投资"直接作出如下定义:

"本法所称外商投资,是指外国的自然人、企业或者其他组织(以下称外国投资者)直接或者间接在中国境内进行的投资活动,包括下列情形:

"(一)外国投资者单独或者与其他投资者共同在中国境内设立外商投资企业;

"(二)外国投资者取得中国境内企业的股份、股权、财产份额或者其他类似权益;

"(三)外国投资者单独或者与其他投资者共同在中国境内投资新建项目;

"(四)法律、行政法规或者国务院规定的其他方式的投资。"

从上述条文看,《外商投资法》关于"外商投资"的定义,采取了"对外商投资进行原则定义"+"列举常见的外商投资方式"+"认可其他法律规定其他的外商投资方式"+"授权国务院规定其他的外商投资方式"的立法模式。

(二)"国家另有规定"的理解

值得注意的是,考虑到金融行业同其他行业和领域相比具有特殊性,《外商投资法》第41条特别规定了"对外国投资者在中国境内投资银行业、证券业、保险业等金融行业,或者在证券市场、外汇市场等金融市场进行投资的管理,国

家另有规定的,依照其规定",因此,金融行业和金融市场的外商投资,应当优先适用国家针对金融行业和金融市场作出的特别规定。

其中的"国家另有规定",主要包括以下几种情形:

(1)其他法律关于金融行业、金融市场的外商投资的规定;

(2)国务院、国务院办公厅制定的有关金融行业、金融市场的外商投资的规定;

(3)国务院商务主管部门、国务院投资主管部门制定的有关金融行业、金融市场的外商投资的规定;

(4)国务院其他有关部门在其各自的职责范围内制定的有关金融行业、金融市场的外商投资的规定;

(5)最高人民法院制定的有关金融行业、金融市场的外商投资的司法解释和司法规范性文件的规定。

二、关于"外商投资"的定义的理解

根据《外商投资法》第2条第2款的规定,"外商投资"包括两种:

第一种是外商直接投资,即外国投资者直接在中国境内进行的各种投资活动。

第二种是外商间接投资,即外国投资者间接在中国境内进行的各种投资活动。

据此,只要是由外国投资者在中国境内进行的投资活动,不论是外商直接投资,还是外商间接投资,也不论是仅由一个外国投资者单独进行的投资,还是由一个外国投资者与一个或数个其他外国投资者或中国投资者共同进行的投资,抑或由一个外国投资者与一个或数个其他外国投资者和中国投资者共同进行的投资,均属《外商投资法》规范的"外商投资"。

应该说,《外商投资法》关于"外商投资"的这一定义,已经将各种方式、各种情形的外商投资都涵盖其中,可谓"一网打尽"。

不过,也应该说,《外商投资法》关于"外商投资"的这一定义,尤其是其中的"间接在中国境内进行的投资活动"和"其他方式的投资",是非常原则性的规定，有必要由配套的法规、规章、规范性文件予以具体、明确。①

因为，如本书第四章（"投资的界定"）所说，对《外商投资法》关于"外商投资"的定义的准确理解，关键在于，并有赖于甚至取决于其中的"投资活动"和"间接进行的投资"作何解释，而无论是"投资"还是"间接进行的投资"，都存在着较大的解释空间。

可能也正是基于这个原因，《外商投资法》第2条第2款才在对"外商投资"进行定义之后，具体列举了3类常见的外商投资方式，并加上了"其他方式的投资"的兜底条款。

有鉴于此，本章接下来先对《外商投资法》明确列举的3类常见的外商投资方式逐一进行解读，再对"其他方式的外商投资"进行解读。

三、外商投资的常见方式

《外商投资法》第2条第2款明确列举了3类常见的外商投资方式，包括：

（1）外国投资者单独或者与其他投资者共同在中国境内设立外商投资企业，即外国投资者新设外商投资企业；

（2）外国投资者取得中国境内企业的股份、股权、财产份额或者其他类似权益，即外国投资者取得中国境内企业的投资性权利；

（3）外国投资者单独或者与其他投资者共同在中国境内投资新建项目，即外国投资者投资新建项目。

应该说，这3类外商投资方式，都属于外商直接投资方式②；其中，前两类

---

① 对此，全国人大常委会时任副委员长王晨提及："在具体制度设计上，不求面面俱到，对一时难以达成共识的问题不作规定或只作原则规定。例如，对外商投资活动和外商投资企业采取宽泛的定义，不对股比、投资时间、投资形式等作硬性限制。"见王晨：《贯彻实施外商投资法 推动新一轮高水平对外开放》，载《人民日报》2019年12月13日06版（http://legal.people.com.cn/n1/2019/1213/c42510-31503847.html，最后访问日期：2024年3月2日，下同）。

② 根据《外商投资统计制度（2017年）》（商资函〔2017〕508号文件附件），"外商直接投资"是指"外方投资者在我国境内通过设立外商投资企业、合伙企业、与中方投资者共同进行石油、天然气和煤层气等资源的合作勘探开发以及设立外国公司分支机构等方式进行投资"。国家统计局网站2022年6月17日公布的《外商投资统计调查制度》（https://www.stats.gov.cn/fw/bmdcxmsp/bmzd/202302/t20230215_1907215.html，最后访问日期：2024年3月28日，下同）规定："外商投资可分为外商直接投资和外商其他投资，其中，外商直接投资限于境外投资者在非上市公司、合伙企业中的全部投资，在单个境外投资者所占股权比例不低于10%的上市公司中该单个境外投资者的投资，以及对境外银行分行、境外保险公司分公司、油气开发项目的投资"。

属于外商直接投资中的股权等权益性投资,而第三类则属于外商直接投资中的固定资产投资①。

此外,由于《外商投资法》第33条规定了"外国投资者并购中国境内企业或者以其他方式参与经营者集中的,应当依照《中华人民共和国反垄断法》的规定接受经营者集中审查",《国务院办公厅关于建立外国投资者并购境内企业安全审查制度的通知》(国办发〔2011〕6号)也规定了"外国投资者并购境内企业,是指下列情形:1.外国投资者购买境内非外商投资企业的股权或认购境内非外商投资企业增资,使该境内企业变更设立为外商投资企业。2.外国投资者购买境内外商投资企业中方股东的股权,或认购境内外商投资企业增资。……"因此,《外商投资法》第2条第2款所说的"外国投资者取得中国境内企业的股份、股权、财产份额或者其他类似权益",亦可称为"外国投资者并购境内企业"或"外资并购"。

四、外国投资者新设外商投资企业

《外商投资法》第2条第2款规定的第一类外商投资方式,是"外国投资者单独或者与其他投资者共同在中国境内设立外商投资企业",即外国投资者新设外商投资企业。

(一)关于"其他投资者"的理解

《外商投资法》第2条第2款第1项所说的"其他投资者",指的是除该外国投资者外的其他的投资者。

1. "其他投资者"的类型

在"其他投资者"的类型方面,《外商投资法》所说的"其他投资者",可以是以下主体:

---

① 对此,《国务院办公厅关于建立外国投资者并购境内企业安全审查制度的通知》(国办发〔2011〕6号)第5条第3款规定"外国投资者并购境内企业涉及新增固定资产投资的,按国家固定资产投资管理规定办理项目核准。"《企业投资项目核准和备案管理条例》第2条也规定了"本条例所称企业投资项目(以下简称项目),是指企业在中国境内投资建设的固定资产投资项目。"此外,司法部2019年11月1日公布的《中华人民共和国外商投资法实施条例(征求意见稿)》(https://www.gov.cn/xinwen/2019-11/02/content_5447867.htm,最后访问日期:2024年3月27日,下同)第4条也曾对外国投资者在中国境内投资新建项目的具体含义作出规定:"外商投资法第二条第二款第三项所称在中国境内投资新建项目,是指外国投资者在中国境内对特定项目建设进行投资,但不设立外商投资企业,不取得中国境内企业的股份、股权、财产份额或者其他类似权益。"

（1）其他的外国投资者，包括其他的外国自然人、外国企业或外国其他组织；

（2）中国的投资者，即《外商投资法》第 4 条第 2 款所说的"本国投资者"；

（3）中国投资者和其他的外国投资者。

2. "中国投资者"的范围

其中，就中国投资者的范围而言，尽管《宪法》第 18 条第 1 款只是规定了"中华人民共和国允许外国的企业和其他经济组织或者个人依照中华人民共和国法律的规定在中国投资，同中国的企业或者其他经济组织进行各种形式的经济合作"，其中并未提及"允许外国的企业和其他经济组织或者个人同中国的个人进行各种形式的经济合作"，但是，由于《外商投资法》本身没有明确禁止中国的自然人与外国投资者共同设立外商投资企业或者禁止中国的自然人成为外商投资企业的投资者，并且由于《外商投资法》第 2 条第 2 款第 1 项使用的是"外国投资者单独或者与其他投资者共同在中国境内设立外商投资企业"的表述，既没有像《中外合资经营企业法》（已废止）第 1 条那样使用"允许外国公司、企业和其它经济组织或个人（以下简称外国合营者）……同中国的公司、企业或其它经济组织（以下简称中国合营者）共同举办合营企业"的表述，也没有像《中外合作经营企业法》（已废止）第 1 条那样使用"促进外国的企业和其他经济组织或者个人（以下简称外国合作者）按照平等互利的原则，同中华人民共和国的企业或者其他经济组织（以下简称中国合作者）在中国境内共同举办中外合作经营企业（以下简称合作企业）"的表述，因此，在《外商投资法》项下，可以与外国投资者共同设立外商投资企业，成为外商投资企业的投资者的中国投资者，既包括了中国的法人和中国的非法人组织，也包括了中国籍自然人。

对此，《外商投资法实施条例》第 3 条也明确规定："外商投资法第二条第二款第一项、第三项所称其他投资者，包括中国的自然人在内。"

3. "其他投资者"的数量

在"其他投资者"的数量方面，《外商投资法》所说的"其他投资者"，可以是一个，也可以是数个（两个或超过两个）。

当然，外商投资的公司的投资者的数量上限需要符合《公司法》的相应规定，外商投资的有限合伙企业的投资者的数量上限需要符合《合伙企业法》的规定[①]。

(二) 关于"外商投资企业"的理解

《外商投资法》第2条第2款第1项所说的"外商投资企业"，具有《外商投资法》第2条第3款规定的含义，即"全部或者部分由外国投资者投资，依照中国法律在中国境内经登记注册设立的企业"，主要包括外商投资的公司和外商投资的合伙企业。

值得注意的是，由于现行《个人独资企业法》第47条规定"外商独资企业不适用本法"、《外商投资准入特别管理措施（负面清单）（2024年版）》也明确规定"境外投资者不得作为个体工商户、个人独资企业投资人、农民专业合作社成员，从事投资经营活动"，因此，在上述规定仍然有效的情况下，外国投资者不能单独在中国境内设立个人独资企业或成为个人独资企业的投资者，也不能单独在中国境内设立个体工商户或成为个体工商户的投资者。

此外，《〈内地与香港关于建立更紧密经贸关系的安排〉投资协议》附件2和《〈内地与澳门关于建立更紧密经贸关系的安排〉投资协议》附件2也都分别明确了香港投资者或澳门投资者"不得以个人独资企业的形式在内地开展经营活动，也不得成为农民专业合作社成员"。

当然，根据《促进个体工商户发展条例》第37条[②]和《外商投资准入特别管理措施（负面清单）（2024年版）》的"说明"第9条[③]的规定，香港特别行政区、澳门特别行政区永久性居民中的中国公民和台湾地区居民，可以依照CEPA及其后续协议、ECFA及其后续协议以及内地的法规，在中国境内单独新设个体工商户。

不过，需要注意的是，根据《民法典》第一编（总则编）第二章、第三章

[①] 《合伙企业法》第61条规定："有限合伙企业由二个以上五十个以下合伙人设立；但是，法律另有规定的除外。有限合伙企业至少应当有一个普通合伙人。"

[②] 《促进个体工商户发展条例》第37条规定："香港特别行政区、澳门特别行政区永久性居民中的中国公民，台湾地区居民可以按照国家有关规定，申请登记为个体工商户。"

[③] 《外商投资准入特别管理措施（负面清单）（2024年版）》的"说明"第9条规定："《内地与香港关于建立更紧密经贸关系的安排》及其后续协议、《内地与澳门关于建立更紧密经贸关系的安排》及其后续协议、《海峡两岸经济合作框架协议》及其后续协议、我国缔结或者参加的国际条约、协定对境外投资者准入待遇有更优惠规定的，可以按照相关规定执行。在自由贸易试验区等特殊经济区域对符合条件的投资者实施更优惠开放措施的，按照相关规定执行。"

和第四章的规定,"个人工商户"既非"法人"、亦非"非法人组织",并非《外商投资法》所说的"境内企业",不适用《外商投资法》(除非有法规明确规定"个体工商户"视同"企业"管理)。

(三)外国投资者新设外商投资企业的具体情形

在外国投资者新设外商投资企业的情形方面,《外商投资法》第2条第2款第1项所说的"外国投资者单独或者与其他投资者共同在中国境内设立外商投资企业",主要包括:

(1)外国投资者单独在中国境内新设一人有限公司或一人股份公司。

(2)外国投资者与其他外国投资者,共同在中国境内新设有限责任公司。

(3)外国投资者与中国投资者,共同在中国境内新设有限责任公司。

(4)外国投资者与中国投资者,共同在中国境内新设股份有限公司。

(5)外国投资者与中国投资者、其他外国投资者,共同在中国境内新设有限责任公司。

(6)外国投资者与中国投资者、其他外国投资者,共同在中国境内新设股份有限公司[①]。

(7)外国投资者与其他外国投资者,共同在中国境内新设普通合伙企业。

(8)外国投资者与其他外国投资者,共同在中国境内新设有限合伙企业。

(9)外国投资者与中国投资者,共同在中国境内新设普通合伙企业。

(10)外国投资者与中国投资者,共同在中国境内新设有限合伙企业。

(11)外国投资者与中国投资者、其他外国投资者,共同在中国境内新设普通合伙企业。

(12)外国投资者与中国投资者、其他外国投资者,共同在中国境内新设有限合伙企业。

五、外国投资者取得中国境内企业的投资性权利

《外商投资法》第2条第2款规定的第二类外商投资方式,是"外国投资者

[①] 由于《公司法》(2023年修订)第92条规定"设立股份有限公司,应当有一人以上二百人以下为发起人,其中应当有半数以上的发起人在中华人民共和国境内有住所",因此,外国投资者与其他外国投资者直接在中国境内新设股份有限公司可能会面临不符合《公司法》有关"其中应当有半数以上的发起人在中华人民共和国境内有住所"的要求的问题,故本章未将"外国投资者与其他外国投资者直接在中国境内新设股份有限公司"列出。

取得中国境内企业的股份、股权、财产份额或者其他类似权益",即外国投资者通过各种方式取得中国境内企业的投资性权利,也称"外资并购境内企业"。

由于《外商投资法》第2条第2款是将"外国投资者单独或者与其他投资者共同在中国境内设立外商投资企业",与"外国投资者取得中国境内企业的股份、股权、财产份额或者其他类似权益"分别予以规定的,因此,《外商投资法》第2条第2款所说的"外国投资者取得中国境内企业的股份、股权、财产份额或者其他类似权益",不包括外国投资者以设立人或发起人身份在境内企业设立时就取得其投资性权利的情形,后者属于"外国投资者新设外商投资企业"、而非"外资并购境内企业"。

(一)关于"中国境内企业"的理解

《外商投资法》第2条第2款第2项所说的作为外资并购对象的"中国境内企业",指的是依据中国法律在中国大陆设立的企业。

由于《外商投资法》和《外商投资法实施条例》本身都没有对"中国境内企业"作出特别限制,《国务院办公厅关于建立外国投资者并购境内企业安全审查制度的通知》(国办发〔2011〕6号)也规定了"外国投资者并购境内企业,是指下列情形:1. 外国投资者购买境内非外商投资企业的股权或认购境内非外商投资企业增资,使该境内企业变更设立为外商投资企业。2. 外国投资者购买境内外商投资企业中方股东的股权,或认购境内外商投资企业增资。……"因此,《外商投资法》所说的作为外资并购对象的"中国境内企业",应当这样来理解:

(1)在企业性质方面,作为外资并购对象的"中国境内企业"既包括内资企业,又包括外商投资企业;

(2)在企业形式方面,作为外资并购对象的"中国境内企业"既包括公司制企业,又包括合伙企业。

值得注意的是,《外商投资企业法》所说的"中国境内企业",与《商务部关于外国投资者并购境内企业的规定》所说的"境内企业"的含义是不同的。

后者所说的"境内企业"仅是指内资企业，不包括外商投资企业①。

还需注意的是，现阶段，《外商投资法》第 2 条第 2 款第 2 项所说的作为外资并购对象的"中国境内企业"，不包括个人独资企业。

因为，如前所述，《个人独资企业法》第 47 条规定"外商独资企业不适用本法"，《外商投资准入特别管理措施（负面清单）（2024 年版）》也明确规定"境外投资者不得作为个体工商户、个人独资企业投资人、农民专业合作社成员，从事投资经营活动"；此外，《〈内地与香港关于建立更紧密经贸关系的安排〉投资协议》附件 2 和《〈内地与澳门关于建立更紧密经贸关系的安排〉投资协议》附件 2 也都分别明确了香港投资者或澳门投资者"不得以个人独资企业的形式在内地开展经营活动，也不得成为农民专业合作社成员"。

（二）关于"股份、股权、财产份额或者其他类似权益"的理解

《外商投资法》第 2 条第 2 款第 2 项所说的"中国境内企业的股份、股权、财产份额或者其他类似权益"，与《民法典》第 125 条所说的"股权和其他投资性权利"，具有相同的含义，可以统称为"投资性权利"，指的是外国投资者取得的对境内企业的权益性投资资产。

这是一种与"债权性投资资产"相对应的资产，即境内企业接受的不需要偿还本金和支付利息、外国投资者对境内企业的净资产拥有所有权的投资所形成的资产②。

1. 外国投资者可以取得的投资性权利的范围

根据《外商投资法》第 2 条第 2 款第 2 项的规定，外国投资者可以取得中国境内企业的投资性权利的范围包括股份、股权、财产份额或者其他类似权益。

（1）境内股份有限公司的股份

根据《公司法》第 142 条第 1 款针对股份有限公司所说的"公司的资本划分

---

① 对此，《商务部关于外国投资者并购境内企业的规定》第 2 条规定："本规定所称外国投资者并购境内企业，系指外国投资者购买境内非外商投资企业（以下称境内公司）股东的股权或认购境内公司增资，使该境内公司变更设立为外商投资企业（以下称股权并购）；或者，外国投资者设立外商投资企业，并通过该企业协议购买境内企业资产且运营该资产，或，外国投资者协议购买境内企业资产，并以该资产投资设立外商投资企业运营该资产（以下称资产并购）。"商务部外资司《外商投资准入管理指引手册》（2008 年版）（商资服字〔2008〕530 号）第五部分"下放或委托审批的有关说明"的"五、关于并购的审批说明"关于"并购适用对象"也提及"并购的标的公司只包括内资企业"。

② 《企业所得税法》（2018 年修正）第 46 条、《企业所得税法实施条例》（2024 年修订）第 119 条第 3 款。

为股份。公司的全部股份，根据公司章程的规定择一采用面额股或者无面额股。采用面额股的，每一股的金额相等"，《外商投资法》所说的境内企业的"股份"，指的是境内股份有限公司的股份，包括境内非上市股份公司的股份和上市公司的股份。

根据《公司法》第 134 条关于"本法所称上市公司，是指其股票在证券交易所上市交易的股份有限公司"的规定，上述"上市公司的股份"，既包括境内股份有限公司发行的人民币普通股（A 股），又包括境内股份有限公司发行的境内上市外资股（B 股）、境外上市外资股（H 股等），还包括境内股份有限公司发行的优先股等其他种类的股份。

（2）境内有限责任公司的股权

结合《公司法》第四章"有限责任公司的股权转让"的规定，《外商投资法》所说的境内企业的"股权"，指的是境内有限责任公司的股权，主要对应于该有限责任公司注册资本中的出资。

（3）境内合伙企业的财产份额

结合《合伙企业法》的规定，《外商投资法》所说的境内企业的"财产份额"，指的是境内普通合伙企业或有限合伙企业中的财产份额，主要对应于相关投资者对该合伙企业的出资。

值得注意的是，《外商投资法》所说的境内企业的"财产份额"，可以包括依据《证券投资基金法》《私募投资基金监督管理条例》《私募投资基金监督管理暂行办法》通过有限合伙形式募集设立的私募投资基金的"基金份额"，但不包括公开募集基金的"基金份额"。

（4）境内企业的其他类似权益

《外商投资法》所说的境内企业的"其他类似权益"属于兜底条款，为将来出现新的类型的投资性权利预留了空间，指向的是与"股份""股权"和"财产份额"相类似的投资性权利。

考虑到商务部《关于外商投资信息报告有关事项的公告》（商务部公告 2019 年第 62 号）附件 1"外商投资初始、变更报告表"和附件 2"外商投资年度报告表"中关于"投资者最终实际控制人"项目的"实际控制方式"使用了"企业的股份、股权、财产份额、表决权或者其他类似权益"的表述，其中将"表决权"与"股份""股权""财产份额"和"其他类似权益"并列列出，因此，现阶段，《外商投资法》所说的境内企业的"其他类似权益"主要是指"表决权"。这也就意味着外国投资者即使没有直接持有境内企业的股份、股权、财产份额，但如果取得了相关境内企业的表决权，也属于《外商投资法》第 2 条第 2 款第 2 项所说的外资并购境内企业。这其实是将协议控制模式纳入了《外商投资法》的规范范围。有关协议控制，请见本书第十六章的内容。

2. 外国投资者可以取得的投资性权利的数量

在可以取得的投资性权利的数量方面，《外商投资法》没有对外国投资者取得境内企业的股份、股权、财产份额或者其他类似权益的数量作出限制性规定，因此，在满足其他法律法规的规定的前提下，外国投资者可以取得一个境内企业的全部投资性权利，也可以只取得境内企业的少量投资性权利。

也因此，只要外国投资者取得了境内企业的股份、股权、财产份额或者其他类似权益，即使所取得的投资性权利的数量极少、比例极低，也都属于《外商投资法》所规范的"外商投资"。这也是《外商投资法》第 2 条第 3 款所说的"本法所称外商投资企业，是指……部分由外国投资者投资，依照中国法律在中国境内经登记注册设立的企业"的应有之义。

值得注意的是，针对境内股份有限公司对外发行境外上市外资股的情形，按照单个外国投资者持有其发行的境外上市外资股占其总股本的比例，商务部作出了不同的对待：将由境外投资者以外币认购后单个外国投资者在该股份有限公司所占股权比例达到或超过 10% 的情形作为外商直接投资对待，而将由境外投资者以外币认购后单个外国投资者在该股份有限公司所占股权比例未达到 10% 的情形作为外商间接投资对待。[①]

(三) 关于"取得"的理解

《外商投资法》第 2 条第 2 款第 2 项所说的"外国投资者取得中国境内企业的股份、股权、财产份额或者其他类似权益"中的取得，可以从以下几个方面来理解：

1. 取得的方式

在外国投资者取得境内企业的投资性权利的方式方面，由于《外商投资法》没有对外国投资者取得境内企业的投资性权利的方式作出限制性规定，因此，外国投资者可以采取各种合法的方式取得境内企业的投资性权利，既可以是原始取

---

① 《外商投资统计制度（2017 年）》（商资函〔2017〕508 号文件附件）。

得方式、也可以是继受取得方式。

其中，原始取得方式包括外国投资者认缴或认购境内企业新增的出资或注册资本等；继受取得方式既包括外国投资者受让或收购已有的境内企业的投资性权利，又包括外国投资者通过继承等合法方式获得已有的境内企业的投资性权利。对此，《最高人民法院关于适用〈中华人民共和国外商投资法〉若干问题的解释》（法释〔2019〕20号）第1条第2款也规定："外国投资者因赠与、财产分割、企业合并、企业分立等方式取得相应权益所产生的合同纠纷，适用本解释。"

正是因为《外商投资法》第2条第2款关于"本法所称外商投资，是指外国的自然人、企业或者其他组织（以下称外国投资者）直接或者间接在中国境内进行的投资活动，包括下列情形……（二）外国投资者取得中国境内企业的股份、股权、财产份额或者其他类似权益……"的规定，没有对外国投资者取得境内企业的投资性权利的方式作出限制性规定，因此，外国投资者通过继承方式取得已有的境内企业的投资性权利，属于《外商投资法》所规范的"外商投资"，也应适用《外商投资法》的规定。[①]

由此可见，《外商投资法》界定外商投资的依据在于投资者的身份（投资者是否属于外国投资者），而不是投资者的资金来源地（投资者的投资资金是否来源于境外）。因而，我倾向于认为，"外国自然人因继承取得境内内资公司股东资格，并未改变该公司注册资金来源地，该公司的性质仍为内资公司"这样的观点[②]，是不符合《外商投资法》第2条第2款的规定的。

2. 取得的对价

在外国投资者取得境内企业的投资性权利的对价方面，由于《外商投资法》没有对外国投资者取得境内企业的投资性权利所需付出的对价作出限制性规定，因此，外国投资者取得境内企业的投资性权利的对价，可以是货币，也可以是实物、知识产权、土地使用权、股权、债权等非货币财产或财产权利，甚至可以是

[①] 这与《商务部关于外国投资者并购境内企业的规定》第55条关于"境内公司的自然人股东变更国籍的，不改变该公司的企业性质"的规定是不一样的。

[②] 比如，上海市第一中级人民法院（2009）沪一中民五（商）终字第7号民事判决书认为："判断公司是内资公司还是外资公司，是根据出资来源地原则，与股东的国籍无关。已入外国籍的华人继承内资公司股权，在不改变该公司出资来源地的情况下，该内资公司不应变更为外商投资企业。本案中，上诉人作为德国籍华人继承维克德公司股权，并不改变该公司注册资金来源地，因此，公司的性质仍为内资公司。其次，在公司性质仍为内资公司的情况下，公司股东的变更无需外商投资管理部门的行政审批手续"（案例来源：《人民司法案例》2010年第4期第29页至第30页）。

劳务（比如，外国自然人依照《合伙企业法》的规定作为普通合伙人以劳务对普通合伙企业或有限合伙企业出资）。

其中的对价，在金额上可以是低价甚至零对价（比如赠与、继承）；其中的货币，可以是外汇，也可以是合法取得的人民币[①]。

3. 取得的具体情形

在外国投资者取得境内企业的投资性权利的具体情形方面，结合《国务院办公厅关于建立外国投资者并购境内企业安全审查制度的通知》（国办发〔2011〕6号），外国投资者可以通过（但不限于）以下方式取得境内企业的投资性权利：

（1）外国投资者购买境内非外商投资企业的股权，使该境内企业变更为外商投资企业；

（2）外国投资者认购境内非外商投资企业增资，使该境内企业变更为外商投资企业；

（3）外国投资者购买境内外商投资企业中方股东的股权；

（4）外国投资者认购境内外商投资企业增资；

（5）外国投资者设立外商投资企业，并通过该外商投资企业协议购买境内企业资产并且运营该资产；

（6）外国投资者设立外商投资企业，并通过该外商投资企业购买境内企业股权；

（7）外国投资者直接购买境内企业资产，并以该资产投资设立外商投资企业运营该资产。

此外，外国投资者也可以采取协议方式[②]取得境内企业的表决权或其他类似权益。

在必要时，外国投资者也可以同时采取数种方式取得境内企业的投资性权利。

有关外资并购的要点，请见本书第十七章。

[①] 见中国人民银行《外商直接投资人民币结算业务管理办法》《中国人民银行关于明确外商直接投资人民币结算业务操作细则的通知》（银发〔2012〕165号）、《中国人民银行关于进一步完善人民币跨境业务政策促进贸易投资便利化的通知》（银发〔2018〕3号）和商务部《关于跨境人民币直接投资有关问题的公告》（商务部公告2013年第87号）。

[②] 协议方式包括VIE模式、委托持股（或股权代持）等方式，相关内容可见本书第十六章。

六、外国投资者投资新建项目

《外商投资法》第 2 条第 2 款规定的第三类外商投资方式是"外国投资者单独或者与其他投资者共同在中国境内投资新建项目",即外国投资者投资新建项目。

由于《外商投资法》第 2 条第 2 款是将"外国投资者单独或者与其他投资者共同在中国境内投资新建项目",与"外国投资者单独或者与其他投资者共同在中国境内设立外商投资企业""外国投资者取得中国境内企业的股份、股权、财产份额或者其他类似权益"分别作出规定的,而行政法规《指导外商投资方向规定》(国务院令第 346 号)第 2 条[①]也将外国投资者在境内投资举办外商投资企业的项目和其他形式的外商投资项目分开规定,并且国家发改委《外商投资项目核准和备案管理办法》(2014 年修正)第 2 条也规定"本办法适用于中外合资、中外合作、外商独资、外商投资合伙、外商并购境内企业、外商投资企业增资及再投资项目等各类外商投资项目",因此,《外商投资法》第 2 条第 2 款所说的"外国投资者单独或者与其他投资者共同在中国境内投资新建项目",指的是外国投资者直接以自己的名义(而非以外国投资者在境内设立的外商投资企业的名义)对新建项目进行投资,既不涉及新设外商投资企业,也不取得境内企业的投资性权利。

对此,司法部 2019 年 11 月 1 日公布的《中华人民共和国外商投资法实施条例(征求意见稿)》第 4 条曾对外国投资者在中国境内投资新建项目的具体含义作出规定:"外商投资法第二条第二款第三项所称在中国境内投资新建项目,是指外国投资者在中国境内对特定项目建设进行投资,但不设立外商投资企业,不取得中国境内企业的股份、股权、财产份额或者其他类似权益。"上述内容尽管没有被纳入正式出台的《外商投资法实施条例》,但对于理解《外商投资法》第 2 条第 2 款第 3 项规定的"外国投资者单独或者与其他投资者共同在中国境内投资新建项目"仍然具有比较好的参考价值。

(一)关于"其他投资者"的理解

《外商投资法》第 2 条第 2 款第 3 项所说的"其他投资者",与《外商投资

[①] 《指导外商投资方向规定》第 2 条规定:"本规定适用于在我国境内投资举办中外合资经营企业、中外合作经营企业和外资企业(以下简称外商投资企业)的项目以及其他形式的外商投资项目(以下简称外商投资项目)。"

法》第2条第2款第1项所说的"其他投资者"具有相同的含义，指的是除该外国投资者外的其他的投资者，既可以是中国投资者，也可以是其他的外国投资者，既可以是自然人投资者，也可以是机构投资者。

相关分析，可见本章"四、外国投资者新设外商投资企业"之"（一）关于'其他投资者'的理解"部分的内容。

（二）关于"新建项目"的理解

《外商投资法》和《外商投资法实施条例》都没有直接对《外商投资法》第2条第2款第3项所说的"新建项目"作出界定，这有待《外商投资法》的其他配套法规、规章、规范性文件作出明确具体的规定。

通常来说，"新建项目"属于建设项目的一种，是与"扩建项目""改建项目""技术改造"和"技术引进项目"等相对应的概念[①]。这几种建设项目的含义如下[②]：

1. 新建项目

"新建项目"，是指从无到有"平地起家"开始建设的项目。现有企业、事业、行政单位投资的项目一般不属于新建。但如有的单位原有基础很小，经过建设后新增的固定资产价值超过该企业、事业、行政单位原有固定资产价值（原值）三倍以上的，也应作为新建。

2. 扩建项目

"扩建项目"，是指在厂内或其他地点，为扩大原有产品的生产能力（或效益）或增加新的产品生产能力，而增建的生产车间（或主要工程）、分厂、独立的生产线等项目。行政、事业单位在原单位增建业务性用房（如学校增建教学用房、医院增建门诊部、病房等）也作为扩建。现有企、事业单位为扩大原有主要

[①] 《政府投资条例》第2条规定："本条例所称政府投资，是指在中国境内使用预算安排的资金进行固定资产投资建设活动，包括新建、扩建、改建、技术改造等。"据此，新建、扩建、改建和技术改造均属于固定资产投资建设活动。《建设项目环境保护管理条例》第5条也提到了改建项目、扩建项目和技术改造项目："改建、扩建项目和技术改造项目必须采取措施，治理与该项目有关的原有环境污染和生态破坏。"此外，《职业病防治法》（2018年修正）第17条第1款还同时使用了"新建建设项目""扩建建设项目""改建建设项目""技术改造建设项目"和"技术引进建设项目"的概念："新建、扩建、改建建设项目和技术改造、技术引进项目（以下统称建设项目）可能产生职业病危害，建设单位在可行性论证阶段应当进行职业病危害预评价。"

[②] 国家统计局《固定资产投资统计报表制度（简明版本）（2019年定期报表）》第四部分"指标解释"，或国家统计局官网关于"固定资产投资"的指标解释（https://www.stats.gov.cn/sj/zbjs/202302/t20230202_1897101.html，最后访问日期：2024年3月2日）。

产品生产能力或增加新的产品生产能力，增建一个或几个主要生产车间（或主要工程）、分厂，同时进行一些更新改造工程的，也应作为扩建。

3. 改建项目

"改建项目"，是指对既有建（构）筑物、工程设施及相应配套设施进行改造或更新[①]，包括企业、事业单位为适应市场变化的需要而改变企业的主要产品种类（如军工企业转民用产品等）的建设项目；原有产品生产作业线由于各工序（车间）之间能力不平衡，为填平补齐充分发挥原有生产能力而增建但不增加主要产品生产能力的建设项目。

4. 技术改造项目

"技术改造项目"，是指企业、事业单位在现有基础上用先进的技术代替落后的技术，用先进的工艺和装备代替落后的工艺和装备，以改变企业落后的技术经济面貌，实现以内涵为主的扩大再生产，达到提高产品质量、促进产品更新换代、节约能源、降低消耗、扩大生产规模、全面提高社会经效益的目的。[②] 技术改造具体包括以下内容：机器设备和工具的更新改造；生产工艺改革、节约能源和原材料的改造；厂房建筑和公共设施的改造；保护环境进行的"三废"治理改造；劳动条件和生产环境的改造等。

基于以下理由，笔者倾向于认为，《外商投资法》第 2 条第 2 款所说的"新建项目"，主要是指新建的固定资产投资项目或固定资产投资项目中的新建项目[③]：

（1）针对"政府投资"，《政府投资条例》第 2 条规定："本条例所称政府投资，是指在中国境内使用预算安排的资金进行固定资产投资建设活动，包括新建、扩建、改建、技术改造等。"

（2）针对"企业投资项目"，《企业投资项目核准和备案管理条例》第 2 条规定："本条例所称企业投资项目（以下简称项目），是指企业在中国境内投资

[①] 《广州市黄埔区广州开发区政府投资建设项目管理办法》（穗埔府办〔2017〕35 号）第 61 条。

[②] 《国家计划委员会、国家经济委员会、国家统计局关于更新改造措施与基本建设划分的暂行规定》（计资〔1983〕869 号，已于 2011 年废止）曾规定："更新改造措施是指利用企业基本折旧基金、国家更改措施预算拨款、企业自有资金、国内外技术改造贷款等资金，对现有企、事业单位原有设施进行技术改造（包括固定资产更新）以及相应配套的辅助性生产、生活福利设施等工程和有关工作。"

[③] 《山东省耗煤项目煤炭消费减量替代管理办法》（鲁发改环资〔2018〕671 号）第 2 条第 3 款规定："固定资产投资项目是指按照规定需经各级投资主管部门审批、核准、备案的新建、改建、扩建项目。"

建设的固定资产投资项目。"①

（3）针对企业投资建设的须经政府核准的固定资产投资项目，《国务院关于投资体制改革的决定》（国发〔2004〕20号）规定："企业投资建设实行核准制的项目，仅需向政府提交项目申请报告，不再经过批准项目建议书、可行性研究报告和开工报告的程序。政府对企业提交的项目申请报告，主要从维护经济安全、合理开发利用资源、保护生态环境、优化重大布局、保障公共利益、防止出现垄断等方面进行核准。对于外商投资项目，政府还要从市场准入、资本项目管理等方面进行核准"，并且，国务院发布的政府核准的投资项目目录②中明确列入了"外商投资"。

（4）针对外资并购涉及新增固定资产投资的情形，《国务院办公厅关于建立外国投资者并购境内企业安全审查制度的通知》（国办发〔2011〕6号）规定了："外国投资者并购境内企业涉及新增固定资产投资的，按国家固定资产投资管理规定办理项目核准。"

（三）外国投资者投资新建项目的主要情形

考虑到在房地产行业的外商投资，《建设部、商务部、国家发展和改革委员会、中国人民银行、国家工商行政管理总局、国家外汇管理局关于规范房地产市场外资准入和管理的意见》（建住房〔2006〕171号）规定了"境外机构和个人在境内投资购买非自用房地产，应当遵循商业存在的原则，按照外商投资房地产的有关规定，申请设立外商投资企业；经有关部门批准并办理有关登记后，方可按照核准的经营范围从事相关业务"，《商务部、国家外汇管理局关于进一步加强、规范外商直接投资房地产业审批和监管的通知》（商资函〔2007〕50号）也规定"二、外商投资从事房地产开发、经营，应遵循项目公司原则……四、境外

---

① 与国家发改委在《企业投资项目核准和备案管理办法》第62条明确规定"外商投资项目和境外投资项目的核准和备案管理办法另行制定"之外还出台了《外商投资项目核准和备案管理办法》不同，《企业投资项目核准和备案管理条例》本身没有排除该条例对外商投资项目的适用，而只是在其第22条规定了"事业单位、社会团体等非企业组织在中国境内投资建设的固定资产投资项目适用本条例，但通过预算安排的固定资产投资项目除外"、第23条规定"国防科技工业企业在中国境内投资建设的固定资产投资项目核准和备案管理办法，由国务院国防科技工业管理部门根据本条例的原则另行制定"；此外，《国务院关于实行市场准入负面清单制度的意见》（国发〔2015〕55号）也规定："外商投资企业投资建设固定资产投资项目，按照国民待遇原则与内资企业适用相同的核准或备案程序"，因此，外商投资项目应当适用《企业投资项目核准和备案管理条例》。

② 现行有效的是《政府核准的投资项目目录（2016年本）》。

投资者在境内从事房地产开发或经营业务,应当遵守商业存在原则,依法申请设立外商投资房地产企业,按核准的经营范围从事相关业务",因此,与《外商投资法》第2条第2款所规定的前两类外商投资方式(外资新设和外资并购)相比,外国投资者采取"单独或者与其他投资者共同在中国境内投资新建项目"的方式进行的投资更为少见,可能主要指的是外国投资者以自用为目的[①]、单独或与其他投资者共同在中国境内投资新建固定资产投资项目。

此外,外国投资者与中国投资者在中国境内合作进行石油、天然气和煤层气资源勘探开发的项目,可能是《外商投资法》第2条第2款所说的"外国投资者单独或者与其他投资者共同在中国境内投资新建项目"的典型[②]。

在这方面,《对外合作开采陆上石油资源条例》《对外合作开采海洋石油资源条例》《商务部、国家发展和改革委员会、国土资源部关于进一步扩大煤层气开采对外合作有关事项的通知》(商资函〔2007〕第94号)等法规有相应的规定,允许外国企业与中国境内企业签订协议或合同,在中国境内合作开采石油、天然气和煤层气资源。

七、外商投资的"其他方式"

在明确列举了三类常见的外商投资方式之后,《外商投资法》第2条第2款也以兜底条款,即"法律、行政法规或者国务院规定的其他方式的投资",规定了外商投资的其他方式。

(一)关于外商投资的"其他方式"的理解

《外商投资法》第2条第2款第4项所说的"法律、行政法规或者国务院规定的其他方式的投资",有如下几层含义:

(1)《外商投资法》以外的其他法律,可以对外商投资的"其他方式"作出规定。

(2)《外商投资法》一方面通过该规定对国务院作出了明确的授权,国务院

---

① 比如,外国投资者在中国境内购置自用房地产。对此,《国务院鼓励华侨和香港澳门同胞投资的规定》(国务院令第64号)第3条规定:"华侨、港澳投资者在境内可以下列形式进行投资……(五)购置房产……"《台湾同胞投资保护法实施细则》第8条规定:"台湾同胞投资,可以依法采用下列投资形式:……(五)购置房产……"

② 《外商投资统计制度(2017年)》(商资函〔2017〕508号文件附件)的"四、主要指标解释"部分(解释第67)。

可以据此在行政法规或国务院文件中对外商投资的"其他方式"作出规定；另一方面也通过该规定对国务院在《外商投资法》实施之前已经规定的外商投资的"其他方式"作出了明确的承认。

（3）由于《外商投资法》第 2 条第 2 款第 4 项使用了"法律、行政法规或者国务院规定的……"的表述，因此，外商投资的"其他方式"，应当以法律、行政法规、国务院文件的明文规定为准，并应当以已经依法公布的法律、行政法规、国务院文件所规定的方式为准。

（4）外商投资的"其他方式"，不包括《外商投资法》第 2 条第 2 款前 3 项所规定的三类常见的外商投资方式，指的是这三类常见的外商投资方式之外的外商投资方式。这些其他方式既包括三类常见的外商投资方式之外的其他的外商直接投资方式，也包括外商间接投资方式。

此外，结合《外商投资法》第 2 条第 2 款的整个条文的内容，甚至可以这么认为，即：除了包括《外商投资法》在内的法律、行政法规和国务院文件所明确规定的外商投资方式，外国投资者不得以任何其他方式直接或者间接在中国境内进行投资。

（二）外商投资的其他方式的具体情形

现阶段，外商投资的其他方式的具体情形，至少包括以下几种：

1. 外国企业直接在中国境内设立分支机构

在这方面，《公司法》第 243 条至第 249 条对外国公司在中国境内设立分支机构专门作出了规定，并授权"外国公司分支机构的审批办法由国务院另行规定"。

此外，《外商投资统计制度（2017 年）》（商资函〔2017〕508 号文件附件）也将"设立外国公司分支机构"列为与"外方投资者在我国境内通过设立外商投资企业、合伙企业""外方投资者在我国境内与中方投资者共同进行石油、天然气和煤层气等资源的合作勘探开发"并列的"外商直接投资"的方式[①]。

[①] 国家统计局网站 2022 年 6 月 17 日公布的《外商投资统计调查制度》规定："本制度的统计范围为外商投资，包括境外投资者通过在中国境内设立外商投资企业，取得中国境内企业的股份、股权、财产份额或其他类似权益，设立境外银行分行、境外保险公司分公司，开发油气等方式进行的投资。外商投资可分为外商直接投资和外商其他投资，其中，外商直接投资限于境外投资者在非上市公司、合伙企业中的全部投资，在单个境外投资者所占股权比例不低于 10% 的上市公司中该单个境外投资者的投资，以及对境外银行分行、境外保险公司分公司、油气开发项目的投资"。该制度没有再将"设立外国公司分支机构"列为外商投资统计的范围，而是将其限缩为"设立境外银行分行、境外保险公司分公司"。

国务院尚未出台统一的关于外国公司分支机构的审批办法，而是在涉及特定领域或特定事项的行政法规中对相关领域的外国企业在中国境内设立分支机构的审批办法作出了规定。比如，《外资银行管理条例》对外国银行在中国境内设立分行、《外资保险公司管理条例》对外国保险公司在中国境内设立分公司专门作出了规定。

2. 外国企业直接在境内从事生产经营活动

在这方面，《外国（地区）企业在中国境内从事生产经营活动登记管理办法》对外国企业在中国境内从事生产经营活动的登记事项作出了专门规定①。这种方式属于外商直接投资。

3. 外国企业承包经营或受托经营境内企业（包括内资企业和外商投资企业）

在这方面，《国家工商行政管理局、经贸部关于委托经营管理合营企业的外国（地区）企业审批登记问题的通知》（工商企字〔1988〕98号，已于2016年5月31日被宣布废止失效）、《商务部关于外国（地区）企业受托经营管理内资企业有关问题的复函》（商资函〔2004〕第19号）曾作出过专门的规定；此外，《外国（地区）企业在中国境内从事生产经营活动登记管理办法》第17条第2款也规定"外国企业承包经营中国内资企业的，参照本办法执行"。② 这种方式也属于外商直接投资。

4. 外国投资者通过协议控制、代持、信托、再投资、境外交易、租赁、认购可转换债券等方式进行投资

对此，国务院办公厅《自由贸易试验区外商投资国家安全审查试行办法》（国办发〔2015〕24号）针对自贸试验区内的外商投资明确规定："外国投资者在自贸试验区内投资，包括下列情形……3. 外国投资者通过协议控制、代持、信托、再投资、境外交易、租赁、认购可转换债券等方式投资"。

其中的"再投资"，主要是指外商投资企业境内投资。有关外商投资企业境内投资，请见本章之"八、外商投资企业境内投资"。

---

① 当然，《外国（地区）企业在中国境内从事生产经营活动登记管理办法》属于部门规章，并非行政法规或国务院文件。

② 当然，前述法规亦非行政法规或国务院文件。

5. 外商投资的其他情形

除上述情形外,结合《台湾同胞投资保护法实施细则》第 8 条①、《国务院鼓励华侨和香港澳门同胞投资的规定》第 3 条②,和《外商投资统计制度（2017年）》（商资函〔2017〕508 号文件附件）的规定,外商投资的其他方式还包括以下情形③:

(1) 对外发行股票:在境内注册的企业在境内外股票市场公开发行股票,由外国投资者以外币认购所筹集的资金（单个外国投资者在企业所占股权比例不超过 10%）。

(2) 国际租赁:我国境内企业通过签订租赁合同,从租赁公司较长期地租赁进口的机器设备,承租人将其用于生产经营活动,租赁期满后租赁物所有权一般归承租人。

(3) 补偿贸易:国外厂商直接提供或通过国外信贷进口生产技术或设备,境内企业以该技术、设备生产的产品分期偿还外方技术、设备价款。

(4) 加工装配（包括来料加工、来件装配等）:由外商提供全部或部分原辅材料、零部件、元器件等,我国境内的企业根据外商的要求进行加工生产、产品交外商销售,境内企业只收取工缴费,这种合作方式一般需外商进口部分机器设备,境内企业可用工缴费偿还。

需要注意的是,境内企业到境外发行股份并上市,属于外商投资的其他方式。对此,《关于外商投资信息报告有关事项的公告》（商务部公告 2019 年第 62 号）附件 1 "外商投资初始、变更报告表"之"一、基本信息"中的"投资方式"也明确将"境外公开发行证券（发行 H 股、N 股、S 股等）"列入其中,作为与"普通新设""合并新设""分立新设""资产并购""股权并购（包括外国

---

① 《台湾同胞投资保护法实施细则》（2020 年修正）第 8 条规定:"台湾同胞投资,可以依法采用下列投资形式:（一）举办全部或者部分由台湾同胞投资者投资的企业（以下简称台湾同胞投资企业）；（二）合作勘探开发自然资源；（三）开展补偿贸易、加工装配、合作生产；（四）购买企业的股票、债券；（五）购置房产；（六）取得土地使用权,开发经营；（七）购买国有小型企业或者集体企业、私营企业；（八）法律、行政法规允许的其他投资形式。"

② 《国务院鼓励华侨和香港澳门同胞投资的规定》（国务院令第 64 号）第 3 条规定:"华侨、港澳投资者在境内可以下列形式进行投资:（一）举办华侨、港澳投资者拥有全部资本的企业；（二）举办合资经营企业、合作经营企业；（三）开展补偿贸易、来料加工装配、合作生产；（四）购买企业的股票和债券；（五）购置房产；（六）依法取得土地使用权,开发经营；（七）法律、法规允许的其他投资形式。"

③ 见《外商投资统计制度（2017 年）》（商资函〔2017〕508 号文件附件）的"四、主要指标解释"部分（解释第 68）。

投资者战略投资境内上市非外商投资企业）""外国投资者战略投资境内上市外商投资企业""合伙企业财产份额转让"和"吸收合并"并列的外商投资方式。

此外，《外商投资准入特别管理措施（负面清单）（2024年版）说明》第6条也规定："从事《外商投资准入负面清单》禁止投资领域业务的境内企业到境外发行股份并上市交易的，应当经国家有关主管部门审核同意，境外投资者不得参与企业经营管理，其持股比例参照境外投资者境内证券投资管理有关规定执行。"需要注意的是，其中的"应当经国家有关主管部门审核同意"系指审核同意境内企业赴境外上市不适用外商投资准入负面清单的禁止性规定，而不是指审核境内企业赴境外上市的活动本身。① 该规定是在承认"境内企业到境外发行股份并上市，属于外商投资的一种方式"的基础上，作出的在"经国家有关主管部门审核同意"的前提下，允许该种外商投资不适用外商投资准入负面清单的禁止性规定的豁免性规定。这为从事负面清单禁止投资领域业务的境内企业到境外上市提供了政策空间，是提高外资准入负面清单管理精准度、包容性的一项具体举措。②

八、外商投资企业境内投资

外商投资企业境内投资设立企业属于《外商投资法》第2条第2款所说的"外国投资者间接在中国境内进行的投资活动"，包括外商投资企业在中国境内多层次投资设立企业。

（一）外商投资企业境内直接投资

针对外商投资企业在境内直接投资设立企业，即"以本企业的名义，在中国境内投资设立企业或购买其他企业投资者股权"，原外贸易经济合作部、原国家工商行政管理局在2000年专门出台了《关于外商投资企业境内投资的暂行规定》，明确规定"外商投资企业境内投资比照执行《指导外商投资方向暂行规定》和《外商投资产业指导目录》的规定。外商投资企业不得在禁止外商投资

---

① 《扩大高水平对外开放 推动经济高质量发展——国家发展改革委有关负责人就2021年版外商投资准入负面清单答记者问》（https：//www.ndrc.gov.cn/xxgk/jd/jd/202112/t20211227_1310152.html，最后访问日期：2024年3月2日，下同）。

② 《扩大高水平对外开放 推动经济高质量发展——国家发展改革委有关负责人就2021年版外商投资准入负面清单答记者问》。

的领域投资"。①

据此,外商投资企业在境内直接投资设立企业,较早就被纳入了外商投资的监管范围,需要遵守有关外商投资的法规。

比如,上海证券交易所上市公司上海同某创业投资股份有限公司在2015年启动的向香港公司非公开发行股票的交易就是这样的案例。这个案例的简要情况如下:②

2014年11月27日,同某创业2014年第一次股东大会审议通过了向其控股股东信某投资有限公司(以下简称信某投资)以及金某科技有限公司(以下简称香港某益)等不超过10名投资者非公开发行股票的议案,此次交易完成后,香港某益对上市公司的持股比例为17.24%、上市公司将变更为外商投资股份有限公司。

不过,由于同某创业持股3.04%的北京中某视讯文化传媒股份有限公司(以下简称中某视讯)的经营范围涉及当时适用的《外商投资产业指导目录(2015年修订)》禁止类项目③,因此,为使上市公司能够向香港某益发行股份,同某创业必须将其持有的中某视讯的全部股份予以剥离。为此,结合同某创业作为发起人持有中某视讯3.04%股份不得在中某视讯整体变更成为股份有限公司之日起一年内不得转让的实际情况,同某创业与其控股股东信某投资在2015年5月29日签署了《关于剥离北京中某视讯文化传媒股份有限公司股份的协议》,同某创

---

① 《关于外商投资企业境内投资的暂行规定》(2015年修正)第3条第2款。
② 见《上海同某创业投资股份有限公司非公开发行A股股票预案(修订版)》(2014年10月28日)、《关于剥离北京中某视讯文化传媒股份有限公司股份的协议》(上海同某创业投资股份有限公司2015年5月30日公告)、《上海同某创业投资股份有限公司关于公司非公开发行股票事项获得商务部批复的公告》(2015年7月17日)。
③ 从北京市企业信用信息网查询的信息看,中某视讯当时(截至2015年5月、2014年12月完成变更登记)的经营范围为:"制作、发行动画片、电视综艺、专题片;利用信息网络经营音乐娱乐产品,游戏产品,动漫产品(有效期至2015年6月30日);信息服务业务(不含固定网电话信息服务和互联网信息服务)(有效期至2016年11月22日);经营演出及经纪业务(营业性演出许可证有效期至2015年12月31日);第二类增值电信业务中的信息服务业务(仅限互联网信息服务),互联网信息服务不含新闻、出版、教育、医疗保健、药品和医疗器械、电子公告服务(电信与信息服务业务许可证有效期至2019年03月21日);中国内地已正式出版的音像出版物内容的网络(含手机网络)传播(互联网出版许可证有效期至2016年12月31日);组织文化艺术交流活动;会议及展览服务;技术推广服务;经济贸易咨询;企业形象策划;公共关系服务;计算机系统服务;数据处理;设计、制作、代理、发布广告。"其中的"制作、发行动画片、电视综艺、专题片""利用信息网络经营音乐娱乐产品,游戏产品,动漫产品""中国内地已正式出版的音像出版物内容的网络(含手机网络)传播"涉及《外商投资产业指导目录(2015年修订)》的《禁止外商投资产业目录》列明的项目。

业保证在中某视讯整体变更一年期限届满时或届满后的最快时间，且在不违反现行法律法规的情况下，剥离中某视讯的股份；如届时未有适格受让方，则由信某投资以不低于中某视讯评估值的价格受让该部分股份，以保证中某视讯股份的顺利剥离。

在同某创业作出上述安排的前提下，商务部在2015年7月以《商务部关于原则同意Golden Benefit Technology Limited战略投资上海同某创业投资股份有限公司的批复》，附加限制性条件批准了香港某益认购同某创业非公开发行的境内上市人民币普通股A股股票。商务部附加的条件是：同某创业必须在其向香港某益发行的股份登记至香港某益名下之前剥离其持有的中某视讯的股份。[①]

(二) 外商投资企业境内多层次投资

1. 《外商投资法》实施之前

由于《关于外商投资企业境内投资的暂行规定》所规定的"外商投资企业境内投资"指的是"在中国境内依法设立，采取有限责任公司形式的中外合资经营企业、中外合作经营企业和外资企业以及外商投资股份有限公司，以本企业的名义，在中国境内投资设立企业或购买其他企业投资者股权的行为"，并未明确规定外商投资企业通过多层次投资设立其他企业也需要执行外商投资产业政策，因此，在《外商投资法》实施之前，存在部分外国投资者通过多层次投资设立企业的方式对限制甚至禁止外商投资的领域进行投资的情形。

不过，实务中，在《外商投资法》实施之前，多数监管部门通常也会采取对相关企业的股东及其股东进行层层追溯的方式来考察是否存在外国投资者间接进行投资的情况并确定是否适用外商投资的相关要求。

(1) 电信行业主管部门

在审核电信业务经营许可申请的过程中，电信行业主管部门一直以来都要求申请人对其股东逐级进行追溯；如其某级股东含有外资成分，通常都需要按照国

[①] 值得一提的是，由于同某创业在非公开发行股票事项的股东大会决议有效期届满前未能取得中国证监会对该次非公开发行事项的核准批复，并且交易对方香港某益表示不同意重新定价方案，因此，同某创业终止了该次非公开发行事宜。见《上海同某创业投资股份有限公司关于终止公司非公开发行股票事项的公告》(2015年11月30日)。

务院《外商投资电信企业管理规定》办理。① 2019 年 11 月 6 日的《国务院关于在自由贸易试验区开展"证照分离"改革全覆盖试点的通知》（国发〔2019〕25 号）的附件 1《"证照分离"改革全覆盖试点事项清单（中央层面设定，2019 年版）》的第 91 项②和第 92 项③更是在国务院层面认可了工信部的这一审核要求。

具体而言，工业和信息化部信息通信管理局 2023 年 4 月 20 日发布的《电信业务经营许可审批服务指南（完整版）》（服务指南编号：04028）要求电信业务增值电信业务经营许可证申请企业对其股东逐级进行追溯，以确认是否存在外资成分；对于其任何一级股东含有外资成分的申请企业，则"需要填写间接股东追溯栏目，点击进入股东追溯页面，绘制树状股东结构图。一级股东必须绘制；二级及以上股东，如向后追溯不含外资成分，可不继续绘制，如向后追溯含有外资成分，只需绘制含有外资的链条。境外股东无需再继续追溯。上市公司前十大股东如含有外资应继续追溯"。④

---

① 见《四川金某（集团）股份有限公司发行股份购买资产并募集配套资金暨关联交易报告书（草案）》（2015 年 5 月 22 日）第 133 页、《某股份有限公司关于转让深圳市华某瑞麟股权投资基金合伙企业（有限合伙）认缴出资份额暨关联交易的公告》（2016 年 3 月 5 日）。工业和信息化部信息通信管理局 2023 年 4 月 20 日发布的《电信业务经营许可审批服务指南（完整版）》（服务指南编号：04028，https：//ythzxfw.miit.gov.cn/lawGuide? data=5f19dd122cfa4482a2b64e201cbc8bfd，最后访问日期：2024 年 3 月 28 日，下同）针对"申请企业含有外资成分，什么时候可以视同内资情况办理"的问题作出的答复是："根据《关于境外直接上市的境内企业申请经营电信业务适用程序有关问题的通知》（商资函〔2009〕第 71 号文），境外直接上市的境内企业及其子公司、境内 B 股上市公司及其子公司申请经营电信业务，如该企业外资股份比例低于 10%（不含 10%），且单一最大股东为中方投资者，适用内资审批程序"。

② 《国务院关于在自由贸易试验区开展"证照分离"改革全覆盖试点的通知》（国发〔2019〕25 号）的附件 1《"证照分离"改革全覆盖试点事项清单（中央层面设定，2019 年版）》的第 91 项针对"外商投资经营电信业务（基础电信业务）审批"提出："进一步简化申请表单，优化股东追溯流程，对于二级及以上中方股东不再要求提供相关证明材料，改为申请人作出相关承诺。"

③ 《国务院关于在自由贸易试验区开展"证照分离"改革全覆盖试点的通知》（国发〔2019〕25 号）的附件 1《"证照分离"改革全覆盖试点事项清单（中央层面设定，2019 年版）》的第 92 项针对"外商投资经营电信业务（第一类增值电信业务）审批"提出："进一步简化申请表单，优化股东追溯流程，对于二级及以上中方股东不再要求提供相关证明材料，改为申请人作出相关承诺。"

④ 工业和信息化部信息通信管理局 2023 年 4 月 20 日发布的《电信业务经营许可审批服务指南（完整版）》（服务指南编号：04028）附录二"申请表单正确填写示范文本及常见错误示例"之"股东追溯及其相关证明材料"表之"填表说明"之"一、股东追溯是否涉及外资""三、一级股东股权情况""四、间接股东追溯"。当然，该服务指南也明确："根据《关于境外直接上市的境内企业申请经营电信业务适用程序有关问题的通知》（商资函〔2009〕第 71 号文），境外直接上市的境内企业及其子公司、境内 B 股上市公司及其子公司申请经营电信业务，如该企业外资股份比例低于 10%（不含 10%），且单一最大股东为中方投资者，适用内资审批程序"。

（2）网络文化主管部门

在审核经营性互联网文化单位申请的过程中，网络文化主管部门一直以来也要求申请人及其各级股东不存在外资成分。[1]

比如，针对"从事经营性互联网文化单位申请主体是否可以含有外资成份"的问题，文化和旅游部发布的《申请从事互经营性互联网文化活动办事指南》曾经要求："申请经营性互联网文化单位不得含有外资成份；允许香港及澳门服务提供者在内地设立内地方控股或占主导权益的互联网文化经营单位"；其中，如果经营性互联网文化单位申请主体的法人股东为上市公司，则"需提供该上市公司（法人股东）营业执照副本复印件、章程及其修正案；并出具公司所有股权不含有外资成份的承诺说明"。[2]

（3）广播电视主管部门

在审核《信息网络传播视听节目许可证》申请的过程中，广播电视主管部门一直以来也要求申请人及其各级股东不得存在外资成分。

比如，国家广播电视总局2018年10月发布的《〈信息网络传播视听节目许可证〉审批事项服务指南》明确提出"禁止外资进入网络视听节目服务行业""含有外资成分的单位不能申请"；要求互联网视听节目服务单位变更股东股权结构时提交"新增股东不含外资的文件材料"，其中"法人股东需逐级追溯到国有资本或自然人"。[3]

（4）国务院办公厅

国务院办公厅2015年4月8日印发的《自由贸易试验区外商投资国家安全审查试行办法》（国办发〔2015〕24号）更是明确、直接将"外国投资者通过协议控制、代持、信托、再投资、境外交易、租赁、认购可转换债券等方式投资"界定为"外国投资者在自贸试验区内投资"。

国务院办公厅的上述文件实际上将外商投资企业境内多层次投资也纳入了外商投资的范围。

---

[1] 《厦门华某电子股份有限公司重大资产重组进展暨继续停牌公告》（2015年4月15日）。
[2] 《申请从事互经营性互联网文化活动办事指南》（发布日期：2020年11月17日，适用于省级行政区域内从事经营性互联网文化活动的申请和办理），https://ccm.mct.gov.cn/ccnt/sczr/toDetail?newsId=11，最后访问日期：2024年3月2日。
[3] 国家广播电视总局《〈信息网络传播视听节目许可证〉审批事项服务指南》（2018年10月发布），http://www.nrta.gov.cn/col/col2477/index.html，最后访问日期：2024年3月2日。

2.《外商投资法》实施之后

在《外商投资法》第 2 条第 2 款明确将"外国投资者间接在境内进行的投资活动"也界定为"外商投资"的基础上，商务部和市场监管总局联合制定的部门规章《外商投资信息报告办法》第 28 条进一步规定："外商投资企业在中国境内投资（含多层次投资）设立企业的，在向市场监管部门办理登记备案、报送年报信息后，相关信息由市场监管部门推送至商务主管部门，上述企业无需另行报送",《关于外商投资信息报告有关事项的公告》（商务部公告 2019 年第 62 号）更是明确规定："外商投资企业境内投资（含多层次投资）的企业的初始报告、变更报告、注销报告和年度报告，由市场监管总局向商务部共享，企业无需另行报送。"

据此，外商投资企业境内多层次投资设立企业，也属于外商投资的范畴，应当适用《外商投资法》，尤其是（但不限于）《外商投资法》第 28 条第 1 款关于"外商投资准入负面清单规定禁止投资的领域，外国投资者不得投资"和第 2 款关于"外商投资准入负面清单规定限制投资的领域，外国投资者进行投资应当符合负面清单规定的条件"的规定。[①]

[①] 当然，外商投资企业境内投资企业和多层次投资设立的企业无须另行向商务主管部门报送初始报告、变更报告、注销报告和年度报告。

第六章 外商投资企业的界定

"外商投资企业"也是《外商投资法》项下的一个基础性概念。《外商投资法》所说的"外商投资企业",指的是什么、包括哪些企业形式?外资成分低于10%的企业是否属于外商投资企业?本章将进行分析。

一、《外商投资法》关于"外商投资企业"的定义

《外商投资法》第2条第3款对"外商投资企业"直接下了定义,即:"本法所称外商投资企业,是指全部或者部分由外国投资者投资,依照中国法律在中国境内经登记注册设立的企业。"

据此,准确界定"外商投资企业",需要准确理解这几个关键词:(1)"企业";(2)"在中国境内经登记注册";(3)"外国投资者投资"。具体来说:

第一,"企业"这一关键词表明外商投资企业是企业的一种,这使外商投资企业得以与事业单位、社会团体、基金会、社会服务机构、宗教活动场所等非营利组织、非企业单位以及自然人区分开来。

第二,"在中国境内经登记注册"这一关键词表明外商投资企业是依照中国法律注册登记成立的、属于中国的企业法人或非法人组织,这使外商投资企业得以与外国企业、港澳台企业区分开来。

第三,"外国投资者投资"这一关键词表明外商投资企业的股东或出资人当中必须有外国投资者[①],这使外商投资企业得以与内资企业(包括外商投资企业再投资的企业)区分开来。

[①] 需要注意的是,企业的股东或出资人中没有外国投资者,并不意味着相应的投资就不属于外商投资,不适用《外商投资法》;此外,以投资为主要业务的外商投资企业虽然是中国的法人或非法人组织、定居在国外的中国公民是中国籍自然人,但国家对其在境内的投资是参照外国投资者管理的,尤其是,以投资为主要业务的外商投资企业在境内投资设立的企业,其营业执照也将注明其属于外商投资企业。相关内容,可见本书第三章"外国投资者的界定"。

应该说，源于《外商投资法》立法时"在具体制度设计上，不求面面俱到，对一时难以达成共识的问题不作规定或只作原则规定。例如，对外商投资活动和外商投资企业采取宽泛的定义，不对股比、投资时间、投资形式等作硬性限制"[1]，《外商投资法》关于"外商投资企业"的这一定义也是比较原则性的规定，有必要由配套的法规、规章、规范性文件予以具体、明确。

二、关于"全部或者部分由外国投资者投资"的理解

《外商投资法》关于"外商投资企业"的定义中的"全部或者部分由外国投资者投资"，可以从以下几个方面来理解：

(一) 外商投资企业既包括全部由外国投资者投资的企业，也包括部分由外国投资者投资的企业

由于《外商投资法》使用的是"全部或者部分由外国投资者投资"的表述，因此，《外商投资法》所说的"外商投资企业"，既包括全部由外国投资者投资的企业，也包括部分由外国投资者投资的企业，但其全部投资当中不能没有外国投资者的投资。

其中，"全部由外国投资者投资"，包括由一个外国投资者投资的企业（外商投资的一人公司）和由数个外国投资者投资的企业（包括外商合资的公司和合伙企业），其出资人当中不存在中国投资者。

而"部分由外国投资者投资的企业"，其出资人当中既有外国投资者、又有中国投资者。

(二) 只要企业的出资人当中有外国投资者，该企业就属于外商投资企业

同样地，由于《外商投资法》使用的是"全部或者部分外国投资者投资"的表述，因此，只要企业的出资人当中有外国投资者（存在着外资成分），哪怕只有一个外国投资者，甚至该外国投资者持有该企业的权益的数量极少、权益比例极低（外资成分极低），该企业就都属于《外商投资法》所规范的外商投资企业。

应该说，《外商投资法》关于"外商投资企业"的这一界定，第一次从法律层面针对"外国投资者持股比例低于10%的企业是否属于外商投资企业"这个问题，作出了明确的回答，即："投资者中有外国投资者但外国投资者持股比例

---

[1] 王晨：《贯彻实施外商投资法 推动新一轮高水平对外开放》，载《人民日报》2019年12月13日06版。

低于10%的企业属于外商投资企业。"

　　从法条规定的角度看，作为国务院商务主管部门的商务部，对"外国投资者持股比例低于10%的企业是否属于外商投资企业"这个问题是有过准确的认识的。这在2002年的《对外贸易经济合作部、国家税务总局、国家工商行政管理总局、国家外汇管理局关于加强外商投资企业审批、登记、外汇及税收管理有关问题的通知》（外经贸法发〔2002〕575号）①，商务部外资司《外商投资准入管理指引手册》（2008年版）（商资服字〔2008〕530号）②，商务部2013年9月27日公布的《外国投资者对上市公司战略投资管理办法（修订）（征求意见稿）》③，以及商务部2018年7月30日公布的《外国投资者对上市公司战略投资管理办法（征求意见稿）》④的规定中，都能得到体现。

　　也基于此，在《外商投资法》生效后至2024年12月2日（即2024年修订后

---

① 《对外贸易经济合作部、国家税务总局、国家工商行政管理总局、国家外汇管理局关于加强外商投资企业审批、登记、外汇及税收管理有关问题的通知》（外经贸法发〔2002〕575号）第2条规定："根据现行外商投资有关法律、法规的规定，中外合资、中外合作外商投资企业的注册资本中外国投资者的出资比例一般不低于25%。外国投资者的出资比例低于25%的，除法律、行政法规另有规定外，均应按照现行设立外商投资企业的审批登记程序进行审批和登记。通过审批的，颁发加注'外资比例低于25%'字样的外商投资企业批准证书；取得登记的，颁发在'企业类型'后加注'外资比例低于25%'字样的外商投资企业营业执照。"第4条规定："外国投资者出资比例低于25%的外商投资企业，投资者以现金出资的，应自企业领取营业执照之日起三个月内缴清全部出资；投资者以实物、工业产权等出资的，应自企业领取营业执照之日起六个月内缴清出资。"

② 商务部外资司《外商投资准入管理指引手册》（2008年版）（商资服字〔2008〕530号）第五部分"下放或委托审批的有关说明"中的"五、关于并购的审批说明"提及："对于外资占被并购企业多少比例才算并购，对此国际国内都没有明确的说法，《并购规定》对此也没有给予界定。建议可参照OECD、国际货币基金组织等将10%以上列为外国直接投资的统计惯例和我国上市公司战略投资规定，外国投资者或外商投资企业占被并购境内公司10%及以上的，严格按并购规定审核程序；低于10%的，审核程序上可适当简化。"

③ 2013年9月27日公布的《外国投资者对上市公司战略投资管理办法（修订）（征求意见稿）》（http：//www.mofcom.gov.cn/aarticle/b/g/201311/20131100395786.html，最后访问日期：2024年3月28日）第20条第2款规定："投资者出售其所持上市公司全部股份使上市公司股本总额中不再含有外资股份，上市公司应在10日内向商务部办理注销外商投资企业批准证书的相关手续，并自外商投资企业批准证书注销之日起30日内到工商行政管理机关办理变更登记，企业类型变更为股份有限公司。上市公司应自营业执照变更之日起30日内到外汇管理部门办理外汇登记注销手续，并到主管税务机关办理变更税务登记。"

④ 2018年7月30日公布的《外国投资者对上市公司战略投资管理办法（征求意见稿）》（http：//tfs.mofcom.gov.cn/article/as/201807/20180702771044.shtml，最后访问日期：2024年3月28日）第22条第2款规定："外国投资者减持导致上市公司股本总额中不再含有外资股份，涉及国家规定实施准入特别管理措施的，上市公司应在10日内向商务主管部门提出申请注销外商投资企业批准证书；不涉及国家规定实施准入特别管理措施的，上市公司应于股份出售完成前，或股份出售完成后的30日内，按照《备案办法》的相关规定办理备案手续。"

的《外国投资者对上市公司战略投资管理办法》生效之日）之前，2005年发布并于2015年经过修正的《外国投资者对上市公司战略投资管理办法》第22条第2款关于"投资者减持股份使上市公司外资股比低于10%，且投资者非为单一最大股东，上市公司自外商投资企业批准证书注销之日起30日内到工商行政管理机关办理变更登记，企业类型变更为股份有限公司。上市公司应自营业执照变更之日起30日内到外汇管理部门办理外汇登记注销手续"的规定，可能就因不符合上位法的规定而不应继续适用了。

不过，需要注意的是，由于《外商投资法》第41条针对金融行业的特殊性特别规定了"对外国投资者在中国境内投资银行业、证券业、保险业等金融行业，或者在证券市场、外汇市场等金融市场进行投资的管理，国家另有规定的，依照其规定"，因此，金融行业和金融市场的外商投资，应当优先适用国家针对金融行业和金融市场的外商投资作出的特别规定。从而，如果中央层面的法规在《外商投资法》的基础上另外明确规定，因外国投资者在二级市场上买卖其股票而导致其投资者当中存在外国投资者，但外国投资者的持股比例较低（比如低于10%）的金融行业的上市公司不视为外商投资企业，也不是不可以。

（三）外商投资企业指的是外国投资者直接持有其投资性权利的企业

《外商投资法》关于"外商投资企业"的定义中的"外国投资者投资"，指的是外商直接投资，不包括间接投资；并且，指的是外商直接投资中的权益性投资，不包括非权益性投资，直接持有该企业的投资性权利的主体（出资人）必须有外国投资者（包括参照外国投资者管理的主体）。

之所以说《外商投资法》关于"外商投资企业"的定义中的"外国投资者投资"指的是外商直接投资，是因为《外商投资法》使用的是"本法所称外商投资企业，是指全部或者部分由外国投资者投资……的企业"的表述；此外，也因为根据《商务部、国家工商行政管理局关于外商投资企业境内投资的暂行规定》（2015年修正）第2条、第7条①的规定，普通的外商投资企业对外所投资的企业，除非其出资人当中有外国投资者，否则，该企业并非外商投资企业，其持有的营业执照曾经长期加注了"外商投资企业投资"字样。

另外，之所以说《外商投资法》关于"外商投资企业"的定义中的"外国投资者投资"指的是外商直接投资中的权益性投资，是因为根据《外商投资法》使用的"本法所称外商投资企业，是指全部或者部分由外国投资者投资……的企业"的表述，外国投资者是以出资人身份、而非以债权人或其他身份对该企业进行投资的。

三、关于"经登记注册设立"的理解

（一）外商投资企业的认定须以企业登记机关登记为准

由于《外商投资法》第2条第3款使用了"本法所称外商投资企业，是指……经登记注册设立的企业"的表述，因此，外商投资企业必须是经企业登记机关登记注册并取得了营业执照的主体，未经企业登记机关登记则不属于外商投资企业，也不应将其认定为外商投资企业。

这也是《民法典》第77条关于"营利法人经依法登记成立"、第78条关于"依法设立的营利法人，由登记机关发给营利法人营业执照。营业执照签发日期为营利法人的成立日期"和第103条关于"非法人组织应当依照法律的规定登记"的规定，《公司法》第29条第1款关于"设立公司，应当依法向公司登记机关申请设立登记"和第33条第1款关于"依法设立的公司，由公司登记机关发给公司营业执照。公司营业执照签发日期为公司成立日期"的规定，以及《合伙企业法》第11条关于"合伙企业的营业执照签发日期，为合伙企业成立日期。合伙企业领取营业执照前，合伙人不得以合伙企业名义从事合伙业务"的规定的应有之义。

---

① 《商务部、国家工商行政管理局关于外商投资企业境内投资的暂行规定》（2015年修正）第2条第1款规定："本规定所称外商投资企业境内投资，是指在中国境内依法设立，采取有限责任公司形式的中外合资经营企业、中外合作经营企业和外资企业以及外商投资股份有限公司，以本企业的名义，在中国境内投资设立企业或购买其他企业（以下简称被投资公司）投资者股权的行为"，第7条规定："公司登记机关依《公司法》《中华人民共和国公司登记管理条例》（以下简称《公司登记管理条例》）的有关规定，决定准予登记或不予登记。准予登记的，发给《企业法人营业执照》，并在企业类别栏目加注'外商投资企业投资'字样（以下简称《（加注）营业执照》）。"

此外，这与《民法典》第 65 条所说的"法人的实际情况与登记的事项不一致的，不得对抗善意相对人"、《公司法》第 34 条第 2 款所说的"公司登记事项未经登记或者未经变更登记，不得对抗善意相对人"，是不一样的。

也因此，笔者倾向于认为，将未经企业登记机关登记（包括设立登记和变更登记）为外商投资企业的内资企业认定为外商投资企业的观点①是不符合《外商投资法》第 2 条第 3 款的规定的。

（二）外商投资企业的类型目前限于公司和合伙企业

在新设外商投资企业的企业类型登记方面，企业登记机关将按照内资企业类型分别登记为"有限责任公司""股份有限公司""合伙企业"，并应当标明外商投资或者港澳台投资。② 这也表明，现阶段，新设的外商投资企业只有公司制外

---

① 比如，在 2016 年 4 月 12 日就范某琦、范某芳等与深某贸易公司、安徽省临泉银某实业开发有限公司股权转让纠纷一审案作出的（2013）合民四初字第 00001 号民事判决书（https://wenshu.court.gov.cn/website/wenshu/181107ANFZ0BXSK4/index.html? docId = 5VrccDkf9DWmaPLJaLpmDJQovFkm0qWOZhp+tL5wj3uFNDUh3A5mKp/dgBYosE2gFjhz/JG5GnvcwqPrg8+L+41xj0SfQbKl96UyX3wjSUNgNiudosY9rGgHOD/Yh92j，最后访问日期：2024 年 3 月 28 日），合肥市中级人民法院认为："依我国现行法，企业的投资人成为区分内资和非内资企业的关键性因素。银某公司的股东深港公司成立于香港地区，因此银某公司应当被认定属于外商投资企业。与通常的外商投资企业相比，银某公司存在两点不同，即设立未经审批和被工商机关登记为内资企业。关于设立未经审批，但如前所述，未经审批影响的是企业设立程序的合法性，可能导致其法人资格存续存在隐患，但对企业投资者来自域外的事实不可能作出任何改变。关于银某公司被工商机关登记为内资企业，但企业在工商机关的登记，除设立登记具有产生企业实体的效力外，其他登记主要是产生对抗的效力，因此也不能依此否定企业中的外国投资者的存在。综上，银某公司是事实上的外商投资企业。"对此，二审法院安徽省高级人民法院在（2017）皖民终 134 号民事判决书（https：//wenshu.court.gov.cn/website/wenshu/181107ANFZ0BXSK4/index.html? docId = q5nmPTFTik/xmJbTLe4j8umT6xMb+tfuq1KJ685eR6Y0JOf39OoD8J/dgBYosE2gFjhz/JG5GnvcwqPrg8+L+41xj0SfQbKl96UyX3wjSUNgNiudosY9rDRI92LglbrK，最后访问日期：2024 年 3 月 28 日）中认为："原审判决认定事实清楚，适用法律正确"；再审法院最高人民法院在 2019 年 9 月 26 日作出的（2019）最高法民申 3047 号民事裁定书（https：//wenshu.court.gov.cn/website/wenshu/181107ANFZ0BXSK4/index.html? docId = fEJK6mZ0fL2IiEo3nEjvzyP2c5cDIeiQpDeLJNBaXqKVdAjwSkcJ0p/dgBYosE2gFjhz/JG5GnvcwqPrg8+L+41xj0SfQbKl96UyX3wjSUNgNiudosY9rB7/zVs6wJx9，最后访问日期：2024 年 3 月 28 日）也认为："对于银某公司是否为外资企业的问题，范某琦等六人主张……银某公司应当被认定为外商投资企业。深某公司对此不予认可，并提出两点异议：银某公司未经审批设立和被工商机关登记为内资企业。但上述两项瑕疵均不能否定企业中香港投资者的存在，原审法院认定银某公司为外商投资企业并无不当。"

② 《市场监管总局关于贯彻落实〈外商投资法〉做好外商投资企业登记注册工作的通知》（国市监注〔2019〕247 号）第 9 条。

商投资企业和外商投资合伙企业这两种类型。①

四、关于金融领域外商投资企业的认定的特别规定

需要注意的是，根据《外商投资法》第41条关于"对外国投资者在中国境内投资银行业、证券业、保险业等金融行业，或者在证券市场、外汇市场等金融市场进行投资的管理，国家另有规定的，依照其规定"的规定，金融领域（包括金融行业和金融市场）的外商投资企业的认定，应当适用特别的规定。

比如，在期货业，针对外商投资期货公司，《外商投资期货公司管理办法》第2条规定："本办法所称外商投资期货公司是指单一或有关联关系的多个境外股东直接持有或间接控制公司5%以上股权的期货公司。"据此，只有外国投资者持股5%以上的期货公司才属于该办法规范的外商投资期货公司。

又如，在保险业，保险监管机构通常将外国投资者持股25%以上的保险公司、保险经纪公司作为外资保险公司、外资保险经纪公司管理。对此，原中国保监会印发的《保险公司开业验收指引》（保监发〔2011〕14号）规定："本指引适用中资保险公司（外资股东出资或者持股比例占公司注册资本不足25%的保险公司）开业验收"，国家金融监督管理总局2023年6月16日发布的《保险经纪业务经营许可审批事项服务指南》针对"中资和外资保险经纪人的划分标准是什么"的问题给出的答复是"穿透累加计算后外资比例大于或等于25%的视为外资保险经纪人"。

从上述规定看，在持股比例和直接持股标准方面，不同的金融监管机构对外商投资金融机构的认定存在不同的意见。当然，上述法规是在《外商投资法》实施之前出台的，随着《外商投资法》的实施，金融监管机构是否会对金融领域的外商投资企业的认定作出新的调整，值得关注。

---

① 需要注意的是，在《外商投资法》实施之前，也存在着依据原《外资企业法》及其实施细则、原《中外合作经营企业法》及其实施细则设立的不具有法人资格的既非公司亦非合伙企业的外商投资企业。这类外商投资企业比较少，并且，自2025年1月1日起，国家原则上不再允许存在既非公司又非合伙企业的不具有法人资格的外商投资企业。相关内容，请见本书第七章"外商投资企业的组织形式和治理结构"之"六、关于外商投资企业组织形式的特别规定"。

五、以投资为主要业务的外商投资企业境内投资的企业的性质

（一）以投资为主要业务的外商投资企业境内投资的企业的性质

如前所述，从外商投资管理的角度，国家对以投资为主要业务的外商投资企业（包括外商投资性公司、外商投资创业投资企业、以投资为主要业务的外商投资合伙企业和外商投资股权投资企业）是参照外国投资者进行管理的。①

其中，根据《外商投资法》通过之前就已经出台的《商务部关于外商投资举办投资性公司的规定》（2015年修正）第20条和《外商投资创业投资企业管理规定》（2015年修正）第40条、第41条，以及《外商投资法》通过之后出台的《市场监管总局关于贯彻落实〈外商投资法〉做好外商投资企业登记注册工作的通知》（国市监注〔2019〕247号）第14条的规定，以投资为主要业务的外商投资企业在境内投资设立的企业也是参照外商投资企业登记注册的，在性质上也属于外商投资企业。

需要注意的是，《外商投资法》实施之后，根据《外商投资法》第28条关于"外商投资准入负面清单规定禁止投资的领域，外国投资者不得投资。外商投资准入负面清单规定限制投资的领域，外国投资者进行投资应当符合负面清单规定的条件。外商投资准入负面清单以外的领域，按照内外资一致的原则实施管理"的规定，国家是否会对《商务部关于外商投资举办投资性公司的规定》（2015年修正）和《外商投资创业投资企业管理规定》（2015年修正）等法规进行修改，以投资为主要业务的外商投资企业境内投资的企业的性质是否仍然属于外商投资企业，有待观察。

（二）以投资为主要业务的外商投资企业境内投资的企业涉诉的案件是否具有涉外因素的认定

在以投资为主要业务的外商投资企业境内投资的企业与其他主体发生争议时，虽然以投资为主要业务的外商投资企业境内投资的企业在性质上属于外商投资企业，但是，在不存在其他涉外因素的情况下，由于该企业属于中国法人或非法人组织，仅仅"该企业属于外商投资企业"这一事实本身不足以使相关案件

---

① 见本书第三章"外国投资者的界定"之"四、参照外国投资者管理的主体"之"（三）以投资为主要业务的外商投资企业"。

成为《民事诉讼法》所说的"涉外民事案件"。

因为，有关民事案件是否具有涉外因素，应当依据《最高人民法院关于适用〈中华人民共和国涉外民事关系法律适用法〉若干问题的解释（一）》（2020年修正）第1条和《最高人民法院关于适用〈中华人民共和国民事诉讼法〉的解释》（2022年修正）第520条的规定进行认定。

根据上述规定，有下列情形之一，人民法院可以认定为涉外民事案件：(1) 当事人一方或者双方是外国人、无国籍人、外国企业或者组织的；(2) 当事人一方或者双方的经常居所地在中华人民共和国领域外的；(3) 标的物在中华人民共和国领域外的；(4) 产生、变更或者消灭民事关系的法律事实发生在中华人民共和国领域外的；(5) 可以认定为涉外民事案件的其他情形。

比如，在2017年11月23日就爱某时代医疗科技（北京）股份有限公司（以下简称爱某公司）与领某仿生医疗器械（上海）有限公司（以下简称领某公司）买卖合同纠纷二审案作出的（2017）沪02民终9941号民事裁定书[1]中，上海市第二中级人民法院认为："就本案而言，爱某公司和领某公司都是依据我国法律设立并登记的企业，经营地均在中国境内。尽管领先公司的股东为外国公司，但是领某公司仍属于中国法人，因此本案在当事人主体上不存在涉外因素。按照《经销商协议》的约定以及双方陈述，爱某公司在国内指定经销区域为领某公司销售相关产品，这些产品虽系进口产品，但是都由领某公司进口后再向爱某公司提供，故爱某公司与领某公司之间的交易标的物不具有涉外性，同时双方之间涉及的法律关系也无涉外因素。此外，虽然领某公司认为双方业务中存在交付产品是通过香港公司进口或者客户在香港安装产品的情形，而且爱某公司起诉主张的销售利润中也包含了部分香港业务的收入，但是这些实际履行行为或者结算内容并没有改变双方之间原有的法律关系，故本案也不存在其他可以认定为涉外案件的因素。综上，本院认定本案纠纷并不具备涉外因素，……"上述认定意

---

[1] https：//wenshu.court.gov.cn/website/wenshu/181107ANFZ0BXSK4/index.html?docId=16eEeWjS21UCTjK3SWsd0OAo9nAhTt+mtcQjZ5Wb5nfOfVxbOHQ3h5/dgBYosE2gFjhz/JG5GnvcwqPrg8+L+41xj0SfQbKl96UyX3wjSUNSmfD3cL9/+1fwdBra+Vcq，最后访问日期：2024年3月28日。

见得到了上海市高级人民法院的支持。[1]

不过，在特定的情况下，外商投资企业之间的民事案件可能属于"可以认定为涉外民事案件的其他情形"。比如，最高人民法院2017年5月15日发布的第二批涉"一带一路"建设典型案例[2]中的西门子国际贸易（上海）有限公司（以下简称西门子公司）与上海黄金置地有限公司（以下简称黄金置地公司）申请承认和执行外国仲裁裁决案[3]就是这样的例子。

在该案当中，针对黄金置地公司提出的"本案双方当事人均为中国法人，合同履行地也在国内，故本案民事法律关系并不具有涉外因素"的答辩意见，上海市第一中级人民法院认为："本案中，申请人西门子公司与被申请人黄金置地公司均为在中国注册的公司法人，合同约定的交货地、作为合同标的物的设备目前所在地均在我国境内，该合同表面上看并不具有典型的涉外因素。然而，综观本案合同所涉的主体、履行特征等方面的实际情况，该合同当前存在与普通国内合同有明显差异的独特性，可以认定为涉外民事法律关系"，其主要理由如下：

"第一，本案合同的主体均具有一定涉外因素。西门子公司与黄金置地公司虽然都是中国法人，但注册地均在上海自贸试验区区域内，且其性质均为外商独资企业，由于此类公司的资本来源、最终利益归属、公司的经营决策一般均与其境外投资者关联密切，故此类主体与普通内资公司相比具有较为明显的涉外因素。在自贸试验区推进投资贸易便利的改革背景下，上述涉外因素更应给予必要重视。

"第二，本案合同的履行特征具有涉外因素。合同项下的标的物设备虽最终在境内工地完成交货义务，但从合同的签订和履行过程看，该设备系先从我国境外运至自贸试验区（原上海外高桥保税区）内进行保税监管，再根据合同履行需要适时办理清关完税手续、从区内流转到区外，至此货物进口手续方才完成，故合同标的物的流转过程也具有一定的国际货物买卖特征。因此，本案合同的履

---

[1] 上海市高级人民法院2018年6月26日就领某仿生医疗器械（上海）有限公司与爱某时代医疗科技（北京）股份有限公司买卖合同纠纷再审案作出的（2018）沪民申921号民事裁定书。（https://wenshu.court.gov.cn/website/wenshu/181107ANFZ0BXSK4/index.html?docId=TUFllkup+9dpA5JFCeXvmlrsxXPw0z1lFD8THna6uMPGrN3IaiKLIp/dgBYosE2gFjhz/JG5GnvcwqPrg8+L+41xj0SfQbKl96UyX3wjSUNSmfD3cL9/++TE0DsQwq1u，最后访问日期：2024年3月28日）

[2] 最高人民法院发布第二批涉"一带一路"建设典型案例，https://www.chinacourt.org/article/detail/2017/05/id/2863098.shtml，最后访问时间2024年2月8日。

[3] https://www.court.gov.cn/zixun/xiangqing/44722.html，最后访问日期：2024年3月28日。

行因涉及自贸试验区的特殊海关监管措施的运用，与一般的国内买卖合同纠纷具有较为明显的区别。"

综合以上情况，上海市第一中级人民法院认定，该案合同关系符合《最高人民法院关于适用〈中华人民共和国涉外民事关系法律适用法〉若干问题的解释（一）》第1条第5项规定的"可以认定为涉外民事关系的其他情形"，具有涉外因素。[①]

[①] 上海市第一中级人民法院2015年11月27日就西门子国际贸易（上海）有限公司诉上海黄金置地有限公司申请承认和执行外国仲裁裁决一审案作出的（2013）沪一中民认（外仲）字第2号民事裁定书。（https：//wenshu.court.gov.cn/website/wenshu/181107ANFZ0BXSK4/index.html？docId＝pd2JZ5vhIJQGTCxxR3hnGdC3le1XzGMCGyRIBsmAyB8SYDcsTmVyS5/dgBYosE2gFjhz/JG5GnvcwqPrg8＋L＋41xj0SfQbKl96UyX3wjSUPN2sjMKngl8J3vB1QBw4p/，最后访问日期：2024年3月28日）

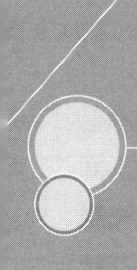

第七章 外商投资企业的组织形式和治理结构

外商投资企业作为一种企业，应当采用相应的组织形式和治理结构。对此，《外商投资法》作出了原则性的规定。本章主要围绕外商投资企业的组织和治理结构展开讨论。

一、关于外商投资企业的组织和行为的原则规定

针对外商投资企业的组织和行为，《外商投资法》第31条规定："外商投资企业的组织形式、组织机构及其活动准则，适用《中华人民共和国公司法》《中华人民共和国合伙企业法》等法律的规定。"

其中，《外商投资法》所说的"外商投资企业的组织形式、组织机构"，对应于《公司法》第1条所说的"公司的组织"[①]；《外商投资法》所说的"外商投资企业的活动"，对应于《公司法》第1条所说是"公司的行为"和《合伙企业法》第1条所说的"合伙企业的行为"[②]；而《外商投资法》第31条所说的"等法律"，一方面涵盖了其他法律有关外商投资企业的组织形式、组织机构的规定，另一方面也为外商投资企业依照法律的规定采用其他组织形式、组织机构预留了空间。

值得注意的是，《外商投资法》第31条所说的"外商投资企业的活动"，指

[①] 与《公司法》既规范"公司的行为"，又规范"公司的组织"不同，《合伙企业法》仅规定了"规范合伙企业的行为"，这是因为合伙企业属于非法人组织，与公司属于法人并应当设立权力机构、执行机构等组织机构不同，合伙企业自身没有《合伙企业法》意义上的组织机构。

[②] 2019年3月12日第十三届全国人民代表大会第二次会议主席团第二次会议通过的《第十三届全国人民代表大会宪法和法律委员会关于〈中华人民共和国外商投资法（草案）〉审议结果的报告》也提及："有些代表提出，公司法、合伙企业法等市场主体法律，既规范企业的组织形式、组织机构，还规范企业的行为。草案的上述规定不够全面，建议补充完善。宪法和法律委员会经研究，建议将这一条修改为：外商投资企业的组织形式、组织机构及其活动准则，适用《中华人民共和国公司法》《中华人民共和国合伙企业法》等法律的规定。"

讲的是《公司法》《合伙企业法》等组织法层面的活动，并非通常意义上的"生产经营活动"。有关外商投资企业的生产经营活动，适用的是《外商投资法》第32条关于"外商投资企业开展生产经营活动，应当遵守法律、行政法规有关劳动保护、社会保险的规定，依照法律、行政法规和国家有关规定办理税收、会计、外汇等事宜，并接受相关主管部门依法实施的监督检查"的规定。

二、外商投资企业的组织形式

现阶段，在组织形式上，外商投资企业主要采用有限责任公司、股份有限公司或合伙企业的形式，但不采用个人独资企业的形式，也不包括个体工商户。

（一）外商投资企业主要采用公司或合伙企业的形式

现阶段，在组织形式上，外商投资企业主要采用公司或合伙企业的形式。对此，《外商投资法》第31条规定："外商投资企业的组织形式、组织机构及其活动准则，适用《中华人民共和国公司法》《中华人民共和国合伙企业法》等法律的规定。"

根据《外商投资法》第2条第4款关于"外商投资企业"的定义，外商投资企业主要包括两大类：一类是全部投资均由外国投资者投资的外商投资企业，另一类是由外国投资者与中国投资者共同投资的外商投资企业。

在外资三法时代，在组织形式方面，依据投资者身份的不同，外商投资企业大致包括以下形式[①]：

(1) 有限责任公司（中外合资）；

(2) 有限责任公司（外商合资）[②]；

(3) 有限责任公司（外国法人独资）；

(4) 有限责任公司（外国非法人经济组织独资）；

(5) 有限责任公司（外国自然人独资）；

(6) 有限责任公司（台港澳与外国投资者合资）；

[①] 《关于外商投资的公司审批登记管理法律适用若干问题的执行意见》（工商外企字〔2006〕81号，已废止）第6条。

[②] 在原《中外合作经营企业法》项下，还有一种"有限责任公司（中外合作）"的外商投资企业。随着《外商投资法》的实施，这种形式的外商投资企业也将逐渐退出历史舞台。

（7）有限责任公司（台港澳与境内合资）①；

（8）有限责任公司（台港澳合资）；

（9）有限责任公司（台港澳法人独资）；

（10）有限责任公司（台港澳非法人经济组织独资）；

（11）有限责任公司（台港澳自然人独资）；

（12）股份有限公司（中外合资，未上市）；

（13）股份有限公司（中外合资，上市）；

（14）股份有限公司（外商合资，未上市）；

（15）股份有限公司（外商合资，上市）；

（16）股份有限公司（台港澳与外国投资者合资，未上市）；

（17）股份有限公司（台港澳与外国投资者合资，上市）；

（18）股份有限公司（台港澳与境内合资，未上市）；

（19）股份有限公司（台港澳与境内合资，上市）；

（20）股份有限公司（台港澳合资，未上市）；

（21）股份有限公司（台港澳合资，上市）；

（22）普通合伙企业；

（23）有限合伙企业②。

此外，还存在着依据原《中外合作经营企业法》和《中外合作经营企业法实施细则》设立的不具有法人资格的中外合作经营企业，以及依据原《外资企业法》和《外资企业法实施细则》设立的不具有法人资格的外资企业。对于这些在《外商投资法》实施前设立的不具有法人资格的外商投资企业，可以在《外商投资法》实施后5年内申请改制为合伙制企业，并按照《合伙企业法》《合伙企业登记管理办法》③（在2022年3月1日之前适用）等法律法规规定的

---

① 在原《中外合作经营企业法》项下，还有一种"有限责任公司（台港澳与境内合作）"的外商投资企业。随着《外商投资法》的实施，这种形式的外商投资企业也将逐渐退出历史舞台。

② 外商投资的普通合伙企业和有限合伙企业也可以细分为中国投资者与外国投资者合伙的合伙企业、外国投资者合伙的合伙企业等。

③ 2021年8月24日，国务院发布了《中华人民共和国市场主体登记管理条例》。《市场主体登记管理条例》自2022年3月1日起施行，届时，《公司登记管理条例》《合伙企业登记管理办法》等有关市场主体登记的行政法规同时废止，有关公司、合伙企业登记的事项，应当以正式生效的《市场主体登记管理条例》的规定为准。

设立条件，向登记机关申请变更登记①。

值得注意的是，《外商投资法》施行后，对外商投资企业不再按"中外合资经营企业""中外合作经营企业""外资企业"进行分类，其组织机构、组织形式等统一适用《公司法》或《合伙企业法》等法律的规定；② 具体而言，对于2020年1月1日以后新设的外商投资企业，企业登记机关将按照内资企业类型分别登记为"有限责任公司""股份有限公司"或"合伙企业"，并标明外商投资或者港澳台投资，不再执行原有企业类型加注规则。③

（二）外商投资企业不能采用个人独资企业的形式

现阶段，《外商投资法》所说的"外商投资企业"，只包括有限责任公司、股份有限公司、合伙企业，不包括个人独资企业。

对此，现行《个人独资企业法》第47条规定"外商独资企业不适用本法"，《外商投资准入特别管理措施（负面清单）（2024年版）》也明确规定了"境外投资者不得作为个体工商户、个人独资企业投资人、农民专业合作社成员，从事投资经营活动"。此外，《〈内地与香港关于建立更紧密经贸关系的安排〉投资协议》附件2和《〈内地与澳门关于建立更紧密经贸关系的安排〉投资协议》附件2，也都分别明确了香港投资者或澳门投资者"不得以个人独资企业的形式在内地开展经营活动，也不得成为农民专业合作社成员"。

值得注意的是，根据《促进个体工商户发展条例》第37条关于"香港特别行政区、澳门特别行政区永久性居民中的中国公民，台湾地区居民可以按照国家有关规定，申请登记为个体工商户"的规定，香港特别行政区、澳门特别行政区永久性居民中的中国公民和台湾地区居民，可以依照CEPA及其后续协议、ECFA及其后续协议以及内地的法规，在中国境内单独新设个体工商户。

当然，根据《民法典》第一编（总则编）关于民事主体的类型的规定，"个体工商户"既不属于"法人"，又不属于"非法人组织"，并非《外商投资法》所说的"企业"（除非有法规明确规定"个体工商户"视同"企业"管理）。

---

① 《市场监管总局关于贯彻落实〈外商投资法〉做好外商投资企业登记注册工作的通知》（国市监注〔2019〕247号）第10条。
② 《李克强签署国务院令 公布〈国务院关于修改和废止部分行政法规的决定〉》，http：//www.gov.cn/premier/2020-12/11/content_5568919.htm，最后访问日期：2024年3月2日。
③ 《市场监管总局关于贯彻落实〈外商投资法〉做好外商投资企业登记注册工作的通知》（国市监注〔2019〕247号）第9条。

（三）其他形式的外商投资企业

需要注意的是，在改革开放初期，国家曾经允许设立不具有法人资格但又并非合伙企业的外商投资企业[①]。根据《外商投资法》第42条第2款的规定，这些既非公司亦非合伙企业的外商投资企业可以在2024年12月31日以前继续保留其原有的企业组织形式。具体内容，请见本章"六、关于外商投资企业组织形式的特别规定"。

三、有限公司形式的外商投资企业的治理结构

（一）外商投资有限公司适用《公司法》关于有限公司的规定

由于《外商投资法》第31条规定"外商投资企业的组织形式、组织机构及其活动准则，适用《中华人民共和国公司法》《中华人民共和国合伙企业法》等法律的规定"，因此，有限公司形式的外商投资企业的组织机构及其活动准则，原则上应当适用《公司法》关于有限责任公司的组织和行为的规定。不过，《公司法》的相关条款是否适用于特定的外商投资有限公司，需要结合该外商投资企业的实际情况加以确定，实务中应当特别注意。

（二）外商投资有限公司的组织机构及其职权

在组织机构的设置上，根据《外商投资法》第31条和《公司法》第三章以及《民法典》第一编（总则编）第三章第二节的规定，所有的外商投资有限公司都应当设置权力机构、执行机构，特定的外商投资有限公司可以不设监督机构。

1. 权力机构

原则上，有2个或超过2个股东的外商投资有限公司应当设股东会并以股东会为权力机构[②]，只有1个股东的外商投资有限公司则不设股东会，由其唯一股东作为权力机构[③]。

在职权方面，外商投资有限公司的权力机构主要行使《公司法》第59条第

---

① 见《外资企业法实施细则》（已废止）第18条、《中外合作经营企业法实施细则》（已废止）第九章。
② 见《公司法》第58条。
③ 见《公司法》第60条。

1款规定的职权；此外，其权力机构还享有《公司法》其他条款[1]和其他法律法规以及公司章程规定的其他职权。

值得注意的是，现阶段，也存在两个例外：

一是民办教育领域的外商投资有限公司。这些外商投资有限公司是以董事会而非股东会为决策机构（大致对应于《公司法》所说的权力机构）的[2]。

二是2020年1月1日之前依照原《中外合资经营企业法》或《中外合作经营企业法》设立的中外合资经营企业或有限公司形式的中外合作经营企业。这些中外合资经营企业、有限公司形式的中外合作经营企业是不设股东会，而是以董事会为最高权力机构的[3]。具体内容，请见本章"七、关于外商投资企业组织机构的特别规定"。

2. 执行机构

原则上，外商投资有限公司应当设董事会并以董事会为执行机构[4]，但股东人数较少或规模较小的外商投资有限公司则可以不设董事会，而设一名董事并以该唯一的董事为执行机构[5]。

在职权方面，外商投资有限公司的执行机构主要行使《公司法》第67条第2款规定的职权；此外，其执行机构还享有《公司法》其他条款[6]和其他法律法规以及公司章程规定的其他职权。

例外的是民办教育领域的外商投资有限公司。民办教育领域的外商投资有限公司的行政机构的成员为校长、副校长等人员，而非董事（民办教育领域的外商

---

[1] 比如《公司法》第10条第2款、第15条第1款、第15条第2款、第59条第2款、第67条第2款第10项、第68条第2款、第71条第1款、第83条、第89条第1款第3项、第182条、第183条、第184条、第185条、第186条、第210条第3款、第215条、第223条第2款、第236条第2款、第239条等。

[2] 见《民办教育促进法》第20条至第22条，《营利性民办学校监督管理实施细则》（教发〔2016〕20号）第16条、第17条、第49条，《教育部办公厅、商务部办公厅、市场监管总局办公厅关于做好外商投资营利性非学历语言类培训机构审批登记有关工作的通知》（教发厅函〔2019〕75号）。

[3] 见《中外合资经营企业法》（已废止）第4条、第6条和《中外合资经营企业法实施条例》（已废止）第16条、第30条，《中外合作经营企业法》（已废止）第12条和《中外合作经营企业法实施细则》（已废止）第14条、第24条。

[4] 见《公司法》第67条第1款。

[5] 见《公司法》第75条。

[6] 比如《公司法》第13条第2款、第15条第1款、第51条第1款、第52条第1款、第57条第2款、第68条第2款、第74条、第182条、第183条、第184条、第189条、第212条、第215条、第218条等。

投资有限公司的董事是其决策机构的成员）。①

3. 监督机构

原则上，外商投资有限公司应当设监事会并以监事会为监督机构，但股东人数较少或规模较小的外商投资有限公司则可以不设监事会，而设一名监事并以该唯一监事为监督机构；外商投资有限公司也可以按照公司章程的规定在董事会中设置由董事组成的审计委员会，作为监督机构、行使《公司法》规定的监事会的职权，不设监事会或者监事；此外，股东人数较少或规模较小的外商投资有限公司经全体股东一致同意，也可以不设监事、不设监督机构。②

在职权方面，外商投资有限公司的监督机构主要行使《公司法》第78条至第80条规定的职权；此外，其监督机构还享有其他法律法规以及公司章程规定的其他职权。

4. 经理

《公司法》并未强制要求有限公司必须设经理，外商投资的有限公司可以根据自身情况决定是否设经理。

在职权方面，外商投资有限公司设置的经理根据公司章程的规定行使职权，在公司章程未作规定的情况下则只能根据执行机构的授权行使职权。③

四、股份公司形式的外商投资企业的治理结构

（一）外商投资股份公司适用《公司法》关于股份公司的规定

由于《外商投资法》第31条规定"外商投资企业的组织形式、组织机构及其活动准则，适用《中华人民共和国公司法》《中华人民共和国合伙企业法》等法律的规定"，因此，股份公司形式的外商投资企业的组织机构及其活动准则，原则上应当适用《公司法》关于股份有限公司的组织和行为的规定。

不过，《公司法》的相关条款是否适用于特定的外商投资股份公司，需要结合该外商投资企业的实际情况加以确定，实务中应当特别注意。

---

① 《国务院关于鼓励社会力量兴办教育促进民办教育健康发展的若干意见》（国发〔2016〕81号）第19条、《营利性民办学校监督管理实施细则》（教发〔2016〕20号）第16条。
② 见《公司法》第76条第1款、第83条、第69条。
③ 见《公司法》第74条第2款。

(二) 外商投资股份公司的组织机构及其职权

在组织机构的设置上,根据《外商投资法》第 31 条、《公司法》第五章以及《民法典》总则编第三章第二节的规定,外商投资股份公司应当设置权力机构、执行机构和监督机构。

1. 权力机构

原则上,外商投资股份公司应当设股东会并以股东会为权力机构(只有一个股东的外商投资股份公司以其唯一股东为权力机构)。①

在职权方面,外商投资股份公司的股东会主要行使《公司法》第 59 条第 1 款规定的职权;此外,外商投资股份公司的股东会还享有《公司法》其他条款②和其他法律法规以及公司章程规定的其他职权。

例外的是民办教育领域的外商投资股份公司③。民办教育领域的外商投资股份公司应当依照《民办教育促进法》等法律法规的规定④设立董事会并以董事会为决策机构(大致对应于《公司法》所说的权力机构),决定该公司的重大事项。具体请见本章"七、关于外商投资企业组织机构的特别规定"。

2. 执行机构

原则上,外商投资股份公司应当设董事会并以董事会为执行机构⑤,但股东人数较少或规模较小的外商投资股份公司可以不设董事会、而设一名董事并以该唯一的董事为执行机构⑥。

在职权方面,外商投资股份公司的执行机构主要行使《公司法》第 67 条第

---

① 见《公司法》第 111 条。
② 比如《公司法》第 10 条第 2 款、第 15 条第 1 款、第 15 条第 2 款、第 59 条第 2 款、第 67 条第 2 款第 10 项、第 68 条第 2 款、第 71 条第 1 款、第 83 条、第 89 条第 1 款第 3 项、第 182 条、第 183 条、第 184 条、第 185 条、第 186 条、第 210 条第 3 款、第 215 条、第 223 条第 2 款、第 236 条第 2 款、第 239 条等。
③ 《工商总局、教育部关于营利性民办学校名称登记管理有关工作的通知》(工商企注字〔2017〕156 号)第 1 条规定:"民办学校应当按照《中华人民共和国公司法》《中华人民共和国民办教育促进法》有关规定,登记为有限责任公司或者股份有限公司,其名称应当符合公司登记管理和教育相关法律法规的规定。"
④ 见《民办教育促进法》第 20 条至第 22 条,《营利性民办学校监督管理实施细则》(教发〔2016〕20 号)第 16 条、第 17 条、第 49 条,《教育部办公厅、商务部办公厅、市场监管总局办公厅关于做好外商投资营利性非学历语言类培训机构审批登记有关工作的通知》(教发厅函〔2019〕75 号)。
⑤ 见《公司法》第 120 条第 1 款。
⑥ 见《公司法》第 128 条。

2款规定的职权；此外，外商投资股份公司的董事会还享有《公司法》其他条款①和其他法律法规以及公司章程规定的其他职权。

例外的是民办教育领域的外商投资股份公司。民办教育领域的外商投资股份公司的行政机构的成员为校长、副校长等人，而非董事（民办教育领域的外商投资股份公司的董事是其决策机构的成员）。②

3. 监督机构

原则上，外商投资股份公司应当设监事会并以监事会为监督机构，但股东人数较少或规模较小的外商投资股份公司可以不设监事会、而设一名监事并以该唯一监事为监督机构；此外，外商投资股份公司也可以按照公司章程的规定在董事会中设置由董事组成的审计委员会，作为监督机构、行使《公司法》规定的监事会的职权，不设监事会或者监事。③

在职权方面，外商投资股份公司的监督机构主要行使《公司法》第78条至第80条规定的职权；此外，外商投资股份公司的监督机构还享有其他法律法规以及公司章程规定的其他职权。

4. 经理

与外商投资有限公司可以不设经理不同，外商投资股份公司必须设经理。④

在职权方面，外商投资股份公司设置的经理根据公司章程的规定行使职权，在公司章程未作规定的情况下则只能根据执行机构的授权行使职权。⑤

五、合伙企业形式的外商投资企业的活动准则

与公司制外商投资企业属于营利法人⑥，并且《民法典》⑦和《公司法》⑧

---

① 比如《公司法》第13条第2款、第15条第1款、第51条第1款、第52条第1款、第57条第2款、第68条第2款、第74条、第182条、第183条、第184条、第189条、第212条、第215条、第218条等。
② 《国务院关于鼓励社会力量兴办教育促进民办教育健康发展的若干意见》（国发〔2016〕81号）第19条、《营利性民办学校监督管理实施细则》（教发〔2016〕20号）第16条。
③ 见《公司法》第130条第1款、第133条、第121条。
④ 见《公司法》第126条第1款。
⑤ 见《公司法》第126条第2款。
⑥ 见《民法典》第76条。
⑦ 《民法典》第58条第2款规定："法人应当有自己的名称、组织机构、住所、财产或者经费"，第80条第1款规定："营利法人应当设权力机构"，第81条第1款规定："营利法人应当设执行机构。"
⑧ 见《公司法》第58条和第60条，第67条第1款和第75条，第76条第1款、第83条第69条，第111条，第120条和第128条，第130条、第133条和第121条第1款。

也都明确要求公司制外商投资企业设权力机构、执行机构等组织机构不同，合伙企业形式的外商投资企业属于非法人组织[①]，《合伙企业法》和《民法典》都没有规定合伙企业应当有自己的组织机构，都没有关于合伙企业的组织机构的规定，合伙企业也没有具有《民法典》或《合伙企业法》上的地位的组织机构。

因此，对于合伙企业形式的外商投资企业来讲，《外商投资法》第31条所说的"外商投资企业的组织形式、组织机构及其活动准则，适用《中华人民共和国公司法》《中华人民共和国合伙企业法》等法律的规定"，指的是"外商投资合伙企业的活动准则，适用《合伙企业法》的规定"[②]。

具体来说，根据外商投资合伙企业的具体类型（普通合伙企业、特殊普通合伙企业或有限合伙企业），合伙企业形式的外商投资企业分别适用《合伙企业法》有关普通合伙企业、特殊普通合伙企业或有限合伙企业及其各自的合伙人的规定。

值得注意的是，尽管《合伙企业法》没有规定合伙企业（包括外商投资合伙企业）需要设立合伙人大会（或合伙人会议）这样的机构或类似于公司的股东会定期会议（或年会）或临时会议的合伙人会议形式，但是，外商投资合伙企业的合伙协议可以参照《公司法》关于股东会、董事会、监事会的职权、会议形式、召集、召开、表决等事项的规定，对合伙人会议或其他内部机构的设置、职权、会议形式、会议召开条件、程序及表决等事项作出具体的约定[③]。根据《民法典》第119条、第465条第2款关于"依法成立的合同，仅对当事人具有法律约束力，但是法律另有规定的除外"、《合伙企业法》第19条第1款关于"合伙人按照合伙协议享有权利，履行义务"的规定，外商投资合伙企业的合伙协议的这些约定对全体合伙人是具有法律约束力的。

六、关于外商投资企业组织形式的特别规定

《外商投资法》生效后，在组织形式方面，还存在着既非公司又非合伙企业的不具有法人资格的外商投资企业。

[①] 见《民法典》第102条。

[②] 此外，在2020年11月之前，外商投资合伙企业还应当适用行政法规《外国企业或者个人在中国境内设立合伙企业管理办法》的规定。不过，《外国企业或者个人在中国境内设立合伙企业管理办法》已于2020年11月被《国务院关于修改和废止部分行政法规的决定》（国务院令第732号）废止了。

[③] 在表决办法方面，需要遵守《合伙企业法》第30条、第31条以及《合伙企业法》其他条款有关合伙企业表决办法的规定。

(一) 既非公司亦非合伙企业的外商投资企业

在改革开放初期，国家曾经允许设立不具有法人资格的外商投资企业，包括不具有法人资格的外资企业和不具有法人资格的中外合作经营企业。

1. 不具有法人资格的外资企业

针对不具有法人资格的外资企业，1986年的《外资企业法》第8条规定："外资企业符合中国法律关于法人条件的规定的，依法取得中国法人资格"，1990年的《外资企业法实施细则》第19条规定："外资企业的组织形式为有限责任公司。经批准也可以为其他责任形式。……外资企业为其他责任形式的，外国投资者对企业的责任适用中国法律、法规的规定"。

2. 不具有法人资格的中外合作经营企业

针对不具有法人资格的中外合作经营企业，1984年的《中外合作经营企业法》第2条规定："中外合作者举办合作企业，应当依照本法的规定，在合作企业合同中约定投资或者合作条件、收益或者产品的分配、风险和亏损的分担、经营管理的方式和合作企业终止时财产的归属等事项。合作企业符合中国法律关于法人条件的规定的，依法取得中国法人资格"，1995年的《中外合作经营企业法实施细则》第9章"关于不具有法人资格的合作企业的特别规定"还对不具有法人资格的中外合作企业作出了特别规定，其中第50条规定："不具有法人资格的合作企业及其合作各方，依照中国民事法律的有关规定，承担民事责任。"

基于以下理由，这些依据《外资企业法》及其实施细则、《中外合作经营企业法》及其实施细则设立的不具有法人资格的外商投资企业在组织形式上既非公司亦非合伙企业，且数量比较少：

（1）首部《合伙企业法》是1997年才通过的，当时仅规定了普通合伙企业[1]，并且没有关于外国投资者在境内投资合伙企业的规定；此外，在首部《合伙企业法》通过之前，截至1995年年底，全国仅有近12万个合伙企业[2]。

---

[1] 1997年《合伙企业法》第2条规定："本法所称合伙企业，是指依照本法在中国境内设立的由各合伙人订立合伙协议，共同出资、合伙经营、共享收益、共担风险，并对合伙企业债务承担无限连带责任的营利性组织"，第8条规定："设立合伙企业，应当具备下列条件：（一）有二个以上合伙人，并且都是依法承担无限责任者……"。

[2] 见全国人大财经委员会时任副主任委员黄毅诚1996年10月23日在第八届全国人民代表大会常务委员会第二十二次会议上作的《关于〈中华人民共和国合伙企业法（草案）〉的说明》（载《全国人民代表大会常务委员会公报》1997年第1期，源于知网数据库 www.cnki.net）。

(2) 直到 2006 年修订后的《合伙企业法》（现行《合伙企业法》）才首此规定了有关外商投资合伙企业的问题①，2010 年 3 月 1 日生效的国务院的《外国企业或者个人在中国境内设立合伙企业管理办法》（已于 2020 年 11 月被废止）才规定了外商投资合伙企业的具体规则。

(3) 商务部 2007 年 1 月 23 日公布的《〈外商投资合伙企业管理办法（送审稿）〉起草说明》明确提及"与《中外合作经营企业法实施细则》中规定的非法人制企业的制度衔接（第 36 条）：鉴于外商投资合伙企业与上述非法人制企业在制度设计上不完全相同，'办法'将不适用于按照《中外合作经营企业法实施细则》设立的'不具有法人资格的合作企业'"②。这也表明这些不具有法人资格的外商投资企业并非合伙企业。

(4) 国务院法制办负责人就《外国企业或者个人在中国境内设立合伙企业管理办法》答记者问时说明："外国企业或者个人在中国境内设立合伙企业，是和'三资'企业不完全相同的一种外商投资方式，无法直接适用有关'三资'企业的法律、行政法规。"③

(5)《市场监管总局关于贯彻落实〈外商投资法〉做好外商投资企业登记注册工作的通知》（国市监注〔2019〕247 号）第 10 条规定，"依照《中华人民共和国中外合作经营企业法实施细则》或者《中华人民共和国外资企业法实施细则》设立的不具有法人资格的外商投资企业，可以在《外商投资法》实施后五年内申请改制为合伙制企业"。这也表明这些不具有法人资格的外商投资企业并非合伙企业，否则就无须"申请改制为合伙企业"了。

(二) 现有外商投资企业在过渡期内可保留原组织形式不变

《外商投资法》实施之后，国家允许这些既有的既非公司又非合伙企业的不具有法人资格的外商投资企业，在 2024 年 12 月 31 日之前继续保留其组织形式。

对此，《外商投资法》第 42 条第 2 款规定："本法施行前依照《中华人民共和国中外合资经营企业法》《中华人民共和国外资企业法》《中华人民共和国中

---

① 《合伙企业法》第 108 条规定："外国企业或者个人在中国境内设立合伙企业的管理办法由国务院规定。"

② 商务部 2007 年 1 月 23 日公布的《〈外商投资合伙企业管理办法（送审稿）〉起草说明》来源于：http://www.mofcom.gov.cn/aarticle/bh/200703/20070304413077.html，最后访问日期：2024 年 3 月 2 日。

③ 《国务院法制办负责人就〈外国企业或者个人在中国境内设立合伙企业管理办法〉答记者问》，来源于：https://www.gov.cn/zwhd/2009-12/02/content_1478320.htm，最后访问日期：2024 年 3 月 2 日。

外合作经营企业法》设立的外商投资企业，在本法施行后五年内可以继续保留原企业组织形式等。具体实施办法由国务院规定。"其中的"在本法施行后五年内"指的是自2020年1月1日当日起至2024年12月31日止的期间。

基于《外商投资法》的上述授权，《外商投资法实施条例》第44条第1款进一步规定："外商投资法施行前依照《中华人民共和国中外合资经营企业法》《中华人民共和国外资企业法》《中华人民共和国中外合作经营企业法》设立的外商投资企业（以下称现有外商投资企业），在外商投资法施行后5年内，可以依照《中华人民共和国公司法》《中华人民共和国合伙企业法》等法律的规定调整其组织形式、组织机构等，并依法办理变更登记，也可以继续保留原企业组织形式、组织机构等。"

（三）过渡期后原则上不允许存在既非公司亦非合伙企业的外商投资企业

不过，自2025年1月1日起，国家原则上不再允许存在既非公司又非合伙企业的不具有法人资格的外商投资企业。

对此，《外商投资法实施条例》第44条第2款规定："自2025年1月1日起，对未依法调整组织形式、组织机构等并办理变更登记的现有外商投资企业，市场监督管理部门不予办理其申请的其他登记事项，并将相关情形予以公示。"《市场监管总局关于贯彻落实〈外商投资法〉做好外商投资企业登记注册工作的通知》（国市监注〔2019〕247号）第13条也规定，"自2025年1月1日起，外商投资企业的组织形式、组织机构等不符合《公司法》《合伙企业法》强制性规定，且未依法申请变更登记、章程备案或者董事备案的，登记机关不予办理该企业其他登记事项的变更登记或者备案等事宜，并将相关情形予以公示"。

值得注意的是，《外商投资法实施条例》和《市场监管总局关于贯彻落实〈外商投资法〉做好外商投资企业登记注册工作的通知》（国市监注〔2019〕247号）只是对这些"未依法调整组织形式并办理变更登记"的现有既非公司又非合伙企业的不具有法人资格的外商投资企业采取"不予办理该企业其他登记事项的变更登记或者备案等事宜，并将相关情形予以公示"的措施，并未明确要求这些外商投资企业必须办理注销登记，也未明确禁止其继续开展生产经营活动，不影响这些外商投资企业的存续。

当然，这些既有的既非公司又非合伙企业的不具有法人资格的外商投资企业应当遵守法律法规的要求，在规定的期限内办理相应的变更登记手续为宜。

（四）原组织形式的变更登记或企业注销登记

《外商投资法》实施之后，这些既有的既非公司又非合伙企业的不具有法人资格的外商投资企业必须在"办理企业注销登记"和"通过办理组织形式变更登记而继续存续"之间选择其一。

1. 组织形式变更登记

其中，为继续存续，既有的既非公司又非合伙企业的不具有法人资格的外商投资企业最晚应当在 2024 年 12 月 31 日申请改制为合伙制企业。

对此，《市场监管总局关于贯彻落实〈外商投资法〉做好外商投资企业登记注册工作的通知》（国市监注〔2019〕247 号）第 10 条规定，"依照《中华人民共和国中外合作经营企业法实施细则》或者《中华人民共和国外资企业法实施细则》设立的不具有法人资格的外商投资企业，可以在《外商投资法》实施后五年内申请改制为合伙制企业①，并按照《中华人民共和国合伙企业法》《中华人民共和国合伙企业登记管理办法》等法律法规规定的设立条件，向登记机关申

---

① 严格来讲，《市场监管总局关于贯彻落实〈外商投资法〉做好外商投资企业登记注册工作的通知》（国市监注〔2019〕247 号）第 10 条关于"依照《中华人民共和国中外合作经营企业法实施细则》或者《中华人民共和国外资企业法实施细则》设立的不具有法人资格的外商投资企业，可以在《外商投资法》实施后五年内申请改制为合伙制企业"的规定，存在上位法依据不足的问题。主要理由如下：第一，《合伙企业法》只是规定有限合伙企业可以转为普通合伙企业（见《合伙企业法》第 75 条）、普通合伙企业可以转为有限合伙企业（见《合伙企业法》第 48 条第 2 款、第 50 条第 3 款），《合伙企业法》和国务院的《合伙企业登记管理办法》（在 2022 年 3 月 1 日之前适用）都没有规定非合伙企业（包括公司制企业和其他形式的企业）可以改制或变更为合伙企业。这与历史上国有企业改制为有限公司或股份公司可以从 1994 年《公司法》中找到法律依据（见 1994 年《公司法》第 7 条、第 21 条、第 75 条）是不同的（事实上，2005 年修订后的《公司法》也只是允许有限公司变更为股份公司、股份公司变更为有限公司，并未允许非公司制企业变更为公司制企业）。第二，允许既非公司亦非合伙企业的外商投资企业改制为合伙企业，事实上也与市场总局答记者问所说的"关于是否可以申请改制为公司制企业的问题，考虑到这些非法人企业的投资者对企业债务承担无限连带责任，而公司股东承担有限责任，我国现行法律对于这两类企业相互转换没有明确的法律规定。因此，从有效保护债权人合法权益的角度，《通知》没有涉及"的思路（见《市场监管总局登记注册局负责人就〈关于贯彻落实《外商投资法》做好外商投资企业登记注册工作的通知〉进行解读》（https：//www. samr. gov. cn/zw/zfxxgk/fdzdgknr/xwxcs/art/2023/art_28f9fd91d673493190656d02832d8bc6. html，最后访问日期：2024 年 3 月 2 日，下同）存在内在的矛盾：既然非公司制企业改制为公司制企业因为没有明确的法律规定的依据而没有涉及，那么，基于"没有明确的法律规定的依据"这一相同的理由，非合伙企业改制为合伙企业同样也应当不予涉及。第三，事实上，早在 2006 年起草《外商投资合伙企业管理办法（送审稿）》的过程中，商务部等部委就认识到了外商投资合伙企业与《中外合作经营企业法实施细则》中规定的非法人制企业在制度设计上不完全相同，所以当时的《外商投资合伙企业管理办法（送审稿）》不适用于按照《中外合作经营企业法实施细则》设立的"不具有法人资格的合作企业"（见商务部《〈外商投资合伙企业管理办法（送审稿）〉起草说明》，http：//www. mofcom. gov. cn/aarticle/bh/200703/20070304413077. html，最后访问日期：2024 年 3 月 2 日）。

请变更登记，并依法提交有关材料"。

届时，既有的既非公司又非合伙企业的不具有法人资格的外商投资企业可以结合自身情况，依法选择改制为普通合伙企业或特殊的普通合伙企或有限合伙企业，并按照企业登记机关的要求提交相应的材料，变更登记为外商投资的普通合伙企业或外商投资的特殊的普通合伙企业或外商投资的有限合伙企业。

值得注意的是，尽管在程序上适用的是变更登记程序，但是，在实质条件方面，《市场监管总局关于贯彻落实〈外商投资法〉做好外商投资企业登记注册工作的通知》（国市监注〔2019〕247号）要求原有的既非公司又非合伙企业的不具有法人资格的外商投资企业符合法定的合伙企业的设立条件办理相应的变更登记手续。

此外，从改制为合伙企业的法律效力的角度，有必要注意以下两点：

一是由于《外商投资法实施条例》第44条第1款使用的是"调整其组织形式、组织机构等，并依法办理变更登记"的表述、《市场监管总局关于贯彻落实〈外商投资法〉做好外商投资企业登记注册工作的通知》（国市监注〔2019〕247号）第10条使用的是"申请改制为合伙制企业"和"向登记机关申请变更登记"的表述，因此，结合《公司法》第12条第2款关于"有限责任公司变更为股份有限公司的，或者股份有限公司变更为有限责任公司的，公司变更前的债权、债务由变更后的公司承继"的规定，原有的既非公司又非合伙企业的不具有法人资格的外商投资企业与改制而来的外商投资合伙企业属于同一主体，只是组织形式发生了变更，原有的既非公司又非合伙企业的不具有法人资格的外商投资企业的债权债务应由改制而来的外商投资合伙企业承继。

二是既有的既非公司又非合伙企业的不具有法人资格的外商投资企业的原各个投资者之前依法达成的有关投资的约定可以继续执行。对此，《外商投资法实施条例》第46条也规定："现有外商投资企业的组织形式、组织机构等依法调整后，原合营、合作各方在合同中约定的股权或者权益转让办法、收益分配办法、剩余财产分配办法等，可以继续按照约定办理。"

问题是，既有的既非公司又非合伙企业的不具有法人资格的外商投资企业是否可以申请改制为公司制企业？

对此，《市场监管总局关于贯彻落实〈外商投资法〉做好外商投资企业登记注册工作的通知》（国市监注〔2019〕247号）未作规定，其原因在于"这些非法人企业的投资者对企业债务承担无限连带责任，而公司股东承担有限责任，我国现行法律对于这两类企业相互转换没有明确的法律规定","从有效保护债权人合法权益的角度"未作规定。① 不过,市场监管总局也提出,如果确实需要变更为公司制企业,可以采取个案研究处理的办法解决。②

2. 企业注销登记

既有的既非公司又非合伙企业的不具有法人资格的外商投资企业也可以选择在2024年12月31日以前或之后办理企业注销登记。

对此,《市场监管总局关于贯彻落实〈外商投资法〉做好外商投资企业登记注册工作的通知》(国市监注〔2019〕247号)第12条规定:"2020年1月1日以前依法设立的外商投资企业,在《外商投资法》实施后五年内……,根据调整前的组织形式、组织机构以及议事表决机制申请……注销登记的,登记机关应当予以受理。"

七、关于外商投资企业组织机构的特别规定

《外商投资法》生效后,在组织机构方面,也存在着以董事会而非股东会为权力机构的外商投资的公司。具体而言,一是2019年12月31日以前成立的中外合资经营的有限公司和中外合作经营的有限公司,二是外商投资的营利性民办教育机构。

(一)以董事会为最高权力机构的现有外商投资企业

在《外商投资法》生效之前,依据当时有效的《中外合资经营企业法》或《中外合作经营企业法》设立的中外合资经营的有限公司、中外合作经营的有限公司,其权力机构不是股东会,而是董事会。

其中,就中外合资经营的有限公司而言,《中外合资经营企业法》(2016年修正,已废止)第6条规定:"合营企业设董事会,……董事会根据平等互利的原则,决定合营企业的重大问题""董事会的职权是按合营企业章程规定,讨论决定合营企业的一切重大问题:企业发展规划、生产经营活动方案、收支预算、利润分配、劳动工资计划、停业,以及总经理、副总经理、总工程师、总会计

---

① 见《市场监管总局登记注册局负责人就〈关于贯彻落实《外商投资法》做好外商投资企业登记注册工作的通知〉进行解读》。
② 见《市场监管总局登记注册局负责人就〈关于贯彻落实《外商投资法》做好外商投资企业登记注册工作的通知〉进行解读》。

师、审计师的任命或聘请及其职权和待遇等。"《中外合资经营企业法实施条例》（2019 年修订，已废止）第 30 条更是明确规定了："董事会是合营企业的最高权力机构，决定合营企业的一切重大问题。"

就中外合作经营的有限公司而言，《中外合作经营企业法》（2017 年修正，已废止）第 12 条第 1 款规定："合作企业应当设立董事会或者联合管理机构，依照合作企业合同或者章程的规定，决定合作企业的重大问题。"《中外合作经营企业法实施细则》（2017 年第三次修订，已废止）第 24 条更是明确规定："合作企业设董事会或者联合管理委员会。董事会或者联合管理委员会是合作企业的权力机构，按照合作企业章程的规定，决定合作企业的重大问题。"

上述规定与《公司法》第 58 条关于"有限责任公司股东会由全体股东组成。股东会是公司的权力机构，依照本法行使职权"的规定是不一致的。由于 2018 年《公司法》第 217 条规定"外商投资的有限责任公司和股份有限公司适用本法；有关外商投资的法律另有规定的，适用其规定"（适用于 2024 年 7 月 1 日之前），《立法法》（2023 年修正）第 103 条也规定了"同一机关制定的法律……，特别规定与一般规定不一致的，适用特别规定"，因此，在组织机构方面，在 2019 年 12 月 31 日以前依据当时有效的《中外合资经营企业法》或《中外合作经营企业法》设立的中外合资经营的有限公司、中外合作经营的有限公司，适用的是与普通的有限公司不一样的法律规则。

并且，《外商投资法》实施之后，国家允许这些以董事会为权力机构的现有外商投资企业，在 2024 年 12 月 31 日之前继续保留其组织机构，可以继续不设股东会，继续以董事会为其权力机构。

对此，《外商投资法》第 42 条第 2 款规定："本法施行前依照《中华人民共和国中外合资经营企业法》《中华人民共和国外资企业法》《中华人民共和国中外合作经营企业法》设立的外商投资企业，在本法施行后五年内可以继续保留原企业组织形式等。具体实施办法由国务院规定。"《外商投资法实施条例》第 44 条第 1 款进一步规定："外商投资法施行前依照《中华人民共和国中外合资经营企业法》《中华人民共和国外资企业法》《中华人民共和国中外合作经营企业法》设立的外商投资企业（以下称现有外商投资企业），在外商投资法施行后 5 年内，可以依照《中华人民共和国公司法》《中华人民共和国合伙企业法》等法律的规定调整其组织形式、组织机构等，并依法办理变更登记，也可以继续保留原企业组织形式、组织机构等。"①

不过，自2025年1月1日起，国家原则上不再允许存在不以股东会为权力机构的外商投资有限公司。

对此，《外商投资法实施条例》第44条第2款规定："自2025年1月1日起，对未依法调整组织形式、组织机构等并办理变更登记的现有外商投资企业，市场监督管理部门不予办理其申请的其他登记事项，并将相关情形予以公示。"《市场监管总局关于贯彻落实〈外商投资法〉做好外商投资企业登记注册工作的通知》（国市监注〔2019〕247号）第13条也规定："……自2025年1月1日起，外商投资企业的组织形式、组织机构等不符合《公司法》《合伙企业法》强制性规定，且未依法申请变更登记、章程备案或者董事备案的，登记机关不予办理该企业其他登记事项的变更登记或者备案等事宜，并将相关情形予以公示。"

值得注意的是，《外商投资法实施条例》和《市场监管总局关于贯彻落实〈外商投资法〉做好外商投资企业登记注册工作的通知》（国市监注〔2019〕247号）只是对这些"未依法调整组织机构并办理变更登记"的以董事会为权力机构的现有外商投资企业采取"不予办理该企业其他登记事项的变更登记或者备案等事宜，并将相关情形予以公示"的措施，并未明确要求这些以董事会为权力机构的现有外商投资企业必须办理注销登记，也未明确禁止其继续开展生产经营活动，不影响这些外商投资企业的存续。

当然，这些以董事会为权力机构的现有外商投资企业应当遵守法律法规的要求，在规定的期限内办理相应的变更登记手续为宜。

（二）以董事会为决策机构的外商投资营利性民办教育机构

在教育领域，根据《外商投资准入特别管理措施（负面清单）（2024年版）》，除"禁止投资义务教育机构、宗教教育机构"和"学前、普通高中和高等教育机构限于中外合作办学，须由中方主导（校长或者主要行政负责人应当具有中国国籍，理事会、董事会或者联合管理委员会的中方组成人员不得少于1/

---

① 值得注意的是，《外商投资法》第42条第2款和《外商投资法实施条例》第44条第1款的规定仅适用于在2020年1月1日之前已经成立的中外合资经营企业和有限公司形式的中外合作经营企业，不适用于2020年1月1日以后成立的有中国投资者和外国投资者的外商投资企业。根据《外商投资法》第31条关于"外商投资企业的组织形式、组织机构及其活动准则，适用《中华人民共和国公司法》《中华人民共和国合伙企业法》等法律的规定"，自2020年1月1日起，新设立的有中国投资者和外国投资者的外商投资有限公司必须依照《公司法》的规定，建立以股东会为权力机构的法人治理结构。

2)"外，外国投资者可以投资设立其他的营利性民办教育机构，即民办教育领域的外商投资有限公司，尤其是外商投资营利性非学历语言类培训机构[1]，甚至外国教育机构、其他组织或者个人可以在自贸区单独设立以中国公民为主要招生对象的非学制类职业培训机构、学制类职业教育机构[2]。

不过，在组织机构方面，营利性民办学校是以董事会为决策机构而不是以股东会为权力机构的，在法律地位上，营利性民办学校的董事会大体对应于《公司法》所说的权力机构[3]。具体如下：

一是由于《民办教育促进法》第 20 条规定："民办学校应当设立学校理事会、董事会或者其他形式的决策机构并建立相应的监督机制，民办学校的举办者根据学校章程规定的权限和程序参与学校的办学和管理"，第 22 条第 1 款规定"学校理事会或者董事会行使下列职权：（一）聘任和解聘校长；（二）修改学校章程和制定学校的规章制度；（三）制定发展规划，批准年度工作计划；（四）筹集办学经费，审核预算、决算；（五）决定教职工的编制定额和工资标准；（六）决定学校的分立、合并、终止；（七）决定其他重大事项"，因此，在组织机构方面，营利性民办学校必须设董事会这一"决策机构"，并且由董事会决定其重大事项。

二是由于《民办教育促进法》第 25 条规定"民办学校校长负责学校的教育教学和行政管理工作，行使下列职权：（一）执行学校理事会、董事会或者其他形式决策机构的决定；（二）实施发展规划，拟订年度工作计划、财务预算和学校规章制度；（三）聘任和解聘学校工作人员，实施奖惩；（四）组织教育教学、科学研究活动，保证教育教学质量；（五）负责学校日常管理工作；（六）学校

---

[1] 见《教育部办公厅、商务部办公厅、市场监管总局办公厅关于做好外商投资营利性非学历语言类培训机构审批登记有关工作的通知》（教发厅函〔2019〕75 号）。

[2] 《自由贸易试验区外商投资准入特别管理措施（负面清单）（2021 年版）》《推进更高水平对外开放 以开放促改革促发展——国家发展改革委有关负责人就 2020 年版外商投资准入负面清单答记者问》https://www.ndrc.gov.cn/xxgk/jd/jd/202006/t20200624_1231943.html，最后访问日期：2024 年 3 月 2 日，下同。

[3] 尽管《民办教育促进法》使用的是"决策机构"的表述，没有像之前的《公司法》和之后的《民法总则》那样使用"权力机构"的表述，但是，从《民办教育促进法》第 22 条第 1 款关于营利性民办学校的董事会的职权的规定看，同时考虑到《民办教育促进法》第 20 条第 2 款只是规定了"民办学校的举办者根据学校章程规定的权限和程序参与学校的办学和管理"、而没有规定"民办学校的举办者组成举办者大会，作为学校的权力机构"，在法律地位上，营利性民办学校的董事会实际上就是学校的权力机构。

理事会、董事会或者其他形式决策机构的其他授权",因此,在组织机构方面,营利性民办学校只设校长,不设《公司法》所说的作为执行机构的董事会或董事,也不设经理;在法律地位上,校长属于学校行政机构的负责人,兼有《公司法》所说的董事会和经理的部分角色和职权。

三是事实上,2017年8月31日的《工商总局、教育部关于营利性民办学校名称登记管理有关工作的通知》(工商企注字〔2017〕156号)已经明确要求营利性民办学校"应当按照《中华人民共和国公司法》《中华人民共和国民办教育促进法》有关规定,登记为有限责任公司或者股份有限公司,其名称应当符合公司登记管理和教育相关法律法规的规定"。

四是上述规定与《公司法》第58条关于"有限责任公司股东会由全体股东组成。股东会是公司的权力机构,依照本法行使职权"的规定是不一致的。由于《立法法》(2023年修正)第103条规定"同一机关制定的法律……,特别规定与一般规定不一致的,适用特别规定",而《民办教育促进法》和《公司法》均为全国人大常委会制定的法律,考虑到在公司的组织和行为方面,《公司法》的规定是一般规定、《民办教育促进法》的规定是特别规定,因此,在营利性民办学校的组织和行为方面,应当优先适用《民办教育促进法》的规定。对此,《全国人民代表大会常务委员会法制工作委员会对营利性民办学校决策机构法律适用问题的答复意见》(法工委复〔2020〕5号)第1条也明确指出:"民办教育促进法第二十条规定,民办学校应当设立学校理事会、董事会或者其他形式的决策机构并建立相应的监督机制。这里的'民办学校'既包括非营利性民办学校,也包括营利性民办学校。因此,营利性民办学校是公司法人的,其决策机构适用民办教育促进法的特别规定。"

五是由于《全国人民代表大会常务委员会法制工作委员会对营利性民办学校决策机构法律适用问题的答复意见》(法工委复〔2020〕5号)第3条规定"营利性民办学校办学结余分配、剩余财产处理,应当适用公司法的有关规定,由理事会(董事会)决策后,提交股东会(股东)表决",因此,营利性民办学校在设置董事会这一决策机构并由董事会决定其重大事项的同时,也需要设置股东会,但股东会仅享有对经董事会决策后的"办学结余分配、剩余财产处理"进行表决的职权。

具体到民办教育领域的外商投资的公司(包括有限公司和股份公司),其组织机构的设置如下:

一是在决策机构方面，民办教育领域的外商投资的公司（包括有限公司和股份公司）应当依照《民办教育促进法》等法规的规定①设立董事会并以董事会为决策机构（大体对应于《公司法》所说的权力机构），决定该公司的重大事项。

二是在行政机构方面，民办教育领域的外商投资的公司（包括有限公司和股份公司）的行政机构的成员为校长、副校长等人，而非董事。②

三是民办教育领域的外商投资的公司（包括有限公司和股份公司）也需要设置股东会，但股东会仅享有对经董事会决策后的"办学结余分配、剩余财产处理"进行表决的职权。

值得注意的是，与2019年12月31日以前成立的中外合资经营的有限公司和中外合作经营的有限公司最迟只能在2024年12月31日前继续以董事会为权力机构不同，在《民办教育促进法》关于营利性民办学校的组织机构及其职权的规定未作修改之前，民办教育领域的外商投资的公司（包括有限公司和股份公司）应当设置董事会并以董事会为其决策机构，由董事会决定其重大事项这一例外将长期存在。

---

① 见《民办教育促进法》第20条至第22条，《营利性民办学校监督管理实施细则》（教发〔2016〕20号）第16条、第17条、第49条，《教育部办公厅、商务部办公厅、市场监管总局办公厅关于做好外商投资营利性非学历语言类培训机构审批登记有关工作的通知》（教发厅函〔2019〕75号）。

② 《国务院关于鼓励社会力量兴办教育促进民办教育健康发展的若干意见》（国发〔2016〕81号）第19条、《营利性民办学校监督管理实施细则》（教发〔2016〕20号）第16条。

第八章

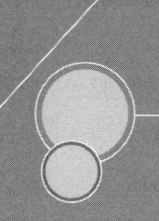

《外商投资法》与《公司法》《合伙企业法》的协调适用

《外商投资法》作为外商投资领域的基础性法律,是"新形势下国家关于外商投资活动全面的、基本的法律规范"[①]。《外商投资法》生效后,在涉及外商投资的公司的组织和行为方面,存在如何与《公司法》协调适用的问题;在涉及外商投资的合伙企业的行为方面,存在如何与《合伙企业法》协调适用的问题。本章接下来对此展开讨论。

一、适用《外商投资法》与《公司法》的原则

从《公司法》的角度,2018年《公司法》第217条曾经对有关外商投资的法律与《公司法》对外商投资的有限公司和股份公司的适用问题作出了规定,即:"外商投资的有限责任公司和股份有限公司适用本法;有关外商投资的法律另有规定的,适用其规定"。

尽管2023年修订后的《公司法》没有保留上述内容,但是,根据《立法法》(2023年修正)第103条所说的"同一机关制定的法律……,特别规定与一般规定不一致的,适用特别规定"和《外商投资法》第31条所说的"外商投资企业的组织形式、组织机构及其活动准则,适用《中华人民共和国公司法》《中华人民共和国合伙企业法》等法律的规定",2018年《公司法》第217条的精神仍然可以适用,即:在有关外商投资的法律对外商投资的有限责任公司和股份有限公司没有作出规定的情况下,直接适用《公司法》的规定;但在有关外商投资的法律对外商投资的有限责任公司和股份有限公司作出了特别规定的情况下,仍然应当适用有关外商投资的法律的特别规定。

---

① 见全国人民代表大会常务委员会时任副委员长王晨2019年3月8日在第十三届全国人民代表大会第二次会议上作的《关于〈中华人民共和国外商投资法(草案)〉的说明》。

从《外商投资法》的角度，《外商投资法》以下述三个条款对有关外商投资的法律与《公司法》对外商投资的有限公司和股份公司的适用问题作出了规定：

一是《外商投资法》第 31 条的规定，如"外商投资企业的组织形式、组织机构及其活动准则，适用《中华人民共和国公司法》《中华人民共和国合伙企业法》等法律的规定"。该条对外商投资的有限公司和股份公司的组织形式、组织机构及其活动准则的适用问题作出了规定，与 2018 年《公司法》第 217 条所说的"外商投资的有限责任公司和股份有限公司适用本法"相对应的。

二是《外商投资法》第 42 条第 2 款规定，即"本法施行前依照《中华人民共和国中外合资经营企业法》《中华人民共和国外资企业法》《中华人民共和国中外合作经营企业法》设立的外商投资企业，在本法施行后五年内可以继续保留原企业组织形式等。具体实施办法由国务院规定。"

三是《外商投资法》第 41 条规定，即"对外国投资者在中国境内投资银行业、证券业、保险业等金融行业，或者在证券市场、外汇市场等金融市场进行投资的管理，国家另有规定的，依照其规定。"

其中，《外商投资法》第 41 条和第 42 条第 2 款，是与 2018 年《公司法》第 217 条所说的"有关外商投资的法律另有规定的，适用其规定"相对应的，属于《立法法》第 103 条所说的"特别规定"。

二、"有关外商投资的法律另有规定"的理解

"有关外商投资的法律"，在 2019 年 12 月 31 日以前，主要是指《中外合资经营企业法》《外资企业法》《中外合作经营企业法》和《台湾同胞投资保护法》。不过，由于《外商投资法》自 2020 年 1 月 1 日施行后，《中外合资经营企业法》《外资企业法》《中外合作经营企业法》同时废止，《台湾同胞投资保护法》也同步修改，因此，自 2020 年 1 月 1 日起，"有关外商投资的法律"，主要是指《外商投资法》（当然，也包括修正后的《台湾同胞投资保护法》）。

"有关外商投资的法律另有规定"，在 2019 年 12 月 31 日以前，主要是指《中外合资经营企业法》《外资企业法》《中外合作经营企业法》和《台湾同胞投资保护法》有关公司的组织和行为的规定；自 2020 年 1 月 1 日起，则主要是指

《外商投资法》第 42 条第 2 款①和第 41 条②的规定。

1.《外商投资法》第 42 条第 2 款

其中，尽管《中外合资经营企业法》《外资企业法》《中外合作经营企业法》因《外商投资法》的实施而同时废止，但是，由于《外商投资法》第 42 条第 2 款规定"本法施行前依照《中华人民共和国中外合资经营企业法》《中华人民共和国外资企业法》《中华人民共和国中外合作经营企业法》设立的外商投资企业，在本法施行后五年内可以继续保留原企业组织形式等。具体实施办法由国务院规定"，因此，在自 2020 年 1 月 1 日起至 2024 年 12 月 31 日止这 5 年的过渡期内，"有关外商投资的法律另有规定"，事实上还包括虽然被《外商投资法》废止了，但因《外商投资法》第 42 条第 2 款而得到继续适用的《中外合资经营企业法》《外资企业法》《中外合作经营企业法》中的有关公司的组织和行为的规定③。

甚至，在 2025 年 1 月 1 日以后，基于《外商投资法》第 42 条第 2 款所说的"具体实施办法由国务院规定"和《外商投资法实施条例》第 46 条关于"现有外商投资企业的组织形式、组织机构等依法调整后，原合营、合作各方在合同中约定的股权或者权益转让办法、收益分配办法、剩余财产分配办法等，可以继续按照约定办理"的规定，原《中外合资经营企业法》《外资企业法》《中外合作经营企业法》中的与《公司法》第 236 条第 2 款关于"公司财产在分别支付清算费用、职工的工资、社会保险费用和法定补偿金，缴纳所欠税款，清偿公司债务后的剩余财产，有限责任公司按照股东的出资比例分配"的规定不一致的有关"剩余财产分配办法"的规定④，也在事实上因原合营、合作各方在合同中加以

---

① 《外商投资法》第 42 条第 2 款规定："本法施行前依照《中华人民共和国中外合资经营企业法》《中华人民共和国外资企业法》《中华人民共和国中外合作经营企业法》设立的外商投资企业，在本法施行后五年内可以继续保留原企业组织形式等。具体实施办法由国务院规定。"

② 《外商投资法》第 41 条规定："对外国投资者在中国境内投资银行业、证券业、保险业等金融行业，或者在证券市场、外汇市场等金融市场进行投资的管理，国家另有规定的，依照其规定。"

③ 这些规定主要包括：（1）《中外合资经营企业法》第 6 条；（2）《外资企业法》第 11 条；（3）《中外合作经营企业法》第 12 条。

④ 就中外合资经营企业而言，主要是《中外合资经营企业法实施条例》第 94 条关于"合营企业清偿债务后的剩余财产按照合营各方的出资比例进行分配，但合营企业协议、合同、章程另有规定的除外"的规定；就公司制中外合作经营企业而言，主要是《中外合作经营企业法》第 23 条第 1 款关于"合作企业期满或者提前终止时，应当依照法定程序对资产和债权、债务进行清算。中外合作者应当依照合作企业合同的约定确定合作企业财产的归属"的规定，和《中外合作经营企业法实施细则》第 44 条第 1 款关于"中外合作者在合作企业合同中约定合作期限届满时，合作企业的全部固定资产无偿归中国合作者所有的，外国合作者在合作期限内，可以按照投资或者提供合作条件进行分配的基础上，在合作企业合同中约定扩大外国合作者的收益分配比例，先行回收其投资"的规定。

约定而能够得到继续适用。

2.《外商投资法》第41条

《外商投资法》第41条也属于"有关外商投资的法律另有规定"。

需要注意的是,《外商投资法》第41条关于"对外国投资者在中国境内投资银行业、证券业、保险业等金融行业,或者在证券市场、外汇市场等金融市场进行投资的管理,国家另有规定的,依照其规定"的规定,具有两个方面的效果:

一方面,对国家在《外商投资法》生效之前针对金融行业和金融市场的外商投资的管理已经作出的、不同于《外商投资法》的规定的既有的规定[1]作出了明确的承认,以确保金融秩序和金融监管政策的稳定和延续。

另一方面,也明确授权国家在《外商投资法》生效之后,在必要时针对金融行业和金融市场的外商投资的管理作出新的、不同于《外商投资法》的规定,以适应经济社会的发展要求。

据此,国家可以针对金融行业和金融市场的外商投资的有限公司或股份公司的组织形式、组织机构和行为准则,作出与《公司法》的一般规定不同的规定,比如金融行业和金融市场的外商投资的公司完全也可以存在特殊表决权安排,可以实行特殊的公司治理机制,等等。

从而,《外商投资法》第41条所说的这些"国家另有规定",经由《外商投资法》第41条的明确确认和授权,也属于"有关外商投资的法律另有规定"。

3.《外商投资法》第41条所说的"国家另有规定"的理解

具体而言,《外商投资法》第41条所说的"国家另有规定",既包括"法律、行政法规以及国务院决定"和"国务院规定"[2]中的与《外商投资法》和《公司法》的规定不同的规定,也包括国务院的其他文件以及国务院办公厅的文件[3]中的与《外商投资法》和《公司法》的规定不同的规定,甚至还包括中国人

---

[1] 比如,国家发改委和商务部经党中央、国务院同意发布的《外商投资准入特别管理措施(负面清单)(2024年版)》所说的"《外商投资准入负面清单》中未列出的文化、金融等领域与行政审批、资质条件、国家安全等相关措施,按照现行规定执行";又如,《外国投资者对上市公司战略投资管理办法》针对外国投资者对上市公司进行战略投资所需符合的条件提出的特别要求。

[2] 《公司法》本身就使用了"法律、行政法规以及国务院决定""国务院规定"的表述,见《公司法》第47条第2款、第96条第2款、第144条第1款第4项、第158条、第266条第2款。

[3] 比如2018年3月22日的《国务院办公厅转发证监会关于开展创新企业境内发行股票或存托凭证试点若干意见的通知》(国办发〔2018〕21号)。

民银行、中国证监会、中国银保监会等金融监管机构以及国务院投资主管部门、国务院商务主管部门制定的文件（不论是否明确提及"经党中央、国务院同意"或"经国务院同意"）[①]中的与《外商投资法》和《公司法》的规定不同的规定。

由此看来，应该说，《外商投资法》第41条所说的"国家另有规定"，与《最高人民法院关于准确理解和适用刑法中"国家规定"的有关问题的通知》（法发〔2011〕155号）所说的"刑法中的'国家规定'是指，全国人民代表大会及其常务委员会制定的法律和决定，国务院制定的行政法规、规定的行政措施、发布的决定和命令。其中，'国务院规定的行政措施'应当由国务院决定，通常以行政法规或者国务院制发文件的形式加以规定。以国务院办公厅名义制发的文件，符合以下条件的，亦应视为刑法中的'国家规定'：（1）有明确的法律依据或者同相关行政法规不相抵触；（2）经国务院常务会议讨论通过或者经国务院批准；（3）在国务院公报上公开发布"，是有所不同的。

三、关于外商投资的公司的法律适用的一般要求

就涉及外商投资的有限公司和股份公司的组织和行为的规定而言，有关外商投资的法律与《公司法》之间是特别规定与一般规定的关系。

其中，由于《外商投资法》第31条规定"外商投资企业的组织形式、组织机构及其活动准则，适用《中华人民共和国公司法》《中华人民共和国合伙企业法》等法律的规定"，因此，作为原则，在公司的组织和行为（包括组织形式、组织机构及其活动准则等）方面，外商投资的有限公司和股份公司适用的也是《公司法》的规定，外商投资的有限公司与内资有限公司、外商投资的股份公司与内资股份公司适用的是同样的规则。

不过，如前所述，由于《外商投资法》第41条也规定"对外国投资者在中国境内投资银行业、证券业、保险业等金融行业，或者在证券市场、外汇市场等金融市场进行投资的管理，国家另有规定的，依照其规定"，因此，如果国家针对金融行业和金融市场的外商投资的有限公司或股份公司的组织形式、组织机构和行为准则，作出了与《公司法》的一般规定不同的规定的话，那么，这些不

[①] 比如中国证监会经党中央、国务院同意在2019年1月28日出台的《关于在上海证券交易所设立科创板并试点注册制的实施意见》（证监会公告〔2019〕2号）。

同的规定就属于《公司法》的特别规定，并应得到优先适用。

根据《立法法》（2023年修正）第103条关于"同一机关制定的法律……，特别规定与一般规定不一致的，适用特别规定；新的规定与旧的规定不一致的，适用新的规定"的规定，适用外商投资的公司的法律的一般要求如下：

一是作为原则，外商投资的有限公司和股份公司属于《公司法》规范的公司，应当适用《公司法》；只有在"有关外商投资的法律存在与《公司法》的规定不同的规定"这样的例外情况下，才不适用《公司法》，而应当适用有关外商投资的法律的不同规定。

二是针对外商投资的公司的同一事项，有关外商投资的法律有规定，而《公司法》未作规定的，应当直接适用有关外商投资的法律的规定。

比如，《外商投资法》第28条第1款规定"外商投资准入负面清单规定禁止投资的领域，外国投资者不得投资"。这是《公司法》所没有的，应当直接适用《外商投资法》第28条的规定，对于外国投资者或者外商投资企业在外商投资准入负面清单禁止投资的领域投资的，公司登记机关不予登记注册。《市场监管总局关于贯彻落实〈外商投资法〉做好外商投资企业登记注册工作的通知》（国市监注〔2019〕247号）第2条对此也作出了明确规定。此外，《最高人民法院关于适用〈中华人民共和国外商投资法〉若干问题的解释》第3条也规定："外国投资者投资外商投资准入负面清单规定禁止投资的领域，当事人主张投资合同无效的，人民法院应予支持。"

三是针对外商投资的公司的同一事项，有关外商投资的法律有规定，《公司法》也有规定的，并且有关外商投资的法律的规定与《公司法》的规定不一致的，也应当直接适用有关外商投资的法律的规定，不适用《公司法》的规定。

比如，在权力机构的设置方面，在2019年12月31日以前，当时有效的《中外合资经营企业法》（2016年修正）第6条规定："合营企业设董事会，……董事会根据平等互利的原则，决定合营企业的重大问题""董事会的职权是按合营企业章程规定，讨论决定合营企业的一切重大问题：企业发展规划、生产经营活动方案、收支预算、利润分配、劳动工资计划、停业，以及总经理、副总经理、总工程师、总会计师、审计师的任命或聘请及其职权和待遇等"；当时有效的《中外合作经营企业法》（2017年修正）第12条第1款规定："合作企业应当设立董事会或者联合管理机构，依照合作企业合同或者章程的规定，决定合作企业的重大问题。"上述规定与《公司法》第58条关于"有限责任公司股东会由全体股东组成。股东会是公司的权力机构,依照本法行使职权"的规定是不一致的。因此,在2019年12月31日以前,在公司的权力机构方面,应当适用当时有效的《中外合资经营企业法》(2016年修正)第6条、《中外合作经营企业法》(2017年修正)第12条的规定,即:中外合资经营企业和公司制的中外合作经营企业不设股东会,其最高权力机构是董事会。并且,根据《外商投资法》第42条第2款的规定,在2024年12月31日以前,在2019年12月31日以前成立的中外合资经营企业和公司制的中外合作经营企业可以继续不设股东会,而以董事会为其最高权力机构。

四是针对外商投资的公司的同一事项,有关外商投资的法律未作规定、《公司法》有规定的,应当直接适用《公司法》的规定。

比如,在监督机构的设置方面,在2019年12月31日以前,当时有效的《中外合资经营企业法》(2016年修正)、《中外合作经营企业法》(2017年修正)和《外资企业法》(2016年修正)都没有规定外商投资的公司应当设立监事会或监事,此时应当适用2018年《公司法》第51条关于"有限责任公司设监事会,其成员不得少于三人。股东人数较少或者规模较小的有限责任公司,可以设一至二名监事,不设监事会"的规定以及2018年《公司法》其他有关监事会或监事的规定。

又如,在公司制外资企业的权力机构和执行机构方面,在2019年12月31日以前有效的《外资企业法》(2016年修正)没有规定外资企业应当设权力机构、执行机构,此时应当适用2018年《公司法》关于有限公司股东会(适用于有2个以上的外方股东的外资企业)或一人公司股东(适用于只有1个外方股东的外资企业)的相关规定以及关于有限公司董事会或执行董事的相关规定。

再如,在公司解散方面,在2019年12月31日以前,当时有效的《中外合资经营企业法》(2016年修正)、《中外合作经营企业法》(2017年修正)和《外资企业法》(2016年修正),都没有直接规定外商投资的公司的解散问题。2020年1月1日起施行的《外商投资法》也没有相应的规定。此时应当直接适用《公司法》关于公司解散的规定。

还如,在公司的组织和行为方面,《外商投资法》本身没有关于外商投资的公司的组织和行为的规定,而是在其第31条直接规定:"外商投资企业的组织形式、组织机构及其活动准则,适用《中华人民共和国公司法》《中华人民共和国合伙企业法》等法律的规定。"据此,自2020年1月1日起,新设的普通的外商投资的公司的组织形式、组织机构和活动准则都应当直接适用《公司法》的相关规定；自2025年1月1日起，所有的外商投资的公司（包括在《外商投资法》实施前就已经成立的外商投资的公司）的组织形式、组织机构和活动准则都应当直接适用《公司法》的相关规定（当然，国家对金融行业和金融市场的外商投资的有限公司或股份公司的组织形式、组织机构和行为准则另有规定的除外）。

四、关于外商投资的公司的登记的法律适用

就外商投资的公司的登记而言，根据《立法法》（2023年修正）第103条所说的"同一机关制定的法律、行政法规、地方性法规、自治条例和单行条例、规章，特别规定与一般规定不一致的，适用特别规定；新的规定与旧的规定不一致的，适用新的规定"，法律适用的一般要求如下：

一是，在有关外商投资的法律没有规定的情况下，直接适用《公司法》有关公司登记的一般规定；在有关外商投资的法律作出了特别规定的情况下，则应当优先适用有关外商投资的法律的特别规定。

二是，在有关外商投资的行政法规没有规定的情况下，直接适用《市场主体登记管理条例》有关市场主体登记的一般规定；在有关外商投资的行政法规作出了特别规定的情况下，则应当优先适用有关外商投资的行政法规的特别规定。

比如，针对外商投资企业的登记管辖，《外商投资法实施条例》第37条第1款规定："外商投资企业的登记注册，由国务院市场监督管理部门或者其授权的地方人民政府市场监督管理部门依法办理。"这一规定与《市场主体登记管理条例》（在2022年3月1日之后适用）第5条第2款所说的"县级以上地方人民政府市场监督管理部门主管本辖区市场主体登记管理工作，加强统筹指导和监督管理"是不一致的，此时就应当优先适用《外商投资法实施条例》第37条第1款的规定。

五、关于外商投资有限公司的剩余财产分配办法的法律适用

在公司剩余财产分配办法的法律适用方面，应当根据外商投资有限公司的成立时间作不同的区分，适用不同的规则。

（一）2020年1月1日以后新设的外商投资有限公司

就2020年1月1日以后新设外商投资的有限公司而言，由于《外商投资法》

本身未就其剩余财产分配直接作规定，因此，根据《外商投资法》第31条规定，此时应当直接适用《公司法》关于公司剩余财产分配的一般规定，即"公司财产在分别支付清算费用、职工的工资、社会保险费用和法定补偿金，缴纳所欠税款，清偿公司债务后的剩余财产，有限责任公司按照股东的出资比例分配"。

(二) 2019年12月31日以前设立的外商投资有限公司

就2019年12月31日以前成立的中外合资经营企业和公司制中外合作经营企业而言，由于《外商投资法》第42条第2款规定"本法施行前依照《中华人民共和国中外合资经营企业法》《中华人民共和国外资企业法》《中华人民共和国中外合作经营企业法》设立的外商投资企业，在本法施行后五年内可以继续保留原企业组织形式等。具体实施办法由国务院规定"，《外商投资法实施条例》第46条规定"现有外商投资企业的组织形式、组织机构等依法调整后，原合营、合作各方在合同中约定的股权或者权益转让办法、收益分配办法、剩余财产分配办法等，可以继续按照约定办理"，因此，这些既有的中外合资经营企业和公司制中外合作经营企业的剩余财产分配办法可能在事实上不用适用《公司法》关于公司剩余财产分配的一般规定。

《外商投资法实施条例》第46条所说的"现有外商投资企业……原合营、合作各方在合同中约定的股权或者权益转让办法、收益分配办法、剩余财产分配办法等"，指向的是现有外商投资企业中的中外合资经营企业和公司制中外合作经营企业，其中的"股权或者权益转让办法、收益分配办法、剩余财产分配办法等"均属"公司的行为"（《公司法》第1条所使用的表述）或"公司的活动"（《外商投资法》第31条所使用的表述），具体表现为：

(1) 现有外商投资企业中的中外合资经营企业和公司制中外合作经营企业的股东向股东或非股东转让股权的行为；

(2) 现有外商投资企业中的中外合资经营企业和公司制中外合作经营企业向作为其股东的合营、合作各方分配利润的行为；

(3) 现有外商投资企业中的中外合资经营企业和公司制中外合作经营企业向作为其股东的合营、合作各方分配剩余财产的行为。

从内容上看，《外商投资法实施条例》第46条涵盖了两层含义：

第一，在《外商投资法》施行后5年内（2024年12月31日以前），在满足"现有外商投资企业的组织形式、组织机构等依法调整"的条件下，"现有外商投资企业……原合营、合作各方在合同中约定的股权或者权益转让办法、收益分配办法、剩余财产分配办法等",可以继续按照约定办理。

第二,在《外商投资法》施行满5年后(自2025年1月1日起),在满足"现有外商投资企业的组织形式、组织机构等依法调整"的条件下,只要现有外商投资企业仍然存续(包括营业期限届满时通过修改公司章程而存续),"现有外商投资企业……原合营、合作各方在合同中约定的股权或者权益转让办法、收益分配办法、剩余财产分配办法等",仍然可以继续按照约定办理。

应该说,第一层含义可以视为《外商投资法》第42条第2款所说的"在本法施行后五年内可以继续保留原企业组织形式等"中的"等"字所包含的意思,符合《外商投资法》的规定,不成问题;问题是,第二层含义则可能超出了《外商投资法》第42条第2款规定的范围,似乎不符合《外商投资法》第42条第2款和第31条的规定。

下面以外商投资的有限公司为例加以分析。

根据《外商投资法》第31条、第42条第2款的规定,现有外商投资企业中的有限责任公司,在且仅在《外商投资法》施行后的5年内,可以继续保留原企业组织形式等;在《外商投资法》施行满5年之日(2025年1月1日)起,现有外商投资企业中的公司,其"组织和行为"(《公司法》第1条所使用的表述)或"组织形式、组织机构及其活动准则"(《外商投资法》第31条所使用的表述),都应当适用《公司法》的规定了。

也因此,在《外商投资法》施行满5年之日(2025年1月1日)起,在法律适用方面,现有外商投资企业的"股权或者权益转让办法、收益分配办法、剩余财产分配办法等",就应当适用《公司法》有关股权转让、利润分配、剩余财产分配方面的"活动准则"或规定。《外商投资法实施条例》第46条所说的"现有外商投资企业……原合营、合作各方在合同中约定的股权或者权益转让办法、收益分配办法、剩余财产分配办法等",需要与《公司法》的这些"活动准则"或规定加以对照,以确定其是否存在"与《中华人民共和国公司法》等法律的强制性规定不一致"的情形。

一方面,在"现有外商投资企业……原合营、合作各方在合同中约定的股权或者权益转让办法、收益分配办法、剩余财产分配办法等",不存在"与《中华人民共和国公司法》等法律的强制性规定不一致"的情形的情况下,当然是"可以继续按照约定办理"的,是不成问题的。

这主要针对的是股权转让办法和收益分配办法。

就股权转让办法而言，根据《中外合资经营企业法》第 4 条、《中外合资经营企业法实施条例》第 20 条和《中外合作经营企业法》第 10 条、《中外合作经营企业法实施细则》第 23 条的规定，以及《公司法》第 84 条的规定，"现有外商投资企业……原合营、合作各方在合同中约定的……股权或者权益转让办法……"应该是能够符合 2018 年《公司法》第 71 条和 2023 年《公司法》第 84 条的规定，不会出现"与《中华人民共和国公司法》等法律的强制性规定不一致"的情形的，当然也就"可以继续按照约定办理"了[①]。

就收益分配办法而言，根据《中外合资经营企业法》第 4 条、第 8 条第 1 款，《中外合资经营企业法实施条例》第 76 条和《中外合作经营企业法》第 21 条、《中外合作经营企业法实施细则》第 14 条、第 43 条至第 45 条的规定，以及 2018 年《公司法》第 34 条和第 166 条第 4 款、2023 年《公司法》第 210 条第 4 款的规定，"现有外商投资企业……原合营、合作各方在合同中约定的……收益分配办法……"应该也是能够符合《公司法》的一般规定，不会出现"与《中华人民共和国公司法》等法律的强制性规定不一致"的情形的，当然也就"可以继续按照约定办理"了。

另一方面，在"现有外商投资企业……原合营、合作各方在合同中约定的股权或者权益转让办法、收益分配办法、剩余财产分配办法等"，存在"与《中华人民共和国公司法》等法律的强制性规定不一致"的情形时，就不应该"继续按照约定办理"了。

这主要针对的是剩余财产分配办法。根据原《中外合资经营企业法》第 4 条、第 8 条第 1 款，原《中外合资经营企业法实施条例》第 94 条，中外合资经营企业的合营合同、章程可以约定合营各方不按出资比例分取剩余财产；根据原《中外合作经营企业法》第 23 条第 1 款、原《中外合作经营企业法实施细则》第 44 条的规定，公司制中外合作经营企业的合作各方可以约定剩余财产分配办法（包括合作企业的全部固定资产无偿归中国合作者所有）。而根据《公司法》关于公司剩余财产分配的规定（2018 年《公司法》第 186 条第 2 款、2023 年《公司法》第 236 条第 2 款），不论是有限公司还是股份公司，其剩余财产实际上

[①] 当然，《外商投资法》实施后，国家对外商投资企业的设立及变更不再实行审批或备案管理，现有外商投资企业的股东转让股权无须报经"审批机关"批准。

都是按照股东的出资比例或持股比例进行分配的，而不能按照约定的其他办法进行分配。

基于上述，严格来讲，《外商投资法实施条例》第 46 条所说的"现有外商投资企业……原合营、合作各方在合同中约定的……剩余财产分配办法等，可以继续按照约定办理"，是不符合 2018 年《公司法》第 186 条第 2 款和 2023 年《公司法》第 236 条第 2 款关于"公司财产在分别支付清算费用、职工的工资、社会保险费用和法定补偿金，缴纳所欠税款，清偿公司债务后的剩余财产，有限责任公司按照股东的出资比例分配"的规定的。也因此，现有外商投资企业合营、合作各方在合同中约定的与《公司法》的规定不一致的剩余财产分配方法，就不应该再"继续按约定办理"了，而应当适用《公司法》关于公司剩余财产分配的一般规定，即"清偿公司债务后的剩余财产，有限责任公司按照股东的出资比例分配"。

六、关于外商投资的公司的解散的法律适用

如前所述，无论是在 2019 年 12 月 31 日以前当时有效的《中外合资经营企业法》《中外合作经营企业法》和《外资企业法》，还是在 2020 年 1 月 1 日以后施行的《外商投资法》，都没有直接规定外商投资的公司的解散问题。根据《立法法》第 103 条的规定，此时应当直接适用《公司法》关于公司解散的规定。

注意到，在 2019 年 12 月 31 日以前当时有效的《中外合资经营企业法》第 16 条规定："合营各方发生纠纷，董事会不能协商解决时，由中国仲裁机构进行调解或仲裁，也可由合营各方协议在其他仲裁机构仲裁。合营各方没有在合同中订有仲裁条款的或者事后没有达成书面仲裁协议的，可以向人民法院起诉"，当时有效的《中外合作经营企业法》第 26 条也规定"中外合作者履行合作企业合同、章程发生争议时，应当通过协商或者调解解决。中外合作者不愿通过协商、调解解决的，或者协商、调解不成的，可以依照合作企业合同中的仲裁条款或者事后达成的书面仲裁协议，提交中国仲裁机构或者其他仲裁机构仲裁。中外合作者没有在合作企业合同中订立仲裁条款，事后又没有达成书面仲裁协议的，可以向中国法院起诉"：问题是，在有关中外合资经营的公司的合资经营合同、有关中外合作经营的公司的合作经营合同中订有仲裁条款的情况下，是否可以请求仲裁机构解散中外合资经营的公司或中外合作经营的公司呢？

在这方面，巨某集团公司与浙江巨某锦洋化工有限责任公司、浙江巨某集团进出口有限公司、韩国锦某株式会社公司解散纠纷案可作参考。

在2013年8月就巨某集团公司（以下简称巨某集团）、浙江巨某集团进出口有限公司（以下简称浙江巨某公司）与浙江巨某锦洋化工有限责任公司（以下简称巨某锦洋公司）、锦某株式会社公司解散纠纷上诉案作出的（2013）浙商外终字第91号民事裁定书[①]中，针对"涉案合营合同订有明确的仲裁条款时，对于合营公司解散纠纷，当事人能否不经仲裁而直接向人民法院提起诉讼"的问题，浙江省高级人民法院认为："涉案合营合同系各方当事人自愿签订，内容未违反法律和行政法规的禁止性规定，依法成立并生效。涉案合同明确约定，'凡因执行本合同所发生的或与本合同有关的一切争议，合资各方应通过友好协商解决，若协商不能解决，提交北京中国国际经济贸易仲裁委员会'。同时，涉案合营合同还约定公司章程应当作为合营合同的一部分。巨某集团和浙江巨某公司以巨化锦某公司已陷入僵局为由，诉请解散巨某锦洋公司，实质属于诉请终止合营合同，而合营各方实际上已经约定合营公司的解散纠纷应通过仲裁方式解决。此外，《中华人民共和国中外合资经营企业法》第十五条确立了合营各方发生纠纷时的仲裁前置程序。《最高人民法院关于审理中外合资经营合同纠纷案件如何清算合资企业问题的批复》中亦规定，'中外合资经营企业一方当事人向人民法院提起诉讼，要求解散合营企业并追究对方违约责任的，人民法院仅应对合营合同效力、是否终止合营合同、违约责任等作出判决。'因此，本案首先应当由各方所约定的仲裁机构中国国际经济贸易仲裁委员会对是否终止合营合同作出仲裁，未经仲裁，人民法院无权直接就合营公司是否解散作出判决……"

不过，浙江省高级人民法院的上述裁定被最高人民法院撤销了。在2015年11月30日就巨某集团与巨某锦洋、浙江巨某公司、韩国锦某株式会社公司解散纠纷再审案作出的（2015）民提字第89号民事裁定书[②]中，最高人民法院认为："依照《中华人民共和国公司法》第一百八十三条规定，公司经营管理发生严重

[①] https：//wenshu.court.gov.cn/website/wenshu/181107ANFZ0BXSK4/index.html？docId=2hBPLhgZtbyg2IQ8H2/7j/ztc3PtwOaFK+/qdOsD5ZOI6kxLpauQdZ/dgBYosE2gFjhz/JG5GnvcwqPrg8+L+41xj0SfQbKl96UyX3wjSUNesv2glHOAs5Rs5ZxitdQs，最后访问日期：2024年3月28日。

[②] https：//wenshu.court.gov.cn/website/wenshu/181107ANFZ0BXSK4/index.html？docId=6X8yG55tLKIGermmMQYKOzQ+ARVWAeY34LbtyBf8LI3g+n9PW4vXNZ/dgBYosE2gFjhz/JG5GnvcwqPrg8+L+41xj0SfQbKl96UyX3wjSUNesv2glHOAszXR3y+lJWbq，最后访问日期：2024年3月28日。

困难，继续存续会使股东利益受到重大损失，通过其他途径不能解决的，持有公司全部股东表决权百分之十以上的股东，可以请求人民法院解散公司。本案中巨某集团以公司僵局为由以公司为被告诉至法院要求司法解散公司，与其股东之间纠纷导致合营合同终止而解散公司并不相同，后者属于合同纠纷，可适用约定或法定的仲裁管辖，而前者属于公司组织法上的诉讼，且合资公司并非仲裁协议的当事人，不受仲裁协议的约束。《最高人民法院关于适用〈中华人民共和国公司法〉若干问题的规定（二）》第四条第一款规定，股东提起解散公司诉讼应当以公司为被告。2000年9月28日，巨某集团、巨某进出口公司与锦某株式会社共同设立巨某锦洋公司，其中巨某集团占25%股份，巨某进出口公司占5%股份，该两公司作为巨某锦洋公司的股东，依法可以提起本案诉讼。《中华人民共和国公司法》第二百一十八条规定，外商投资的有限责任公司和股份有限公司适用本法；有关外商投资的法律另有规定的，适用其规定。中华人民共和国商务部在《关于依法做好外商投资企业解散和清算工作的指导意见》（商法字〔2008〕31号）中规定，外商投资企业部分股东按照《中华人民共和国公司法》第一百八十三条规定请求解散公司的，应直接向有管辖权的人民法院提出。本案中，巨某锦洋公司在经营困难、陷入僵局的情况下，巨某集团、巨某进出口公司以股东身份行使司法解散公司的请求权，符合上述法律规定。原审裁定驳回巨某集团、巨某进出口公司的起诉不当。"

基于上述，在《外商投资法》自2020年1月1日起施行后，因解散外商投资的公司产生的纠纷，也只能向人民法院提起诉讼，仲裁机构无权仲裁，此时同样应当适用《最高人民法院关于撤销中国国际经济贸易仲裁委员会（2009）CIETACBJ裁决（0355）号裁决案的请示的复函》（〔2011〕民四他字第13号）关于"仲裁机构裁决解散公司没有法律依据，属于无权仲裁的情形"的规定。

七、《外商投资法》与《合伙企业法》的协调适用

在组织形式和行为准则的法律适用方面，与外商投资的公司相比，外商投资合伙企业要简单得多。这主要是因为在外商投资合伙企业方面没有像《中外合资经营企业法》《外资企业法》《中外合作经营企业法》这样的在《公司法》之外针对外商投资企业的组织和行为作出特别规定的法律。

在合伙企业的组织和行为准则方面，《合伙企业法》属于一般法，《外商投

资法》属于特别规定。不过，由于《外商投资法》本身没有针对外商投资合伙企业的组织形式和行为准则作出规定，并且，《外商投资法》第31条直接规定"外商投资企业的组织形式、组织机构及其活动准则，适用《中华人民共和国公司法》《中华人民共和国合伙企业法》等法律的规定"，因此，外商投资合伙企业（包括普通合伙企业、特殊的普通合伙企业和有限合伙企业）应当直接适用《合伙企业法》的相应规定。这也是内外资一致原则的体现。

需要注意的是，根据《合伙企业法》第108条关于"外国企业或者个人在中国境内设立合伙企业的管理办法由国务院规定"的规定，并结合国务院《外国企业或者个人在中国境内设立合伙企业管理办法》（已于2020年11月被废止）第2条关于"本办法所称外国企业或者个人在中国境内设立合伙企业，是指2个以上外国企业或者个人在中国境内设立合伙企业，以及外国企业或者个人与中国的自然人、法人和其他组织在中国境内设立合伙企业"的规定，现阶段，外国的非企业组织不能作为外国投资者成为合伙企业的合伙人，这与外国的非企业组织可以作为外国投资者成为有限责任公司或股份有限公司的股东是不一样的。

此外，还需注意的是，在外商投资合伙企业的登记管辖方面，也应当优先适用《外商投资法实施条例》第37条第1款关于"外商投资企业的登记注册，由国务院市场监督管理部门或者其授权的地方人民政府市场监督管理部门依法办理"的规定。

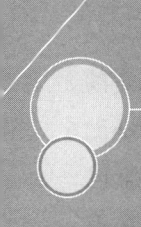

第九章 外商投资的国民待遇与负面清单管理制度

《外商投资法》第 4 条第 1 款规定："国家对外商投资实行准入前国民待遇加负面清单管理制度。"这是首次在法律层面确立准入前国民待遇加负面清单管理制度，这一制度与准入后内外资一致原则一起，"取代了原'外资三法'规定的外商投资企业逐案审批或备案管理制度"，是"外商投资管理体制改革的关键"①。

本章接下来围绕准入前国民待遇、准入后内外资一致原则和外商投资准入负面清单展开讨论。

一、外商投资的准入前国民待遇

《外商投资法》第 4 条第 2 款一方面对"准入前国民待遇"直接作了定义，另一方面也规定了其适用的范围。

（一）与投资有关的国民待遇原则

从近年来签订的双边投资协定②看，有关投资的国民待遇原则，通常包括两个层面的含义：

一是外国投资者享受的国民待遇，即：在管理、经营、运营、维持、使用、享受或处置投资方面，缔约一方给予缔约另一方投资者的待遇，不得低于其在类似情形下给予本国投资者的待遇。

二是外国投资者的投资享受的国民待遇，即：在管理、经营、运营、维持、

---

① 见王晨：《贯彻实施外商投资法 推动新一轮高水平对外开放》，载《人民日报》2019 年 12 月 13 日 06 版。

② 《中华人民共和国政府与智利共和国政府自由贸易协定关于投资的补充协定》（2014 年生效）第 3 条、《中华人民共和国政府和加拿大政府关于促进和相互保护投资的协定》（2014 年生效）第 6 条、《中华人民共和国政府和新加坡共和国政府关于升级〈中华人民共和国政府和新加坡共和国政府自由贸易协定〉的议定书》（2019 年 10 月 16 日生效）附录 4 "第十章（投资）"第 3 条。

使用、享受或处置投资方面，缔约一方给予缔约另一方投资者在其境内的投资的待遇，不得低于在其在类似情形下给予其本国投资者投资的待遇。

当然，缔约方为外国投资者及其投资提供的待遇是否属于国民待遇项下的"类似情形"取决于整体情况，包括相关待遇是否基于合法公共福利目标而在投资者或投资之间进行区别对待。[①]

（二）准入前国民待遇的定义

《外商投资法》第 4 条第 2 款对"准入前国民待遇"直接作了定义，即："准入前国民待遇，是指在投资准入阶段给予外国投资者及其投资不低于本国投资者及其投资的待遇"。

根据上述定义，准确界定"准入前国民待遇"，需要准确理解这几个关键词：(1)"投资准入阶段"；(2)"外国投资者及其投资"；(3)"不低于本国投资者及其投资的待遇"。具体来说：

第一，在适用阶段方面，"投资准入阶段"这一关键词表明准入前国民待遇仅适用于准入阶段，不适用于准入后阶段，这使准入前国民待遇得以与准入后的国民待遇区分开来。这也表明"准入前国民待遇"其实指的就是"准入环节"的国民待遇。

第二，在适用对象方面，给予"外国投资者及其投资"这一关键词表明准入前国民待遇不仅适用于外国投资者，还适用于外国投资者在中国境内的投资。

第三，在待遇内容方面，"不低于本国投资者及其投资的待遇"这一关键词表明准入前国民待遇不仅可以与本国投资者及其投资所享受的待遇同等，甚至也可以比本国投资者及其投资所享受的待遇更优越（"超国民待遇"），这使准入前国民待遇得以与准入后内外资一致原则区分开来（后者不包括超国民待遇）。

不过，值得注意的是，由于《外商投资法》第 4 条第 2 款在规定"前款所称准入前国民待遇，是指在投资准入阶段给予外国投资者及其投资不低于本国投资者及其投资的待遇"的同时，也规定了"国家对负面清单之外的外商投资，给予国民待遇"，并在第 28 条第 3 款规定"外商投资准入负面清单以外的领域，按照内外资一致的原则实施管理"，因此，在内容上，《外商投资法》所说的"准入前国民待遇"应不包括超国民待遇，而仅指国民待遇。

[①] 《中华人民共和国政府和新加坡共和国政府关于升级〈中华人民共和国政府和新加坡共和国政府自由贸易协定〉的议定书》（2019 年 10 月 16 日生效）附录 4 "第十章（投资）"第 3 条的注释。

由此看来，准入前国民待遇总体上也属于国民待遇，与准入后内外资一致原则共同构成了完整的国民待遇原则。也因此，准入前国民待遇的实质也是"一视同仁""内外资一致""平等对待"，而非"差别对待"，更不是"歧视待遇"。

（三）准入前国民待遇的具体要求

如前所说，准入前国民待遇的实质是内外资一致、平等对待，即在准入环节"按照内外资一致的原则实施管理"，其具体要求主要包括：

第一，外商投资需要办理投资项目核准、备案的，按照国家有关规定执行。① 这与中国投资者在境内进行投资适用的是相同的规则。

第二，外国投资者在依法需要取得许可的行业、领域进行投资的，应当依法办理相关许可手续；除法律、行政法规另有规定外，负责实施许可的有关主管部门应当按照与内资一致的条件和程序，审核外国投资者的许可申请，不得在许可条件、申请材料、审核环节、审核时限等方面对外国投资者设置歧视性要求。②

第三，在登记注册的程序、要求和标准方面，外国投资者在负面清单以外的领域投资的，按照内外资一致的原则进行登记注册。③

第四，在中国境内进行投资活动的外国投资者，应当遵守中国法律法规，不得危害中国国家安全、损害社会公共利益。④

第五，外国投资者并购中国境内企业或者以其他方式参与经营者集中的，应当依照《中华人民共和国反垄断法》的规定接受经营者集中审查。⑤

第六，国家依法平等保护外国投资者在中国境内的投资、收益和其他合法权益。⑥

（四）准入前国民待遇的适用范围

值得注意的是，准入前国民待遇具有其特定的适用范围，并非适用于所有情形下的所有外商投资。具体如下：

第一，《外商投资法》第 4 条第 1 款规定"国家对外商投资实行准入前国民

---

① 见《外商投资法》第 29 条、《外商投资法实施条例》第 36 条。
② 见《外商投资法》第 30 条、《外商投资法实施条例》第 35 条。
③ 见《市场监管总局关于贯彻落实〈外商投资法〉做好外商投资企业登记注册工作的通知》（国市监注〔2019〕247 号）第 2 条。
④ 见《外商投资法》第 6 条。
⑤ 见《外商投资法》第 33 条。
⑥ 见《外商投资法》第 5 条、第 22 条第 1 款、《外商投资法实施条例》第 23 条第 1 款。

待遇加负面清单管理制度"。这就表明准入前国民待遇是必须与负面清单一起适用的,不能脱离负面清单单独适用准入前国民待遇。

第二,《外商投资法》第 4 条第 2 款第 2 句规定:"国家对负面清单之外的外商投资,给予国民待遇"、第 28 条第 3 款规定:"外商投资准入负面清单以外的领域,按照内外资一致的原则实施管理。"上述规定既适用于准入阶段,也适用于准入后阶段;其中的"国民待遇"既包括准入前国民待遇,也包括准入后的国民待遇。

第三,《外商投资法》第 28 条第 1 款规定:"外商投资准入负面清单规定禁止投资的领域,外国投资者不得投资。"这就表明在负面清单规定的禁止投资的领域不存在适用准入前国民待遇的任何空间。

第四,《外商投资法》第 28 条第 2 款规定:"外商投资准入负面清单规定限制投资的领域,外国投资者进行投资应当符合负面清单规定的条件。"《外商投资法实施条例》第 33 条进一步规定:"……负面清单规定……限制投资的领域,外国投资者进行投资应当符合负面清单规定的股权要求、高级管理人员要求等限制性准入特别管理措施。"这就表明在负面清单规定的限制投资的领域可以有条件地适用准入前国民待遇,其中的"有条件适用"指的是外国投资者进行投资应当符合负面清单规定的限制性准入特别管理措施。

基于上述,准入前国民待遇就是在投资准入阶段就给予外国投资者国民待遇[1],这就意味着在外商投资准入环节,除涉及准入负面清单领域外,外商投资可以与内资一样平等地进入各个行业领域,在准入条件、准入程序和适用法律等方面实现内外资一致[2]。

(五) 准入前国民待遇的例外

还需注意的是,准入前国民待遇原则的适用并非绝对的,也存在几个例外。具体而言:

第一,在投资信息的报告方面,国家对外商投资实行外商投资信息报告制度,外国投资者直接或者间接在中国境内进行投资活动,应当依法向商务主管部

---

[1] 见王晨:《贯彻实施外商投资法 推动新一轮高水平对外开放》,载《人民日报》2019 年 12 月 13 日 06 版。

[2] 见《市场监管总局登记注册局负责人就〈关于贯彻落实《外商投资法》做好外商投资企业登记注册工作的通知〉进行解读》。

门报送投资信息。① 这仅适用于外国投资者和外商投资企业，不适用于中国投资者在境内的投资。② 其中，在准入环节，这主要适用于外国投资者在中国境内设立外商投资企业、外国投资者股权并购境内非外商投资企业、外国（地区）企业在中国境内设立从事生产经营活动的分支机构或在中国境内从事生产经营活动。有关外商投资信息报告制度，请见本书第十三章。

第二，在企业登记注册的管辖方面，国家现阶段实行外商投资企业授权登记管理体制。外商投资企业的登记注册，由国务院市场监督管理部门或者其授权的地方人民政府市场监督管理部门依法办理。③ 在准入环节，这仅适用于外商投资企业的设立登记，与内资企业的设立登记管理体制是不一样的。④ 有关外商投资企业的登记管理，请见本书第十二章。

第三，CEPA 及其后续协议、ECFA 及其后续协议、我国与有关国家签订的自由贸易区协议和投资协定、我国参加的国际条约对符合条件的投资者有更优惠开放措施的，按照相关协议或协定的规定执行。⑤

第四，在自由贸易试验区等特殊经济区域对符合条件的投资者实施更优惠开放措施的，按照相关规定执行。⑥

第五，任何国家或者地区在投资方面对中华人民共和国采取歧视性的禁止、限制或者其他类似措施的，中华人民共和国可以根据实际情况对该国家或者该地区采取相应的措施，而不适用或不完全适用准入前国民待遇原则。⑦

---

① 见《外商投资法》第 34 条。
② 值得注意的是，内资企业应当根据《企业信息公示暂行条例》的规定向企业登记机关报送其在从事生产经营活动过程中形成的信息，这些信息当中包含与《外商投资法》规定的外商投资信息相同或类似的内容，比如"投资设立企业、购买股权信息"、股东信息、"股权变更信息""企业从业人数、资产总额、负债总额、对外提供保证担保、所有者权益合计、营业总收入、主营业务收入、利润总额、净利润、纳税总额信息"等。
③ 见《外商投资法实施条例》第 37 条第 1 款、《市场监管总局关于贯彻落实〈外商投资法〉做好外商投资企业登记注册工作的通知》（国市监注〔2019〕247 号）第 14 条。
④ 值得注意的是，外商投资企业授权登记管理体制是由《外商投资法实施条例》而非《外商投资法》确立的，将来也可以根据进一步扩大对外开放和经济社会发展需要取消这一例外，在企业登记管辖方面也实现内外资一致。
⑤ 见《外商投资法》第 4 条第 4 款、《外商投资准入特别管理措施（负面清单）（2024 年版）》。
⑥ 见《外商投资法》第 13 条、《外商投资准入特别管理措施（负面清单）（2024 年版）》。
⑦ 见《外商投资法》第 40 条。

二、准入后内外资一致原则

《外商投资法》和《外商投资法实施条例》都没有直接对准入后内外资一致原则进行定义，但在不同的角度对准入后内外资一致原则提出了具体的要求。

（一）内外资一致原则的理解

《外商投资法》第 28 条第 3 款使用了"内外资一致的原则"的表述，但没有对内外资一致原则加以界定，可以结合以下文件的规定或说法来理解内外资一致原则：

第一，十九大报告提出："凡是在我国境内注册的企业，都要一视同仁、平等对待。"

第二，《关于〈中华人民共和国外商投资法（草案）〉的说明》提出："坚持内外资一致。外商投资在准入后享受国民待遇，国家对内资和外资的监督管理，适用相同的法律制度和规则。"①

第三，《优化营商环境条例》第 6 条第 2 款规定："国家进一步扩大对外开放，积极促进外商投资，平等对待内资企业、外商投资企业等各类市场主体。"

第四，《国务院关于扩大对外开放积极利用外资若干措施的通知》（国发〔2017〕5 号）规定："除法律法规有明确规定或确需境外投资者提供信息外，有关部门要按照内外资企业统一标准、统一时限的原则，审核外商投资企业业务牌照和资质申请，促进内外资企业一视同仁、公平竞争。"

第五，《国家发展改革委关于应对疫情进一步深化改革做好外资项目有关工作的通知》（发改外资〔2020〕343 号）规定："对于外资准入负面清单（以下简称负面清单）之外的外资项目，不得设置单独针对外资的准入限制……"

第六，《商务部关于应对疫情进一步改革开放做好稳外资工作的通知》（2020 年 4 月 1 日）规定："各地要严格落实负面清单管理制度，实施'非禁即入'，负面清单之外的领域，不得设置单独针对外资的准入限制措施。"

由此看来，《外商投资法》所说的内外资一致原则，其实质也是国民待遇，指的是对内资企业和外商投资企业一视同仁、平等对待，内资企业和外商投资企业适用相同的法律制度和规则，既不给予外商投资企业超国民待遇，也不对外商

---

① 见全国人大常委会时任副委员长王晨 2019 年 3 月 8 日在第十三届全国人民代表大会第二次会议上作的《关于〈中华人民共和国外商投资法（草案）〉的说明》。

投资企业采取歧视待遇。

值得注意的是，准入前国民待遇主要针对的是外国投资者、要求是平等对待外国投资者与中国投资者；与此不同，准入后内外资一致原则（准入后国民待遇）主要针对的是外商投资企业，主要要求是平等对待外商投资企业（而非外国投资者）与内资企业。

（二）内外资一致原则的具体要求

尽管没有对内外资一致原则作出界定，但是，《外商投资法》和《外商投资法实施条例》在不同的条款对内外资一致原则提出了具体的要求。这些要求主要包括：

第一，在负面清单以外领域的投资管理方面，《外商投资法》第28条第3款规定："外商投资准入负面清单以外的领域，按照内外资一致的原则实施管理。"

第二，在投资项目涉及的核准、备案方面，《外商投资法》第29条、《外商投资法实施条例》第36条规定："外商投资需要办理投资项目核准、备案的，按照国家有关规定执行。"《国务院关于实行市场准入负面清单制度的意见》（国发〔2015〕55号）规定："外商投资企业投资建设固定资产投资项目，按照国民待遇原则与内资企业适用相同的核准或备案程序。"

第三，在投资涉及的许可方面，《外商投资法》第30条规定："外国投资者在依法需要取得许可的行业、领域进行投资的，应当依法办理相关许可手续。有关主管部门应当按照与内资一致的条件和程序，审核外国投资者的许可申请，法律、行政法规另有规定的除外"，《外商投资法实施条例》第35条更是明确了："外国投资者在依法需要取得许可的行业、领域进行投资的，除法律、行政法规另有规定外，负责实施许可的有关主管部门应当按照与内资一致的条件和程序，审核外国投资者的许可申请，不得在许可条件、申请材料、审核环节、审核时限等方面对外国投资者设置歧视性要求。"

举例来说，在外商投资企业申请建设工程勘察资质方面，2019年1月10日的《住房和城乡建设部办公厅关于外商投资企业申请建设工程勘察资质有关事项的通知》（建办市〔2019〕1号）也明确要求："按照内外资一致原则，自本通知印发之日起，资质审批部门受理外商投资企业（含新成立、改制、重组、合并、并购等）申请建设工程勘察资质，审批标准和要求与内资企业一致。"

第四，在企业的组织和行为方面，《外商投资法》第31条规定："外商投资企业的组织形式、组织机构及其活动准则，适用《中华人民共和国公司法》《中华人民共和国合伙企业法》等法律的规定。"

第五，在参与国家标准制定方面，《外商投资法》第15条第1款规定，国家保障外商投资企业依法平等参与标准制定工作，《外商投资法实施条例》第13条第1款规定，外商投资企业依法和内资企业平等参与国家标准、行业标准、地方标准和团体标准的制定、修订工作。

第六，在政府采购方面，《外商投资法》第16条规定："国家保障外商投资企业依法通过公平竞争参与政府采购活动。政府采购依法对外商投资企业在中国境内生产的产品、提供的服务平等对待"，《外商投资法实施条例》第15条更是进一步规定："政府及其有关部门不得阻挠和限制外商投资企业自由进入本地区和本行业的政府采购市场。政府采购的采购人、采购代理机构不得在政府采购信息发布、供应商条件确定和资格审查、评标标准等方面，对外商投资企业实行差别待遇或者歧视待遇，不得以所有制形式、组织形式、股权结构、投资者国别、产品或者服务品牌以及其他不合理的条件对供应商予以限定，不得对外商投资企业在中国境内生产的产品、提供的服务和内资企业区别对待。"

第七，在融资方面，《外商投资法》第17条规定："外商投资企业可以依法通过公开发行股票、公司债券等证券和其他方式进行融资"，《外商投资法实施条例》第18条规定："外商投资企业可以依法在中国境内或者境外通过公开发行股票、公司债券等证券，以及公开或者非公开发行其他融资工具、借用外债等方式进行融资。"

第八，在知识产权保护方面，《外商投资法》第22条第1款规定："国家保护外国投资者和外商投资企业的知识产权，保护知识产权权利人和相关权利人的合法权益；对知识产权侵权行为，严格依法追究法律责任。"《外商投资法实施条例》23条第1款："国家加大对知识产权侵权行为的惩处力度，持续强化知识产权执法，推动建立知识产权快速协同保护机制，健全知识产权纠纷多元化解决机制，平等保护外国投资者和外商投资企业的知识产权。"

第九，在商业秘密保密方面，《外商投资法》第23条规定："行政机关及其工作人员对于履行职责过程中知悉的外国投资者、外商投资企业的商业秘密，应当依法予以保密，不得泄露或者非法向他人提供。"

第十，在工会组织方面，《外商投资法》第8条规定："外商投资企业职工依法建立工会组织，开展工会活动，维护职工的合法权益。外商投资企业应当为本企业工会提供必要的活动条件。"这与《公司法》第 17 条第 1 款针对所有的公司作出的规定①是基本一致的。

第十一，在企业发展政策的享受方面，《外商投资法》第 9 条规定："外商投资企业依法平等适用国家支持企业发展的各项政策"，《外商投资法实施条例》第 6 条第 1 款规定："政府及其有关部门在政府资金安排、土地供应、税费减免、资质许可、标准制定、项目申报、人力资源政策等方面，应当依法平等对待外商投资企业和内资企业"，第 12 条第 1 款规定："外国投资者、外商投资企业可以依照法律、行政法规或者国务院的规定，享受财政、税收、金融、用地等方面的优惠待遇。"

第十二，在法律适用方面，《外商投资法》第 15 条第 2 款规定："国家制定的强制性标准平等适用于外商投资企业"，《外商投资法实施条例》第 14 条规定："国家制定的强制性标准对外商投资企业和内资企业平等适用，不得专门针对外商投资企业适用高于强制性标准的技术要求"，《外商投资法》第 32 条规定："外商投资企业开展生产经营活动，应当遵守法律、行政法规有关劳动保护、社会保险的规定，依照法律、行政法规和国家有关规定办理税收、会计、外汇等事宜，并接受相关主管部门依法实施的监督检查。"

第十三，在守法义务方面，《外商投资法》第 6 条规定："在中国境内进行投资活动的外国投资者、外商投资企业，应当遵守中国法律法规，不得危害中国国家安全、损害社会公共利益。"这与《公司法》第 19 条、第 262 条针对普通的公司作出的规定②是基本一致的。

（三）内外资一致原则的例外

与准入前国民待遇原则一样，准入后内外资一致原则的适用也不是绝对的，也存在几个例外。这些例外主要包括：

第一，在外汇管理方面，国家现阶段对外商投资实行外汇登记和外汇资本金用途管理制度，外国投资者在境内直接投资，应当办理外汇登记；外商投资企业

---

① 《公司法》第 17 条第 1 款规定："公司职工依照《中华人民共和国工会法》组织工会，开展工会活动，维护职工合法权益。公司应当为本公司工会提供必要的活动条件。公司工会代表职工就职工的劳动报酬、工作时间、休息休假、劳动安全卫生和保险福利等事项依法与公司签订集体合同。"

② 《公司法》第 19 条规定："公司从事经营活动，必须遵守法律法规，遵守社会公德、商业道德，诚实守信，接受政府和社会公众的监督"。第 262 条规定："利用公司名义从事危害国家安全、社会公共利益的严重违法行为的，吊销营业执照。"

的外汇资本金及其结汇资金，应当按照有关主管部门及外汇管理机关批准的用途使用。① 有关外商投资的外汇管理事项，请见本书第十四章。

第二，在投资信息的报告方面，国家对外商投资实行外商投资信息报告制度，外国投资者直接或者间接在中国境内进行投资活动，应当依法向商务主管部门报送投资信息。② 这仅适用于外国投资者和外商投资企业，不适用于中国投资者在境内的投资。③ 在准入后阶段，这主要适用于外商投资企业的初始报告的信息发生变更的情形。有关外商投资信息报告制度，请见本书第十三章。

第三，在企业登记注册的管辖方面，国家现阶段实行外商投资企业授权登记管理体制。外商投资企业的登记注册，由国务院市场监督管理部门或者其授权的地方人民政府市场监督管理部门依法办理。④ 在准入后阶段，这主要适用于外商投资企业的变更登记和注销登记，与内资企业的登记管理体制是不一样的。⑤ 有关外商投资企业的登记管理，请见本书第十二章。

第四，CEPA及其后续协议、ECFA及其后续协议、我国与有关国家签订的自由贸易区协议和投资协定、我国参加的国际条约对符合条件的投资者有更优惠开放措施的，按照相关协议或协定的规定执行。⑥

第五，在自由贸易试验区等特殊经济区域，对符合条件的投资者实施更优惠开放措施的，按照相关规定执行。⑦

第六，任何国家或者地区在投资方面，对中华人民共和国采取歧视性的禁止、限制或者其他类似措施的，中华人民共和国可以根据实际情况对该国家或者

---

① 见《外汇管理条例》第16条第1款、第23条。
② 见《外商投资法》第34条。
③ 值得注意的是，内资企业应当根据《企业信息公示暂行条例》的规定向企业登记机关报送其在从事生产经营活动过程中形成的信息，这些信息当中包含与《外商投资法》规定的外商投资信息相同或类似的内容，比如"投资设立企业、购买股权信息"、股东信息、"股权变更信息""企业从业人数、资产总额、负债总额、对外提供保证担保、所有者权益合计、营业总收入、主营业务收入、利润总额、净利润、纳税总额信息"等。
④ 见《外商投资法实施条例》第37条第1款、《市场监管总局关于贯彻落实〈外商投资法〉做好外商投资企业登记注册工作的通知》（国市监注〔2019〕247号）第14条。
⑤ 值得注意的是，外商投资企业授权登记管理体制是由《外商投资法实施条例》而非《外商投资法》确立的，将来也可以根据进一步扩大对外开放和经济社会发展需要取消这一例外，在企业登记管辖方面也实现内外资一致。
⑥ 见《外商投资法》第4条第4款、《外商投资准入特别管理措施（负面清单）（2024年版）》。
⑦ 见《外商投资法》第13条、《外商投资准入特别管理措施（负面清单）（2024年版）》。

该地区采取相应的措施,而不适用或不完全适用内外资一致原则。①

三、外商投资准入负面清单

外商投资准入负面清单制度是《外商投资法》确立的外商投资管理制度的重要组成部分,堪称外商投资管理制度的"核心"②。

(一) 外商投资准入负面清单的定义

《外商投资法》同时使用了"负面清单"和"外商投资准入负面清单"的表述③,二者具有相同的含义。

《外商投资法》还直接规定了外商投资准入负面清单的定义,即"国家规定在特定领域对外商投资实施的准入特别管理措施"。

根据上述定义,准确界定外商投资准入负面清单,需要准确理解这几个关键词:(1)"特定领域";(2)"对外商投资实施";(3)"准入";(4)"特别管理措施"。具体来说:

第一,在适用领域方面,"特定领域"这一关键词表明负面清单仅适用于少数的特定的具体的领域,不适用于通常领域或未被特定的领域。

根据《国务院关于实行市场准入负面清单制度的意见》(国发〔2015〕55号),这些特定领域主要包括:(1) 涉及国家安全的有关行业、领域、业务等;(2) 涉及全国重大生产力布局、战略性资源开发和重大公共利益的有关行业、领域、业务等;(3) 依法可以设定行政许可且涉及市场主体投资经营行为的有关行业、领域、业务等;(4) 法律、行政法规和国务院决定规定的其他情形。

第二,在适用对象方面,"对外商投资实施"这一关键词表明负面清单仅适用于外商投资,不适用非外商投资。其中的"外商投资"具有《外商投资法》第2条第2款所说的含义。

第三,在适用行为方面,"准入"这一关键词表明负面清单仅适用于准入行为,即"基于自愿的初始投资、扩大投资、并购投资等投资经营行为及其他市场

---

① 见《外商投资法》第40条。
② 国务院时任副总理汪洋2015年4月22日在第十二届全国人民代表大会常务委员会第十四次会议上作的《国务院关于自由贸易试验区工作进展情况的报告》(http://www.npc.gov.cn/zgrdw/npc/cwhhy/12jcwh/2015-04/23/content_1934247.htm,最后访问日期:2024年3月28日,下同)使用了"以负面清单管理为核心的外商投资管理制度基本建立"的表述。
③ 见《外商投资法》第4条、第28条、第36条。

进入行为"①，指向的是能否投资、投资应当满足什么样的条件的问题，不包括非市场准入事项、针对所有组织和个人普遍采取的管理措施、针对非投资经营活动的管理措施、准入后管理措施、备案类管理措施、职业资格类管理措施、只针对境外经营主体的管理措施以及针对生态保护红线、自然保护地、饮用水水源保护区等特定地理区域、空间的管理措施等，不涉及注册登记、信息收集、用地审批等措施②。

对此，《国务院关于实行市场准入负面清单制度的意见》（国发〔2015〕55号）明确规定："不能把非市场准入事项和准入后监管措施，混同于市场准入管理措施。不能把对市场主体普遍采取的注册登记、信息收集、用地审批等措施纳入市场准入负面清单。"

第四，在适用措施方面，"特别管理措施"这一关键词表明负面清单规定的是"与准入前国民待遇不符"③的特殊的管理措施，主要是禁止或限制性的管理措施。

对此，《外商投资法实施条例》第33条进一步明确了："负面清单规定禁止投资的领域，外国投资者不得投资。负面清单规定限制投资的领域，外国投资者进行投资应当符合负面清单规定的股权要求、高级管理人员要求等限制性准入特别管理措施。"

（二）外商投资准入负面清单与市场准入负面清单

值得注意的是，与"外商投资准入负面清单"相对应，还存在着"市场准入负面清单"，二者均属市场准入负面清单管理制度的组成部分。

市场准入负面清单制度，是指国务院以清单方式明确列出在中国境内禁止和限制投资经营的行业、领域、业务等，各级政府依法采取相应管理措施的一系列制度安排。④

根据《国务院关于实行市场准入负面清单制度的意见》（国发〔2015〕55

---

① 《国务院关于实行市场准入负面清单制度的意见》（国发〔2015〕55号）。
② 《国务院关于实行市场准入负面清单制度的意见》（国发〔2015〕55号）、《国家发展改革委、商务部、市场监管总局关于印发〈市场准入负面清单（2025年版）〉的通知》（发改体改规〔2025〕466号）之《关于〈市场准入负面清单（2025年版）〉有关情况的说明》第2条。
③ 见《进一步放宽外资准入扩大对外开放——国家发展改革委有关负责人就2019年版外资准入负面清单答记者问》（https://www.ndrc.gov.cn/xxgk/jd/jd/201906/t20190630_1182712.html，最后访问日期：2024年2月28日，下同）。
④ 《国务院关于实行市场准入负面清单制度的意见》（国发〔2015〕55号）。

号），可以从以下几个方面来理解市场准入负面清单和外商投资准入负面清单：

第一，在类别方面，市场准入负面清单包括禁止准入类和限制准入（许可准入）类，适用于包括中国投资者和外国投资者、内资企业和外商投资企业在内的各类市场主体基于自愿的初始投资、扩大投资、并购投资等投资经营行为及其他市场进入行为。对禁止准入事项，市场主体不得进入，行政机关不予审批、核准，不得办理有关手续；对限制准入（许可准入）事项，或由市场主体提出申请，行政机关依法依规作出是否予以准入的决定，或由市场主体依照政府规定的准入条件和准入方式合规进入；对市场准入负面清单以外的行业、领域、业务等，各类市场主体皆可依法平等进入。

第二，在适用条件方面，对各类市场主体涉及以下领域的投资经营行为及其他市场进入行为，依照法律、行政法规和国务院决定的有关规定，可以采取禁止进入或限制市场主体资质、股权比例、经营范围、经营业态、商业模式、空间布局、国土空间开发保护等管理措施：（1）涉及人民生命财产安全、政治安全、国土安全、军事安全、经济安全、金融安全、文化安全、社会安全、科技安全、信息安全、生态安全、资源安全、核安全和新型领域安全等国家安全的有关行业、领域、业务等；（2）涉及全国重大生产力布局、战略性资源开发和重大公共利益的有关行业、领域、业务等；（3）依法可以设定行政许可且涉及市场主体投资经营行为的有关行业、领域、业务等；（4）法律、行政法规和国务院决定规定的其他情形。

第三，在类型方面，负面清单主要包括"市场准入负面清单"和"外商投资准入负面清单"[①]；其中，市场准入负面清单是适用于境内外投资者的一致性管理措施，是对各类市场主体市场准入管理的统一要求；而外商投资准入负面清单则适用于境外投资者在华投资经营行为，是专门针对外商投资准入的特别管理措施。

据此，市场准入负面清单与外商投资准入负面清单是一般规定与特别规定的关系；外商投资不仅要适用外商投资准入负面清单，还要适用市场准入负面清单。对此，《外商投资准入特别管理措施（负面清单）（2024年版）说明》也进

[①] 《国务院关于实行市场准入负面清单制度的意见》（国发〔2015〕55号）使用的是"外商投资负面清单"的表述，本书采用在后制定的《外商投资法实施条例》使用的是"外商投资准入负面清单"的表述。

一步明确规定："境内外投资者统一适用《市场准入负面清单》的有关规定。"也因此，市场准入负面清单所规定的禁止准入事项和限制准入事项将统一适用于外商投资和中国投资者的投资，市场准入负面清单新增的禁止准入事项和限制准入事项也将统一适用于外商投资和中国投资者的投资。

对此，《国务院关于实行市场准入负面清单制度的意见》（国发〔2015〕55号）规定："市场准入负面清单制度实施后，要按照简政放权、放管结合、优化服务的原则，根据改革总体进展、经济结构调整、法律法规修订等情况，适时调整市场准入负面清单。……涉及重大条目调整和增加市场准入管理措施的，报国务院批准。依据法律、行政法规和国务院决定的有关规定调整市场准入管理措施，或涉及技术性、表述性等非实质性内容调整和减少市场准入管理措施的，由相关部门提出调整建议，经议事协调机制审查确定后，报国务院备案。涉及国家安全的，应事先报经中央国家安全委员会审查。"这就意味着市场准入负面清单并非只减不增，而是依法依规有增有减。[1]

（三）外商投资准入负面清单的提出、批准、发布和调整

1. 关于外商投资准入负面清单的提出、批准、发布和调整的规定

《外商投资法》原则规定了外商投资准入负面清单的发布事宜，《外商投资法实施条例》则进一步明确了负面清单的提出、批准、发布和调整问题。

第一，在负面清单的提出主体方面，由于《外商投资法实施条例》第4条第1款规定"外商投资准入负面清单（以下简称负面清单）由国务院投资主管部门会同国务院商务主管部门等有关部门提出"，因此，国务院投资主管部门和国务院商务主管部门是提出负面清单的牵头部门，但需要与国务院其他有关部门分工协作、共同提出负面清单。

第二，在负面清单的批准主体方面，由于《外商投资法》第4条第3款规定"负面清单由国务院发布或者批准发布"、《外商投资法实施条例》第4条第1款规定"外商投资准入负面清单（以下简称负面清单）由……提出，报国务院发布或者报国务院批准后……发布"，因此，不论是国务院直接发布还是国务院批

---

[1] 国家发展改革委时任政策研究室副主任、委新闻发言人孟玮在国家发改委2020年12月16日通过网上方式举行的12月新闻发布会上针对市场准入负面清单的总体运行情况答记者问时也提及"负面清单修订并不是只减不增，而是有增有减。国家发展改革委和商务部作为修订和发布单位，坚持严格合法依规增减，及时依法纳入金融控股公司、地方资产管理公司等准入管理措施，以保障清单的严谨性、规范性"，http://sh.people.com.cn/n2/2020/1216/c176738-34477752.html，最后访问日期：2024年3月2日。

第九章 | 外商投资的国民待遇与负面清单管理制度

准之后由相关部门发布，外商投资准入负面清单的批准主体都是国务院。

第三，在负面清单的发布主体方面，由于《外商投资法》第 4 条第 3 款规定"负面清单由国务院发布或者批准发布"、《外商投资法实施条例》第 4 条第 1 款规定"外商投资准入负面清单（以下简称负面清单）由……提出，报国务院发布或者报国务院批准后由国务院投资主管部门、商务主管部门发布"，因此，外商投资准入负面清单可以由国务院直接发布，也可以由国务院投资主管部门和国务院商务主管部门（在取得国务院批准之后）联合发布。

实际上，除第一版和第二版仅适用于自由贸易试验区的外商投资准入负面清单是由国务院办公厅发布的外[1]，其后各版仅适用于自由贸易试验区的外商投资准入负面清单以及每一版适用于全国的外商投资准入负面清单都是由国家发改委和商务部在党中央、国务院批准后发布的[2]。

第四，在负面清单的调整程序方面，《外商投资法实施条例》第 4 条第 2 款作出了原则性的规定，即"国家根据进一步扩大对外开放和经济社会发展需要，适时调整负面清单"，并且，负面清单的调整程序适用与负面清单的制定程序相同的规则，即"由国务院投资主管部门会同国务院商务主管部门等有关部门提出，报国务院发布或者报国务院批准后由国务院投资主管部门、商务主管部门发布"。

2. 关于外商投资准入负面清单的调整的历史

现阶段，国家通常每隔一段时间都会发布一次调整后的适用于自由贸易试验区的外商投资准入负面清单和适用于全国的外商投资准入负面清单。

其中，首份外商投资准入负面清单，即《自由贸易试验区外商投资准入特别管理措施（负面清单）》，是由国务院办公厅在 2015 年 4 月 8 日印发的。其后，国务院办公厅在 2017 年 6 月 5 日印发了《自由贸易试验区外商投资准入特别管

---

[1] 见《国务院办公厅关于印发自由贸易试验区外商投资准入特别管理措施（负面清单）的通知》（国办发〔2015〕23 号）、《国务院办公厅关于印发自由贸易试验区外商投资准入特别管理措施（负面清单）（2017 年版）的通知》（国办发〔2017〕51 号）。

[2] 见《外商投资准入特别管理措施（负面清单）（2018 年版）》、《自由贸易试验区外商投资准入特别管理措施（负面清单）（2018 年版）》、《外商投资准入特别管理措施（负面清单）（2019 年版）》、《自由贸易试验区外商投资准入特别管理措施（负面清单）（2019 年版）》、《外商投资准入特别管理措施（负面清单）（2020 年版）》、《自由贸易试验区外商投资准入特别管理措施（负面清单）（2020 年版）》、《海南自由贸易港外商投资准入特别管理措施（负面清单）（2020 年版）》、《外商投资准入特别管理措施（负面清单）（2021 年版）》、《自由贸易试验区外商投资准入特别管理措施（负面清单）（2021 年版）》。

理措施（负面清单）（2017年版）》；经党中央、国务院同意，国家发改委和商务部分别在2018年6月30日、2019年6月30日、2020年6月23日、2021年12月27日发布了《自由贸易试验区外商投资准入特别管理措施（负面清单）（2018年版）》《自由贸易试验区外商投资准入特别管理措施（负面清单）（2019年版）》《自由贸易试验区外商投资准入特别管理措施（负面清单）（2020年版）》和《自由贸易试验区外商投资准入特别管理措施（负面清单）（2021年版）》。这几份负面清单都仅适用了自贸区，不适用于其他区域。

首份适用于全国范围的外商投资准入负面清单，即《外商投资准入特别管理措施（负面清单）（2018年版）》，是由国家发改委和商务部在经党中央、国务院同意之后于2018年6月28日发布的；其后，国家发改委和商务部分别在2019年6月30日、2020年6月23日、2021年12月27日、2024年9月6日发布了《外商投资准入特别管理措施（负面清单）（2019年版）》《外商投资准入特别管理措施（负面清单）（2020年版）》、《外商投资准入特别管理措施（负面清单）（2021年版）》和《外商投资准入特别管理措施（负面清单）（2024年版）》。这几份负面清单都适用于全国范围内除自贸区外的区域。

此外，国家还发布了适用于海南自由贸易港的《海南自由贸易港外商投资准入特别管理措施（负面清单）（2021年版）》。

值得一提的是，在实行外商投资准入负面清单制度之前，国家在1995年首次公布了《外商投资产业指导目录》，其后每隔一段时间也都会适时进行修订并公布修订后的《外商投资产业指导目录》。[①]

3. 调整外商投资准入负面清单的原则

从国家对2018年版、2019年版和2020年版外商投资准入负面清单进行修订的过程和内容看，外商投资准入负面清单的调整通常会坚持以下原则[②]：

[①] 国家曾经公布过8个版本的《外商投资产业指导目录》，分别是《外商投资产业指导目录》（1995年6月20日发布）、《外商投资产业指导目录（1997年12月修订）》（1997年12月31日发布）、《外商投资产业指导目录》（2002年3月11日发布）、《外商投资产业指导目录（2004年修订）》（2004年11月30日发布）、《外商投资产业指导目录（2007年修订）》（2007年10月31日发布）、《外商投资产业指导目录（2011年修订）》（2011年11月24日发布）、《外商投资产业指导目录（2015年修订）》（2015年3月10日发布）和《外商投资产业指导目录（2017年修订）》（2017年6月28日发布）。

[②]《进一步放宽外资准入扩大对外开放——国家发展改革委有关负责人就2019年版外资准入负面清单答记者问》；《推进更高水平对外开放 以开放促改革促发展——国家发展改革委有关负责人就2020年版外商投资准入负面清单答记者问》；《扩大高水平对外开放 推动经济高质量发展——国家发展改革委有关负责人就2021年版外商投资准入负面清单答记者问》。

（1）外商投资负面清单调整的总的方向是实施更大范围、更宽领域、更深层次的全面开放，以高水平开放推动经济高质量发展。

（2）外商投资准入负面清单只做减法、不做加法，即外商投资准入负面清单修订原则上不新增或加严对外资的限制，开放的大门越开越大。

（3）发挥自贸试验区扩大开放试验田作用，即继续在自贸试验区进行扩大开放的压力测试，在一些领域的开放上先行一步。

（4）在扩大开放的同时维护国家安全，统筹兼顾开放与安全。

值得注意的是，尽管外商投资准入负面清单修订原则上不新增或加严对外资的限制，但是，这并不意味着外商投资准入事项只减不增。如前所述，外商投资不仅要适用外商投资准入负面清单，还要适用市场准入负面清单，而市场准入负面清单并非只减不增。在市场准入负面清单新增禁止准入事项和限制准入事项的情况下，市场准入负面清单新增的这些禁止准入事项和限制准入事项在适用于中国投资者的同时也是适用于外商投资的。比如，国家发改委、商务部2020年12月16日发布的《市场准入负面清单（2020年版）》就新增了金融控股公司、地方资产管理公司等准入管理措施。

（四）外商投资准入负面清单的内容

尽管《外商投资法》对外商投资准入负面清单作出了定义，但是，不论是《外商投资法》还是《外商投资法实施条例》都没有直接规定外商投资准入负面清单应当包括哪些内容。

不过，可以从《外商投资法》和《外商投资法实施条例》的条款以及国务院的其他文件中看出外商投资准入负面清单大致包括什么样的内容。具体如下：

第一，在类别方面，外商投资准入负面清单规定的内容包括禁止外商投资的领域和限制外商投资的领域。

对此，《外商投资法》第28条第1款规定"外商投资准入负面清单规定禁止投资的领域，外国投资者不得投资"、第2款规定"外商投资准入负面清单规定限制投资的领域，外国投资者进行投资应当符合负面清单规定的条件"。

此外，《国务院关于实行市场准入负面清单制度的意见》（国发〔2015〕55号）更是规定："市场准入负面清单包括禁止准入类和限制准入类。"

第二，在措施方面，外商投资准入负面清单规定的措施包括禁止投资措施和限制准入措施，其中的限制准入措施可以是市场主体资质、股权要求、高级管理人员国籍和人数、经营范围、经营业态等方面的要求。

对此,《外商投资法》第 28 条第 1 款规定"外商投资准入负面清单规定禁止投资的领域,外国投资者不得投资"、第 2 款规定"外商投资准入负面清单规定限制投资的领域,外国投资者进行投资应当符合负面清单规定的条件"。《外商投资法实施条例》第 33 条进一步明确:"负面清单规定禁止投资的领域,外国投资者不得投资。负面清单规定限制投资的领域,外国投资者进行投资应当符合负面清单规定的股权要求、高级管理人员要求等限制性准入特别管理措施。"

其中,《外商投资法实施条例》第 33 条所说的"等限制性准入特别管理措施"中的"等"字为将来根据维护国家安全和经济社会发展的需要增加其他限制性准入措施预留了空间。

此外,《国务院关于实行市场准入负面清单制度的意见》(国发〔2015〕55 号)更是规定:"对各类市场主体涉及以下领域的投资经营行为及其他市场进入行为,依照法律、行政法规和国务院决定的有关规定,可以采取禁止进入或限制市场主体资质、股权比例、经营范围、经营业态、商业模式、空间布局、国土空间开发保护等管理措施……"

比如,在市场主体资质方面,《外商投资准入特别管理措施(负面清单)(2024 年版)说明》规定:"境外投资者不得作为个体工商户、个人独资企业投资人、农民专业合作社成员,从事投资经营活动"。

又如,在股权要求方面,《外商投资准入特别管理措施(负面清单)(2024 年版)》规定:"核电站的建设、经营须由中方控股""国内水上运输公司须由中方控股""公共航空运输公司须由中方控股,且一家外商及其关联企业投资比例不得超过 25%,法定代表人须由中国籍公民担任。通用航空公司的法定代表人须由中国籍公民担任,其中农、林、渔业通用航空公司限于合资,其他通用航空公司限于中方控股"。

再如,在高级管理人员要求方面,《外商投资准入特别管理措施(负面清单)(2024 年版)》规定:"公共航空运输公司须由中方控股,且一家外商及其关联企业投资比例不得超过 25%,法定代表人须由中国籍公民担任。通用航空公司的法定代表人须由中国籍公民担任,其中农、林、渔业通用航空公司限于合资,其他通用航空公司限于中方控股""学前、普通高中和高等教育机构限于中外合作办学,须由中方主导(校长或者主要行政负责人应当具有中国国籍,理事会、董事会或者联合管理委员会的中方组成人员不得少于 1/2)"。

需要注意的是，外商投资准入负面清单的内容不包括针对所有组织和个人普遍采取的管理措施、针对非投资经营活动的管理措施、准入后管理措施、备案类管理措施、职业资格类管理措施、只针对境外经营主体的管理措施以及针对生态保护红线、自然保护地、饮用水水源保护区等特定地理区域、空间的管理措施等，也不包括对市场主体普遍采取的注册登记、信息收集、用地审批等措施。①

值得一提的是，从国家扩大对外开放、扩大外资市场准入的趋势看，外商投资准入负面清单规定的禁止外商投资和限制外商投资的条目会越来越少，"外商投资准入负面清单修订不新增或加严对外资的限制，开放的大门越开越大"。②

举例来说，与2019年版外商投资准入负面清单相比，2020年版外商投资准入负面清单进一步缩减，其中适用于全国的负面清单由40条减至33条，压减比例17.5%，还有2条部分开放；适用于自贸试验区的负面清单由37条减至30条，压减比例18.9%，还有1条部分开放。③ 与2020年版外商投资准入负面清单相比，2021年版外商投资准入负面清单进一步缩减，其中适用于全国的负面清单由33条减至31条，压减比例6.1%；适用于自贸试验区的负面清单由30条减至27条，压减比例10%。④

（五）外商投资准入负面清单的效力

外商投资准入负面清单的效力主要体现在以下方面：

1. 在禁止投资领域的效力

对此，《外商投资法》第28条第1款规定："外商投资准入负面清单规定禁

---

① 《国务院关于实行市场准入负面清单制度的意见》（国发〔2015〕55号）、《国家发展改革委、商务部、市场监管总局关于印发〈市场准入负面清单（2025年版）〉的通知》（发改体改规〔2025〕466号）之《关于〈市场准入负面清单（2025年版）〉有关情况的说明》第2条。

② 见《未来负面清单条目还会减少，对外资开放的大门会越来越大》（http://www.gov.cn/xinwen/2019-10/29/content_5446391.htm，最后访问日期：2024年3月2日，下同）；《进一步放宽外资准入扩大对外开放——国家发展改革委有关负责人就2019年版外资准入负面清单答记者问》；《推进更高水平对外开放 以开放促改革促发展——国家发展改革委有关负责人就2020年版外商投资准入负面清单答记者问》。

③ 见《推进更高水平对外开放 以开放促改革促发展——国家发展改革委有关负责人就2020年版外商投资准入负面清单答记者问》。

④ 见《扩大高水平对外开放 推动经济高质量发展——国家发展改革委有关负责人就2021年版外商投资准入负面清单答记者问》。与2021年版外商投资准入负面清单相比，2024年版全国外资准入负面清单删除了制造业领域仅剩的2条限制措施，一是"出版物印刷须由中方控股"，二是"禁止投资中药饮片的蒸、炒、炙、煅等炮制技术的应用及中成药保密处方产品的生产"；2024年版全国外资准入负面清单的限制措施由31条压减至29条，制造业领域外资准入限制措施全面取消。见《国家发展改革委有关负责同志就〈外商投资准入特别管理措施（负面清单）（2024年版）〉答记者问》（https://www.ndrc.gov.cn/xxgk/jd/jd/202409/t20240907_1392877.html，最后访问日期：2024年11月11日）。

止投资的领域,外国投资者不得投资",《国务院关于实行市场准入负面清单制度的意见》(国发〔2015〕55号)规定:"对禁止准入事项,市场主体不得进入,行政机关不予审批、核准,不得办理有关手续"。

在此基础上,《外商投资法》第36条第1款规定了相应的行政责任,即:"外国投资者投资外商投资准入负面清单规定禁止投资的领域的,由有关主管部门责令停止投资活动,限期处分股份、资产或者采取其他必要措施,恢复到实施投资前的状态;有违法所得的,没收违法所得。"

上述规定属于法律规定的效力性强制性规定(即违反了会导致民事法律行为无效的强制性规定)。外国投资者投资外商投资准入负面清单规定禁止投资的领域所订立的投资合同[1],因违反《外商投资法》的上述效力性强制性规定而应被认定为无效[2]。对此,《最高人民法院关于适用〈中华人民共和国外商投资法〉若干问题的解释》(法释〔2019〕20号)第3条规定:"外国投资者投资外商投资准入负面清单规定禁止投资的领域,当事人主张投资合同无效的,人民法院应予支持。"[3]

2. 在限制投资领域的效力

对此,《外商投资法》第28条第2款规定了:"外商投资准入负面清单规定限制投资的领域,外国投资者进行投资应当符合负面清单规定的条件",《外商投资法实施条例》第34条第1款规定了:"有关主管部门在依法履行职责过程中,对外国投资者拟投资负面清单内领域,但不符合负面清单规定的,不予办理许可、企业登记注册等相关事项;涉及固定资产投资项目核准的,不予办理相关核准事项",《国务院关于实行市场准入负面清单制度的意见》(国发〔2015〕55

---

[1] 投资合同是指外国投资者即外国的自然人、企业或者其他组织因直接或者间接在中国境内进行投资而形成的相关协议,包括设立外商投资企业合同、股份转让合同、股权转让合同、财产份额或者其他类似权益转让合同、新建项目合同等协议。见《最高人民法院关于适用〈中华人民共和国外商投资法〉若干问题的解释》(法释〔2019〕20号)第1条。

[2] 对此,在2019年12月27日举行的最高人民法院关于《外商投资法司法解释》《"一带一路"意见二》《新片区意见》新闻发布会上,最高人民法院民四庭时任副庭长高晓力特别说明:"我们认为,上述法律规定属于法律的强制性规定,违反强制性规定的合同应当认定为无效。"来源于 https://www.chinacourt.org/chat/fulltext/listId/52323/template/courtfbhcommon/subjectid/MzAwNMixNIABAA==.shtml,最后访问日期:2024年3月2日。

[3] 不过,《最高人民法院关于适用〈中华人民共和国外商投资法〉若干问题的解释》(法释〔2019〕20号)第5条规定了:"在生效裁判作出前,因外商投资准入负面清单调整,外国投资者投资不再属于禁止或者限制投资的领域,当事人主张投资合同有效的,人民法院应予支持。"

号）规定："对限制准入事项，或由市场主体提出申请，行政机关依法依规作出是否予以准入的决定，或由市场主体依照政府规定的准入条件和准入方式合规进入。"此外，《外商投资准入特别管理措施（负面清单）（2024年版）说明》还规定："投资有股权要求的领域，不得设立外商投资合伙企业。"

在此基础上，《外商投资法》第36条第2款规定了相应的行政责任，即："外国投资者的投资活动违反外商投资准入负面清单规定的限制性准入特别管理措施的，由有关主管部门责令限期改正，采取必要措施满足准入特别管理措施的要求；逾期不改正的，依照前款规定处理"，即"由有关主管部门责令停止投资活动，限期处分股份、资产或者采取其他必要措施，恢复到实施投资前的状态；有违法所得的，没收违法所得"。

并且，外国投资者投资外商投资准入负面清单规定限制投资的领域所订立的投资合同，如果违反了外商投资准入负面清单规定的限制性准入特别管理措施，也将因违反《外商投资法》的上述效力性强制性规定而应被认定为无效。对此，《最高人民法院关于适用〈中华人民共和国外商投资法〉若干问题的解释》（法释〔2019〕20号）第4条第1款规定了："外国投资者投资外商投资准入负面清单规定限制投资的领域，当事人以违反限制性准入特别管理措施为由，主张投资合同无效的，人民法院应予支持。"①

3. 在负面清单以外领域的效力

对此，《外商投资法》第4条第2款规定，"国家对负面清单之外的外商投资，给予国民待遇"、第28条第3款规定："外商投资准入负面清单以外的领域，按照内外资一致的原则实施管理"，《国务院关于实行市场准入负面清单制度的意见》（国发〔2015〕55号）规定："对市场准入负面清单以外的行业、领域、业务等，各类市场主体皆可依法平等进入。"

并且，外国投资者投资外商投资准入负面清单以外的领域所订立的投资合同，不需要报经商务主管部门批准、登记或备案，更无须以商务主管部门批准、

---

① 不过，如果当事人能够在法院作出生效裁判之前采取措施满足外商投资准入负面清单规定的限制性准入特别管理措施，则相应的投资合同也因此有效。对此，《最高人民法院关于适用〈中华人民共和国外商投资法〉若干问题的解释》（法释〔2019〕20号）第4条第2款规定："人民法院作出生效裁判前，当事人采取必要措施满足准入特别管理措施的要求，当事人主张前款规定的投资合同有效的，应予支持。"此外，《最高人民法院关于适用〈中华人民共和国外商投资法〉若干问题的解释》（法释〔2019〕20号）第5条也规定："在生效裁判作出前，因外商投资准入负面清单调整，外国投资者投资不再属于禁止或者限制投资的领域，当事人主张投资合同有效的，人民法院应予支持。"

登记或备案为生效条件（但其他法律、行政法规规定应当向有关主管部门办理批准、登记等手续生效的，依照其规定）①。

对此，《最高人民法院关于适用〈中华人民共和国外商投资法〉若干问题的解释》（法释〔2019〕20号）第2条第1款规定："对外商投资法第四条所指的外商投资准入负面清单之外的领域形成的投资合同，当事人以合同未经有关行政主管部门批准、登记为由主张合同无效或者未生效的，人民法院不予支持。"其中的"有关行政主管部门"主要指的是"外商投资领域的审批机关"②。

4. 外商投资负面清单调整的效力

值得思考的问题是，在外国投资者为直接或者间接在中国境内进行投资而订立相关投资合同之后，如果外商投资准入负面清单发生调整，原有的外商投资、已经签署的投资合同的效力将受到怎样的影响？

根据外商投资涉及的领域在外商投资准入负面清单中发生变化的具体情形，这个问题可以细分为以下6种情形：

（1）外商投资的领域从原负面清单规定的禁止投资的领域移到新负面清单规定的限制投资的领域；

（2）外商投资的领域从原负面清单规定的禁止投资的领域移出新负面清单；

（3）外商投资的领域从原负面清单规定的限制投资的领域移出新负面清单；

（4）外商投资的领域从原负面清单规定的限制投资的领域移到新负面清单规定的禁止投资的领域；

（5）外商投资的领域从原负面清单之外移到新负面清单规定的禁止投资的领域；

---

① 对此，在2019年12月27日举行的最高人民法院关于《外商投资法司法解释》《"一带一路"意见二》《新片区意见》新闻发布会上，最高人民法院民四庭时任副庭长高晓力特别说明："无论是负面清单之内，还是之外的领域，虽然商务主管部门不再审批合同、章程，但如果其他法律、行政法规对相关投资合同或相关事项规定了批准、登记等手续作为生效要件的，仍然要依照其规定来认定合同的效力。"来源于 https://www.chinacourt.org/chat/fulltext/listId/52323/template/courtfbhcommon/subjectid/MzAwNMixNIABAA==.shtml，最后访问日期：2024年3月2日。

② 对此，在2019年12月27日举行的最高人民法院关于《外商投资法司法解释》《"一带一路"意见二》《新片区意见》新闻发布会上，最高人民法院民四庭时任副庭长高晓力特别说明："对负面清单之外的领域形成的投资合同，如果当事人再以合同没有经过相关行政审批机关审批或登记为由否定合同效力的，人民法院不予支持，这里行政审批机关重点指外商投资领域的审批机关。"来源于 https://www.chinacourt.org/chat/fulltext/listId/52323/template/courtfbhcommon/subjectid/MzAwNMixNIABAA==.shtml，最后访问日期：2024年3月2日。

（6）外商投资的领域从原负面清单之外移到新负面清单规定的限制投资的领域。

其中，前三种情形属于对外商投资更加宽松的情形，后三种情形则属于对外商投资更加收紧的情形。考虑到从国家扩大对外开放、扩大外资市场准入的趋势看，外商投资准入负面清单规定的禁止外商投资和限制外商投资的条目会越来越少，并且"外商投资准入负面清单修订不新增或加严对外资的限制，开放的大门越开越大"①，因此，前三种情形更为常见、后三种情形更少见②。

在第一种情形下，外商投资项下的投资合同的效力将因负面清单的调整而从原本无效变为附条件有效③。对此，《最高人民法院关于适用〈中华人民共和国外商投资法〉若干问题的解释》（法释〔2019〕20号）第4条规定："外国投资者投资外商投资准入负面清单规定限制投资的领域，当事人以违反限制性准入特别管理措施为由，主张投资合同无效的，人民法院应予支持。人民法院作出生效裁判前，当事人采取必要措施满足准入特别管理措施的要求，当事人主张前款规定的投资合同有效的，应予支持。"这其实采用的是类似于"从新兼有利"的法律适用原则。

在第二种情形和第三种情形下，外商投资项下的投资合同的效力将因负面清单的调整而从原本无效或附条件有效变为有效④。对此，《最高人民法院关于适用〈中华人民共和国外商投资法〉若干问题的解释》（法释〔2019〕20号）第5条规定："在生效裁判作出前，因外商投资准入负面清单调整，外国投资者投资不再属于禁止或者限制投资的领域，当事人主张投资合同有效的，人民法院应予支持。"这其实采用的也是类似于"从新兼有利"的法律适用原则。

---

① 见《未来负面清单条目还会减少，对外资开放的大门会越来越大》；《进一步放宽外资准入扩大对外开放——国家发展改革委有关负责人就2019年版外资准入负面清单答记者问》；《推进更高水平对外开放 以开放促改革促发展——国家发展改革委有关负责人就2020年版外商投资准入负面清单答记者问》。

② 需要注意的是，基于维护国家安全的需要，发生外商投资的领域从原负面清单规定的限制投资的领域移到新负面清单规定的禁止投资的领域，从原负面清单之外移到新负面清单规定的禁止投资的领域或从原负面清单之外移到新负面清单规定的限制投资的领域的情形，也不是绝对不可能。事实上，历史上就发生了外商投资产业指导目录修订时新增禁止类项目和增设限制性条件的例子。比如，在对《外商投资产业指导目录（2007年修订）》进行修订的过程中，《外商投资产业指导目录（2011年修订）》就将"信件的国内快递业务"新增列为禁止类项目、将"别墅的建设、经营"从原来的限制类项目移入禁止类项目（分别见《外商投资产业指导目录（2007年修订）》《外商投资产业指导目录（2011年修订）》各自的《禁止外商投资产业目录》之"五、交通运输、仓储和邮政业"和"十、文化、体育和娱乐业"）。

③ 当然，负面清单的调整应在生效裁判作出之前就发生了效力。

④ 当然，负面清单的调整应在生效裁判作出之前就发生了效力。

在后三种情形下，负面清单的调整对外商投资项下的投资合同的效力的影响更加复杂。具体而言：

一是从法律溯及力的角度，根据《立法法》第104条关于"法律、行政法规、地方性法规、自治条例和单行条例、规章不溯及既往，但为了更好地保护公民、法人和其他组织的权利和利益而作的特别规定除外"的规定，调整后的新的负面清单不具有溯及既往的效力，不影响在负面清单调整之前订立并生效的外商投资合同的效力[①]，相应的外商投资可以保持投资范围不变的前提下，在原有范围内继续存在（当然，这应当以权威机关的明确意见为准）。

比如，洛阳某钼业集团股份有限公司因2007年4月发行境外上市外资股（H股）变更为外商投资企业，其当时经营范围包括了被《外商投资产业指导目录（2004年修订）》列为限制外商投资项目的"为钨钼系列产品的采选、冶炼、深加工；钨钼系列产品、化工产品（不含化学危险品、易燃易爆、易制毒品）的出口"等项目，尽管国家发改委、商务部2007年10月31日公布并自2007年12月1日起实施的《外商投资产业指导目录（2007年修订）》以及2011年12月24日公布并自2012年1月30日起实施的《外商投资产业指导目录（2011年修订）》将钨、钼的勘查、开采列入禁止外商投资项目，但是，由于该外商投资企业在新产业政策发布之前就已经变更设立了，因此，应当适用原产业政策。河南省商务厅也于2011年1月10日出具《关于洛阳某钼业集团股份有限公司适用有关外商投资产业政策的函》（豫商资管函〔2011〕1号），确认"公司设立时，按照当时有关规定执行《外商投资产业指导目录》（2005年版），《目录》规定从2005年1月1日起钼为限制类，而非禁止类，因此公司获商务部批准为外商投资企业，按照老企业执行老《目录》的原则，不应以07版《目录》对其设立和经营提出异议"。[②]

二是在新的负面清单生效之后，如果原有的外商投资发生了变更（包括但不限于增资、股权转让）、需要办理相应的变更审批、登记或备案手续，或者涉及

[①] 在第四种情形下，在负面清单调整之前已经订立的外商投资项下的投资合同只有在满足原负面清单规定的准入特别管理措施的要求的情况下才是有效的。

[②] 洛阳某钼业集团股份有限公司（股票代码：603993）首次公开发行A股时披露的《安信证券股份有限公司关于洛阳某钼业集团股份有限公司首次公开发行A股股票之发行保荐书》（2012年8月17日）、《通力律师事务所关于洛阳某钼业集团股份有限公司首次公开发行人民币普通股并上市之补充法律意见书一》（2011年9月19日）。

的经营许可的有限期限届满需要办理延期（或延续），就应当适用并遵守届时有效的外商投资准入负面清单的规定。届时，如果变更后的外商投资涉及新负面清单规定的禁止投资领域，那么，外国投资者就不能投资了；如果变更后的外商投资涉及新负面清单规定限制投资的领域，那么，外国投资者进行投资就应当符合新负面清单规定的条件了。

对此，国家发改委在发布修订后的外商投资产业指导目录之后通常都会针对新旧目录的衔接适用问题提出明确的意见。

比如，在发布《外商投资产业指导目录（2011年修订）》后，针对《外商投资产业指导目录（2011年修订）》如何与《外商投资产业指导目录（2007年修订）》衔接的问题，国家发改委有关负责人答复："新《目录》将于2012年1月30日起施行，在此之后核准的外商投资项目依照新《目录》执行，在此之前核准的外商投资项目依照2007年版《目录》执行。对此次新《目录》中增设限制条件（含禁止）的项目，如1月30日以前已经存在并运营的外商投资企业，执行项目核准时的政策，但原有老企业的增资、股权转让或境内企业境外上市等，须按照新《目录》的规定执行。"[①]

又如，在发布《外商投资产业指导目录（2015年修订）》后，针对《外商投资产业指导目录（2015年修订）》如何与《外商投资产业指导目录（2011年修订）》衔接的问题，国家发改委有关负责人答复："新目录将于2015年4月10日起施行，在此之后核准或备案的外商投资项目依照新目录执行，在此之前核准或备案的外商投资项目依照2011年版目录执行。"[②]

再如，在发布《外商投资产业指导目录（2017年修订）》后，针对《外商投资产业指导目录（2017年修订）》如何与《外商投资产业指导目录（2015年修订）》衔接的问题，国家发改委有关负责人答复："2017年版《目录》发布后将有30天左右的过渡期，2017年7月28日起正式施行，在此之后核准或备案的外商投资项目依照2017年版《目录》执行，在此之前核准或备案的外商投资

[①] 《国家发展改革委有关负责人就〈外商投资产业指导目录（2011年修订）〉答记者问》（来源于，https://www.ndrc.gov.cn/xxgk/jd/jd/201112/t20111231_1183135_ext.html，最后访问日期：2024年3月2日，下同）。

[②] 《推进新一轮对外开放，以开放促改革促发展——发展改革委有关负责人就〈外商投资产业指导目录（2015年修订）〉答记者问》（来源于 http://www.gov.cn/xinwen/2015-03/13/content_2833551.htm，最后访问日期：2024年3月2日，下同）。

项目依照 2015 年版《目录》执行。"①

5. 国务院特批豁免适用负面清单

值得注意的是，在经过国务院特别批准的情况下，特定外商投资可以豁免适用外商投资准入负面清单。

对此，《外商投资准入特别管理措施（负面清单）（2020 年版）说明》、《外商投资准入特别管理措施（负面清单）（2021 年版）说明》和《外商投资准入特别管理措施（负面清单）（2024 年版）说明》的第 5 条都作出"负面清单豁免规定"，即："经国务院有关主管部门审核并报国务院批准，特定外商投资可以不适用《外商投资准入负面清单》中相关领域的规定。"其中的"相关领域"既可以是《外商投资法》第 28 条第 1 款所说的"外商投资准入负面清单规定禁止投资的领域"，也可以是《外商投资法》第 28 条第 2 款所说的"外商投资准入负面清单规定限制投资的领域"。

应该说，《外商投资法》第 28 条和《外商投资法实施条例》第 33 条本身没有作出例外的规定，而《外商投资准入特别管理措施（负面清单）（2024 年版）说明》第 5 条的这一规定，则在"经党中央、国务院同意"的前提下，以部门规章的形式，对作为法律的《外商投资法》和作为行政法规的《外商投资法实施条例》规定了例外的情形。其背后的原因在于"外商投资构成较为复杂，为了与法律法规做好衔接并考虑特殊情况"②。

值得一提的是，可以从司法部 2019 年 11 月 1 日公布的《中华人民共和国外商投资法实施条例（征求意见稿）》③ 第 35 条的规定中看到《外商投资准入特别管理措施（负面清单）（2024 年版）说明》第 5 条的"影子"。

《中华人民共和国外商投资法实施条例（征求意见稿）》第 35 条有两款，其原文如下：

"中国的自然人、法人或者其他组织在中国境外设立的全资企业在中国境内投资的，经国务院有关主管部门审核并报国务院批准，可以不受外商投资准入负

---

① 《主动扩大对外开放 实现更广互利共赢——国家发展改革委有关负责人就〈外商投资产业指导目录（2017 年修订）〉答记者问》（http://www.gov.cn/zhengce/2017-06/28/content_5206418.htm，最后访问日期：2024 年 3 月 2 日，下同）。

② 《推进更高水平对外开放 以开放促改革促发展——国家发展改革委有关负责人就 2020 年版外商投资准入负面清单答记者问》。

③ 《推进更高水平对外开放 以开放促改革促发展——国家发展改革委有关负责人就 2020 年版外商投资准入负面清单答记者问》。

面清单规定的有关准入特别管理措施的限制。

"前款所称法人或者其他组织，不包括外商投资企业。"

尽管《中华人民共和国外商投资法实施条例（征求意见稿）》第 35 条的规定没有被纳入正式出台的《外商投资法实施条例》之中，但是，《外商投资准入特别管理措施（负面清单）（2024 年版）说明》第 5 条的这一规定，则不仅将《中华人民共和国外商投资法实施条例（征求意见稿）》第 35 条的实质内容吸收进来，使其具有相应的法律效力，甚至还扩大了其适用范围和灵活性。因为，《中华人民共和国外商投资法实施条例（征求意见稿）》第 35 条规定的可以由国务院特别豁免适用负面清单的外商投资，有其明确的适用范围，即仅限于中国的自然人和除外商投资企业外的法人或其他组织在中国境外设立的全资企业在中国境内投资的情形，而《外商投资准入特别管理措施（负面清单）（2024 年版）说明》第 5 条则只是原则性地规定了"特定外商投资"，至于哪些"特定外商投资"可以豁免适用负面清单，则是首先取决于"国务院有关主管部门"的审核意见并最终取决于国务院的批准，既可以是《中华人民共和国外商投资法实施条例（征求意见稿）》第 35 条所说的"中国的自然人和除外商投资企业以外的法人或其他组织在中国境外设立的全资企业在中国境内投资"，也可以是其他的外商投资。

6. 境内企业赴境外上市豁免适用负面清单禁止性规定

此外，从事《外商投资准入负面清单》禁止投资领域业务的境内企业，如果到境外发行股份并上市交易，在经过国家有关主管部门同意的情况下，可以豁免适用外商投资准入负面清单中的相关禁止性规定。

对此，《外商投资准入特别管理措施（负面清单）（2024 年版）说明》第 6 条规定："从事《外商投资准入负面清单》禁止投资领域业务的境内企业到境外发行股份并上市交易的，应当经国家有关主管部门审核同意，境外投资者不得参与企业经营管理，其持股比例参照境外投资者境内证券投资管理有关规定执行。"

（六）外商投资准入负面清单与鼓励外商投资产业目录

值得注意的是，除了外商投资准入负面清单，国家还制定了鼓励外商投资产业目录。

第一，在性质上，鼓励外商投资产业指导目录属于外商投资促进措施。

对此，《外商投资法》第 14 条规定："国家根据国民经济和社会发展需要，鼓励和引导外国投资者在特定行业、领域、地区投资。外国投资者、外商投资企业可以依照法律、行政法规或者国务院的规定享受优惠待遇。"《外商投资法实施条例》第11条规定:"国家根据国民经济和社会发展需要,制定鼓励外商投资产业目录,列明鼓励和引导外国投资者投资的特定行业、领域、地区。鼓励外商投资产业目录由国务院投资主管部门会同国务院商务主管部门等有关部门拟订,报国务院批准后由国务院投资主管部门、商务主管部门发布。"

第二,鼓励外商投资产业指导目录列明的是外商投资准入负面清单之外的允许外商投资的部分领域,不仅不禁止或限制外商投资,还鼓励外商进行投资并给予特定的优惠待遇,是与外商投资准入负面清单并列的指导外商投资的措施。

其主要理由在于:一是《外商投资法》第4条第2款规定"国家对负面清单之外的外商投资,给予国民待遇",第28条第3款规定"外商投资准入负面清单以外的领域,按照内外资一致的原则实施管理";二是《国务院关于实行市场准入负面清单制度的意见》(国发〔2015〕55号)规定"对市场准入负面清单以外的行业、领域、业务等,各类市场主体皆可依法平等进入";三是国务院《指导外商投资方向规定》第4条规定"外商投资项目分为鼓励、允许、限制和禁止四类。鼓励类、限制类和禁止类的外商投资项目,列入《外商投资产业指导目录》。不属于鼓励类、限制类和禁止类的外商投资项目,为允许类外商投资项目。允许类外商投资项目不列入《外商投资产业指导目录》";四是从外商投资准入负面清单和鼓励外商投资产业指导目录的立法沿革看,二者都曾经是外商投资产业指导目录的组成部分并脱胎于外商投资产业目录[①]。

值得注意的是,鼓励外商投资产业目录只是列明了小部分允许外商投资的领域,在外商投资准入负面清单和鼓励外商投资产业目录之外还存在着大量允许外商投资的领域。各类市场主体皆可依法平等进入这些领域,国家对这些领域的外商投资是按照内外资一致的原则实施管理的。

[①] 《外商投资产业指导目录(2017年修订)》既规定了"鼓励外商投资产业目录",又规定了"外商投资准入特别管理措施(外商投资准入负面清单)",发布《外商投资准入特别管理措施(负面清单)(2018年版)》的国家发展和改革委员会、商务部令第18号令则明确:"2017年6月28日国家发展和改革委员会、商务部发布的《外商投资产业指导目录(2017年修订)》中的外商投资准入特别管理措施(外商投资准入负面清单)同时废止,鼓励外商投资产业目录继续执行"。

四、金融领域外商投资准入的特别要求

在《外商投资法》生效之前，金融领域的外商投资总体上都不需要经过发展改革部门的核准或商务部门的审批①，而是由金融监管部门实施集中监管和审批的。《外商投资法》第 41 条关于"对外国投资者在中国境内投资银行业、证券业、保险业等金融行业，或者在证券市场、外汇市场等金融市场进行投资的管理，国家另有规定的，依照其规定"的规定，明确承认和延续了国家一直以来对金融领域的外商投资实行的统一的监管体制和监管要求。此外，《外商投资准入特别管理措施（负面清单）（2024 年版）说明》第 8 条也规定："《外商投资准入负面清单》中未列出的文化、金融等领域与行政审批、资质条件、国家安全等相关措施，按照现行规定执行。"

总体而言，从准入事项看，金融领域的外商投资准入主要包括机构准入②、业务准入③和董事与高级管理人员准入④；从审批权限看，金融领域的外商投资

---

① 比较特殊的是，中国证监会、原对外贸易经济合作部《关于实施〈外资参股证券公司设立规则〉和〈外资参股基金管理公司设立规则〉有关问题的通知》（证监发〔2002〕86 号）曾经在明确"设立外资参股证券公司或外资参股基金管理公司由中国证券监督管理委员会（以下简称'中国证监会'）负责审批"的同时，也规定了"申请设立外资参股证券公司或外资参股基金管理公司符合《中外合资经营企业法》有关规定的，申请人应在收到中国证监会同意外资参股证券公司或外资参股基金管理公司的批复后 30 日内，凭批复文件及申报材料向外经贸部领取《外商投资企业批准证书》，外经贸部在 5 个工作日内向申请人颁发《外商投资企业批准证书》，申请人凭《外商投资企业批准证书》到国家工商行政管理机关办理企业注册登记手续"。

② 比如，针对银行业金融机构的机构准入，《银行业监督管理法》第 16 条规定："国务院银行业监督管理机构依照法律、行政法规规定的条件和程序，审查批准银行业金融机构的设立、变更、终止以及业务范围。"具体到外资银行的机构准入，《外资银行管理条例》第 7 条规定："设立外资银行及其分支机构，应当经银行业监督管理机构审查批准。"又如，针对外资保险公司的机构准入，《外资保险公司管理条例》第 5 条第 1 款规定："设立外资保险公司，应当经国务院保险监督管理机构批准。"

③ 比如，针对银行业金融机构的业务准入，《银行业监督管理法》第 16 条规定："国务院银行业监督管理机构依照法律、行政法规规定的条件和程序，审查批准银行业金融机构的设立、变更、终止以及业务范围。"第 18 条规定，"银行业金融机构业务范围内的业务品种，应当按照规定经国务院银行业监督管理机构审查批准或者备案"；具体到外资银行的业务准入，《外资银行管理条例》第 29 条规定："外商独资银行、中外合资银行按照国务院银行业监督管理机构批准的业务范围，可以经营下列部分或者全部外汇业务和人民币业务……"第 31 条规定："外国银行分行按照国务院银行业监督管理机构批准的业务范围，可以经营下列部分或者全部外汇业务以及对除中国境内公民以外客户的人民币业务……"又如，针对外资保险公司的业务准入，《外资保险公司管理条例》第 15 条规定："外资保险公司按照国务院保险监督管理机构核定的业务范围，可以全部或者部分依法经营下列种类的保险业务……"

④ 比如，针对银行业金融机构的董事和高级管理人员准入，《银行业监督管理法》第 20 条第 1 款规定："国务院银行业监督管理机构对银行业金融机构的董事和高级管理人员实行任职资格管理。"（转下页）

准入的审批权限主要集中在中央层面,分别由中国人民银行、金融监管总局、证监会等金融监管机构按照职责分工予以审批。

(一) 机构准入

金融领域的外商投资的机构准入主要包括银行业、保险业、证券期货业、支付、清算、征信和信用评级等行业的金融机构的准入。

在通常情况下,金融领域的外商投资的机构准入的要求主要如下:

1. 外资银行

就外商投资银行业而言,《外资银行管理条例》《外资银行管理条例实施细则》《中国银保监会外资银行行政许可事项实施办法》对外资银行的机构设立、机构变更、机构终止、业务范围、董事和高级管理人员任职资格等事项作出了规定。

此外,《中国银保监会中资商业银行行政许可事项实施办法》对境外金融机构、外商独资银行、中外合资银行投资入股中资商业银行[①]的相关要求作出了规定;《中国银保监会农村中小银行机构行政许可事项实施办法》对境外银行、外商独资银行、中外合资银行投资入股农村中小银行机构[②]的相关要求作出了规定;《中国银保监会非银行金融机构行政许可事项实施办法》还对外国投资者投资入股非银行金融机构[③]的相关事项作出了规定。

2. 外资保险公司

就外商投资保险公司而言,《外资保险公司管理条例》《外资保险公司管理条例实施细则》对外资保险公司的机构设立、机构变更、机构终止、业务范围、

(接上页) 具体到外资银行的董事和高级管理人员准入,《外资银行管理条例》第26条规定:"外资银行董事、高级管理人员、首席代表的任职资格应当符合国务院银行业监督管理机构规定的条件,并经国务院银行业监督管理机构核准。"又如,针对外资保险公司的董事和高级管理人员准入,《外资保险公司管理条例实施细则》(2021年修正)第24条规定:"外资保险公司及其分支机构的高级管理人员,其任职资格审核与管理,按照银保监会的有关规定执行,本细则另有规定的除外。"《保险公司董事、监事和高级管理人员任职资格管理规定》(2021)第5条规定:"保险公司董事、监事和高级管理人员,应当在任职前取得银保监会或其派出机构核准的任职资格。"

① 中资商业银行主要包括国有控股大型商业银行、中国邮政储蓄银行、股份制商业银行、城市商业银行等法人机构(《中国银保监会中资商业银行行政许可事项实施办法》第2条)。

② 农村中小银行机构主要包括农村商业银行、农村合作银行、农村信用社、村镇银行、贷款公司等法人机构(《中国银保监会农村中小银行机构行政许可事项实施办法》第2条)。

③ 非银行金融机构主要包括企业集团财务公司、金融租赁公司、汽车金融公司、货币经纪公司、消费金融公司等法人机构(《中国银保监会非银行金融机构行政许可事项实施办法》第2条)。

董事和高级管理人员任职资格等事项作出了规定。其中,设立外资保险公司、外资保险专业代理机构和外资保险经纪人经营保险经纪业务均由金融监管总局审批①。②

3. 外商投资证券公司

就外商投资证券公司而言,《外商投资证券公司管理办法》对外商投资证券公司的设立条件、境外股东条件等事项作出了规定。新设外商投资证券公司和内资证券公司变更为外商投资证券公司均由证监会审批。③ 此外,符合条件的外国投资者可以设立外商独资证券公司。④

4. 外商投资证券投资基金公司

就外商投资证券投资基金公司而言,《证券投资基金管理公司管理办法》对外商投资证券投资基金管理公司的境外股东条件等事项作出了规定。外商投资证券投资基金管理公司由证监会审批。⑤ 符合条件的外国投资者还可以设立外商独资证券投资基金管理公司。⑥

5. 外商投资期货公司

就外商投资期货公司而言,《外商投资期货公司管理办法》对外商投资期货公司的设立条件、境外股东条件等事项作出了规定。设立外商投资期货公司由证

---

① 《外资保险公司管理条例》第5条、《保险经纪业务经营许可审批事项服务指南》(2023年6月16日,http://www.cbirc.gov.cn/chinese/docfile/2023/82d54c2b548d47c0977a8973cd37696c.pdf,最后访问日期:2024年3月28日)、《保险代理业务经营许可审批事项服务指南》(2023年6月16日,http://www.cbirc.gov.cn/chinese/docfile/2023/2d586d9a2843489eb5ee2e925fd0c1fe.pdf,最后访问日期:2024年3月28日)。

② 国家对设立外资保险公估机构实行备案管理。对此,《保险公估人监管规定》第5条规定:"保险公估人在中华人民共和国境内经营保险公估业务,应当符合《资产评估法》要求及中国保险监督管理委员会(以下简称中国保监会)规定的条件,并向中国保监会及其派出机构进行业务备案",第15条第2款规定:"保险公估机构采用公司形式的,全国性机构向中国保监会进行业务备案,区域性机构向工商注册登记地中国保监会派出机构进行业务备案。合伙形式的保险公估机构向中国保监会进行业务备案",第107条规定:"经营保险公估业务的外资保险公估人适用本规定。我国参加的有关国际条约和中国保监会另有规定的,适用其规定。"

③ 《外商投资证券公司管理办法》第3条、第8条、第9条、第15条、第16条。

④ 《国务院金融稳定发展委员会办公室关于进一步扩大金融业对外开放的有关举措》(2019年7月20日)。

⑤ 《外商投资证券公司管理办法》第3条、第8条、第9条、第15条、第16条。

⑥ 《国务院金融稳定发展委员会办公室关于进一步扩大金融业对外开放的有关举措》(2019年7月20日)。

监会审批。① 符合条件的外国投资者还可以设立外商独资期货公司。②

6. 外商投资银行卡清算机构

就外商投资银行卡清算机构而言，国家要求为境内主体提供银行卡清算服务的境外机构以及虽仅为跨境交易提供外币的银行卡清算服务但对境内银行卡清算体系稳健运行或公众支付信心具有重要影响的境外机构应当在境内设立外商投资企业，并向中国人民银行提出申请，经中国人民银行征求中国银保监会同意后予以批准，依法取得银行卡清算业务许可证。③

7. 外商投资支付机构

就外商投资支付机构而言，国家要求为境内主体的境内交易和跨境交易提供电子支付服务的境外机构应当在境内设立外商投资企业，并根据《非银行支付机构监督管理条例》《非金融机构支付服务管理办法》等规定的条件和程序，经中国人民银行批准取得支付业务许可证，但对外商投资企业申请成为支付机构无合资要求或投资比例限制，符合条件的内、外资机构均可依照法定程序向中国人民银行提出申请，公平地参与中国支付服务市场。④

8. 外商投资征信机构

就外商投资征信机构而言，设立经营个人征信业务的外商投资征信机构，应当符合《征信业管理条例》和《征信机构管理办法》的规定，申请人在取得中国人民银行的前置许可后办理注册登记手续；设立经营企业征信业务的外商投资征信机构则由申请人办理企业注册登记手续后在所在地中国人民银行省会（首府）城市中心支行以上分支机构办理备案。⑤

---

① 《外商投资期货公司管理办法》第3条、第9条、第10条。

② 《国务院金融稳定发展委员会办公室关于进一步扩大金融业对外开放的有关举措》（2019年7月20日）。

③ 《国务院关于实施银行卡清算机构准入管理的决定》（国发〔2015〕22号）第1条、第4条，《银行卡清算机构管理办法》（中国人民银行 中国银行业监督管理委员会〔2016〕第2号）第3条，需要注意的是，中国人民银行、中国银保监会2019年12月30日公布了《关于修改〈银行卡清算机构管理办法〉的决定（征求意见稿）》（http://www.pbc.gov.cn/tiaofasi/144941/144979/3941920/3951613/index.html，最后访问日期：2024年3月28日），届时应当以修订后的《银行卡清算机构管理办法》的要求为准。

④ 见《非金融机构支付服务管理办法》第2条、第3条、第7条、第9条至第13条，中国人民银行公告〔2018〕第7号（外商投资支付机构有关事宜公告）和《中国人民银行有关负责人就外商投资支付机构准入和监管政策有关问题答记者问》（来源于 http://www.pbc.gov.cn/goutongjiaoliu/113456/113469/3503316/index.html，最后访问日期：2024年3月2日）。

⑤ 见《征信业管理条例》第6条、第7条、第9条、第10条，《征信机构管理办法》第6条至第12条、第19条，中国人民银行、商务部公告2016年第1号（设立外商投资征信机构有关事宜公告）。

9. 外商投资信用评级机构

就外商投资信用评级机构而言，国家要求设立外商投资信用评级机构应当符合《公司法》规定的公司设立条件，自公司登记机关准予登记之日起 30 日内向所在地的中国人民银行省一级派出机构办理备案，但对外商投资企业申请成为信用评级机构无合资要求或投资比例限制，符合条件的内、外资机构均可依照法定程序向中国人民银行提出申请，公平地参与中国信用评级市场。[①]

（二）业务准入

1. 以机构准入为前提的业务准入

金融领域的外商投资准入通常同时包括机构准入和业务准入，并且业务准入需要以机构准入为前提。

比如，就外资保险公司而言，《外资保险公司管理条例》第 12 条规定："国务院保险监督管理机构应当自收到设立外资保险公司完整的正式申请文件之日起 60 日内，作出批准或者不批准的决定。决定批准的，颁发经营保险业务许可证；决定不批准的，应当书面通知申请人并说明理由。经批准设立外资保险公司的，申请人凭经营保险业务许可证向市场监督管理部门办理登记，领取营业执照。"

又如，就外商投资证券公司而言，《外商投资证券公司管理办法》第 8 条规定："申请设立外商投资证券公司，应当由全体股东共同指定的代表或者委托的代理人向中国证监会提交下列文件……"第 9 条规定："中国证监会依照有关法律、行政法规和本办法对第八条规定的申请文件进行审查，并在规定期限内作出是否批准的决定，书面通知申请人。不予批准的，书面说明理由"，第 11 条规定："外商投资证券公司应当自营业执照签发之日起 15 个工作日内，向中国证监会提交下列文件，申请经营证券业务许可证……"第 13 条规定："未取得中国证监会颁发的经营证券业务许可证，外商投资证券公司不得开业，不得经营证券业务。"

再如，就外商投资银行卡清算机构而言，国家要求为境内主体提供银行卡清算服务的境外机构以及虽仅为跨境交易提供外币的银行卡清算服务但对境内银行

[①] 见《信用评级业管理暂行办法》第 3 条、第 9 条，中国人民银行公告〔2017〕第 7 号（信用评级机构在银行间债券市场开展信用评级业务有关事宜公告）和《中国人民银行、发展改革委、财政部、证监会有关负责人就〈信用评级业管理暂行办法〉答记者问》（来源于 http://www.pbc.gov.cn/goutongjiaoliu/113456/113469/3930443/index.html，最后访问日期：2024 年 3 月 2 日）。

卡清算体系稳健运行或公众支付信心具有重要影响的境外机构应当在境内设立外商投资企业，并向中国人民银行提出申请，经中国人民银行征求中国银保监会同意后予以批准，依法取得银行卡清算业务许可证。①

还如，就外商投资支付机构而言，国家要求为境内主体的境内交易和跨境交易提供电子支付服务的境外机构应当在境内设立外商投资企业，并根据《非金融机构支付服务管理办法》规定的条件和程序，经中国人民银行批准取得支付业务许可证。②

2. 无须商业存在的业务准入

不过，在部分金融领域，国家允许境外机构在不设立商业存在的情况下在境内开展相应的金融业务。

比如，就境内证券投资业务而言，境外机构可以选择成为合格境外机构投资者的方式直接投资境内证券市场。对此，《合格境外机构投资者和人民币合格境外机构投资者境内证券期货投资管理办法》和《关于实施〈合格境外机构投资者和人民币合格境外机构投资者境内证券期货投资管理办法〉有关问题的规定》（证监会公告〔2020〕63号）分别对境外机构投资者申请成为合格境外机构投资者和申请经营证券期货业务许可证的条件等事项作出了规定。

又如，就信用评级业务而言，境外评级机构可以选择在未在境内设立外商投资企业的情况下跨境开展信用评级业务。对此，《国务院金融稳定发展委员会办公室关于进一步扩大金融业对外开放的有关举措》（2019年7月20日）明确："允许外资机构在华开展信用评级业务时，可以对银行间债券市场和交易所债券市场的所有种类债券评级。"《信用评级业管理暂行办法》第69条进一步规定："境外信用评级机构申请中华人民共和国境内有关信用评级业务资质的，依照信用评级行业主管部门和业务管理部门的相关规定执行。"中国人民银行公告〔2017〕第7号（信用评级机构在银行间债券市场开展信用评级业务有关事宜公告）规定："一、境内依法设立的信用评级机构法人在银行间债券市场开展与债券发行相关的信用评级业务（以下简称银行间债券市场信用评级业务），应当具备以下条件……二、境外依法设立的信用评级机构法人（以下简称境外评级机

---

① 《国务院关于实施银行卡清算机构准入管理的决定》（国发〔2015〕22号）第1条、第4条，《银行卡清算机构管理办法》（中国人民银行、中国银行业监督管理委员会〔2016〕第2号）第3条。
② 见中国人民银行公告〔2018〕第7号（外商投资支付机构有关事宜公告）。

构）开展银行间债券市场信用评级业务，除符合第一条第（二）至第（六）项要求外，还应当同时符合如下条件……四、符合本公告要求的信用评级机构开展银行间债券市场信用评级业务，应当向交易商协会就拟开展的债券评级业务类别申请注册。"

再如，就银行卡清算业务而言，《国务院关于实施银行卡清算机构准入管理的决定》（国发〔2015〕22号）规定："仅为跨境交易提供外币的银行卡清算服务的，原则上无须在境内设立银行卡清算机构，但应当就业务开展情况向中国人民银行和中国银行业监督管理委员会报告，并遵循相关业务管理要求。"《银行卡清算机构管理办法》第3条规定："仅为跨境交易提供外币的银行卡清算服务的境外机构（以下简称境外机构），原则上可以不在中华人民共和国境内设立银行卡清算机构，但对境内银行卡清算体系稳健运行或公众支付信心具有重要影响的，应当在中华人民共和国境内设立法人，依法取得银行卡清算业务许可证。"

还如，就金融信息服务而言，《外国机构在中国境内提供金融信息服务管理规定》允许外国金融信息服务提供者在经国务院新闻办公室批准后直接在中国境内提供金融信息服务。[①]

（三）特别安排

需要注意的是，在金融领域的外商投资准入方面，也存在自由贸易试验区、CEPA、ECFA等特别安排。

对此，《外商投资准入特别管理措施（负面清单）（2024年版）说明》第9条规定："《内地与香港关于建立更紧密经贸关系的安排》及其后续协议、《内地与澳门关于建立更紧密经贸关系的安排》及其后续协议、《海峡两岸经济合作框架协议》及其后续协议、我国缔结或者参加的国际条约、协定对境外投资者准入待遇有更优惠规定的，可以按照相关规定执行。在自由贸易试验区等特殊经济区域对符合条件的投资者实施更优惠开放措施的，按照相关规定执行。"实务中应当予以关注。

五、文化领域外商投资准入的特别要求

与金融领域类似，国家对文化领域的外商投资准入也采取了特别管理措施。

[①] 《外国机构在中国境内提供金融信息服务管理规定》第4条至第8条。

对此，《外商投资准入特别管理措施（负面清单）（2024年版）说明》第8条规定："《外商投资准入负面清单》中未列出的文化、金融等领域与行政审批、资质条件、国家安全等相关措施，按照现行规定执行。"

文化产业不同于一般产业，它具有意识形态和产业双重属性；文化产业同公益性文化事业相对应，是指以文化为核心内容而进行的创作、生产、传播、展示文化产品和提供文化服务的经营性活动，涵盖文化艺术、新闻出版、广播影视、网络文化等领域，涉及中央宣传部（国家新闻出版署、国家电影局）、中央网信办、文化和旅游部、广电总局等职能部门。①

总体而言，从准入事项看，文化领域的外商投资准入也主要包括机构准入和业务准入；从审批权限看，文化领域的外商投资准入的审批权限主要集中在中央层面②，分别由中央宣传部（国家新闻出版署、国家电影局）、中央网信办、文化和旅游部、广电总局等职能部门按照职责分工予以审批。

（一）禁止准入

现阶段，国家禁止外国投资者在文化领域进行下列投资③：

（1）新闻机构（包括但不限于通讯社）。

（2）各级广播电台（站）、电视台（站）④、广播电视频道（率）、广播电视传输覆盖网（发射台、转播台、广播电视卫星、卫星上行站、卫星收转站、微波站、监测台及有线广播电视传输覆盖网等）。

（3）图书、报纸、期刊、音像制品和电子出版物的编辑、出版、制作业务。

（4）广播电视视频点播业务和卫星电视广播地面接收设施安装服务。

（5）广播电视节目制作经营（含引进业务）公司。

（6）电影制作公司、发行公司、院线公司以及电影引进业务。

---

① 见文化和旅游部时任部长雒树刚受国务院委托于2019年6月26日向全国人大常委会作的《国务院关于文化产业发展工作情况的报告》（http://www.npc.gov.cn/npc/c2/c30834/201906/t20190629_298809.html，最后访问日期：2024年3月28日）。

② 随着"放管服"改革的深化和营商环境的优化，省级主管部门已经获得了部分审批权限。比如，根据2020年11月修正后的《营业性演出管理条例》第11条的规定，香港特别行政区、澳门特别行政区的投资者在内地投资设立的演出经纪机构以及由内地控股的文艺表演团体、台湾地区的投资者在大陆投资设立的演出经纪机构申请从事营业性演出经营活动，应当向省、自治区、直辖市人民政府文化主管部门提出申请，并由省、自治区、直辖市人民政府文化主管部门作出决定。

③ 《外商投资准入特别管理措施（负面清单）（2024年版）》。

④ 《广播电视管理条例》（2020年修正）第10条第2款规定："国家禁止设立外商投资的广播电台、电视台。"

（7）文物拍卖的拍卖公司、文物商店①和国有文物博物馆。

（8）文艺表演团体②。

（9）互联网新闻信息服务③、网络出版服务④、网络视听节目服务、互联网文化经营（音乐除外）、互联网公众发布信息服务（上述服务中，中国入世承诺中已开放的内容除外）。

（二）机构和业务准入

在通常情况下，文化领域的外商投资的机构和业务准入要求主要如下：

1. 外商投资营业性演出经纪机构、演出场所经营单位

就外商投资营业性演出经纪机构、演出场所经营单位而言，《营业性演出管理条例》《营业性演出管理条例实施细则》对外国投资者单独或者与其他投资者共同（采取中外合资、合作或独资的方式）在中国境内设立演出经纪机构、演出场所经营单位的条件、审批等事项作出了规定。⑤

在审批权限方面，外商投资的演出经纪机构申请从事营业性演出经营活动、外商投资的演出场所经营单位申请从事演出场所经营活动，采取"先照后证"

---

① 《文物保护法》（2017年修正）第55条第3款规定："禁止设立中外合资、中外合作和外商独资的文物商店或者经营文物拍卖的拍卖企业。"

② 《营业性演出管理条例》（2020年修正）第10条第1款规定："外国投资者可以依法在中国境内设立演出经纪机构、演出场所经营单位；不得设立文艺表演团体"、第11条第2款规定："台湾地区的投资者可以在大陆投资设立演出经纪机构、演出场所经营单位，不得设立文艺表演团体"。不过，该条例第11条第1款也规定："香港特别行政区、澳门特别行政区的投资者可以在内地投资设立……由内地方控股的文艺表演团体"；《国务院关于深化北京市新一轮服务业扩大开放综合试点建设国家服务业扩大开放综合示范区工作方案的批复》（国函〔2020〕123号）也规定"在通州文化旅游区，鼓励举办国际性文娱演出、艺术品和体育用品展会（交易会），允许外商投资文艺表演团体（须由中方控股），优化营业性演出许可审批。" 2020年9月14日的《文化和旅游部关于深化"放管服"改革促进演出市场繁荣发展的通知》（文旅市场发〔2020〕62号）也规定："允许在自由贸易试验区设立中方控股的外资文艺表演团体，申请材料报自由贸易试验区所在地省级文化和旅游行政部门。文化和旅游行政部门依据《营业性演出管理条例》等有关规定审批。"

③ 《互联网新闻信息服务管理规定》第7条第1款规定："任何组织不得设立中外合资经营、中外合作经营和外资经营的互联网新闻信息服务单位。"

④ 《网络出版服务管理规定》第10条第1款规定："中外合资经营、中外合作经营和外资经营的单位不得从事网络出版服务。"

⑤ 《营业性演出管理条例》（2020年修正）第10条。2020年9月14日的《文化和旅游部关于深化"放管服"改革促进演出市场繁荣发展的通知》（文旅市场发〔2020〕62号）允许在全国范围内设立外商独资演出经纪机构、演出场所经营单位，申请材料报文化和旅游部。

的工商登记后置审批模式①，均由国务院文化主管部门审批并颁发营业性演出许可证。②

值得注意的是，国家对港澳台投资者在内地/大陆投资营业性演出经纪机构、演出场所经营单位作出了特别安排：

一是香港特别行政区、澳门特别行政区的投资者可以在内地投资设立演出经纪机构、演出场所经营单位以及由内地方控股的文艺表演团体；香港特别行政区、澳门特别行政区的演出经纪机构可以在内地设立分支机构。③ 台湾地区的投资者可以在大陆投资设立演出经纪机构、演出场所经营单位，但不得设立文艺表演团体。④

二是在审批权限方面，港澳台投资者在内地/大陆投资的营业性演出经纪机构申请从事营业性演出经营活动、港澳台投资者在内地/大陆投资的演出场所经营单位申请从事演出场所经营活动，采取"先照后证"的工商登记后置审批模式⑤，均由省级文化主管部门审批并颁发营业性演出许可证。⑥

2. 外商投资娱乐场所

就外商投资娱乐场所而言，《娱乐场所管理条例》对外国投资者单独或者与其他投资者共同（采取中外合资、合作或独资的方式）在中国境内设立歌舞娱乐场所、游艺娱乐场所的条件、审批事项作出了规定。⑦ 其中，外商投资的娱乐场所申请从事娱乐场所经营活动，采取"先照后证"的工商登记后置审批模式⑧，由所在地省级文化主管部门审批并颁发娱乐经营许可证。⑨

3. 外商投资互联网文化经营单位

现阶段，禁止外国投资者投资设立和经营互联网文化经营机构⑩，仅允许香

---

① 《国务院关于取消和调整一批行政审批项目等事项的决定》（国发〔2014〕27号）附件3《国务院决定改为后置审批的工商登记前置审批事项目录》第12项、第13项。
② 《营业性演出管理条例》（2020年修正）第10条第2款。
③ 《营业性演出管理条例》（2020年修正）第11条第1款。
④ 《营业性演出管理条例》（2020年修正）第11条第2款。
⑤ 《国务院关于取消和调整一批行政审批项目等事项的决定》（国发〔2014〕27号）附件3《国务院决定改为后置审批的工商登记前置审批事项目录》第14项至第17项。
⑥ 《营业性演出管理条例》（2020年修正）第11条第3款。
⑦ 《娱乐场所管理条例》（2020年修正）第2条、第6条。
⑧ 《国务院关于取消和调整一批行政审批项目等事项的决定》（国发〔2014〕27号）附件3《国务院决定改为后置审批的工商登记前置审批事项目录》第19项。
⑨ 《娱乐场所管理条例》（2020年修正）第9条、第11条。
⑩ 网络音乐除外。

港及澳门服务提供者在内地设立内地方控股或占主导权益的互联网文化经营单位。① 香港及澳门服务提供者申请在内地设立内地方控股或占主导权益的互联网文化经营单位，采取"先照后证"的工商登记后置审批模式②，由省级文化主管部门审批并核发《网络文化经营许可证》。③

4. 外商投资互联网上网服务营业场所

现阶段，允许外国投资者单独或者与其他投资者共同（采取中外合资、合作或独资的方式）在境内投资设立和经营互联网上网服务营业场所。④ 外商投资互联网上网服务营业场所，按照内外资一致的原则，采取"先照后证"的工商登记后置审批模式⑤，由县级以上文化主管部门审批并核发《网络文化经营许可证》。⑥

5. 外商投资印刷企业

现阶段，国家允许外国投资者与中国投资者共同投资设立从事出版物印刷经营活动的企业，允许设立从事包装装潢印刷品和其他印刷品印刷经营活动的外商

---

① 《文化部、国家广播电影电视总局、新闻出版署、国家发展和改革委员会、商务部关于文化领域引进外资的若干意见》（文办发〔2005〕19号）第3条、第4条，文化和旅游部《申请从事互经营性互联网文化活动办事指南》（适用于省级行政区域内从事经营性互联网文化活动的申请和办理）（https：//ccm.mct.gov.cn/ccnt/sczr/toDetail? newsId=11，最后访问日期：2024年3月2日）。

② 《国务院关于取消和调整一批行政审批项目等事项的决定》（国发〔2014〕50号）附件4《国务院决定调整或明确为后置审批的工商登记前置审批事项目录（共计82项）》第22项。

③ 《国务院关于第五批取消和下放管理层级行政审批项目的决定》（国发〔2010〕21号）附件2《国务院决定下放管理层级的行政审批项目目录（71项）》、文化和旅游部《申请从事互经营性互联网文化活动办事指南》（适用于省级行政区域内从事经营性互联网文化活动的申请和办理）（https：//ccm.mct.gov.cn/ccnt/sczr/toDetail? newsId=11，最后访问日期：2024年3月2日）、《文化部关于落实"先照后证"改进文化市场行政审批工作的通知》（文市发〔2015〕627号）。

④ 《文化部、国家广播电影电视总局、新闻出版署、国家发展和改革委员会、商务部关于文化领域引进外资的若干意见》（文办发〔2005〕19号）第4条曾禁止外商投资设立和经营互联网上网服务营业场所（港澳除外），直到《外商投资产业指导目录（2017年修订）》（已废止）还将"互联网上网服务营业场所"列入了禁止外商投资产业目录。但2018年版外商投资准入负面清单取消了禁止外商投资互联网上网服务营业场所的规定。

⑤ 《国务院关于取消和调整一批行政审批项目等事项的决定》（国发〔2014〕27号）附件3《国务院决定改为后置审批的工商登记前置审批事项目录》第22项、《国务院关于取消和调整一批行政审批项目等事项的决定》（国发〔2014〕50号）附件4《国务院决定调整或明确为后置审批的工商登记前置审批事项目录（共计82项）》第23项。

⑥ 《互联网上网服务营业场所管理条例》第10条、第11条。

投资企业（包括外国投资者单独设立的外商投资企业）。① 设立上述外商投资印刷企业，按照内外资一致的原则，采取"先照后证"的工商登记后置审批模式②，其中外国投资者与中国投资者共同投资设立的外商投资企业申请从事出版物印刷经营活动，由所在地省级出版主管部门审批③；外商投资企业申请从事包装装潢印刷品和其他印刷品印刷经营活动，由所在地设区的市级出版主管部门审批④。⑤

6. 外商投资出版物发行企业

现阶段，国家对出版物批发、零售依法实行许可制度，从事出版物批发、零售活动的单位和个人凭出版物经营许可证开展出版物批发、零售活动⑥；国家允许设立从事图书、报纸、期刊、电子出版物发行业务⑦的外商投资企业（包括外国投资者单独或者与其他投资者共同在中国境内设立的外商投资企业）。⑧ 设立外商投资出版物发行企业或者外商投资企业从事出版物发行业务，按照内外资一致的原则，采取"先照后证"的工商登记后置审批模式⑨；其中，申请从事出版物批发业务的，由省级出版主管部门审核许可并颁发《出版物经营许可证》，申

---

① 《印刷业管理条例》（2024年修正）第14条、《设立外商投资印刷企业暂行规定》第3条、《文化部、国家广播电影电视总局、新闻出版署、国家发展和改革委员会、商务部关于文化领域引进外资的若干意见》（文办发〔2005〕19号）第1条。

② 《国务院关于进一步削减工商登记前置审批事项的决定》（国发〔2017〕32号）。

③ 《印刷业管理条例》（2024年修订）第10条第1款、《文化部、国家广播电影电视总局、新闻出版署、国家发展和改革委员会、商务部关于文化领域引进外资的若干意见》（文办发〔2005〕19号）第9条、《国务院关于在全国推开"证照分离"改革的通知》（国发〔2018〕35号）附件《第一批全国推开"证照分离"改革的具体事项表》第51项。

④ 《印刷业管理条例》（2024年修订）第10条第2款。

⑤ 需要注意的是，国家拟将《设立外商投资印刷企业暂行规定》《关于〈设立外商投资印刷企业暂行规定〉的补充规定》和《关于〈设立外商投资印刷企业暂行规定〉的补充规定（二）》中涉及外商投资印刷企业的资格条件与《印刷业经营者资格条件暂行规定》中的资格条件进行整合，形成适用于内外资统一的印刷经营者资格条件，并将相关法规修订为统一的《印刷经营者资格条件规定》、废止《设立外商投资印刷企业暂行规定》及其系列补充规定。见董伊薇在"2017全国印刷复制培训班"第二日的培训授课中作的《关于〈印刷业经营者资格条件暂行规定〉〈设立外商投资印刷企业暂行规定〉的修订说明》（https：//www.sohu.com/a/160533966_743959，最后访问日期：2024年3月2日）。

⑥ 《出版管理条例》（2024年修正）第35条、第36条，《出版物市场管理规定》第3条。

⑦ 发行包括批发、零售以及出租、展销等活动，其中，批发是指供货商向其他出版物经营者销售出版物，零售是指经营者直接向消费者销售出版物，出租是指经营者以收取租金的形式向消费者提供出版物，展销是指主办者在一定场所、时间内组织出版物经营者集中展览、销售、订购出版物（见《出版物市场管理规定》第2条）。

⑧ 《出版管理条例》（2024年修正）第39条。

⑨ 《出版物市场管理规定》第7条、第9条、第14条。

请从事出版物零售业务的，由县级出版主管部门审核许可并颁发《出版物经营许可证》。[1]

7. 外商投资电影院

现阶段，国家允许外国投资者设立中外合资、合作企业，新建、改造电影院，从事电影放映业务。[2]《外商投资电影院暂行规定》对外商投资电影院的条件等事项作出了规定。外商投资电影院采取"先照后证"的工商登记后置审批模式，由省级电影行政部门审批并颁发《电影放映经营许可证》。[3]

值得注意的是，国家对港澳投资者在内地投资电影院作出了特别安排，即允许香港和澳门的服务提供者在内地以独资形式新建、改建电影院。[4]

8. 外商投资光盘生产企业、光盘复制企业

现阶段，国家允许设立外商投资可录类光盘[5]生产单位，允许设立中外合资经营、中外合作经营只读类光盘和磁带磁盘复制单位（但中方必须控股或占主导地位），禁止设立外商独资只读类光盘和磁带磁盘复制单位。[6]

其中，外商投资光盘生产企业采取"先照后证"的工商登记后置审批模式[7]，由省级出版主管部门审批并颁发复制经营许可证[8]；外商投资只读类光盘复制单位和磁带磁盘复制单位采取"先证后照"的工商登记前置审批模式[9]，外商投资

---

[1] 《出版管理条例》（2024年修正）第35条。
[2] 《电影管理条例》第41条第2款、《外商投资电影院暂行规定》（2015年修订）第2条。
[3] 《外商投资电影院暂行规定》（2015年修订）第6条、《国务院关于在全国推开"证照分离"改革的通知》（国发〔2018〕35号）附件《第一批全国推开"证照分离"改革的具体事项表》第5项。
[4] 《文化部、国家广播电影电视总局、新闻出版署、国家发展和改革委员会、商务部关于文化领域引进外资的若干意见》（文办发〔2005〕19号）第3条。
[5] 光盘包括只读类光盘和可录类光盘。其中，只读类光盘是指存储有内容的光盘；可录类光盘是指空白光盘〔见《复制管理办法》（2015年修订）第2条第2款〕。
[6] 《复制管理办法》（2015年修订）第12条。
[7] 《国务院关于取消和调整一批行政审批项目等事项的决定》（国发〔2014〕50号）附件4《国务院决定调整或明确为后置审批的工商登记前置审批事项目录》第37项将设立可录光盘生产企业审批改为后置审批。
[8] 《复制管理办法》（2015年修订）第11条第2款、《国务院关于第三批取消和调整行政审批项目的决定》（国发〔2004〕16号）附件3《国务院决定下放管理层级的行政审批项目目录》第22项（将设立可录光盘生产企业审批下放至省、自治区、直辖市出版行政主管部门）。
[9] 见《复制管理办法》（2015年修订）第8条、第11条、第13条。值得注意的是，《国务院关于取消和调整一批行政审批项目等事项的决定》（国发〔2014〕50号）附件4《国务院决定调整或明确为后置审批的工商登记前置审批事项目录》第37项将设立可录光盘生产企业审批改为后置审批，没有提及将设立只读类光盘复制单位的审批改为后置审批。

只读类光盘复制单位由国务院出版主管部门审批并颁发复制经营许可证①，外商投资磁带磁盘复制单位由省级出版主管部门审批并颁发复制经营许可证②。

9. 外商投资艺术品经营企业

现阶段，国家允许外商以独资或合资、合作的方式设立艺术品经营企业。③国家对设立外商投资艺术品经营企业和外商投资企业增设艺术品经营业务实行备案管理，按照内外资一致的原则，在企业登记之后到住所地县级以上文化主管部门备案。④

其中，"艺术品"是指绘画作品、书法篆刻作品、雕塑雕刻作品、艺术摄影作品、装置艺术作品、工艺美术作品等及上述作品的有限复制品，但不包括文物；艺术品经营活动包括：（1）收购、销售、租赁；（2）经纪；（3）进出口经营；（4）鉴定、评估、商业性展览等服务；（5）以艺术品为标的物的投资经营活动及服务。⑤

10. 外商投资电影制片公司

在历史上，国家曾经允许设立中外合资、中外合作的电影制片公司。对此，2004年的《电影企业经营资格准入暂行规定》对设立中外合资、中外合作的电影制片公司的申报条件、程序等事项作出了规定，设立中外合资、中外合作的电影制片公司的审批权限在国务院电影主管部门；⑥ 2004年修订的《外商投资产业指导目录》还将"电影制作（中方控股）"列为限制外商投资目录。不过，从2005年开始直至现阶段，国家都禁止外商投资电影制作公司。⑦

需要注意的是，《国务院关于取消一批行政许可事项的决定》（国发〔2017〕

---

① 见《复制管理办法》（2015年修订）第11条第1款。值得注意的是，《国务院关于第三批取消和调整行政审批项目的决定》（国发〔2004〕16号）附件3《国务院决定下放管理层级的行政审批项目目录》第22项将设立可录光盘生产企业审批下放至省、自治区、直辖市出版行政主管部门，没有提及将设立只读类光盘复制单位审批下放至省、自治区、直辖市出版行政主管部门。
② 见《复制管理办法》（2015年修订）第11条第2款。
③ 《文化部、国家广播电影电视总局、新闻出版署、国家发展和改革委员会、商务部关于文化领域引进外资的若干意见》（文办发〔2005〕19号）第1条。
④ 《艺术品经营管理办法》第5条。
⑤ 《艺术品经营管理办法》第2条。
⑥ 《电影企业经营资格准入暂行规定》（2015年修正）第6条。
⑦ 《外商投资准入特别管理措施（负面清单）（2024年版）》第27项规定："禁止投资电影制作公司、发行公司、院线公司以及电影引进业务"；《文化部、国家广播电影电视总局、新闻出版署、国家发展和改革委员会、商务部关于文化领域引进外资的若干意见》（文办发〔2005〕19号）第4条规定："禁止外商投资设立和经营……电影制作公司……电影进口和发行及录像放映公司。"

46号）取消了"电影制片单位设立、变更、终止审批"，并要求新闻出版广电总局在取消上述审批后督促地方新闻出版广电行政部门通过以下措施加强事中事后监管：（1）从管企业改为重点管电影内容，加强完善电影内容的审查制度。未经审查和审查不合格的电影，不准发行、放映，严把电影内容审查关；（2）强化市场监管措施，加大对电影内容的抽查力度；（3）建立信用体系，实行"黑名单"制度，加强社会监督，对违法违规行为加大处罚力度。[①]

11. 外商投资电影技术公司

现阶段，国家允许设立中外合资、中外合作的电影技术公司，改造电影制片、放映基础设施和技术设备。[②]《电影企业经营资格准入暂行规定》对设立中外合资、中外合作的电影技术公司的条件等事项作出了规定。设立中外合资、中外合作的电影技术公司的审批权限在国务院电影主管部门。[③]

（三）特别安排

同样地，在文化领域的外商投资准入方面，也存在自由贸易试验区、CEPA、ECFA等特别安排。

对此，《外商投资准入特别管理措施（负面清单）（2024年版）说明》第9条规定："《内地与香港关于建立更紧密经贸关系的安排》及其后续协议、《内地与澳门关于建立更紧密经贸关系的安排》及其后续协议、《海峡两岸经济合作框架协议》及其后续协议、我国缔结或者参加的国际条约、协定对境外投资者准入待遇有更优惠规定的，可以按照相关规定执行。在自由贸易试验区等特殊经济区域对符合条件的投资者实施更优惠开放措施的，按照相关规定执行。"实务中应当予以关注。

比如，针对外商投资电影发行公司，《〈电影企业经营资格准入暂行规定〉的补充规定》（2015年修正）规定："自2005年1月1日起，允许香港、澳门服务提供者经内地主管部门批准后，在内地试点设立独资公司发行国产电影片。"

此外，国家还在其他特定区域进行相应的试点工作，对外商投资文化领域作出了特别的安排。

[①] 《国务院关于取消一批行政许可事项的决定》（国发〔2017〕46号）附件2《国务院决定取消的中央指定地方实施的行政许可事项目录》第6项。

[②] 《电影企业经营资格准入暂行规定》（2015年修正）第9条。

[③] 《电影企业经营资格准入暂行规定》（2015年修正）第6条。《国务院关于取消和调整一批行政审批项目等事项的决定》（国发〔2015〕11号）改为后置审批（内资电影制片单位设立审批）。

比如，《国务院关于全面推进北京市服务业扩大开放综合试点工作方案的批复》（国函〔2019〕16号）、《国务院关于深化北京市新一轮服务业扩大开放综合试点建设国家服务业扩大开放综合示范区工作方案的批复》（国函〔2020〕123号）等规定了以下全面推进北京市服务业扩大开放综合试点开放措施：

（1）选择文化娱乐业聚集的特定区域，允许外商投资设立娱乐场所，不设投资比例限制。

（2）选择文化娱乐业聚集的特定区域，允许外商投资设立演出场所经营单位，不设投资比例限制。

（3）选择文化娱乐业聚集的特定区域，允许设立外商独资演出经纪机构，并在全国范围内提供服务。

（4）允许外商投资音像制品制作业务（限于在北京国家音乐产业基地、中国北京出版创意产业园区、北京国家数字出版基地内开展合作，中方应掌握经营主导权和内容终审权）。

（5）在通州文化旅游区，允许外商投资文艺表演团体（须由中方控股）。

六、负面清单豁免之一：国务院特批

值得注意的是，针对特定的外商投资，在取得国务院特别批准的情况下，可以不适用外商投资准入负面清单的规定。

对此，《外商投资准入特别管理措施（负面清单）（2024年版）说明》第5条明确规定："经国务院有关主管部门审核并报国务院批准，特定外商投资可以不适用《外商投资准入负面清单》中相关领域的规定。"此即"负面清单豁免规定"[①]，也可称为"国务院特批豁免条款"。

（一）国务院特批豁免条款的理解和适用

国务院特批豁免条款的适用，需要注意以下几点：

一是相关投资在性质上属于外商投资，应当遵守《外商投资法》的要求。如果相关投资不属于外商投资，就没有必要适用该条款了。

二是相关投资涉及外商投资准入负面清单规定的领域（既可以是负面清单规定禁止外商投资的领域，也可以是负面清单规定限制外商投资的领域）。如果不

[①] 《推进更高水平对外开放 以开放促改革促发展——国家发展改革委有关负责人就2020年版外商投资准入负面清单答记者问》。

涉及负面清单规定的领域，则直接按照内外资一致的原则进行管理，无须适用该条款。

三是该条款的适用须以申请人提出豁免申请为前提，监管机构不应依职权给予豁免。

四是该条款的适用必须先由国务院有关主管部门进行审核，经国务院有关主管部门审核同意之后再报国务院批准；未经国务院批准，原则上不得对任何外商投资豁免适用外商投资准入负面清单的规定［按照《外商投资准入特别管理措施（负面清单）（2024年版）说明》第6条豁免的除外］。

五是该条款仅适用于豁免适用外商投资准入负面清单的规定，不适用于豁免适用《外商投资法》的其他规定，比如有关外商投资国家安全审查、外商投资信息报告等规定。

六是即使是外商投资准入负面清单规定的禁止外商投资的领域，如果能够取得国务院的批准，外国投资者也是可以进行投资的。[1]

七是即使是外商投资准入负面清单规定的限制外商投资的领域，如果能够取得国务院的批准，外国投资者也是可以在不符合负面清单规定的条件的情况下进行投资。[2]

八是该条款作为例外条款，仅适用于极少数的特定的外商投资，应当审慎适用，严格控制其适用范围，不应广泛适用、更不得滥用。

《外商投资准入特别管理措施（负面清单）（2024年版）说明》第5条的规定直接来源于司法部2019年11月1日公布的《中华人民共和国外商投资法实施条例（征求意见稿）》第35条。[3]

---

[1] 当然，严格来讲，在《外商投资法》和其他法律没有规定例外的情况下，这是不符《外商投资法》第28条第1款关于"外商投资准入负面清单规定禁止投资的领域，外国投资者不得投资"的规定的。

[2] 当然，严格来讲，在《外商投资法》和其他法律没有规定例外的情况下，这是不符《外商投资法》第28条第2款关于"外商投资准入负面清单规定限制投资的领域，外国投资者进行投资应当符合负面清单规定的条件"的规定的。

[3] 值得一提的是，针对应当如何处理已有协议控制安排的问题，商务部在2015年1月19日公布的《关于〈中华人民共和国外国投资法（草案征求意见稿）〉的说明》（http://images.mofcom.gov.cn/tfs/201501/20150119165527079.docx，最后访问日期：2024年3月28日，下同）中曾提及理论界和实务界的三种观点，其中第二种观点是"实施协议控制的外国投资企业，应当向国务院外国投资主管部门申请认定其受中国投资者实际控制；在国务院外国投资主管部门认定其受中国投资者实际控制后，可继续保留协议控制结构，相关主体可继续开展经营活动"，第三种观点是"实施协议控制的外国投资企业，应当向国务院外国投资主管部门申请准入许可，国务院外国投资主管部门会同有关部门综合考虑外国投资企业的实际控制人等因素作出决定"。从这两种观点中都能找到国务院特批豁免条款的影子。

该征求意见稿第 35 条第 1 款规定："中国的自然人、法人或者其他组织在中国境外设立的全资企业在中国境内投资的,经国务院有关主管部门审核并报国务院批准,可以不受外商投资准入负面清单规定的有关准入特别管理措施的限制",第 2 款规定："前款所称法人或者其他组织,不包括外商投资企业。"

尽管《中华人民共和国外商投资法实施条例（征求意见稿）》第 35 条的上述内容没有被纳入正式通过的《外商投资法实施条例》,但是,由于《外商投资准入特别管理措施（负面清单）（2024 年版）》是"经党中央、国务院同意"发布的,因此,《外商投资准入特别管理措施（负面清单）（2024 年版）说明》第 5 条规定的国务院特批豁免条款就事实上具有了《外商投资法实施条例》那样的法律效力。

国务院特批豁免条款与《外商投资法实施条例（征求意见稿）》比较表

	《外商投资准入特别管理措施（负面清单）（2024 年版）说明》	《外商投资法实施条例（征求意见稿）》第 35 条
特批程序	经国务院有关主管部门审核并报国务院批准	
适用对象	特定外商投资	中国的自然人、中国的外商投资企业以外的法人或者其他组织在中国境外设立的全资企业在中国境内投资
豁免事项	不适用《外商投资准入负面清单》中相关领域的规定	不适用外商投资准入负面清单规定的有关准入特别管理措施

通过上表可以发现,总体而言,《外商投资准入特别管理措施（负面清单）（2024 年版）说明》第 5 条规定的国务院特批豁免条款一方面吸收了《外商投资法实施条例（征求意见稿）》第 35 条的精神,另一方面也扩大了相应的适用范围和豁免事项。具体如下:

一是在特批豁免的要求方面,《外商投资准入特别管理措施（负面清单）（2024 年版）说明》第 5 条规定的国务院特批豁免条款,完全保留了《外商投资法实施条例（征求意见稿）》第 35 条第 1 款中的"经国务院有关主管部门审核并报国务院批准",吸收了《外商投资法实施条例（征求意见稿）》第 35 条的基本精神。

二是在特批豁免的适用对象方面,《外商投资准入特别管理措施（负面清单）（2024年版）说明》第5条规定的国务院特批豁免条款将《外商投资法实施条例（征求意见稿）》第35条中的"中国的自然人、法人或者其他组织在中国境外设立的全资企业在中国境内投资"模糊化为"特定的外商投资"，事实上扩大了其适用范围。

应该说，从文义看，《外商投资准入特别管理措施（负面清单）（2024年版）说明》第5条规定的国务院特批豁免条款的适用范围要比《外商投资法实施条例（征求意见稿）》第35条的适用范围更广，因为"特定的外商投资"不仅限于"中国的自然人、中国的外商投资企业以外的法人或者其他组织在中国境外设立的全资企业在中国境内投资"，还包括了由外国的自然人、企业或其他组织直接或通过其境外设立的企业在中国境内的投资，也包括了中国的外商投资企业在中国境外设立的全资企业在中国境内的投资。当然，实务中，《外商投资准入特别管理措施（负面清单）（2024年版）说明》第5条规定的国务院特批豁免条款是否只适用于"中国的自然人、中国的外商投资企业以外的法人或者其他组织在中国境外设立的全资企业在中国境内投资"，有待观察。

三是在特批豁免的内容方面，《外商投资准入特别管理措施（负面清单）（2024年版）说明》第5条规定的国务院特批豁免条款，将《外商投资法实施条例（征求意见稿）》第35条中的"可以不受外商投资准入负面清单规定的有关准入特别管理措施的限制"，修改为"可以不适用《外商投资准入负面清单》中相关领域的规定"，扩大了可以豁免的事项。

从文义看，《外商投资法实施条例（征求意见稿）》第35条第1款所说的"外商投资准入负面清单规定的有关准入特别管理措施"指向的是外商投资准入负面清单针对其规定的限制投资的领域规定的股权要求、高级管理人员要求等限制性准入特别管理措施，不涉及外商投资准入负面清单规定禁止投资的领域；而《外商投资准入特别管理措施（负面清单）（2024年版）说明》第5条所说的"《外商投资准入负面清单》中相关领域的规定"则既包括了外商投资准入负面清单针对其规定的限制投资的领域规定的股权要求、高级管理人员要求等限制性准入特别管理措施，也包括了外商投资准入负面清单关于禁止投资领域的规定。据此，《外商投资准入特别管理措施（负面清单）（2024年版）说明》第5条规定的国务院特批豁免条款意味着，如果只要能取得国务院的批准，特定的外商投资不仅可以豁免适用外商投资准入负面清单规定的有关准入特别管理措施，甚至还可以豁免适用外商投资准入负面清单规定的禁止措施。

此外，针对特定领域的境内企业到境外上市，在取得国务院有关主管部门的批准的情况下，可以不适用外商投资准入负面清单的禁止性规定。

对此，《外商投资准入特别管理措施（负面清单）（2024年版）说明》第6条明确规定："从事《外商投资准入负面清单》禁止投资领域业务的境内企业到境外发行股份并上市交易的，应当经国家有关主管部门审核同意，境外投资者不得参与企业经营管理，其持股比例参照境外投资者境内证券投资管理有关规定执行。"

（二）境内企业赴境外上市负面清单豁免条款的理解和适用

境内企业赴境外上市负面清单豁免条款的适用，需要注意以下几点：

一是境内企业赴境外上市在性质上属于外商投资的一种方式，应当遵守《外商投资法》的要求。如果境内企业赴境外上市不属于外商投资，就没有必要适用该条款了。该规定是在承认"境内企业到境外发行股份并上市，属于外商投资的一种方式"的基础上，作出的豁免性规定，允许该种外商投资在"经国家有关主管部门审核同意"的前提下不适用外商投资准入负面清单的禁止性规定。这为从事负面清单禁止投资领域业务的境内企业到境外上市提供了政策空间，是提高外资准入负面清单管理精准度、包容性的一项具体举措。[1]

其中，该条款中的"境内企业"包括"境外直接发行上市的境内股份有限公司"和"间接境外发行上市主体的境内运营实体"[2]，主要是指内资企业，不包括外商投资企业，因为根据《外商投资法》第28条第1款关于"外商投资准入负面清单规定禁止投资的领域，外国投资者不得投资"的规定，外商投资企业不得"从事《外商投资准入负面清单》禁止投资领域业务"。但是，在外商投资

---

[1]《扩大高水平对外开放 推动经济高质量发展——国家发展改革委有关负责人就2021年版外商投资准入负面清单答记者问》。

[2]《境内企业境外发行证券和上市管理试行办法》（证监会公告〔2023〕43号）第2条规定："境内企业直接境外发行上市，是指在境内登记设立的股份有限公司境外发行上市。境内企业间接境外发行上市，是指主要经营活动在境内的企业，以在境外注册的企业的名义，基于境内企业的股权、资产、收益或其他类似权益境外发行上市……"《关于加强境内企业境外发行证券和上市相关保密和档案管理工作的规定》（证监会、财政部、国家保密局、国家档案局公告〔2023〕44号）第2条规定："境内企业境外发行上市活动中，境内企业以及提供相应服务的证券公司、证券服务机构应当严格遵守中华人民共和国相关法律法规以及本规定的要求，增强保守国家秘密和加强档案管理的法律意识，建立健全保密和档案工作制度，采取必要措施落实保密和档案管理责任，不得泄露国家秘密和国家机关工作秘密，不得损害国家和公共利益。前款所称境内企业包括直接境外发行上市的境内股份有限公司和间接境外发行上市主体的境内运营实体……"

企业按照《外商投资准入特别管理措施（负面清单）（2024年版）说明》第5条关于"经国务院有关主管部门审核并报国务院批准，特定外商投资可以不适用《外商投资准入负面清单》中相关领域的规定"的规定经国务院特批豁免适用外商投资准入负面清单禁止性规定而得以从事外商投资准入负面清单禁止投资领域业务的情况下，该外商投资企业也属于该条款所说的"境内企业"。

此外，该条款中的"应当经国家有关主管部门审核同意"系指由国家有关主管部门审核同意"境内企业赴境外上市这一外商投资不适用负面清单禁止性规定"，而不是指审核同意"境内企业赴境外上市"的活动本身（"境内企业赴境外上市"这一行为本身无须"经国家有关主管部门审核同意"[①]），其中的"国家有关主管部门"指的是相关行业或相关领域的主管部门，通常不是指中国证监会（当然，证券期货业的主管部门即中国证监会）。

需要注意的是，该条款中的"境内企业到境外发行股份并上市交易"，既包括境内企业直接到境外发行股份并上市，也包括境内企业间接到境外发行股份并上市。[②]

二是赴境外上市的境内企业从事了《外商投资准入负面清单》禁止投资领域业务。如果不涉及《外商投资准入负面清单》禁止投资领域业务，即使从事了《外商投资准入负面清单》限制投资领域业务，也不适用该条款。

三是该条款的适用也须以申请人提出豁免申请为前提，监管机构不应依职权给予豁免。在具体程序上，境内企业境外发行上市监管由证监会牵头；境内企业向证监会提交境外上市申请材料后，如涉及外资准入负面清单禁止领域等事项，证监会将征求行业或相关领域主管部门的意见，依规推进相关监管程序。[③]

四是该条款仅适用于豁免适用外商投资准入负面清单中的禁止性规定，不适用于豁免适用《外商投资法》的其他规定，比如有关外商投资国家安全审查、

[①] 境内企业境外发行上市须向国务院证券监督管理机构履行备案程序。对此，《境内企业境外发行证券和上市管理试行办法》第14条规定："境内企业直接境外发行上市的，由发行人向中国证监会备案。境内企业间接境外发行上市的，发行人应当指定一家主要境内运营实体为境内责任人，向中国证监会备案。"

[②] 根据《境内企业境外发行证券和上市管理试行办法》第1条、第2条、第14条，不论是"境内企业境外直接发行上市"还是"境内企业境外间接发行上市"，均属于境内企业境外发行上市，均须向国务院证券监督管理机构履行备案程序。

[③] 《扩大高水平对外开放 推动经济高质量发展——国家发展改革委有关负责人就2021年版外商投资准入负面清单答记者问》。

外商投资信息报告等规定，也不适用于豁免适用外商投资准入负面清单中的限制性规定。

五是该条款的适用还须同时满足"境外投资者不得参与企业经营管理"和"境外投资者的持股比例参照境外投资者境内证券投资管理有关规定执行"这两个条件。

其中，"境外投资者境内证券投资管理有关规定"，系指境外投资者通过合格境外机构投资者（QFII）、人民币合格境外机构投资者（RQFII）、股票市场互联互通机制等投资境内证券市场相关规定，主要是指《合格境外机构投资者和人民币合格境外机构投资者境内证券期货投资管理办法》和《关于实施〈合格境外机构投资者和人民币合格境外机构投资者境内证券期货投资管理办法〉有关问题的规定》（证监会公告〔2020〕63号）；"境外投资者的持股比例参照境外投资者境内证券投资管理有关规定执行"主要是指《关于实施〈合格境外机构投资者和人民币合格境外机构投资者境内证券期货投资管理办法〉有关问题的规定》（证监会公告〔2020〕63号）第7条的规定："合格境外投资者及其他境外投资者的境内证券投资，应当遵循下列持股比例限制：（一）单个合格境外投资者或其他境外投资者持有单个上市公司或者挂牌公司的股份，不得超过该公司股份总数的10%；（二）全部合格境外投资者及其他境外投资者持有单个公司A股或者境内挂牌股份的总和，不得超过该公司股份总数的30%。合格境外投资者及其他境外投资者依法对上市公司战略投资的，其战略投资的持股不受前款规定的比例限制。境内有关法律、行政法规、产业政策对合格境外投资者及其他境外投资者的持股比例有更严格规定的，从其规定。"对于从事负面清单禁止领域业务的在境内外同时上市的企业，境外投资者持有同一企业的境内外上市股份合并计算。[1]

六是该条款作为例外条款，仅适用于极少数的特定的外商投资，应当审慎适用，严格控制其适用范围，不应广泛适用、更不得滥用。

（三）境内企业赴境外上市负面清单豁免条款与国务院特批豁免条款的比较

与国务院特批豁免相比，境内企业赴境外上市负面清单豁免条款有其特殊之处，二者对比如下：

---

[1] 《扩大高水平对外开放 推动经济高质量发展——国家发展改革委有关负责人就2021年版外商投资准入负面清单答记者问》。

第九章 | 外商投资的国民待遇与负面清单管理制度

境内企业赴境外上市负面清单豁免条款与国务院特批豁免条款比较表

	境内企业赴境外上市负面清单豁免条款	国务院特批豁免条款
适用对象	从事《外商投资准入负面清单》禁止投资领域业务的境内企业到境外发行股份并上市交易	特定外商投资
豁免程序	经国家有关主管部门审核同意	经国务院有关主管部门审核并报国务院批准
豁免事项	不适用《外商投资准入负面清单》中禁止性规定	不适用《外商投资准入负面清单》中相关领域的规定

通过上表可以发现，总体而言，《外商投资准入特别管理措施（负面清单）（2024年版）说明》规定的境内企业赴境外上市负面清单豁免条款与国务院特批豁免存在以下不同：

一是在豁免的适用对象方面，境内企业赴境外上市负面清单豁免条款仅适用"从事《外商投资准入负面清单》禁止投资领域业务的境内企业到境外发行股份并上市交易"这一特定的对象；而国务院特批豁免条款适用于"特定的外商投资"，这是一个比较宽泛的适用范围，因为"特定的外商投资"事实上可以包括任一方式的外商投资。

但是，在"特定的外商投资"即为"从事《外商投资准入负面清单》禁止投资领域业务的境内企业到境外发行股份并上市交易"的情况下，后者与前者的适用对象其实是相同的；在此情况下，适用境内企业赴境外上市负面清单豁免条款或适用国务院特批豁免条款均可。

二是在特批豁免的程序方面，适用国务院特批豁免条款须先"经国务院有关主管部门审核"后"报国务院批准"；而适用境内企业赴境外上市负面清单豁免条款则只需"经国家有关主管部门审核同意"，无须再"报国务院批准"。

三是在特批豁免的内容方面，境内企业赴境外上市负面清单豁免条款豁免的是"不适用外商投资准入负面清单中的禁止性规定"，未豁免外商投资准入负面清单中的限制性规定或《外商投资法》的其他规定；而国务院特批豁免条款豁免的则是"不适用《外商投资准入负面清单》中相关领域的规定"，既可以包括外商投资准入负面清单关于禁止投资领域的规定，也可以包括外商投资准入负面清单针对其规定的限制投资的领域规定的股权要求、高级管理人员要求等限制性准入特别管理措施。

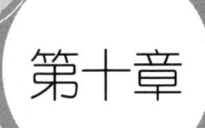

第十章 外商投资项目管理：核准与备案

外商投资项目管理是国家对外商投资实施监督管理的重要环节，也是很多外商投资项目顺利开展所必须首先面对的事项。本章接下来围绕外商投资项目的管理展开讨论。

一、关于外商投资项目管理的原则规定

针对外商投资项目的管理，《外商投资法》和《外商投资法实施条例》都只是作出了原则性的规定。

（一）并非所有的外商投资都需要办理项目核准或备案

《外商投资法》第 29 条规定："外商投资需要办理投资项目核准、备案的，按照国家有关规定执行。"《外商投资法实施条例》第 36 条则完全重述了前述规定的内容："外商投资需要办理投资项目核准、备案的，按照国家有关规定执行。"

《外商投资法》第 29 条所使用的"外商投资需要办理投资项目核准、备案的"的表述，表明并非所有的外商投资都需要办理投资项目核准或备案，只有"国家有关规定"要求办理投资项目核准或备案的外商投资，才需要办理相应的项目核准或备案手续。

对此，在 2004 年出台《外商投资项目核准暂行管理办法》时，针对服务贸易领域的外商投资是否也需要按照该办法的规定办理核准手续的问题，国家发改委有关负责人当时也答复："外商投资服务贸易领域分为两种情况。一是凡在服务贸易领域进行固定资产投资的外商投资行为，应按照《核准办法》规定由发展改革部门予以核准，再由有关主管部门依据相关法规办理企业设立等方面手续。二是外商在服务贸易领域不涉及固定资产投资的投资行为，可依据相关法规直接向有关业务主管部门申请办理外商投资企业设立及其他方面手续。"[1]

---

[1] 见《发改委就实施〈外商投资核准办法〉答记者问》（2004 年 11 月）（来源于 http://news.sina.com.cn/o/2004-11-29/19164382973s.shtml，最后访问日期：2024 年 3 月 2 日，下同）。

(二) 关于"国家有关规定"的理解

《外商投资法》第 29 条所说的"按照国家有关规定执行",具有两个层面的效果:一方面,对国家在《外商投资法》生效之前针对外商投资项目的核准、备案的管理已经作出的既有的规定作出了明确的承认,以确保外商投资项目管理政策的稳定和延续;另一方面,也明确授权国家在《外商投资法》生效之后、在必要时针对外商投资项目的核准、备案的管理作出新的规定,以适应经济社会的发展要求。

其中,《外商投资法》第 29 条所说的"国家有关规定",既包括"法律、行政法规以及国务院决定"和"国务院的规定",也包括国务院的其他文件以及国务院办公厅的文件中的规定,还包括国务院投资主管部门以及国务院相关行业主管部门制定的文件的规定[①]。

具体而言,现阶段,《外商投资法》第 29 条所说的"国家有关规定"主要包括:

(1)《国务院关于投资体制改革的决定》(国发〔2004〕20 号);

(2)《国务院关于发布政府核准的投资项目目录(2016 年本)的通知》(国发〔2016〕72 号);

(3)《企业投资项目核准和备案管理条例》;

(4)《外商投资项目核准和备案管理办法》;

(5)《企业投资项目事中事后监管办法》;

(6)《国务院关于加强固定资产投资项目资本金管理的通知》(国发〔2019〕26 号)、《国务院关于调整和完善固定资产投资项目资本金制度的通知》(国发〔2015〕51 号)等。[②]

[①] 对此,国家发改委《企业投资项目核准和备案管理办法》第 63 条规定:"省级政府和国务院行业管理部门,可以按照《企业投资项目核准和备案管理条例》和本办法的规定,制订具体实施办法。"

[②] 针对外商投资项目是否适用有关固定资产投资项目资本金制度的问题,《国务院关于固定资产投资项目试行资本金制度的通知》(国发〔1996 年〕35 号)曾经在规定"从 1996 年开始,对各种经营性投资项目,包括国有单位的基本建设、技术改造、房地产开发项目和集体投资项目,试行资本金制度,投资项目必须首先落实资本金才能进行建设。个体和私营企业的经营性投资项目参照本通知的规定执行"的同时,也规定了"外商投资项目(包括外商投资、中外合资、中外合作经营项目)按现行有关法规执行";此外,《国务院关于调整固定资产投资项目资本金比例的通知》(国发〔2009〕27 号)也规定了"外商投资项目按现行有关法规执行。"不过,《国务院关于加强固定资产投资项目资本金管理的通知》(国发〔2019〕26 号)则明确投资项目资本金制度的适用范围为:"该制度适用于我国境内的企业投资项目和政府投资的经营性项目",并且没有将外商投资项目排除在外,这就表明外商投资项目也应当适用有关固定资产投资项目资本金制度。

二、外商投资项目的界定

《外商投资法》和《外商投资法实施条例》都没有直接使用"外商投资项目"的表述，《指导外商投资方向规定》等国务院文件以及国家发改委《外商投资项目核准和备案管理办法》则直接使用了"外商投资项目"的概念。不过，这些法律法规都没有直接对"外商投资项目"作出明确的定义。

（一）外商投资项目的定义

总体而言，外商投资项目属于《外商投资法》第29条所说的"需要办理投资项目核准、备案的"外商投资。

基于以下理由，我倾向于认为，"外商投资项目"指的是外商投资的固定资产投资项目，如果不涉及固定资产投资，则不属于"外商投资项目"：

（1）针对"政府投资"，《政府投资条例》第2条规定："本条例所称政府投资，是指在中国境内使用预算安排的资金进行固定资产投资建设活动，包括新建、扩建、改建、技术改造等。"

（2）针对"企业投资项目"，《企业投资项目核准和备案管理条例》第2条规定了："本条例所称企业投资项目（以下简称项目），是指企业在中国境内投资建设的固定资产投资项目。"[①]

（3）针对企业投资建设的须经政府核准的固定资产投资项目，《国务院关于投资体制改革的决定》（国发〔2004〕20号）规定了："企业投资建设实行核准制的项目，仅需向政府提交项目申请报告，不再经过批准项目建议书、可行性研究报告和开工报告的程序。政府对企业提交的项目申请报告，主要从维护经济安全、合理开发利用资源、保护生态环境、优化重大布局、保障公共利益、防止出现垄断等方面进行核准。对于外商投资项目，政府还要从市场准入、资本项目管

---

① 与国家发改委在《企业投资项目核准和备案管理办法》第62条明确规定"外商投资项目和境外投资项目的核准和备案管理办法另行制定"之外还出台了《外商投资项目核准和备案管理办法》不同，《企业投资项目核准和备案管理条例》本身没有排除该条例对外商投资项目的适用，而只是在其第22条规定"事业单位、社会团体等非企业组织在中国境内投资建设的固定资产投资项目适用本条例，但通过预算安排的固定资产投资项目除外"，第23条规定"国防科技工业企业在中国境内投资建设的固定资产投资项目核准和备案管理办法，由国务院国防科技工业管理部门根据本条例的原则另行制定"；此外，《国务院关于实行市场准入负面清单制度的意见》（国发〔2015〕55号）更是明确规定："外商投资企业投资建设固定资产投资项目，按照国民待遇原则与内资企业适用相同的核准或备案程序"，因此，外商投资项目应当适用《企业投资项目核准和备案管理条例》。

理等方面进行核准",并且,国务院发布的政府核准的投资项目目录①中明确列入了"外商投资"。

(4)《国务院关于实行市场准入负面清单制度的意见》(国发〔2015〕55号)也规定了:"外商投资企业投资建设固定资产投资项目,按照国民待遇原则与内资企业适用相同的核准或备案程序。"

(5)针对外资并购涉及新增固定资产投资的情形,《国务院办公厅关于建立外国投资者并购境内企业安全审查制度的通知》(国办发〔2011〕6号)规定了:"外国投资者并购境内企业涉及新增固定资产投资的,按国家固定资产投资管理规定办理项目核准。"

(6)针对外商投资准入负面清单内的外商投资项目,《国家发展改革委关于应对疫情进一步深化改革做好外资项目有关工作的通知》(发改外资〔2020〕343号)规定了:"对于负面清单之内涉及固定资产投资的外资新建项目或并购项目,根据股比、高管要求等规定,办理核准手续。"

(7)在2004年出台《外商投资项目核准暂行管理办法》时,针对服务贸易领域的外商投资是否也需要按照该办法的规定办理核准手续的问题,国家发改委有关负责人当时答复:"外商投资服务贸易领域分为两种情况。一是凡在服务贸易领域进行固定资产投资的外商投资行为,应按照《核准办法》规定由发展改革部门予以核准,再由有关主管部门依据相关法规办理企业设立等方面手续。二是外商在服务贸易领域不涉及固定资产投资的投资行为,可依据相关法规直接向有关业务主管部门申请办理外商投资企业设立及其他方面手续。"②

(8)在国务院2010年出台《外国企业或者个人在中国境内设立合伙企业管理办法》(已于2020年11月废止)时,《国家工商行政管理总局关于做好〈外国企业或者个人在中国境内设立合伙企业管理办法〉贯彻实施工作的通知》(工商外企字〔2010〕31号,已废止)也曾规定: "三是认真审查前置审批文件。……如果外商投资合伙企业涉及须经政府核准的投资项目的,企业登记机关要依照国家有关规定,严格审查投资项目核准手续;不涉及固定资产投资项目的,不需审查投资项目核准手续。"

---

① 现行有效的是《政府核准的投资项目目录(2016年本)》。
② 见《发改委就实施〈外商投资核准办法〉答记者问》(2004年11月)。

（二） 关于"固定资产投资项目"的理解

现行法律没有直接对固定资产投资项目作出统一的定义①。固定资产投资通常是指按照规定需经各级投资主管部门审批、核准或备案的建造或购置固定资产的经济活动，主要包括基本建设项目、技术改造项目、固定资产购置、信息化项目等。② 其中，基本建设项目主要包括新建项目、改建项目、扩建项目。③

1. 固定资产投资项目的含义

主要类型的固定资产投资项目的含义大致如下：

（1） 基本建设项目

"基本建设项目"，通常指的是以新增工程效益或者扩大生产能力为主要目的的新建、续建、改扩建、迁建、大型维修改造工程项目等。④

---

① 国家发改委等18部门2020年9月印发的《固定资产投资项目代码管理规范（发改投资〔2020〕1439号）所说的"固定资产投资项目"是指"在中国境内建设的，有一个主体功能、有一个总体设计、经济上独立核算、按照《政府投资条例》《企业投资项目核准和备案管理条例》管理的建设单位（活动）"。

② 见《国务院关于固定资产投资项目试行资本金制度的通知》（国发〔1996〕35号）第1条、《财政部关于固定资产投资报表编报有关问题的通知》（财建〔2015〕2号）附件2《报表主要指标解释》关于"固定资产投资"的解释、国家统计局《固定资产投资统计报表制度（简明版本）》（2019年定期报表）》第四部分"指标解释"、《国家统计局关于印发民间固定资产投资定义和统计范围的规定的通知》（国统投字〔2012〕2号）关于"民间固定资产投资"的定义、国家统计局官网关于"固定资产投资"的指标解释（https://www.stats.gov.cn/sj/zbjs/202302/t20230202_1897101.html，最后访问日期：2024年3月2日）、《中国银监会基本建设项目立项审批管理暂行办法》（银监办发〔2010〕368号）第3条第1款、《国家计委、国家建委、财政部关于试行加强基本建设管理几个规定的通知》（计基〔1978〕234号，已于2016年废止）附件三《关于基本建设项目和大中型划分标准的规定》以及《山东省耗煤项目煤炭消费减量替代管理办法》（鲁发改环资〔2018〕671号）第2条第3款（"固定资产投资项目是指按照规定需经各级投资主管部门审批、核准、备案的新建、改建、扩建项目。"）。此外，国家发改委等18部门于2020年9月出台的《固定资产投资项目代码管理规范》（发改投资〔2020〕1439号）的附件3《项目类型编码表》按照项目主要建设内容将固定资产投资项目划分为基本建设项目、技术改造项目、固定资产购置、信息化项目和其他项目这5个类型。

③ 值得注意的是，《职业病防治法》（2018年修正）第17条第1款将"新建、扩建、改建建设项目和技术改造、技术引进项目"统称为"建设项目"。此外，固定资产购置项目通常不被视为基本建设项目。比如，《国家计委、国家建委、财政部关于试行加强基本建设管理几个规定的通知》（计基〔1978〕234号，已于2016年废止）附件三《关于基本建设项目和大中型划分标准的规定》曾规定："现有企业、事业单位按照规定用基本建设投资单纯购置设备、工具、器具（包括车、船、飞机、勘探设备、施工机械等），不作为基本建设项目。"

④ 见财政部《基本建设财务规则》（2017年修正）第2条第2款、《国家计划委员会、国家经济委员会、国家统计局关于更新改造措施与基本建设划分的暂行规定》（计资〔1983〕869号，已废止）、《国家计委、国家建委、财政部关于试行加强基本建设管理几个规定的通知》（计基〔1978〕234号，已于2016年废止）附件三《关于基本建设项目和大中型划分标准的规定》、司法部《劳改单位固定资产投资项目管理（试行）办法》（司法〔1993〕003号）第2条。

其中,"建设项目"通常是指"在一个总体设计和初步设计范围内,由一个或几个单项工程所组成,经济实行统一核算,行政上实行统一管理的建设单位①。一般以一个企业(或联合企业)、事业单位或独立工程作为一个建设项目";其中的"单项工程"是指"建成后能够独立发挥效能或生产设计规定的主要产品的车间或工程"。②

(2)新建项目

"新建项目",通常是指从无到有"平地起家"开始建设的项目。现有企业、事业、行政单位投资的项目一般不属于新建。但如有的单位原有基础很小,经过建设后新增的固定资产价值超过该企业、事业、行政单位原有固定资产价值(原值)三倍以上的,也作为新建。③

(3)扩建项目

"扩建项目",通常是指在厂内或其他地点,为扩大原有产品的生产能力(或效益)或增加新的产品生产能力,而增建的生产车间(或主要工程)、分厂、独立的生产线等项目。行政、事业单位在原单位增建业务性用房(如学校增建教学用房、医院增建门诊部、病房等)也作为扩建。现有企、事业单位为扩大原有主要产品生产能力或增加新的产品生产能力,增建一个或几个主要生产车间(或主要工程)、分厂,同时进行一些更新改造工程的,也应作为扩建。④

(4)改建项目

"改建项目",通常是指对既有建(构)筑物、工程设施及相应配套设施进

---

① 国家发改委等18部门2020年9月出台的《固定资产投资项目代码管理规范》(发改投资〔2020〕1439号)的附件3《项目类型编码表》将"基本建设项目"界定为"在一个总体设计或初步设计范围内,由一个或几个单项工程所组成,经济上实行统一核算,行政上实行统一管理的建设单位"。

② 见《国家计委、国家建委、财政部关于试行加强基本建设管理几个规定的通知》(计基〔1978〕234号,已于2016年废止)附件三《关于基本建设项目和大中型划分标准的规定》关于"建设项目"的定义。

③ 见《财政部关于固定资产投资报表编报有关问题的通知》(财建〔2015〕2号)附件二《报表主要指标解释》关于"新建"的解释、国家统计局《固定资产投资统计报表制度(简明版本)》(2019年定期报表)》第四部分"指标解释"、国家统计局官网关于"新建"的指标解释(https://www.stats.gov.cn/sj/zbjs/202302/t20230202_1897101.html,最后访问日期:2024年3月2日)、《中国银监会基本建设项目立项审批管理暂行办法》(银监办发〔2010〕368号)第3条第3款、《国家计委、国家建委、财政部关于试行加强基本建设管理几个规定的通知》(计基〔1978〕234号,已于2016年废止)附件三《关于基本建设项目和大中型划分标准的规定》。

④ 见国家统计局《固定资产投资统计报表制度(简明版本)(2019年定期报表)》第四部分"指标解释"、国家统计局官网关于"扩建"的指标解释(https://www.stats.gov.cn/sj/zbjs/202302/t20230202_1897101.html,最后访问日期:2024年3月2日)。

行改造或更新①,包括企业、事业单位为适应市场变化的需要,而改变企业的主要产品种类(如军工企业转民用产品等)的建设项目;原有产品生产作业线由于各工序(车间)之间能力不平衡,为填平补齐充分发挥原有生产能力而增建但不增加主要产品生产能力的建设项目。②

(5)技术改造

技术改造③是企业采用新技术、新工艺、新设备、新材料对现有设施、工艺条件及生产服务等进行改造提升,淘汰落后产能,实现内涵式发展的投资活动,④ 是实现技术进步、提高生产效率、推进节能减排、促进安全生产的重要途径。⑤ "技术改造项目"是指企业、事业单位在现有基础上用先进的技术代替落后的技术,用先进的工艺和装备代替落后的工艺和装备,以改变企业落后的技术经济面貌,实现以内涵为主的扩大再生产,达到提高产品质量、促进产品更新换代、节约能源、降低消耗、扩大生产规模、全面提高社会经济效益的目的。技术改造具体包括以下内容:机器设备和工具的更新改造;生产工艺改革、节约能源和原材料的改造;厂房建筑和公共设施的改造;保护环境进行的"三废"治理

---

① 《广州市黄埔区广州开发区政府投资建设项目管理办法》(穗埔府办〔2017〕35号)第61条。

② 见国家统计局《固定资产投资统计报表制度(简明版本)(2019年定期报表)》第四部分"指标解释"、国家统计局官网关于"改建和技术改造"的指标解释(https://www.stats.gov.cn/sj/zbjs/202302/t20230202_1897101.html,最后访问日期:2024年3月2日)。

③ 也有法律文件(尤其是早期的文件)使用了"更新改造"的表述。比如,《财政部关于固定资产投资报表编报有关问题的通知》(财建〔2015〕2号)、司法部《劳改单位固定资产投资项目管理(试行)办法》(司法〔1993〕003号)、《国务院关于严格控制固定资产投资规模的补充规定》(国发〔1982〕153号,已失效)、《国务院关于控制固定资产投资规模的若干规定》(国发〔1986〕74号,已失效)、《国务院关于清理固定资产投资在建项目、压缩投资规模、调整投资结构的通知》(国发〔1988〕64号)、《国家计划委员会、国家经济委员会、国家统计局关于更新改造措施与基本建设划分的暂行规定》(计资〔1983〕869号,已失效)。

④ 国家发改委等18部门于2020年9月出台的《固定资产投资项目代码管理规范》(发改投资〔2020〕1439号)的附件三《项目类型编码表》将"技术改造项目"界定为"采用新技术、新工艺、新设备、新材料,以改造提升现有设施、工艺条件及生产服务等,淘汰落后产能,实现内涵式发展为目的固定资产投资项目"。

⑤ 《国务院关于促进企业技术改造的指导意见》(国发〔2012〕44号)、《广东省工业和信息化厅关于企业技术改造投资项目核准和备案管理的实施细则(试行)》(粤工信规字〔2019〕3号)第2条第1款。

改造；劳动条件和生产环境的改造等。①

（6）固定资产购置

"固定资产购置"，通常指的是以货币直接购置特定限额以上的固定资产的活动②，特定限额以下的固定资产购置通常不作为固定资产投资项目管理③。④

（7）信息化项目

"信息化项目"是指以信息化手段实现支撑政府机关或企业履行管理和服务职能的各类项目，包括大数据、信息化应用系统（含办公自动化系统、管理信息系统、应用集成系统、数据库系统等）、信息网络及软硬件支撑系统、信息资源

---

① 见国家统计局《固定资产投资统计报表制度（简明版本）（2019 年定期报表）》第四部分"指标解释"、国家统计局官网关于"改建和技术改造"的指标解释（https：//www.stats.gov.cn/sj/zbjs/202302/t20230202_1897101.html，最后访问日期：2024 年 3 月 2 日）、司法部《劳改单位固定资产投资项目管理（试行）办法》（司法〔1993〕003 号）第 2 条。此外，《国家计划委员会、国家经济委员会、国家统计局关于更新改造措施与基本建设划分的暂行规定》（计字〔1983〕869 号，已于 2011 年废止）曾规定："更新改造措施是指利用企业基本折旧基金、国家更改措施预算拨款、企业自有资金、国内外技术改造贷款等资金，对现有企、事业单位原有设施进行技术改造（包括固定资产更新）以及相应配套的辅助性生产、生活福利设施等工程和有关工作。其目的，是要在技术进步的前提下，通过采用新技术、新工艺、新设备、新材料，努力提高产品质量，增加花色品种，促进产品升级换代，降低能源和原材料消耗，加强资源综合利用和治理污染等，提高社会综合经济效益和实现以内涵为主的扩大再生产。"

② 比如，《国家质量监督检验检疫总局、国家发展和改革委员会、工业和信息化部关于加强重大设备监理工作的通知》（国质检质联〔2014〕60 号）："重大设备是国民经济和社会发展的基础性、战略性物资，在我国固定资产投资中占重要地位。"

③ 在不同的历史时期，不同的主管机关对构成固定资产投资项目的固定资产购置项目的金额的规定有所不同。在早期，国家曾将 5 万元作为限额。比如，《国务院关于严格控制固定资产投资规模的补充规定》（国发〔1982〕153 号，已失效）曾规定："单台设备和单项工程在五万元以下的固定资产购置或建造，不纳入固定资产投资计划"；司法部《劳改单位固定资产投资项目管理（试行）办法》（司法〔1993〕003 号）第 2 条也规定："根据国家现行规定，凡五万元以上的投资项目和单台设备购置，不论资金来源，均应列入固定资产投资项目管理范围。"现阶段，有的主管机关则把 50 万元作为限额。对此，厦门市人民政府国有资产监督管理委员会《厦门市市属国有企业投资监督管理办法》（厦国资企〔2021〕200 号）第 3 条第 1 款规定："本办法所称投资是指企业在境内外从事的股权投资和固定资产投资。固定资产投资是指单项或单批金额在 50 万元（含本数）的基本建设项目、更新改造项目和其他固定资产购置项目"此外，有的主管机关甚至将 5000 元作为限额。比如，国家铁路局《铁路行业统计规则》（国铁综〔2019〕4 号）第 55 条则规定："铁路固定资产投资是指各类投资主体建造、购置铁路固定资产的经济活动"，第 56 条规定："固定资产是指使用年限在一年以上，单位价值（含增值税）在 5000 元及以上（行政事业单位为 1000 元及以上，其中专用设备 1500 元及以上），使用过程中基本保持原物质形态的有形资产。"

④ 国家发改委等 18 部门 2020 年 9 月出台的《固定资产投资项目代码管理规范》（发改投资〔2020〕1439 号）的附件三《项目类型编码表》。

开发利用和信息安全等新建、扩建或改造升级的项目。[1]

2. 固定资产投资管理体制

现阶段，国家对固定资产投资项目实行的是审批制、核准制和备案制相结合的管理体制：

（1）对政府投资的固定资产投资项目，实施审批管理。对此，《政府投资条例》第 2 条规定："本条例所称政府投资，是指在中国境内使用预算安排的资金进行固定资产投资建设活动，包括新建、扩建、改建、技术改造等"，第 9 条第 1 款规定："政府采取直接投资方式、资本金注入方式投资的项目（以下统称政府投资项目），项目单位应当编制项目建议书、可行性研究报告、初步设计，按照政府投资管理权限和规定的程序，报投资主管部门或者其他有关部门审批。"

（2）对企业不使用政府投资建设的固定资产投资项目，一律不再实行审批制，区别不同情况实行核准制和备案制。其中，政府仅对重大项目和限制类项目从维护社会公共利益角度进行核准，其他项目无论规模大小，均改为备案制。[2]

值得注意的是，企业使用自己筹措的资金并申请使用政府补助、转贷、贴息投资建设的固定资产投资项目，应在履行项目核准或备案手续后，提出资金申请报告，由政府审批资金申请报告。[3]

（三）外商投资项目的范围

就外商投资项目的范围，可以分别从外商投资项目的投资主体和项目性质的角度来考察。

1. 从投资主体看外商投资项目的范围

从投资主体看，外商投资项目包括：（1）外国投资者在境内新设外商投资企业项目；（2）外国投资者并购境内企业项目；（3）外商投资企业增资项目；

---

[1] 国家发改委等 18 部门 2020 年 9 月出台的《固定资产投资项目代码管理规范》（发改投资〔2020〕1439 号）的附件三《项目类型编码表》将"单纯购置项目"界定为"政府部门或企业按照规定单纯购置设备、工具、器具（包括车、船、飞机、勘探设备、施工机械等），按照《政府投资条例》《企业投资项目核准和备案管理条例》管理的固定资产投资活动"。

[2] 见《国务院关于投资体制改革的决定》（国发〔2004〕20 号）。

[3] 见《国务院关于投资体制改革的决定》（国发〔2004〕20 号）、《企业投资项目核准和备案管理办法》第 2 条。

(4) 外商投资企业再投资项目等。①

对此,《指导外商投资方向规定》第 2 条规定:"本规定适用于在我国境内投资举办中外合资经营企业、中外合作经营企业和外资企业(以下简称外商投资企业)的项目以及其他形式的外商投资项目(以下简称外商投资项目)",《外商投资项目核准和备案管理办法》(2014 年修正)第 2 条规定:"本办法适用于中外合资、中外合作、外商独资、外商投资合伙、外商并购境内企业、外商投资企业增资及再投资项目等各类外商投资项目",《国家发展改革委关于进一步加强和规范外商投资项目管理的通知》(发改外资〔2008〕1773 号,已废止)也曾规定:"一、严格执行外商投资项目核准制。……各类外商投资项目,包括中外合资、中外合作、外商独资项目、外商购并境内企业项目、外商投资企业(含通过境外上市而转制的外商投资企业)增资项目和再投资项目等,均要实行核准制。"

具体来说:

(1)"外国投资者在境内新设外商投资企业项目"是指外国投资者单独或者与其他投资者共同在中国境内设立外商投资企业(包括外商投资的公司或外商投资合伙企业)②的项目。

(2)"外国投资者并购境内企业项目"包括:(a) 外国投资者购买境内非外商投资企业的股权或认购境内非外商投资企业增资,使该境内企业变更设立为外商投资企业;(b) 外国投资者购买境内外商投资企业中方股东的股权,或认购境内外商投资企业增资;(c) 外国投资者设立外商投资企业,并通过该外商投资企业协议购买境内企业资产并且运营该资产,或通过该外商投资企业购买境内企业股权;(d) 外国投资者直接购买境内企业资产,并以该资产投资设立外商投资企业运营该资产。③

---

① 见《指导外商投资方向规定》第 2 条、《外商投资项目核准和备案管理办法》(2014 年修正)第 2 条、《国家发展改革委关于进一步加强和规范外商投资项目管理的通知》(发改外资〔2008〕1773 号,已废止)第 1 条。

② 在《外商投资法》生效之前,外国投资者在境内新设外商投资企业项目包括中外合资、中外合作、外商独资、外商投资合伙项目(见《外商投资项目核准和备案管理办法》(2014 年修正)第 2 条、《国家发展改革委关于进一步加强和规范外商投资项目管理的通知》(发改外资〔2008〕1773 号,已废止)第 1 条)。

③ 见《国务院办公厅关于建立外国投资者并购境内企业安全审查制度的通知》(国办发〔2011〕6 号)。

（3）"外商投资企业增资项目"是指外商投资企业增加注册资本（或出资）、扩大总投资的项目。①

（4）"外商投资企业再投资项目"是指外商投资企业在境内投资新设企业或取得境内其他企业的投资性权利的项目。

2. 从项目性质看外商投资项目的范围

从项目性质看，外商投资项目包括：（1）新建项目；（2）扩建项目；（3）改建项目；（4）技术改造项目；（5）固定资产购置项目等。这几种项目的含义请见本章"二、外商投资项目的界定"之"（二）关于'固定资产投资项目'的理解"部分。

需要注意的是，外商投资企业通过增资扩大生产经营、购置固定资产属于外商投资项目的范围。比如，中外合资经营企业中某北方集成电路制造（北京）有限公司通过增资的方式，"在已建成厂房内购置工艺设备、仪器868台（套），建设1条12英寸高端集成电路芯片生产线"，就属于外商投资企业增资项目，取得了北京市发改委《关于中外合资中某北方集成电路制造（北京）有限公司增资扩产B3项目核准的批复》（京发改（核）〔2016〕203号）②、《关于中某北方集成电路制造（北京）有限公司增资扩产B3项目核准变更及延期的批复》（京发改（核）〔2018〕306号）③和《关于中某北方集成电路制造（北京）有限公

---

① 问题是，"外商投资企业增资项目"是指外商投资企业增加注册资本（不论增资部分是否来源于该企业的外方投资者）的项目，还是仅指外商投资企业的外方投资者单独或与其他投资者共同增加对该外商投资企业的出资的项目？亦即，仅有外商投资企业中方股东的增资，是否属于投资项目管理范围内的"外商投资企业增资项目"？对此，笔者倾向于认为，由于《外商投资法》第2条第2款针对"外商投资"作出的定义是"外商投资，是指外国的自然人、企业或者其他组织（以下简称外国投资者）直接或者间接在中国境内进行的投资活动"，并且《外商投资项目核准和备案管理办法》（2014年修正）第6条也规定"外商投资企业增资项目总投资以新增投资额计算"，《国家发展改革委关于办理外商投资项目〈国家鼓励发展的内外资项目确认书〉有关问题的通知》（发改外资〔2006〕316号，已废止）也曾规定"对于现有外商投资企业未增加外方注册资本而进行的固定资产投资项目，有关进口设备免税确认工作暂按现行有关规定执行"，因此，如果仅仅由中国投资者对外商投资企业增资、不涉及该外商投资企业的外方投资者进行增资，那么，此类外商投资企业增资因不涉及新增外商投资而不属于《外商投资项目核准和备案管理办法》所说的"外商投资项目"中的"外商投资企业增资项目"。当然，这应当以国家发改委的认定为准。

② http://fgw.beijing.gov.cn/fzggzl/yfxz/xzxk_sgs/201912/t20191226_1502994.htm，最后访问日期：2024年3月2日。

③ http://fgw.beijing.gov.cn/fzggzl/yfxz/xzxk_sgs/201912/t20191226_1504598.htm，最后访问日期：2024年3月2日。

司增资扩产 B3 项目核准变更的批复》（京发改（核）〔2019〕173 号）[①] 文件的批准。

三、外商投资项目的管理方式

现阶段，国家对包括外商投资项目在内的各类企业投资项目实行企业投资项目管理负面清单制度[②]，采取有限核准与普遍备案相结合的管理方式。[③]

对此，2004 年的《国务院关于投资体制改革的决定》（国发〔2004〕20 号）规定："对于企业不使用政府投资建设的项目，一律不再实行审批制，区别不同情况实行核准制和备案制。其中，政府仅对重大项目和限制类项目从维护社会公共利益角度进行核准，其他项目无论规模大小，均改为备案制，……要严格限定实行政府核准制的范围，并根据变化的情况适时调整。"

《国务院关于实行市场准入负面清单制度的意见》（国发〔2015〕55 号）规定："企业投资项目，除关系国家安全和生态安全、涉及全国重大生产力布局、战略性资源开发和重大公共利益等项目外，一律由企业依法依规自主决策，政府不再审批。发展改革委要按照国务院要求，改革企业投资项目核准制，适时按程序修订和发布实施《政府核准的投资项目目录》，最大限度地缩小企业投资项目的核准范围……"。

《国务院关于发布政府核准的投资项目目录（2016 年本）的通知》（国发〔2016〕72 号）规定："企业投资建设本目录内的固定资产投资项目，须按照规定报送有关项目核准机关核准。企业投资建设本目录外的项目，实行备案管理。"

2017 年施行的《企业投资项目核准和备案管理条例》第 3 条进一步规定，"对关系国家安全、涉及全国重大生产力布局、战略性资源开发和重大公共利益等项目，实行核准管理。……对前款规定以外的项目，实行备案管理"。

针对外商投资项目的管理，国家发改委还出台了专门的部门规章（现阶段为

[①] http://fgw.beijing.gov.cn/fzggzl/yfxz/xzxk_sgs/201912/t20191226_1505108.htm，最后访问日期：2024 年 3 月 2 日。

[②] 见《中共中央、国务院关于深化投融资体制改革的意见》（2016 年 7 月 5 日）。

[③] 见《外商投资项目核准和备案管理办法》（2014 年修正）第 3 条至第 5 条，和《深化外商投资管理体制改革 加快构建开放型经济新体制——国家发展改革委负责人就发布实施〈外商投资项目核准和备案管理办法〉有关问题答记者问》（2014 年 5 月）（来源于 https://www.ndrc.gov.cn/xxgk/jd/jd/201405/t20140522_1183163.html，最后访问日期：2024 年 3 月 2 日）。

2014 年 12 月修正后的《外商投资项目核准和备案管理办法》），对外商投资项目的核准或备案的适用范围、管理权限、核准或备案的条件、申报材料、程序和要求以及项目变更等事项作出了明确的规定。

本章接下来分别针对外商投资项目的核准、备案涉及的相关事项展开分析。

四、外商投资项目的核准

（一）外商投资项目核准的性质

外商投资项目核准是政府投资主管部门从维护经济安全、合理开发利用资源、保护生态环境、优化重大布局、保障公共利益、防止出现垄断以及市场准入、资本项目管理等方面对外商投资项目进行审核后，依法作出的行政决定[①]，在性质上属于行政许可[②]。

总体而言，外商投资项目核准管理在申报材料、核准条件及程序等方面的要求与内资项目是基本一致的。[③]

（二）适用核准制的外商投资项目的范围

现阶段，实行核准管理的外商投资项目的范围主要是由国务院批准的《政府核准的投资项目目录》规定的。

对此，《企业投资项目核准和备案管理条例》第 3 条第 1 款规定："对关系国家安全、涉及全国重大生产力布局、战略性资源开发和重大公共利益等项目，实行核准管理。具体项目范围以及核准机关、核准权限依照政府核准的投资项目目录执行。"《外商投资项目核准和备案管理办法》（2014 年修正）第 4 条第 1 款规定："外商投资项目核准权限、范围按照国务院发布的《核准目录》执行。"《国务院关于发布政府核准的投资项目目录（2016 年本）的通知》（国发〔2016〕

---

① 见《国务院关于投资体制改革的决定》（国发〔2004〕20 号）、《发改委就实施〈外商投资核准办法〉答记者问》（2004 年 11 月）。

② 对此，国家发改委《企业投资项目核准和备案管理办法》第 7 条第 2 款规定："项目核准机关对项目进行的核准是行政许可事项，实施行政许可所需经费应当由本级财政予以保障。"根据《国务院对确需保留的行政审批项目设定行政许可的决定》（国务院令第 412 号）备注 1 关于"鉴于投资体制改革正在进行，涉及固定资产投资项目的行政许可仍按国务院现行规定办理"的规定，国家发展改革委 2014 年 2 月 15 日公布的《国家发展和改革委员会行政审批事项公开目录》也将"企业、事业单位、社会团体等投资建设的固定资产投资项目核准"项下的 35 个子项均明确为"行政许可"事项。

③ 见《深化外商投资管理体制改革 加快构建开放型经济新体制——国家发展改革委负责人就发布实施〈外商投资项目核准和备案管理办法〉有关问题答记者问》。

72号）规定："企业投资建设本目录内的固定资产投资项目，须按照规定报送有关项目核准机关核准。"

根据《企业投资项目核准和备案管理条例》《政府核准的投资项目目录（2016年本）》《外商投资准入特别管理措施（负面清单）（2021年版）》《外商投资项目核准和备案管理办法》（2014年修正）、《国家发展改革委关于做好贯彻落实〈政府核准的投资项目目录（2016年本）〉有关外资工作的通知》（发改外资规〔2017〕111号）和《国家发展改革委关于应对疫情进一步深化改革做好外资项目有关工作的通知》（发改外资〔2020〕343号）等，现阶段，实行核准管理的外商投资项目的具体范围为：

（1）属于外商投资准入负面清单规定限制投资的领域所列的外商投资项目。

（2）前述项目之外的属于《政府核准的投资项目目录（2016年本）》第1项至第10项所列的外商投资项目。

值得注意的是，只有国务院才有权调整《政府核准的投资项目目录》的范围。对此，《国务院关于投资体制改革的决定》（国发〔2004〕20号）规定："《政府核准的投资项目目录》（以下简称《目录》）由国务院投资主管部门会同有关部门研究提出，报国务院批准后实施。未经国务院批准，各地区、各部门不得擅自增减《目录》规定的范围。"

不过，由于《企业投资项目核准和备案管理条例》第3条第1款规定"对关系国家安全、涉及全国重大生产力布局、战略性资源开发和重大公共利益等项目，实行核准管理。具体项目范围以及核准机关、核准权限依照政府核准的投资项目目录执行。……国务院另有规定的，依照其规定"，《国务院关于发布政府核准的投资项目目录（2016年本）的通知》（国发〔2016〕72号）规定了"法律、行政法规和国家有专门规定的，按照有关规定执行"，《外商投资项目核准和备案管理办法》（2014年修正）第36条规定了"法律、行政法规和国家对外商投资项目管理有专门规定的，按照有关规定执行"以及《企业投资项目核准和备案管理办法》第5条第1款规定了"实行核准管理的具体项目范围以及核准机关、核准权限，由国务院颁布的《政府核准的投资项目目录》（以下简称《核准目录》）确定。法律、行政法规和国务院对项目核准的范围、权限有专门规定的，从其规定"，因此，在法律、行政法规、国务院文件等对适用核准管理的外商投资项目的范围等事项另有规定的情况下，应当按照此类特别规定执行。

总体而言，从国家投融资体制改革的趋势看，根据《国务院关于实行市场准入负面清单制度的意见》（国发〔2015〕55号）关于"发展改革委要按照国务院要求，改革企业投资项目核准制，适时按程序修订和发布实施《政府核准的投资项目目录》，最大限度地缩小企业投资项目的核准范围……"和《中共中央、国务院关于深化投融资体制改革的意见》（2016年7月5日）关于"坚持企业投资核准范围最小化，原则上由企业依法依规自主决策投资行为"的规定，实行核准管理的外商投资项目的范围会越来越小。①

（三）核准机关及核准权限

现阶段，外商投资项目的核准机关和核准权限因外商投资项目涉及的领域和总投资的不同而有所区分，具体如下：

1. 外商投资准入负面清单之内的外商投资项目

负面清单之内涉及固定资产投资的外商投资项目，包括但不限于新建项目、增资项目和并购项目，相应的核准机关及其核准权限如下：②

（1）总投资达到或超过3亿美元的项目，由国家发展改革委核准；其中，总投资达到或超过20亿美元的项目，报国务院备案。

（2）总投资低于3亿美元的项目，由省级政府核准。

其中，增资项目的总投资以新增投资额计算，并购项目的总投资以交易额计算。③

值得注意的是，《政府核准的投资项目目录》规定由省级政府核准的项目（包括外商投资项目和内资项目），只能由省级政府或省级主管机关核准。

对此，《国务院关于发布政府核准的投资项目目录（2013年本）的通知》（国发〔2013〕47号）和《国务院关于发布政府核准的投资项目目录（2014年本）的通知》（国发〔2014〕53号）都曾明确规定："由省级政府核准的项目，核准权限不得下放"，2014年5月出台的《外商投资项目核准和备案管理办法》第4条第1款第4项也规定"由地方政府核准的项目，省级政府可以根据本地实际情况具体划分地方各级政府的核准权限。由省级政府核准的项目，核准权限不

---

① 国务院法制办、发展改革委负责人就《企业投资项目核准和备案管理条例》答记者问时也提及："从近几年目录调整的情况看，政府核准的项目范围是不断缩小的"，来源于 http://www.gov.cn/xinwen/2016-12/15/content_5148169.htm，最后访问日期：2024年3月2日。

② 见《政府核准的投资项目目录（2016年本）》第11条、《国家发展改革委关于应对疫情进一步深化改革做好外资项目有关工作的通知》（发改外资〔2020〕343号）第4条。

③ 《外商投资项目核准和备案管理办法》（2014年修正）第6条。

得下放"。《国务院关于发布政府核准的投资项目目录（2016年本）的通知》（国发〔2016〕72号）尽管没有明确提及"由省级政府核准的项目，核准权限不得下放"，但是，仍应理解为包含了"由省级政府核准的项目，核准权限不得下放"的要求。

实践中，各地通常会制定专门的法规，规定负面清单之内涉及固定资产投资的总投资低于3亿美元的外商投资项目由省级发展改革委或其他省级主管部门核准。

比如，《上海市外商投资项目核准和备案管理办法》（沪府规〔2021〕19号）第4条第1款规定："项目核准和备案的范围、权限为：（一）《外商投资准入特别管理措施（负面清单）》《自由贸易试验区外商投资准入特别管理措施（负面清单）》（以下统称'负面清单'）规定的非禁止投资领域内，总投资（含增资）3亿美元以下的项目，由市发展改革委核准；总投资（含增资）3亿美元及以上的项目的核准，按照国家有关规定执行[①]。（二）负面清单之外领域的项目，按照内外资一致原则实施管理"，第2款规定："属于《上海市政府核准的投资项目目录细则》第一至十条所列的外商投资项目，按照规定实行核准管理。本市核准权限范围中，区发展改革委、市政府确定的机构[②]按照权限核准所属区域内的外商投资项目，其他项目由市发展改革委核准。"上海市人民政府沪府规〔2023〕19号文件批转的《上海市政府核准的投资项目目录细则（2024年本）》进一步规定："市发展改革委、区发展改革委和市政府确定的机构为本市外商投资项目核准机关。《外商投资准入特别管理措施（负面清单）》《自由贸易试验区外商投资准入特别管理措施（负面清单）》规定的非禁止投资领域内，总投资（含增资）3亿美元以下的项目，由市发展改革委核准；总投资（含增资）3亿美元及以上的项目，由国家发展改革委核准，其中总投资（含增资）20亿美元及以上项目报国务院备案。前款规定之外的属于本目录细则第一至九条所

[①] 即《国家发展改革委关于应对疫情进一步深化改革做好外资项目有关工作的通知》（发改外资〔2020〕343号）第4条关于"负面清单之内涉及固定资产投资的外资新建项目或并购项目，……总投资3亿美元及以上项目由国家发展改革委核准"的规定。

[②] 《上海市外商投资项目核准和备案管理办法》（沪府规〔2021〕19号）第3条第3款规定："市政府确定的机构，是指根据地方性法规、规章规定，对所属区域内项目实施核准和备案的机构"。《上海市政府核准的投资项目目录细则（2024年本）》明确"市政府确定的机构"包括"中国（上海）自由贸易试验区管委会、中国（上海）自由贸易试验区临港新片区管委会、化学工业区管委会、张江科学城建设管理办公室、长兴岛开发建设管委会等"。

列的外商投资项目，按照本目录细则第一至九条的规定实行核准管理。其中，本市核准权限范围中，区发展改革委、市政府确定的机构按照本目录细则第一至九条的规定，按照权限核准所属区域内的外商投资项目，其他项目由市发展改革委核准"，但"国家和本市对浦东新区、中国（上海）自由贸易试验区（含临港新片区）、虹桥国际开放枢纽等区域出台有关外商投资项目管理先行先试特殊规定的，从其规定。"

还需注意的是，落户自由贸易试验区的外资项目，按照《自由贸易试验区外商投资准入特别管理措施（负面清单）》执行。[①]

2. 外商投资准入负面清单之外的外商投资项目

在核准机关和核准权限方面，外商投资准入负面清单之外的外商投资项目与内资项目适用的是相同的规则。

对此，《外商投资法》第 28 条第 3 款规定："外商投资准入负面清单以外的领域，按照内外资一致的原则实施管理"，国务院发布的《政府核准的投资项目目录（2016 年本）》（国发〔2016〕72 号）规定"《外商投资产业指导目录》中总投资（含增资）3 亿美元及以上限制类项目，由国务院投资主管部门核准，其中总投资（含增资）20 亿美元及以上项目报国务院备案。《外商投资产业指导目录》中总投资（含增资）3 亿美元以下限制类项目，由省级政府核准。前款规定之外的属于本目录第一至十条所列项目，按照本目录第一至十条的规定执行"，《国家发展改革委关于应对疫情进一步深化改革做好外资项目有关工作的通知》（发改外资〔2020〕343 号）也规定："对于外资准入负面清单（以下简称负面清单）之外的外资项目，不得设置单独针对外资的准入限制，除《政府核准的投资项目目录》规定内外资项目均须核准的，其他外资项目由地方发展改革委实行属地化备案管理。"

针对不同的企业投资项目，《政府核准的投资项目目录》规定了大致 11 类核准机关和核准权限，主要包括：

（1）由国务院核准；

（2）由国务院、中央军委核准；

（3）由国务院投资主管部门核准并报国务院备案；

[①] 见《外商投资法》第 13 条、《国家发展改革委关于应对疫情进一步深化改革做好外资项目有关工作的通知》（发改外资〔2020〕343 号）第 4 条。

第十章 | 外商投资项目管理：核准与备案

（4）由国务院投资主管部门核准；

（5）由国务院行业管理部门核准；

（6）由省级政府核准；

（7）由地方政府核准；

（8）由中国铁路总公司自行决定并报国务院投资主管部门备案；

（9）由具有开采权的企业自行决定，并报国务院行业管理部门备案；

（10）由国务院行业管理部门；

（11）由地方政府自行确定实行核准或者备案。[①]

值得注意的是，就国务院核准的项目而言，《政府核准的投资项目目录》规定由国务院核准的项目，由国家发展改革委审核后报国务院核准；核报国务院及国务院投资主管部门核准的项目，事前须征求国务院行业管理部门的意见。[②] 对此，国家发改委也印发了《国家发展改革委核报国务院核准或审批的固定资产投资项目目录（试行）》（发改投资〔2004〕1927号）。

就省级政府核准的项目而言，《政府核准的投资项目目录》规定由省级政府核准的项目，只能由省级政府或省级主管机关核准，核准权限不能再下放。

就地方政府核准的项目而言，《政府核准的投资项目目录》规定由地方政府核准的项目，各省级政府可以根据本地实际情况，按照下放层级与承接能力相匹配的原则，具体划分地方各级政府管理权限，制定本行政区域内统一的政府核准投资项目目录（其中，基层政府承接能力要作为政府管理权限划分的重要因素，不宜简单地"一放到底"）；但是，对于涉及本地区重大规划布局、重要资源开发配置的项目，应充分发挥省级部门在政策把握、技术力量等方面的优势，由省级政府核准，原则上不下放到地市级政府、一律不得下放到县级及以下政府。[③]

比如，重庆市人民政府印发的《重庆市企业投资项目核准和备案管理办法》（渝府发〔2017〕31号）第7条第1款规定："本办法所指项目核准机关是指具有项目核准权限的行政机关。重庆市行政区域内的核准机关包括市政府、市政府投资主管部门、区县政府投资主管部门。根据市政府授权，两江新区管委会对其管理范围内的核准项目享有市级核准权限。市政府已有规定明确项目核准权限的

---

① 具体的外商投资项目的核准机关和核准权限，请见《政府核准的投资项目目录（2016年本）》。
② 《国务院关于发布政府核准的投资项目目录（2016年本）的通知》（国发〔2016〕72号）第7条。
③ 《国务院关于发布政府核准的投资项目目录（2016年本）的通知》（国发〔2016〕72号）第8条。

区域，按市政府已有规定执行"，第 2 款规定："市政府投资主管部门是指市发展改革委和市经济信息委。市发展改革委负责办理其权限内除工业及信息企业技术改造项目以外的其他项目核准，市经济信息委负责办理其权限内工业及信息企业技术改造项目核准。区县政府投资主管部门是指区县发展改革委和经济信息委，其核准职能分工与市级职能分工相对应"，第 3 款规定："市政府授权两江新区管委会对其直管区域内项目进行核准，享有与市发展改革委、市经济信息委同等权限。"

因此，针对具体的外商投资项目，有必要关注项目所在地省级政府出台的文件，确定对相应项目具有核准权限的行政机关。

（四）核准内容和核准条件

1. 核准内容

在外商投资项目的核准内容方面，核准机关主要从以下方面对项目进行审查：（1）是否危害经济安全、社会安全、生态安全等国家安全；（2）是否符合相关发展建设规划、技术标准和产业政策；（3）是否合理开发并有效利用资源；（4）是否对重大公共利益产生不利影响。[①] 具体而言，核准机关从维护经济安全、合理开发利用资源、保护生态环境、优化重大布局、保障公共利益、防止出现垄断以及市场准入、资本项目管理等方面对外商投资项目进行审核。[②]

2. 核准条件

与此相对应，对外商投资项目的核准条件是[③]：

（1）符合国家有关法律法规和外商投资准入负面清单的规定；

（2）符合发展规划、产业政策及准入标准；

（3）合理开发并有效利用了资源；

（4）不影响国家安全和生态安全；

（5）对公众利益不产生重大不利影响；

（6）符合国家资本项目管理、外债管理的有关规定。

[①]《企业投资项目核准和备案管理条例》第 9 条第 1 款。

[②] 见《国务院关于投资体制改革的决定》（国发〔2004〕20 号）、《发改委就实施〈外商投资核准办法〉答记者问》（2004 年 11 月）。

[③]《外商投资项目核准和备案管理办法》（2014 年修正）第 16 条、《外商投资准入特别管理措施（负面清单）（2021 年版）》。

3. **不得作为核准前置条件的事项**

除法律、行政法规明确规定作为项目核准前置条件的外，项目核准机关一律不得将其他事项作为项目核准的前置条件；尤其是，下列事项一律不再作为企业投资项目（包括外商投资项目）核准的前置条件：①

(1) 银行贷款承诺；

(2) 融资意向书；

(3) 资金信用证明；

(4) 股东出资承诺；

(5) 其他资金落实情况证明材料；

(6) 可行性研究报告审查意见；

(7) 规划设计方案审查意见；

(8) 电网接入意见；

(9) 接入系统设计评审意见；

(10) 铁路专用线接轨意见；

(11) 原材料运输协议；

(12) 燃料运输协议；

(13) 供水协议；

(14) 与相关企业签署的副产品资源综合利用意向协议；

(15) 与相关供应商签署的原材料供应协议等；

(16) 与合作方签署的合作意向书、协议、框架协议（中外合资、合作项目除外）；

(17) 通过企业间协商和市场调节能够解决的协议、承诺、合同等事项；

(18) 其他属于企业经营自主决策范围的事项。

项目申请报告中属于企业经营自主权的相关内容，仅供项目核准机关在核准过程中了解，项目核准机关不得以"内部性"条件否决企业的项目申请。②

---

① 《国家发展改革委、中央编办关于一律不得将企业经营自主权事项作为企业投资项目核准前置条件的通知》（发改投资〔2014〕2999号）。

② 《国家发展改革委、中央编办关于一律不得将企业经营自主权事项作为企业投资项目核准前置条件的通知》（发改投资〔2014〕2999号）第3条第3款。

(五) 核准程序

1. 核准程序

在核准程序方面,外商投资项目在大体上与内资项目适用的是相同的程序。对此,《国务院关于实行市场准入负面清单制度的意见》(国发〔2015〕55号)规定:"外商投资企业投资建设固定资产投资项目,按照国民待遇原则与内资企业适用相同的核准或备案程序。"

现阶段,外商投资项目核准以及与之相关的从项目立项到项目竣工涉及的所有审批监管事项都必须通过全国投资项目在线审批监管平台办理,各级政府有关部门统一使用在线平台生成的项目代码办理相关手续(但涉及国家秘密的项目除外)。①

项目申报流程大致如下:②

(1)项目申报。项目单位通过相应的在线平台填报项目信息,获取项目代码。填报项目信息时,项目单位应当根据在线平台所公开的办事指南真实完整准确填报。在线平台应当根据办事指南和项目申报信息等,向项目单位告知应办事项,强化事前服务。项目单位凭项目代码根据平台所示的办事指南提交所需的申报材料。项目变更、中止,项目单位应当通过在线平台申请。

其中,项目申报材料不齐全或者不符合有关要求的,项目核准机关应当在收到申报材料后5个工作日内一次告知项目申报单位补正。③

(2)项目受理。应用管理部门受理审批事项申请,接收申报材料应当核验项目代码,对未通过项目代码核验的,不得受理并告知项目单位。应用管理部门受理后,在线平台开始计时。

(3)项目办理。应用管理部门办理审批事项,通过在线平台及时交换审批事项的收件、受理、办理、办结等信息,并告知项目单位。

其中,对于涉及有关行业主管部门职能的项目,项目核准机关应当商请有关行业主管部门在7个工作日内出具书面审查意见;有关行业主管部门逾期没有反

---

① 见《企业投资项目核准和备案管理条例》第4条、《国家发展改革委关于全国投资项目在线审批监管平台正式运行的通知》(发改投资〔2017〕0197号)第1条、《全国投资项目在线审批监管平台运行管理暂行办法》第3条)。

② 《全国投资项目在线审批监管平台运行管理暂行办法》第14条。

③ 《外商投资项目核准和备案管理办法》(2014年修正)第12条。

馈书面审查意见的，视为同意。①

（4）事项办结。项目审批事项办结后，应用管理部门及时将办结意见及相关审批文件的文号、标题等相关信息交换至在线平台。

（5）项目实施情况监测。项目审批事项办结后，应用管理部门定期监测项目实施情况，对于发现的问题要及时督促有关单位整改。

2. **核准时限**

在项目核准的时限方面，核准机关应当自受理申请之日起20个工作日内，作出是否予以核准的决定；但项目情况复杂或者需要征求有关单位意见的，经本机关主要负责人批准，可以延长核准期限，但延长的期限不得超过40个工作日；此外，核准机关委托中介服务机构对项目进行评估的，评估时间不计入核准期限。②

3. **核准结果**

在项目核准的结果方面，核准机关对项目予以核准的，应当向企业出具核准文件；不予核准的，应当书面通知企业并说明理由；其中，由国务院核准的项目，由国务院投资主管部门根据国务院的决定向企业出具核准文件或者不予核准的书面通知。③

（六）申报材料

1. **申请材料**

在申报材料方面，拟申请核准的外商投资项目应当向核准机关提交以下申请材料:④

（1）按国家有关要求编制的项目申请报告；

（2）中外投资各方的企业注册证明材料及经审计的最新企业财务报表（包括资产负债表、利润表和现金流量表）；

---

① 《外商投资项目核准和备案管理办法》（2014年修正）第13条。
② 见《企业投资项目核准和备案管理条例》第10条第1款。项目核准机关根据项目具体情况，决定是否需要委托工程咨询机构进行评估（见国家发展和改革委员会公告2008年第37号附件一《关于企业投资项目咨询评估报告的若干要求》）；核准机关委托中介服务机构对项目进行评估的，应当明确评估重点；除项目情况复杂的，评估时限不得超过30个工作日，且评估费用由核准机关承担（见《企业投资项目核准和备案管理条例》第9条第3款）。
③ 见《企业投资项目核准和备案管理条例》第10条第2款。
④ 见《企业投资项目核准和备案管理条例》第6条，《外商投资项目核准和备案管理办法》（2014年修正）第8条、第10条。

（3）投资意向书，增资、并购项目的公司董事会决议；

（4）以国有资产出资的，需提供有关主管部门出具的确认文件；

（5）城乡规划行政主管部门出具的选址意见书（仅指以划拨方式提供国有土地使用权的项目）；

（6）国土资源（海洋）行政主管部门出具的用地（用海）预审意见（国土资源主管部门明确可以不进行用地预审的情形除外①)；

（9）法律、行政法规规定应当提交的其他文件。

值得注意的是，现阶段，固定资产投资项目节能评估和审查、水工程建设流域综合规划审查、水工程建设防洪规划审查、河道管理范围内工程建设方案审查、非防洪建设项目洪水影响评价报告书审批、卫生行政部门实施的职业病危害预评价报告审核、建设项目环境影响评价审批、航道通航条件影响评价审核 8 项行政审批，已经不再是企业投资项目（包括外商投资项目）核准的前置条件。②

还需注意的是，在特殊时期，外商投资项目核准申报材料可能会被简化处理。

比如，为应对疫情，《国家发展改革委关于应对疫情进一步深化改革做好外资项目有关工作的通知》（发改外资〔2020〕343 号）规定了："简化外资项目核准手续。项目单位提交项目申请报告，除规定内容外，无须附企业财务报表、资金信用证明、环境影响评价审批文件、节能审查意见、国有资产出资确认文件"，并明确提出"除法律、行政法规另有规定外，外资项目核准手续可与其他许可手续并行办理"。

2. 项目申请报告

在内容方面，项目申请报告应当包括下列内容：（1）企业基本情况（包括投资方情况）；（2）项目情况，包括项目名称、建设地点、建设规模、建设内容等；（3）项目利用资源情况分析以及对生态环境的影响分析；（4）项目对经济

---

① 即：不涉及新增建设用地，在土地利用总体规划确定的城镇建设用地范围内使用已批准建设用地进行建设的项目，可不进行建设项目用地预审（见《外商投资项目核准和备案管理办法》（2014 年修正）第 10 条第 4 项、《国土资源部关于改进和优化建设项目用地预审和用地审查的通知》（国土资规〔2016〕16 号）第 2 条第 9 款）。

② 《节约能源法》（2018 年修正）第 15 条、《水法》（2016 年修正）第 19 条、《防洪法》（2016 年修正）第 17 条第 2 款、第 27 条第 1 款、第 23 条第 1 款、《职业病防治法》（2018 年修正）第 17 条第 2 款、第 18 条第 2 款、《环境影响评价法》（2018 年修正）第 25 条、《航道法》（2016 年修正）第 28 条第 3 款。

和社会的影响分析；其中，外国投资者并购境内企业项目申请报告还应包括并购方情况、并购安排、融资方案和被并购方情况、被并购后经营方式、范围和股权结构、所得收入的使用安排等。①

值得注意的是，核准机关应当制定并公布项目申请书示范文本，明确项目申请书编制要求；项目申请报告可以由项目单位自行编写，也可以由项目单位自主委托具有相关经验和能力的工程咨询单位编写，任何单位和个人不得强制项目单位委托中介服务机构编制项目申请报告。②

3. 申请材料清单制度

针对企业投资项目（包括外商投资项目）核准的申请材料，国家发展改革委、工业和信息化部等15部委印发了《全国投资项目在线审批监管平台投资审批管理事项统一名称清单》和《全国投资项目在线审批监管平台投资审批管理事项申请材料清单》，统一规定了全国投资项目在线审批监管平台投资项目审批管理事项名称和申请材料清单，并明确要求各级审批部门不得要求项目单位提供该清单之外的申请材料（地方法规有明确规定、确需项目单位另行提供的，由各省级投资主管部门商有关部门通过在线平台公布，并报国务院有关主管部门备案）。③

（七）外商投资项目的变更

1. 外商投资项目变更事项

经核准的外商投资项目如果出现下列情形之一的，应当向原核准机关申请变更：

（1）项目建设地点发生变更④；

（2）投资方或股权发生变更⑤；

---

① 见《企业投资项目核准和备案管理条例》第6条第1款、《外商投资项目核准和备案管理办法》（2014年修正）第8条。
② 见《企业投资项目核准和备案管理条例》第7条、《企业投资项目核准和备案管理办法》第21条。
③ 见《国家发展改革委、工业和信息化部、国家安全部、自然资源部、生态环境部、住房城乡建设部、交通运输部、水利部、国家卫生健康委、中国地震局、中国气象局、国家烟草局、国家林草局、中国民航局、国家文物局关于印发全国投资项目在线审批监管平台投资审批管理事项统一名称和申请材料清单的通知》（发改投资〔2019〕268号）。
④ 见《企业投资项目核准和备案管理条例》第11条、《外商投资项目核准和备案管理办法》（2014年修正）第21条第1项、《企业投资项目核准和备案管理办法》第37条第1项。
⑤ 见《外商投资项目核准和备案管理办法》（2014年修正）第21条第2项。

（3）投资规模发生较大变更[1]；

（4）建设规模发生较大变更[2]；

（5）建设内容发生较大变更[3]；

（6）项目变更可能对经济、社会、环境等产生重大不利影响的[4]；

（7）需要对项目核准文件所规定的内容进行调整的其他重大情形[5]；

（8）有关法律法规和产业政策规定需要变更的其他情况[6]。

2. 如何认定已核准项目发生较大变更？

问题是，如何认定"投资方或股权发生变更""投资规模发生较大变更""建设规模发生较大变更""建设内容发生较大变更""项目变更可能对经济、社会、环境等产生重大不利影响"？对此，国家发改委暂未公开作出直接的界定，实务中可以参考其他部委或地方主管机关的意见。

第一，可以参考国务院环境保护主管部门的意见。

考虑到"合理开发利用资源""保护生态环境""保障公共利益"是外商投资项目的核准条件之一，因此，在认定外商投资项目是否存在"投资规模发生较大变更""建设规模发生较大变更""建设内容发生较大变更""项目变更可能对经济、社会、环境等产生重大不利影响"或其他较大变更时，可以结合项目的具体情况、参考适用国务院环境保护主管部门制定的有关认定建设项目重大变动的意见。

针对建设项目环境影响评价，《环境影响评价法》（2018年修正）第24条第1款规定："建设项目的环境影响评价文件经批准后，建设项目的性质、规模、地点、采用的生产工艺或者防治污染、防止生态破坏的措施发生重大变动的，建设单位应当重新报批建设项目的环境影响评价文件。"《建设项目环境保护管理条例》第12条第1款规定："建设项目环境影响报告书、环境影响报告表经批准

---

[1] 见《企业投资项目核准和备案管理条例》第11条、《企业投资项目核准和备案管理办法》第37条第2项。

[2] 见《企业投资项目核准和备案管理条例》第11条、《企业投资项目核准和备案管理办法》第37条第2项。

[3] 见《企业投资项目核准和备案管理条例》第11条、《企业投资项目核准和备案管理办法》第37条第2项。

[4] 参考《企业投资项目核准和备案管理办法》第37条第3项。

[5] 参考《企业投资项目核准和备案管理办法》第37条第4项。

[6] 见《企业投资项目核准和备案管理条例》第11条、《外商投资项目核准和备案管理办法》（2014年修正）第21条第3项、《企业投资项目核准和备案管理办法》第37条第4项。

后，建设项目的性质、规模、地点、采用的生产工艺或者防治污染、防止生态破坏的措施发生重大变动的，建设单位应当重新报批建设项目环境影响报告书、环境影响报告表。"据此，《环境保护部办公厅关于印发环评管理中部分行业建设项目重大变动清单的通知》（环办〔2015〕52号）规定："建设项目的性质、规模、地点、生产工艺和环境保护措施五个因素中的一项或一项以上发生重大变动，且可能导致环境影响显著变化（特别是不利环境影响加重）的，界定为重大变动。属于重大变动的应当重新报批环境影响评价文件，不属于重大变动的纳入竣工环境保护验收管理。"

并且，国务院环境保护主管部门还结合不同行业的环境影响特点，制定了制浆造纸、制药、农药、化肥（氮肥）、纺织印染、制革、制糖、电镀、钢铁、炼焦化学、平板玻璃、水泥、铜铅锌冶炼、铝冶炼14个行业建设项目重大变动清单（试行）[①]。

比如，就制药建设项目而言，以下情形属于重大变动：[②]

（1）以下情形均属于建设规模重大变动：（a）中成药、中药饮片加工生产能力增加50%及以上；（b）化学合成类、提取类药品、生物工程类药品生产能力增加30%及以上；（c）生物发酵制药工艺发酵罐规格增大或数量增加，导致污染物排放量增加。

（2）以下情形均属于建设地点重大变动：（a）项目重新选址；（b）在原厂址附近调整（包括总平面布置变化）导致防护距离内新增敏感点。

（3）以下情形均属于生产工艺重大变动：（a）生物发酵制药的发酵、提取、精制工艺变化，或化学合成类制药的化学反应（缩合、裂解、成盐等）、精制、分离、干燥工艺变化，或提取类制药的提取、分离、纯化工艺变化，或中药类制药的净制、炮炙、提取、精制工艺变化，或生物工程类制药的工程菌扩大化、分离、纯化工艺变化，或混装制剂制药粉碎、过滤、配制工艺变化，导致新增污染物或污染物排放量增加；（b）新增主要产品品种；（c）主要原辅材料变化导致

[①] 《环境保护部办公厅关于印发制浆造纸等十四个行业建设项目重大变动清单的通知》（环办环评〔2018〕6号）。

[②] 见《环境保护部办公厅关于印发制浆造纸等十四个行业建设项目重大变动清单的通知》（环办环评〔2018〕6号）附件2《制药建设项目重大变动清单（试行）》。该清单适用于发酵类制药、化学合成类制药、提取类制药、中药类制药、生物工程类制药、混装制剂制药建设项目环境影响评价管理，兽用药品及医药中间体制造建设项目可参照执行。

新增污染物或污染物排放量增加。

（4）以下情形均属于环境保护措施重大变动：（a）废水、废气处理工艺变化，导致新增污染物或污染物排放量增加（废气无组织排放改为有组织排放除外）；（b）排气筒高度降低10%及以上；（c）新增废水排放口；（d）废水排放去向由间接排放改为直接排放；（e）直接排放口位置变化导致不利环境影响加重；（f）风险防范措施变化导致环境风险增大；（g）危险废物处置方式由外委改为自行处置或处置方式变化导致不利环境影响加重。

第二，可以参考地方主管部门的意见。

有的地方发展改革部门也制定了有关投资项目变更核准或认定项目发生重大变动的文件，实务中应当予以特别关注。

根据《外商投资项目核准和备案管理办法》（2014年修正）》第34条关于"具有项目核准职能的国务院行业管理部门和省级政府有关部门可以按照国家有关法律法规和本办法的规定，制定外商投资项目核准具体实施办法和相应的《服务指南》"和《企业投资项目核准和备案管理办法》第63条关于"省级政府和国务院行业管理部门，可以按照《企业投资项目核准和备案管理条例》和本办法的规定，制订具体实施办法"的规定，省级投资主管部门可以制定有关投资项目变更核准或认定项目发生重大变动的具体实施办法。

比如，北京市发改委印发的《北京市外商投资项目核准暂行实施办法》（京发改〔2005〕2598号，已于2018年失效）第20条曾规定："已经核准的项目如出现下列情况之一的，应及时以书面形式向原项目核准机关申请变更：（一）建设地点发生变化；（二）投资方或股权发生变化；（三）主要建设内容及主要产品或经营范围发生变化；（四）总投资变动额超过原核准投资额20%或建筑面积变动超过核准面积10%或1000平方米；（五）有关法律法规和产业政策规定需要变更的其他情况。"《北京市企业投资项目核准暂行实施办法》（京政办发〔2005〕37号文件转发）第22条规定："已经核准的项目，如需对项目核准文件所规定的内容进行调整，项目单位应及时以书面形式向原项目核准机关报告。……其中，有下列情形之一的，视为项目发生重大变更，项目单位应及时以书面形式向原项目核准机关提交项目变更申请报告。（一）建设地点发生变更；（二）主要建设内容、主要工艺或者建设性质发生变化；（三）建筑面积变动额超过核准面积10%或1000平方米；（四）投资主体发生变更；（五）其他重要变更事项。"

又如，广东省发展和改革委员会、广东省工业和信息厅《关于企业投资项目核准和备案管理的实施办法》（粤发改规〔2022〕1号）第36条规定："取得项目核准文件的项目，有下列情形之一的，项目单位应当及时以书面形式向原项目核准机关提出变更申请……（一）建设地点发生变更的；（二）总投资或者建设规模变化在20%及以上、建设内容发生较大变化的；（三）项目法人发生变更的；（四）项目变更可能对经济、社会、环境等产生重大不利影响的；（五）需要对项目核准文件所规定的内容进行调整的其他重大情形。"

3. 外商投资项目的变更程序

在变更的程序上，外商投资项目变更核准的程序原则上比照外商投资项目核准的规定执行。① 但是，经核准的项目若变更后属于备案管理范围的，则应按备案程序办理。② 核准机关应当自受理申请之日起20个工作日内，作出是否同意变更的书面决定。③

值得注意的是，外商投资项目发生变更，可能还需要向其他主管机关办理相应的变更手续。比如，项目建设地点发生变更，与作出原核准决定时所依据的选址意见书、用地（用海）预审确定的范围不一致的，可能需要提交相关部门同意变更或重新出具的相关证明文件。④

（八）核准的效力

实行核准管理的外商投资项目，未依法办理核准手续的，不得开工建设。具体而言：

（1）实行核准管理的项目，企业未依法办理核准手续开工建设的，由核准机关责令停止建设或者责令停产，对企业处项目总投资额1‰以上5‰以下的罚款；对直接负责的主管人员和其他直接责任人员处2万元以上5万元以下的罚款，属于国家工作人员的，依法给予处分。⑤

（2）对于未按规定权限和程序核准的项目，有关部门不得办理相关手续，

---

① 见《外商投资项目核准和备案管理办法》（2014年修正）第22条。
② 见《外商投资项目核准和备案管理办法》（2014年修正）第23条。
③ 见《企业投资项目核准和备案管理条例》第11条、《外商投资项目核准和备案管理办法》（2014年修正）第15条。
④ 见《广东省发展改革委关于企业投资项目核准和备案管理的实施细则（试行）》（粤发改规〔2019〕1号，已失效）第17条第2项。
⑤ 《企业投资项目核准和备案管理条例》第18条、《企业投资项目事中事后监管办法》第10条。

金融机构不得提供信贷支持。①

值得注意的是，外商投资项目办理了核准手续不意味着就可以直接开工建设了。对此，《国务院关于投资体制改革的决定》（国发〔2004〕20号）也规定："对于企业不使用政府投资建设的项目，一律不再实行审批制，区别不同情况实行核准制和备案制。其中，政府仅对重大项目和限制类项目从维护社会公共利益角度进行核准，其他项目无论规模大小，均改为备案制，项目的市场前景、经济效益、资金来源和产品技术方案等均由企业自主决策、自担风险，并依法办理环境保护、土地使用、资源利用、安全生产、城市规划等许可手续和减免税确认手续。"根据项目的具体情况，可能还需要办理固定资产投资项目节能评估和审查、水工程建设流域综合规划审查、水工程建设防洪规划审查、河道管理范围内工程建设方案审查、非防洪建设项目洪水影响评价报告书审批、卫生行政部门实施的职业病危害预评价报告审核、建设项目环境影响评价审批、航道通航条件影响评价审核等手续。②

需要注意的是，在特殊时期，特定外商投资项目的核准手续可以与其他部门的许可手续并行办理，不用在取得核准手续之后才开始办理其他许可手续。

比如，为应对疫情，《国家发展改革委关于应对疫情进一步深化改革做好外资项目有关工作的通知》（发改外资〔2020〕343号）规定："简化外资项目核准手续。……除法律、行政法规另有规定外，外资项目核准手续可与其他许可手续并行办理。"

实行核准制的外商投资项目需要遵守其核准文件所规定的有效期。对此，《外商投资项目核准和备案管理办法》（2014年修正）第24条规定："核准或备案文件应规定文件的有效期。在有效期内未开工建设的，项目申报单位应当在有效期届满前30个工作日向原核准和备案机关提出延期申请。在有效期内未开工建设且未提出延期申请的，原核准文件期满后自动失效。"

需要注意的是，《外商投资项目核准和备案管理办法》（2014年修正）没有直接规定外商投资项目核准文件的有效期的具体期限，这与《企业投资项目核准

---

① 《外商投资项目核准和备案管理办法》（2014年修正）第25条。
② 针对内资企业投资项目，《企业投资项目核准和备案管理办法》第44条规定"实行备案管理的项目，项目单位在开工建设前还应当根据相关法律法规规定办理其他相关手续。"尽管《企业投资项目核准和备案管理办法》不适用于外商投资项目，但上述要求应该是同样适用于外商投资项目的。

和备案管理办法》第 38 条针对内资投资项目①的核准文件规定的"项目自核准机关出具项目核准文件或同意项目变更决定 2 年内未开工建设,需要延期开工建设的,项目单位应当在 2 年期限届满的 30 个工作日前,向项目核准机关申请延期开工建设。项目核准机关应当自受理申请之日起 20 个工作日内,作出是否同意延期开工建设的决定,并出具相应文件。开工建设只能延期一次,期限最长不得超过 1 年。国家对项目延期开工建设另有规定的,依照其规定。在 2 年期限内未开工建设也未按照规定向项目核准机关申请延期的,项目核准文件或同意项目变更决定自动失效"是不一样的。

(九) 外商投资项目核准的具体实施要求

需要注意的是,由于《国务院关于发布政府核准的投资项目目录(2016 年本)的通知》(国发〔2016〕72 号)规定了"由地方政府核准的项目,各省级政府可以根据本地实际情况,按照下放层级与承接能力相匹配的原则,具体划分地方各级政府管理权限,制定本行政区域内统一的政府核准投资项目目录",《外商投资项目核准和备案管理办法》(2014 年修正)第 34 条也规定了"具有项目核准职能的国务院行业管理部门和省级政府有关部门可以按照国家有关法律法规和本办法的规定,制定外商投资项目核准具体实施办法和相应的《服务指南》",因此,各地、各行业主管部门通常都会针对本地、本行业的外商投资项目的核准的具体事项作出自己的规定,实务中应当以当地或行业主管部门的具体要求为准。

(十) 外商投资项目核准与外商投资安全审查的衔接

值得注意的是,在外商投资项目属于国家安全审查范围内的项目时,存在外商投资项目核准与外商投资国家安全审查的衔接问题。

对此,《国家发展改革委办公厅关于外国投资者并购境内企业项目核准有关问题的复函》(发改办外资〔2011〕1213 号)曾经规定:"根据《国务院办公厅关于建立外国投资者并购境内企业安全审查制度的通知》(国办发〔2011〕6 号),属于并购安全审查范围的项目,应由外国投资者并购境内企业安全审查部际联席会议(以下简称联席会议)进行安全审查。地方发展改革部门在受理外

---

① 《企业投资项目核准和备案管理办法》第 62 条规定:"外商投资项目和境外投资项目的核准和备案管理办法另行制定",因此,《企业投资项目核准和备案管理办法》不适用于外商投资项目的核准和备案。

国投资者并购境内企业项目核准申请时，对属于并购安全审查范围，但外国投资者没有提出并购安全审查申请的，应暂停项目核准程序。联席会议确认不影响国家安全的外国投资者并购境内企业项目，按照现行外商投资项目管理有关规定办理项目核准。联席会议确认影响国家安全的外国投资者并购境内企业项目，不得办理项目核准。"

据此，可以将外商投资安全审查理解为外商投资项目核准的前置条件，但不是受理外商投资项目核准申请的前置条件。

五、外商投资项目的备案

（一）外商投资项目备案的性质

1. 外商投资项目备案不属于行政许可

与外商投资项目核准属于行政许可不同，外商投资项目备案不属于行政许可。对此，国务院法制办、发展改革委负责人就《企业投资项目核准和备案管理条例》答记者问时明确提及："项目备案不是行政许可，这一点是十分明确的。"[1]

具体而言，一是从审查内容看，备案仅对项目是否符合产业政策进行把关，除产业政策禁止发展或者应当实行核准或审批管理的项目外，备案机关均应当予以备案；二是从办理方式看，与核准需要履行申请、受理、委托评估、征求意见、协调和调整等程序才能出具核准文件或不予核准决定书不同，备案是企业通过在线平台提交申请，履行投资项目信息告知义务后，在线打印备案文件。[2]

国家对不需要核准的项目实行备案管理，主要目的有两个：一是便于政府及时掌握投资动态，为实施投资调控提供依据；二是便于把好产业政策关，同时做

---

[1] 见《转变政府投资管理职能，落实企业投资自主权——国务院法制办、发展改革委负责人就〈企业投资项目核准和备案管理条例〉答记者问》。不过，值得注意的是，国家发改委曾经认为企业投资项目备案属于"简易行政许可"。对此，原国务院法制办公室2015年7月23日公布的《国家发展改革委关于〈政府核准和备案投资项目管理条例（征求意见稿）〉的说明》认为："征求意见稿第五章规定的项目备案既不同于核准，也不是事后告知性备案，而是事前强制备案，是一种简易许可。"见http：//www.mofcom.gov.cn/article/b/g/201508/20150801094628.shtml，最后访问日期：2024年3月2日，下同。

[2] 见原国务院法制办公室2015年7月23日公布的《国家发展改革委关于〈政府核准和备案投资项目管理条例（征求意见稿）〉的说明》。

好事中事后监管。①

由此，可以将外商投资项目备案理解为企业投资项目备案机关依法对适用备案管理的投资项目的相关项目信息进行收集管理的行政行为②。

2. 外商投资项目备案属于事前强制备案

不过，与人民防空工程施工图实行事后告知性备案③不同，外商投资项目备案属于事前备案并且属于强制备案④。

对此，《企业投资项目核准和备案管理条例》第 13 条第 1 款规定："实行备案管理的项目，企业应当在开工建设前通过在线平台将下列信息告知备案机关……"第 19 条规定："实行备案管理的项目，企业未依照本条例规定将项目信息……告知备案机关……由备案机关责令限期改正；逾期不改正的，处 2 万元以上 5 万元以下的罚款。"

此外，由于《企业投资项目核准和备案管理条例》第 13 条使用了"实行备案管理的项目，企业应当在开工建设前通过在线平台将下列信息告知备案机关……备案机关收到本条第一款规定的全部信息即为备案；企业告知的信息不齐全的，备案机关应当指导企业补正"的表述，因此，可以将企业投资项目（包括外商投资项目）备案理解为企业向备案机关作出的"告知性备案"。对此，《国家发展改革委关于应对疫情进一步深化改革做好外资项目有关工作的通知》（发改外资〔2020〕343 号）也规定"所有备案的外资项目一律实行告知性备案管理"。

（二）适用备案制的外商投资项目的范围

现阶段，原则上，除了《政府核准的投资项目目录》规定实行核准管理的外商投资项目，其他的外商投资项目适用的都是备案管理。

---

① 见《转变政府投资管理职能，落实企业投资自主权——国务院法制办、发展改革委负责人就〈企业投资项目核准和备案管理条例〉答记者问》。

② 广东省人民政府 2005 年印发的《广东省企业投资项目备案办法》（粤府〔2005〕120 号，于 2018 年被宣布失效）第 3 条第 1 款规定："本办法所称备案，是指各级备案机关依照国家法律法规和有关政策，对符合备案范围的企业投资项目及有关内容予以确认，并进行信息收集管理的行政行为。"

③ 《国务院关于河北省张家口赛区冬奥会建设项目投资审批改革试点的批复》（国函〔2017〕56 号）。

④ 原国务院法制办公室 2015 年 7 月 23 日公布的《国家发展改革委关于〈政府核准和备案投资项目管理条例（征求意见稿）〉的说明》认为："征求意见稿第五章规定的项目备案既不同于核准，也不是事后告知性备案，而是事前强制备案……"。

对此,《企业投资项目核准和备案管理条例》第3条第1款规定:"对关系国家安全、涉及全国重大生产力布局、战略性资源开发和重大公共利益等项目,实行核准管理。具体项目范围以及核准机关、核准权限依照政府核准的投资项目目录执行。政府核准的投资项目目录由国务院投资主管部门会同国务院有关部门提出,报国务院批准后实施,并适时调整……"第2款规定:"对前款规定以外的项目,实行备案管理……"

此外,《外商投资项目核准和备案管理办法》(2014年修正)第4条第1款也规定:"外商投资项目核准权限、范围按照国务院发布的《核准目录》执行",第5条规定:"本办法第四条范围以外的外商投资项目由地方政府投资主管部门备案。"

据此,实行备案管理的外商投资项目的范围,取决于实行核准管理的外商投资项目的范围:实行核准管理的外商投资项目不适用备案管理,不实行核准管理的外商投资项目就适用备案管理,不存在既不实行核准管理又不实行备案管理的外商投资项目。

总体而言,从国家投融资体制改革的趋势看,根据《国务院关于实行市场准入负面清单制度的意见》(国发〔2015〕55号)关于"发展改革委要按照国务院要求,改革企业投资项目核准制,适时按程序修订和发布实施《政府核准的投资项目目录》,最大限度地缩小企业投资项目的核准范围……"和《中共中央、国务院关于深化投融资体制改革的意见》(2016年7月5日)关于"坚持企业投资核准范围最小化,原则上由企业依法依规自主决策投资行为"的规定,由于实行核准管理的企业投资项目的范围在不断缩小[1],实行备案管理的外商投资项目的范围也就相应会不断增大。

(三) 备案机关及备案权限

在实行备案管理的企业投资项目的备案机关和备案权限方面,《企业投资项目核准和备案管理条例》只是由其第3条第2款[2]作出了原则性规定("按属地原则备案"),并授权省级政府和计划单列市人民政府确定具体的备案机关及其

---

[1] 国务院法制办、发展改革委负责人就《企业投资项目核准和备案管理条例》答记者问时也提及:"从近几年目录调整的情况看,政府核准的项目范围是不断缩小的。"见 http://www.gov.cn/xinwen/2016-12/15/content_5148169.htm,最后访问日期:2024年3月2日。

[2] 《企业投资项目核准和备案管理条例》第3条第2款规定:"……除国务院另有规定的,实行备案管理的项目按照属地原则备案,备案机关及其权限由省、自治区、直辖市和计划单列市人民政府规定。"

权限。这一规定同样适用于实行备案管理的外商投资项目。

此外，针对实行备案管理的外商投资项目，《外商投资项目核准和备案管理办法》（2014年修正）第5条规定："本办法第四条范围以外的外商投资项目由地方政府投资主管部门备案。"其中的"地方政府投资主管部门"应当结合项目的具体情况并依据省级政府或计划单列市人民政府的文件加以确定。

实践中，各地通常会制定专门的法规，明确实行备案管理的外商投资项目的具体备案机关及其权限。比如，《上海市外商投资项目核准和备案管理办法》（沪府规〔2021〕19号）第4条第1款规定："项目核准和备案的范围、权限为：……（二）负面清单之外领域的项目，按照内外资一致原则实施管理"，第3款规定："不属于《上海市政府核准的投资项目目录细则》第一至十条所列的外商投资项目，按照规定实行备案管理。区发展改革委、市政府确定的机构按照《上海市政府备案的投资项目目录》规定，负责所属区域内的外商投资项目备案，其他项目由市发展改革委备案"。上海市人民政府沪府规〔2023〕19号文件批转的《上海市政府备案的投资项目目录（2024年本）》第6条进一步规定："市发展改革委、区发展改革委和市政府确定的机构为本市外商投资项目备案机关。《外商投资准入特别管理措施（负面清单）》《自由贸易试验区外商投资准入特别管理措施（负面清单）》之外领域且不属于《上海市政府核准的投资项目目录细则》的外商投资项目，按照规定实行备案管理。区发展改革委、市政府确定的机构按照本目录第一至五条规定，按照权限负责所属区域内的外商投资项目备案，其他项目由市发展改革委备案。未列入本目录第一至五条的其他外商投资备案项目，区发展改革委、市政府确定的机构按照项目所在地原则实行属地备案。备案权限不再下放"，但是，"国家和本市对浦东新区、中国（上海）自由贸易试验区（含临港新片区）、虹桥国际开放枢纽等区域出台有关外商投资项目管理先行先试特殊规定的，从其规定"。

又如，广东省发展和改革委员会、广东省工业和信息厅《关于企业投资项目核准和备案管理的实施办法》（粤发改规〔2022〕1号）第6条规定："除国务院、国务院投资主管部门和省政府另有规定外，实行备案管理的项目按照属地原则备案。其中，跨地级市基本建设项目由省政府投资主管部门备案，跨县（市、区）基本建设项目、工业和信息化领域技术改造项目由项目所在地的地级市政府投资主管部门备案"，第7条规定："……依据国务院专门规定和本实施办法第六条规定具有项目备案权限的行政机关统称项目备案机关，包括省、市、县（市、区)三级政府投资主管部门,以及承接相应委托职能的各类产业园区管委会,不设县的市所属镇(街)可以根据授权办理项目备案。省、市、县(市、区)三级政府投资主管部门,是指省、市、县(市、区)三级人民政府发展改革部门和省、市、县(市、区)三级人民政府规定具有技术改造投资管理职能的工业和信息化主管部门。发展改革部门、工业和信息化主管部门按照项目性质,分别负责基本建设、工业和信息化领域技术改造投资项目的核准和备案"。

因此,针对具体的外商投资项目,有必要关注项目所在地省级政府出台的文件,以确定对相应项目具有备案权限的行政机关。

(四)备案内容和备案条件

1. 备案时间、备案方式和备案内容

针对企业投资项目的备案时间、备案方式和备案内容,《企业投资项目核准和备案管理条例》第13条第1款规定:"实行备案管理的项目,企业应当在开工建设前通过在线平台将下列信息告知备案机关:(一)企业基本情况;(二)项目名称、建设地点、建设规模、建设内容;(三)项目总投资额;(四)项目符合产业政策的声明。"

上述要求同样适用于外商投资项目的备案。亦即,外商投资项目的备案时间为"开工建设之前",备案方式为"通过全国投资项目在线审批监管平台",备案内容为"(一)企业基本情况;(二)项目名称、建设地点、建设规模、建设内容;(三)项目总投资额;(四)项目符合产业政策的声明"。

在此基础上,《国家发展改革委关于应对疫情进一步深化改革做好外资项目有关工作的通知》(发改外资〔2020〕343号)进一步将备案信息明确为"项目基本信息":"项目基本信息包括项目单位、项目名称、项目地点、项目内容、投资规模、投资方及国别、出资额及出资比例、符合负面清单及产业政策声明。"

企业应当对备案项目信息的真实性负责,向备案机关提供虚假信息的,由备案机关责令限期改正;逾期不改正的,处2万元以上5万元以下的罚款。[①]

2. 备案条件

在外商投资项目的备案条件方面,《外商投资项目核准和备案管理办法》(2014年修正)第19条规定:"外商投资项目备案需符合国家有关法律法规、发

[①] 《企业投资项目核准和备案管理条例》第13条第2款、第19条。

展规划、产业政策及准入标准，符合《外商投资产业指导目录》《中西部地区外商投资优势产业目录》"，第 20 条规定："对不予备案的外商投资项目，地方投资主管部门应在 7 个工作日内出具书面意见并说明理由。"

不过，由于《中共中央、国务院关于深化投融资体制改革的意见》（2016 年 7 月 5 日）提出"实行备案制的投资项目，备案机关要通过投资项目在线审批监管平台或政务服务大厅，提供快捷备案服务，不得设置任何前置条件"，《企业投资项目核准和备案管理条例》第 13 条第 3 款规定"备案机关收到本条第一款规定的全部信息即为备案……"《国家发展改革委关于应对疫情进一步深化改革做好外资项目有关工作的通知》（发改外资〔2020〕343 号）也规定"备案机关通过全国投资项目在线审批监管平台（以下简称在线平台），在项目实施前收到项目单位提供的项目基本信息即完成备案"，因此，实行备案管理的外商投资项目的备案不存在前置条件，只要备案机关通过全国投资项目在线审批监管平台在项目实施前收到项目单位提供的项目基本信息即完成备案。

不过，值得注意的是，"实行备案管理的外商投资项目的备案不存在前置条件"并不意味着"外商投资项目备案不需要满足任何条件"。只有"实行备案管理的外商投资项目"才适用"无前置条件备案"，并且，只有在满足"备案机关通过在线平台在项目实施前收到项目单位提供的项目基本信息"的情况下才完成了备案。

对此，《企业投资项目核准和备案管理条例》第 13 条第 3 款也规定"……企业告知的信息不齐全的，备案机关应当指导企业补正"，第 15 条规定"备案机关发现已备案项目属于产业政策禁止投资建设或者实行核准管理的，应当及时告知企业予以纠正或者依法办理核准手续，并通知有关部门"。

3. 备案证明

企业需要外商投资项目备案证明的，可以要求备案机关出具或者通过在线平台自行打印。①

《外商投资项目核准和备案管理办法》（2014 年修正）第 24 条只是要求针对外商投资项目的备案文件"应规定文件的有效期"，但没有直接规定项目备案证

---

① 《企业投资项目核准和备案管理条例》第 13 条第 4 款。

明的有效期的期限①，这跟《外商投资项目核准和备案管理办法》（2014年修正）第24条针对外商投资项目核准文件规定："核准或备案文件应规定文件的有效期。在有效期内未开工建设的，项目申报单位应当在有效期届满前30个工作日向原核准和备案机关提出延期申请。在有效期内未开工建设且未提出延期申请的，原核准文件期满后自动失效"是不一样的。

不过，即使外商投资项目备案证明没有规定有效期，但是，实行备案管理的外商投资项目仍然需要注意《企业投资项目事中事后监管办法》第15条的规定："项目自备案后2年内未开工建设或者未办理任何其他手续的，项目单位如果决定继续实施该项目，应当通过在线平台作出说明；如果不再继续实施，应当撤回已备案信息。前款项目既未作出说明，也未撤回备案信息的，备案机关应当予以提醒。经提醒后仍未作出相应处理的，备案机关应当移除已向社会公示的备案信息，项目单位获取的备案证明文件自动失效。对其中属于故意报备不真实项目、影响投资信息准确性的，备案机关可以将项目列入异常名录，并向社会公开"，其备案证明仍然可能面临"自动失效"的风险。

（五）备案信息的变更

1. 备案信息变更事项

已备案的外商投资项目的以下信息发生较大变更时，企业应当及时告知备案机关②：

（1）项目单位；

（2）项目名称；

（3）建设地点、建设规模、建设内容；

（4）项目总投资额；

（5）投资方及国别、出资额及出资比例；

（6）项目符合产业政策的声明。

---

① 《广东省发展改革委关于印发企业投资项目核准和备案管理实施细则（试行）》（粤发改规〔2019〕1号，已失效）第22条曾经规定"备案证有效期2年，自项目完成网上备案时起计算。……项目在备案证有效期内开工建设的，备案证长期有效"。但广东省发展和改革委员会、广东省工业和信息厅《关于企业投资项目核准和备案管理的实施办法》（粤发改规〔2022〕1号）没有再规定备案证的有效期。

② 《企业投资项目核准和备案管理条例》第13条第1款、第14条，《国家发展改革委关于应对疫情进一步深化改革做好外资项目有关工作的通知》（发改外资〔2020〕343号）。

2. 如何认定已备案项目信息发生较大变更

问题是，如何认定"已备案项目信息发生较大变更"？对此，国家发改委暂未作出直接的界定。笔者理解可以参照已核准项目发生较大变更的认定来处理，即结合项目的具体情况、参考适用国务院环境保护主管部门制定的有关认定建设项目重大变动的意见。具体可见本章"四、外商投资项目的核准"中"（七）外商投资项目的变更"部分的内容。

此外，有的地方发展改革部门也出台了有关认定投资项目备案信息发生较大变更的意见，实务中应当予以特别关注。比如，《河南省发展和改革委员会关于做好企业投资项目告知性备案有关工作的通知》（豫发改投资〔2017〕1012号）规定："项目备案后，项目法人、项目名称、建设地点发生变更的，建设规模较原备案信息变化超过30%以上的，建设内容发生较大变更的，应视为项目备案信息发生较大变更，项目单位应在项目开工前通过在线平台及时予以修改，并告知备案机关；其他备案信息发生变化的，项目单位可以根据需要在项目开工前通过在线平台予以修改，并自愿选择是否告知备案机关。"

3. 备案信息发生较大变更的告知义务

在已备案项目信息发生较大变更时，企业负有及时告知备案机关并相应修改备案信息的义务。[①]

（六）备案的效力

实行备案管理的外商投资项目，未依法办理备案手续的，不得开工建设。具体而言：

（1）实行备案管理的项目，企业未依法将项目信息或者已备案项目的信息变更情况告知备案机关，或者向备案机关提供虚假信息的，由备案机关责令限期改正；逾期不改正的，处2万元以上5万元以下的罚款。[②]

（2）项目自备案后2年内未开工建设或者未办理任何其他手续的，项目单位如果决定继续实施该项目，应当通过在线平台作出说明；如果不再继续实施，应当撤回已备案信息；既未作出说明，也未撤回备案信息的，备案机关应当予以提醒。经提醒后仍未作出相应处理的，备案机关应当移除已向社会公示的备案信

---

① 《企业投资项目核准和备案管理条例》第14条、《企业投资项目核准和备案管理办法》第43条。但如何认定"及时"，国家发改委的文件暂未予以明确。

② 《企业投资项目核准和备案管理条例》第19条。

息，项目单位获取的备案证明文件自动失效。对其中属于故意报备不真实项目、影响投资信息准确性的，备案机关可以将项目列入异常名录，并向社会公开。①

值得注意的是，外商投资项目办理了备案手续不意味着就可以直接开工建设了。对此，《国务院关于投资体制改革的决定》（国发〔2004〕20号）规定："对于企业不使用政府投资建设的项目，一律不再实行审批制，区别不同情况实行核准制和备案制。其中，政府仅对重大项目和限制类项目从维护社会公共利益角度进行核准，其他项目无论规模大小，均改为备案制，项目的市场前景、经济效益、资金来源和产品技术方案等均由企业自主决策、自担风险，并依法办理环境保护、土地使用、资源利用、安全生产、城市规划等许可手续和减免税确认手续。"根据项目的具体情况，可能还需要办理固定资产投资项目节能评估和审查、水工程建设流域综合规划审查、水工程建设防洪规划审查、河道管理范围内工程建设方案审查、非防洪建设项目洪水影响评价报告书审批、卫生行政部门实施的职业病危害预评价报告审核、建设项目环境影响评价审批、航道通航条件影响评价审核等手续。②

（七）外商投资项目备案的具体实施要求

需要注意的是，由于《国务院关于投资体制改革的决定》（国发〔2004〕20号）规定"对于《目录》以外的企业投资项目，实行备案制，除国家另有规定外，由企业按照属地原则向地方政府投资主管部门备案。备案制的具体实施办法由省级人民政府自行制定"，《企业投资项目核准和备案管理办法》第63条规定"省级政府和国务院行业管理部门，可以按照《企业投资项目核准和备案管理条例》和本办法的规定，制订具体实施办法"，并且，国家发展改革委负责人就发布实施《外商投资项目核准和备案管理办法》有关问题答记者问时也提及"考虑到这是外商投资项目首次实行备案管理方式，为规范管理和防范风险，《办法》在总结吸纳中国（上海）自由贸易试验区的实践经验基础上，对备案管理作了原则性一般规定，包括备案所需材料、备案条件等，都属于基本要求。地方政府投资主管部门可根据当地外商投资项目管理的实际需要，对备案管理作出更

---

① 《企业投资项目事中事后监管办法》第15条。
② 针对内资企业投资项目，《企业投资项目核准和备案管理办法》第44条规定："实行备案管理的项目，项目单位在开工建设前还应当根据相关法律法规规定办理其他相关手续。"尽管《企业投资项目核准和备案管理办法》不适用于外商投资项目，但上述要求同样适用于外商投资项目。

加全面、具体的规定"①，因此，各地、各行业主管部门通常都会针对本地、本行业的外商投资项目的备案的具体事项作出自己的规定，实务中应当以当地或行业主管部门的具体要求为准。

六、未依法办理外商投资项目核准或备案的法律责任

未依法办理外商投资项目核准或备案的法律责任主要是由行政法规《企业投资项目核准和备案管理条例》加以规定的。

（一）未依法办理核准的行为及其法律责任

现阶段，未依法办理外商投资项目核准的违法行为及其法律责任主要如下：

1. 应申请办理项目核准但未依法办理核准手续就开工建设

2. 未按照核准的建设地点、建设规模、建设内容等进行建设

针对上述任一违法行为，《企业投资项目核准和备案管理条例》第18条第1款规定："实行核准管理的项目，企业未依照本条例规定办理核准手续开工建设或者未按照核准的建设地点、建设规模、建设内容等进行建设的，由核准机关责令停止建设或者责令停产，对企业处项目总投资额1‰以上5‰以下的罚款；对直接负责的主管人员和其他直接责任人员处2万元以上5万元以下的罚款，属于国家工作人员的，依法给予处分。"

据此，《企业投资项目核准和备案管理条例》针对上述两种违法行为规定了以下5种追究行政责任的措施：（1）责令停止建设；（2）责令停产；（3）对企业处项目总投资额1‰以上5‰以下的罚款；（4）对直接负责的主管人员和其他直接责任人员处2万元以上5万元以下的罚款；（5）直接负责的主管人员和其他直接责任人员属于国家工作人员的，还应依法给予处分。这5种追究行政责任的措施的实施主体都是核准机关。

其中，"责令停止建设"属于核准机关采取的具体行政行为，不属于行政处

---

① 见《外商投资项目核准和备案管理办法》（2014年修正）第3条至第5条，和《深化外商投资管理体制改革 加快构建开放型经济新体制——国家发展改革委负责人就发布实施〈外商投资项目核准和备案管理办法〉有关问题答记者问》（2014年5月）。

罚行为①；"责令停产"则属于核准机关采取的行政处罚措施②，"对企业处项目总投资额1‰以上5‰以下的罚款"和"对直接负责的主管人员和其他直接责任人员处2万元以上5万元以下的罚款"都属于核准机关采取的行政处罚措施③。

在适用方面，"责令停止建设"与"责令停产"只能择一适用，二者可以与"对企业处项目总投资额1‰以上5‰以下的罚款""对直接负责的主管人员和其他直接责任人员处2万元以上5万元以下的罚款"合并适用。

3. 以欺骗、贿赂等不正当手段取得项目核准文件

针对以拆分项目、提供虚假材料或欺骗、贿赂等不正当手段取得项目核准文件的行为，《企业投资项目核准和备案管理条例》第18条第2款规定："以欺骗、贿赂等不正当手段取得项目核准文件，尚未开工建设的，由核准机关撤销核准文件，处项目总投资额1‰以上5‰以下的罚款；已经开工建设的，依照前款规定予以处罚；构成犯罪的，依法追究刑事责任。"

据此，根据是否已经开工建设，《企业投资项目核准和备案管理条例》针对该违法行为规定了不同的追究行政责任的措施：

第一，在项目尚未开工建设的情况下，《企业投资项目核准和备案管理条例》规定了以下2种追究行政责任的措施：（1）撤销核准文件；（2）处项目总投资额1‰以上5‰以下的罚款。

这2种追究行政责任的措施的实施主体都是核准机关，可以合并适用，也可以单独适用。其中，"撤销核准文件"属于核准机关撤销行政许可的具体行政行为（但不属于行政处罚）④，"处项目总投资额1‰以上5‰以下的罚款"则属于核准机关采取的行政处罚措施⑤。

---

① 尽管全国人大官网2020年7月3日公布的《行政处罚法（修订草案）》第9条曾将"责令停止行为"列为行政处罚的种类，但是，全国人大常委会2021年1月22日通过的修订后的《行政处罚法》第9条规定的行政处罚的种类中没有直接列明"责令停止"。
② 见《行政处罚法》第9条第4项。
③ 见《行政处罚法》第9条第2项。
④ 《全国人民代表大会常务委员会法制工作委员会关于公司法第一百九十八条"撤销公司登记"法律性质问题的答复意见》（法工委复〔2017〕2号）规定："行政许可法第六章监督检查第六十九条第一款对行政机关违法履行职责而准予行政许可的撤销作了规定，第二款对被许可人以欺骗、贿赂等不正当手段取得行政许可的撤销作了规定。第七章法律责任第七十九条规定，被许可人以欺骗、贿赂等不正当手段取得行政许可的，行政机关应当依法给予行政处罚。依照行政许可法的上述规定，撤销被许可人以欺骗等不正当手段取得的行政许可，是对违法行为的纠正，不属于行政处罚。"
⑤ 见《行政处罚法》第9条第2项。

第二，在项目已经开工建设的情况下，《企业投资项目核准和备案管理条例》也规定了以下5种追究行政责任的措施：（1）责令停止建设；（2）责令停产；（3）对企业处项目总投资额1‰以上5‰以下的罚款；（4）对直接负责的主管人员和其他直接责任人员处2万元以上5万元以下的罚款；（5）直接负责的主管人员和其他直接责任人员属于国家工作人员的，还应依法给予处分。这5种追究行政责任的措施实施主体都是核准机关。

值得注意的是，以欺骗、贿赂等不正当手段取得项目核准文件的行为，如果构成犯罪，还应当依法追究刑事责任。

（二）未依法办理备案的行为及其法律责任

现阶段，未依法办理外商投资项目备案的违法行为及其法律责任主要如下：

1. 未依法将项目信息告知备案机关

2. 未依法将已备案项目的信息变更情况告知备案机关

3. 向备案机关提供虚假信息

针对上述任一违法行为，《企业投资项目核准和备案管理条例》第19条规定："实行备案管理的项目，企业未依照本条例规定将项目信息或者已备案项目的信息变更情况告知备案机关，或者向备案机关提供虚假信息的，由备案机关责令限期改正；逾期不改正的，处2万元以上5万元以下的罚款。"

据此，《企业投资项目核准和备案管理条例》针对上述3种违法行为规定了以下2种追究行政责任的措施：（1）责令限期改正；（2）处2万元以上5万元以下的罚款。这2种追究行政责任的措施的实施主体都是备案机关，适用对象都是存在上述3种违法行为之一的项目单位。

其中，"责令限期改正"属于备案机关采取的具体行政行为（但不属于行政处罚）[①]；"处2万元以上5万元以下的罚款"则属于备案机关采取的行政处罚措施[②]。

值得注意的是，在相关主体存在上述3种违法行为之一时，备案机关不能直接处以罚款，而应当先采取"责令限期改正"的措施，责令其在指定的合理期

[①] 全国人大常委会2021年1月22日通过的修订后的《行政处罚法》第9条规定的行政处罚的种类中没有直接列明"责令限期改正"，并且，修订后的《行政处罚法》第28条第1款关于"行政机关实施行政处罚时，应当责令当事人改正或者限期改正违法行为"的规定也表明"责令改正"和"责令限期改正"不属于行政处罚措施。

[②] 见《行政处罚法》第9条第2项。

限内改正其违法行为；只有在相关主体在备案机关指定的合理期限内没有改正其违法行为的情况下，备案机关才能采取"处 2 万元以上 5 万元以下的罚款"的措施。

七、外商投资项目管理与外商投资信息报告、企业登记、其他许可的关系

外商投资项目的核准或备案与外商投资信息报告、登记注册、行业许可是不同的主管部门按照职责分工从不同的角度对外商投资实施的监督管理，是相互独立的关系。

（一）外商投资项目管理与外商投资信息报告

在适用范围上，外商投资项目核准或备案适用于涉及固定资产投资项目的外商投资，而外商投资信息报告则适用于外国投资者直接或者间接在中国境内进行的投资活动[1]，既包括涉及固定资产投资的外商投资，也包括不涉及固定资产投资的外商投资。

在先后关系上，一方面，外商投资项目核准或备案是项目开工建设的前提条件[2]，并非外商投资信息报告的前置条件。

值得一提的是，外商投资审批制时期，国家发改委曾经要求先办理外商投资项目核准、后办理外商投资企业设立或变更审批。比如，2004 年的《外商投资项目核准暂行管理办法》（已废止）第 13 条规定："项目申请人凭国家发展改革委的核准文件，依法办理土地使用、城市规划、质量监管、安全生产、资源利用、企业设立（变更）、资本项目管理、设备进口及适用税收政策等方面手续"，第 15 条规定："未经核准的外商投资项目，土地、城市规划、质量监管、安全生产监管、工商、海关、税务、外汇管理等部门不得办理相关手续。"针对"外商投资项目核准与外商投资企业设立及合同、章程的核准是什么关系"的问题，发改委就实施《外商投资项目核准暂行管理办法》答记者问也提出："外商投资项目核准和外商投资企业设立及合同、章程的核准，是外商投资管理分工中依次进行的两个不同管理环节……外商投资企业设立及合同、章程的核准是商务部门对

---

[1] 见《外商投资信息报告办法》第 2 条、第 8 条至第 10 条。
[2] 《企业投资项目核准和备案管理条例》第 18 条、第 19 条。

中外合资、合作双方所订立的商务合同和外商投资企业章程审核后,依据外商投资项目核准文件和有关法规做出的行政决定。"①

另一方面,外商投资信息报告也不是外商投资项目核准或备案的前置条件。对此,商务部、市场监管总局有关司局负责人就《外商投资信息报告办法》有关问题答记者问时也指出:"外商投资信息报告制度是在新型外商投资法律制度框架下设立的一项管理制度,主要目的是为制定和完善外资政策措施、提升精准服务水平、做好投资促进和保护工作等提供信息支撑……报送投资信息本身不是外国投资者或者外商投资企业办理企业登记或其他手续的前置条件,也不是针对外国投资者或者外商投资企业新设立的一项行政审批。"②

(二) 外商投资项目管理与外商投资企业登记

在适用范围上,外商投资项目核准或备案适用于涉及固定资产投资项目的外商投资,而外商投资企业登记注册则适用于外国投资者单独或者与其他投资者共同在中国境内设立外商投资企业、外国投资者取得中国境内企业的投资性权利等情形③,既包括涉及固定资产投资的外商投资,也包括不涉及固定资产投资的外商投资。

在先后关系上,外商投资项目核准或备案是项目开工建设的前提条件④,现有法规没有规定外商投资企业登记注册要以外商投资项目核准或备案为前提条件。

从《企业投资项目核准和备案管理条例》第 6 条针对项目核准规定的"企业办理项目核准手续,应当向核准机关提交项目申请书;由国务院核准的项目,向国务院投资主管部门提交项目申请书。项目申请书应当包括下列内容:(一)企业基本情况……企业应当对项目申请书内容的真实性负责……"和第 13 条针对企业投资项目备案规定的"实行备案管理的项目,企业应当在开工建设前通过在线平台将下列信息告知备案机关:(一)企业基本情况;……企业应当对备案项目信息的真实性负责"看,应当是先注册外商投资企业、后由该外商投

---

① 见《发改委就实施〈外商投资核准办法〉答记者问》(2004 年 11 月)。
② 见《商务部、市场监管总局有关司局负责人就〈外商投资信息报告办法〉有关问题答记者问》(来源于 http://www.mofcom.gov.cn/article/ae/sjjd/202001/20200102927607.shtml,最后访问日期:2024 年 3 月 2 日,下同)。
③ 见《外商投资法》第 2 条第 2 款。
④ 《企业投资项目核准和备案管理条例》第 18 条、第 19 条。

企业申请外商投资项目核准或备案。

此外,《国务院关于"先照后证"改革后加强事中事后监管的意见》(国发〔2015〕62号)规定:"实行行政审批事项目录管理。工商总局负责公布工商登记前置审批事项目录……除法律、行政法规和国务院决定外,一律不得设定工商登记前置审批事项,也不得通过备案等方式实施变相前置审批。经营者从事工商登记前置审批事项目录中事项的,应当依法报经相关审批部门审批后,凭许可文件、证件向工商部门申请登记注册,工商部门依法核发营业执照。经营者从事工商登记前置审批事项目录外事项的,直接向工商部门申请登记注册,工商部门依法核发营业执照。"其中并未将投资项目核准或备案作为企业登记的前置条件。

还有,《市场监管总局关于贯彻落实〈外商投资法〉做好外商投资企业登记注册工作的通知》(国市监注〔2019〕247号)也只是规定:"申请人应当通过企业登记系统申请外商投资企业登记注册。在申请外商投资企业设立或者变更登记时,投资人应当承诺是否符合《外商投资准入特别管理措施(负面清单)》(以下简称《负面清单》)要求,并根据实际情况如实勾选涉及《负面清单》的行业领域。法律、行政法规规定企业设立、变更、注销登记前须经行业主管部门许可的,还应当向登记机关提交有关批准文件",并没有要求在申请外商投资企业设立或者变更登记时提交外商投资项目核准文件或备案文件。

值得一提的是,外商投资审批制时期,国家发改委曾经要求先办理外商投资项目核准,后办理外商投资企业设立或变更登记。比如,2004年的《外商投资项目核准暂行管理办法》(已废止)第13条规定:"项目申请人凭国家发展改革委的核准文件,依法办理土地使用、城市规划、质量监管、安全生产、资源利用、企业设立(变更)、资本项目管理、设备进口及适用税收政策等方面手续",第15条规定:"未经核准的外商投资项目,土地、城市规划、质量监管、安全生产监管、工商、海关、税务、外汇管理等部门不得办理相关手续。"此外,《国家发展改革委关于进一步加强和规范外商投资项目管理的通知》(发改外资〔2008〕1773号,已废止)也规定:"要坚持外商投资先核准项目,再设立企业的原则,防止设立空壳公司。"

(三)外商投资项目管理与其他许可

原则上,外商投资项目核准或备案与行业许可可以并行办理,不存在依次办理的要求。

比如，《国家发展改革委关于应对疫情进一步深化改革做好外资项目有关工作的通知》（发改外资〔2020〕343号）规定："简化外资项目核准手续。……除法律、行政法规另有规定外，外资项目核准手续可与其他许可手续并行办理。"

不过，对于实行核准管理的外商投资项目，核准机关可以在审查过程中征求有关行业主管部门的意见。对此，《企业投资项目核准和备案管理条例》第9条规定："核准机关应当从下列方面对项目进行审查：……项目涉及有关部门或者项目所在地地方人民政府职责的，核准机关应当书面征求其意见，被征求意见单位应当及时书面回复。"《外商投资项目核准和备案管理办法》（2014年修正）第13条也规定："对于涉及有关行业主管部门职能的项目，项目核准机关应当商请有关行业主管部门在7个工作日内出具书面审查意见。有关行业主管部门逾期没有反馈书面审查意见的，视为同意。"

需要注意的是，由于《企业投资项目核准和备案管理条例》第6条第3款规定了"法律、行政法规规定办理相关手续作为项目核准前置条件的，企业应当提交已经办理相关手续的证明文件"，因此，法律、行政法规、国务院文件可以针对特定的投资项目作出特别的规定，要求在申请办理外商投资项目核准手续时提交相应的许可手续，实务中应当予以关注。

第十一章

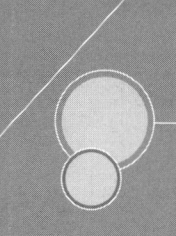

外商投资涉及的经营许可

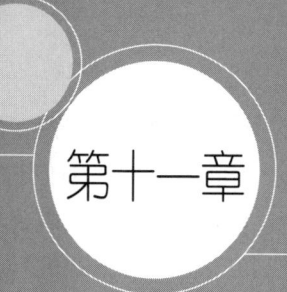

跟外商投资项目管理一样,外商投资经营许可也是国家对外商投资实施监督管理的重要环节,甚至是部分外商投资企业开始生产经营所必须事先面对的事项。本章接下来围绕外商投资涉及的经营许可展开讨论。

一、并非所有的外商投资都需要办理许可手续

首先需要明确的是,并非任何外商投资都需要办理许可手续。

针对外商投资的行业许可,《外商投资法》第 30 条第 1 款作出了原则性的规定,即:"外国投资者在依法需要取得许可的行业、领域进行投资的,应当依法办理相关许可手续。"

其中的"许可",指的是《行政许可法》所说的"行政许可",即"行政机关根据公民、法人或者其他组织的申请,经依法审查,准予其从事特定活动的行为"[1],是"各级行政机关在依法管理经济社会事务过程中对公民、法人或其他组织的活动实行事前控制的一种手段"[2]。

在外商投资领域,这主要涉及外国投资者进行投资、外商投资企业开展经营活动是否取得相应的许可证的问题。"营业执照是登记主管部门依照法定条件和程序,对市场主体资格和一般营业能力进行确认后,颁发给市场主体的法律文件。……市场主体凭营业执照即可开展一般经营活动。许可证是审批主管部门依法颁发给特定市场主体的凭证。这类市场主体须持营业执照和许可证方可从事特定经营活动。"[3]

应该说,《外商投资法》第 30 条第 1 款所说的"外国投资者在依法需要取得

---

[1] 《行政许可法》第 2 条。
[2] 《国务院关于严格控制新设行政许可的通知》(国发〔2013〕39 号)。
[3] 《国务院关于在全国推开"证照分离"改革的通知》(国发〔2018〕35 号)。

许可的行业、领域进行投资的"中的"的"字,本身就表明:并非所有的外商投资都需要办理许可手续,只有"法律法规"明确规定需要办理许可的外商投资,才需要"依法"办理"相关"许可手续。

事实上,即使是中国投资者进行的投资,也并非所有的投资都需要办理经营许可。具体来说:

一是国家从严控制新设行政许可。对此,2020年1月1日起施行的《优化营商环境条例》第39条规定:"国家严格控制新设行政许可。……对通过事中事后监管或者市场机制能够解决以及行政许可法和国务院规定不得设立行政许可的事项,一律不得设立行政许可,严禁以备案、登记、注册、目录、规划、年检、年报、监制、认定、认证、审定以及其他任何形式变相设定或者实施行政许可。法律、行政法规和国务院决定对相关管理事项已作出规定,但未采取行政许可管理方式的,地方不得就该事项设定行政许可。对相关管理事项尚未制定法律、行政法规的,地方可以依法就该事项设定行政许可。"

二是国家实行行政许可清单管理制度,清单之外不得违规限制企业(含个体工商户、农民专业合作社)进入相关行业或领域,企业取得营业执照即可自主开展经营。对此,《优化营商环境条例》第40条第1款规定:"国家实行行政许可清单管理制度,适时调整行政许可清单并向社会公布,清单之外不得违法实施行政许可",《国务院关于在自由贸易试验区开展"证照分离"改革全覆盖试点的通知》(国发〔2019〕25号)规定:"建立清单管理制度。要按照'证照分离'改革全覆盖要求,将涉企经营许可事项全部纳入清单管理,逐项列明事项名称、设定依据、审批层级和部门、改革方式、具体改革举措、加强事中事后监管措施等内容……清单之外不得违规限制企业(含个体工商户、农民专业合作社,下同)进入相关行业或领域,企业取得营业执照即可自主开展经营。"《国务院办公厅关于全面实行行政许可事项清单管理的通知》(国办发〔2022〕2号)规定:"各地区、各部门要严格落实清单之外一律不得违法实施行政许可的要求,大力清理整治变相许可。在行政许可事项清单之外,有关行政机关和其他具有管理公共事务职能的组织以备案、证明、目录、计划、规划、指定、认证、年检等名义,要求行政相对人经申请获批后方可从事特定活动的,应当认定为变相许可,要通过停止实施、调整实施方式、完善设定依据等予以纠正。"

三是国家大力精简已有行政许可,并持续精简涉企经营许可事项。对此,《优化营商环境条例》第40条第2款规定:"国家大力精简已有行政许可。对已取消的行政许可，行政机关不得继续实施或者变相实施，不得转由行业协会商会或者其他组织实施"，第19条第2款规定："国家推进'证照分离'改革，持续精简涉企经营许可事项，依法采取直接取消审批、审批改为备案、实行告知承诺、优化审批服务等方式，对所有涉企经营许可事项进行分类管理，为企业取得营业执照后开展相关经营活动提供便利。除法律、行政法规规定的特定领域外，涉企经营许可事项不得作为企业登记的前置条件。"

从趋势上看，在国务院先后出台了一系列取消行政审批项目（或行政许可事项）以及开展"证照分离"改革的文件[①]、持续优化营商环境的背景下，结合《国务院关于印发"十三五"市场监管规划的通知》（国发〔2017〕6号）提出的"十三五"时期市场监管的具体目标之一就是"各种行政审批大幅削减，商事登记前置、后置审批事项大幅减少，各类不必要的证照基本取消"，各类市场主体，不论是中国投资者还是外国投资者，不论是内资企业还是外商投资企业，在中国境内进行投资、开展经营活动需要办理经营许可的情形会越来越少，营商环境也会越来越好。

[①] 主要包括《国务院关于取消第一批行政审批项目的决定》（国发〔2002〕24号）、《国务院关于取消第二批行政审批项目和改变一批行政审批项目管理方式的决定》（国发〔2003〕5号）、《国务院关于第三批取消和调整行政审批项目的决定》（国发〔2004〕16号）、《国务院关于第四批取消和调整行政审批项目的决定》（国发〔2007〕33号）、《国务院关于第五批取消和下放管理层级行政审批项目的决定》（国发〔2010〕21号）、《国务院关于第六批取消和调整行政审批项目的决定》（国发〔2012〕52号）、《国务院关于取消和下放一批行政审批项目等事项的决定》（国发〔2013〕19号）、《国务院关于取消和下放50项行政审批项目等事项的决定》（国发〔2013〕27号）、《国务院关于取消和下放一批行政审批项目的决定》（国发〔2013〕44号）、《国务院关于取消和下放一批行政审批项目的决定》（国发〔2014〕5号）、《国务院关于取消和调整一批行政审批项目等事项的决定》（国发〔2014〕27号）、《国务院关于取消和调整一批行政审批项目等事项的决定》（国发〔2014〕50号）、《国务院关于取消和调整一批行政审批项目等事项的决定》（国发〔2015〕11号）、《国务院关于取消非行政许可审批事项的决定》（国发〔2015〕27号）、《国务院关于第一批取消62项中央指定地方实施行政审批事项的决定》（国发〔2015〕57号）、《国务院关于第二批取消152项中央指定地方实施行政审批事项的决定》（国发〔2016〕9号）、《国务院关于取消13项国务院部门行政许可事项的决定》（国发〔2016〕10号）、《国务院关于第三批取消中央指定地方实施行政许可事项的决定》（国发〔2017〕7号）、《国务院关于取消一批行政许可事项的决定》（国发〔2017〕46号）、《国务院关于取消一批行政许可等事项的决定》（国发〔2018〕28号）、《国务院关于取消和下放一批行政许可事项的决定》（国发〔2019〕6号）、《国务院关于"先照后证"改革后加强事中事后监管的意见》（国发〔2015〕62号）、《国务院关于在全国推开"证照分离"改革的通知》（国发〔2018〕35号）、《国务院关于在自由贸易试验区开展"证照分离"改革全覆盖试点的通知》（国发〔2019〕25号）、《国务院关于深化"证照分离"改革进一步激发市场主体发展活力的通知》（国发〔2021〕7号）等。

二、外商投资经营许可的主要类型

现阶段,对于依法需要办理许可手续的外商投资,以外国投资者是否需要在中国境内设立商业存在为标准,可以分为外国投资者直接申请的经营许可和外商投资企业申请的经营许可。

其中,"商业存在"是指在一方境内建立的任何类型的商业或专业机构,包括(i)设立、取得或经营一企业,或(ii)设立或经营一分支机构或代表处。①商业存在是国际贸易活动中最主要的形式。②

(一)外国投资者直接申请的经营许可

现阶段,在部分行业或领域,国家允许境外机构在不设立商业存在、但取得相应的经营许可的情况下,在境内直接开展相应的业务。

比如,就境内证券投资业务而言,国家允许符合条件的境外机构在经中国证监会批准后以合格境外机构投资者的身份直接投资境内证券市场。对此,中国证监会、中国人民银行、国家外汇管理局于2020年9月联合出台的《合格境外机构投资者和人民币合格境外机构投资者境内证券期货投资管理办法》分别对境外机构投资者申请成为合格境外机构投资者、人民币合格境外机构投资者和申请经营证券期货业务许可证的条件等事项作出了规定,该办法取代了《合格境外机构投资者境内证券投资管理办法》和《人民币合格境外机构投资者境内证券投资试点办法》。

又如,就金融信息服务而言,国家允许外国金融信息服务提供者在经国务院新闻办公室批准后直接在中国境内提供金融信息服务。③《外国机构在中国境内提供金融信息服务管理规定》对外国机构在中国境内提供金融信息服务的申请条件、材料、程序等事项作出了规定。

(二)外商投资企业申请的经营许可

实务中,外国投资者通常会主动或被动采取在中国境内设立商业存在(主

---

① 《马拉喀什建立世界贸易组织协定》附件1B《服务贸易总协定》第28条、《中华人民共和国政府和新加坡共和国政府自由贸易协定》第59条、《〈内地与香港关于建立更紧密经贸关系的安排〉投资协议》附件1《关于"投资者"定义的相关规定》第6条。

② 见《国家统计局、对外贸易经济合作部、国家外汇管理局关于开展我国国际服务贸易统计工作有关问题的通知》(〔1997〕外经贸计财发第328号)。

③ 《外国机构在中国境内提供金融信息服务管理规定》第4条至第8条。

要是外商投资企业）的方式进行投资①。从而，外国投资者本身不直接申请经营许可，而是由外商投资企业作为申请人向有关行业主管部门申办相应的经营许可。

总体而言，外商投资企业开展特定的经营活动所需申请的许可与内资企业开展该经营活动所需申请的许可是相同的、适用的规则。其中，就外商投资的公司而言，《公司法》（2023 年修订）第 9 条第 2 款规定"公司的经营范围中属于法律、行政法规规定须经批准的项目，应当依法经过批准"；就外商投资合伙企业而言，《合伙企业法》第 9 条第 2 款规定："合伙企业的经营范围中有属于法律、行政法规规定在登记前须经批准的项目的，该项经营业务应当依法经过批准，并在登记时提交批准文件。"

在此基础上，《企业经营范围登记管理规定》（2015 年 8 月 27 日国家工商行政管理总局令第 76 号公布，在 2022 年 3 月 1 日前有效）曾明确了包括外商投资企业在内的各类企业经营范围涉及前置许可经营项目和后置许可经营项目的登记和变更登记问题：

一是针对企业设立登记，《企业经营范围登记管理规定》（已失效）第 4 条第 1 款规定："企业申请登记的经营范围中属于法律、行政法规或者国务院决定规定在登记前须经批准的经营项目（以下称前置许可经营项目）的，应当在申请登记前报经有关部门批准后，凭审批机关的批准文件、证件向企业登记机关申请登记"，第 2 款规定"企业申请登记的经营范围中属于法律、行政法规或者国务院决定等规定在登记后须经批准的经营项目（以下称后置许可经营项目）的，依法经企业登记机关核准登记后，应当报经有关部门批准方可开展后置许可经营项目的经营活动。"

二是针对企业变更登记，《企业经营范围登记管理规定》（已失效）第 8 条第 2 款规定："企业变更经营范围涉及前置许可经营项目，或者其批准文件、证

---

① 比如，针对外商投资房地产开发或经营业务，《建设部、商务部、国家发展和改革委员会、中国人民银行、国家工商行政管理总局、国家外汇管理局关于规范房地产市场外资准入和管理的意见》（建住房〔2006〕171 号）规定："境外机构和个人在境内投资购买非自用房地产，应当遵循商业存在的原则，按照外商投资房地产的有关规定，申请设立外商投资企业；经有关部门批准并办理有关登记后，方可按照核准的经营范围从事相关业务。"又如，针对外商投资非金融机构支付服务，中国人民银行公告〔2018〕第 7 号规定："境外机构拟为中华人民共和国境内主体的境内交易和跨境交易提供电子支付服务的，应当在中华人民共和国境内设立外商投资企业，根据《非金融机构支付服务管理办法》规定的条件和程序取得支付业务许可证。"

件发生变更的，应当自审批机关批准之日起 30 日内凭批准文件、证件向企业登记机关申请变更登记"，第 3 款规定："企业变更经营范围涉及后置许可经营项目，其批准文件、证件记载的经营项目用语与原登记表述不一致或者发生变更的，可以凭批准文件、证件向企业登记机关申请变更登记。"

尽管《企业经营范围登记管理规定》已于 2022 年 3 月 1 日失效，但上述规定所体现的精神是符合《公司法》《合伙企业法》的上述规定的，仍然具有参考价值[①]。据此，外商投资企业申请的经营许可，以是在企业登记之前办理还是在企业登记之后办理为标准，可以分为前置许可和后置许可。其中，又以后置许可为原则、前置许可为例外。对此，《优化营商环境条例》第 19 条第 2 款规定："国家推进'证照分离'改革，持续精简涉企经营许可事项，依法采取直接取消审批、审批改为备案、实行告知承诺、优化审批服务等方式，对所有涉企经营许可事项进行分类管理，为企业取得营业执照后开展相关经营活动提供便利。除法律、行政法规规定的特定领域外，涉企经营许可事项不得作为企业登记的前置条件。"

值得注意的是，在依法需要取得经营许可的情形，不论是前置许可还是后置许可，外商投资企业都应当在取得相应的许可之后方可开展经营活动，否则可能构成无证经营行为。

对此，国务院《无证无照经营查处办法》第 2 条规定："任何单位或者个人不得违反法律、法规、国务院决定的规定，从事无证无照经营"，第 5 条规定："经营者未依法取得许可从事经营活动的，由法律、法规、国务院决定规定的部门予以查处；法律、法规、国务院决定没有规定或者规定不明确的，由省、自治区、直辖市人民政府确定的部门予以查处"，第 12 条规定："从事无证经营的，由查处部门依照相关法律、法规的规定予以处罚。"

本章接下来对外商投资企业适用前置许可和后置许可的主要情形加以介绍。

[①] 最高人民法院印发的《全国法院贯彻实施民法典工作会议纪要》（法〔2021〕94 号）第 12 条规定："除上述内容外，对于民通意见、合同法解释一、合同法解释二的实体性规定所体现的精神，与民法典及有关法律不冲突且在司法实践中行之有效的，……人民法院可以在裁判文书说理时阐述。上述司法解释中的程序性规定的精神，与民事诉讼法及相关法律不冲突的，……人民法院可以在办理程序性事项时作为参考。"

三、外商投资适用前置许可的主要情形

现阶段，国家对外商投资适用前置许可的情形实行目录管理制度，外商投资企业从事企业登记前置审批事项目录中事项的，应当在依法报经相关审批部门审批后，凭许可文件、证件向企业登记机关申请登记注册。

（一）前置许可事项目录管理制度

在行政审批事项管理方面，《优化营商环境条例》第 40 条第 1 款规定："国家实行行政许可清单管理制度，适时调整行政许可清单并向社会公布，清单之外不得违法实施行政许可。"《国务院关于"先照后证"改革后加强事中事后监管的意见》（国发〔2015〕62 号）也规定"实行行政审批事项目录管理"。

其中，针对企业登记前置审批，国家实行的前置审批事项目录制度的主要内容包括[1]：

第一，除法律、行政法规和国务院决定外，一律不得设定企业登记前置审批事项，也不得通过备案等方式实施变相前置审批。

第二，市场监管总局负责公布企业登记前置审批事项目录，并对企业登记前置审批事项目录实施动态管理。法律、行政法规、国务院决定新增前置审批事项、取消行政审批事项、将前置审批事项改为后置审批事项的，实施审批的国务院相关部门应当及时通知市场监管总局对目录进行更新，并向社会公布，方便企业、群众办事和监督。

第三，包括外商投资企业在内的各类市场主体从事企业登记前置审批事项目录中事项的，应当在依法报经相关审批部门审批后，凭许可文件、证件向市场监管部门申请登记注册，市场监管部门依法核发营业执照。

第四，包括外商投资企业在内的各类市场主体从事企业登记前置审批事项目录外事项的，直接向市场监管部门申请登记注册，市场监管部门依法核发营业执照。

第五，企业设立后变更登记事项涉及企业登记前置审批事项目录内有关事项、终止或解散的，应当依照法律、行政法规、国务院决定的规定，经相关审批

---

[1] 见《国务院关于取消和调整一批行政审批项目等事项的决定》（国发〔2015〕11 号）、《国务院关于"先照后证"改革后加强事中事后监管的意见》（国发〔2015〕62 号）、《国家工商行政管理总局关于严格落实先照后证改革严格执行工商登记前置审批事项的通知》（工商企注字〔2015〕65 号）等。

部门批准后，凭许可文件、证件向市场监管部门申请办理变更登记、注销登记。

第六，法律、行政法规、国务院决定没有明确规定变更、注销时应经审批并凭许可文件、证件办理的，市场监管部门直接办理变更、注销登记。

（二）外商投资适用前置许可的主要情形

现阶段，外商投资企业开展经营活动适用前置许可的主要情形是由国务院市场监管部门公布的《企业登记前置审批事项目录》和《企业变更登记、注销登记前置审批事项目录》加以规定的。其中，外商投资企业设立登记适用《企业登记前置审批事项目录》，外商投资企业变更登记、注销登记则《企业变更登记、注销登记前置审批事项目录》。目前适用的是市场监管总局以国市监注发〔2021〕17号文件发布的《企业登记前置审批事项目录（2021年）》和《企业变更登记、注销登记前置审批事项目录（2021年）》。

需要注意的是，国家对企业设立登记、变更登记、注销登记前置审批事项目录实施动态管理，国家将根据经济社会发展和改革开放的需要予以适时调整，届时应以调整后的目录为准，实务中有必要予以关注。[1]

四、外商投资适用后置许可的主要情形

除了前置许可，外商投资也存在适用后置许可的情形。

根据《国务院关于"先照后证"改革后加强事中事后监管的意见》（国发〔2015〕62号）关于"工商总局负责公布工商登记前置审批事项目录"和"省级人民政府应当于2015年底前依法制定工商登记后置审批事项目录，并向社会公布"的要求，包括外商投资企业在内的各类市场主体开展经营活动涉及后置许可的情形主要由省级人民政府或办公厅公布的后置审批事项目录予以列明，实务中应当予以关注。

值得一提的是，企业登记适用后置许可的情形还要比适用前置许可的情形多。比如，《广西市场主体登记后置审批事项目录（2020年版）》（桂市监发〔2020〕55号）列出的后置审批事项有206项、《辽宁省工商登记后置审批事项目录（2019年4月）》列出的后置审批事项有182项。

实务中，针对后置许可，市场监管部门通常根据企业的章程、合伙协议或者

---

[1] 比如，国务院2020年9月出台《国务院关于实施金融控股公司准入管理的决定》（国发〔2020〕12号），决定对金融控股公司实施准入管理，将金融控股公司设立审批作为企业登记前置审批事项。

申请，参照《国民经济行业分类》核定申请人的经营范围，并在"经营范围"栏后标注"（依法须经批准的项目，经相关部门批准后方可开展经营活动）"；此外，对涉及由登记前置改为登记后置的事项，市场监管部门窗口登记人员通常也会提醒申请人在取得市场监管部门登记后依法还要到相关许可部门办理许可手续，并在取得相关许可部门许可后方可开展相关经营活动。①

五、外商投资经营许可的审核要求

针对外商投资涉及申办经营许可的审核，《外商投资法》第 30 条第 2 款提出了以内外资一致为原则、不一致为例外的要求，即："有关主管部门应当按照与内资一致的条件和程序，审核外国投资者的许可申请，法律、行政法规另有规定的除外"。

在此基础上，《外商投资法实施条例》进一步作出了以下更加明确、具体的规定：

一是，针对外国投资者在依法需要取得许可的行业、领域进行投资，《外商投资法实施条例》第 35 条第 1 款规定："除法律、行政法规另有规定外，负责实施许可的有关主管部门应当按照与内资一致的条件和程序，审核外国投资者的许可申请，不得在许可条件、申请材料、审核环节、审核时限等方面对外国投资者设置歧视性要求。"

二是，针对外商投资企业申请经营许可，《外商投资法实施条例》第 6 条第 1 款规定："政府及其有关部门在……资质许可……等方面，应当依法平等对待外商投资企业和内资企业。"

此外，《优化营商环境条例》第 12 条第 2 款也规定："各类市场主体依法平等适用国家支持发展的政策。政府及其有关部门在政府资金安排、土地供应、税费减免、资质许可、标准制定、项目申报、职称评定、人力资源政策等方面，应当依法平等对待各类市场主体，不得制定或者实施歧视性政策措施。"

还有，《国务院关于进一步做好利用外资工作的意见》（国发〔2019〕23号）也要求："各地区、各部门应严格遵照外商投资法、行政许可法等法律法规对外商投资实施行政许可，不得擅自改变行政许可范围、程序及标准等……"

---

① 《国家工商总局关于做好工商登记前置审批事项改为后置审批后的登记注册工作的通知》（工商企字〔2014〕154 号）。

2019年1月10日的《住房和城乡建设部办公厅关于外商投资企业申请建设工程勘察资质有关事项的通知》（建办市〔2019〕1号）更是明确要求："按照内外资一致原则，自本通知印发之日起，资质审批部门受理外商投资企业（含新成立、改制、重组、合并、并购等）申请建设工程勘察资质，审批标准和要求与内资企业一致。"

第十二章

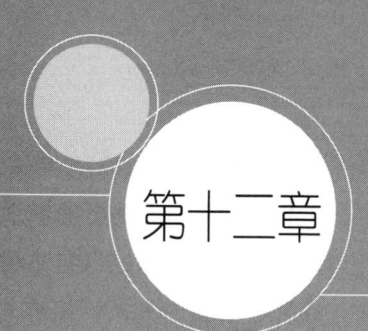

外商投资企业的登记注册

外商投资企业登记注册也是国家对外商投资实施监督管理的重要环节，对于多数外商投资而言，未经登记并领取营业执照，外国投资者或外商投资企业不得开展经营活动。本章接下来主要围绕外商投资企业的登记注册展开讨论。

一、有关外商投资企业登记的主要法规

如前所述，外商投资企业主要包括外商投资的公司和外商投资合伙企业[①]，总体而言，基于内外资一致的原则，外商投资企业的登记与内资企业的登记适用的是相同法律规则，仅在少数例外情况下，适用不同的法律规则。

现阶段，除了《公司法》和《合伙企业法》，有关外商投资企业登记的法规主要包括《市场主体登记管理条例》和《市场主体登记管理条例实施细则》（均自 2022 年 3 月 1 日起适用）以及《公司登记管理实施办法》（自 2025 年 2 月 10 日起施行），外商投资企业和内资企业的登记总体上适用的是统一的规则、标准和程序。

在 2022 年 3 月 1 日之前，有关外商投资企业登记的法规则主要包括：（1）《公司登记管理条例》（在 2022 年 3 月 1 日之前适用）；（2）《企业法人登记管理条例》（在 2022 年 3 月 1 日之前适用）；（3）国务院《合伙企业登记管理办法》（在 2022 年 3 月 1 日之前适用）；（4）市场监管总局《企业法人登记管理条例施行细则》（在 2022 年 3 月 1 日之前适用）；（5）市场监管总局《外商投资合伙企业登记管理规定》（于 2021 年 6 月废止）。

其中，除了《外商投资合伙企业登记管理规定》在被废止之前专门适用于外商投资合伙企业的登记之外，国家没有针对外商投资企业（公司或合伙企业）的登记制定专门的行政法规或部门规章，外商投资企业原则上与内资企业适用同

[①] 需要注意的是，在《外商投资法》实施之前，也存在着依据原《外资企业法》及其实施细则、原《中外合作经营企业法》及其实施细则设立的不具有法人资格的既非公司亦非合伙企业的外商投资企业。

样的登记规则。

二、外商投资企业授权登记管理体制

现阶段，国家对外商投资企业实行授权登记管理体制。对此，《外商投资法实施条例》第 37 条第 1 款规定："外商投资企业的登记注册，由国务院市场监督管理部门或者其授权的地方人民政府市场监督管理部门依法办理"，国务院《外国企业或者个人在中国境内设立合伙企业管理办法》（于 2020 年 11 月 29 日废止）第 5 条第 1 款也曾经针对外商投资合伙企业的登记规定了："外国企业或者个人在中国境内设立合伙企业，应当由全体合伙人指定的代表或者共同委托的代理人向国务院工商行政管理部门授权的地方工商行政管理部门（以下称企业登记机关）申请设立登记。"

（一）外资授权登记管理体制的法律依据

从上位法依据看，外商投资企业授权登记管理体制是由行政法规正式确立的，而不是由法律确立的，因为无论是之前的《中外合资经营企业法》《中外合作经营企业法》《外资企业法》还是现在的《外商投资法》，都没有对此作出直接的规定。[1]

1. 外商投资的公司的授权登记管理体制

外商投资的公司的授权登记管理体制是由国务院 1988 年 5 月 13 日通过的《企业法人登记管理条例》正式确立的。[2]

---

[1] 针对中外合资经营企业的登记，《中外合资经营企业法》第 3 条规定："合营各方签订的合营协议、合同、章程，应报国家对外经济贸易主管部门（以下称审查批准机关）审查批准。审查批准机关应在三个月内决定批准或不批准。合营企业经批准后，向国家工商行政管理主管部门登记，领取营业执照，开始营业。"针对外资企业的登记，《外资企业法》第 7 条规定："设立外资企业的申请经批准后，外国投资者应当在接到批准证书之日起三十天内向工商行政管理机关申请登记，领取营业执照。外资企业的营业执照签发日期，为该企业成立日期。"针对中外合作经营企业的登记，《中外合作经营企业法》第 6 条第 1 款规定："设立合作企业的申请经批准后，应当自接到批准证书之日起三十天内向工商行政管理机关申请登记，领取营业执照。合作企业的营业执照签发日期，为该企业的成立日期。"《外商投资法》本身没有涉及外商投资企业的登记管辖问题。

[2] 更早的渊源可以追溯至 1980 年 7 月 26 日国务院发布的《中外合资经营企业登记管理办法》。该办法第 2 条曾规定："经中华人民共和国外国投资管理委员会批准的中外合资经营企业，应在批准后的一个月内，向中华人民共和国工商行政管理总局登记。中华人民共和国工商行政管理总局委托省、自治区、直辖市工商行政管理局办理所管辖地区内中外合资经营企业的登记手续，经中华人民共和国工商行政管理总局核准后，发给营业执照。"

1988 年的《企业法人登记管理条例》第 5 条第 1 款规定，"中外合资经营企业、中外合作经营企业、外资企业由国家工商行政管理局或者国家工商行政管理局授权的地方工商行政管理局核准登记注册"。

在此基础上，原国家工商行政管理局 1988 年 11 月 3 日发布的《企业法人登记管理条例施行细则》第 7 条第 2 款进一步规定："对外商投资企业实行国家工商行政管理局登记管理和授权登记管理的原则"；原国家工商行政管理局还于 1993 年 5 月 20 日制定了《外商投资企业授权登记管理办法》，对依据外资三法设立的外商投资企业的授权登记的相关事项作出了规定。[①]

此外，1994 年的《公司登记管理条例》第 6 条规定："国家工商行政管理局负责下列公司的登记……（四）外商投资的有限责任公司"，第 7 条规定："省、自治区、直辖市工商行政管理局负责本辖区内下列公司的登记……（五）国家工商行政管理局委托登记的公司。"2005 年修订后的《公司登记管理条例》第 6 条更是规定将所有的外商投资的公司的登记管辖权都赋予了原工商总局（现市场监管总局)[②]。

2. 外商投资合伙企业授权登记管理体制

外商投资合伙企业的授权登记管理体制则是由国务院 2009 年发布的《外国企业或者个人在中国境内设立合伙企业管理办法》（于 2020 年 11 月 29 日废止）确立的。

对此，《外国企业或者个人在中国境内设立合伙企业管理办法》第 5 条第 1 款规定："外国企业或者个人在中国境内设立合伙企业，应当由全体合伙人指定的代表或者共同委托的代理人向国务院工商行政管理部门授权的地方工商行政管理部门（以下称企业登记机关）申请设立登记"，第 6 条规定："外国企业或者个人在中国境内设立的合伙企业（以下称外商投资合伙企业）的登记事项发生变更的，应当依法向企业登记机关申请变更登记"，第 7 条规定："外商投资合伙企业解散的，应当依照《合伙企业法》的规定进行清算。清算人应当自清算结

[①] 原国家工商行政管理总局 2002 年公布了修订后的《外商投资企业授权登记管理办法》，并于 2016 年对该办法进行了修正。

[②] 2005 年修订后的《公司登记管理条例》第 6 条规定："国家工商行政管理总局负责下列公司的登记：（一）国务院国有资产监督管理机构履行出资人职责的公司以及该公司投资设立并持有 50% 以上股份的公司；（二）外商投资的公司；（三）依照法律、行政法规或者国务院决定的规定，应当由国家工商行政管理总局登记的公司；（四）国家工商行政管理总局规定应当由其登记的其他公司。"

束之日起 15 日内，依法向企业登记机关办理注销登记"，第 12 条规定："中国的自然人、法人和其他组织在中国境内设立的合伙企业，外国企业或者个人入伙的，应当符合本办法的有关规定，并依法向企业登记机关申请变更登记。"上述规定一直适用，直到《外国企业或者个人在中国境内设立合伙企业管理办法》于 2020 年 11 月 29 日被《国务院关于修改和废止部分行政法规的决定》（国务院令第 732 号）废止。

3.《外商投资法》时代统一的外商投资企业授权登记管理体制

在《外商投资法》时代，《外商投资法实施条例》第 37 条第 1 款关于"外商投资企业的登记注册，由国务院市场监督管理部门或者其授权的地方人民政府市场监督管理部门依法办理"的规定，建立起了适用于各种企业类型的统一的外商投资企业授权登记管理体制，此前的外资授权登记管理体制也经由《外商投资法实施条例》第 37 条得到了延续。其原因在于"改革开放 40 多年来，外资授权登记管理体制，在保障全面执行党中央、国务院决策部署，维护国家安全，为外商投资企业提供优质高效的登记注册服务等方面发挥了重要作用"。[1]

2022 年 3 月，市场监管总局公布了新的《外商投资企业授权登记管理办法》，对外商投资企业及其分支机构登记管理授权和规范作出了具体的规定，作为《外商投资法》和《外商投资法实施条例》的配套法规予以适用。

4. 市场监管总局不办理具体的企业登记业务

值得注意的是，尽管《外商投资法实施条例》第 37 条第 1 款针对外商投资企业的登记注册使用了"由国务院市场监督管理部门或者其授权的地方人民政府市场监督管理部门依法办理"的表述，但是，考虑到国务院市场监督管理部门（原国家工商总局、现市场监督管理总局）早在 2017 年 11 月就全面完成登记企业管理权限下放工作，自 2017 年 12 月 1 日起就不再办理具体的企业登记业务了[2]，因此，外商投资企业的登记注册工作实际上是由市场监管总局授权的地方市场监管部门具体负责的。

当然，市场监管总局仍然具体负责特定的企业名称的核准工作，具体请见后文。

---

[1] 见《市场监管总局登记注册局负责人就〈关于贯彻落实《外商投资法》做好外商投资企业登记注册工作的通知〉进行解读》。

[2] 见《工商总局全面完成登记企业管理权限下放工作 2017 年 12 月 1 日起不再办理具体的企业登记业务》，http：//www.gov.cn/xinwen/2017-12/01/content_5243684.htm，最后访问日期：2024 年 3 月 2 日。

（二）外商投资企业登记管理权的授权及其管辖范围

在外商投资企业授权登记管理体制下，具备规定条件的地方市场监管部门可以申请外商投资企业登记管理授予，市场监管总局经审查确认后作出授权决定，授予其承担外商投资企业登记管理工作，并在市场监管总局官方网站公布被授权的市场监管部门名单。① 未经市场监管总局授权，不得开展或者变相开展外商投资企业登记管理工作。② 国家市场监督管理总局公告〔2020〕37号首次集中统一公布了全国被授予外商投资企业登记管理权的市场监管部门名单。③

被授予外商投资企业登记管理权的地方市场监管部门（被授权局）的登记管辖范围由市场监管总局根据有关法律、法规和实际情况确定，并在授权文件中列明。④ 被授权局以自己的名义在被授权范围内行使对承担外商投资企业的登记管理工作职权，负责核准其登记管辖范围内的外商投资企业、机构的设立、变更、注销登记、备案及其和登记事项的监督管理。⑤

实务中，在涉及外商投资企业的设立或变更登记时，有必要关注相关市场监管部门是否具有相应的登记管理权限。其中，结合国务院《外国企业或者个人在中国境内设立合伙企业管理办法》（于2020年11月29日废止）第12条关于"中国的自然人、法人和其他组织在中国境内设立的合伙企业，外国企业或者个人入伙的，应当符合本办法的有关规定，并依法向企业登记机关申请变更登记"的规定，对于外国企业或者个人入伙内资合伙企业、将其变更为外商投资合伙企业的项目，尤其需要关注该内资合伙企业的原企业登记机关是否具有外商投资企业登记管理权。

值得一提的是，随着营商环境的持续优化，将来会有更多的地方市场监管部门被授权进行外商投资企业的登记注册。比如，2020年7月8日召开的国务院常务会就决定要授权全国地级及以上城市开展外商投资企业注册登记。⑥

---

① 《外商投资企业授权登记管理办法》（2022年）第4条、第7条。市监总局公布目前全国被授予外商投资企业登记管理权的市场监管部门名单的网址为https：//www.samr.gov.cn/djzcj/wstz/index.html。
② 《外商投资企业授权登记管理办法》（2022年）第3条第3款。
③ 《市场监管总局关于公开〈全国被授予外商投资企业登记管理权的市场监管部门名单〉的公告》（国家市场监督管理总局公告〔2020〕37号）。
④ 《外商投资企业授权登记管理办法》（2022年）第8条第1款。
⑤ 《外商投资企业授权登记管理办法》（2022年）第3条第2款、第8条第2款。
⑥ 《李克强主持召开国务院常务会议 部署进一步做好防汛救灾工作 推进重大水利工程建设等》，http：//www.gov.cn/premier/2020-07/09/content_5525345.htm，最后访问日期：2024年3月2日。

(三) 外商投资的公司的登记管辖

所有的外商投资的公司，包括有限公司和股份公司，其登记管辖权都在市场监管总局（原工商总局）。对此，《公司登记管理条例》（在2022年3月1日之前适用）第6条曾规定："国家工商行政管理总局负责下列公司的登记：（一）国务院国有资产监督管理机构履行出资人职责的公司以及该公司投资设立并持有50%以上股份的公司；（二）外商投资的公司；（三）依照法律、行政法规或者国务院决定的规定，应当由国家工商行政管理总局登记的公司；（四）国家工商行政管理总局规定应当由其登记的其他公司。"《外商投资法实施条例》第37条第1款也规定："外商投资企业的登记注册，由国务院市场监督管理部门或者其授权的地方人民政府市场监督管理部门依法办理。"据此，只有在取得市场监管总局授权的情况下，地方市场监管部门才享有对本辖区内的外商投资的公司的登记管理权。

(四) 外商投资合伙企业的登记管辖

根据《外商投资法实施条例》第37条第1款、《合伙企业登记管理办法》（在2022年3月1日之前适用）第4条和《外商投资合伙企业登记管理规定》（于2021年6月废止）第5条、第11条的规定，外商投资合伙企业的登记管辖如下：

1. 以投资为主要业务的外商投资合伙企业的登记管辖

在2021年6月1日之前，以投资为主要业务的外商投资合伙企业（包括普通合伙企业和有限合伙企业）的登记管辖权在省级、计划单列市、副省级市的市场监管部门，其他地方市场监管部门不享有此项登记管理权。对此，《外商投资合伙企业登记管理规定》（于2021年6月1日起废止）第5条第3款规定："省、自治区、直辖市及计划单列市、副省级市市场监督管理部门负责以投资为主要业务的外商投资合伙企业的登记管理。"

之所以作出这样的特别规定，是因为根据当时有效的国务院《外国企业或者个人在中国境内设立合伙企业管理办法》（于2020年11月29日废止）第14条关于"国家对外国企业或者个人在中国境内设立以投资为主要业务的合伙企业另有规定的，依照其规定"的规定，在目前国家尚未对以投资为主要业务的外商投资合伙企业作出具体规定的情况下，需要"加强对以投资为主要业务的外商投资合伙企业的登记管理，降低投资风险"。①

但是，自2021年6月1日起，因《外商投资合伙企业登记管理规定》已废止，现有法规都没有对以投资为主要业务的外商投资合伙企业的登记管辖作出其他特别规定，结合《市场监管总局关于贯彻落实〈外商投资法〉做好外商投资企业登记注册工作的通知》（国市监注〔2019〕247号）关于"外商投资的投资性公司、外商投资的创业投资公司、以投资为主要业务的外商投资合伙企业境内投资设立的企业，其登记注册参照适用本通知"和"总局授权的地方市场监管部门是外商投资企业的登记机关，负责本辖区内的外商投资企业登记管理"的规定，以投资为主要业务的外商投资合伙企业（包括普通合伙企业和有限合伙企业）的登记管辖权在市场监管总局授权的地方市场监管部门。由于被授予外商投资企业登记管理权的地方市场监管部门的登记管辖范围是由市场监管总局的授权文件确定的②，因此，如果市场监管总局的授权文件没有将以投资为主要业务的外商投资合伙企业的登记权限授予相应的地方市场监管部门，那么，该地方市场监管部门自然也就不能开展以投资为主要业务的外商投资合伙企业的登记注册工作。③

2. 其他外商投资合伙企业的登记管辖

除以投资为主要业务的外商投资合伙企业（包括普通合伙企业和有限合伙企业）外，其他外商投资合伙企业的登记管辖权在市场监管总局授权的地方市场监管部门。

对此，《外商投资法实施条例》第37条第1款规定"外商投资企业的登记注册，由国务院市场监督管理部门或者其授权的地方人民政府市场监督管理部门依法办理"，《外商投资合伙企业登记管理规定》（2019年修正，于2021年6月废止）第5条第2款也曾规定："国家市场监督管理总局授予外商投资企业核准登记权的地方市场监督管理部门（以下称企业登记机关）负责本辖区内的外商投资合伙企业登记管理。"

3. 外商投资的特殊的普通合伙企业和外商投资的有限合伙企业的登记管辖

需要注意的是，现阶段，国家没有对外商投资的特殊的普通合伙企业和外商

---

① 见《国家工商行政管理总局关于做好〈外国企业或者个人在中国境内设立合伙企业管理办法〉贯彻实施工作的通知》（工商外企字〔2010〕31号），该文件已被2016年5月31日的《工商总局关于公布政策性文件清理结果的公告》（工商办字〔2016〕98号）宣布废止失效。
② 《外商投资企业授权登记管理办法》（2022年）第8条第1款。
③ 《外商投资企业授权登记管理办法》（2022年）第3条第3款、第8条第2款。

投资的有限合伙企业的登记管辖作出特别的规定,外商投资的特殊的普通合伙企业和外商投资的有限合伙企业的登记管辖权在市场监管总局授权的地方市场监管部门。

针对特殊的普通合伙企业和有限合伙企业的登记管辖,尽管国务院《合伙企业登记管理办法》(在2022年3月1日之前适用)第4条第4款规定"国务院工商行政管理部门对特殊的普通合伙企业和有限合伙企业的登记管辖可以作出特别规定",《国家工商行政管理总局关于做好合伙企业登记管理工作的通知》(工商个字〔2007〕108号)也规定"根据《合伙企业登记管理办法》第四条第四款的规定,特殊的普通合伙企业和有限合伙企业一般由省、自治区、直辖市工商行政管理局以及设区的市的工商行政管理局登记。省、自治区、直辖市工商行政管理局也可根据实际情况,对特殊的普通合伙企业和有限合伙企业的登记管辖做出规定",但是,由于不论是当时有效的国务院《外国企业或者个人在中国境内设立合伙企业管理办法》(于2020年11月29日废止)第5条第1款关于"外国企业或者个人在中国境内设立合伙企业,应当由全体合伙人指定的代表或者共同委托的代理人向国务院工商行政管理部门授权的地方工商行政管理部门(以下称企业登记机关)申请设立登记"和第10条关于"外商投资合伙企业的登记管理事宜,本办法未作规定的,依照《中华人民共和国合伙企业登记管理办法》和国家有关规定执行"的规定,还是当时有效的《外商投资合伙企业登记管理规定》(于2021年6月废止)第5条第2款关于"国家市场监督管理总局授予外商投资企业核准登记权的地方市场监督管理部门(以下称企业登记机关)负责本辖区内的外商投资合伙企业登记管理"、第3款关于"省、自治区、直辖市及计划单列市、副省级市市场监督管理部门负责以投资为主要业务的外商投资合伙企业的登记管理"、第11条关于"外商投资合伙企业类型包括外商投资普通合伙企业(含特殊的普通合伙企业)和外商投资有限合伙企业"的规定,都没有将外商投资的特殊的普通合伙企业和外商投资的有限合伙企业从市场监管总局授权的地方市场监管部门的登记管辖范围中排除出去,因此,只要不属于"以投资为主要业务的外商投资合伙企业",外商投资的特殊的普通合伙企业和外商投资的有限合伙企业的登记管辖适用的是普通的外商投资合伙企业的登记管辖规定。

当然,由于被授予外商投资企业登记管理权的地方市场监管部门的登记管辖范围是由市场监管总局的授权文件确定的[1]，因此，如果市场监管总局的授权文件没有将外商投资的特殊的普通合伙企业和外商投资的有限合伙企业的登记权限授予相应的地方市场监管部门，那么，该地方市场监管部门自然也就不能开展外商投资的特殊的普通合伙企业和外商投资的有限合伙企业的登记注册工作。[2]

（五）特殊外商投资主体的登记管辖

除外商投资的公司、外商投资合伙企业外的特殊的外商投资的主体，包括外国（地区）企业的分支机构和常驻代表机构、在中国境内从事生产经营活动的外国（地区）企业、外商投资企业分支机构，以及其他依照国家规定应当执行外资产业政策的企业。

这些特殊外商投资主体的登记管辖也适用外资授权登记管理体制，其登记管理权的授予和规范也适用《外商投资企业授权登记管理办法》的规定。对此，《外商投资企业授权登记管理办法》（2022年）第2条第2款规定："外国公司分支机构以及其他依照国家规定应当执行外资产业政策的企业、香港特别行政区和澳门特别行政区投资者在内地、台湾地区投资者在大陆投资设立的企业及其分支机构登记管理授权和规范，参照本办法执行"。不过，外国（地区）企业在中国境内从事生产经营活动和外国企业常驻代表机构的登记和管理均由省级市场监管部门负责。[3]

（六）企业名称的登记管辖

现阶段，企业名称登记管辖权划分如下：

一是冠以中国、中华、中央、全国、国家等字词的企业名称，由市场监管总局从严审核，提出审核意见并报国务院批准。[4]

二是不含行政区划名称的企业名称，由市监总局负责登记；市监总局总局可以根据工作需要，授权省级企业登记机关从事不含行政区划名称的企业名称登记

---

[1] 《外商投资企业授权登记管理办法》（2022年）第8条第1款。
[2] 《外商投资企业授权登记管理办法》（2022年）第3条第3款、第8条第2款。
[3] 见《外国企业常驻代表机构登记管理条例》第5条、《外国（地区）企业在中国境内从事生产经营活动登记管理办法》第2条。
[4] 国务院《企业名称登记管理规定》（2020年修订）第12条第1款、《企业名称登记管理规定实施办法》（2023年）第14条第1款。

管理工作登记管理工作。①

三是县级以上地方企业登记机关负责本行政区域内的企业名称（前两项规定的企业名称除外）的登记管理工作。②

基于上述，存在被授予外商投资企业登记管理权的地方市场监管部门虽然具有对其辖区内的外商投资企业的登记管辖权，但不具有对该外商投资企业的企业名称的登记管辖权的情况。

就应当由市监总局登记的企业名称而言，在外商投资企业授权登记管理体制下，尽管市场监管总局不再办理具体的企业登记业务了，但是，上述企业名称的核准工作仍然是由市场监管总局负责的。现阶段，申请人可以选择登录"国家市场监督管理总局企业名称申报系统"通过在线申报方式办理属于市场监管总局管辖的企业名称的登记申请，也可以选择到有受理权限的企业登记机关③现场办理此类企业名称的登记申请。④

三、外商投资企业的登记事项

外商投资企业的登记事项因其属于公司还是合伙企业而有所不同。

（一）外商投资的公司的登记事项

外商投资的公司的登记事项与内资公司的登记事项是相同的。根据公司类型的不同，外商投资的有限公司和外商投资的股份公司的登记事项略有不同。

---

① 《企业名称登记管理规定实施办法》（2023年）第6条第1款。《企业名称登记管理规定实施办法》（2023年）第19条第1款规定："已经登记的企业法人，在3个以上省级行政区域内投资设立字号与本企业字号相同且经营1年以上的公司，或者符合法律、行政法规、国家市场监督管理总局规定的其他情形，其名称可以不含行政区划名称"。

② 国务院《企业名称登记管理规定》（2020年修订）第2条第1款、《企业名称登记管理规定实施办法》（2023年）第5条第2款。

③ 根据《国家市场监督管理总局关于委托北京市工商局 上海市工商局登记管理不含行政区划企业名称的通知》，市监总局决定委托北京市和上海市的市级登记机关登记管理其各自辖区内的不含行政区划的企业名称（见《上海市市场监督管理局营商环境创新试点实施方案》（沪市监法规〔2022〕80号）、《北京市市场监督管理局关于做好不含行政区划企业名称登记管理工作的通知》（京市监发〔2022〕39号）、市场监管总局官网"企业名称申报服务"办事指南）。此外，《国务院关于开展营商环境创新试点工作的意见》（国发〔2021〕24号）决定选择北京、上海、重庆、杭州、广州、深圳6个城市作为首批试点城市，开展营商环境创新试点工作，其中包括"开展不含行政区划名称的企业名称自主申报"，市监总局将"不含行政区划名称的企业名称登记权"下放至上述试点城市，实行企业名称自主申报。

④ 见市场监管总局官网"企业名称申报服务"办事指南（https：//zwfw.samr.gov.cn/guideDetail？id=a5b6c148193f4d1ca72768e35b9b813e，最后访问日期：2024年3月2日）。

1. 外商投资的有限公司的登记事项

现阶段,外商投资的有限公司的登记事项包括以下7项:(1)名称;(2)住所;(3)注册资本;(4)经营范围;(5)公司类型;(6)法定代表人的姓名;(7)股东的姓名或者名称。[①]

就普通的外商投资的有限公司而言,其中的"注册资本"指的是"在公司登记机关登记的全体股东认缴的出资额"[②],"公司类型"是指有限责任公司,"股东的姓名或者名称"指的是外商投资的有限公司现有的自然人股东的姓名、法人或非法人组织的名称。

值得注意的是,现阶段,除上述7项外,其他事项,包括但不限于外商投资的有限公司的实收资本、股东认缴的出资额、出资方式、缴付期限、实缴的出资额、公司的董事、监事、高级管理人员姓名,都不属于登记事项。

当然,由于股东认缴的出资额、出资方式、缴付期限属于公司章程的记载事项[③],而外商投资的有限公司的章程属于公司设立的必备申请文件[④],且公司章程修改时须提交公司登记机关备案[⑤],因此,外商投资的有限公司的股东认缴的出资额、出资方式、缴付期限实际上属于备案事项。并且,《公司法》第40条第1款也要求所有有限公司(包括外商投资的有限公司)按照规定通过国家企业信用信息公示系统公示其各个股东认缴和实缴的出资额、出资方式和出资日期。

此外,由于有限公司的董事、监事、经理的姓名也属于公司设立的必备申请文件[⑥],且有限公司董事、监事、经理的变动也须向公司登记机关备案[⑦],因此,外商投资的有限公司的董事、监事、经理的姓名实际上也属于备案事项。

对此,《市场主体登记管理条例》第9条更是明确规定,"市场主体的下列事项应当向登记机关办理备案:(一)章程或者合伙协议;(二)经营期限或者合伙期限;(三)有限责任公司股东或者股份有限公司发起人认缴的出资数

[①] 见《公司法》第32条第1款、《市场主体登记管理条例》第8条、《市场主体登记管理条例实施细则》第6条。

[②] 见《公司法》第47条第1款。当然,实行实缴登记制的外商投资的有限公司的注册资本为在公司登记机关登记的全体股东实缴的出资额。

[③] 见《公司法》第46条第1款。

[④] 见《公司法》第30条第1款、《市场主体登记管理条例》第16条、《市场主体登记管理条例实施细则》第25条。

[⑤] 见《市场主体登记管理条例》第29条、《市场主体登记管理条例实施细则》第32条。

[⑥] 见《市场主体登记管理条例实施细则》第26条。

[⑦] 见《市场主体登记管理条例》第29条。

额……（四）公司董事、监事、高级管理人员"，第 29 条进一步规定，"市场主体变更本条例第九条规定的备案事项的，应当自作出变更决议、决定或者法定变更事项发生之日起 30 日内向登记机关办理备案"，第 47 条还规定："市场主体未依照本条例办理备案的，由登记机关责令改正；拒不改正的，处 5 万元以下的罚款。"

还需注意的是，作为公司备案事项的"营业期限"与"公司章程规定的营业期限"可能是不同的；在此情况下，只有"公司章程规定的营业期限"届满才是法定的公司解散事由，在公司登记机关备案的营业期限届满并非法定解散事由，并不必然导致公司进入解散程序。①

2. 外商投资的股份公司的登记事项

现阶段，外商投资的股份公司的登记事项也包括 7 项，具体为：（1）名称；（2）住所；（3）注册资本；（4）经营范围；（5）公司类型；（6）法定代表人的姓名；（7）发起人的姓名或者名称。②除上述 7 项外，其他事项，包括但不限于发起人认购的股份数、出资方式和出资时间、实缴的出资额、其他股东的姓名或名称及其出资情况、公司的董事、监事、高级管理人员的姓名，都不属于登记事项。

其中，外商投资的股份公司的"注册资本"，在 2024 年 7 月 1 日之前，因公司设立方式的不同而有所不同：采取发起设立方式设立的股份有限公司的注册资本为"在公司登记机关登记的全体发起人认购的股本总额"，而采取募集方式设立的股份有限公司的注册资本则为"在公司登记机关登记的实收股本总额"；③但自 2024 年 7 月 1 日起，外商投资的股份公司的"注册资本"指的是"在公司登记机关登记的已发行股份的股本总额"，即"在公司登记机关登记的实收股本总额"。④

此外，"发起人的姓名或者名称"指的是外商投资的股份公司设立时的发起人，不包括在股份公司成立之后通过增资或受让股份成为股份公司的股东的人。

---

① 见《公司法》第 229 条第 1 款第 1 项、第 232 条。
② 见《公司法》第 32 条第 1 款、《市场主体登记管理条例》第 8 条、《市场主体登记管理条例实施细则》第 6 条。
③ 见《公司法》（2018 年修正）第 80 条。当然，实行实缴登记制的外商投资的股份公司的注册资本为在公司登记机关登记的实收股本总额。
④ 见《公司法》（2023 年修订）第 96 条。

特别地，与有限公司现有的股东的姓名或名称属于公司章程记载事项和登记事项不同，《公司法》只是要求股份公司的章程载明其发起人的姓名或名称，不要求载明除发起人以外的股东（不论是现有的股东还是原股东）的姓名或名称；并且，只有股份公司的发起人的姓名或名称才属于公司登记事项，除发起人外的股东的姓名或名称不属于公司登记事项。

当然，由于股份公司的董事、监事、经理的姓名也属于股份公司设立的必备申请文件[1]，且股份公司董事、监事、经理的变动也须向公司登记机关备案[2]，因此，外商投资的股份公司的董事、监事、经理的姓名实际上也属于备案事项。

对此，《市场主体登记管理条例》第9条更是明确规定，"市场主体的下列事项应当向登记机关办理备案：（一）章程或者合伙协议；（二）经营期限或者合伙期限；（三）有限责任公司股东或者股份有限公司发起人认缴的出资数额……；（四）公司董事、监事、高级管理人员"，第29条进一步规定："市场主体变更本条例第九条规定的备案事项的，应当自作出变更决议、决定或者法定变更事项发生之日起30日内向登记机关办理备案"，第47条还规定："市场主体未依照本条例办理备案的，由登记机关责令改正；拒不改正的，处5万元以下的罚款。"

同样需要注意的是，外商投资的股份公司备案的营业期限届满并非法定解散事由，并不必然导致公司进入解散程序。[3]

（二）外商投资合伙企业的登记事项

在2022年3月1日之前，根据当时适用的国务院《合伙企业登记管理办法》第6条规定，合伙企业的登记事项应当包括：（1）合伙企业的名称；（2）合伙企业的主要经营场所；（3）合伙企业的执行事务合伙人；（4）合伙企业的经营范围；（5）合伙企业类型；（6）合伙人的姓名或者名称及住所、承担责任方式、认缴或者实际缴付的出资数额、缴付期限、出资方式和评估方式；（7）合伙协议约定合伙期限的，登记事项还包括合伙期限；（8）合伙企业的执行事务合伙人是法人或者非法人组织的，登记事项还应当包括法人或者非法人组织委派的代表。

自2022年3月1日起，根据《市场主体登记管理条例》第8条和《市场主体登记管理条例实施细则》第6条，合伙企业的登记事项包括：（1）名称；

---

[1] 见《市场主体登记管理条例》第26条。
[2] 见《市场主体登记管理条例》第29条。
[3] 见《公司法》第229条第1款第1项、第232条。

（2）主体类型；（3）经营范围；（4）主要经营场所；（5）出资额；（6）执行事务合伙人的名称或姓名（执行事务合伙人是法人或者非法人组织的，登记事项还应当包括其委派的代表姓名）；（7）合伙企业的合伙人名称或者姓名、住所、承担责任方式；（8）法律、行政法规规定的其他登记事项。

需要注意的是，在2022年3月1日之前，"认缴或者实际缴付的出资数额、缴付期限、出资方式和评估方式""合伙期限"属于合伙企业的登记事项；自2022年3月1日起，上述事项均不再作为合伙企业的登记事项，其中的"合伙期限"和"合伙人认缴或者实际缴付的出资数额、缴付期限和出资方式"被调整为合伙企业的备案事项。

其中，"合伙企业类型"包括外商投资普通合伙企业（含特殊的普通合伙企业）和外商投资有限合伙企业①；外国企业或者个人用于出资的货币可以是可自由兑换的外币，也可以是依法获得的人民币；② 合伙协议未约定或者全体合伙人未决定委托执行事务合伙人的，除有限合伙人外，应当将全体普通合伙人均登记为执行事务合伙人③。

此外，在合伙企业的登记事项当中，"合伙人姓名或名称"发生变更，包括以下几种情形：一是原合伙人改变其姓名或名称；二是新增合伙人，包括新合伙人入伙、原合伙人转让部分财产份额给合伙人以外的人、法人合伙人分立导致合伙人人数增加等情形；三是减少合伙人，包括原合伙人将全部财产份额转让给其他合伙人、原合伙人单方减资退出、法人合伙人合并导致合伙人人数减少等情形；四是合伙人更换，包括原合伙人将所持财产份额全部转让给合伙人以外的人、自然人合伙人死亡后由其合法继承人继承其合伙人资格等情形。

值得注意的是，与《合伙企业法》本身没有一般性地规定合伙企业的登记事项包括哪些不同，针对有限合伙企业，《合伙企业法》第66条则特别规定"有限合伙人的姓名或者名称及认缴的出资数额"属于有限合伙企业的登记事项。《合伙企业法》本身不规定合伙企业的登记事项包括哪些，却又同时特别规定"有限合伙人的姓名或名称及认缴的出资数额"属于有限合伙企业的登记事

---

① 见《合伙企业登记管理办法》（在2022年3月1日之前适用）第10条、《外商投资合伙企业登记管理规定》（于2021年6月废止）第11条。
② 见国务院《外国企业或者个人在中国境内设立合伙企业管理办法》（于2020年11月废止）第4条、《市场主体登记管理条例实施细则》（自2022年3月1日起适用）第13条。
③ 见《市场主体登记管理条例实施细则》第11条第2款。

项，其原因在于《合伙企业法》通过要求公示有限合伙企业的有限合伙人认缴的出资数额的方式来更加明确地凸显有限合伙人的有限责任，体现了保护有限合伙人权益的立法价值取向。

还需要注意的是，外商投资合伙企业的合伙协议发生修改时，即使不涉及合伙企业登记事项，也应当将修改或补充的合伙协议送原企业登记机关备案。①

（三）在境内从事生产经营的外国（地区）企业的登记事项

针对外国企业（依照外国法律在中国境外设立的营利性组织②）在中国境内从事生产经营活动的登记问题，《外国（地区）企业在中国境内从事生产经营活动登记管理办法》（2020年修正）作出了专门的规定。香港特别行政区、澳门特别行政区和台湾地区企业在中国境内从事生产经营活动的，参照外国企业管理。③

外国企业在中国境内从事生产经营活动，须经国务院及国务院授权的主管机关批准，并向省级市场监管部门申请登记注册、领取营业执照。④

其中，经批准和登记，外国企业可以在中国境内从事下列生产经营活动：（1）陆上、海洋的石油及其他矿产资源勘探开发；（2）房屋、土木工程的建造、装饰或线路、管道、设备的安装等工程承包；（3）承包或接受委托经营管理外商投资企业；（4）外国银行在中国设立分行；（5）国家允许从事的其他生产经营活动。⑤

在中国境内从事生产经营活动的外国企业的登记事项主要有：（1）企业名称；（2）企业类型；（3）企业地址；（4）企业负责人；（6）资金数额；（7）经营范围；（8）经营期限。⑥

其中，"企业名称"是指外国企业在国外合法开业证明载明的名称，应与所签订生产经营合同的外国企业名称一致；外国银行在中国设立分行，应冠以总行

---

① 见《市场主体登记管理条例》第9条第1项、第29条、第47条，《市场主体登记管理条例实施细则》第32条。
② 见《外国企业常驻代表机构登记管理条例》第42条。
③ 见《外国（地区）企业在中国境内从事生产经营活动登记管理办法》第17条第1款。
④ 见《外国（地区）企业在中国境内从事生产经营活动登记管理办法》第2条。这与《公司法》第244条针对外国公司在中国境内设立分支机构须经批准和登记的规定是一致的。值得注意的是，现阶段，不论是外国（地区）企业在中国境内从事生产经营活动，还是外国公司在中国境内设立分支机构，实行的都是审批制，这与《外商投资法》实施后国家对外商投资企业的设立和变更实行信息报告制度是不一样的。
⑤ 见《外国（地区）企业在中国境内从事生产经营活动登记管理办法》第3条。
⑥ 见《外国（地区）企业在中国境内从事生产经营活动登记管理办法》第6条。

的名称，标明所在地地名，并缀以分行。"企业类型"是指按外国企业从事生产经营活动的不同内容划分的类型，其类型分别为：矿产资源勘探开发、承包工程、外资银行、承包经营管理等。"企业地址"是指外国企业在中国境内从事生产经营活动的场所；外国企业在中国境内的住址与经营场所不在一处的，需同时申报。"企业负责人"是指外国企业董事长或总经理委派的项目负责人。"资金数额"是指外国企业用以从事生产经营活动的总费用，如承包工程的承包合同额，承包或受委托经营管理外商投资企业的外国企业在管理期限内的累计管理费用，从事合作开发石油所需的勘探、开发和生产费，外国银行分行的营运资金等。"经营范围"是指外国企业在中国境内从事生产经营活动的范围。"经营期限"是指外国企业在中国境内从事生产经营活动的期限。[1]

（四）外国（地区）企业常驻代表机构的登记事项

针对外国企业常驻代表机构的登记问题，《外国企业常驻代表机构登记管理条例》（2024年修订）作出了专门的规定。香港特别行政区、澳门特别行政区和台湾地区企业在境内设立代表机构的，参照外国企业设立常驻代表机构管理。[2]

外国企业常驻代表机构是指外国企业依法在中国境内设立的从事与该外国企业业务有关的非营利性活动的不具有法人资格的办事机构。[3] 其中的"与该外国企业业务有关的非营利性活动"包括：（1）与外国企业产品或者服务有关的市场调查、展示、宣传活动；（2）与外国企业产品销售、服务提供、境内采购、境内投资有关的联络活动。[4] 当然，法律、行政法规或者国务院规定代表机构从事上述业务活动须经批准的，则应当取得相应的批准。[5]

外国企业常驻代表机构的登记和管理由省级市场监管部门负责[6]，其登记事项包括代表机构名称、首席代表姓名、业务范围、驻在场所、驻在期限、外国企业名称及其住所[7]，备案事项包括外国企业的有权签字人、企业责任形式、资本（资产）、经营范围以及代表[8]。

---

[1] 见《外国（地区）企业在中国境内从事生产经营活动登记管理办法》第6条。
[2] 见《外国企业常驻代表机构登记管理条例》第44条。
[3] 见《外国企业常驻代表机构登记管理条例》第2条、第42条。
[4] 见《外国企业常驻代表机构登记管理条例》第14条第1款。
[5] 见《外国企业常驻代表机构登记管理条例》第14条第2款。
[6] 见《外国企业常驻代表机构登记管理条例》第5条。
[7] 见《外国企业常驻代表机构登记管理条例》第9条。
[8] 见《外国企业常驻代表机构登记管理条例》第31条。

四、外商投资企业的登记种类

现阶段，外商投资企业的登记种类主要包括设立登记、变更登记、注销登记、备案、股权出质登记等。

（一）设立登记

设立登记是与变更登记、注销登记相对应的概念。① 无论是设立外商投资的公司还是设立外商投资合伙企业，都需要满足法律（《公司法》或《合伙企业法》）规定的设立条件，并向被授权的地方市场监管部门申请设立登记，经依法登记、领取营业执照之后，方可从事经营活动。②

据此，设立登记具有确认外商投资企业的主体资格的效力。③ 外商投资企业营业执照签发之日即为外商投资企业的成立日期④，其主体资格和民事权利能力、民事行为能力亦从其成立时产生⑤。

（二）变更登记

外商投资企业的任何登记事项发生变更，都需要在法律法规规定的期限内向原登记机关申请办理变更登记。⑥ 外商投资企业申请变更登记的时限通常为30日。⑦

需要注意的是，外商投资企业在登记事项发生变更的情况下，如果未及时办

---

① 《企业法人登记管理条例》（在2022年3月1日之前适用）没有使用"设立登记"的表述，而使用了"开业登记"的表述。
② 见《公司法》第6条、第7条、第23条、第76条和《公司登记管理条例》（在2022年3月1日之前适用）第3条，以及《合伙企业法》第9条、第10条、第14条、第61条和《合伙企业登记管理办法》（在2022年3月1日之前适用）第3条、第5条。
③ 见《公司登记管理条例》（在2022年3月1日之前适用）第1条、《合伙企业登记管理办法》（在2022年3月1日之前适用）第1条。
④ 见《公司法》第33条第1款、《合伙企业法》第11条。
⑤ 见《民法典》第59条、第108条。
⑥ 见《公司法》第34条、《合伙企业法》第13条、《市场主体登记管理条例》第24条至第28条。
⑦ 《合伙企业法》第13条规定的合伙企业（包括外商投资合伙企业）申请办理变更登记的时限为15日："合伙企业登记事项发生变更的，执行合伙事务的合伙人应当自作出变更决定或者发生变更事由之日起十五日内，向企业登记机关申请办理变更登记。"不过，《市场主体登记管理条例》第24条规定包括合伙企业、公司在内的所有市场主体统一适用30日的申请变更登记期限："市场主体变更登记事项，应当自作出变更决议、决定或者法定变更事项发生之日起30日内向登记机关申请变更登记。市场主体变更登记事项属于依法须经批准的，申请人应当在批准文件有效期内向登记机关申请变更登记。"

理变更登记，将不具有对抗善意相对人的效力①；此外，外商投资企业还需承担相应的行政责任。

（三）注销登记

外商投资企业解散事由出现或被宣告破产时，在清算结束后，应当办理注销登记。②

其中，外商投资的公司的解散事由包括：（1）公司章程规定的营业期限届满或者公司章程规定的其他解散事由出现；（2）权力机构决议解散；（3）因公司合并或者分立需要解散；（4）依法被吊销营业执照、责令关闭或者被撤销；（5）人民法院依法予以解散；（6）法律规定的其他事由。③

外商投资合伙企业的解散事由则包括：（1）合伙期限届满，合伙人决定不再经营；（2）合伙协议约定的解散事由出现；（3）全体合伙人决定解散；（4）合伙人已不具备法定人数满30天；（5）合伙协议约定的合伙目的已经实现或者无法实现；（6）依法被吊销营业执照、责令关闭或者被撤销；（7）法律、行政法规规定的其他原因。④

在清算期间，外商投资企业存续；在办理注销登记之后，其主体资格和民事权利能力、民事行为能力才从其完成注销登记时消灭⑤。

（四）备案

外商投资企业的备案事项发生变更时，也需要向原企业登记机关办理相应的备案。

这些备案事项主要包括：

1. 外商投资的公司的董事、监事、经理的变更

外商投资的公司的董事、监事、经理发生变动的，应当向原公司登记机关备案。⑥

---

① 《公司法》第34条，《民法典》第65条、第108条。
② 见《民法典》第68条、第72条、第73条，《公司法》第229条、第239条，《合伙企业法》第85条、第90条、第92条。
③ 见《公司法》第229条、《民法典》第69条。
④ 见《合伙企业法》第85条。
⑤ 见《民法典》第59条、第108条。
⑥ 见《市场主体登记管理条例》第9条、第29条。

2. 外商投资的公司的章程的修改

外商投资的公司的章程发生修改时，即使未涉及登记事项的变更，也应当将修改后的公司章程送原公司登记机关备案。①

3. 外商投资的公司的清算组成员、负责人名单

外商投资的公司解散，依法应当清算的，清算组应当自成立之日起 10 日内将清算组成员、清算组负责人名单通过国家企业信用信息公示系统公告。②

4. 外商投资合伙企业的合伙协议的修改

外商投资合伙企业的合伙协议发生修改时，即使未涉及登记事项的变更，也应当将全体合伙人签署或者合伙协议约定的人员签署修改或者补充的合伙协议送原企业登记机关备案。③

5. 外商投资合伙企业的清算人成员名单

外商投资合伙企业解散时，清算组应当自成立之日起 10 日内将清算组成员、清算组负责人名单通过国家企业信用信息公示系统公告。④

（五）股权出质登记

1. 公司股权出质

外商投资的公司的股东以其在该公司的股权⑤出质，为自己或他人提供担保时，需要由出质人和质权人共同向该公司的登记机关提出股权出质设立登记申请，股权质权自办理出质登记时设立。⑥

此外，在出质股权数额变更，以及出质人、质权人姓名（名称）或者出质股权所在公司名称更改时，应当由出质人和质权人共同申请办理变更登记。⑦ 但申请股权出质撤销登记，则可以由出质人或者质权人单方提出。⑧

---

① 见《公司法》第 35 条第 2 款、《市场主体登记管理条例》第 9 条、第 29 条，《市场主体登记管理条例实施细则》第 32 条。

② 见《市场主体登记管理条例》第 32 条。

③ 见《市场主体登记管理条例》第 9 条、第 29 条，《市场主体登记管理条例实施细则》第 32 条。

④ 见《市场主体登记管理条例实施细则》第 32 条。

⑤ 申请出质登记的股权应当是依法可以转让和出质的股权；对于已经被依法冻结的股权，在解除冻结之前，不得申请办理股权出质登记（见《股权出质登记办法》第 5 条）。

⑥ 见《民法典》第 440 条、第 443 条，《股权出质登记办法》第 3 条、第 6 条。

⑦ 见《股权出质登记办法》第 6 条、第 8 条。

⑧ 见《股权出质登记办法》第 6 条。

2. 合伙企业财产份额出质

外商投资合伙企业的合伙人也可以将其在该合伙企业中的财产份额出质。①其中,外商投资的普通合伙企业的合伙人出质其财产份额,须经其他合伙人一致同意;未经其他合伙人一致同意,其行为无效,由此给善意第三人造成损失的,由行为人依法承担赔偿责任。②

值得注意的是,由于《民法典》或之前的《物权法》《担保法》没有明确规定以在合伙企业中的财产份额出质可以适用有关有限公司股权出质的规定,以在合伙企业中的财产份额出质具体应当如何操作,包括是否需要办理出质登记、由谁登记、如何登记、质权何时设立等,因国家层面尚未出台相应的法规,实践中可能会存在操作困难,有必要提前跟外商投资合伙企业注册地的企业登记机关或其他相关机构沟通。③

五、外商投资企业登记材料

现阶段,外商投资企业的登记注册的材料规范执行的是市场监管总局登记注册局2022年7月印发的《市场主体登记文书规范》和《市场主体登记提交材料规范》(市监注(司)函〔2022〕169号);但依据《中外合资经营企业法》《外资企业法》《中外合作经营企业法》等法规设立的外商投资公司、非公司外商投资企业、外商投资公司分公司、非公司外商投资企业分支机构,在2020年1月1日《中华人民共和国外商投资法》施行后,未调整其组织形式、组织机构的,在2024年12月31日前的过渡期内申请办理变更、备案、注销登记时,继续按

---

① 见《合伙企业法》第25条、第72条。
② 见《合伙企业法》第25条。
③ 值得一提的是,有的地方已经可以为有限合伙企业的有限合伙人将其在该有限合伙企业中的财产份额出质办理登记手续了。比如,浙江省于2018年出台了《浙江省有限合伙企业财产份额出质登记暂行办法》(浙工商企〔2018〕18号);合肥市曾于2021年出台了《合肥市合伙企业财产份额出质登记管理办法(试行)》(合市监〔2021〕94号,试点范围为中国(安徽)自由贸易试验区合肥片区经开区块范围内,试行期为两年);湖南省地方金融监管局等在2021年2月印发的《关于规范开展非上市企业股权登记托管和股权质押融资工作的指导意见》(湘金监发〔2021〕21号)提出:"开展有限合伙企业财产份额出质登记试点。支持股权登记托管机构探索开展有限合伙企业财产份额出质登记试点。鼓励在我省范围内注册登记的有限合伙企业到股权登记托管机构办理财产份额出质登记";北京市地方金融监督管理局等在2021年6月21日印发的《关于推进股权投资和创业投资份额转让试点工作的指导意见》也提出"探索开展有限合伙企业财产份额出质登记试点。鼓励在京注册登记的有限合伙企业通过北京股权交易中心份额转让试点办理有限合伙人的财产份额托管和出质登记业务"。

照《市场监管总局关于印发〈企业登记申请文书规范〉〈企业登记提交材料规范〉的通知》（国市监注〔2019〕2号）要求办理。①

作为《外商投资法》的配套法规，《市场监管总局关于贯彻落实〈外商投资法〉做好外商投资企业登记注册工作的通知》（国市监注〔2019〕247号）还结合外商投资企业登记实践，对外国投资者主体资格证明、港澳台投资者主体资格证明、法律文件送达、注册资本（出资数额）币种等提出了更加清晰的规范指南。②

实务中，外商投资企业在办理相应的登记或备案手续时，应当按照《市场主体登记文书规范》《市场主体登记提交材料规范》和《市场监管总局关于贯彻落实〈外商投资法〉做好外商投资企业登记注册工作的通知》（国市监注〔2019〕247号）等文件的要求和企业的实际情况提交相应的材料和信息。

六、外商投资企业登记涉及的行政责任

现阶段，外商投资企业登记涉及的行政责任主要是因无照经营、虚报注册资本、骗取登记和未及时办理变更登记等违法行为引起的。

（一）无照经营的行政责任

1.《无证无照经营查处办法》的规定

国务院《无证无照经营查处办法》对无照经营及其查处作出了一般性的规定。这些规定也适用于外商投资领域的无照经营行为。

无照经营，即"经营者未依法取得营业执照从事经营活动"③，属于国务院明令禁止的行为④，由市场监管部门负责查处⑤。

---

① 见《市场监管总局关于印发〈市场主体登记文书规范〉〈市场主体登记提交材料规范〉的通知》（国市监注发〔2022〕24号）、《市场监管总局登记注册局关于更新〈市场主体登记提交材料规范〉〈市场主体登记文书规范〉的通知》（市监注（司）函〔2022〕169号）附件3《市场主体登记提交材料规范（2022年版）》的"说明"。

② 见《市场监管总局关于贯彻落实〈外商投资法〉做好外商投资企业登记注册工作的通知》（国市监注〔2019〕247号）第5条至第7条。

③ 见《无证无照经营查处办法》第6条。当然，《无证无照经营查处办法》第3条也规定了不属于无证无照经营的两种情形，即："（一）在县级以上地方人民政府指定的场所和时间，销售农副产品、日常生活用品，或者个人利用自己的技能从事依法无须取得许可的便民劳务活动；（二）依照法律、行政法规、国务院决定的规定，从事无须取得许可或者办理注册登记的经营活动。"

④ 见《无证无照经营查处办法》第2条。

⑤ 见《无证无照经营查处办法》第6条。

在对涉嫌无照经营进行查处时，县级以上市场监管部门可以行使下列职权：（1）责令停止相关经营活动；（2）向与涉嫌无照经营有关的单位和个人调查了解有关情况；（3）进入涉嫌从事无照经营的场所实施现场检查；（4）查阅、复制与涉嫌无照经营有关的合同、票据、账簿以及其他有关资料。[1]

此外，对涉嫌从事无照经营的场所，可以予以查封；对涉嫌用于无照经营的工具、设备、原材料、产品（商品）等物品，可以予以查封、扣押。[2]

并且，对于无照经营行为，市场监管部门还可以依照相关法律、行政法规的规定予以处罚；即使法律、行政法规对无照经营的处罚没有明确规定，市场监管部门也可以并应当责令停止违法行为，没收违法所得，并处 1 万元以下的罚款。[3]

2.《公司法》的规定

针对外商投资的公司未经登记即以公司名义从事经营活动的行为，《公司法》第 259 条规定了相应的行政责任，即："未依法登记为有限责任公司或者股份有限公司，而冒用有限责任公司或者股份有限公司名义的，或者未依法登记为有限责任公司或者股份有限公司的分公司，而冒用有限责任公司或者股份有限公司的分公司名义的，由公司登记机关责令改正或者予以取缔，可以并处十万元以下的罚款"；此外，《市场主体登记管理条例》第 3 条第 1 款也规定了："市场主体应当依照本条例办理登记。未经登记，不得以市场主体名义从事经营活动。法律、行政法规规定无需办理登记的除外。"

据此，针对外商投资的公司无照经营的行为，《公司法》第 259 条规定了"责令改正""取缔"和"处以十万元以下的罚款"这 3 种追究法律责任的措施[4]，其实施主体都是公司登记机关，而不是其他主管机关。

就这 3 种措施而言，"罚款"属于公司登记机关采取的行政处罚行为，"责令改正"和"取缔"则属于公司登记机关的其他具体行政行为；"责令改正"可

---

[1] 见《无证无照经营查处办法》第 11 条第 1 款。
[2] 见《无证无照经营查处办法》第 11 条第 2 款。
[3] 见《无证无照经营查处办法》第 13 条。
[4] 就未经公司设立登记即以公司名义从事经营活动的处罚而言，《市场主体登记管理条例》第 43 条也规定了："未经设立登记从事经营活动的，由登记机关责令改正，没收违法所得；拒不改正的，处 1 万元以上 10 万元以下的罚款；情节严重的，依法责令关闭停业，并处 10 万元以上 50 万元以下的罚款"。根据《行政处罚法》（2021 年修订）第 11 条第 2 款所说的"法律对违法行为已经作出行政处罚规定，行政法规需要作出具体规定的，必须在法律规定的给予行政处罚的行为、种类和幅度的范围内规定"，《市场主体登记管理条例》第 43 条中的"没收违法所得"和"并处 10 万元以上 50 万元以下的罚款"似乎已经超出了《公司法》第 259 条（2018 年《公司法》第 210 条）规定的行政处罚种类和幅度。

以单独适用,也可以与"罚款"同时适用,但不能与"取缔"同时适用;"取缔"可以单独适用,也可以与"罚款"同时适用,但不能与"责令改正"同时适用;"罚款"可以适用也可以不适用,但不能单独适用,而应当与"责令改正"同时适用,或与"取缔"同时适用。

针对外商投资的公司无照经营的违法行为,是采取"责令改正"还是采取"取缔"的措施,在采取"责令改正"或"取缔"的措施的同时是否并处罚款以及罚款金额确定为多少,这都属于公司登记机关的行政裁量权。当然,公司登记机关在作出"罚款"的决定时,应当遵守《行政处罚法》的相关规定。各地公司登记机关可能会出台相应的指导意见,实务中应当予以关注。

在具体的适用对象上,就冒用公司名义的行为而言,考虑到《最高人民法院关于适用〈中华人民共和国民事诉讼法〉的解释》(2022年修正)第62条第1项规定了"下列情形,以行为人为当事人:(一)法人或者其他组织应登记而未登记,行为人即以该法人或者其他组织名义进行民事活动的",因此,《公司法》第210条所说的"责令改正"和"予以取缔"适用于存在冒用公司名义的行为的主体,不适用于其名义被冒用的公司。

3.《合伙企业法》的规定

针对外商投资合伙企业未领取营业执照即从事合伙业务的行为,在《合伙企业法》第11条第2款"合伙企业领取营业执照前,合伙人不得以合伙企业名义从事合伙业务"规定的基础上,《合伙企业法》第95条第1款规定了相应的行政责任,即:"违反本法规定,未领取营业执照,而以合伙企业或者合伙企业分支机构名义从事合伙业务的,由企业登记机关责令停止,处以五千元以上五万元以下的罚款。"

据此,针对外商投资合伙企业无照经营行为,《合伙企业法》第95条第1款规定了"责令停止"和"处以五千元以上五万元以下的罚款"这2种追究法律责任的措施[①],其实施主体都是企业登记机关,而不是其他主管机关。

[①] 就未经企业设立登记即以合伙企业名义从事经营活动的处罚而言,《市场主体登记管理条例》第43条也规定了:"未经设立登记从事经营活动的,由登记机关责令改正,没收违法所得;拒不改正的,处1万元以上10万元以下的罚款;情节严重的,依法责令关闭停业,并处10万元以上50万元以下的罚款"。根据《行政处罚法》(2021年修订)第11条第2款所说的"法律对违法行为已经作出行政处罚规定,行政法规需要作出具体规定的,必须在法律规定的给予行政处罚的行为、种类和幅度的范围内规定",《市场主体登记管理条例》第43条中的"没收违法所得"和"并处10万元以上50万元以下的罚款"似乎已经超出了《合伙企业法》第95条第1款规定的行政处罚种类和幅度。

就这2种措施而言，"罚款"属于企业登记机关采取的行政处罚行为，"责令停止"则属于企业登记机关的其他具体行政行为①；"责令停止"不能单独适用，应当与"罚款"同时适用；"罚款"也不能单独适用，而应当与"责令停止"同时适用。

罚款金额确定为多少，这属于企业登记机关的行政处罚裁量权。当然，企业登记机关在作出"罚款"的决定时，应当遵守《行政处罚法》的相关规定。各地企业登记机关可能会出台相应的指导意见，实务中应当予以关注。

在具体的适用对象上，就未领取合伙企业的营业执照而以合伙企业名义从事合伙业务的行为而言，由于《合伙企业法》第11条第2款使用了"合伙企业领取营业执照前，合伙人不得以合伙企业名义从事合伙业务"的表述，也考虑到《最高人民法院关于适用〈中华人民共和国民事诉讼法〉的解释》（2022年修正）第62条第1项规定了"下列情形，以行为人为当事人：（一）法人或者其他组织应登记而未登记，行为人即以该法人或者其他组织名义进行民事活动的"，因此，《合伙企业法》第95条第1款所说的"责令停止"和"罚款"适用于存在未领取合伙企业的营业执照而以合伙企业名义从事合伙业务的行为的合伙人，不适用于合伙企业。

（二）虚报注册资本的行政责任

由于合伙企业没有注册资本的概念，因此，虚报注册资本指向的是公司，外商投资合伙企业不涉及虚报注册资本的问题。

1. 虚报注册资本的含义

《公司法》《公司登记管理条例》（在2022年3月1日之前适用）、《市场主体登记管理条例》（自2022年3月1日起适用）没有对虚报注册资本直接作出界定。在性质上，"虚报注册资本，取得公司登记"属于特殊的"提供虚假材料，取得公司登记"的行为，是涉及注册资本登记的违法行为。在公司设立登记和变更登记的过程中，都可能存在虚报注册资本的情形。值得注意的是，在公司注销登记的过程中，因不涉及注册资本的登记事项，不存在"虚报注册资本"的问题。

---

① 尽管全国人大官网2020年7月3日公布的《行政处罚法（修订草案）》第9条曾将"责令停止行为"列为行政处罚的种类，但是，全国人大常委会2021年1月22日通过的修订后的《行政处罚法》第9条规定的行政处罚的种类中没有直接列明"责令停止"。

结合《刑法》第 158 条第 1 款针对虚报注册资本罪所说的"申请公司登记使用虚假证明文件或者采取其他欺诈手段虚报注册资本，欺骗公司登记主管部门，取得公司登记，虚报注册资本数额巨大、后果严重或者有其他严重情节的，处三年以下有期徒刑或者拘役，并处或者单处虚报注册资本金额百分之一以上百分之五以下罚金"，可以把"虚报注册资本"理解为：在申请公司设立登记、变更登记的过程中，使用虚假证明文件或者采取其他欺诈手段申报注册资本，比如使用虚假的验资报告或验资证明，欺骗公司登记机关，取得公司登记的行为。

2. 虚报注册资本的行政责任

针对"虚报注册资本，取得公司登记"的行为，《公司法》第 250 条规定了"责令改正""对虚报注册资本的公司处以虚报注册资本金额百分之五以上百分之十五以下的罚款""吊销营业执照"和"对直接负责的主管人员和其他直接责任人员处以三万元以上三十万元以下的罚款"这 4 种追究行政责任的措施；此外，《公司法》第 39 条还规定了"撤销公司设立登记"①的措施。其实施主体都是公司登记机关，而不是其他主管机关。上述规定同样适用于外商投资的公司。

就这 5 种措施而言，根据《行政处罚法》第 9 条第 2 项、第 5 项和第 12 条第 1 款关于"地方性法规可以设定除限制人身自由、吊销营业执照以外的行政处罚"的规定，"罚款"和"吊销营业执照"属于公司登记机关采取的行政处罚行为；根据《最高人民法院关于山西星座房地产开发有限公司不服山西省工商行政管理局工商行政登记一案法律适用问题的答复》（（2012）行他字第 15 号）关于"《中华人民共和国公司法》一百九十九条②规定的撤销公司登记，其行为性质不属于行政处罚"的规定，和《全国人民代表大会常务委员会法制工作委员会关于公司法第一百九十八条"撤销公司登记"法律性质问题的答复意见》（法工委复〔2017〕2 号）关于"撤销被许可人以欺骗等不正当手段取得的行政许可，是对违法行为的纠正，不属于行政处罚"的规定，"撤销公司设立登记"属于公司登记机关撤销行政许可的具体行政行为、不属于行政处罚行为；根据《行政处罚法》第 9 条关于行政处罚的种类和第 28 条第 1 款关于"行政机关实施行政处罚时，应当责令当事人改正或者限期改正违法行为"的规定，"责令改正"则属于

---

① 《公司法》第 39 条仅适用于撤销公司设立登记："虚报注册资本、提交虚假材料或者采取其他欺诈手段隐瞒重要事实取得公司设立登记的，公司登记机关应当依照法律、行政法规的规定予以撤销"。

② 即 2005 年《公司法》第 199 条。

公司登记机关的其他具体行政行为①。

值得注意的是，在这5种措施的适用上，"责令改正"是与"罚款"同时适用的；但"吊销营业执照"仅适用于"虚报注册资本，取得公司登记"的行为"情节严重"的情形，并可以与"罚款"同时适用。

就罚款而言，由于《公司法》第250条使用的是"处以虚报注册资本金额百分之五以上百分之十五以下的罚款"的表述，因此，针对虚报注册资本的罚款，其金额的计算基准是虚报部分的金额。不过，罚款金额确定为多少，以及如何认定"情节严重"，这都属于公司登记机关的行政处罚裁量权。当然，公司登记机关在作出"罚款""吊销营业执照"的决定时，应当遵守《行政处罚法》的相关规定。各地公司登记机关可能会出台相应的指导意见，实务中应当予以关注。

3. 虚报注册资本的行政责任仅适用于实行注册资本实缴登记制的公司

《公司法》第250条关于虚报注册资本的行政责任的规定，是否适用于所有公司？对此，《公司法》《市场主体登记管理条例》没有直接作出规定。

值得注意的是，在虚报注册资本的刑事责任方面，2014年4月24日通过的《全国人大常委会关于刑法第一百五十八条、第一百五十九条的解释》和2014年5月20日印发的《最高人民检察院、公安部关于严格依法办理虚报注册资本和虚假出资抽逃出资刑事案件的通知》（公经〔2014〕247号）明确规定，《刑法》

---

① 在2018年12月27日就王某和诉某市人民政府（以下简称某市政府）行政复议再审案作出的（2018）最高法行申4718号行政裁定书（https：//wenshu.court.gov.cn/website/wenshu/181107ANFZ0BXSK4/index.html？docId=81uw4q6F26drbiYrvSG9020+0oaLzGYCmPSeSsLmBm3/h7ncjidS6J/dgBYosE2gFjhz/JG5GnvcwqPrg8+L+41xj0SfQbKl96UyX3wjSUN68UoL8q4JJl9zg71N+68A，最后访问日期：2024年3月29日，下同）中，针对"某市住房公积金管理中心作出的责令华狮公司限期改正这一行政行为是否属于行政处罚，即责令改正或限期改正违法行为是否属于行政处罚的问题"，最高人民法院认为："第一，责令改正（或者限期改正）与行政处罚概念有别。行政处罚是行政主体对违反行政管理秩序的行为依法定程序所给予的法律制裁；而责令改正或限期改正违法行为是指行政机关在实施行政处罚的过程中对违法行为人发出的一种作为命令。第二，两者性质、内容不同。行政处罚是法律制裁，是对违法行为人的人身自由、财产权利的限制和剥夺，是对违法行为人精神和声誉造成损害的惩戒；而责令改正或者限期改正违法行为，其本身并不是制裁，只是要求违法行为人履行法定义务，停止违法行为，消除不良后果，恢复原状。第三，两者的规制角度不同。行政处罚是从惩戒的角度，对行政相对人科处新的义务，以告诫违法行为人不得再违法，否则将受罚；而责令改正或者限期改正则是命令违法行为人履行既有的法定义务，纠正违法，恢复原状。第四，两者形式不同。《行政处罚法》第8条规定了行政处罚的具体种类，具体有：警告，罚款，没收违法所得、非法财物，责令停产停业，暂扣或者吊销许可证、执照和行政拘留等；而责令改正或者限期改正违法行为，因各种具体违法行为不同而分别表现为停止违法行为、责令退还、责令赔偿、责令改正、限期拆除等形式。综上，责令改正或限期改正违法行为是与行政处罚相不同的一种行政行为……"

第158条关于虚报注册资本罪的规定，只适用于依法实行注册资本实缴登记制的公司；自2014年3月1日起，除依法实行注册资本实缴登记制的公司以外，对申请公司登记的单位和个人不得以虚报注册资本罪追究刑事责任。

在虚报注册资本的行政责任方面，注意到，在没有实行注册资本认缴登记制之前，原工商总局2005年制定的《公司注册资本登记管理规定》（已失效）第22条曾规定："虚报注册资本，取得公司登记的，由公司登记机关依照《公司登记管理条例》第六十八条予以处罚"；不过，在2013年12月修改后的《公司法》实施注册资本认缴登记制之后，原工商总局在2014年2月重新制定的《公司注册资本登记管理规定》第15条则规定："法律、行政法规以及国务院决定规定公司注册资本实缴的公司虚报注册资本，取得公司登记的，由公司登记机关依照《公司登记管理条例》的相关规定予以处理。"

从原工商总局修订前后的《公司注册资本登记管理规定》（已失效）关于虚报注册资本的规定的变化可以看出，在原工商总局看来，《公司法》第250条关于虚报注册资本的行政责任的规定，也应只适用于依法实行注册资本实缴登记制的公司，不适用于实行注册资本认缴登记制的公司。

《市场主体登记管理条例》第45条第1款更是明确将虚报注册资本的行政责任限定于实行注册资本实缴登记制的公司："实行注册资本实缴登记制的市场主体虚报注册资本取得市场主体登记的，由登记机关责令改正，处虚报注册资本金额5%以上15%以下的罚款；情节严重的，吊销营业执照"。不过，就其中的罚款而言，由于《公司法》第250条使用的是"对虚报注册资本的公司，处以……罚款"的表述，因此，《公司法》第250条针对虚报注册资本的罚款的适用对象是存在虚报注册资本行为的公司，而不是其股东。

（三）骗取登记的行政责任

不论是外商投资的公司，还是外商投资合伙企业，都可能存在骗取登记的行为；其中的登记，既包括设立登记，又包括变更登记，还包括注销登记。

1. 骗取公司登记的行政责任

骗取公司登记，即《公司法》第250条所说的"提交虚假材料或者采取其他欺诈手段隐瞒重要事实取得公司登记"。

针对骗取公司登记的行为，《公司法》第250条规定了"责令改正""对提交虚假材料或者采取其他欺诈手段隐瞒重要事实的公司处以五万元以上二百万元以下的罚款""吊销营业执照"和"对直接负责的主管人员和其他直接责任人员处以三万元以上三十万元以下的罚款"这 4 种追究行政责任的措施[1]，其实施主体都是公司登记机关，而不是其他主管机关。这一规定同样适用于外商投资的公司。

就这 4 种措施而言，"罚款"和"吊销营业执照"属于公司登记机关采取的行政处罚行为，"责令改正"则属于公司登记机关的其他具体行政行为。

值得注意的是，在这 4 种措施的适用方面，"责令改正"和"吊销营业执照"都是与"罚款"同时适用的；只有在"提交虚假材料或者采取其他欺诈手段隐瞒重要事实取得公司登记"的行为"情节严重"的情况下，公司登记机关才可以采取"吊销营业执照"的措施。

当然，罚款金额确定为多少，以及如何认定"情节严重"，这都属于公司登记机关的行政处罚裁量权。当然，公司登记机关在作出"罚款""吊销营业执照"的决定时，应当遵守《行政处罚法》的相关规定。各地公司登记机关可能会出台相应的指导意见，实务中应当予以关注。

还需注意的是，即使公司存在"提交虚假材料或者采取其他欺诈手段隐瞒重要事实取得公司登记"的行为，但是，如果提交虚假材料办理公司登记并未导致登记错误，那么，这种行为可能不会被认定为《公司法》第 250 条所说的"情节严重"。

比如，在 2017 年 9 月 29 日就宣某军诉某市人民政府（以下简称某市政府）工商行政复议再审案作出的（2017）最高法行申 4074 号行政裁定书[2]中，最高人民法院认为："只有提交虚假材料取得公司登记，情节严重的，才会导致'撤销公司登记或者吊销营业执照'的法律后果。就本案而言，生效的民事判决已确认贺某国与宣某军之间的股权转让法律关系成立并已实际履行，宣某军不享有久

---

[1] 《市场主体登记管理条例》第 40 条还规定了登记机关依受虚假市场主体登记影响的自然人、法人和其他组织申请撤销市场主体登记的制度："提交虚假材料或者采取其他欺诈手段隐瞒重要事实取得市场主体登记的，受虚假市场主体登记影响的自然人、法人和其他组织可以向登记机关提出撤销市场主体登记的申请。登记机关受理申请后，应当及时开展调查。经调查认定存在虚假市场主体登记情形的，登记机关应当撤销市场主体登记……"尽管该制度适用于撤销设立登记、撤销变更登记和撤销注销登记，但需要基于受虚假市场主体登记影响的自然人、法人和其他组织向登记机关提出撤销市场主体登记的申请方可启动。

[2] https：//wenshu.court.gov.cn/website/wenshu/181107ANFZ0BXSK4/index.html？docId = 6Cvtfkzasvkty8GxB7bHuZiFdaTSh8Fyro7m2Uep6TovSgn6w0Hp9p/dgBYosE2gFjhz/JG5GnvcwqPrg8 + L + 41xj0SfQbKl96UyX3wjSUPI0XwLDK1BMxSP8uvnvkaH，最后访问日期：2024 年 3 月 29 日。

某公司股权。因此，虽然久某公司申请变更登记提交的材料中涉及宣某军的签名非其本人所签，但作为公司登记行为之基础的民事行为已被确认有效。亦即，登记的权利状况与实际的权利状况具有一致性，申请人提交虚假材料办理变更登记并未导致登记错误。基于此，某市政府认为其此前作出的23-3号复议决定所依据的基本事实已发生改变，不需要再行责令应城市工商局对久通公司重新作出撤销该公司提供虚假材料取得的公司变更登记的行政处罚决定，故以43号复议决定对23-3号复议决定予以纠正，一审和二审法院予以认可，本院对此不持异议。"

在适用的公司方面，与《公司法》第250条关于虚报注册资本的规定仅适用于依法实行注册资本实缴登记制的公司不同，《公司法》第250条关于"提交虚假材料或者采取其他欺诈手段隐瞒重要事实取得公司登记"的行政责任的规定适用于所有公司，既包括有限公司又包括股份公司，既包括依法实行注册资本实缴登记制的公司又包括实行注册资本认缴登记制的公司；既包括内资的公司又包括外商投资的公司。

在具体的适用情形方面，《公司法》第250条关于"提交虚假材料或者采取其他欺诈手段隐瞒重要事实取得公司登记"的行政责任的规定，适用于除虚报注册资本、取得关于公司注册资本的登记外的其他各项登记事项的登记、变更登记以及公司注销登记。只要在涉及公司登记事项的登记、变更登记或公司的注销登记过程中，存在提交虚假材料或者采取其他欺诈手段隐瞒重要事实取得公司登记的情况，都可以并应当适用《公司法》第250条的这一规定。

2. 骗取合伙企业登记的行政责任

骗取合伙企业登记即《合伙企业法》第93条所说的"提交虚假文件或者采取其他欺骗手段，取得合伙企业登记"。

针对"提交虚假文件或者采取其他欺骗手段，取得合伙企业登记"的行为，《合伙企业法》第93条规定了"责令改正""处以五千元以上五万元以下的罚款""撤销企业登记""处以五万元以上二十万元以下的罚款"这4种追究行政责任的措施，其实施主体都是企业登记机关，而不是其他主管机关。这一规定同样适用于外商投资合伙企业。

就这4种措施而言，根据《行政处罚法》第9条第2项、第5项和第12条第1款关于"地方性法规可以设定除限制人身自由、吊销营业执照以外的行政处罚"的规定，"罚款"和"吊销营业执照"属于企业登记机关采取的行政处罚行为；根据《行政处罚法》第9条和《最高人民法院关于山西星座房地产开发有限公司不服山西省工商行政管理局工商行政登记一案法律适用问题的答复》（（2012）行他字第15号）关于"《中华人民共和国公司法》一百九十九条①规定的撤销公司登记，其行为性质不属于行政处罚"的规定，"撤销企业登记"属于企业登记机关撤销行政许可的具体行政行为、不属于行政处罚行为；根据《行政处罚法》第9条关于行政处罚的种类和第28条第1款关于"行政机关实施行政处罚时，应当责令当事人改正或者限期改正违法行为"的规定，"责令改正"则属于企业登记机关的其他具体行政行为；"责令改正"是与"处以五千元以上五万元以下的罚款"同时适用的，而"撤销企业登记"是与"处以五万元以上二十万元以下的罚款"同时适用的；并且，只有在"提交虚假文件或者采取其他欺骗手段，取得合伙企业登记"的行为"情节严重"的情况下，企业登记机关才可以采取"撤销企业登记"的措施，并且，在采取"撤销企业登记"的措施时，必须同时"处以五万元以上二十万元以下的罚款"。其中，"撤销企业登记"既包括撤销企业设立登记，也包括撤销企业变更登记，还包括撤销企业注销登记。

罚款金额确定为多少，以及如何认定"情节严重"，这都属于企业登记机关的行政处罚裁量权。当然，企业登记机关在作出"罚款"的决定时，应当遵守《行政处罚法》的相关规定。各地企业登记机关可能会出台相应的指导意见，实务中应当予以关注。

在适用的合伙企业方面，《合伙企业法》第93条关于"提交虚假文件或者采取其他欺骗手段，取得合伙企业登记"的行政责任的规定适用于所有合伙企业，既包括一般的普通合伙企业，又包括特殊的普通合伙企业，还包括有限合伙企业；既包括内资合伙企业，又包括外商投资合伙企业。

在具体的适用情形方面，《合伙企业法》第93条关于"提交虚假文件或者采取其他欺骗手段，取得合伙企业登记"的行政责任的规定，适用于合伙企业的各项登记事项的登记、变更登记以及企业注销登记。只要在涉及合伙企业登记事项的登记、变更登记或合伙企业的注销登记过程中，存在提交虚假文件或者采取其他欺骗手段取得合伙企业登记的情况，都可以——并应当——适用《合伙企业法》第93条的这一规定。

---

① 即2005年《公司法》第199条。

(四) 未依法办理变更登记的行政责任

不论是外商投资的公司，还是外商投资合伙企业，都可能存在登记事项发生变更但未依法办理变更的行为。

如前所述，外商投资企业的任何登记事项发生变更，都需要在法律法规规定的期限内向原登记机关办理变更登记。[①] 未依法办理变更登记的，需要承担相应的行政责任。主要如下：

1. 未依法办理公司变更登记的行政责任

针对公司未依法办理变更登记的行为，《公司法》第 260 条第 2 款规定了"责令限期登记"和"处以一万元以上十万元以下的罚款"这两种追究法律责任的措施，其实施主体都是公司登记机关，而不是其他主管机关。这一规定同样适用于外商投资的公司。

就这 2 种措施而言，"罚款"属于公司登记机关采取的行政处罚行为，"责令限期登记"则属于公司登记机关的其他具体行政行为；在公司未依法办理变更登记时，公司登记机关不能直接对公司处以罚款，而应先责令该公司在指定的期限内办理变更登记（笔者理解公司登记机关指定的期限应为合理的期限，但至于何为合理期限，需结合具体情况进行分析）；在该公司仍未办理变更登记的情况下，公司登记机关才能对该公司处以罚款。

考虑到《公司法》第 260 条第 2 款是在"由公司登记机关责令限期登记"之后使用"逾期"的表述的，因此，"逾期"的起算日应为公司登记机关责令公司限期办理变更登记的决定书中指定的期限届满之日的次日。

在处以罚款的情形，罚款金额确定为多少，属于公司登记机关的行政处罚裁量权。当然，公司登记机关在作出"罚款"的决定时，应当遵守《行政处罚法》的相关规定。各地公司登记机关可能会出台相应的指导意见，实务中应当予以关注。

值得注意的是，在公司未依法办理变更登记并且情节严重的情形，《市场主体登记管理条例》第 46 条还规定："市场主体未依照本条例办理变更登记的，……情节严重的，吊销营业执照"，即公司登记机关可以并应当处以"吊销

[①] 见《公司法》第 7 条、第 12 条、第 13 条、第 32 条和《公司登记管理条例》（在 2022 年 3 月 1 日之前适用）第 28 条至第 35 条以及《合伙企业法》第 13 条、《市场主体登记管理条例》（自 2022 年 3 月 1 日起适用）第 24 条。

营业执照"的行政处罚,而不仅仅是适用《公司法》第260条第2款所说的"由公司登记机关责令限期登记;逾期不登记的,处以一万元以上十万元以下的罚款"。

2. 未依法办理合伙企业变更登记的行政责任

针对合伙企业未依法办理变更登记的行为,《合伙企业法》第95条第2款规定了"责令限期登记"和"处以二千元以上二万元以下的罚款"这两种追究法律责任的措施,其实施主体都是企业登记机关,而不是其他主管机关。这一规定同样适用于外商投资合伙企业。

就这2种措施而言,"罚款"属于企业登记机关采取的行政处罚行为,"责令限期登记"则属于企业登记机关的其他具体行政行为;在合伙企业未依法办理变更登记时,企业登记机关不能直接对合伙企业处以罚款,而应先责令该合伙企业在指定的期限内办理变更登记(笔者理解企业登记机关指定的期限应为合理的期限,这个期限可以少于《合伙企业法》第13条规定的15日;但至于何为合理期限,需结合具体情况进行分析);在该合伙企业仍未办理变更登记的情况下,企业登记机关才能对该合伙企业处以罚款。

考虑到《合伙企业法》第95条第2款是在"由企业登记机关责令限期登记"之后使用"逾期"的表述的,因此,"逾期"的起算日应为企业登记机关责令合伙企业限期办理变更登记的决定书中指定的期限届满之日的次日。

在处以罚款的情形,罚款金额确定为多少,属于企业登记机关的行政处罚裁量权。当然,企业登记机关在作出"罚款"的决定时,应当遵守《行政处罚法》的相关规定。各地公司登记机关可能会出台相应的指导意见,实务中应当予以关注。

值得注意的是,在外商投资合伙企业未依法办理变更登记并且情节严重的情形,《市场主体登记管理条例》第46条还规定:"市场主体未依照本条例办理变更登记的,……情节严重的,吊销营业执照",即登记机关可以并应当处以"吊销营业执照"的行政处罚,而不仅仅是适用《合伙企业法》第95条第2款所说的"逾期不登记的,处以二千元以上二万元以下的罚款"。

3. 未依法办理备案的行政责任

针对外商投资企业(包括外商投资的公司和外商投资的合伙企业)未依法办理备案的行为,《市场主体登记管理条例》第47条规定:"市场主体未依照本条例办理备案的,由登记机关责令改正;拒不改正的,处5万元以下的罚款。"

就这 2 种措施而言,"罚款"属于登记机关采取的行政处罚行为,"责令改正"则属于登记机关的其他具体行政行为;在外商投资企业未依法办理备案时,登记机关不能直接对其处以罚款,而应先责令其在指定的期限内办理相应的备案手续;在其仍未办理备案的情况下,登记机关才能对该外商投资企业处以罚款。

七、外商投资企业登记与外商投资准入负面清单管理

如前所述,国家对外商投资实行准入前国民待遇加负面清单管理制度,外商投资准入负面清单规定禁止投资的领域,外国投资者不得投资;外商投资准入负面清单规定限制投资的领域,外国投资者进行投资应当符合负面清单规定的股权要求、高级管理人员要求等限制性准入特别管理措施;外商投资准入负面清单以外的领域,按照内外资一致的原则实施管理。①

由于在《外商投资法》实施之后,外商投资企业设立和变更无须由商务部门审批或备案,而随着中国营商环境的持续优化,在中国境内进行投资、开展经营活动需要办理经营许可的情形会越来越少,并且在需要办理经营许可的事项当中,由相关行业主管部门进行前置许可的情形更少②,因此,外商投资企业登记就成为保障外商投资负面清单管理制度有效实施的重要环节。

就外商投资企业登记与外商投资准入负面清单管理的关系而言,《外商投资法实施条例》第 34 条规定,"有关主管部门在依法履行职责过程中,对外国投资者拟投资负面清单内领域,但不符合负面清单规定的,不予办理许可、企业登记注册等相关事项"。

在此基础上,为落实外商投资准入负面清单管理制度,《市场监管总局关于贯彻落实〈外商投资法〉做好外商投资企业登记注册工作的通知》(国市监注〔2019〕247 号)进一步明确了申请外商投资企业登记注册的程序规范,主要如下:

1. 投资者主动申报

在申请外商投资企业设立或者变更登记时,企业登记系统将根据投资者申请

---

① 见《外商投资法》第 4 条、第 28 条和《外商投资法实施条例》第 33 条。
② 有关外商投资的经营许可,请见本书第十一章"外商投资涉及的经营许可"。

投资的行业领域，自动提示可能涉及的外商投资准入特别管理措施。[1] 投资人应当承诺是否符合外商投资准入负面清单要求，并根据实际情况如实勾选涉及外商投资准入负面清单的行业领域。其中，法律、行政法规规定外商投资企业设立、变更、注销登记前须经行业主管部门许可的，还应当向登记机关提交有关批准文件。[2]

2. 企业登记机关进行形式审查并作出决定

企业登记机关对相关申请材料进行形式审查[3]，按照申请的经营范围是否涉及外商投资准入负面清单中的特别管理措施，分三种情形规范是否作出准予登记的决定。企业登记系统也将根据申请投资的行业领域自动提示可能涉及的外商投资准入特别管理措施，辅助登记人员审查申请材料。[4] 具体而言：[5]

（1）外国投资者或者外商投资企业在外商投资准入负面清单以外的领域投资的，按照内外资一致的原则进行登记注册。

（2）外国投资者或者外商投资企业投资外商投资准入负面清单内对出资比例、法定代表人（主要负责人）国籍等有限制性规定的领域，对于符合准入特别管理措施规定条件的，依法予以登记注册。

但是，对于外商投资准入负面清单中法律、行政法规规定的企业登记前置审批事项，外国投资者或外商投资企业投资相关领域的，行业主管部门在登记注册前已经依法核准相关涉企经营许可事项的，登记机关无须就是否符合准入特别管理措施规定条件进行重复审查。

（3）外国投资者或者外商投资企业在外商投资准入负面清单禁止投资的领域投资的，不予登记注册。

---

[1] 见《市场监管总局登记注册局负责人就〈关于贯彻落实《外商投资法》做好外商投资企业登记注册工作的通知〉进行解读》。

[2] 见《市场监管总局关于贯彻落实〈外商投资法〉做好外商投资企业登记注册工作的通知》（国市监注〔2019〕247号）第1条。

[3] 见《市场监管总局关于贯彻落实〈外商投资法〉做好外商投资企业登记注册工作的通知》（国市监注〔2019〕247号）第2条。

[4] 见《市场监管总局登记注册局负责人就〈关于贯彻落实《外商投资法》做好外商投资企业登记注册工作的通知〉进行解读》。

[5] 见《市场监管总局关于贯彻落实〈外商投资法〉做好外商投资企业登记注册工作的通知》（国市监注〔2019〕247号）第2条，《市场监管总局登记注册局负责人就〈关于贯彻落实《外商投资法》做好外商投资企业登记注册工作的通知〉进行解读》。

3. 企业登记机关与有关政府职能部门共享登记信息

企业登记机关将登记信息推送至省级共享平台（省级信用信息共享交换平台、政务信息平台、部门间数据接口等），实现与有关政府职能部门的信息互联共享。[①]

八、外商投资企业登记与外商投资项目管理

外商投资企业登记与外商投资项目管理都是国家对外商投资进行监管的重要环节，二种属于不同的、相互独立的制度。

在适用范围上，外商投资项目核准或备案适用于涉及固定资产投资项目的外商投资，部分外商投资甚至可以不在中国境内设立外商投资企业[②]；而外商投资企业登记则适用于外国投资者单独或者与其他投资者共同在中国境内设立外商投资企业、外国投资者取得中国境内企业的投资性权利等情形[③]，既包括涉及固定资产投资的外商投资，也包括不涉及固定资产投资的外商投资。

在先后关系上，尽管外商投资项目核准或备案是项目开工建设的前提条件[④]，但现有法规没有规定外商投资企业登记注册要以外商投资项目核准或备案为前提条件。

从《企业投资项目核准和备案管理条例》第6条针对项目核准规定的"企业办理项目核准手续，应当向核准机关提交项目申请书；由国务院核准的项目，向国务院投资主管部门提交项目申请书。项目申请书应当包括下列内容：（一）企业基本情况……企业应当对项目申请书内容的真实性负责。……"和第13条针对企业投资项目备案规定的"实行备案管理的项目，企业应当在开工建设前通过在线平台将下列信息告知备案机关：（一）企业基本情况；……企业应当对备案项目信息的真实性负责"看，应当事先注册外商投资企业、后由该外商投资企业申请外商投资项目核准或备案。

此外，《国务院关于"先照后证"改革后加强事中事后监管的意见》（国发

---

① 见《市场监管总局关于贯彻落实〈外商投资法〉做好外商投资企业登记注册工作的通知》（国市监注〔2019〕247号）第2条。

② 比如，《外商投资法》第2条第2款第1项所说的"外国投资者单独或者与其他投资者共同在中国境内投资新建项目"。

③ 见《外商投资法》第2条第2款。

④ 《企业投资项目核准和备案管理条例》第18条、第19条。

〔2015〕62号）规定："实行行政审批事项目录管理。工商总局负责公布工商登记前置审批事项目录。……除法律、行政法规和国务院决定外，一律不得设定工商登记前置审批事项，也不得通过备案等方式实施变相前置审批。经营者从事工商登记前置审批事项目录中事项的，应当依法报经相关审批部门审批后，凭许可文件、证件向工商部门申请登记注册，工商部门依法核发营业执照。经营者从事工商登记前置审批事项目录外事项的，直接向工商部门申请登记注册，工商部门依法核发营业执照。"其中并未将投资项目核准或备案作为企业登记的前置条件。

还有，《市场监管总局关于贯彻落实〈外商投资法〉做好外商投资企业登记注册工作的通知》（国市监注〔2019〕247号）也只是规定："申请人应当通过企业登记系统申请外商投资企业登记注册。在申请外商投资企业设立或者变更登记时，投资人应当承诺是否符合《外商投资准入特别管理措施（负面清单）》（以下简称《负面清单》）要求，并根据实际情况如实勾选涉及《负面清单》的行业领域。法律、行政法规规定企业设立、变更、注销登记前须经行业主管部门许可的，还应当向登记机关提交有关批准文件"，并没有要求在申请外商投资企业设立或者变更登记时提交外商投资项目核准文件或备案文件中。

值得一提的是，外商投资审批制时期，国家发改委曾经要求先办理外商投资项目核准，后办理外商投资企业设立或变更登记。比如，2004年的《外商投资项目核准暂行管理办法》（已废止）第13条规定："项目申请人凭国家发展改革委的核准文件，依法办理土地使用、城市规划、质量监管、安全生产、资源利用、企业设立（变更）、资本项目管理、设备进口及适用税收政策等方面手续"，第15条规定："未经核准的外商投资项目，土地、城市规划、质量监管、安全生产监管、工商、海关、税务、外汇管理等部门不得办理相关手续。"此外，《国家发展改革委关于进一步加强和规范外商投资项目管理的通知》（发改外资〔2008〕1773号，已废止）也规定："要坚持外商投资先核准项目，再设立企业的原则，防止设立空壳公司。"

有关外商投资项目的管理，请见本书第十章"外商投资项目管理：核准与备案"。

九、外商投资企业登记与经营许可

外商投资企业登记与经营许可也都是国家对外商投资进行监管的重要环节，

二种属于不同的、相互独立的制度。

总体而言，外商投资企业登记与经营许可之间的关系是营业执照与许可证的关系。营业执照是登记主管部门依照法定条件和程序，对市场主体资格和一般营业能力进行确认后，颁发给市场主体的法律文件。"多证合一"改革后，营业执照记载的信息和事项更加丰富，市场主体凭营业执照即可开展一般经营活动。许可证是审批主管部门依法颁发给特定市场主体的凭证。这类市场主体须持营业执照和许可证方可从事特定经营活动。①

1. 并非所有外商投资企业都需要申请经营许可

针对外商投资的行业许可，《外商投资法》第30条第1款作出了原则性的规定，即："外国投资者在依法需要取得许可的行业、领域进行投资的，应当依法办理相关许可手续。"该款所说的"外国投资者在依法需要取得许可的行业、领域进行投资的"中的"的"字，本身就表明：并非所有的外商投资都需要办理许可手续，只有"法律法规"明确规定需要办理许可的外商投资，才需要"依法"办理"相关"许可手续。

因此，对于经营事项不涉及行业许可的外商投资企业来说，只需办理企业登记即可从事相应的经营活动，不涉及申请经营许可的问题。

2. 在先后关系上，以后置许可为原则、前置许可为例外

总体而言，外商投资企业开展特定的经营活动所需申请的许可与内资企业开展该经营活动所需申请的许可是相同的、适用的规则。其中，就外商投资的公司而言，《公司法》第9条第2款规定："公司的经营范围中属于法律、行政法规规定须经批准的项目，应当依法经过批准。"就外商投资合伙企业而言，《合伙企业法》第9条第2款规定："合伙企业的经营范围中有属于法律、行政法规规定在登记前须经批准的项目的，该项经营业务应当依法经过批准，并在登记时提交批准文件。"

在此基础上，原工商总局《企业经营范围登记管理规定》（自2022年3月1日起失效）曾进一步明确了包括外商投资企业在内的各类企业经营范围涉及前置许可经营项目和后置许可经营项目的登记和变更登记问题。② 据此，外商投资企业申请的经营许可，按照是在企业登记之前办理还是在企业登记之后办理为标

---

① 见《国务院关于在全国推开"证照分离"改革的通知》（国发〔2018〕35号）。
② 见《企业经营范围登记管理规定》（自2022年3月1日起失效）第4条第1款、第8条。

准，可以分为前置许可和后置许可；其中，又以后置许可为原则、前置许可为例外。①

3. 未取得经营许可从事经营活动构成无证经营

值得注意的是，在依法需要取得经营许可的情形，不论是前置许可还是后置许可，外商投资企业都应当在取得相应的许可之后方可开展经营活动，否则可能构成无证经营行为。

对此，国务院《无证无照经营查处办法》第2条规定："任何单位或者个人不得违反法律、法规、国务院决定的规定，从事无证无照经营"，第5条规定："经营者未依法取得许可从事经营活动的，由法律、法规、国务院决定规定的部门予以查处；法律、法规、国务院决定没有规定或者规定不明确的，由省、自治区、直辖市人民政府确定的部门予以查处"，第12条规定："从事无证经营的，由查处部门依照相关法律、法规的规定予以处罚。"

有关外商投资涉及的经营许可，请见本书第十一章"外商投资涉及的经营许可"。

十、外商投资企业登记与外商投资信息报告

外商投资信息报告与外商投资企业登记注册都是外商投资管理的重要环节，二者既是各不相同、相互独立的制度，也紧密结合、相互衔接甚至捆绑在一起。

一是二者分属不同的制度，由不同的监管机构负责。

如前所述，外商投资信息报告制度是国家在新型外商投资法律制度框架下设立的一项管理制度，其主要目的和作用在于为进一步扩大对外开放、制定和完善外商投资政策措施、提升精准服务水平、做好和提升外商投资促进、保护和管理工作、改善营商环境等提供信息支撑②，主要由商务部门负责监管。

而外商投资企业登记注册制度则是从确认外商投资企业的主体资格和经营资格的角度设立的一项管理制度③，其主要目的和作用包括确认外商投资要求的主体资格和经营资格、对外商投资企业的登记事项等信息予以公示。

---

① 见《优化营商环境条例》第19条第2款。
② 见《外商投资信息报告办法》第1条、《商务部、市场监管总局有关司局负责人就〈外商投资信息报告办法〉有关问题答记者问》。
③ 见《公司登记管理条例》（在2022年3月1日之前适用）第1条、《合伙企业登记管理办法》（在2022年3月1日之前适用）第1条。

二是外商投资信息报告与外商投资企业登记注册紧密结合、相互衔接。

对此,《外商投资法》第34条第1款规定:"国家建立外商投资信息报告制度。外国投资者或者外商投资企业应当通过企业登记系统以及企业信用信息公示系统向商务主管部门报送投资信息。"《外商投资法实施条例》第38条也规定:"外国投资者或者外商投资企业应当通过企业登记系统以及企业信用信息公示系统向商务主管部门报送投资信息。国务院商务主管部门、市场监督管理部门应当做好相关业务系统的对接和工作衔接,并为外国投资者或者外商投资企业报送投资信息提供指导。"据此,外商投资信息报告制度和外商投资登记注册制度的实施都依托于企业登记系统以及企业信用信息公示系统。

甚至,《商务部办公厅 市场监管总局办公厅关于进一步完善外商投资信息报告制度 加强和完善事中事后监管工作的通知》(商办资函〔2020〕240号)的附件《外商投资信息报告业务流程及平台建设工作要点》更是要求"企业登记信息和外资加挂信息须同时提交",即:"外国投资者或者外商投资企业申请设立、变更登记时,应当一并填报外商投资初始、变更报告,并将登记信息项和外资加挂信息项同时提交(一个提交按钮)"。[①] 因此,外商投资信息报告与外商投资企业登记注册是捆绑在一起的,必须同时办理,否则无法完成外商投资企业的登记事宜。

有关外商投资信息报告制度,请见本书第十三章"外商投资信息报告制度"。

[①] 《商务部办公厅 市场监管总局办公厅关于进一步完善外商投资信息报告制度 加强和完善事中事后监管工作的通知》(商办资函〔2020〕240号)的附件《外商投资信息报告业务流程及平台建设工作要点》。

第十三章 外商投资信息报告制度

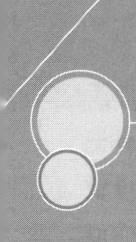

《外商投资法》在取消外商投资审批与备案相结合的管理制度的同时，也建立了外商投资信息报告制度。对此，《外商投资法》第34条第1款规定："国家建立外商投资信息报告制度，外国投资者或者外商投资企业应当通过企业登记系统以及企业信用信息公示系统向商务主管部门报送投资信息。"

据此，自2020年1月1日起，外商投资信息报告制度取代了原有的外商投资企业设立及变更的审批、备案和联合年报制度[1]，各级商务主管部门不再受理有关外商投资企业设立、变更及注销的审批或备案业务，不再颁发外商投资企业批准证书，不再办理外商投资企业设立及变更备案手续[2]，外国投资者或者外商投资企业应当通过企业登记系统以及企业信用信息公示系统向商务主管部门报送投资信息。

接下来主要围绕外商投资信息报告制度的主要事项展开讨论。

一、外商投资信息报告制度的性质和作用

（一）外商投资信息报告制度的性质和定位

在性质和定位上，外商投资信息报告制度是国家在新型外商投资法律制度框架下设立的一项管理制度，但并非针对外国投资者或者外商投资企业新设立的行政审批事项；报送投资信息本身不是外国投资者或者外商投资企业办理企业登记

---

[1] 见《商务部、市场监管总局有关司局负责人就〈外商投资信息报告办法〉有关问题答记者问》。

[2] 针对2019年12月31日以前已经办理了设立登记但尚未办理设立备案的以及已有的外商投资企业在2019年12月31日以前发生了变更但尚未办理变更备案的不涉及国家规定实施外商投资准入特别管理措施的外商投资企业，《商务部关于外商投资信息报告有关事项的公告》（商务部公告2019年第62号）也规定了一个月的过渡期，这些外商投资企业在2020年1月31日前仍可通过商务部外商投资综合管理系统（网址：wzzxbs.mofcom.gov.cn）办理备案。

（包括设立登记、变更登记和注销登记）或其他手续的前置条件。①

对此，《市场监管总局关于贯彻落实〈外商投资法〉做好外商投资企业登记注册工作的通知》（国市监注〔2019〕247号）也明确规定了："提交外商投资信息报告不是办理外商投资企业登记注册的必要条件。登记机关不对外商投资信息报告进行审查。申请人提交企业登记申请后，可以继续填写外商投资信息报告信息。"

（二）外商投资信息报告制度的目的和作用

根据《外商投资信息报告办法》第1条的规定，外商投资信息报告制度的主要目的和作用在于为进一步扩大对外开放、制定和完善外商投资政策措施、提升精准服务水平、做好和提升外商投资促进、保护和管理工作、改善营商环境等提供信息支撑。②

举例来说，对于外商投资管理尤其是负面清单制度的实施来说，外商投资信息报告制度具有重要意义。

针对外商投资负面清单制度，《外商投资法》第28条规定了"外商投资准入负面清单规定禁止投资的领域，外国投资者不得投资。外商投资准入负面清单规定限制投资的领域，外国投资者进行投资应当符合负面清单规定的条件"，《外商投资法实施条例》第33条也规定了"负面清单规定禁止投资的领域，外国投资者不得投资。负面清单规定限制投资的领域，外国投资者进行投资应当符合负面清单规定的股权要求、高级管理人员要求等限制性准入特别管理措施。"在此基础上，《外商投资法实施条例》第34条第2款规定了"有关主管部门应当对负面清单规定执行情况加强监督检查，发现外国投资者投资负面清单规定禁止投资的领域，或者外国投资者的投资活动违反负面清单规定的限制性准入特别管理措施的，依照外商投资法第三十六条的规定予以处理。"

从而，基于《外商投资法实施条例》第39条第1款和《外商投资信息报告办法》第17条规定的外商投资信息共享机制，外商投资信息报告制度有利于有关主管部门加强对外商投资负面清单规定执行情况的监督检查，能够为外商投资负面清单制度的贯彻实施提供相应的信息支持和保障。

---

① 见《商务部、市场监管总局有关司局负责人就〈外商投资信息报告办法〉有关问题答记者问》。

② 见《外商投资信息报告办法》第1条、《商务部、市场监管总局有关司局负责人就〈外商投资信息报告办法〉有关问题答记者问》。

二、外商投资信息报告的主管机构

根据《外商投资法》《外商投资法实施条例》和《外商投资信息报告办法》的相关规定①，外商投资信息报告的主要主管机构为商务主管部门和市场监管部门。

（一）商务主管部门的职责

商务主管部门负责外商投资信息报告工作。具体而言：

一是商务部负责统筹和指导全国范围内外商投资信息报告工作。

二是县级以上地方人民政府商务主管部门以及自由贸易试验区、国家级经济技术开发区的相关机构负责本区域内外商投资信息报告工作。

三是商务主管部门应当为外国投资者和外商投资企业报送投资信息提供专门指导。

（二）市场监管部门的职责

市场监管部门在其职责范围内，负责"与外商投资信息报告相关"的工作，配合商务主管部门落实外商投资信息报告制度。具体而言：②

一是市场监管总局统筹指导全国企业登记系统、国家企业信用信息公示系统建设，保障外商投资信息报告的实施。

二是各地市场监管部门按照《外商投资信息报告办法》和《外商投资信息报告登记系统改造技术方案》要求，及时改造完善企业登记系统和国家企业信用信息公示系统，并根据《外商投资信息报告业务流程及平台建设工作要点》完善数据项设计、数据打包传输，及时把外商投资企业的初始报告、变更报告、注销报告以及年度报告信息汇总归集至市场监管总局大数据中心。

三是，市场监管总局向商务部推送共享范围内的外商投资信息报告信息。

（三）商务主管部门与市场监管部门的工作衔接

商务部和市场监管总局负责做好相关业务系统（即企业登记系统、国家企业

---

① 主要是《外商投资法》第34条、第37条，《外商投资法实施条例》第39条和《外商投资信息报告办法》第3条至第6条、第17条、第19条、第20条至第27条的规定。

② 《市场监管总局关于贯彻落实〈外商投资法〉做好外商投资企业登记注册工作的通知》（国市监注〔2019〕247号）第3条、《商务部办公厅 市场监管总局办公厅关于进一步完善外商投资信息报告制度加强和完善事中事后监管工作的通知》（商办资函〔2020〕240号）。

信用信息公示系统和外商投资信息报告系统）的对接和工作衔接，具体而言：[1]

一方面，市场监管部门负责推进企业登记系统改造，优化登记注册业务流程，为外国投资者和外商投资企业履行信息报告义务做好保障，并及时将外国投资者、外商投资企业通过企业登记系统以及国家企业信用信息公示系统报送的投资信息推送至商务主管部门。

另一方面，商务部建立外商投资信息报告系统，各地商务主管部门统筹负责本地外商投资信息报告工作，及时接收、处理市场监管部门推送的投资信息以及部门共享信息等，并对外国投资者、外商投资企业遵守《外商投资信息报告办法》规定履行信息报告义务的情况开展监督检查。

三、外商投资信息的报告主体与情形

在外商投资信息的报告主体方面，《外商投资法》和《外商投资法实施条例》作出了原则性规定[2]，即"外国投资者或者外商投资企业"是外商投资信息的报告主体；在此基础上，《外商投资信息报告办法》作出了更加具体、更有针对性的规定[3]。

从这些规定看，外商投资信息的报告义务主要是由外商投资企业而非外国投资者直接承担的。

（一）外国投资者作为信息报送主体的情形

就外国投资者而言，外国投资者仅在以下几种情形下负有直接向商务主管部门报送投资信息的义务：

一是在外国投资者直接在中国境内（包括银行、证券、保险等金融领域[4]）新设（或参与新设）公司或合伙企业时，通过提交初始报告的方式报送投资信息。

---

[1] 《市场监管总局关于贯彻落实〈外商投资法〉做好外商投资企业登记注册工作的通知》（国市监注〔2019〕247号）第3条、《商务部办公厅 市场监管总局办公厅关于进一步完善外商投资信息报告制度加强和完善事中事后监管工作的通知》（商办资函〔2020〕240号）。

[2] 《外商投资法》第2条、第34条和《外商投资法实施条例》第47条、第48条。

[3] 主要是《外商投资信息报告办法》第8条至第15条、第28条至第30条、第32条、第33条。

[4] 对此，《外商投资信息报告办法》第32条规定："外国投资者在中国境内投资银行业、证券业、保险业等金融行业，适用本办法。"

二是在外国投资者直接并购境内（包括银行、证券、保险等金融领域①）的非外商投资企业时，通过提交初始报告的方式报送投资信息②。

三是外国（地区）企业在中国境内从事生产经营活动③。

四是外国（地区）企业在中国境内设立从事生产经营活动的分支机构④。

其中，就第一种、第二种情形而言，在外国投资者提交初始报告之后，初始报告中的外国投资者的信息发生变更时，则改由外商投资企业直接承担报送义务，即由外商投资企业通过报送变更报告的方式报送投资信息，而外国投资者则主要负有向外商投资企业提供真实、准确的信息的义务。但在外商投资企业注销或者转为内资企业的情形，注销前的外商投资企业和变更后的内资企业均无须另行报送变更报告或注销报告。⑤

---

① 对此，《外商投资信息报告办法》第32条规定："外国投资者在中国境内投资银行业、证券业、保险业等金融行业，适用本办法。"

② 对此，《外商投资信息报告办法》第9条第2款规定："外国投资者股权并购境内非外商投资企业，应在办理被并购企业变更登记时通过企业登记系统提交初始报告。"由于该规定使用的是"外国投资者股权并购境内非外商投资企业，应……提交初始报告"的表述，因此，负有提交初始报告义务的是并购境内非外商投资企业的外国投资者；但是，由于该规定使用了"……应在办理被并购企业变更登记时……提交初始报告"，并且，商务部《关于外商投资信息报告有关事项的公告》（商务部公告2019年第62号）也规定："境内非外商投资企业变更为外商投资企业，应于办理变更登记时在线提交初始报告。"因此，实际操作中，应该是由并购境内非外商投资企业的外国投资者通过被并购的企业提交初始报告。

③ 《外国（地区）企业在中国境内从事生产经营活动登记管理办法》第2条规定："根据国家有关法律、法规的规定，经国务院及国务院授权的主管机关（以下简称审批机关）批准，在中国境内从事生产经营活动的外国企业，应向省级工商行政管理部门（以下简称登记主管机关）申请登记注册。外国企业经登记主管机关核准登记注册，领取营业执照后，方可开展生产经营活动。未经审批机关批准和登记主管机关核准登记注册，外国企业不得在中国境内从事生产经营活动。"

④ 《公司法》第244条第1款规定："外国公司在中华人民共和国境内设立分支机构，应当向中国主管机关提出申请，并提交其公司章程、所属国的公司登记证书等有关文件，经批准后，向公司登记机关依法办理登记，领取营业执照。"值得注意的是，商务部《关于外商投资信息报告有关事项的公告》（商务部公告2019年第62号）使用的是"外国（地区）企业在中国境内设立从事生产经营活动的常驻代表机构"的表述，严格来说，这是不准确的。因为根据《外国企业常驻代表机构登记管理条例》第2条关于"本条例所称外国企业常驻代表机构（以下简称代表机构），是指外国企业依照本条例规定，在中国境内设立的从事与该外国企业业务有关的非营利性活动的办事机构"和第13条关于"代表机构不得从事营利性活动。中国缔结或者参加的国际条约、协定另有规定的，从其规定，但是中国声明保留的条款除外"的规定，外国（地区）企业在中国境内设立的常驻代表机构是不能从事生产经营活动这样的营利性活动的。也因此，《市场监管总局、商务部、外汇局关于做好年报"多报合一"改革有关工作的通知》（2019年12月16日）使用了"外国（地区）企业在中国境内设立从事生产经营活动的分支机构"的表述。

⑤ 对此，《外商投资信息报告办法》第13条规定："外商投资企业注销或者转为内资企业的，在办理企业注销登记或者企业变更登记后视同已提交注销报告，相关信息由市场监管部门推送至商务主管部门，外商投资企业无需另行报送。"

就第三种、第四种情形而言，无论是初始报告、变更报告还是年度报告的报送义务，均是由作为外国投资者的该外国（地区）企业直接承担的。[①] 但在注销有关在中国境内从事生产经营活动的登记或注销有关分支机构的登记时，该外国（地区）企业无须另行报送变更报告或注销报告。[②]

值得注意的是，香港、澳门投资者在内地投资，台湾地区投资者在大陆投资以及定居在国外的中国公民，虽然不是真正的外国投资者，但是其在中国境内投资，是参照外国投资者投资管理的，也应当按其各自的投资情形（设立企业、直接从事生产经营活动或设立从事生产经营活动的分支机构等）报送相应的投资信息。

此外，就外商投资举办的投资性公司、创业投资企业和以投资为主要业务的合伙企业而言，虽然这些主体属于中国的法人，但其在境内投资设立企业，也是参照外国投资者投资管理的，也应当报送相应的投资信息。

（二）外商投资企业作为信息报送主体的情形

就外商投资企业而言，在外商投资企业成立之后，在以下情形下，外商投资企业负有直接向商务主管部门报送投资信息的义务：

一是在外国投资者报送的初始报告中的信息发生变更的情形，通过提交变更报告的方式报送投资信息。

二是外商投资企业申请注销登记时。

三是外商投资企业变更为内资企业时。

四是外商投资企业在中国境内投资（含多层次投资）设立企业或向其他企业投资（含多层次投资）时。

其中，在具体的报送方式上，就第二种情形和第三种情形而言，外商投资企业在办理企业注销登记或者企业变更登记后视同已提交注销报告，相关信息由市场监管部门推送至商务主管部门，外商投资企业无须另行向商务主管部门报送注销报告。

---

① 对此，《外商投资信息报告办法》第30条规定："非企业形式的外商投资，应由外国投资者参照本办法第二章的规定报送投资信息，但通过部门信息共享可以获得相关信息的除外。"

② 对此，《外商投资信息报告办法》第30条规定："非企业形式的外商投资，应由外国投资者参照本办法第二章的规定报送投资信息，但通过部门信息共享可以获得相关信息的除外。"位于该办法第二章中的第13条规定："外商投资企业注销或者转为内资企业的，在办理企业注销登记或者企业变更登记后视同已提交注销报告，相关信息由市场监管部门推送至商务主管部门，外商投资企业无需另行报送。"

就第四种情形而言，外商投资企业及其投资的企业在向市场监管部门办理登记备案、报送年报信息后，相关信息由市场监管部门推送至商务主管部门，在境内投资的外商投资企业及其投资的企业无须另行向商务主管部门报送初始报告、变更报告、注销报告和年度报告。[1]

四、外商投资信息的报告方式

在外商投资信息的报告方式方面，《外商投资法》第 34 条和《外商投资法实施条例》第 38 条作出了原则性规定，即"通过企业登记系统以及企业信用信息公示系统报送"；在此基础上，《外商投资信息报告办法》第 8 条作出了更加具体的规定，即"通过提交初始报告、变更报告、注销报告、年度报告等方式"报送投资信息。

此外，商务部《关于外商投资信息报告有关事项的公告》（商务部公告 2019 年第 62 号）进一步明确了"通过企业登记系统在线提交初始报告、变更报告，通过国家企业信用信息公示系统在线提交年度报告。注销报告相关信息由市场监管总局向商务部共享，外国投资者或者外商投资企业无需另行报送"。

总体而言，外商投资初始报告、变更报告、注销报告与市场监管部门的设立、变更、注销登记同步进行，外商投资年度报告与市场监管部门年报的报送时间、渠道相同，外国投资者或者外商投资企业无须向两部门分别报送投资信息。[2]

五、外商投资信息报告的类型、报送期限和内容

在外商投资信息报告的内容方面，《外商投资法》第 34 条第 2 款只是原则性地规定了"外商投资信息报告的内容和范围按照确有必要的原则确定；通过部门信息共享能够获得的投资信息，不得再行要求报送"，《外商投资法实施条例》39 条第 1 款则规定"外商投资信息报告的内容、范围、频次和具体流程，由国务院商务主管部门会同国务院市场监督管理部门等有关部门按照确有必要、高效便利的原则确定并公布"，将确定外商投资信息报告的内容、范围、频次和具体流程等事项的职责授权给了商务部和市监总局等有关部门。

---

[1] 见《外商投资信息报送办法》第 28 条、商务部《关于外商投资信息报告有关事项的公告》（商务部公告 2019 年第 62 号）第 4 条。

[2] 见《商务部、市场监管总局有关司局负责人就〈外商投资信息报告办法〉有关问题答记者问》。

基于这一授权，商务部和市监总局联合制定了《外商投资信息报告办法》，对外商投资信息报告的类型、内容等具体事项作出了规定，并规定了"初始报告、变更报告和年度报告等的具体内容，按照确有必要原则，结合外商投资实际情况和企业登记注册、企业信息公示的有关规定确定，由商务部以公告形式对外发布"，又将确定外商投资信息报告的具体内容的职权赋予了商务部，并为商务部根据实际情况以公告形式更新外商投资信息报告的具体内容留出了空间。

根据《外商投资信息报告办法》的规定，外商投资信息报告包括初始报告、变更报告、注销报告和年度报告这4种类型，其各自的内容目前主要是由《关于外商投资信息报告有关事项的公告》（商务部公告2019年第62号）规定的。

（一）初始报告及其报送期限和内容

1. 外商投资初始报告的适用情形

在适用情形方面，外商投资初始报告适用于外国投资者初次在中国境内进行投资时，具体情形请见上文"三、外商投资信息的报告主体与情形"之"（一）外国投资者作为信息报送主体的情形"部分的内容。

2. 外商投资初始报告的报送期限

在报送期限方面，就新设外商投资企业而言，应于办理外商投资企业设立登记时通过企业登记系统提交初始报告[1]；就外国投资者股权并购境内非外商投资企业而言，应在办理被并购企业变更登记时通过企业登记系统提交初始报告[2]；就外国（地区）企业在中国境内从事生产经营活动和外国（地区）企业在中国境内设立从事生产经营活动的分支机构而言，应于办理相应的注册登记（或设立登记）时通过企业登记系统提交初始报告[3]。其中，外商投资企业及其投资的企业在向市场监管部门办理登记备案后，相关信息由市场监管部门推送至商务主管部门，在境内投资的外商投资企业及其投资的企业无须另行向商务主管部门报送初始报告。[4]

---

[1] 《外商投资信息报告办法》第9条第1款。
[2] 《外商投资信息报告办法》第9条第2款、商务部《关于外商投资信息报告有关事项的公告》（商务部公告2019年第62号）第2条。
[3] 《外商投资信息报告办法》第9条第1款、第30条，《外国（地区）企业在中国境内从事生产经营活动登记管理办法》第2条至第7条。
[4] 见《外商投资信息报送办法》第28条、商务部《关于外商投资信息报告有关事项的公告》（商务部公告2019年第62号）第4条。

初始报告存在未报、错报、漏报的，外国投资者或者外商投资企业应通过企业登记系统进行补报或更正。①

值得注意的是，《市场监管总局关于贯彻落实〈外商投资法〉做好外商投资企业登记注册工作的通知》（国市监注〔2019〕247号）曾规定："提交外商投资信息报告不是办理外商投资企业登记注册的必要条件。登记机关不对外商投资信息报告进行审查。申请人提交企业登记申请后，可以继续填写外商投资信息报告信息。"② 不过，《商务部办公厅 市场监管总局办公厅关于进一步完善外商投资信息报告制度 加强和完善事中事后监管工作的通知》（商办资函〔2020〕240号）的附件《外商投资信息报告业务流程及平台建设工作要点》则要求"企业登记信息和外资加挂信息须同时提交"，即："外国投资者或者外商投资企业申请设立、变更登记时，应当一并填报外商投资初始、变更报告，并将登记信息项和外资加挂信息项同时提交（一个提交按钮）"。③ 这就意味着，外商投资初始报告与外商投资企业设立登记是捆绑在一起的，必须同时办理，否则无法完成外商投资企业设立登记。

3. 外商投资初始报告的内容

在内容方面，根据《外商投资信息报告办法》第10条，外商投资信息报告的初始报告包括企业基本信息、投资者及其实际控制人信息、投资交易信息三个方面的信息。根据《关于外商投资信息报告有关事项的公告》（商务部公告2019年第62号），现阶段，上述信息的具体内容如下：

（1）企业基本信息

企业基本信息包括：企业名称、统一社会信用代码、住所、是否属于特殊经济区域、企业类型、投资行业、经营范围（或业务范围）、币种、投资总额④、

---

① 见《外商投资信息报送办法》第19条、商务部《关于外商投资信息报告有关事项的公告》（商务部公告2019年第62号）第5条。

② 《市场监管总局关于贯彻落实〈外商投资法〉做好外商投资企业登记注册工作的通知》（国市监注〔2019〕247号）第3条、《商务部办公厅 市场监管总局办公厅关于进一步完善外商投资信息报告制度 加强和完善事中事后监管工作的通知》（商办资函〔2020〕240号）的附件《外商投资信息报告业务流程及平台建设工作要点》。

③ 《商务部办公厅 市场监管总局办公厅关于进一步完善外商投资信息报告制度 加强和完善事中事后监管工作的通知》（商办资函〔2020〕240号）的附件《外商投资信息报告业务流程及平台建设工作要点》。

④ 外商投资的公司需要填报投资总额。

注册资本①（或出资额②、资金数额③）、业务类型④、合伙企业类型⑤、经营活动类型⑥、投资方式⑦、是否属于国家鼓励发展的外商投资项目⑧、法定代表人、董事、监事、经理⑨、联络员等信息。

其中的"投资方式"主要包括普通新设、合并新设、分立新设、资产并购、股权并购（包括外国投资者战略投资境内上市非外商投资企业）、外国投资者战略投资境内上市外商投资企业、合伙企业财产份额转让、吸收合并、境外公开发行证券（发行H股、N股、S股等）。

（2）投资者及其实际控制人信息

纳入外商投资信息报告范围的"投资者及其实际控制人信息"，包括进行同一项外商投资的各个投资者及其各自的实际控制人的相关信息。其中，在外国投资者与中国投资者共同在中国境内投资设立企业的情形，各个外国投资者、各个中国投资者的信息，各个外国投资者的最终实际控制人的信息，各个中国投资者的最终实际控制人的信息，均属于外商投资信息报告的范围。

A. 投资者信息

投资者信息包括：各个投资者的名称或姓名、国别（地区）、证件类型、证件号码、承担责任方式⑩、外国（地区）企业基本信息⑪、认缴出资额、实缴出资额、出资方式、出资比例⑫、资金来源地、股权（财产份额）转让情况⑬、投资者类型⑭等信息。

其中的"投资者名称或姓名"，就外商投资的公司而言，指的是其各个股

---

① 外商投资的公司需要填报注册资本。
② 外商投资的合伙企业需要填报出资额。
③ 在境内从事生产经营活动、在境内设立分支机构的外国（地区）企业填报需要填报资金数额。
④ 外商投资的公司、合伙企业需要填报业务类型。
⑤ 外商投资的合伙企业需要填报合伙企业类型。
⑥ 在境内从事生产经营活动的外国（地区）企业填报需要填报经营活动类型。
⑦ 外商投资的公司、合伙企业需要填报投资方式。
⑧ 外商投资的公司、合伙企业需要填报是否属于国家鼓励发展的外商投资项目。
⑨ 外商投资的公司需要填报董事、监事、经理信息。
⑩ 外商投资的合伙企业需要填报其合伙人承担责任的方式。
⑪ 在境内从事生产经营活动、在境内设立分支机构的外国（地区）企业填报需要填报该外国（地区）企业的基本信息。
⑫ 外商投资的公司、合伙企业需要填报认缴出资额、实缴出资额、出资方式、出资比例。
⑬ 外商投资的公司需要填报股权转让情况，外商投资的合伙企业需要填报财产份额转让情况。
⑭ 外商投资的公司、合伙企业需要填报投资者类型。

东；就外商投资的合伙企业而言，指的是其各个合伙人；就在中国境内从事生产经营活动的外国（地区）企业而言，指的是该外国（地区）企业；就在中国境内设立从事生产经营活动的分支机构的外国（地区）企业而言，指的是该外国（地区）企业。

其中的"投资者类型"包括"境外投资者"和"境内投资者"两大类，"境外投资者"又细分为"境内设立的外商投资的投资性公司""境内设立的外商投资的创业投资企业""境内设立的外商投资的以投资为主要业务的合伙企业"和不属于前3类投资类外商投资企业的"境外投资者"这4类，"境内投资者"则细分为"外商投资企业或外商投资企业境内投资的企业（含多层次投资）"和不属于前述境内投资者的其他"境内投资者"这2类。

B. 投资者最终实际控制人信息

投资者最终实际控制人信息包括各个投资者各自的最终实际控制人的名称或姓名（中文）、名称或姓名（英文）、国别（地区）、证件类型、证件号码、投资者类别、实际控制方式、是否为企业（机构）最终实际控制人等信息。

其中的"投资者类别"包括境外上市公司、境外自然人、外国政府机构（含政府基金）、国际组织、境内上市公司、境内自然人、境内国有/集体企业、其他8个类别。

其中的"实际控制方式"则包括：（i）"直接或者间接持有企业百分之五十以上的股份、股权、财产份额、表决权或者其他类似权益"，（ii）"直接或者间接持有企业的股份、股权、财产份额、表决权或者其他类似权益虽不足百分之五十，但具有以下情形之一的：1. 有权直接或者间接任命企业董事会或者类似决策机构半数以上成员；2. 有能力确保其提名人员取得企业董事会或者类似决策机构半数以上席位；3. 所享有的表决权足以对股东会、股东大会或者董事会等决策机构的决议产生重大影响"，和（iii）"通过合同、信托或者其他方式能够决定企业的经营、财务、人事或者技术等事项"这3类方式。

值得注意的是，"实际控制方式"中的"通过合同、信托或者其他方式能够决定企业的经营、财务、人事或者技术等事项"，包括实践中通行的VIE模式以及其他协议控制模式。

但是，由于目前《关于外商投资信息报告有关事项的公告》（商务部公告2019年第62号）的"外商投资初始报告表"和"外商投资变更报告表"要求报送的仅仅是"投资者最终实际控制人"信息，相关投资者尤其是外国投资者是否需要层层追溯至其最终实际控制人并将处于中间层级的各个持股平台的信息也进行填报，有待进一步明确，不排除将来要求外国投资者层层填报其各级投资者的信息的情况。

C. 投资交易信息

根据《关于外商投资信息报告有关事项的公告》（商务部公告 2019 年第 62 号），现阶段，纳入外商投资信息报告范围的"投资交易信息"包括"并购设立外商投资企业交易基本情况"和"外国投资者战略投资上市公司交易基本情况"，分别适用于外国投资者并购境内内资企业的交易（即"外资并购"）和外国投资者战略投资上市公司的交易（即"外资战投"），其他情形的外商投资[①]无须填报投资交易信息。

a. 外资并购的交易信息

需要报告的外国投资者并购内资企业的交易信息包括：

（i）被并购的内资企业的情况，包括企业名称、资产总额、投资行业、主营行业、销售（营业）收入、从业人数、是否涉及国有资产、是否涉及知识产权交易；

（ii）各个被并购方（即被并购股权或资产的持有人）的情况，包括各个被并购方的名称或姓名、证件类型、证件号码、实际出资金额、并购支付对价；

（iii）被并购股权/资产价值评估情况，包括被并购股权/资产的评估值、并购支付对价低于评估值 90% 的说明（如适用）、财务审计报告编号、核准/备案机构（适用于外资并购国有资产的交易）；

（iv）是否属于关联并购以及关联关系描述（如涉及关联并购）；

（v）被并购企业境内投资情况，包括被并购的内资企业境内投资的各个企业的名称、统一社会信用代码、经营范围、是否受被并购的内资企业控制。

值得注意的是，由于《关于外商投资信息报告有关事项的公告》（商务部公告 2019 年第 62 号）要求外国投资者并购内资企业的交易填报"股权/资产评估值"和"财务审计报告编号"等"被并购股权/资产价值评估情况"信息，因此，外国投资者并购内资企业时应当进行资产评估和财务审计，并由资产评估机

[①] 在外国投资者并购境内外商投资企业的情形中，应由被并购的外商投资企业提交外商投资变更报告。

构出具评估报告、由会计师事务所出具审计报告。①

b. 外资战投的交易信息

根据《关于外商投资信息报告有关事项的公告》（商务部公告 2019 年第 62 号）附件 1"外商投资初始、变更报告表"的表四"外国投资者战略投资上市公司交易基本情况"表，现阶段，纳入外商投资信息报告范围的外资战投交易包括（i）外国投资者首次战略投资 A 股上市公司的交易，和（ii）外国投资者对其已持有股份的 A 股上市公司继续进行战略投资的交易这 2 类交易。

需要报告的外国投资者战略投资上市公司交易信息包括：

（i）战略投资阶段，即属于外国投资者首次战略投资 A 股上市公司还是属于外国投资者对其已持有股份的 A 股上市公司继续进行战略投资；

（ii）外国投资者对上市公司的控股情况，即是否为被投资上市公司控股股东；

（iii）战略投资的方式，即定向增发、协议转让、要约收购或其他方式；在采取协议转让或要约收购方式的情形，还需要说明股份转让方的情况；

（iv）外国战略投资者的资产状况，包括外国投资者自身实有资产总额、管理的实有资产总额；在外国投资者通过其全资拥有的境外子公司进行战略投资的情形，除了填报该境外子公司的自身实有资产总额、管理的实有资产总额，还需填报外国投资者母公司实有资产总额、管理的实有资产总额。②

（二）变更报告及其报送期限和内容

1. 外商投资变更报告的适用情形

在适用情形方面，根据《外商投资信息报告办法》第 11 条第 1 款，只要外商投资初始报告中的信息发生了变更，负有报告义务的外商投资企业（适用于外国投资者在中国境内投资设立的外商投资企业）或外国投资者（适用于在中国境内从事生产经营活动的外国（地区）企业）或分支机构（适用于外国（地区）企业在中国境内设立从事生产经营活动的分支机构）就应当通过企业登记系统提

---

① 修订后的《关于外国投资者并购境内企业的规定》是否会作出相应的规定，有待观察。
② 在《外商投资法》生效之后，商务部、证监会、国资委、国家税务总局、市监总局、国家外汇管理局于 2024 年 11 月联合出台了修订后的《外国投资者对上市公司战略投资管理办法》，自 2024 年 12 月 2 日起施行。修订后的《外国投资者对上市公司战略投资管理办法》没有在《外商投资信息报告办法》和商务部《关于外商投资信息报告有关事项的公告》（商务部公告 2019 年第 62 号）之外，对外国投资者战略投资上市公司涉及的外商投资信息报告作出更多的特别规定。

交变更报告。

其中，外商投资企业及其投资的企业在向市场监管部门办理登记备案后，相关信息由市场监管部门推送至商务主管部门，在境内投资的外商投资企业及其投资的企业无须另行向商务主管部门报送变更报告。[①]

变更报告存在未报、错报、漏报的，外国投资者或者外商投资企业应通过企业登记系统进行补报或更正。[②]

2. 外商投资变更报告的报送期限

在报送期限方面，在外商投资初始报告中的信息发生变更时，不同情形的外商投资变更适用的是不同的报送期限。

（1）涉及企业变更登记或备案的外商投资信息变更

根据《外商投资信息报告办法》第 11 条第 1 款，外商投资初始报告的信息发生变更时，如果该项变更涉及企业变更登记或备案（即需要向企业登记机关办理变更登记或备案手续)[③]，那么，外商投资企业应当在办理企业变更登记（备案）时通过企业登记系统一并提交变更报告。

值得注意的是，《市场监管总局关于贯彻落实〈外商投资法〉做好外商投资企业登记注册工作的通知》（国市监注〔2019〕247 号）曾规定："提交外商投资信息报告不是办理外商投资企业登记注册的必要条件。登记机关不对外商投资信息报告进行审查。申请人提交企业登记申请后，可以继续填写外商投资信息报告信息。"[④] 不过，《商务部办公厅 市场监管总局办公厅关于进一步完善外商投资信息报告制度 加强和完善事中事后监管工作的通知》（商办资函〔2020〕240 号）的附件《外商投资信息报告业务流程及平台建设工作要点》则要求"企业登记信息和外资加挂信息须同时提交"，即："外国投资者或者外商投资企业申请设立、变更登记时，应当一并填报外商投资初始、变更报告，并将登记信息项

[①] 见《外商投资信息报送办法》第 28 条、商务部《关于外商投资信息报告有关事项的公告》（商务部公告 2019 年第 62 号）第 4 条。

[②] 见《外商投资信息报送办法》第 19 条、商务部《关于外商投资信息报告有关事项的公告》（商务部公告 2019 年第 62 号）第 5 条。

[③] 有关外商投资企业在哪些情况下需要向登记机关办理变更登记或备案手续，请见《市场主体登记管理条例》第 8 条、第 24 条至第 27 条和第 9 条、第 29 条。

[④] 《市场监管总局关于贯彻落实〈外商投资法〉做好外商投资企业登记注册工作的通知》（国市监注〔2019〕247 号）第 3 条、《商务部办公厅 市场监管总局办公厅关于进一步完善外商投资信息报告制度 加强和完善事中事后监管工作的通知》（商办资函〔2020〕240 号）的附件《外商投资信息报告业务流程及平台建设工作要点》。

和外资加挂信息项同时提交（一个提交按钮）"。① 这就意味着，外商投资变更报告与外商投资企业变更登记（备案）是捆绑在一起的，必须同时办理，否则无法完成外商投资企业变更登记（备案）。

(2) 不涉及企业变更登记或备案的外商投资信息变更

根据《外商投资信息报告办法》第 11 条第 2 款，外商投资初始报告的信息发生变更时，如果该项变更不涉及企业变更登记或备案（即不需要向企业登记机关办理变更登记或备案手续），包括但不限于外商投资企业实际控制人变更、进口设备减免税信息变更、住所未变更但所在特殊经济区域变更以及外商投资的股份有限公司除发起人之外的股东基本信息变更等②，那么，外商投资企业应当在变更事项发生后 20 个工作日内，通过企业登记系统提交变更报告③。

在"变更事项发生"时间的认定方面，在企业根据章程对变更事项作出决议的情形，以作出决议的时间为变更事项的发生时间；在法律法规对变更事项的生效条件另有要求的情形，则以满足法律法规所规定的要求的时间为变更事项的发生时间。

(3) 涉及外商投资的上市公司或新三板公司的外商投资信息变更

在投资者信息变动涉及的变更报告方面，针对外商投资的上市公司外商投资的在全国中小企业股份转让系统挂牌的公司（即"新三板公司"），《外商投资信息报告办法》第 11 条第 3 款特别规定了："外商投资的上市公司及在全国中小企业股份转让系统挂牌的公司，可仅在外国投资者持股比例变化累计超过 5% 或者引起外方控股、相对控股地位发生变化时，报告投资者及其所持股份变更信息。"④

---

① 《商务部办公厅 市场监管总局办公厅关于进一步完善外商投资信息报告制度 加强和完善事中事后监管工作的通知》（商办资函〔2020〕240 号）的附件《外商投资信息报告业务流程及平台建设工作要点》。

② 商务部《关于外商投资信息报告有关事项的公告》（商务部公告 2019 年第 62 号）第 3 条。

③ 《商务部办公厅 市场监管总局办公厅关于进一步完善外商投资信息报告制度 加强和完善事中事后监管工作的通知》（商办资函〔2020〕240 号）的附件《外商投资信息报告业务流程及平台建设工作要点》要求："对于仅外资加挂信息项发生变更，不涉及设立、变更登记信息项变化的，企业登记系统应为外国投资者或外商投资企业提供提交变更报告的功能。"

④ 《外商投资信息报告办法》第 11 条第 3 款的规定来源于原《外商投资企业设立及变更备案管理暂行办法》第 6 条第 4 款的规定，该规定原文为："外商投资的上市公司及在全国中小企业股份转让系统挂牌的公司，可仅在外国投资者持股比例变化累计超过 5% 以及控股或相对控股地位发生变化时，就投资者基本信息或股份变更事项办理备案手续。"

据此，对外商投资的上市公司或外商投资的新三板公司来说，在且仅在其外国投资者持股比例变动达到以下标准之一时，才需要报告投资者及其所持股份的变更信息；如果其外国投资者持股变动没有达到以下标准，就不需要报告投资者及其所持股份的变更信息：

一是该公司的全部外国投资者对该公司的合计持股比例，与该公司的全部外国投资者在该公司最近一次提交外商投资信息报告（可以是初始报告，也可以是变更报告）时的合计持股比例相比，发生了变化并且累计超过了5%。

二是该公司的全部外国投资者对该公司的合计持股比例的累计增加或减少，引起外方的控股地位或外方的相对控股地位发生了变化，即该公司的外国投资者因此取得了或丧失了对该公司的控股地位或相对控股地位。

A. 问题是，如何理解《外商投资信息报告办法》第11条第3款所说的"外国投资者持股比例变化累计超过5%"？

笔者倾向于认为，《外商投资信息报告办法》第11条第3款所说的"外国投资者持股比例变化累计超过5%"，是以该上市公司或新三板公司的全部外国投资者对该公司的合计持股比例的累计变化首次超过5%为标准的，累计变化（即增加或减少）的比例的计算基准应为该公司的全部外国投资者在该公司最近一次提交外商投资信息报告（可以是初始报告，也可以是变更报告）时的合计持股比例。

具体来说，"外国投资者持股比例变化累计超过5%"包括"累计增加超过5%"和"累计减少超过5%"这两类变化，主要包括以下这些情形：

一是外国投资者对上市公司或新三板公司的累计持股比例主动增加超过5%，主动增加的原因包括外国投资者认购该公司新增发行的股份、从二级市场买入该公司的股份、与该公司的其他股东通过协议方式受让该公司的股份等。

二是外国投资者对上市公司或新三板公司的累计持股比例被动增加超过5%，被动增加的原因包括上市公司或新三板公司回购股份、减少注册资本等。

三是外国投资者对上市公司或新三板公司的累计持股比例主动减少超过5%，主动减少的原因包括外国投资者在二级市场上出售该股份、与该公司的其他股东通过协议方式转让该公司的股份等。

四是外国投资者对上市公司或新三板公司的累计持股比例被动减少超过5%，被动减少的原因包括该公司向中国投资者新增发行股份导致外国投资者对该公司的累计持股比例减少。

B. 与此相关的另一个问题是，如何理解其中的"控股地位""相对控股地位"，以及"控股地位发生变化""相对控股地位发生变化"？

笔者倾向于认为，《外商投资信息报告办法》第11条第3款所说的"控股地位""相对控股地位"，应指外国投资者对该上市公司或新三板公司的控股地位或相对控股地位。

注意到，针对《外商投资产业指导目录》中对外商投资项目限定的"中方控股"和"中方相对控股"，国务院2002年的《指导外商投资方向规定》第8条第2款规定了"中方控股，是指中方投资者在外商投资项目中的投资比例之和为51%及以上""中方相对控股，是指中方投资者在外商投资项目中的投资比例之和大于任何一方外国投资者的投资比例"，因此，与此相对应，外商投资的上市公司或外商投资的新三板公司的"外方控股"和"外方相对控股"应具有同样的含义。

基于上述，笔者理解，《外商投资信息报告办法》第11条第3款中的"外方控股地位"指的是该上市公司或新三板公司的全部外国投资者对该公司的投资比例之和为51%及以上，《外商投资信息报告办法》第11条第3款中的"外方相对控股地位"指的是该上市公司或挂牌公司的全部外国投资者对该公司的投资比例之和大于任何一方中方投资者的投资比例。

从而，《外商投资信息报告办法》第11条第3款所说的"外方控股地位发生变化"，主要包括以下几种情形：一是，由原来的既不是相对控股地位、又不是控股地位，变为取得控股地位；二是，由原来的相对控股地位，变为取得控股地位；三是，由原来的控股地位，变为相对控股地位；四是，由原来的控股地位，变为既不是控股地位、又不是相对控股地位。

《外商投资信息报告办法》第11条第3款所说的"外方相对控股地位发生变化"，则主要包括以下几种情形：一是由原来的既不是相对控股地位、又不是控股地位，变为取得相对控股地位；二是由原来的控股地位，变为相对控股地位；三是由原来的相对控股地位，变为取得控股地位；四是由原来的相对控股地位，变为既不是控股地位、又不是相对控股地位。

不过，值得注意的是，《外商投资信息报告办法》第11条第3款仅适用于外商投资的上市公司或外商投资的新三板公司的投资者及其持股信息变更的情形，在外商投资的上市公司或外商投资的新三板公司的初始报告中的其他信息发生变更时，即使投资者持股信息变动未达到《外商投资信息报告办法》第11条第3

款规定的标准，该外商投资的上市公司或外商投资的新三板公司也仍然应当依照《外商投资信息报告办法》第 11 条第 1 款或第 2 款的规定，提交相应的变更报告。

比如，如果现有外国投资者认购了该外商投资的上市公司或新三板公司新增发行的股份，但未导致"外国投资者持股比例变化累计超过 5%或者引起外方控股、相对控股地位发生变化"，那么，由于此项交易将导致该公司的外商投资企业基本信息变更（注册资本的增加），因此，该外商投资的上市公司或新三板公司需要依照《外商投资信息报告办法》第 11 条第 1 款的规定，提交相应的变更报告。

3. 外商投资变更报告的内容

在内容方面，《外商投资信息报告办法》第 12 条规定，外商投资信息报告的变更报告包括企业基本信息、投资者及其实际控制人信息、投资交易信息等初始报告中的信息的变更信息。[①] 据此，在内容和要求方面，外商投资变更报告所载信息与外商投资初始报告所载信息是一致的。

有关外商投资初始报告的内容，请见本章"五、外商投资信息报告的类型、报送期限和内容"之"（一）初始报告及其报送期限和内容"部分。

（三）年度报告及其报送期限和内容

根据 2019 年 12 月 16 日的《市场监管总局、商务部、外汇局关于做好年报"多报合一"改革有关工作的通知》，商务部、市场监管总局、国家外汇局决定自 2019 年度年报起实施市场监管、商务、外汇年报"多报合一"改革，即：自 2019 年度年报开始，外商投资企业（机构）[②] 应按照《外商投资法》的规定，统一通过国家企业信用信息公示系统报送"多报合一"年报。年报内容包括现有向市场监管部门报送的年报信息以及新增的商务主管部门和外汇管理部门年报事项，年度报告相关数据信息将在商务、市场监管、外汇部门间实现共享。

[①] 当然，外国投资者或者外商投资企业提交变更报告时，只需填报变更事项，其他未发生变更的事项无须重复填报。见商务部《关于外商投资信息报告有关事项的公告》（商务部公告 2019 年第 62 号）第 3 条第 2 款。

[②] 包括外国投资者直接在中国境内投资设立的公司、合伙企业，外国（地区）企业在中国境内从事生产经营活动，外国（地区）企业在中国境内设立从事生产经营活动的分支机构，外商投资性公司、创业投资企业、以投资为主要业务的外商投资合伙企业在中国境内投资设立的企业。

1. 外商投资年度报告的报送期限

在报送期限方面，外商投资企业应当于每年 1 月 1 日至 6 月 30 日通过国家企业信用信息公示系统提交上一年度的年度报告。①

此外，在中国境内从事生产经营活动的外国（地区）企业②，外国（地区）企业在中国境内设立的分支机构，外商投资性公司、外商投资创业投资企业、以投资为主要业务的外商投资合伙企业在中国境内投资设立的企业③，是参照外商投资企业管理的，也应当于每年 1 月 1 日至 6 月 30 日通过国家企业信用信息公示系统提交上一年度的年度报告。④

上述主体截至 6 月 30 日仍未报送年报的，将由市场监管部门列入经营异常名录。⑤

值得注意的是，普通的外商投资企业⑥在中国境内投资（含多层次投资）设立的企业，仍应当根据《企业信息公示暂行条例》第 8 条的规定，于每年 1 月 1 日至 6 月 30 日通过企业信用信息公示系统向市场监管部门报送上一年度年度报告，并向社会公示；不过，在境内投资的外商投资企业及其投资的企业无须另行向商务主管部门报送年度报告，而是通过部门共享的方式，由市场监管部门将相关年报信息推送至商务主管部门。⑦

特别地，在每年 6 月 30 日前，年度报告存在错报、漏报的，外国投资者或者外商投资企业应通过国家企业信用信息公示系统进行补报或更正；7 月 1 日起，年度报告存在错报、漏报的，外国投资者或者外商投资企业应向商务主管部

---

① 见《外商投资信息报告办法》第 14 条第 1 款。但当年设立的外商投资企业，自下一年起报送年度报告（《外商投资信息报告办法》第 14 条第 2 款）。
② 《外国（地区）企业在中国境内从事生产经营活动登记管理办法》第 13 条。
③ 见《外商投资信息报告办法》第 29 条、商务部《关于外商投资信息报告有关事项的公告》（商务部公告 2019 年第 62 号）第 1 条第 2 款、《商务部、市场监管总局、外汇局关于开展 2019 年度外商投资信息报告年度报告的公告》（商务部公告 2019 年第 72 号）第 6 条。
④ 见商务部《关于外商投资信息报告有关事项的公告》（商务部公告 2019 年第 62 号）第 1 条、《商务部、市场监管总局、外汇局关于开展 2019 年度外商投资信息报告年度报告的公告》（商务部公告 2019 年第 72 号）第 6 条。
⑤ 见《市场监管总局、商务部、外汇局关于做好年报"多报合一"改革有关工作的通知》（2019 年 12 月 16 日）。
⑥ 即外商投资性公司、外商投资创业投资企业、以投资为主要业务的外商投资合伙企业以外的外商投资企业。
⑦ 见《外商投资信息报送办法》第 28 条、商务部《关于外商投资信息报告有关事项的公告》（商务部公告 2019 年第 62 号）第 4 条、《商务部、市场监管总局、外汇局关于开展 2019 年度外商投资信息报告年度报告的公告》（商务部公告 2019 年第 72 号）第 7 条。

门申请,通过外商投资信息报告管理系统(网址:wzxxbg.mofcom.gov.cn)进行补报或更正;7月1日起,外国投资者或者外商投资企业未按时提交年度报告的,应根据商务主管部门、市场监管部门的相关规定办理相关手续。[①]

外商投资企业可以在通过国家企业信用信息公示系统完成年度报告报送之日起7日后,登录外商投资信息报告系统的公示平台查询商务主管部门接收企业年度报告的状态。若发现该平台未公示年度报告信息,应向所在地商务主管部门反映。

2. 外商投资年度报告的内容

在内容方面,《外商投资信息报告办法》第15条规定,外商投资企业提交年度报告,应当报送企业基本信息、投资者及其实际控制人信息、企业经营和资产负债等信息,涉及外商投资准入特别管理措施的,还应当报送获得相关行业许可信息。

根据《关于外商投资信息报告有关事项的公告》(商务部公告2019年第62号),现阶段,外商投资年度报告的具体内容如下:

(1) 企业基本信息

企业基本信息包括:企业名称、统一社会信用代码、联系电话、电子邮箱、通信地址、邮政编码、经营范围、行业许可情况、企业属性、年末从业人数、本年职工薪酬、有效发明专利数等。

(2) 投资者及其实际控制人信息

投资者信息包括:投资者名称或姓名、国别(或地区)、证件类型、证件号码、认缴出资额、实缴出资额、资金来源地、世界500强企业参与投资情况、反向投资、投资者类型等。

同样地,其中的"投资者类型"包括"境外投资者"和"境内投资者"两大类,"境外投资者"又细分为"境内设立的外商投资的投资性公司""境内设立的外商投资的创业投资企业""境内设立的外商投资的以投资为主要业务的合伙企业"和不属于前3类投资类外商投资企业的"境外投资者"这4类,"境内投资者"则细分为"外商投资企业或外商投资企业境内投资的企业(含多层次投资)"和不属于前述境内投资者的其他"境内投资者"这2类。

[①] 见《外商投资信息报送办法》第19条、商务部《关于外商投资信息报告有关事项的公告》(商务部公告2019年第62号)第5条。

投资者最终实际控制人信息包括：各个投资者各自的最终实际控制人的名称或姓名（中文）、名称或姓名（英文）、国别（地区）、证件类型、证件号码、投资者类别、实际控制方式、是否为企业（机构）最终实际控制人等信息。

同样地，其中的"投资者类别"包括境外上市公司、境外自然人、外国政府机构（含政府基金）、国际组织、境内上市公司、境内自然人、境内国有/集体企业、其他8个类别。其中的"实际控制方式"也包括：(i)"直接或者间接持有企业百分之五十以上的股份、股权、财产份额、表决权或者其他类似权益"，(ii)"直接或者间接持有企业的股份、股权、财产份额、表决权或者其他类似权益虽不足百分之五十，但具有以下情形之一的：1. 有权直接或者间接任命企业董事会或者类似决策机构半数以上成员；2. 有能力确保其提名人员取得企业董事会或者类似决策机构半数以上席位；3. 所享有的表决权足以对股东会、股东大会或者董事会等决策机构的决议产生重大影响"，和（iii）"通过合同、信托或者其他方式能够决定企业的经营、财务、人事或者技术等事项"这3类方式。

值得注意的是，"实际控制方式"中的"通过合同、信托或者其他方式能够决定企业的经营、财务、人事或者技术等事项"，包括实践中通行的VIE模式以及其他协议控制模式。

(3) 企业经营和资产负债等信息

企业经营和资产负债等信息包括：经营情况、债权债务情况、进口设备减免税情况、资产负债情况等。

(4) 外商投资的投资性公司子公司情况

对于外商投资性公司来说，还需要在外商投资年度报告中填报其各个子公司的情况，包括各个子公司应付外方股利、归属于外方股东的权益（包括实收资本、资本公积、盈余公积、未分配利润等项目）。

3. 外商投资年度报告信息共享

外商投资年度报告的信息共享机制如下：

一是年报工作期间，各省（区、市）市场监管部门按照公示系统要求，及时将外商投资企业（机构）"多报合一"年报信息通过数据中心汇总归集到市场监管总局，市场监管总局在外商投资企业（机构）提交年报信息后48小时内共享至商务部。

二是年报工作结束后，市场监管总局于一个月内将外商投资企业境内投资的企业（含多层次投资）共享年报信息批量推送给商务部。

三是外商投资企业（机构）补报年报的，市场监管总局在企业（机构）提交信息后 48 小时内共享至商务部。

（四）注销报告

在注销报告的报送方面，尽管《外商投资信息报告办法》第 8 条规定了"外国投资者或者外商投资企业应当按照本办法规定通过提交初始报告、变更报告、注销报告、年度报告等方式报送投资信息"，但是《外商投资信息报告办法》第 13 条规定："外商投资企业注销或者转为内资企业的，在办理企业注销登记或者企业变更登记后视同已提交注销报告，相关信息由市场监管部门推送至商务主管部门，外商投资企业无需另行报送。"

据此，外商投资企业注销时或者变更为内资企业时，只需要依法办理外商投资企业注销登记或外商投资企业变更为内资企业的变更登记，无须另行向商务主管部门报送注销报告，完成相应的注销登记或变更登记即视同已经提交了注销报告，有关注销的信息采取部门共享的方式由市场监管部门推送至商务主管部门。

此外，外商投资企业境内投资（含多层次投资）的企业的注销报告，也是由市场监管总局向商务部共享，企业无须另行向商务主管部门报送。[①]

也因此，商务部《关于外商投资信息报告有关事项的公告》（商务部公告 2019 年第 62 号）只是规定了外商投资初始报告表、变更报告表和年度报告表，并未规定外商投资注销报告表或对外商投资注销报告的内容作出规定。

六、违反外商投资信息报告制度的行政责任

（一）外商投资信息报告的真实、准确、完整要求

外国投资者或外商投资企业报送的外商投资信息，无论是初始报告、变更报告、注销报告还是年度报告，都必须真实、准确、完整、及时。对此，《外商投资法实施条例》第 39 条第 2 款规定"外国投资者或者外商投资企业报送的投资信息应当真实、准确、完整"，《外商投资信息报告办法》第 7 条规定"外国投资者或者外商投资企业应当及时报送投资信息，遵循真实、准确、完整原则，不得进行虚假或误导性报告，不得有重大遗漏。"

[①] 见《外商投资信息报送办法》第 28 条、商务部《关于外商投资信息报告有关事项的公告》（商务部公告 2019 年第 62 号）第 4 条。

(二) 主要的外商投资信息报告违法行为

未报、错报、漏报外商投资信息均属于违反外商投资信息报告制度的行为。

其中，"未报"包括"未按时报送"和"根本未报送"；"错报"指的是虽然报送了外商投资信息，但所报送的外商投资信息存在错误，比如在进行信息报告时提供虚假信息，就所属行业、是否涉及外商投资准入特别管理措施、企业投资者及其实际控制人等重要信息报送错误属于严重的错报；"漏报"指的是虽然报送了外商投资信息，但所报送的外商投资信息存在遗漏，没有报送本应当报送的外商投资信息，比如在进行信息报告时隐瞒真实情况。

(三) 针对外商投资信息报告违法行为的监管措施

1. 商务主管部门的监管措施

外商投资信息报告的主要监管机构是商务主管部门。针对未按照外商投资信息报告制度的要求报送投资信息的行为，《外商投资法》赋予了商务主管部门采取"责令限期改正"的监管措施和针对逾期不改正的行为采取处以一定数额的罚款的行政处罚的权力；在此基础上，《外商投资信息报告办法》则赋予了商务主管部门对外国投资者、外商投资企业遵守外商投资信息报告制度的情况实施监督检查的权力。

根据《外商投资信息报告办法》第19条至第26条的规定，为保障外商投资信息报告制度的实施，商务主管部门可以采取以下11种监管措施：

（1）对外国投资者、外商投资企业履行信息报告义务的情况实施监督检查；

（2）查阅被检查人的有关材料；

（3）要求被检查人提供有关材料；

（4）通知负有信息报告义务的外国投资者或外商投资企业于20个工作日内进行补报；

（5）通知负有信息报告义务的外国投资者或外商投资企业于20个工作日内进行更正；

（6）责令负有信息报告义务的外国投资者或外商投资企业于20个工作日内改正；

（7）处10万元以上30万元以下罚款；

（8）处30万元以上50万元以下罚款；

（9）将在监督检查中掌握的外国投资者、外商投资企业未依法履行信息报告义务的有关情况记入外商投资信息报告系统；

（10）将外国投资者、外商投资企业因违反信息报告义务受到商务主管部门行政处罚的情况在外商投资信息报告系统公示平台上予以公示，并按照国家有关规定纳入信用信息系统；

（11）与市场监管、外汇、海关、税务等有关部门共享外国投资者、外商投资企业履行信息报告义务以及受到相应行政处罚的有关情况。

就上述措施而言，根据《行政处罚法》第9条第2项的规定，"罚款"属于商务主管部门采取的行政处罚行为；根据《行政处罚法》第9条关于行政处罚的种类和第28条第1款关于"行政机关实施行政处罚时，应当责令当事人改正或者限期改正违法行为"的规定，"责令限期改正"则属于商务主管部门采取的其他具体行政行为[①]。

就"罚款"这一行政处罚措施而言，应该说，在《外商投资法》第37条规定的"逾期不改正的，处十万元以上五十万元以下的罚款"的基础上，《外商投资信息报告办法》第25条将适用罚款的"未按照外商投资信息报告制度的要求报送投资信息的行为"进一步区分为普通的"逾期不改正的违法行为"和具有严重情节"逾期不改正的违法行为"，并适用不同金额的罚款，有助于规范和约束商务主管部门的行政处罚裁量权。

值得注意的是，上述措施并非都可以同时适用。比如，"责令限期改正"不能与"罚款"同时适用，只有在"责令限期改正而逾期不改正"的情况下才能

[①] 在2018年12月27日就王某和诉某市人民政府（以下简称某市政府）行政复议再审案作出的（2018）最高法行申4718号行政裁定书中，针对"山东省某市住房公积金管理中心作出的责令某公司限期改正这一行政行为是否属于行政处罚，即责令改正或限期改正违法行为是否属于行政处罚的问题"，最高人民法院认为："第一，责令改正（或者限期改正）与行政处罚概念有别。行政处罚是行政主体对违反行政管理秩序的行为依法定程序所给予的法律制裁；而责令改正或限期改正违法行为是指行政机关在实施行政处罚的过程中对违法行为人发出的一种作为命令。第二，两者性质、内容不同。行政处罚是法律制裁，是对违法行为人的人身自由、财产权利的限制和剥夺，是对违法行为人精神和声誉造成损害的惩戒；而责令改正或者限期改正违法行为，其本身并不是制裁，只是要求违法行为人履行法定义务，停止违法行为，消除不良后果，恢复原状。再次，两者的规制角度不同。行政处罚是从惩戒的角度，对行政相对人科处新的义务，以惩诫违法行为人不得再违法，否则将受罚；而责令改正或者限期改正则是命令违法行为人履行既有的法定义务，纠正违法，恢复原状。最后，两者形式不同。《行政处罚法》第8条规定了行政处罚的具体种类，具体有：警告，罚款，没收违法所得、非法财物，责令停产停业，暂扣或者吊销许可证、执照和行政拘留等；而责令改正或者限期改正违法行为，因各种具体违法行为不同而分别表现为停止违法行为、责令退还、责令赔偿、责令改正、限期拆除等形式。综上，责令改正或限期改正违法行为是与行政处罚不同的一种行政行为……"

适用"罚款";此外,就"罚款"而言,只有在"责令限期改正而逾期不改正"并且存在法定的严重情节时,方可"处 30 万元以上 50 万元以下罚款",对于"责令限期改正而逾期不改正"但不存在严重情节的行为,则可以并且只可以"处 10 万元以上 30 万元以下罚款"。

根据《外商投资信息报告办法》第 25 条,这些严重的情节包括:(1)外国投资者或者外商投资企业故意逃避履行信息报告义务,或在进行信息报告时隐瞒真实情况、提供误导性或虚假信息;(2)外国投资者或者外商投资企业就所属行业、是否涉及外商投资准入特别管理措施、企业投资者及其实际控制人等重要信息报送错误;(3)外国投资者或者外商投资企业未按照《外商投资信息报告办法》要求报送投资信息,并因此受到行政处罚的,两年内再次违反《外商投资信息报告办法》有关要求;(4)商务主管部门认定的其他严重情形。

应该说,《外商投资信息报告办法》将"外国投资者或者外商投资企业就所属行业、是否涉及外商投资准入特别管理措施、企业投资者及其实际控制人等重要信息报送错误"明确为严重违反外商投资信息报告制度的行为并实施更重的罚款处罚,也是确保《外商投资法》所规定的负面清单制度得到有效实施的一项重要的配套措施。

2. 市场监管部门的监管措施

还需注意的是,外国投资者或外商投资企业未按期报送外商投资年度报告可能会导致被市场监管部门列入经营异常名录。

对此,《企业信息公示暂行条例》第 17 条第 1 款规定:"有下列情形之一的,由县级以上工商行政管理部门列入经营异常名录,通过企业信用信息公示系统向社会公示,提醒其履行公示义务;情节严重的,由有关主管部门依照有关法律、行政法规规定给予行政处罚;造成他人损失的,依法承担赔偿责任;构成犯罪的,依法追究刑事责任:(一)企业未按照本条例规定的期限公示年度报告或者未按照工商行政管理部门责令的期限公示有关企业信息的;(二)企业公示信息隐瞒真实情况、弄虚作假的。"《市场监管总局、商务部、外汇局关于做好年报"多报合一"改革有关工作的通知》(2019 年 12 月 16 日)也规定:"2019 年度外商投资企业(机构)'多报合一'年报报送时间为 2020 年 1 月 1 日至 6 月 30 日。截至 6 月 30 日仍未报送年报的,由市场监管部门列入经营异常名录。"

3. 其他行政责任

此外,外国投资者或外商投资企业违反外商投资信息报告制度的行为,尤其是其中的"在进行信息报告时隐瞒真实情况、提供误导性或虚假信息""就所属行业、是否涉及外商投资准入特别管理措施、企业投资者及其实际控制人等重要信息报送错误",可能还会同时构成违反《外商投资法》的其他行为,从而应当承担《外商投资法》规定的其他的相应的责任。

比如,外国投资者实际上投资了外商投资准入负面清单规定禁止投资的领域但未作信息报告或作了虚假的信息报告,那么该外国投资者不仅违反了外商投资信息报告制度,更是违反了外商投资准入负面清单管理制度,应当同时适用《外商投资法》第36条第1款关于"由有关主管部门责令停止投资活动,限期处分股份、资产或者采取其他必要措施,恢复到实施投资前的状态;有违法所得的,没收违法所得"的规定。

又如,外国投资者的投资活动违反了外商投资准入负面清单规定的限制性准入特别管理措施但未作信息报告或作了虚假的信息报告,那么该外国投资者不仅违反了外商投资信息报告制度,更是违反了负面清单管理制度,应当同时适用《外商投资法》第36条第2款关于"由有关主管部门责令限期改正,采取必要措施满足准入特别管理措施的要求;逾期不改正的,依照前款规定处理"[1] 的规定。

七、外商投资信息报告与外商投资登记注册的关系

外商投资信息报告与外商投资企业登记注册都是外商投资管理的重要环节,二者既是各不相同、相互独立的制度,也紧密结合、相互衔接甚至捆绑在一起。

一是二者分属不同的制度,由不同的监管机构负责。

如前所述,外商投资信息报告制度是国家在新型外商投资法律制度框架下设立的一项管理制度,其主要目的和作用在于为进一步扩大对外开放、制定和完善外商投资政策措施、提升精准服务水平、做好和提升外商投资促进、保护和管理工作、改善营商环境等提供信息支撑[2],主要由商务部门负责监管。

外商投资企业登记注册制度则是从确认外商投资企业的主体资格和经营资格

---

[1] 其中的"前款规定",即"由有关主管部门责令停止投资活动,限期处分股份、资产或者采取其他必要措施,恢复到实施投资前的状态;有违法所得的,没收违法所得"。

[2] 见《外商投资信息报告办法》第1条、《商务部、市场监管总局有关司局负责人就〈外商投资信息报告办法〉有关问题答记者问》。

的角度设立的一项管理制度①,其主要目的和作用包括确认外商投资要求的主体资格和经营资格、对外商投资企业的登记事项等信息予以公示。

二是外商投资信息报告与外商投资企业登记注册紧密结合、相互衔接。

对此,《外商投资法》第 34 条第 1 款规定:"国家建立外商投资信息报告制度。外国投资者或者外商投资企业应当通过企业登记系统以及企业信用信息公示系统向商务主管部门报送投资信息。"《外商投资法实施条例》第 38 条也规定:"外国投资者或者外商投资企业应当通过企业登记系统以及企业信用信息公示系统向商务主管部门报送投资信息。国务院商务主管部门、市场监督管理部门应当做好相关业务系统的对接和工作衔接,并为外国投资者或者外商投资企业报送投资信息提供指导。"据此,外商投资信息报告制度和外商投资登记注册制度的实施都依托于企业登记系统以及企业信用信息公示系统。

甚至,《商务部办公厅 市场监管总局办公厅关于进一步完善外商投资信息报告制度 加强和完善事中事后监管工作的通知》(商办资函〔2020〕240 号)的附件《外商投资信息报告业务流程及平台建设工作要点》更是要求"企业登记信息和外资加挂信息须同时提交",即:"外国投资者或者外商投资企业申请设立、变更登记时,应当一并填报外商投资初始、变更报告,并将登记信息项和外资加挂信息项同时提交(一个提交按钮)"。② 因此,外商投资信息报告与外商投资企业登记注册是捆绑在一起的,必须同时办理,否则无法完成外商投资企业的登记事宜。

---

① 见《公司登记管理条例》(在 2022 年 3 月 1 日之前适用)第 1 条、《合伙企业登记管理办法》(在 2022 年 3 月 1 日之前适用)第 1 条。
② 《商务部办公厅 市场监管总局办公厅关于进一步完善外商投资信息报告制度 加强和完善事中事后监管工作的通知》(商办资函〔2020〕240 号)的附件《外商投资信息报告业务流程及平台建设工作要点》。

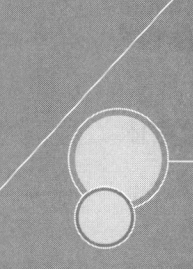

第十四章 外商投资外汇管理

外商投资的外汇管理也是国家对外商投资实施监督管理的重要环节，涉及外商投资企业后续投资、经营所需的资金使用等关键问题。本章接下来主要围绕常见的普通的外商直接投资涉及的资本项目外汇管理事项[1]展开讨论。这些事项主要涉及：（1）外资新设；（2）外资并购（包括转股并购和增资并购）；（3）外商投资企业变更；（4）外商投资企业境内再投资（包括以外汇资本金原币或结汇新设、增资并购、转股并购）；（5）外商投资企业利润汇出；（6）外资退出；（7）外商投资企业注销等方面。

此外，考虑到外国投资者以人民币在境内进行直接投资的情形越来越多，本章也对外国投资者以人民币在境内进行直接投资涉及的跨境人民币业务事项作了介绍。[2]

---

[1] 国家对外商投资金融机构和自由贸易试验区、海南自由贸易港等特殊经济区域以及北京市等部分地区的外商投资在外汇管理等方面实行更大力度的对外开放政策措施或试验性政策措施，实务中应当予以特别关注。

[2] 需要说明的是，本章没有讨论外商投资企业外债事项。但是，外商投资企业借用外债（包括短期外债和中长期外债）也是外商投资外汇管理的重要内容，在国务院《外汇管理条例》和《外债统计监测暂行规定》的基础上，国家发改委和国家外汇管理局也制定了专门的法规，从外商投资企业借用外债涉及的签约备案、账户开立、外债资金使用等方面进行监管。这些法规包括但不限于《外债管理暂行办法》（国家发展和改革委员会、财政部、国家外汇管理局令 2003 年第 28 号）、《国家发展改革委关于推进企业发行外债备案登记制管理改革的通知》（发改外资〔2015〕2044 号）、《国家发展改革委关于做好对外转让债权外债管理改革有关工作的通知》（发改外资〔2016〕1712 号）、《国家发展改革委办公厅关于对房地产企业发行外债申请备案登记有关要求的通知》（发改办外资〔2019〕778 号）、《国家外汇管理局关于发布〈外债登记管理办法〉的通知》（汇发〔2013〕19 号）、《国家外汇管理局关于发布〈跨境担保外汇管理规定〉的通知》（汇发〔2014〕29 号）、《国家外汇管理局关于废止和修改涉及注册资本登记制度改革相关规范性文件的通知》（汇发〔2015〕20 号）、《中国人民银行关于全口径跨境融资宏观审慎管理有关事宜的通知》（银发〔2017〕9 号）、《中国人民银行 国家外汇管理局关于调整全口径跨境融资宏观审慎调节参数的通知》（银发〔2020〕64 号）、《国家外汇管理局关于进一步促进跨境贸易投资便利化的通知》（汇发〔2019〕28 号，经汇发〔2023〕28 号修改）、《资本项目外汇业务指引（2020 年版）》（汇综发〔2020〕89 号文附件），2024 年 5 月 5 日以前适用）或《资本项目外汇业务指引（2024 年版）》（汇发〔2024〕12 号文附件，2024 年 5 月 6 日起适用）、《中国人民银行、国家发展和改革委员会、商务部、国务院国有资产监督管理委员会、中国银行保险监督管理委员会、国家外汇管理局关于进一步优化跨境人民币政策 支持稳外贸稳外资的通知》（银发〔2020〕330 号）等，实务中应当予以关注。

一、外汇监管体系

现行外汇监管体系主要是由外汇管理法规体系和外汇监管机构组成的。

(一) 外汇管理法规体系

现有外汇管理法规体系主要是由《外汇管理条例》和中国人民银行、国家外汇管理局依据《外汇管理条例》制定的规章和规范性文件建立起来的。①

1. 《外汇管理条例》

《外汇管理条例》是外汇管理领域的"基本法"。现行有效的《外汇管理条例》是2008年修订的，自2008年8月5日起施行至今。《外汇管理条例》对外汇的定义、经常项目外汇管理、资本项目外汇管理、金融机构外汇业务管理、人民币汇率和外汇市场管理、外汇监督管理措施、违反外汇管理规定的法律责任等事项作出了规定，是中国人民银行和国家外汇管理局制定外汇管理法规的上位法依据。

2. **其他外汇管理法规**

现阶段，有关外汇管理的法规主要是由国家外汇管理局制定的。通常情况下，国家外汇管理局每隔半年都会公布截至当年6月30日或12月31日的"现行有效外汇管理主要法规目录"，将与外汇管理有关的主要的行政法规、部门规章、规范性文件（包括国家外汇管理局发布或会同有关部门发布的政策性通知或政策性批复、中国人民银行发布的外汇管理有关政策）和司法解释纳入其中，实务中应当予以关注。

(二) 外汇监管机构

现阶段，外汇监管机构主要包括中国人民银行和国家外汇管理局；其中，国家外汇管理局是由中国人民银行管理的国家局，也是行使国家外汇管理职能的主要监管机构。此外，外汇指定银行实际上也承担了一定的外汇监管职责。

---

① 值得注意的是，现有外汇管理法规体系还包括法律和其他法规。具体而言，《中国人民银行法》确立了中国人民银行履行"实施外汇管理，监督管理银行间外汇市场"和"持有、管理、经营国家外汇储备、黄金储备"的法定职责；全国人大常委会、最高人民法院也出台了有关惩治外汇犯罪活动的法律和司法解释，如《全国人民代表大会常务委员会关于惩治骗购外汇、逃汇和非法买卖外汇犯罪的决定》《最高人民法院 最高人民检察院关于办理非法从事资金支付结算业务、非法买卖外汇刑事案件适用法律若干问题的解释》等；国务院也出台了有关外汇管理的其他文件，如《关于骗购外汇、非法套汇、逃汇、非法买卖外汇等违反外汇管理规定行为的行政处分或者纪律处分暂行规定》等。这些法律法规也都是现有外汇管理法规体系的组成部分。

1. 中国人民银行

中国人民银行作为国家外汇监管机构的地位是由《中国人民银行法》确立的。

对此，《中国人民银行法》第 2 条规定："中国人民银行是中华人民共和国的中央银行。中国人民银行在国务院领导下，制定和执行货币政策，防范和化解金融风险，维护金融稳定。"第 4 条第 1 款规定："中国人民银行履行下列职责：（一）发布与履行其职责有关的命令和规章……（五）实施外汇管理，监督管理银行间外汇市场……（七）持有、管理、经营国家外汇储备、黄金储备……"第 32 条规定："中国人民银行有权对金融机构以及其他单位和个人的下列行为进行检查监督：……（五）执行有关外汇管理规定的行为……"

2019 年 1 月 19 日起施行的《中国人民银行职能配置、内设机构和人员编制规定》第 4 条也规定："中国人民银行贯彻落实党中央关于金融工作的方针政策和决策部署，在履行职责过程中坚持和加强党对金融工作的集中统一领导。主要职责是……（六）监督管理银行间债券市场、货币市场、外汇市场、票据市场、黄金市场及上述市场有关场外衍生产品……（七）负责制定和实施人民币汇率政策，推动人民币跨境使用和国际使用，维护国际收支平衡，实施外汇管理，负责国际国内金融市场跟踪监测和风险预警，监测和管理跨境资本流动，持有、管理和经营国家外汇储备和黄金储备……（十八）管理国家外汇管理局……"

2. 国家外汇管理局

不过，外汇管理的具体职能主要不是由中国人民银行直接行使的，而主要是由其管理的国家局国家外汇管理局行使的。

（1）国家外汇管理局的法律地位

在地位上，国家外汇管理局并非国务院组成部门、直属机构、直属特设机构或办事机构，而属于"国务院部委管理的国家局"，为副部级行政机关，由中国人民银行管理。[①]

（2）国家外汇管理局与中国人民银行的关系

在国家外汇管理和中国人民银行的关系方面，国家外汇管理局并非中国人民银行的内设司局，具有相对的独立性；并且，国家外汇管理局可以根据法律和国务院的行政法规、决定、命令，在权限内拟定部门规章、指示、命令，经主管部

[①] 《国务院关于部委管理的国家局设置的通知》（国发〔2023〕6 号）、《国务院办公厅关于印发国家外汇管理局主要职责内设机构和人员编制规定的通知》（国办发〔2009〕12 号）。

委中国人民银行审议通过后,由中国人民银行或中国人民银行授权以自己的名义对外发布;在日常业务工作方面,国家外汇管理局可以单独向下或向有关部门行文,也可与有关部门联合行文,① 而中国人民银行则主要通过行长或行长召开会议的形式,对国家外汇管理局工作中的重大方针政策、工作部署等事项实施管理,由中国人民银行行长对国务院负责;② 此外,国家外汇管理局的局长通常由中国人民银行的副行长兼任。

(3) 国家外汇管理局的分支机构

在分支机构方面,国家外汇管理局在各省、自治区、直辖市、部分副省级城市设立分局或外汇管理部,在部分地区(市)设立中心支局,在部分县(市)设立支局。国家外汇管理局的这些分支机构与当地的中国人民银行分支机构合署办公。截至2022年末,国家外汇管理局设有分局(外汇管理部)36个、中心支局310个、支局517个。③

(4) 国家外汇管理局的主要职能

现阶段,国家外汇管理局的主要职能包括:④

(i) 研究提出外汇管理体制改革和防范国际收支风险、促进国际收支平衡的政策建议;研究逐步推进人民币资本项目可兑换、培育和发展外汇市场的政策措施,向中国人民银行提供制定人民币汇率政策的建议和依据。

(ii) 参与起草外汇管理有关法律法规和部门规章草案,发布与履行职责有关的规范性文件。

(iii) 负责国际收支、对外债权债务的统计和监测,按规定发布相关信息,承担跨境资金流动监测的有关工作。

(iv) 负责全国外汇市场的监督管理工作;承担结售汇业务监督管理的责任;

---

① 《国务院办公厅关于印发国家外汇管理局主要职责内设机构和人员编制规定的通知》(国办发〔2009〕12号)、《国务院关于部委管理的国家局与主管部委关系问题的通知》(国发〔1998〕12号)第3条、《国务院办公厅关于部委管理的国家局与主管部委关系问题的补充通知》(国办发〔1993〕39号)第5条。
② 《国务院关于部委管理的国家局与主管部委关系问题的通知》(国发〔1998〕12号)第1条、《国务院办公厅关于部委管理的国家局与主管部委关系问题的补充通知》(国办发〔1993〕39号)第1条。
③ 《国家外汇管理局年报2022》。
④ 《国务院办公厅关于印发国家外汇管理局主要职责内设机构和人员编制规定的通知》(国办发〔2009〕12号)、《国家外汇管理局年报2022》(http://www.safe.gov.cn/safe/file/file/20231215/02f37767bf7e41be8bf80aebb37dcd01.pdf?n=%E5%9B%BD%E5%AE%B6%E5%A4%96%E6%B1%87%E7%AE%A1%E7%90%86%E5%B1%80%E5%B9%B4%E6%8A%A5%EF%BC%882022%EF%BC%89,最后访问日期:2024年3月29日,下同)。

培育和发展外汇市场。

（ⅴ）负责依法监督检查经常项目外汇收支的真实性、合法性；负责依法实施资本项目外汇管理，并根据人民币资本项目可兑换进程不断完善管理工作；规范境内外外汇账户管理。

（ⅵ）负责依法实施外汇监督检查，对违反外汇管理的行为进行处罚。

（ⅶ）承担国家外汇储备、黄金储备和其他外汇资产经营管理的责任。

（ⅷ）拟订外汇管理信息化发展规划和标准、规范并组织实施，依法与相关管理部门实施监管信息共享。

（ⅸ）参与有关国际金融活动。

（ⅹ）承办国务院及中国人民银行交办的其他事宜。

4. 外汇指定银行

需要注意的是，随着外汇管理体制改革的深化，外汇管理方式正由事前审批向事中事后监管、由直接监管向间接监管转变，国家外汇管理局对外汇管理的重点是制定政策、法规和加强监督检查，其行政管理职能也在逐渐弱化。[1]

事实上，从国家外汇管理局历次发布的资本项目外汇业务操作指引[2]看，与外商投资有关的大多数外汇业务[3]实际上都已经下放给外汇指定银行[4]直接办理，

---

[1] 《国务院办公厅关于印发中国人民银行和国家外汇管理局职能配置、内设机构和人员编制方案的通知》（国办发〔1994〕32号）；易纲：《外汇管理方式的历史性转变》，载《中国金融》2014年第19期（来源于http://www.safe.gov.cn/safe/2014/1008/4821.html，最后访问日期：2024年3月2日）；潘功胜：《在改革开放中推进外汇管理事业创新发展》，载《人民日报》2019年3月11日，第17版（来源于http://www.safe.gov.cn/safe/2019/0313/11574.html，最后访问日期：2024年3月2日）。

[2] 比如《国家外汇管理局关于进一步简化和改进直接投资外汇管理政策的通知》（汇发〔2015〕13号）、《资本项目外汇业务操作指引（2017年版）》（汇综发〔2017〕105号文附件，已废止）、《国家外汇管理局关于精简外汇账户的通知》（汇发〔2019〕29号）附件2《银行办理相关资本项目外汇业务操作指引》《资本项目外汇业务指引（2020年版）》（汇综发〔2020〕89号文附件）、《资本项目外汇业务指引（2024年版）》（汇发〔2024〕12号文附件）。

[3] 目前，外债登记仍然需要到外汇局办理，但非银行债务人可以到外汇指定银行办理外债注销登记。见《中国人民银行关于全口径跨境融资宏观审慎管理有关事宜的通知》（银发〔2017〕9号）、《国家外汇管理局关于精简外汇账户的通知》（汇发〔2019〕29号）附件2《银行办理相关资本项目外汇业务操作指引》之"12.银行为非银行债务人办理外债注销登记"、《资本项目外汇业务指引（2024年版）》等。

[4] 外汇指定银行指的是经国家外汇管理局批准经营结汇和售汇业务的银行（见国家外汇管理局政策法规司《关于〈结汇、售汇及付汇管理规定〉中有关问题的解释和说明》（1996年7月4日）、《银行办理结售汇业务管理办法》第4条）。《结汇、售汇及付汇管理规定》（银发〔1996〕210号）系经国务院同意、由中国人民银行制定的行政法规，截至2020年4月仍然有效（见《国务院办公厅关于印发国务院2012年立法工作计划的通知》（国办发〔2012〕12号）、2020年4月29日的《国家外汇管理局关于跨境赌博资金非法转移案例的通报》）。

外汇指定银行也被赋予越来越多的审核职责，国家外汇管理局及其分支机构则主要通过银行对外商直接投资实施间接监管。[①]

比如，《国家外汇管理局关于进一步简化和改进直接投资外汇管理政策的通知》（汇发〔2015〕13号）规定："取消境内直接投资项下外汇登记核准和境外直接投资项下外汇登记核准两项行政审批事项"，"改由银行按照本通知及所附《直接投资外汇业务操作指引》（见附件）直接审核办理境内直接投资项下外汇登记和境外直接投资项下外汇登记（以下合称直接投资外汇登记），国家外汇管理局及其分支机构（以下简称外汇局）通过银行对直接投资外汇登记实施间接监管"，"银行未按规定要求履行直接投资外汇登记审核、统计、报告责任的，外汇局除按外汇管理有关规定对其处罚外，还可暂停该银行办理直接投资外汇登记。对违规情节特别严重或暂停期内未能进行有效整改的，外汇局可停止该银行办理直接投资外汇登记。"

二、外商投资涉及的主要外汇项目

现阶段，国家外汇管理局主要从外商投资涉及的主体信息登记[②]，外汇账户的开立、入账和使用[③]，资本项目外汇收入和支出的范围[④]，经常项目外汇收入和支出的范围[⑤]等角度，来对外商投资实施监管，这些监管贯穿于外商投资的始终。

[①] 《国务院办公厅关于印发中国人民银行和国家外汇管理局职能配置、内设机构和人员编制方案的通知》（国办发〔1994〕32号）、《国务院办公厅关于印发国家外汇管理局主要职责内设机构和人员编制规定的通知》（国办发〔2009〕12号）、《国家外汇管理局综合司关于建立〈国家外汇管理局异常与违规外汇资金流动监管内部协调机制〉的通知》（汇综发〔2008〕35号）、《国家外汇管理局关于进一步简化和改进直接投资外汇管理政策的通知》（汇发〔2015〕13号）、《国家外汇管理局关于优化外汇管理 支持涉外业务发展的通知》（汇发〔2020〕8号）。

[②] 《外汇管理条例》第16条。

[③] 《外汇管理条例》第7条、《结汇、售汇及付汇管理规定》第10条和《国家外汇管理局关于境内机构自行保留经常项目外汇收入的通知》（汇发〔2007〕49号，已废止）、《结汇、售汇及付汇管理规定》第26条、《境内外汇账户管理规定》（银发〔1997〕416号）第二章及第三章等。

[④] 《外汇管理条例》第21条至第23条、《境内外汇账户管理规定》（银发〔1997〕416号）第三章等。

[⑤] 《外汇管理条例》第12条至第14条、《境内外汇账户管理规定》（银发〔1997〕416号）第二章等。

（一）经常项目（经常账户）①

经常项目（Current Account）是指国际收支中涉及货物、服务、收益及经常转移的交易项目等②，对应于国际货币基金组织（IMF）《国际收支和国际投资头寸手册》（第六版）③所说的"经常账户"。

从 2015 年起，国家外汇管理局开始按照《国际收支和国际投资头寸手册》（第六版）编制和发布国际收支平衡表，并将 Current Account 的中文翻译由"经常项目"重新命名为"经常账户"。④ 因此，在现有外汇管理法规体系当中，"经常项目"与"经常账户"具有相同的含义。

经常账户包括货物和服务、初次收入和二次收入。

1. 货物和服务

"货物和服务"包括"货物"和"服务"两部分，对应于《外汇管理条例》第 52 条第 3 项所说的"货物、服务"。

（1）货物

货物指经济所有权在我国居民与非居民之间发生转移的货物交易，包括一般贸易、进料加工贸易、海关特殊监管区域及保税监管场所进出境物流货物、非货币黄金交易、边境小额贸易、对外承包工程货物出口、离岸转手买卖、网络购物以及其他货物贸易项目。

（2）服务

服务包括加工服务，维护和维修服务，运输，旅行，建设，保险和养老金服务，金融服务，知识产权使用费，电信、计算机和信息服务，其他商业服务，个人、文化和娱乐服务以及别处未提及的政府服务。

加工服务，又称"对他人拥有的实物投入的制造服务"，指货物的所有权没

---

① 除特别注明外，本部分内容主要源自国家外汇管理局 2015 年 12 月 30 日发布的《国际收支平衡表编制原则与指标说明》（http：//www.safe.gov.cn/safe/2015/1230/6080.html，最后访问日期：2024 年 3 月 2 日）和国家外汇管理局 2019 年 9 月印发的《银行结售汇统计制度》（自 2020 年 1 月 1 日起实施）。

② 《外汇管理条例》第 52 条第 3 项。

③ 国际货币基金组织（IMF）《国际收支和国际投资头寸手册》（第六版）中文版见国际货币基金组织网站中文主页 https：//www.imf.org/zh/Publications/Manuals-Guides，最后访问日期：2024 年 3 月 2 日。

④ 《国家外汇管理局按最新国际标准公布 2015 年一季度国际收支平衡表初步数据》（http：//www.safe.gov.cn/safe/2015/0512/5109.html，最后访问日期：2024 年 3 月 2 日）、《〈国际收支和国际投资头寸手册〉（第六版）实施系列宣传之二——国际收支统计表式及数据变化解读》（http：//www.safe.gov.cn/safe/2014/0926/3875.html，最后访问日期：2024 年 3 月 2 日）。

有在所有者和加工方之间发生转移，加工方仅提供加工、装配、包装等服务，并从货物所有者处收取加工服务费用。

维护和维修服务指居民或非居民向对方所拥有的货物和设备（如船舶、飞机及其他运输工具）提供的维修和保养工作。

运输指将人和物体从一地点运送至另一地点的过程以及相关辅助和附属服务，以及邮政和邮递服务。运输辅助服务包括在港口提供的支持性服务和辅助服务，如货物装卸、保管、仓储、为运输工具提供的牵引导航服务等。

旅行指旅行者在其作为非居民的经济体旅行期间消费的物品和购买的服务，包括跨境从事公务、商务、探亲、留学、就医、观光、朝觐等旅行活动期间购买货物和服务。

建设指建筑形式的固定资产的建立、翻修、维修或扩建，工程性质的土地改良、道路、桥梁和水坝等工程建筑，相关的安装、组装、油漆、管道施工、拆迁和工程管理等，以及场地准备、测量和爆破等专项服务。

保险和养老金服务指各种保险服务，以及同保险交易有关的代理商的佣金。

金融服务指金融中介和辅助服务，包括由银行和其他金融公司提供的服务，如存款吸纳和贷款、信用证、信用卡、与金融租赁相关的佣金和费用、保理、承销、支付清算等服务，还包括金融咨询、金融资产或金条托管、金融资产管理及监控、流动资金提供、非保险类的风险承担、合并与收购、信用评级、证券交易和信托等服务，但不包括保险和养老金服务项目所涉及的服务。

知识产权使用费指居民和非居民之间经许可使用无形的、非生产/非金融资产和专有权以及经特许安排使用已问世的原作或原型的行为，包括特许和商标使用费、研发成果使用费、复制或分销计算机软件、视听及相关产品的许可费以及其他知识产权使用费，还包括体育赛事的转播许可费。

电信、计算机和信息服务指居民和非居民之间的通信服务以及与计算机数据和新闻有关的服务交易，但不包括以电话、计算机和互联网为媒介交付的商业服务。

其他商业服务，指居民和非居民之间其他类型的服务，包括研发服务，专业和管理咨询服务以及与法律、会计、广告、展会等专业和管理咨询服务相关的服务，技术、贸易相关等服务。

个人、文化和娱乐服务指居民和非居民之间与个人、文化和娱乐有关的服务交易，包括视听和相关服务（电影、收音机、电视节目和音乐录制品），其他个人、文化娱乐服务（健康、教育等）。

别处未提及的政府服务指在其他货物和服务类别中未包括的政府和国际组织提供和购买的各项货物和服务。

2. 初次收入

初次收入，对应于《外汇管理条例》第52条第3项所说的"收益"[①]，指由于提供劳务、金融资产和出租自然资源而获得的回报[②]，包括雇员报酬、投资收益和其他初次收入三部分。

（1）雇员报酬

雇员报酬指根据企业与雇员的雇佣关系，因雇员在生产过程中的劳务投入而获得的酬金回报。

（2）投资收益

投资收益指因金融资产投资而获得的利润、股息（红利）、再投资收益和利息，但金融资产投资的资本利得或损失不是投资收益，而是金融账户统计范畴。

（3）其他初次收入

其他初次收入指将自然资源让渡给另一主体使用而获得的租金收入，以及跨境产品和生产的征税和补贴。

3. 二次收入

二次收入，对应于《外汇管理条例》第52条第3项所说的"经常转移"[③]，指居民与非居民之间的经常转移（包括现金和实物），包括在无同等经济价值回报的情况下，居民与非居民之间经常性转移的金融资源，包括税款、捐赠、赔偿、罚款等所有非资本转移的转移项目。[④]

（二）资本项目（资本和金融账户）[⑤]

资本项目（Capital Account）是指国际收支中引起对外资产和负债水平发生

[①]《〈国际收支和国际投资头寸手册〉（第六版）实施系列宣传之二——国际收支统计表式及数据变化解读》（http：//www.safe.gov.cn/safe/2014/0926/3875.html，最后访问日期：2024年3月2日）。

[②]《经常项目外汇业务指引（2020年版）》（汇发〔2020〕14号文件附件1）第47条第2款。

[③]《〈国际收支和国际投资头寸手册〉（第六版）实施系列宣传之二——国际收支统计表式及数据变化解读》（http：//www.safe.gov.cn/safe/2014/0926/3875.html，最后访问日期：2024年3月2日）。

[④]《经常项目外汇业务指引（2020年版）》（汇发〔2020〕14号文件附件1）第47条第2款。

[⑤] 除特别注明外，本部分内容主要源自国家外汇管理局2015年12月30日发布的《国际收支平衡表编制原则与指标说明》（http：//www.safe.gov.cn/safe/2015/1230/6080.html，最后访问日期：2024年3月2日）和国家外汇管理局2019年9月印发的《银行结售汇统计制度》（自2020年1月1日起实施）。

变化的交易项目，包括资本转移、直接投资、证券投资、衍生产品及贷款等[①]，对应于国际货币基金组织《国际收支和国际投资头寸手册》（第六版）所说的"资本账户和金融账户"。

从 2015 年起，国家外汇管理局开始按照《国际收支和国际投资头寸手册》（第六版）编制和发布国际收支平衡表，并将 Capital Account 的中文翻译由"资本项目"重新命名为"资本账户"。[②] 因此，在现有外汇管理法规体系当中，"资本项目"与"资本账户"通常具有相同的含义。

1. 资本账户

资本账户指居民与非居民之间的资本转移，以及居民与非居民之间非生产非金融资产的取得和处置。

其中，资本转移指债务减免、与固定资产有关的捐赠及无偿援助、移民转移及其他金额较大且频率较低的转移项目；非生产、非金融资产转让指将品牌、商标、契约、租约和许可的所有权等非生产、非金融资产进行转让，以及国际组织和使领馆土地买卖。

2. 金融账户

金融账户指发生在居民与非居民之间、涉及金融资产与负债的各类交易。金融账户细分为非储备性质的金融账户和国际储备资产。

非储备性质的金融账户包括直接投资、证券投资、金融衍生工具和其他投资；储备资产指中央银行拥有的对外资产，包括外汇、货币黄金、特别提款权、在基金组织的储备头寸。

（1）直接投资

直接投资指以投资者寻求在本国以外运行企业获取有效发言权为目的的投资，包括直接投资资产和直接投资负债两部分。相关投资工具可划分为股权和关联企业债务。股权包括股权和投资基金份额以及再投资收益。关联企业债务包括关联企业间可流通和不可流通的债权和债务。

其中，直接投资资产指我国作为直接投资者对在外直接投资企业的净资产，

[①]《外汇管理条例》第 52 条第 4 项。

[②]《国家外汇管理局按最新国际标准公布 2015 年一季度国际收支平衡表初步数据》（http：//www.safe.gov.cn/safe/2015/0512/5109.html，最后访问日期：2024 年 3 月 2 日）、《〈国际收支和国际投资头寸手册〉（第六版）实施系列宣传之二——国际收支统计表式及数据变化解读》（http：//www.safe.gov.cn/safe/2014/0926/3875.html，最后访问日期：2024 年 3 月 2 日）。

作为直接投资企业对直接投资者的净资产，以及对境外联属企业的净资产；直接投资负债指我国作为直接投资企业对外国直接投资者的净负债，作为直接投资企业对直接投资者的净负债，以及对境外联属企业的净负债。

此外，直接投资包括投资资本金及撤资、不动产投资、直接投资者与直接投资企业之间以及关联企业之间的贷款和其他资金往来。

（2）证券投资

证券投资包括证券投资资产和证券投资负债，相关投资工具可划分为股权和债券。股权包括股权和投资基金份额，记录在证券投资项下的股权和投资基金份额均应可流通（可交易）。股权通常以股份、股票、参股、存托凭证或类似单据作为凭证。投资基金份额指投资者持有的共同基金等集合投资产品的份额。债券指可流通的债务工具，是证明其持有人（债权人）有权在未来某个（些）时点向其发行人（债务人）收回本金或收取利息的凭证，包括可转让存单、商业票据、公司债券、有资产担保的证券、货币市场工具以及通常在金融市场上交易的类似工具。

（3）金融衍生工具

金融衍生工具又称金融衍生工具和雇员认股权，用于记录我国居民与非居民金融工具工具和雇员认股权交易情况。

（4）其他投资

其他投资指除直接投资、证券投资、金融衍生工具和储备资产外，居民与非居民之间的其他金融交易，包括其他股权、货币和存款、贷款、保险和养老金、贸易信贷和其他。

三、外资新设外汇管理

现阶段，外国投资者新设外商投资企业涉及的外汇事项主要包括：（1）外商投资企业基本信息登记；（2）外商投资企业外汇资本金账户开立、入账、使用；（3）外国投资者货币出资入账登记；（4）外商投资企业"多报合一"年度报告。

此外，在外国投资者为筹建外商投资企业需汇入前期费用等相关资金的情况下，还会涉及：（1）外国投资者前期费用基本信息登记；（2）外国投资者前期费用外汇账户开立、入账、使用。

（一）外商投资企业基本信息登记

现阶段，外国投资者在境内新设外商投资企业，需要由依法设立的外商投资企业办理境内直接投资外汇登记,即外商投资企业基本信息登记。外商投资企业基本信息登记是资本项目信息登记的一种,是外商投资企业办理后续各项资本项目外汇业务的前提。① 亦即,如果没有依法办理外商投资企业基本信息登记,则无法办理包括外汇资本金账户开立、接收外国投资者缴存出资在内的各项资本项目外汇业务,这可能影响外商投资企业的正常经营。

需要注意的是,投资性外商投资企业以外汇资金境内再投资新设的企业,尽管也属于外商投资企业,但应当办理的是"接收境内再投资基本信息登记",而不是外商投资企业基本信息登记。不过,投资性外商投资企业以外汇资金与外国投资者共同出资新设的外商投资企业,则需要分别办理"接收境内再投资基本信息登记"和"新设外商投资企业基本信息登记"手续,其中办理新设外商投资企业基本信息登记时,投资性外商投资企业视为中方股东登记。② 有关接收境内再投资基本信息登记,请见本章"七、外商投资企业外汇资本金原币再投资外汇管理"。

1. 办理时限

在办理时限方面,外商投资企业应当在领取营业执照之后,及时到其所属外汇分局(外汇管理部)辖内的外汇指定银行办理基本信息登记,取得加盖银行业务专用章的业务登记凭证,并以此作为办理资本项目下账户开立和资金汇兑等后续业务的依据。外商投资企业依法完成外商投资企业基本信息登记后,方可办理后续外商直接投资相关账户开立、资金汇兑等业务(包括但不限于外国投资者利润汇出)。③

---

① 《外汇管理条例》第16条,《外国投资者境内直接投资外汇管理规定》第6条、第8条、第12条,《国家外汇管理局关于进一步简化和改进直接投资外汇管理政策的通知》(汇发〔2015〕13号)第1条,《国家外汇管理局关于精简外汇账户的通知》(汇发〔2019〕29号)附件2《银行办理相关资本项目外汇业务操作指引》之"银行直接办理资本项目外汇业务操作指引相关说明",《资本项目外汇业务指引(2020年版)》之第三部分"外汇指定银行直接办理资本项目外汇业务指引"之"外汇指定银行直接办理资本项目外汇业务指引相关说明"、《资本项目外汇业务指引(2024年版)》之第二部分"银行直接办理资本项目外汇业务指引"之"银行直接办理资本项目外汇业务指引相关说明"。

② 《资本项目外汇业务指引(2024年版)》之"7.2外商投资企业基本信息登记(新设、并购)及变更、注销登记"。

③ 《外国投资者境内直接投资外汇管理规定》第3条、第8条、第10条、第12条,《国家外汇管理局关于进一步简化和改进直接投资外汇管理政策的通知》(汇发〔2015〕13号)第1条,《国家外汇管理局关于精简外汇账户的通知》(汇发〔2019〕29号)附件2《银行办理相关资本项目外汇业务操作指引》之"银行直接办理资本项目外汇业务操作指引相关说明",《资本项目外汇业务指引(2020年版)》之第三部分"外汇指定银行直接办理资本项目外汇业务指引"之"外汇指定银行直接办理资本项目外汇业务指引相关说明"。

2. 申请材料

在申请材料方面，外商投资企业需要向银行提交《境内直接投资基本信息登记业务申请表（一）》、加盖公章的营业执照复印件等文件。①

3. 外商投资企业外汇登记信息

新设外商投资企业外汇登记的信息主要包括两大类，一是外商投资企业基本信息，二是股东投资信息。②

（1）外商投资企业基本信息

外商投资企业的基本信息主要包括外商投资企业的名称、注册币种、统一社会信用代码、注册日期、法定代表人、所属行业、主要经营范围、注册地址、注册资本、企业性质、企业类型、上市情况、是否投资性公司、返程投资情况、联系人及联系电话等基本信息。

（2）股东投资信息

外商投资企业的股东投资信息主要包括：

（i）股东基本信息，包括股东的姓名或名称、主体资格证明号码、注册地（常住地）或所属国别或地区、实际控制人名称（外方股东实际控制人为非中国境内居民的，无须填写）及其所属国别或地区等。

（ii）外方股东投资信息，包括各个外方股东的姓名或名称、所占注册资本、所占注册资本比例、所占注册资本出资额、出资形式、利润分配比例。

（iii）中方股东投资信息，包括各个中方股东的姓名或名称、所占注册资本、出资比例、利润分配比例。

其中，外方股东的出资形式包括但不限于境外汇入现汇与人民币、境内划转、前期费用结汇、人民币利润再投资、人民币非利润再投资、实物、无形资产、股权、其他非货币资本、合并分立、资产并购、其他。具体而言："境外汇入（含人民币）"指外方股东以境外汇入（包括从离岸账户境外机构或个人境内外汇账户汇入）的外汇或人民币资金进行出资；"境内划转"指外方股东以境

---

① 《资本项目外汇业务指引（2024年版）》之"7.2 外商投资企业基本信息登记（新设、并购）及变更、注销登记"。针对外国投资者以其境内合法所得在境内投资新设外商投资企业，原来还要求提交主管税务部门出具的税务凭证（如《服务贸易等项目对外支付税务备案表》，按规定无需提交的除外）；但《国家税务总局 国家外汇管理局关于服务贸易等项目对外支付税务备案有关问题的补充公告》（国家税务总局 国家外汇管理局公告2021年第19号）第2条第2项规定："下列事项无需办理税务备案：（一）外国投资者以境内直接投资合法所得在境内再投资"。

② 《资本项目外汇业务指引（2024年版）》表15《境内直接投资基本信息登记业务申请表（一）》。

内外汇资金进行出资;"前期费用结汇"指外方股东汇入的前期费用中已结汇的资金进行出资;"人民币利润再投资"指外方股东以在境内合法所得的利润进行再投资(或转增资)出资;"人民币非利润再投资"指外方股东以其在境内股权转让所得、减资所得、先行回收所得、清算所得用于境内再投资出资或以所投资企业的盈余公积、资本公积转增资本出资、可转债和已登记外债本金及利息转增资本;"其他非货币资本"指外方股东以实物、无形资产、股权以外的非货币资本出资;"合并分立"指外方股东所投资企业因合并、分立产生股权变化的出资形式;"资产并购"指外方股东取得的境内资产所有权并进行运营该资产;"其他"指保证金账户结汇资金出资以及上述出资方式以外的出资形式。[①]

4. 外国投资者的出资信息

在办理基本信息登记时,外商投资企业应全额登记各个外国投资者的各类出资形式及金额,并且,跨境现汇与人民币流入总额不得超过已登记的外国投资者跨境可汇入资金总额;外汇指定银行也应当区分外商投资企业设立时外国投资者的出资方式(即出资形式)在外汇局资本项目信息系统[②]中办理登记,其中:[③]

(1)外国投资者以其在境内合法取得的利润用于境内再投资或转增资本的,出资方式登记为利润再投资。[④]

(2)外国投资者以其在境内股权转让所得、减资所得、先行回收所得、清算所得等用于境内再投资,和以所投资企业的盈余公积、资本公积、可转债和已登记外债本金及利息转增资本的,出资方式登记为非利润再投资。

(3)外国投资者以保证金结汇支付资金出资的,出资方式登记为"其他"。

(4)外国投资者以境内其他资本项下外汇账户原币划转的,出资方式登记为境内划转。

需要注意的是,外国投资者新设外商投资企业、获得外商投资企业股权,应

[①] 《资本项目外汇业务指引(2024年版)》表15《境内直接投资基本信息登记业务申请表(一)》之"填表说明"。

[②] 资本项目信息系统是国家外汇管理局自2013年5月13日起在全国推广的为境内主体办理各类资本项目业务的信息系统。见《国家外汇管理局关于推广资本项目信息系统的通知》(汇发〔2013〕17号)。

[③] 《资本项目外汇业务指引(2024年版)》之"7.2 外商投资企业基本信息登记(新设、并购)及变更、注销登记"。

[④] 《国家税务总局 国家外汇管理局关于服务贸易等项目对外支付税务备案有关问题的补充公告》(国家税务总局 国家外汇管理局公告2021年第19号)第2条第2项规定:"下列事项无需办理税务备案:(一)外国投资者以境内直接投资合法所得在境内再投资"。

遵循商业原则，按公允价格进行交易；外汇指定银行也应当对相关交易及价格的真实性、合规性进行尽职审核。①

5. 如实披露其外国投资者是否直接或间接被境内主体持股或控制

需要注意的是，外商投资企业应当如实披露其外国投资者是否直接或间接被境内居民（含境内机构和境内个人）持股或控制，如外国投资者被境内居民直接或间接持股或控制，银行在为该外商投资企业办理外汇登记时应在资本项目信息系统中将其标识为"返程投资"。②

也就是说，银行在为该外商投资企业办理外汇登记时，只要外商投资企业的外国投资者直接或间接被境内居民（含境内机构和境内个人）持股或控制，就应当在资本项目信息系统中将该外商投资企业标识为"返程投资"，而不仅仅限于外国投资者直接或间接被境内居民控制的情形才需要标识为"返程投资"。

如果境内居民未按规定办理境外投资外汇登记、未如实披露返程投资企业实际控制人信息、存在虚假承诺等行为，外汇局将根据《外汇管理条例》第48条第5项③进行处罚。④

---

① 《资本项目外汇业务指引（2024年版）》之"7.2 外商投资企业基本信息登记（新设、并购）及变更、注销登记"。

② 《资本项目外汇业务指引（2024年版）》之"7.2 外商投资企业基本信息登记（新设、并购）及变更、注销登记"。

③ 《外汇管理条例》第48条第5项规定："有下列情形之一的，由外汇管理机关责令改正，给予警告，对机构可以处30万元以下的罚款，对个人可以处5万元以下的罚款……（五）违反外汇登记管理规定的……"

④ 《国家外汇管理局关于境内居民通过特殊目的公司境外投融资及返程投资外汇管理有关问题的通知》（汇发〔2014〕37号）第15条第2款。境内居民个人在境外设立特殊目的公司，在境外投资外汇登记完成之前，除支付（含境外支付）特殊目的公司注册费用外，已对该特殊目的公司进行其他出资（含直接或间接装入境内资产或权益、境外出资）行为的，且存在合法返程投资构架或潜在返程投资构架的，应向外汇局申请办理境外特殊目的公司补登记手续，并在书面申请中详细说明出资情况及理由；对于境内居民个人以境内外合法资产或权益已向特殊目的公司出资但未按规定办理境外投资外汇登记的，如相关主体涉嫌违反外汇管理规定，应依法进行处理（见《资本项目外汇业务指引（2024年版）》之"2.3 境内居民个人特殊目的公司外汇补登记"）。值得一提的是，《资本项目外汇业务指引（2020年版）》之"7.3 境内居民个人特殊目的公司外汇（补）登记及变更、注销登记"曾经规定："对于境内居民个人以境内外合法资产或权益已向特殊目的公司出资但未按规定办理境外投资外汇登记的，在境内居民个人向相关外汇局出具说明函详细说明理由后，相关外汇局按照个案业务集体审议制度审核办理补登记；对于涉嫌违反外汇管理规定的，依法进行处理。"

(二) 外商投资企业外汇资本金账户开立

外商投资企业外汇资本金账户是以外商投资企业名义开立的外汇账户[1]，属于境内直接投资账户的一种。外商投资企业开立外汇资本金账户，需要注意以下事项：

1. 开立条件

在开立条件方面，外商投资企业外汇资本金账户的开立须以完成外商投资企业基本信息登记为前提；外汇指定银行在为外商投资企业办理账户开立业务之前，应确认其已按规定办理了基本信息登记，并根据外汇局资本项目信息系统登记信息为其办理开户手续，并在向报送账户数据时填写以"14"开头的业务编号。[2]

2. 开户数量

在开户数量方面，外商投资企业可以在不同外汇指定银行开立多个外汇资本金账户（但相关账户开户数量应符合审慎监管要求[3]）；并且，外商投资企业可以在全国异地开户（在企业注册地所属省级分局所辖以外的地区开户应遵循实需原则：如企业资金集中管理需要、异地经营业务需要等。企业应在书面申请中陈述异地开户原因，银行为异地企业开户前，应落实展业要求，并确认企业在资本系统中不存在管控信息）。[4]

3. 收入范围

在收入范围方面，外商投资企业外汇资本金账户的收入限于：（1）外国投

---

[1] "外汇账户"是指境内机构、驻华机构、个人及来华人员可自由兑换货币在开户金融机构开立的账户（《境内外汇账户管理规定》（银发〔1997〕416号）第4条）。

[2] 《外国投资者境内直接投资外汇管理规定》第8条第1款、第12条第1款，《国家外汇管理局关于进一步改进和调整直接投资外汇管理政策的通知》（汇发〔2012〕59号）第1条，《国家外汇管理局关于精简外汇账户的通知》（汇发〔2019〕29号）附件2《银行办理相关资本项目外汇业务操作指引》之"3. 外汇资本金账户的开立、入账和使用"，《资本项目外汇业务指引（2024年版）》之"7.6 外汇资本金账户的开立、入账和使用"。

[3] 《国家外汇管理局关于进一步促进跨境贸易投资便利化的通知》（汇发〔2019〕28号，经汇发〔2023〕28号修改）第7条。

[4] 《国家外汇管理局关于精简外汇账户的通知》（汇发〔2019〕29号）附件2《银行办理相关资本项目外汇业务操作指引》之"3. 外汇资本金账户的开立、入账和使用"、《资本项目外汇业务指引（2024年版）》之"7.6 外汇资本金账户的开立、入账和使用"、《国家外汇管理局关于进一步改进和调整直接投资外汇管理政策的通知》（汇发〔2012〕59号）。其中，在分属不同外汇分局或外汇管理部管辖的外汇指定银行开户为异地开户（见国家外汇管理局综合司《外商直接投资外汇业务操作规程（系统版）》（汇综发〔2008〕137号））。

资者境外汇入外汇资本金或认缴出资（含境外机构/个人境内外汇账户、离岸账户及自由贸易账户的外汇出资），保证金专用账户划入的外汇资本金或认缴出资；(2) 资本金账户、资本项目结算账户划入的境内再投资项下新设或增资资金；(3) 本账户合规划出后划回的资金；(4) 同名资本金账户划入资金；(5) 因交易撤销退回的资金；(6) 利息收入；(7) 经外汇局（银行）登记或外汇局核准的其他收入。①

4. 支出范围

在支出范围方面，外商投资企业外汇资本金账户的支出限于：(1) 经营范围内结汇支出；(2) 结汇划入结汇待支付账户；(3) 境内原币划转至保证金专用账户、外汇资本金账户、资本项目结算账户、境外放款专用账户、国内资金主账户、国内外汇贷款专用账户；(4) 因外国投资者减资、撤资汇出；(5) 境内划转至公司其他外汇账户；(6) 为境外机构代扣代缴境内税费；(7) 经常项目对外支付；(8) 经外汇局（银行）登记或外汇局核准的其他资本项目支出。②

5. 账户关闭

在账户关闭方面，外商投资企业外汇资本金账户内资金使用完毕或因正常经营需要关户的，银行可根据企业申请为其办理关户手续；其中，外商投资企业因变更为内资企业的，可待资本金账户余额使用完毕后关户。③

（三）外商投资企业外汇资本金账户的入账④

在外国投资者向外商投资企业的资本金账户汇入外汇资本金（即外方股东缴存出资款）的情况下，通常会涉及外商投资企业外汇资本金的入账管理和外国投

---

① 《国家外汇管理局关于进一步深化改革 促进跨境贸易投资便利化的通知》（汇发〔2023〕28号）附件3《资本项目结算账户整合方案》附表"资本项目-结算账户、资本项目-外汇资本金账户收支范围调整情况"。

② 《国家外汇管理局关于进一步深化改革 促进跨境贸易投资便利化的通知》（汇发〔2023〕28号）附件3《资本项目结算账户整合方案》附表"资本项目-结算账户、资本项目-外汇资本金账户收支范围调整情况"。

③ 《外国投资者境内直接投资外汇管理规定》第8条第2款、《国家外汇管理局关于精简外汇账户的通知》（汇发〔2019〕29号）附件2《银行办理相关资本项目外汇业务操作指引》之"3. 外汇资本金账户的开立、入账和使用"、《资本项目外汇业务指引（2024年版）》之"7.6 外汇资本金账户的开立、入账和使用"。

④ 本部分内容主要来源于《国家外汇管理局关于精简外汇账户的通知》（汇发〔2019〕29号）附件2《银行办理相关资本项目外汇业务操作指引》之"3. 外汇资本金账户的开立、入账和使用"、《资本项目外汇业务指引（2024年版）》之"7.6 外汇资本金账户的开立、入账和使用"。

资者货币出资入账登记事宜。

1. 入账条件

收款银行在收到外国投资者境外汇入外汇资本金（账户内资金不得以现钞存入）后，应查询外汇局资本项目信息系统资本金流入控制信息表中尚可流入金额（跨境现汇与人民币流入总额不得超过已登记的外国投资者跨境可汇入资金总额①，但同名资本金境内原币划转不需要查询控制信息），确认外商投资企业已经按规定办理了基本信息登记，并据此为外商投资企业办理资金入账手续。②

2. 入账金额

在入账金额方面，因汇率、手续费等原因，外国投资者境外汇入的外汇资本金实际到达外商投资企业资本金账户的金额，与外商投资企业的公司章程规定或合伙协议约定的该外国投资者认缴的出资额的金额可能存在差异。

其中，对于由汇率原因导致的控制信息表中尚可流入金额额度不足（即实际流入金额超出尚可流入金额），银行可将相关资本金先行入账，然后申请对控制信息表中的额度进行调整；对于由系统原因等其他原因（不包含因企业未及时办理相关外汇登记等企业自身原因）导致的控制信息表中尚可流入金额额度不足或系统登记信息与企业实际情况不符，银行可先商请所在地外汇局允许相关资本金先行入账，再进行系统数据调整。③ 此前实务中，有外汇局要求，因汇率差异等特殊原因导致实际流入金额超出尚可流入金额的，累计超出金额原则上不得超过等值3万美元；等值3万美元以内的，可以直接入账并办理出资入账登记；累计超出金额在等值3万美元的，应将超过3万美元部分原路汇回。④ 其中所使用的资金折算率应以资金入账日（除有特殊约定外）中国人民银行发布的人民币汇率中间价及不同外币间套算率为准；没有相应人民币汇率中间价的，以资金入账

---

① 《资本项目外汇业务指引（2024年版）》之"7.2 外商投资企业基本信息登记（新设、并购）及变更、注销登记"。

② 《外国投资者境内直接投资外汇管理规定》第12条第1款、《国家外汇管理局关于精简外汇账户的通知》（汇发〔2019〕29号）附件2《银行办理相关资本项目外汇业务操作指引》之"3. 外汇资本金账户的开立、入账和使用"、《资本项目外汇业务指引（2024年版）》之"7.6 外汇资本金账户的开立、入账和使用"。

③ 《资本项目外汇业务指引（2024年版）》之"7.6 外汇资本金账户的开立、入账和使用"。

④ 《常见外汇业务答疑手册》（国家外汇管理局重庆外汇管理部2019年1月，https://www.safe.gov.cn/chongqing/file/file/20190311/87806e211bb74eb4a44e71395c31cda9.pdf?n=%E5%B8%B8%E8%A7%81%E5%A4%96%E6%B1%87%E4%B8%9A%E5%8A%A1%E7%AD%94%E7%96%91%E6%89%8B%E5%86%8C，最后访问日期：2024年3月2日，下同）。

日开户银行的挂牌汇价为准。①

此外,外国投资者向外商投资企业外汇资本金账户汇入资金时由境内银行收取的手续费,可以视为外国投资者的出资,并办理货币出资入账登记。② 这就意味着,此项手续费是境内银行就其为外商投资企业提供的银行业务向外商投资企业收取手续费的,负有向银行支付手续费义务的主体是外商投资企业、而不是外方股东,外方股东汇入的资金一经到账就变成了外商投资企业的资金,境内银行收取的手续费是从外商投资企业的资金中扣除的。

需要注意的是,外商投资企业境外汇入的资本金投资人与缴款人不一致的,银行应在出资入账登记中将"投资人与缴款人是否一致"一项勾选为"否"。问题是,如果外汇资本金的实际缴款人与外商投资企业外汇的投资人不一致,且入账资金未被其他相关部门认可出资,应当如何处理?《资本项目外汇业务指引(2020年版)》和《资本项目外汇业务指引(2024年版)》对此未作规定。此前的《资本项目外汇业务操作指引(2017年版)》之"6.10 外汇资本金账户的开立、入账和使用"曾规定,银行应将汇入款原路汇回境外;若该款项已办理境内直接投资货币出资入账登记,则应在办理境内直接投资货币出资入账登记撤销手续后办理退款,并按规定进行国际收支申报。

(四) 外国投资者货币出资入账登记③

收款银行在收到外国投资者境外汇入或境内划转的资本金(外汇或人民币,不含境内再投资资金)办理资金入账后,应督促外商投资企业尽快提交外国投资者货币出资入账登记申请,并及时通过资本项目信息系统办理境内直接投资货币出资入账登记;办理入账登记后的资本金方可使用,外国投资者跨境汇入的资本金,如未办理境内直接投资货币出资入账登记,不得使用、不得办理结汇、划转、付汇等业务。④

其中,如果外汇资本金的实际缴款人与外商投资企业外汇的投资人不一致,

---

① 《资本项目外汇业务指引(2024年版)》之"7.4 境内直接投资货币出资入账登记"。
② 《资本项目外汇业务指引(2024年版)》之"7.4 境内直接投资货币出资入账登记"。
③ 本部分内容主要来源于《资本项目外汇业务指引(2024年版)》之"7.4 境内直接投资货币出资入账登记"。
④ 《资本项目外汇业务指引(2024年版)》之"7.4 境内直接投资货币出资入账登记"、"7.6 外汇资本金账户的开立、入账和使用"、"11.2 资本项目收入结汇支付"、《国家外汇管理局关于进一步简化和改进直接投资外汇管理政策的通知》(汇发〔2015〕13号)第2条。

在无须将汇入款原路汇回境外的情况下，银行可以先办理入账登记，但应在货币出资入账登记中将"投资人与缴款人是否一致"一项勾选为"否"。

需要注意的是，外商投资企业接收的除跨境现汇和人民币之外的其他货币形式的出资，包括来源于境内外汇再投资和境外上市的外汇资金，不办理出资入账登记。① 此外，外商投资企业收到境外股东以货币形式出资的现汇资本金，也无须再到会计师事务所办理验资询证手续。②

值得一提的是，国家外汇管理局曾经要求外商投资企业对外国投资者的各种形式的出资以及收购中方股东股权支付的价款办理登记手续。对此，《外国投资者境内直接投资外汇管理规定》第 6 条第 1 款曾经规定，"外国投资者以货币资金、股权、实物资产、无形资产等（含境内合法所得）向外商投资企业出资，或者收购境内企业中方股权支付对价，外商投资企业应就外国投资者出资及权益情况在外汇局办理登记"。不过，该规定在 2015 年被修改了。《国家外汇管理局关于进一步简化和改进直接投资外汇管理政策的通知》（汇发〔2015〕13 号，自 2015 年 6 月 1 日起实施）规定："取消境内直接投资项下外国投资者非货币出资确认登记和外国投资者收购中方股权出资确认登记。将外国投资者货币出资确认登记调整为境内直接投资货币出资入账登记，外国投资者以货币形式（含跨境现汇和人民币）出资的，由开户银行在收到相关资本金款项后直接通过外汇局资本项目信息系统办理境内直接投资货币出资入账登记，办理入账登记后的资本金方可使用。"因此，其后，外国投资者以非货币财产出资、境内人民币利润出资、境内人民币非利润出资③，以及来源于境内外汇再投资或股权转让对价外汇资金④，均无须办理外国投资者货币出资入账登记。

---

① 但在外国投资者境内划转外汇资金（主要是指外国投资者前期费用外汇账户资金原币划转至外商投资企业外汇资本金账户）的情况下，也需要办理货币出资入账登记。见《资本项目外汇业务指引（2024 年版）》之"7.4 境内直接投资货币出资入账登记"和表 17"境内直接投资货币出资入账登记申请表"。

② 国家外汇管理局官网"网上服务"之"政策问答"栏目 2016 年 4 月 1 日发布的针对"外商投资企业收到境外股东一笔现汇资本金，还需要去会计师事务所办理验资询证吗？"的答复（http://www.safe.gov.cn/safe/2016/0401/2528.html，最后访问日期：2024 年 3 月 2 日）。

③ 境内人民币利润出资指外国投资者以其在境内合法取得的利润用于境内再投资或转增资本，境内人民币非利润出资指以其在境内股权转让所得、减资所得、先行回收所得、清算所得等用于境内再投资和以所投资企业的盈余公积、资本公积和已登记外债本金及利息转增资本。见《资本项目外汇业务指引（2024 年版）》之"7.2 外商投资企业基本信息登记（新设、并购）及变更、注销登记"。

④ 《国家外汇管理局关于精简外汇账户的通知》（汇发〔2019〕29 号）附件 2《银行办理相关资本项目外汇业务操作指引》之"3. 外汇资本金账户的开立、入账和使用"、《资本项目外汇业务指引（2024 年版）》之"7.4 境内直接投资货币出资入账登记"和"7.6 外汇资本金账户的开立、入账和使用"。

（五）外商投资企业外汇资本金账户的使用

现阶段，外商投资企业外汇资本金账户内资金及其结汇所得人民币资金的使用，应当遵守以下要求：

1. 按规定用途使用

外商投资企业外汇资本金账户内资金及其结汇所得人民币资金应当按照规定的用途使用。对此，《外汇管理条例》第23条规定，"资本项目外汇及结汇资金，应当按照有关主管部门及外汇管理机关批准的用途使用"[①]。第44条第1款规定："违反规定，擅自改变外汇或者结汇资金用途的，由外汇管理机关责令改正，没收违法所得，处违法金额30%以下的罚款；情节严重的，处违法金额30%以上等值以下的罚款。"

外商投资企业未按照批准的用途使用资本金结汇资金，主要包括两种情况："一是虽然交易真实，但实际用途与批准的用途不符；二是交易本身不真实，则所谓按批准的用途使用无从谈起。"[②]

2. 在经营范围内遵循真实、自用原则

外商投资企业等境内机构资本项目外汇收入的使用应在企业经营范围内遵循真实、自用原则。外商投资企业等境内机构的资本项目外汇收入及其结汇所得人民币资金，可用于自身经营范围内的经常项下支出，以及法律法规允许的资本项下支出。[③]

其中，在不违反现行外商投资准入负面清单且境内所投项目真实、合规的前提下，不论是以投资为主要业务的外商投资企业（即投资性外商投资企业，包括外商投资性公司、外商投资创业投资企业和外商投资股权投资企业），还是非投

[①] 此外，针对外商投资企业，《外汇管理条例》第22条第2款还规定："依法终止的外商投资企业，按照国家有关规定进行清算、纳税后，属于外方投资者所有的人民币，可以向经营结汇、售汇业务的金融机构购汇汇出。"

[②] 北京市第一中级人民法院2018年9月18日就某资租赁有限公司与国家外汇管理局天津市分局、国家外汇管理局不服外汇行政处罚及行政复议决定二审案作出的（2018）京01行终652号行政判决书（https://wenshu.court.gov.cn/website/wenshu/181107ANFZ0BXSK4/index.html?docId=bxgt3h4TT1pJWgHUJWVGq0i4jQXlXuulxWOcMr9DBzh2p7FhKjtRJ/dgBYosE2gFjhz/JG5GnvcwqPrg8+L+41xj0SfQbKl96UyX3wjSUNEKHmmECiEzmbbvy5u69BB，最后访问日期：2024年3月29日）。

[③] 《国家外汇管理局关于改革和规范资本项目结汇管理政策的通知》（汇发〔2016〕16号，经汇发〔2023〕28号修改）、《外国投资者境内直接投资外汇管理规定》第9条第1款、《资本项目外汇业务指引（2024年版）》之"11.2资本项目收入结汇支付"、《国家外汇管理局关于进一步深化改革 促进跨境贸易投资便利化的通知》（汇发〔2023〕28号）。

资性外商投资企业，都可以依法以资本金（包括原币划转和结汇）进行境内股权投资。① 有关外商投资企业境内投资涉及的外汇事项，请见本章"七、外商投资企业外汇资本金原币再投资外汇管理"和"八、外商投资企业资本金结汇再投资外汇管理"部分。

3. 外汇资本金使用负面清单

外商投资企业等境内机构的资本项目外汇收入及其结汇所得人民币资金的使用，应当遵守以下负面清单管理规定：②

（1）不得直接或间接用于国家法律法规禁止的支出；

（2）除另有明确规定外，不得直接或间接用于证券投资或其他投资理财（风险评级结果不高于二级的理财产品及结构性存款除外）；

（3）不得用于向非关联企业发放贷款（经营范围明确许可的情形以及中国（上海）自由贸易试验区临港新片区、中国（广东）自由贸易试验区广州南沙新区片区、中国（海南）自由贸易港洋浦经济开发区、浙江省宁波市北仑区等4个区域除外）；

（4）不得用于购买非自用的住宅性质房产（从事房地产开发经营、房地产租赁经营的企业除外）；

（5）境内机构与其他当事人之间对资本项目收入使用范围存在合同约定的，不得超出该合同约定的范围使用相关资金（当然，除另有规定外，境内机构与其他当事人之间的合同约定不应与法律、法规和外汇局的规定存在冲突）。

4. 外汇资本金的意愿结汇制与支付结汇制

在资本金结汇方面，外商投资企业可以自由选择按照意愿结汇或按照支付结汇使用其外汇资金；并且，在实行资本项目外汇收入意愿结汇的同时，外商投资

---

① 《国家外汇管理局关于改革外商投资企业外汇资本金结汇管理方式的通知》（汇发〔2015〕19号）、《国家外汇管理局关于进一步促进跨境贸易投资便利化的通知》（汇发〔2019〕28号，经汇发〔2023〕28号修改）。

② 《国家外汇管理局关于改革和规范资本项目结汇管理政策的通知》（汇发〔2016〕16号，经汇发〔2023〕28号修改）、《国家外汇管理局关于精简外汇账户的通知》（汇发〔2019〕29号）附件2《银行办理相关资本项目外汇业务操作指引》之"7. 境内直接投资所涉外汇账户内资金结汇"、《资本项目外汇业务指引（2024年版）》之"11.2 资本项目收入结汇支付"、《国家外汇管理局关于进一步深化改革 促进跨境贸易投资便利化的通知》（汇发〔2023〕28号）。

企业仍可选择按照支付结汇制使用其外汇收入。①

(1) 意愿结汇制②

外商投资企业外汇资本金意愿结汇是指外商投资企业资本金账户中经外汇局办理货币出资权益确认（或经银行办理货币出资入账登记）的外汇资本金，可以根据外商投资企业的实际经营需要，在银行办理结汇（外汇资本金意愿结汇比例暂定为100%）。

不过，外商投资企业外汇资本金意愿结汇所得人民币资金应当纳入结汇待支付账户管理，即：外商投资企业原则上应在银行开立一一对应的资本项目-结汇待支付账户（即"结汇待支付账户"），用于存放意愿结汇所得人民币资金，并通过结汇待支付账户办理各类支付手续（但按支付结汇原则结汇所得人民币资金不得通过结汇待支付账户进行支付）。外商投资企业在同一银行网点开立的同名资本金账户、外债专用账户及符合规定的其他性质的资本项目账户可以共用一个结汇待支付账户。

需要注意的是，结汇所得人民币资金直接划入结汇待支付账户时，外商投资企业等境内机构不需要向银行提供资金用途证明材料；但是，外商投资企业申请使用资本项目收入办理支付（包括结汇后不进入结汇待支付账户而是直接办理对外支付、从结汇待支付账户办理人民币对外支付或直接从资本项目外汇账户办理对外付汇）时，应如实向银行提供与资金用途相关的真实性证明材料。③

---

① 《国家外汇管理局关于改革外商投资企业外汇资本金结汇管理方式的通知》（汇发〔2015〕19号）、《国家外汇管理局关于精简外汇账户的通知》（汇发〔2019〕29号）附件2《银行办理相关资本项目外汇业务操作指引》之"7. 境内直接投资所涉外汇账户内资金结汇"、《资本项目外汇业务指引（2024年版）》之"11.2 资本项目收入结汇支付"。

② 除特别注明外，本部分内容主要源自《国家外汇管理局关于改革外商投资企业外汇资本金结汇管理方式的通知》（汇发〔2015〕19号）、《国家外汇管理局关于改革和规范资本项目结汇管理政策的通知》（汇发〔2016〕16号）、《资本项目外汇业务指引（2024年版）》之"11.3 资本项目-结汇待支付账户的开立、使用和关闭"。

③ 符合条件企业的资本项目外汇收入及其结汇所得人民币用于境内支付使用时，可凭《资本项目收入支付（含意愿结汇）命令函》直接在符合条件的银行办理，无须事前逐笔提交真实性证明材料。其中，开展资本项目外汇收入支付便利化业务的企业应为非金融企业（房地产企业、政府融资平台除外），并符合以下条件：(1) 近一年无外汇行政处罚记录（成立不满一年的企业，自成立之日起无外汇行政处罚记录）；(2) 如为货物贸易外汇收支名录内企业，其货物贸易分类结果应为A类。符合上述条件的企业，由银行自行评估后纳入本行资本项目外汇收入支付便利化业务范畴。见《资本项目外汇业务指引（2024年版）》之"11.4 资本项目外汇收入支付便利化业务"。

其中，结汇待支付账户的收入范围包括：同名或开展境内股权投资企业的资本金账户、外债专用账户及符合规定的其他性质的资本项目外汇账户结汇划入的资金，由同名或开展境内股权投资企业的结汇待支付账户划入的资金，由本账户合规划出后划回的资金，因交易撤销退回的资金（含以支付结汇制合规支付的资金划回），符合规定的人民币收入，账户利息收入，以及经外汇局（银行）登记或外汇局核准的其他收入。

结汇待支付账户的支出范围包括：经营范围内的支出，支付境内股权投资资金和人民币保证金，划往资金集中管理专户、同名结汇待支付账户，购付汇或直接对外偿还外债，购付汇或直接汇往境外用于回购境外股份或境外上市其他支出，外国投资者减资、撤资资金购付汇或直接对外支付，为境外机构代扣代缴境内税费，代境内国有股东将国有股减持收入划转社保基金，购付汇或直接对外支付经常项目支出及经外汇局（银行）登记或外汇局核准的其他资本项目支出。

结汇待支付账户内的人民币资金不得购汇划回资本金账户等资本项目账户。由结汇待支付账户划出用于担保或支付其他保证金的人民币资金，除因交易达成支付价款或因交易未达成需违约扣款外，其余资金均须原路划回结汇待支付账户。

（2）支付结汇制

如前所述，在实行外汇资本金意愿结汇的同时，外商投资企业仍可选择按照支付结汇制使用其外汇资本金。①

外商投资企业外汇资本金支付结汇是指外汇指定银行在办理外商投资企业资本金结汇时，按照申请结汇的企业提供的有关结汇资金用途的《资本项目账户资金支付命令函》，将结汇所得人民币资金直接支付给其指定的收款人。②

银行按照支付结汇原则为外商投资企业办理每一笔结汇业务时，均应审核该外商投资企业在本银行前一笔结汇（包括意愿结汇和支付结汇）资金使用的真实性与合规性（如果在办理前一笔资金支付时，银行已审核该笔业务的真实

---

① 《国家外汇管理局关于改革外商投资企业外汇资本金结汇管理方式的通知》（汇发〔2015〕19号）、《国家外汇管理局关于改革和规范资本项目结汇管理政策的通知》（汇发〔2016〕16号）。

② 《国家外汇管理局关于改进外商投资企业资本项目结汇审核与外债登记管理工作的通知》（汇发〔2004〕42号）第1条。汇发〔2004〕42号文已被《国家外汇管理局关于印发〈外国投资者境内直接投资外汇管理规定〉及配套文件的通知》（汇发〔2013〕21号）废止。

性与合规性，银行在办理本笔支付时无须重复审核，并且，前一笔结汇用途为备用金的，银行可不要求其提供真实性证明材料）。① 不过，自 2020 年 4 月起，在确保资金使用真实合规并符合现行资本项目收入使用管理规定的前提下，允许符合条件的企业将资本金、外债和境外上市等资本项目外汇收入及其结汇所得人民币用于境内支付使用时，可凭《资本项目收入支付（含意愿结汇）命令函》直接在符合条件的银行办理，无须事前向银行逐笔提供真实性证明材料。②

5. 其他要求

外商投资企业外汇资本金的使用，还需遵循以下要求：

（1）在外商投资企业使用外汇资本金时，银行应审核外商投资企业提交的该笔资本金对应的境内直接投资货币出资入账登记表（银行可通过外汇局资本项目信息系统核对相关信息），未办理货币出资入账登记的资金不得使用（包括但不限于结汇、付汇、境内划转）。③

（2）银行为外商投资企业办理资本项下外汇业务前，应首先通过外汇局资本项目信息系统查询该外商投资企业是否处于业务管控状态；外商投资企业处于业务管控状态的，银行不得为其办理资本项下的任何外汇业务，应在管控状态解除后为其办理资本项目业务。④

---

① 《国家外汇管理局关于改革外商投资企业外汇资本金结汇管理方式的通知》（汇发〔2015〕19 号）、《国家外汇管理局关于改革和规范资本项目结汇管理政策的通知》（汇发〔2016〕16 号）、《国家外汇管理局关于精简外汇账户的通知》（汇发〔2019〕29 号）附件 2《银行办理相关资本项目外汇业务操作指引》之"7. 境内直接投资所涉外汇账户内资金结汇"、《资本项目外汇业务指引（2024 年版）》之"11.2 资本项目收入结汇支付"。

② 《国家外汇管理局关于优化外汇管理 支持涉外业务发展的通知》（汇发〔2020〕8 号）第 1 条第 1 款、《资本项目外汇业务指引（2024 年版）》之"11.4 资本项目外汇收入支付便利化业务"和"7.6 外汇资本金账户的开立、入账和使用"。

③ 《国家外汇管理局关于精简外汇账户的通知》（汇发〔2019〕29 号）附件 2《银行办理相关资本项目外汇业务操作指引》之"3. 外汇资本金账户的开立、入账和使用"、《资本项目外汇业务指引（2024 年版）》之"7.6 外汇资本金账户的开立、入账和使用"。

④ 《国家外汇管理局关于进一步简化和改进直接投资外汇管理政策的通知》（汇发〔2015〕13 号）、《资本项目外汇业务指引（2024 年版）》之第二部分"银行直接办理资本项目外汇业务指引"之"银行直接办理资本项目外汇业务指引相关说明"。

（3）外商投资企业的外汇资本金应按规定在经营范围内结汇①、划转②及对外支付。其中，经常项目支出按照经常项目真实性审核要求办理，资本项目支出则需要提供经外汇局（银行）登记或外汇局核准文件。③

（4）单一机构每月资本项目收入的备用金④（含意愿结汇和支付结汇）支付累计金额不得超过等值20万美元。⑤

（5）如果外商投资企业申请一次性将全部资本项目外汇收入支付结汇或将结汇待支付账户中全部人民币资金进行支付，银行应在审核相关真实性证明材料后为其办理；如其不能提供相关真实性证明材料，银行不得为其办理结汇、支付业务。⑥

当然，对于外商投资企业的资本金、外债，如果该外商投资企业确有特殊原因暂时无法提供真实性证明材料，银行也可以在履行尽职审查义务、确定交易具备真实交易背景的前提下，为该外商投资企业办理相关结汇，并在办理业务当日，向外汇局申报结汇信息时，在"结汇用途"栏中填写"023"（即"特殊备案"）。不过，银行应在支付完毕后20个工作日内收齐并审核企业补交的相关证明材料，并修改该笔结汇信息，将原来填写的"结汇用途"由"023"改为实际用途代码。⑦

---

① 外商投资企业外汇资本金结汇按照《资本项目外汇业务指引（2024年版）》之"11.2 资本项目收入结汇支付"或"11.4 资本项目外汇收入支付便利化业务"的要求办理。
② 外商投资企业外汇资本金划转按照《资本项目外汇业务指引（2024年版）》之"7.6 外汇资本金账户的开立、入账和使用"的要求办理。
③ 《国家外汇管理局关于精简外汇账户的通知》（汇发〔2019〕29号）附件2《银行办理相关资本项目外汇业务操作指引》之"3. 外汇资本金账户的开立、入账和使用"、《资本项目外汇业务指引（2024年版）》之"7.6 外汇资本金账户的开立、入账和使用"。
④ 结合《中国人民银行关于明确外商直接投资人民币结算业务操作细则的通知》（银发〔2012〕165号）第18条和财政部《企业会计准则——应用指南》（财会〔2006〕18号）的附录《会计科目和主要账务处理》关于"备用金"科目的规定，备用金通常是指企业内部周转使用的用作差旅费、零星采购、零星开支等用途的资金。
⑤ 《国家外汇管理局关于改革和规范资本项目结汇管理政策的通知》（汇发〔2016〕16号）第5条第3款、《国家外汇管理局关于精简外汇账户的通知》（汇发〔2019〕29号）附件2《银行办理相关资本项目外汇业务操作指引》之"7. 境内直接投资所涉外汇账户内资金结汇"、《资本项目外汇业务指引（2024年版）》之"11.2 资本项目收入结汇支付"。
⑥ 《国家外汇管理局关于改革和规范资本项目结汇管理政策的通知》（汇发〔2016〕16号）第5条第3款、《国家外汇管理局关于精简外汇账户的通知》（汇发〔2019〕29号）附件2《银行办理相关资本项目外汇业务操作指引》之"7. 境内直接投资所涉外汇账户内资金结汇"。
⑦ 《资本项目外汇业务指引（2024年版）》之"11.2 资本项目收入结汇支付"。

6. 外商投资企业非法结汇、擅自改变外汇或者结汇资金用途的法律责任

外商投资企业非法结汇的，将被外汇管理机关责令对非法结汇资金予以回兑[1]，处违法金额30%以下的罚款。[2] 此外，外商投资企业违反规定，擅自改变外汇或者结汇资金用途的，将会被外汇管理机关责令改正，没收违法所得，处违法金额30%以下的罚款；情节严重的，处违法金额30%以上等值以下的罚款。[3]

（六）外商投资企业"多报合一"年度报告

在《外商投资法》实施之前，国家外汇管理局已经取消了外商投资企业外汇年检，而实行存量权益登记制度，[4] 要求外商投资企业于每年1月1日至6月30日（含）期间向外汇局报送上年度境内直接投资存量权益相关数据信息。[5] 对于未按规定办理境内直接投资外方权益登记的外商投资企业，外汇局将在资本项目信息系统中对其进行业务管控，银行不得为其办理资本项下外汇业务；不过，在外商投资企业按要求补报并向外汇局出具说明函说明合理理由后，外汇局将取消业务管控，但对涉嫌违反外汇管理规定的，将依法进行行政处罚。[6]

不过，《外商投资法》于2020年1月1日生效后，外商投资企业应当统一通过国家企业信用信息公示系统报送"多报合一"年报（年报内容包括市场监管部门、商务主管部门和外汇管理部门年报事项），年报相关数据信息将在商务、

---

[1] 其中的"予以回兑"是指国家外汇管理局及其分支机构责令违反外汇管理规定进行非法结汇的机构或者个人，按照回兑当日的人民币汇率，将已经结汇的人民币资金回兑为外汇，其并未要求外汇管理机关在作出责令回兑时需考量和保护非法结汇人的债权人的权益（见北京市第一中级人民法院2017年7月27日就山东融世华租赁有限公司不服国家外汇管理局行政复议决定二审案作出的（2017）京01行初488号行政判决书（https://wenshu.court.gov.cn/website/wenshu/181107ANFZ0BXSK4/index.html?docId=939AmlYaUQ8bOsj+PtZdrFGrxwbcRCO012aLE4txClnKpooY91KYQJ/dgBYosE2gFjhz/JG5GnvcwqPrg8+L+41xj0SfQbKl96UyX3wjSUMRxPaT1kswNEG1zWEuuzRu，最后访问日期：2024年3月29日），该一审判决获得北京市高级人民法院2017年12月13日作出的（2017）京行终4415号行政判决书（https://wenshu.court.gov.cn/website/wenshu/181107ANFZ0BXSK4/index.html?docId=Xa7eLfpmr643aeMJCbieqL6SCEh8RaY1F5hSGaOJBrTDtXPvzMcX4p/dgBYosE2gFjhz/JG5GnvcwqPrg8+L+41xj0SfQbKl96UyX3wjSUMRxPaT1kswNCKqCOY6SSTu，最后访问日期：2024年3月29日）维持。

[2] 《外汇管理条例》第41条第2款。

[3] 《外汇管理条例》第44条第1款。

[4] 《外国投资者境内直接投资外汇管理规定》第11条曾规定"外汇局根据国家相关规定对外商投资企业实行年检。"不过，《国家外汇管理局关于进一步简化和改进直接投资外汇管理政策的通知》（汇发〔2015〕13号）则规定"取消直接投资外汇年检，改为实行存量权益登记"；《资本项目外汇业务操作指引（2017年版）》还在"6.8境内直接投资存量权益登记（年度）"中对存量权益登记的具体要求作出了规定。

[5] 《国家外汇管理局关于进一步简化和改进直接投资外汇管理政策的通知》（汇发〔2015〕13号）。

[6] 《国家外汇管理局关于进一步简化和改进直接投资外汇管理政策的通知》（汇发〔2015〕13号）。

市场监管、外汇部门间实现共享①，而无须通过外汇局资本项目信息系统报送上年度境内直接投资存量权益相关数据。② 国家外汇管理局2020年11月印发的《资本项目外汇业务指引（2020年版）》和2024年印发的《资本项目外汇业务指引（2024年版）》也没有像《资本项目外汇业务操作指引（2017年版）》的"6.8境内直接投资存量权益登记（年度）"那样，再对境内直接投资存量权益登记事宜作出规定。

（七）外国投资者前期费用基本信息登记

在外商投资企业办理基本信息登记前，外国投资者为筹建外商投资企业如需汇入前期费用等相关资金，应先到拟设立的外商投资企业注册地外汇指定银行办理前期费用基本信息登记，取得加盖银行业务专用章的业务登记凭证，并以此作为办理前期费用账户开立和资金汇兑等后续业务的依据。外国投资者依法完成前期费用基本信息登记后，方可办理后续前期费用账户开立、资金汇入等后续资本项目外汇业务。③

其中，前期费用是指外国投资者在境内投资前，需要向境内支付的与境内直接投资有关的费用，包括但不限于：

（1）收购境内企业股权或境内土地使用权及附着不动产、机器设备等资产权益，按照有关规定或出让方要求需缴纳的保证金。

（2）在境内项目招投标过程中，需支付的投标保证金。

（3）进行境内直接投资前，进行市场调查、租用办公场地和设备、聘用人

---

① 即外商投资企业报送的相关年报信息由市场监管总局向商务部推送共享，商务部按原渠道将年报数据共享至外汇局资本项目信息管理系统存量权益登记模块。见《国家外汇管理局北京外汇管理部关于2020年直接投资存量权益登记相关工作的通知》。

② 《市场监管总局 商务部 外汇局关于做好年报"多报合一"改革有关工作的通知》（国市监信〔2019〕238号）、《商务部 市场监管总局 外汇局关于开展2019年度外商投资信息报告年度报告的公告》（商务部公告2019年第72号）、《国家外汇管理局北京外汇管理部关于2020年直接投资存量权益登记相关工作的通知》《国家外汇管理局上海市分局关于上海市2020年外商投资企业（机构）"多报合一"和境外直接投资存量权益登记工作有关事项的通知》。

③ 《外国投资者境内直接投资外汇管理规定》第5条、第8条，《国家外汇管理局关于进一步简化和改进直接投资外汇管理政策的通知》（汇发〔2015〕13号）第1条，《资本项目外汇业务指引（2020年版）》之第三部分"外汇指定银行直接办理资本项目外汇业务指引"之"外汇指定银行直接办理资本项目外汇业务指引相关说明"，《资本项目外汇业务指引（2024年版）》之第二部分"银行直接办理资本项目外汇业务指引"之"银行直接办理资本项目外汇业务指引相关说明"和"7.1境内直接投资前期费用基本信息登记"。

员，以及聘请境内中介机构提供服务所需的费用。①

外国投资者前期费用的金额，原则上不受限制；②并且，经登记的前期费用，可以作为外国投资者对后续设立外商投资企业的出资。③

（八）外国投资者前期费用外汇账户的开立、入账和使用

1. 外国投资者前期费用外汇账户的开立

前期费用外汇账户用于存放外国投资者在境内从事与直接投资活动相关的各类前期费用，不再单设外国投资者专用外汇账户（收购类、保证类、投资类、费用类）。④外汇指定银行在为外国投资者办理前期费用外汇账户开立业务之前，应确认其已按规定办理了前期费用信息登记⑤，并根据外汇局资本项目信息系统前期费用流入控制信息表为其办理账户开立⑥。

外国投资者开立前期费用外汇账户，需要注意以下事项：⑦

（1）账户名称

在户名方面，前期费用外汇账户原则上应以外国投资者名义开立；但注册资本实缴登记制的外商投资企业的外国投资者拟汇入筹备资金时，也可以筹备组等境内相关主体名义（但在资本项目信息系统中登记为境外机构）开立。

（2）账户数量

---

① 参考国家外汇管理局《境内机构境外直接投资外汇管理规定》第13条关于"境外直接投资前期费用"的定义以及《国家外汇管理局关于完善外商直接投资外汇管理工作有关问题的通知》（汇发〔2003〕30号）关于收购类、费用类、保证类外国投资者专用外汇账户的规定。其中的汇发〔2003〕30号文件已被《国家外汇管理局关于进一步改进和调整直接投资外汇管理政策的通知》（汇发〔2012〕59号）废止。

② 《国家外汇管理局关于进一步改进和调整直接投资外汇管理政策的通知》（汇发〔2012〕59号）附件1《资本项目直接投资外汇业务操作规程（外汇局版）》和《国家外汇管理局关于印发〈外国投资者境内直接投资外汇管理规定〉及配套文件的通知》（汇发〔2013〕21号）附件3《境内直接投资业务操作指引》曾规定"前期费用登记金额每一投资项目原则上不得超过等值30万美元，如遇特殊情况或确有实际需要超过30万美元的，外国投资者须至后续设立的外商投资企业注册地外汇局申请办理前期费用登记（外汇局按个案业务集体审议制度处理）"。《国家外汇管理局关于公布废止和失效部分外汇管理规范性文件及相关条款的通知》（汇发〔2018〕17号）附件3《国家外汇管理局修改的部分外汇管理规范性文件条款》将上述内容删除了，《资本项目外汇业务指引（2024年版）》之"7.1境内直接投资前期费用基本信息登记"也没有直接对前期费用的金额作出限制。

③ 《资本项目外汇业务指引（2024年版）》之"7.1境内直接投资前期费用基本信息登记"。

④ 《国家外汇管理局关于进一步改进和调整直接投资外汇管理政策的通知》（汇发〔2012〕59号）。

⑤ 《外国投资者境内直接投资外汇管理规定》第12条第1款。

⑥ 《资本项目外汇业务指引（2024年版）》之"7.5前期费用外汇账户的开立、入账和使用"。

⑦ 除特别注明外，本部分内容主要源自《资本项目外汇业务指引（2020年版）》之"6.5前期费用外汇账户的开立、入账和使用"。

在账户数量方面，外国投资者可开立多个前期费用外汇账户。①

（3）开户行

在开户行方面，《资本项目外汇业务操作指引（2017年版）》之"6.9 前期费用外汇账户的开立、入账和使用"曾要求前期费用外汇账户"原则上应于拟设立外商投资企业或外资金融机构注册地开立"，但《资本项目外汇业务指引（2020年版）》之"6.5 前期费用外汇账户的开立、入账和使用"和《资本项目外汇业务指引（2024年版）》之"7.5 前期费用外汇账户的开立、入账和使用"未再规定这样的要求，应理解为允许异地开户。

（4）收入范围

在收入范围方面，前期费用外汇账户的收入限于外汇局资本项目信息系统登记金额内、由外国投资者从境外（非居民存款账户、离岸账户视同境外）汇入的用于设立外商投资企业的前期费用，以及实行注册资本实缴登记制度的外商投资企业的相关主体需先行到位的资金。外国投资者不得以现钞存入该账户。

（5）支出范围

在支出范围方面，前期费用外汇账户的支出限于：参照资本金支付结汇管理原则在境内结汇使用、经真实性审核后的经常项目对外支付、原路汇回境外、划入后续设立的外商投资企业外汇资本金账户②或股权转让方资本项目结算账户③及经外汇局（银行）登记或外汇局核准的资本项目支出。

---

① 《资本项目外汇业务操作指引（2017年版）》之"6.9 前期费用外汇账户的开立、入账和使用"曾规定："外国投资者设立一家外商投资企业或外资金融机构原则上仅可开立一个前期费用外汇账户"。但《国家外汇管理局关于进一步促进跨境贸易投资便利化的通知》（汇发〔2019〕28号，经汇发〔2023〕28号修改）取消了"每笔外债最多可以开立3个外债专用账户""每个开户主体原则上只能开立1个境外汇入保证金专用账户""每笔股权转让交易的股权出让方仅可开立1个境内资产变现账户"等资本项目外汇账户开户数量限制，并规定："相关市场主体可根据实际业务需要开立多个资本项目外汇账户，但相关账户开户数量应符合审慎监管要求"。

② 外国投资者前期费用未全部结汇的，可原币划转至外商投资企业资本金账户继续使用，资本项目信息系统中出资方式登记为境外汇入（含跨境人民币）；已经结汇的前期费用也可作为外国投资者的出资，出资方式登记为前期费用结汇。见《资本项目外汇业务指引（2024年版）》之"7.2 外商投资企业基本信息登记（新设、并购）及变更、注销登记"。

③ 《国家外汇管理局关于进一步深化改革 促进跨境贸易投资便利化的通知》（汇发〔2023〕28号）规定："将资本项目资产变现账户调整为资本项目结算账户"，其收入范围包括"境内股权出让方（含机构和个人）接收外国投资者汇入的股权转让对价外汇资金（含前期费用外汇账户、离岸账户及自由贸易账户的外汇出资）"和"外国投资者通过保证金专用账户划入的股权转让对价外汇资金"等（见汇发〔2023〕28号文件附件3《资本项目结算账户整合方案》附表"资本项目-结算账户、资本项目-外汇资本金账户收支范围调整情况"）。

（6）账户有效期

外国投资者前期费用账户的有效期，原则上不受限制。[1]

2. 外国投资者前期费用外汇账户的入账

外国投资者前期费用汇入前期费用外汇账户后，外汇指定银行在为外国投资者办理前期费用外汇账户资金入账业务之前，应确认其已按规定办理了前期费用信息登记[2]，查询外汇局资本项目信息系统前期费用流入控制信息表中的尚可流入金额，并据此为其办理入账手续[3]。

3. 外国投资者前期费用外汇账户的使用

银行为外国投资者办理前期费用外汇账户结售汇、境内划转以及对外支付等业务前，应确认其已按规定办理了前期费用基本信息登记。[4]

外国投资者前期费用外汇账户的使用，应当遵守以下要求：[5]

（1）外国投资者前期费用外汇账户的资金结汇参照资本项目收入结汇的有关规定办理。[6]

（2）前期费用外汇账户内利息收入和投资收益均可在本账户内保留，然后可凭利息、收益清单划入经常项目结算账户保留或直接在银行办理结汇及支付。[7]

（3）前期费用外汇账户经常项目支出按照经常项目真实性审核原则办理；资本项目支出则须提供经外汇局（银行）登记或外汇局核准文件。

（4）前期费用外汇账户内资金余额可在外商投资企业成立后转入该外商投资企业的外汇资本金账户；若未设立外商投资企业，外国投资者应向银行申请关

---

[1]《国家外汇管理局关于进一步改进和调整直接投资外汇管理政策的通知》（汇发〔2012〕59号）附件1《资本项目直接投资外汇业务操作规程（外汇局版）》和附件2《资本项目直接投资外汇业务操作指引（银行版）》以及《国家外汇管理局关于印发〈外国投资者境内直接投资外汇管理规定〉及配套文件的通知》（汇发〔2013〕21号）附件3《境内直接投资业务操作指引》曾规定"前期费用外汇账户有效期为6个月（自开户之日起）。如确有客观原因，6个月期限可适当延长，但最长不得超过12个月。"《国家外汇管理局关于公布废止和失效部分外汇管理规范性文件及相关条款的通知》（汇发〔2018〕17号）附件3《国家外汇管理局修改的部分外汇管理规范性文件条款》将上述内容删除了。

[2]《外国投资者境内直接投资外汇管理规定》第12条第1款。

[3]《资本项目外汇业务指引（2024年版）》之"7.1境内直接投资前期费用基本信息登记"。

[4]《外国投资者境内直接投资外汇管理规定》第12条第1款。

[5] 除特别注明外，本部分内容主要源自《资本项目外汇业务指引（2024年版）》之"7.1境内直接投资前期费用基本信息登记"。

[6]《外国投资者境内直接投资外汇管理规定》第9条第2款、《国家外汇管理局关于改革外商投资企业外汇资本金结汇管理方式的通知》（汇发〔2015〕19号）、《资本项目外汇业务指引（2024年版）》之"7.1境内直接投资前期费用基本信息登记"和"11.2资本项目收入结汇支付"。

[7]《国家外汇管理局关于改革外商投资企业外汇资本金结汇管理方式的通知》（汇发〔2015〕19号）。

闭该账户，账户内剩余资金原路汇回境外。

（5）前期费用外汇账户内资金原币划转的，划入行应于资金划入时确认划入资金是否符合账户收入范围，并与开户主体核对该笔资金交易的划出信息以确认交易准确性；对不符合账户收入范围及境内划转规定，或经核实划转错误的，划入行应将资金原路汇回。①

（6）前期费用外汇账户内资金不得用于质押贷款、发放委托贷款。

四、外资转股并购外汇管理

外资并购主要包括外资股权并购和外资资产并购②，其中的股权并购又主要包括外国投资者收购内资企业股权（即转股并购）和外国投资者认购内资企业增资（即增资并购）③。外国投资者对 A 股上市公司进行战略投资亦属于外资并购的范畴。本章接下来分别讨论外国投资者转股并购和增资并购涉及的主要外汇事项。

外国投资者转股并购，即内资企业的出资人将其在该内资企业中的投资性权利转让给外国投资者④，主要包括内资有限公司的股东将其在该公司中的股权转让给外国投资者和内资股份公司的股东将其在该公司中的股份转让给外国投资者。⑤

现阶段，外资转股并购涉及的外汇事项主要包括：（1）并购设立外商投资

---

① 《资本项目外汇业务操作指引（2017 年版）》之"6.16 外国投资者前期费用外汇账户资金原币划转"曾要求前期费用外汇账户内资金原币划转的"划入账户应为被投资企业的外汇资本金账户；外国投资者必须是划入账户开户主体的股权投资方"。《资本项目外汇业务指引（2020 年版）》之"6.1 境内直接投资前期费用基本信息登记"、《资本项目外汇业务指引（2024 年版）》之"7.1 境内直接投资前期费用基本信息登记"没有保留此项要求。

② 《国务院办公厅关于建立外国投资者并购境内企业安全审查制度的通知》（国办发〔2011〕6 号）第 1 条第 2 款。

③ 外国投资者收购已有外商投资企业中方股权和认购已有外商投资企业的增资通常不按外资并购管理，而是适用外商投资企业股权变更程序（见商务部外资司《外商投资准入管理指引手册（2008 年版）》（商资服字〔2008〕530 号）第五部分"下放或委托审批的有关说明"之"五、关于并购的审批说明"之"（一）并购适用对象"）。有关外商投资企业变更涉及的外汇事项，请见本章"六、外商投资企业基本信息登记变更"。

④ 《资本项目外汇业务指引（2024 年版）》之表 15"境内直接投资基本信息登记业务申请表（一）"的"填表说明"将"转股并购"界定为"境外机构或个人收购原境内企业股权，并将内资企业变更为外商投资企业的行为"。

⑤ 需要说明的是，内资合伙企业的合伙人将其在该合伙企业中的财产份额转让给外国投资者也属于外资转股并购。

企业基本信息登记；（2）境内股权转让方资本项目结算账户的开立、入账和使用；（3）外商投资企业"多报合一"年度报告。

此外，在外国投资者为转股并购内资企业需汇入前期费用等相关资金的情况下，还会涉及：（1）外国投资者前期费用基本信息登记；（2）外国投资者前期费用外汇账户开立、入账、使用。[1]

值得注意的是，在外国投资者收购中方股权当中，并购设立的外商投资企业无须办理出资确认登记或境内直接投资货币出资入账登记。[2]

（一）转股并购设立外商投资企业基本信息登记

现阶段，外国投资者并购内资企业，不论是转股并购还是增资并购，都需要由变更后的外商投资企业办理境内直接投资外汇登记，即外商投资企业基本信息登记（并购）。并购设立外商投资企业基本信息登记也是资本项目信息登记的一种，是外商投资企业和原内资企业的境内股权出让方办理后续各项资本项目外汇业务的前提。[3]

需要注意的是，投资性外商投资企业以外汇资金境内再投资并购设立的企业，尽管也属于外商投资企业，但应当办理的是接收境内再投资基本信息登记，而不办理外商投资企业基本信息登记。不过，投资性外商投资企业以外汇资金与外国投资者共同出资并购设立的外商投资企业，则需要分别办理接收境

---

[1] 此外，在外国投资者为收购内资企业股权需要先汇入保证金的情况下，还会涉及保证金专用外汇账户的开立、入账和使用。具体要求请《资本项目外汇业务指引（2024年版）》之"7.8 保证金专用外汇账户的开立、入账和使用"。值得一提的是，《国家外汇管理局关于印发〈外国投资者境内直接投资外汇管理规定〉及配套文件的通知》（汇发〔2013〕21号）的附件3《境内直接投资业务操作指引》《资本项目外汇业务操作指引（2017年版）》之"6.5 开立外汇保证金账户的主体基本信息登记、变更"、《国家外汇管理局关于精简外汇账户的通知》（汇发〔2019〕29号）附件2《银行办理相关资本项目外汇业务操作指引》之"1. 开立外汇保证金账户的主体基本信息登记、变更"曾要求内资企业的境内股权转让方在开立外汇保证金账户之前，须到注册地银行办理"开立外汇保证金账户的主体基本信息登记"。《资本项目外汇业务指引（2020年版）》和《资本项目外汇业务指引（2024年版）》已不再作此要求。

[2] 《国家外汇管理局关于进一步简化和改进直接投资外汇管理政策的通知》（汇发〔2015〕13号）规定："取消境内直接投资项下外国投资者非货币出资确认登记和外国投资者收购中方股权出资确认登记。将外国投资者货币出资确认登记调整为境内直接投资货币出资入账登记，外国投资者以货币形式（含跨境现汇和人民币）出资的，由开户银行在收到相关资本金款项后直接通过外汇局资本项目信息系统办理境内直接投资货币出资入账登记，办理入账登记后的资本金方可使用。"

[3] 《外汇管理条例》第16条，《外国投资者境内直接投资外汇管理规定》第6条、第8条，《国家外汇管理局关于进一步简化和改进直接投资外汇管理政策的通知》（汇发〔2015〕13号）第1条，《资本项目外汇业务指引（2024年版）》之第二部分"银行直接办理资本项目外汇业务指引"之"银行直接办理资本项目外汇业务指引相关说明"。

内再投资基本信息登记和并购设立外商投资企业基本信息登记手续，其中办理并购设立外商投资企业基本信息登记时，投资性外商投资企业视为中方股东登记。① 有关接收境内再投资基本信息登记，请见本章"七、外商投资企业外汇资本金原币再投资外汇管理"。

1. 办理时限

在办理时限方面，并购设立的外商投资企业应当在领取营业执照之后，及时到其所属外汇分局（外汇管理部）辖内外汇指定银行办理基本信息登记，取得加盖银行业务专用章的业务登记凭证，并以此作为办理资本项目下账户开立和资金汇兑等后续业务的依据。并购设立的外商投资企业依法完成基本信息登记后，方可办理后续外商直接投资相关账户开立、资金汇兑等业务（包括但不限于外国投资者利润汇出）。②

值得注意的是，在办理并购设立外商投资企业基本信息登记后，针对以转股并购方式设立外商投资企业的情形，银行应将业务编号以"16"开头的业务登记凭证提供给股权出让方（即向外国投资者转让股权的原内资企业的股东），供该股权出让方用以开立资本项目结算账户（原为资产变现账户）③，而将业务编号以"14"开头的业务登记凭证提供给并购设立的外商投资企业，作为该外商投资企业完成外汇登记的凭证。④

2. 申请材料

在申请材料方面，并购设立的外商投资企业需要向银行提交《境内直接投资基本信息登记业务申请表（一）》、变更为外商投资企业后的加盖公章的营业执

---

① 《资本项目外汇业务指引（2024年版）》之"7.2 外商投资企业基本信息登记（新设、并购）及变更、注销登记"。

② 《外国投资者境内直接投资外汇管理规定》第6条、第8条、第12条，《国家外汇管理局关于进一步简化和改进直接投资外汇管理政策的通知》（汇发〔2015〕13号）第1条，《资本项目外汇业务指引（2024年版）》之"7.2 外商投资企业基本信息登记（新设、并购）及变更、注销登记"。

③ 《国家外汇管理局关于进一步深化改革 促进跨境贸易投资便利化的通知》（汇发〔2023〕28号）规定："将资本项目资产变现账户调整为资本项目结算账户。"

④ 《资本项目外汇业务指引（2024年版）》之"7.2 外商投资企业基本信息登记（新设、并购）及变更、注销登记"、《国家外汇管理局关于进一步深化改革 促进跨境贸易投资便利化的通知》（汇发〔2023〕28号）。

照复印件等文件。①

3. 并购设立外商投资企业外汇登记信息

并购设立的外商投资企业的外汇登记信息与新设外商投资企业的外汇登记信息一样，主要也包括两大类，一是外商投资企业基本信息，二是股东投资信息。具体请见本章"三、外资新设外汇管理"之"（一）外商投资企业基本信息登记"。

4. 如实披露其外国投资者是否直接或间接被境内主体持股或控制

同样地，并购设立的外商投资企业也应当如实披露其外国投资者是否直接或间接被境内居民（含境内机构和境内个人）持股或控制。例如，外国投资者被境内居民直接或间接持股或控制，银行在为该外商投资企业办理外汇登记时应在资本项目信息系统中将其标识为"返程投资"。②

（二）资本项目结算账户的开立、入账和使用③

在外国投资者转股并购项目中，股权出让方（即向外国投资者转让股权的原内资企业的股东）因存在收取股权转让价款的需求，因此也就需要开立资本项目结算账户（原为资产变现账户），用于接收境内股权转让对价④。⑤

---

① 《资本项目外汇业务指引（2024年版）》之"7.2外商投资企业基本信息登记（新设、并购）及变更、注销登记"。针对外国投资者以其境内合法所得在境内投资并购设立外商投资企业，原来还要求提交主管税务部门出具的税务凭证（如《服务贸易等项目对外支付税务备案表》，按规定无需提交的除外）；但《国家税务总局 国家外汇管理局关于服务贸易等项目对外支付税务备案有关问题的补充公告》（国家税务总局 国家外汇管理局公告2021年第19号）第2条第2项规定："下列事项无需办理税务备案：（一）外国投资者以境内直接投资合法所得在境内再投资"。

② 《资本项目外汇业务指引（2024年版）》之"7.2外商投资企业基本信息登记（新设、并购）及变更、注销登记"。

③ 除特别注明外，本部分内容主要源自《资本项目外汇业务指引（2024年版）》之"7.2外商投资企业基本信息登记（新设、并购）及变更、注销登记"和"7.7资本项目结算账户的开立、入账和使用"、《国家外汇管理局关于进一步深化改革 促进跨境贸易投资便利化的通知》（汇发〔2023〕28号）及其附件3《资本项目结算账户整合方案》。

④ 《国家外汇管理局关于进一步改进和调整直接投资外汇管理政策的通知》（汇发〔2012〕59号）第1条、《国家外汇管理局关于精简外汇账户的通知》（汇发〔2019〕29号）及其附件2《银行办理相关资本项目外汇业务操作指引》之"4.资产变现账户的开立、入账和使用"、《资本项目外汇业务指引（2020年版）》之"6.7资产变现账户的开立、入账和使用"、《国家外汇管理局关于进一步深化改革 促进跨境贸易投资便利化的通知》（汇发〔2023〕28号）及其附件3《资本项目结算账户整合方案》。

⑤ 需要注意的是，《资本项目外汇业务指引（2024年版）》之"7.3接收境内再投资基本信息登记及变更登记"规定："境内个人接收股权转让对价款的，无需办理接收境内再投资登记，也无需开立资本金账户或结汇待支付账户，投资主体可将外汇资本金结汇或以结汇待支付账户内资金直接支付股权价款"。从其在"接收境内再投资"的语境中使用"投资主体可将外汇资本金结汇或以结汇待支付账户内资金直接支付股权价款"表述看，这一规定也适用于股权受让方为境内外商投资企业的情形。

1. 资本项目结算账户的开立

资本项目结算账户的开立，需要注意以下事项：

（1）开户时间

在开户时间方面，在并购设立的外商投资企业完成基本信息登记、股权出让方取得业务编号以"16"开头的业务登记凭证之后，股权出让方才能凭该业务登记凭证向银行申请开立资本项目结算账户。[①]

（2）账户名称

在户名方面，资本项目结算账户应以境内股权出让方名义开立，银行应根据资本项目信息系统股权转让流入控制信息表为其办理账户开立。

（3）账户数量

在账户数量方面，境内股权出让方可在不同银行开立多个资本项目结算账户；并且，可以全国异地开户（但在企业注册地所属省级分局所辖以外地区的银行开户应遵循实需原则：如资金集中管理需要、异地经营业务需要等。企业应在书面申请中陈述异地开户原因，银行为异地企业开户前，应落实展业要求，并确认企业在资本系统中不存在管控信息）。

（4）收入范围

在收入范围方面，资本项目结算账户的收入限于：（i）境内股权出让方（含机构和个人）接收外国投资者汇入的股权转让对价外汇资金（含境外机构/个人境内外汇账户、离岸账户及自由贸易账户的外汇出资）；（ii）外国投资者通过保证金专用账户划入的股权转让对价外汇资金；（iii）境内股权出让方接收外商投资企业支付的境内再投资股权转让对价资金；（iv）环境权益交易项下外汇收入；（v）同名资本项目结算账户划入的资金；（vi）境外投资主体发生减资、转股、清算等资本项目变动收入；（vii）境外上市募集资金汇回；（viii）以自有外汇、人民币购汇划入的用于回购境外股份的外汇资金；（ix）回购境外股份剩余资金调回的外汇资金；（x）境内国有股东减持收入调回的外汇资金；（xi）从境外证券市场退市调回的外汇资金；（xii）境外上市相关的其他外汇收入；（xiii）本账户合规划出后划回的资金；（xiv）因交易撤销原币退汇的资金；（xv）利息收入；

[①]《国家外汇管理局关于进一步促进跨境贸易投资便利化的通知》（汇发〔2019〕28号，经汇发〔2023〕28号修改）第4条第1款、《资本项目外汇业务指引（2024年版）》之"7.7 资本项目结算账户的开立、入账和使用"、《国家外汇管理局关于进一步深化改革 促进跨境贸易投资便利化的通知》（汇发〔2023〕28号）。

及（xvi）经外汇局（银行）登记或外汇局核准的其他收入。

本账户结汇后划出的资金，因交易撤销等原因需退回的，可划入同名人民币结算户，不得购汇回资本项目结算账户。

（5）支出范围

在支出范围方面，资本项目结算账户的支出限于：（i）直接在银行办理结汇使用；（ii）按规定境内原币划转至各类外汇账户（资本项目结算账户、国内外汇贷款专户、国内资金主账户、合格境内机构投资者（QDII）境内托管账户、同名经常项目外汇结算账户、境外放款专用账户、外债专户、外债转贷款专户、居民境外证券与衍生品账户、境内外投资者 B 股交易结算资金账户、非银行金融机构自有外汇资金账户、至非同名外汇资本金账户、保证金专用账户、非银行金融机构客户资金账户）；（iii）按规定进行的经常项目项下和资本项目项下的支出；（iv）汇往境外用于境外上市企业回购；（v）代境内国有股东将国有股份减持收入划转社保基金；（vi）境外上市相关的其他支出；（vii）经外汇局（银行）登记或外汇局核准的其他支出。

2. 境内资本项目结算账户的资金入账

收款银行在收到外国投资者境外汇入或境内划转的股权转让价款（账户内资金不得以现钞存入）后，应当查询外汇局资本项目信息系统股权转让流入控制信息表中的尚可流入金额，并据此为股权出让方办理入账手续。

在入账金额方面，因汇率原因导致的股权转让流入控制信息表中尚可流入金额额度不足（即实际流入金额超出尚可流入金额）的，银行可将相关股权转让资金先行入账，然后申请对股权转让流入控制信息表中的额度进行调整。此前实务中，有外汇局要求，因汇率差异等特殊原因导致实际流入金额超出尚可流入金额的，累计超出金额原则上不得超过等值 3 万美元[1]；在等值 3 万美元以内的，可以直接入账并办理出资入账登记；累计超出金额在等值 3 万美元的，应将超过 3 万美元部分原路汇回[2]。其中所使用的资金折算率应以资金入账日（除有特殊约定外）中国人民银行发布的人民币汇率中间价及不同外币间套算率为准；没有

---

[1] 《国家外汇管理局关于精简外汇账户的通知》（汇发〔2019〕29 号）附件 2《银行办理相关资本项目外汇业务操作指引》之"4. 资产变现账户的开立、入账和使用"、《国家外汇管理局关于进一步深化改革 促进跨境贸易投资便利化的通知》（汇发〔2023〕28 号）。

[2] 参照《常见外汇业务答疑手册》（国家外汇管理局重庆外汇管理部 2019 年 1 月）。

相应人民币汇率中间价的，以资金入账日开户银行的挂牌汇价为准。①

3. 境内资本项目结算账户的使用

境内资本项目结算账户的使用应当遵守以下要求：

（1）资本项目结算账户内资金可凭相关业务登记凭证直接在银行办理结汇。境内机构开立的资本项目结算账户内资金结汇参照外商投资企业资本金账户管理②。有关外商投资企业资本金账户使用，请见本章"三、外资新设外汇管理"之"（五）外商投资企业外汇资本金账户的使用"。

（2）资本项目结算账户内利息收入和投资收益均可在本账户内保留，然后可凭利息、收益清单划入经常项目结算账户保留或直接在银行办理结汇及支付。③

（3）资本项目结算账户内资金经常项目支出按照经常项目真实性审核原则办理，资本项目支出需经外汇局（银行）登记或外汇局核准。

（三）外商投资企业"多报合一"年度报告

转股并购设立的外商投资企业也需要通过国家企业信用信息公示系统报送"多报合一"年报。有关事项请见本章"三、外资新设外汇管理"之"（六）外商投资企业'多报合一'年度报告"。

（四）外国投资者前期费用基本信息登记

同样地，在并购设立的外商投资企业办理基本信息登记前，外国投资者为转股并购需汇入聘请境内中介机构提供服务所需的费用等前期费用的，也应先到拟并购设立的外商投资企业的注册地银行办理前期费用基本信息登记，取得加盖银行业务专用章的业务登记凭证，并以此作为办理前期费用账户开立和资金汇兑等后续业务的依据。外国投资者依法完成前期费用基本信息登记后，方可办理后续前期费用账户开立、资金汇入等后续资本项目外汇业务。④

外资转股并购设立外商投资企业的前期费用基本信息登记，适用的是与外国

---

① 参照《资本项目外汇业务指引（2024年版）》之"7.4 境内直接投资货币出资入账登记"。
② 《国家外汇管理局关于改革外商投资企业外汇资本金结汇管理方式的通知》（汇发〔2015〕19号）第6条第1款。
③ 《国家外汇管理局关于改革外商投资企业外汇资本金结汇管理方式的通知》（汇发〔2015〕19号）第6条第5款。
④ 《外国投资者境内直接投资外汇管理规定》第5条、第8条，《国家外汇管理局关于进一步简化和改进直接投资外汇管理政策的通知》（汇发〔2015〕13号）第1条，《资本项目外汇业务指引（2024年版）》之第二部分"银行直接办理资本项目外汇业务指引"之"银行直接办理资本项目外汇业务指引相关说明"、《资本项目外汇业务指引（2024年版）》之"7.1 境内直接投资前期费用基本信息登记"。

投资者新设外商投资企业的前期费用基本信息登记相同的规则。有关外国投资者前期费用基本信息登记的具体事项，请见本章"三、外资新设外汇管理"之"（七）外国投资者前期费用基本信息登记"。

（五）外国投资者前期费用外汇账户的开立、入账和使用

有关外国投资者前期费用外汇账户的开立、入账和使用的具体事项，请见本章"三、外资新设外汇管理"之"（八）外国投资者前期费用外汇账户的开立、入账和使用"。

五、外资增资并购外汇管理

外国投资者增资并购，即外国投资者认缴或认购内资企业增加的注册资本、使该内资企业变更为外商投资企业[①]，主要包括外国投资者认缴内资有限责任公司增加的出资和认购内资股份有限公司增发的新股[②]。

现阶段，外国投资者增资并购涉及的外汇事项主要包括：（1）并购设立外商投资企业基本信息登记；（2）外商投资企业外汇资本金账户开立、入账、使用；（3）外国投资者货币出资入账登记；（4）外商投资企业"多报合一"年度报告。

此外，在外国投资者为认购内资企业增资需汇入前期费用等相关资金的情况下，还会涉及：（1）外国投资者前期费用基本信息登记；（2）外国投资者前期费用外汇账户开立、入账、使用。

（一）增资并购设立外商投资企业基本信息登记

外国投资者增资并购设立外商投资企业，也需要由依法变更设立的外商投资企业办理基本信息登记。

外资增资并购设立的外商投资企业办理基本信息登记，适用的是与外资转股并购设立的外商投资企业基本信息登记基本相同的规则。[③] 有关外资转股并购设

[①] 《资本项目外汇业务指引（2024年版）》之表15"境内直接投资基本信息登记业务申请表（一）"将"增资并购"界定为"境外机构或个人认购原境内企业增资，并将内资企业变更为外商投资企业的行为"。

[②] 外国投资者入伙内资合伙企业也可以视为外资增资并购（当然，合伙企业没有注册资本或注册资金的概念，不存在增资的说法）。

[③] 《资本项目外汇业务指引（2024年版）》之"7.2 外商投资企业基本信息登记（新设、并购）及变更、注销登记"

立外商投资企业基本信息登记的具体事项，请见本章"四、外资转股并购外汇管理"之"（一）转股并购设立外商投资企业基本信息登记"。

（二）外商投资企业外汇资本金账户开立

外国投资者增资并购设立外商投资企业，会涉及该外商投资企业开立外汇资本金账户接收外国投资者缴存的增资款的问题。

外资增资并购设立的外商投资企业开立外汇资本金账户，适用的是与外国投资者新设外商投资企业开立外汇资本金账户基本相同的规则。[①] 有关外国投资者新设外商投资企业开立外汇资本金账户的具体事项，请见本章"三、外资新设外汇管理"之"（二）外商投资企业外汇资本金账户开立"。

（三）外商投资企业外汇资本金账户的入账

外资增资并购设立的外商投资企业外汇资本金账户的入账，适用的是与外国投资者新设外商投资企业外汇资本金账户入账基本相同的规则。[②] 有关外国投资者新设外商投资企业外汇资本金入账的具体事项，请见本章"三、外资新设外汇管理"之"（三）外商投资企业外汇资本金账户的入账"。

（四）外国投资者货币出资入账登记

外资增资并购设立的外商投资企业的外国投资者货币出资入账登记，适用的是与外国投资者新设外商投资企业的货币出资入账登记基本相同的规则。[③] 有关外国投资者新设外商投资企业的外国投资者货币出资入账登记的具体事项，请见本章"三、外资新设外汇管理"之"（四）外国投资者货币出资入账登记"。

（五）外商投资企业外汇资本金账户的使用

外资增资并购设立的外商投资企业的外汇资本金账户的使用，适用的是与外国投资者新设外商投资企业的外汇资本金账户的使用基本相同的规则。[④] 有关外国投资者新设外商投资企业的外汇资本金账户的使用的具体事项，请见本章"三、外资新设涉及的主要外汇事项"之"（五）外商投资企业外汇资本金账户的使用"。

[①] 《资本项目外汇业务指引（2024年版）》之"7.6 外汇资本金账户的开立、入账和使用"。
[②] 《资本项目外汇业务指引（2024年版）》之"7.6 外汇资本金账户的开立、入账和使用"。
[③] 《资本项目外汇业务指引（2024年版）》之"7.4 境内直接投资货币出资入账登记"。
[④] 《资本项目外汇业务指引（2024年版）》之"7.6 外汇资本金账户的开立、入账和使用"。

（六）外商投资企业"多报合一"年度报告

外资增资并购设立的外商投资企业也需要通过国家企业信用信息公示系统报送"多报合一"年报。有关事项请见本章"三、外资新设外汇管理"之"（六）外商投资企业'多报合一'年度报告"。

（七）外国投资者前期费用基本信息登记

同样地，在外资增资并购设立的外商投资企业办理基本信息登记前，外国投资者为增资并购需汇入聘请境内中介机构提供服务所需的费用等前期费用的，也应先到拟增资并购设立的外商投资企业的注册地银行办理前期费用基本信息登记。

外资增资并购设立外商投资企业的前期费用基本信息登记，适用的是与外国投资者新设外商投资企业的前期费用基本信息登记相同的规则。有关外国投资者前期费用基本信息登记的具体事项，请见本章"三、外资新设外汇管理"之"（七）外国投资者前期费用基本信息登记"。

（八）外国投资者前期费用外汇账户的开立、入账和使用

有关外国投资者前期费用外汇账户的开立、入账和使用的具体事项，请见本章"三、外资新设外汇管理"之"（八）外国投资者前期费用外汇账户的开立、入账和使用"。

六、外商投资企业基本信息登记变更[①]

在外汇登记方面，外商投资企业成立后，在经登记的信息发生变更时，需要到所属外汇分局（外汇管理部）辖内外汇指定银行[②]办理基本信息登记变更手续。[③] 否则，可能面临"外汇管理机关责令改正，给予警告，对机构可以处30

---

① 除特别注明外，本部分的内容主要源自《资本项目外汇业务指引（2024年版）》之"7.2 外商投资企业基本信息登记（新设、并购）及变更、注销登记"。

② 银行无法在资本项目信息系统中对企业相关信息（可能包括统一社会信用码、企业名称、经济类型、营业场所、行业属性、国别、是否特殊经济区企业、外方投资者国别、住所/营业场所、企业所在地外汇局迁移、企业注册币种变更等）进行变更、注销时，可协商企业所在地外汇局办理（企业所在地外汇局协商企业迁出、迁入地外汇局办理）。见《资本项目外汇业务指引（2024年版）》之"7.2 外商投资企业基本信息登记（新设、并购）及变更、注销登记"。

③ 《外国投资者境内直接投资外汇管理规定》第6条第2款、《国家外汇管理局关于进一步简化和改进直接投资外汇管理政策的通知》（汇发〔2015〕13号）第1条、《资本项目外汇业务指引（2024年版）》之"7.2 外商投资企业基本信息登记（新设、并购）及变更、注销登记"。

万元以下的罚款，对个人可以处 5 万元以下的罚款"的法律责任[1]。

现阶段，外商投资企业基本信息登记变更主要包括基础信息变更和投资信息变更；其中，外商投资企业基础信息变更包括（但不限于）企业名称、经营范围、法人代表、地址、所在地外汇局迁移等的变更，外商投资企业投资信息变更则包括（但不限于）注册资本、出资方式、注册币种、投资者及投资者认缴的出资额、增资、减资、股权转让、合并、分立等。这些登记变更可以大致分为"增资、减资、股权转让等资本变动事项的登记变更"和"除资本变动事项外的登记变更"两大类。

需要注意的是，在办理基本信息登记变更时，外商投资企业也需要如实披露其外国投资者是否直接或间接被境内居民（含境内机构和境内个人）持股或控制。例如，外国投资者被境内居民直接或间接持股或控制，银行在为该外商投资企业办理外汇登记时应在资本项目信息系统中将其标识为"返程投资"。例如，变更登记后境内企业的外国投资者不再直接或间接被境内居民持股或控制的，在境内居民或特殊目的公司权力机构提交相关真实性证明材料后，银行可依规定在资本项目信息系统中取消其相应返程投资标识。

（一）资本变动事项的登记变更

外商投资企业资本变动事项主要包括增资、减资和股权转让。[2] 其中，增资与股权转让可以同步进行，减资与股权转让也可以同步进行。

1. 增资

"增资"指外商投资企业增加注册资本[3]。外商投资企业增资与内资企业增资适用的是基本相同的规则：既可以由原有股东增资（包括由全体原有股东按原持股比例增资和不按原持股比例增资，还可以由部分原有股东单独增资），也可以由原有股东与新股东同时增资，还可以仅由新股东增资。其中的新股东，既可以是中国投资者，也可以是外国投资者，还可以是中国投资者和外国投资者；既可以是个人投资者，也可以是机构投资者，还可以是个人投资者和机构投资者。

---

[1] 《外汇管理条例》第 48 条第 5 项。
[2] 《资本项目外汇业务指引（2024 年版）》之"7.2 外商投资企业基本信息登记（新设、并购）及变更、注销登记"、表 15 "境内直接投资基本信息登记业务申请表（一）"之"填表说明"。
[3] 外商投资合伙企业的现有合伙人增加其对该合伙企业的出资、外商投资合伙企业的合伙人以外的人通过认缴合伙企业新的出资的方式入伙，也可以视为外商投资企业增资（当然，合伙企业不存在注册资本或注册资金的说法）。本章所说的外商投资企业增资指的是外商投资的公司的增资。

在外商投资企业增资的情形，外商投资企业在依法办理基本信息登记变更手续后，方可办理后续资本项目下的外汇业务。① 但对于外商投资企业增资款到位后方能取得主管部门增资批复的，银行可凭该笔增资的相关证明材料，先将增资款划入其外汇资本金账户（但增资款划入后暂不得使用），待取得主管部门增资批复且办妥"外商投资企业基本信息登记变更"（增资）、"境内直接投资货币出资入账登记"（如需）手续后，方可使用账户内资金。②

在涉及外国投资者（可以是原外方股东或新的外方股东，还可以是原外方股东和新的外方股东）向外商投资企业增资的情形，还会涉及外商投资企业外汇资本金账户的入账、外国投资者货币出资入账登记、外商投资企业外汇资本金账户的使用等外汇事项，具体要求请见本章"三、外资新设外汇管理"。其中，实行注册资本实缴登记制的外商投资企业还需提供有关行业主管部门的批准文件或其他证明材料。③

值得注意的是，在外国投资者（包括新的外国投资者和作为原出资人的外国投资者）对外商投资企业进行增资的情形，外商投资企业增资通常适用的是外商投资企业变更程序，而不适用外资并购程序。④

此外，外商投资企业发生合并后，存续企业应到所在地银行办理增资登记，被吸收企业应到注册地银行办理基本信息登记注销，并在原外商投资企业办理基本信息登记注销时，在资本项目信息系统中将其"外方股东清算所得处置计划"选为"再投资"，存续企业的出资形式应选择合并分立；若合并后新设一家外商投资企业的，应办理新设外商投资企业基本信息登记，并在备注栏内注明"合并"。⑤

---

① 《外汇管理条例》第16条，《外国投资者境内直接投资外汇管理规定》第6条、第8条、第12条、《资本项目外汇业务指引（2024年版）》之第二部分"银行直接办理资本项目外汇业务指引"之"银行直接办理资本项目外汇业务指引相关说明"。

② 《资本项目外汇业务指引（2024年版）》之"7.6 外汇资本金账户的开立、入账和使用"。

③ 《资本项目外汇业务指引（2024年版）》之"7.2 外商投资企业基本信息登记（新设、并购）及变更、注销登记"。

④ 商务部外资司《外商投资准入管理指引手册（2008年版）》（商资服字〔2008〕530号）第五部分"下放或委托审批的有关说明"之"五、关于并购的审批说明"之"（一）并购适用对象"规定："已设立的外商投资企业中方向外方转让股权，不参照并购规定。不论中外方之间是否存在关联关系，也不论外方是原有股东还是新进投资者。并购的标的公司只包括内资企业。"

⑤ 《资本项目外汇业务指引（2024年版）》之"7.2 外商投资企业基本信息登记（新设、并购）及变更、注销登记"。

2. 减资

"减资"指外商投资企业减少注册资本。外商投资企业减资与内资企业减资适用的是基本相同的规则：既可以由全体股东按原持股比例减资，也可以不按原持股比例减资，还可以由部分股东单独减资（甚至将其在外商投资企业中的出资减少至 0）。其中，参与减资的股东，既可以是中国投资者，也可以是外国投资者，还可以是中国投资者和外国投资者。此外，在外方股东参与减资的情形，既可以减少外方股东实际出资（即外方股东减少其已经实际到位的注册资本），也可以减少外方股东出资义务（即外方股东减少其尚未到位的注册资本）。①

同样地，在外商投资企业减资的情形，外商投资企业在依法办理基本信息登记变更手续②后，方可办理后续资本项目下的外汇业务。③

需要注意的是，在外国投资者参与减资的情形，外商投资企业办理外国投资者参与减资的基本信息登记变更时，除非法规另有规定，否则外国投资者减资所得金额（可汇出境外或境内再投资）原则上仅限于减少外国投资者实缴注册资本，不包括资本公积、盈余公积、未分配利润等其他所有者权益；减资所得用于弥补账面亏损或调减外方出资义务的，减资所得金额应设定为零。④

并且，如果外国投资者有减资所得并且需要汇出境外，则还会涉及"外国投资者撤资所得资金汇出"这一外汇事项。外商投资企业办理外国投资者减资所得资金汇出时，需要向银行提交业务登记凭证和外国投资者就其减资所得缴纳所得税的《服务贸易等项目对外支付税务备案表》（向境外单笔支付等值不超过 5 万

---

① 《资本项目外汇业务指引（2024 年版）》之表 15 "境内直接投资基本信息登记业务申请表（一）"之"填表说明"。

② 值得注意的是，在外商投资企业的各个外国投资者都通过减资退出的情形，尽管该企业将转为内资企业，《外国投资者境内直接投资外汇管理规定》（2013 年版）第 6 条第 2 款规定 "外商投资企业注销或转为非外商投资企业的，应在外汇局办理登记注销"，但是，《资本项目外汇业务指引（2024 年版）》之 "7.2 外商投资企业基本信息登记（新设、并购）及变更、注销登记" 则要求 "外商投资企业因外国投资者减资、转股、先行回收投资、上市公司外资股东减持股份等撤资行为转为内资企业的，应在领取变更后的营业执照之后到所在地银行办理基本信息登记变更手续，无需办理基本信息登记注销"，而非办理基本信息登记注销手续。

③ 《外汇管理条例》第 16 条，《外国投资者境内直接投资外汇管理规定》第 6 条、第 8 条、第 12 条，《国家外汇管理局关于进一步简化和改进直接投资外汇管理政策的通知》（汇发〔2015〕13 号）第 1 条，《资本项目外汇业务指引（2024 年版）》之第二部分 "银行直接办理资本项目外汇业务指引" 之 "银行直接办理资本项目外汇业务指引相关说明"。

④ 《资本项目外汇业务指引（2024 年版）》之 "7.2 外商投资企业基本信息登记（新设、并购）及变更、注销登记"。

美元的无须提交）或其他完税证明等材料；银行则应根据资本项目信息系统减资流出控制信息表为申请主体办理资金汇出。①

还需注意的是，外商投资企业发生分立后，存续企业应办理减资登记，分立新设的企业应办理新设外商投资企业基本信息登记，并在备注栏内注明"分立"；如原外商投资企业注销的，应到注册地银行办理基本信息登记注销，并在原外商投资企业办理基本信息登记注销时，在资本项目信息系统中将其"外方股东清算所得处置计划"选为"再投资"；存续企业或新设企业的出资形式应选择合并分立。②

3. 股权转让

"股权转让"指外商投资企业的股权发生转让。外商投资企业的股东转让股权与内资公司的股东转让股权适用的是基本相同的规则：既可以转让部分股权，也可以转让全部股权；转让股权的股东，既可以是中国投资者、也可以是外国投资者；受让股权的主体，既可以是其他股东、也可以是股东以外的人，还可以同时包括其他股东和股东以外的人；受让股权的主体，既可以是中国投资者、也可以是外国投资者，还可以是个人投资者或是机构投资者。

据此，从股权转让双方的国籍看，外商投资企业的股权转让至少可以分为（1）中方转外方；（2）中方转中方；（3）外方转中方；（4）外方转外方 4 种情形。

其中，"中方转外方"指外商投资企业的原中方股东将所持股权的全部或部分转让给境外机构或个人；"中方转中方"指外商投资企业的原中方股东将所持股权的全部或部分转让给境内机构或个人；"外方转中方"指外商投资企业的原外方股东将所持股权的全部或部分转让给境内机构或个人；"外方转外方"指外商投资企业的原外方股东将所持股权的全部或部分转让给境外机构或个人。③

在外商投资企业发生股权转让的情形，外商投资企业在依法办理基本信息登

---

① 《资本项目外汇业务指引（2024 年版）》之"7.10 外国投资者撤资所得资金汇出"、《国家税务总局、国家外汇管理局关于服务贸易等项目对外支付税务备案有关问题的公告》（国家税务总局、国家外汇管理局公告 2013 年第 40 号）第 1 条、《国家税务总局、国家外汇管理局关于服务贸易等项目对外支付税务备案有关问题的补充公告》（国家税务总局、国家外汇管理局公告 2021 年第 19 号）。

② 《资本项目外汇业务指引（2024 年版）》之"7.2 外商投资企业基本信息登记（新设、并购）及变更、注销登记"。

③ 《资本项目外汇业务指引（2024 年版）》之表 15"境内直接投资基本信息登记业务申请表（一）"。

记变更手续后，方可办理后续资本项目下的外汇业务。①

值得注意的是，在外国投资者（包括新的外国投资者和作为原出资人的外国投资者）受让外商投资企业股权的情形，外商投资企业股权转让通常适用的是外商投资企业变更程序，不适用外资并购程序。②

（1）中方转外方的特别要求

其中，在外商投资企业中方股东转让股权给外国投资者（原外方股东或新的外国投资者）的情形，还会涉及作为股权出让方的中方股东资本项目结算账户（原为资产变现账户）的开立、入账和使用，甚至可能涉及外国投资者前期费用基本信息登记和外国投资者前期费用外汇账户的开立、入账和使用等外汇事项③。

在此情形下，外商投资企业办理外汇登记变更后，应将相应的业务登记凭证提供给作为股权出让方的中方股东用以办理账户开立及资金收付款手续。④ 境内股权出让方接收外国投资者股权转让对价款时，可凭相关业务登记凭证直接在银行办理账户开立、资金汇入和结汇使用手续。⑤

（2）外方转中方的特别要求

在外商投资企业外方股东转让股权给中国投资者（原中方股东或新的中国投资者）的情形，还会涉及作为股权受让方的中国投资者向作为股权出让方的外国投资者支付股权转让对价的问题。

在此情形下，外商投资企业办理外汇登记变更后，应将相应的业务登记凭证提供给作为股权受让方的中国投资者用以办理对外购付汇手续，并向银行提交主管税务部门出具的税务凭证（如《服务贸易等项目对外支付税务备案表》，按规定不需提交的除外）。银行则应根据外汇局资本项目信息系统股权转让流出控制

---

① 《外汇管理条例》第16条，《外国投资者境内直接投资外汇管理规定》第6条、第8条、第12条，《国家外汇管理局关于进一步简化和改进直接投资外汇管理政策的通知》（汇发〔2015〕13号）第1条、《资本项目外汇业务指引（2024年版）》之第二部分"银行直接办理资本项目外汇业务指引"之"银行直接办理资本项目外汇业务指引相关说明"。

② 商务部外资司《外商投资准入管理指引手册（2008年版）》（商资服字〔2008〕530号）第五部分"下放或委托审批的有关说明"之"五、关于并购的审批说明"之"（一）并购适用对象"规定："已设立的外商投资企业中方向外方转让股权，不参照并购规定。不论中外方之间是否存在关联关系，也不论外方是原有股东还是新进投资者。并购的标的公司只包括内资企业。"

③ 具体要求请见本章"三、外资新设外汇管理"和"四、外资转股并购外汇管理"的相应部分。

④ 《资本项目外汇业务指引（2024年版）》之"7.2 外商投资企业基本信息登记（新设、并购）及变更、注销登记"。

⑤ 《国家外汇管理局关于进一步促进跨境贸易投资便利化的通知》（汇发〔2019〕28号，经汇发〔2023〕28号修改）第4条第1款。

信息表为申请主体办理资金汇出（外汇局或银行在备注栏中进行备注的，汇款银行应结合备注内容办理）。银行应对相关交易及价格的真实性、合规性进行尽职审核；银行完成业务办理后，可自主在税务主管部门出具的税务凭证原件（如纸质《服务贸易等项目对外支付税务备案表》）上签注业务种类、金额、日期并加盖银行业务章，留存有签注字样并加盖业务专用章的复印件。企业税务备案采用电子化方式的，银行应在网上核验相关电子化税务凭证。①

（3）外商投资企业股权转让合同的准据法

针对外商投资企业股权转让合同的准据法，《最高人民法院关于审理涉外民事或商事合同纠纷案件法律适用若干问题的规定》（法释〔2007〕14号）第8条曾经规定："在中华人民共和国领域内履行的下列合同，适用中华人民共和国法律……（四）中外合资经营企业、中外合作经营企业、外商独资企业股份转让合同……"即外商投资企业股权转让合同均适用中国法律。②

不过，《涉外民事关系法律适用法》自2011年4月1日起施行后，因"与涉外民事关系法律适用法相冲突"，上述司法解释被《最高人民法院关于废止1997年7月1日至2011年12月31日期间发布的部分司法解释和司法解释性质文件（第十批）的决定》（法释〔2013〕7号）废止了。

根据《涉外民事关系法律适用法》第3条关于"当事人依照法律规定可以明示选择涉外民事关系适用的法律"和第41条关于"当事人可以协议选择合同适用的法律。当事人没有选择的，适用履行义务最能体现该合同特征的一方当事人经常居所地法律或者其他与该合同有最密切联系的法律"的规定，在外商投资企业股权转让合同属于涉外合同的情况下，原则上，股权出让方和股权受让方可以协议选择合同适用的法律。

其中，民事关系具有下列情形之一的，可以认定为涉外民事关系：(i)当事人一方或双方是外国公民、外国法人或者其他组织、无国籍人；(ii)当事人一

---

① 《资本项目外汇业务指引（2024年版）》之"7.2 外商投资企业基本信息登记（新设、并购）及变更、注销登记"和"7.10 外国投资者撤资所得资金汇出"。

② 在此之前，最高人民法院2005年12月印发的《第二次全国涉外商事海事审判工作会议纪要》的通知（法发〔2005〕26号）第57条也规定："具有中华人民共和国国籍的自然人、法人或者其他组织与外国的自然人、法人或者其他组织订立的在我国境内履行的下列合同，适用中华人民共和国法律：（1）中外合资经营企业合同；（2）中外合作经营企业合同；（3）中外合作勘探、开发自然资源合同；（4）转让中外合资经营企业、中外合作经营企业、外商独资企业股份的合同；（5）外国自然人、法人或者其他组织承包经营在我国境内设立的企业的合同。"

方或双方的经常居所地在中华人民共和国领域外；(iii) 标的物在中华人民共和国领域外；(iv) 产生、变更或者消灭民事关系的法律事实发生在中华人民共和国领域外；(v) 可以认定为涉外民事关系的其他情形。①

据此，中方转外方、外方转中方、外方转外方的外商投资企业股权转让合同属于涉外合同，原则上，这三类合同的当事人可以协议选择该合同适用中国法律、也可以协议选择适用境外法律；而中方转中方的外商投资企业股权转让合同，因其不属于涉外民事关系、不属于涉外合同而只能适用中国法律。

但是，需要注意的是，有关监管机构可能会要求中方转外方、外方转中方、外方转外方的外商投资企业股权转让合同适用中国法律，实务中应当予以关注。比如，针对外资并购，《商务部关于外国投资者并购境内企业的规定》第22条要求外国投资者股权并购的"股权购买协议、境内公司增资协议应适用中国法律"、第24条要求外国投资者资产并购的"资产购买协议应适用中国法律"；又如，针对外国投资者对上市公司的收购，《上市公司收购管理办法》（2025年修正）第4条第3款也规定了"外国投资者进行上市公司的收购及相关股份权益变动活动的，应当取得国家相关部门的批准，适用中国法律，服从中国的司法、仲裁管辖。"

还需注意的是，根据《涉外民事关系法律适用法》第14条第1款关于"法人及其分支机构的民事权利能力、民事行为能力、组织机构、股东权利义务等事项，适用登记地法律"的规定，中方转外方、外方转中方、外方转外方的外商投资企业股权转让合同中有关该外商投资企业的组织机构、股东权利义务等事项的约定，应当适用其登记地法律即中国法律，不得适用境外法律。

此外，根据《民法典》第467条第2款关于"在中华人民共和国境内履行的中外合资经营企业合同、中外合作经营企业合同、中外合作勘探开发自然资源合同，适用中华人民共和国法律"的规定，外商投资企业股权转让完成之后，如果该外商投资企业为中外合资经营企业或中外合作经营企业，则中外投资者有关合资（或合作）经营该外商投资企业的合同，也必须适用中国法律。

值得一提的是，《民事诉讼法》（2023年修正）第279条第3项所说的"下

---

① 《最高人民法院关于适用〈中华人民共和国涉外民事关系法律适用法〉若干问题的解释（一）》（2020年修正）第1条。此外，《最高人民法院关于适用〈中华人民共和国民事诉讼法〉的解释》（2022年修正）第520条针对"涉外民事案件"作出了相同的规定。

列民事案件，由人民法院专属管辖……（三）应在中华人民共和国领域内履行中外合资经营企业合同、中外合作经营企业合同、中外合作勘探开发自然资源合同发生纠纷提起的诉讼"，是针对相关纠纷提起的诉讼的专属管辖的规定，属于争议解决条款、而不是准据法适用条款，也不影响中外合资经营企业合同、中外合作经营企业合同的当事人根据《仲裁法》第 2 条关于"平等主体的公民、法人和其他组织之间发生的合同纠纷和其他财产权益纠纷，可以仲裁"和第 65 条关于"涉外经济贸易、运输和海事中发生的纠纷的仲裁，适用本章规定。本章没有规定的，适用本法其他有关规定"的规定，协议选择仲裁作为争议解决办法。对此，《最高人民法院关于适用〈中华人民共和国民事诉讼法〉的解释》（2022 年修正）第 529 条第 2 款也规定了："根据民事诉讼法第三十三条和第二百六十六条规定[①]，属于中华人民共和国法院专属管辖的案件，当事人不得协议选择外国法院管辖，但协议选择仲裁的除外。"

（二）除资本变动外的其他登记事项的变更

外商投资企业除资本变动外的其他登记事项变更主要包括：（1）企业基本信息变更；（2）先行回收投资；（3）出资方式变更；（4）注册币种变更；（5）所在地外汇局迁移。

其中，"企业基本信息变更"指外商投资企业的名称、注册地址、经营范围、法定代表人、所属行业、经营到期日、企业类型、上市情况、返程投资情况等基本信息发生变动；"先行回收投资"指外商投资企业的外方股东与中方约定，在企业成立一段时期后可以先行回收初始投资的行为；"出资方式变更"指外商投资企业外方股东变更其未到位注册资本的出资形式，如将"境外汇入"变更为"实物"出资；"注册币种变更"指外商投资企业因股份制改造等原因，申请注册币种变更业务时，表头上的"注册币种"一栏填写变更后的注册币种。[②]"所在地外汇局迁移"指外商投资企业的注册地转移到其他地区，需要到迁出地银行办理所属外汇局的变更登记。[③]

在外商投资企业变更注册地址的情况下，如果其注册地迁移跨不同的外汇局

[①] 现为《民事诉讼法》（2023 年修正）第 34 条和第 279 条。
[②] 《资本项目外汇业务指引（2020 年版）》之表 18《境内直接投资基本信息登记业务申请表（一）》之"填表说明"。
[③] 《资本项目外汇业务指引（2024 年版）》之表 15"境内直接投资基本信息登记业务申请表（一）"之"填表说明"。

管辖区域，则需要在完成注册地址变更涉及的企业登记手续后，持变更后的营业执照到迁出地外汇指定银行办理所属外汇局变更登记。①

值得一提的是，由于国家外汇管理局分支机构的管辖区域与外商投资企业的企业登记机关的管辖区域并非一一对应的关系，因此，并非所有的外商投资企业在变更注册地址时，都会涉及所属外汇局的变更登记。

比如，国家外汇管理局在北京市设立了北京外汇管理部，而北京市的每一个区的市场监管局以及北京市房山区燕山市场监督管理分局和北京经济技术开发区市场监督管理局都是被市场监管总局授予外商投资企业登记管理权的市场监管部门②。北京市的外商投资企业跨区变更注册地址，虽然在企业登记方面涉及主管企业登记机关的变更③，但在外汇管理方面则可能无须办理所属外汇局的变更。④

七、外商投资企业外汇资本金原币再投资外汇管理

（一）外商投资企业境内再投资的主要方式

现阶段，在不违反现行外商投资准入负面清单且境内所投项目真实、合规的

---

① 参考《资本项目外汇业务操作指引（2017年版）》之表1《境内直接投资基本信息登记业务申请表（一）》之"填表说明"。

② 《市场监管总局关于公开〈全国被授予外商投资企业登记管理权的市场监管部门名单〉的公告》（国家市场监督管理总局公告〔2020〕37号）。

③ 《市场主体登记管理条例》第27条规定："市场主体变更住所或者主要经营场所跨登记机关辖区的，应当在迁入新的住所或者主要经营场所前，向迁入地登记机关申请变更登记。迁出地登记机关无正当理由不得拒绝移交市场主体档案等相关材料。"

④ 值得一提的是，除了北京外汇管理部之外，北京市还有国家外汇管理局中关村国家自主创新示范区中心支局。2014年5月13日，中国人民银行总行印发了《关于设立中国人民银行中关村国家自主创新示范区中心支行（国家外汇管理局中关村国家自主创新示范区中心支局）的批复》（银函〔2014〕108号），正式同意中国人民银行营业管理部设立中关村国家自主创新示范区中心支行（国家外汇管理局中关村国家自主创新示范区中心支局），由中国人民银行营业管理部负责管理。中国人民银行中关村国家自主创新示范区中心支行（国家外汇管理局中关村国家自主创新示范区中心支局）于2015年3月2日起履行法定职责，其主要职责是："负责货币信贷政策在中关村国家自主创新示范区的贯彻执行，维护辖区金融稳定；承担辖区统计研究、支付结算管理、征信管理、外汇管理等职责，以及中国人民银行营业管理部授权的其他业务。"其外汇业务服务范围为经常项目和资本项目下各项行政许可事项的受理和审核服务以及北京外汇管理部依法授权的其他业务，其服务对象为中关村国家自主创新示范区海淀园、昌平园、顺义园、亦庄园、通州园、西城园、朝阳园七个园区注册的高新技术企业。见《中国人民银行批准设立中关村中心支行支持中关村自主创新示范区发展》（http：//politics.people.com.cn/n/2014/0828/c70731-25556578.html，最后访问日期：2024年3月2日）、《中国人民银行营业管理部 国家外汇管理局北京外汇管理部关于中国人民银行中关村国家自主创新示范区中心支行（国家外汇管理局中关村国家自主创新示范区中心支局）履职的公告》《国家外汇管理局北京外汇管理部关于国家外汇管理局中关村国家自主创新示范区中心支局扩大外汇业务服务对象的公告》（2017年6月13日）及其附件《国家外汇管理局中关村国家自主创新示范区中心支局办理外汇业务须知》。

前提下，外商投资企业（包括投资性外商投资企业和非投资性外商投资企业）可以在境内开展股权投资（包括新设、增资并购和转股并购）。

具体而言，按照所使用资金来源和再投资方式的不同，外商投资企业境内再投资可以区分为以下9种主要的方式：

（1）以外汇资本金原币新设企业。

（2）以外汇资本金原币对境内企业增资。

（3）以外汇资本金原币收购境内企业股权。

（4）以外汇资本金结汇新设企业。

（5）以外汇资本金结汇对境内企业增资。

（6）以外汇资本金结汇收购境内企业股权。

（7）以经营所得人民币新设企业。

（8）以经营所得人民币对境内企业增资。

（9）以经营所得人民币收购境内企业股权。

对于外商投资企业以经营所得人民币开展境内股权投资（包括新设、增资并购和转股并购），除须符合外商投资产业政策（目前主要为外商投资准入负面清单和内外资均适用的市场准入负面清单）外，国家原则上不作限制。

对于外商投资企业以外汇资本金（包括原币和结汇）开展境内股权投资（包括新设、增资并购和转股并购），除了外商投资产业政策方面的要求，国家还从外汇管理方面予以监管。并且，外商投资企业以外汇资本金开展境内股权投资，也因资本金是否结汇、投资方式以及被投资对象的不同，而涉及不同的外汇事项。

本章接下来以资本金是否结汇为标准，将外商投资企业再投资区分为外商投资企业外汇资本金原币划转再投资和外商投资企业外汇资本金结汇再投资两大类，并分别讨论其各自涉及的外汇事项。本部分先讨论外商投资企业外汇资本金原币划转再投资涉及的外汇事项，外商投资企业外汇资本金结汇再投资涉及的外汇事项则放到后一部分。

具体而言，按照再投资方式的不同，外商投资企业以外汇资本金原币划转方式开展境内股权投资涉及的外汇事项主要包括：

序号	再投资方式	交易对方	外汇事项
1	外汇资本金原币新设企业	被投资企业	被投资企业接收境内再投资基本信息登记
2			被投资企业外汇资本金账户的开立、入账和使用
3			外商投资企业外汇资本金账户资金原币划转
4	外汇资本金原币对境内企业增资	被投资企业	被投资企业接收境内再投资基本信息登记
5			被投资企业外汇资本金账户的开立、入账和使用
6			外商投资企业外汇资本金账户资金原币划转
7	外汇资本金原币收购境内企业股权	被投资企业股权出让方（境内机构）	股权出让方接收境内再投资基本信息登记
8			股权出让方资本项目结算账户的开立、入账和使用
9			外商投资企业外汇资本金账户资金原币划转

需要说明的是，在外汇管理事项方面，外商投资企业境内投资的企业不需要办理境内直接投资货币出资入账登记①和"多报合一"年度报告②。此外，外商投资企业以外汇资本金原币新设企业与外商投资企业以外汇资本金原币对境内企业增资适用的是基本相同的规则。

---

① 《国家外汇管理局关于进一步促进跨境贸易投资便利化的通知》（汇发〔2019〕28号，经汇发〔2023〕28号修改）第2条规定："非投资性外商投资企业以资本金原币划转开展境内股权投资的，被投资企业应按规定办理接收境内再投资登记并开立资本金账户接收资金，无需办理货币出资入账登记，出让股权的境内机构应按规定办理接收境内再投资登记并开立资本项目结算账户接收股权转让对价"；《国家外汇管理局关于精简外汇账户的通知》（汇发〔2019〕29号）附件2《银行办理相关资本项目外汇业务操作指引》之"3.外汇资本金账户的开立、入账和使用"规定："来源于境内外汇再投资或股权转让对价外汇资金，无需办理货币出资入账登记"；《资本项目外汇业务指引（2020年版）》之"6.6外汇资本金账户的开立、入账和使用"规定："来源于境内外汇再投资和境外上市的外汇资金，无需办理货币出资入账登记，"《资本项目外汇业务指引（2024年版）》之"7.6外汇资本金账户的开立、入账和使用"规定："来源于境内外汇再投资外汇资金，无需办理货币出资入账登记"。

② 《市场监管总局、商务部、外汇局关于做好年报"多报合一"改革有关工作的通知》第1条第1款规定："自2019年度年报开始，外商投资企业（机构）应按照《外商投资法》的规定，统一通过国家企业信用信息公示系统（www.gsxt.gov.cn，以下简称公示系统）报送'多报合一'年报。年报内容在现有向市场监管部门报送年报信息的基础上，增加商务主管部门和外汇管理部门年报事项（详见附件1年报文书），新增的年报事项不对社会公示。"《商务部、市场监管总局、外汇局关于开展2019年度外商投资信息报告年度报告的公告》（商务部公告2019年第72号）第1条第1款规定："2019年12月31日前在我国境内依法设立并登记注册的外商投资企业，应于2020年1月1日至6月30日期间，登录国家企业信用信息公示系统（网址：www.gsxt.gov.cn）报送年度报告。相关数据信息将在商务、市场监管、外汇部门间实现共享。"第7条规定："外商投资企业在中国境内投资（含多层次投资）设立的企业仍根据《企业信息公示暂行条例》进行年度报告，相关信息由市场监管部门向商务主管部门共享，企业无需另行报送。"

（二）被投资企业接收境内再投资基本信息登记

不论是外商投资企业以外汇资本金原币新设企业还是对境内企业增资，被投资企业接收外商投资企业再投资外汇资金，都应在所属外汇分局（外汇管理部）辖内外汇指定银行申请办理"接收境内再投资基本信息登记"、取得业务编号以"19"开头的业务登记凭证后，再开立外汇资本金账户用于接收外商投资企业境内再投资外汇资金。① 被投资企业接收境内再投资基本信息登记是资本项目信息登记的一种，是外商投资企业和被投资企业办理后续各项资本项目外汇业务的前提。②

被投资企业办理接收境内再投资基本信息登记需要向银行提交：（1）书面申请和《境内直接投资基本信息登记业务申请表（二）》；（2）被投资企业加盖单位公章的营业执照复印件（按规定无须提供的除外）；（3）外商投资企业出具的符合现行外资准入管理规定、依法合规办理相关业务、自行承担相关法律责任并加盖单位公章的承诺函。③

需要注意的是，《国家外汇管理局关于扩大跨境贸易投资高水平开放试点的通知》（汇发〔2023〕30号）决定自2023年12月4日起，在上海市、江苏省、广东省（含深圳市）、北京市、浙江省（含宁波市）、海南省全域（以下统称试点地区）扩大实施跨境贸易投资高水平开放政策试点，该通知第6条规定："外商投资企业开展境内再投资业务时，被投资企业……如为试点地区辖内注册的企业，无需办理接收境内再投资登记手续"。此外，根据国家外汇管理局官网2024年10月31发布的《国家外汇管理局扩大3项跨境投融资便利化试点》④

---

① 《国家外汇管理局关于进一步促进跨境贸易投资便利化的通知》（汇发〔2019〕28号，经汇发〔2023〕28号修改）第2条、《资本项目外汇业务指引（2024年版）》之"7.3 接收境内再投资基本信息登记及变更登记"和《资本项目外汇业务指引（2024年版）》之"7.6 外汇资本金账户的开立、入账和使用"。

② 《资本项目外汇业务指引（2024年版）》之第二部分"银行直接办理资本项目外汇业务指引"之"银行直接办理资本项目外汇业务指引相关说明"。

③ 《国家外汇管理局关于进一步促进跨境贸易投资便利化的通知》（汇发〔2019〕28号，经汇发〔2023〕28号修改）第2条、《资本项目外汇业务指引（2024年版）》之"7.3 接收境内再投资基本信息登记及变更登记"。

④ （https://www.safe.gov.cn/safe/2024/1031/25284.html，最后访问日期：2024年11月6日），国家外汇管理局已经决定将开展外商投资企业境内再投资免登记试点和银行直接办理外债登记试点的地区扩大至天津市、安徽省、山东省（含青岛市）、湖北省和四川省。

第十四章 | 外商投资外汇管理

（三）被投资企业外汇资本金账户的开立

不论是外商投资企业以外汇资本金原币新设企业还是对境内企业增资，被投资企业都需要开立外汇资本金账户。被投资企业外汇资本金账户原为"境内再投资专用账户"，《国家外汇管理局关于精简外汇账户的通知》（汇发〔2019〕29号）将该账户并入"外汇资本金账户"。

被投资企业外汇资本金账户是用于接收外商投资企业外汇再投资资金的、以被投资企业名义开立的外汇账户，属于境内直接投资账户的一种。

1. 开立条件

在开立条件方面，被投资企业外汇资本金账户的开立须以完成接收境内再投资基本信息登记为前提；外汇指定银行在为被投资企业办理账户开立业务之前，应确认其已按规定办理了接收境内再投资基本信息登记，并根据外汇局资本项目信息系统登记信息为其办理开户手续。[1]

2. 开户数量

在开户数量方面，允许被投资企业在不同银行开立多个外汇资本金账户（但相关账户开户数量应符合审慎监管要求[2]）；并且，允许被投资企业全国异地开户（在企业注册地所属省级分局所辖以外的地区开户应遵循实需原则：如企业资金集中管理需要、异地经营业务需要等。企业应在书面申请中陈述异地开户原因，银行为异地企业开户前，应落实展业要求，并确认企业在资本系统中不存在管控信息）。[3]

3. 收入范围

在收入范围方面，被投资企业外汇资本金账户的收入限于：（1）外国投资者境外汇入外汇资本金或认缴出资（含境外机构/个人境内外汇账户、离岸账户及自由贸易账户的外汇出资）；（2）保证金专用账户划入的外汇资本金或认缴出资；（3）外商投资企业外汇资本金账户、资本项目结算账户（原为资产变现账

---

[1] 《国家外汇管理局关于进一步促进跨境贸易投资便利化的通知》（汇发〔2019〕28号，经汇发〔2023〕28号修改）第2条、《国家外汇管理局关于精简外汇账户的通知》（汇发〔2019〕29号）附件2《银行办理相关资本项目外汇业务操作指引》之"2. 接收境内再投资基本信息登记、变更"和"3. 外汇资本金账户的开立、入账和使用"、《资本项目外汇业务指引（2024年版）》之"7.3 接收境内再投资基本信息登记及变更登记"和"7.6 外汇资本金账户的开立、入账和使用"。

[2] 《国家外汇管理局关于进一步促进跨境贸易投资便利化的通知》（汇发〔2019〕28号，经汇发〔2023〕28号修改）第7条。

[3] 《资本项目外汇业务指引（2024年版）》之"7.6 外汇资本金账户的开立、入账和使用"。

户）划入的境内再投资资金；（4）本账户合规划出后划回的资金；（5）同名资本金账户划入资金；（6）为境外机构代扣代缴境内税费；（7）经常项目对外支付；及（8）利息收入；（8）经外汇局（银行）登记或外汇局核准的其他收入。①

4. 支出范围

在支出范围方面，被投资企业外汇资本金账户的支出限于：（1）经营范围内结汇支出；（2）结汇划入结汇待支付账户；（3）境内原币划转至保证金专用账户、外汇资本金账户、境外放款专用账户、国内资金主账户、国内外汇贷款专用账户；（4）因外国投资者减资、撤资汇出；（5）境内划转至本企业其他外汇账户；（6）为境外机构代扣代缴境内税费；（7）经常项目对外支付；及（8）经外汇局（银行）登记或外汇局核准的其他资本项目支出。②

（四）外商投资企业外汇资本金账户资金原币划转至被投资企业外汇资本金账户

不论是外商投资企业以外汇资本金原币新设企业还是对境内企业增资，在被投资企业办理接收境内再投资基本信息登记并开立外汇资本金账户后，在外商投资企业履行境内投资的出资义务的条件成就时，以外汇资本金现汇投资的外商投资企业都需要到银行办理外汇资本金账户资金原币划转至被投资企业外汇资本金账户的手续。

为此，外商投资企业需要向银行提交：（1）书面申请（申请中应准确表述资金划出原因和用途、划出和接收主体信息、划出和划入行名称及账号信息、划出资金金额和币种等重要信息）；（2）本企业外国投资者货币出资入账登记表。银行则应审核划转交易的真实性、合法性。③

（五）被投资企业外汇资本金账户的入账和使用

不论是外商投资企业以外汇资本金原币新设企业还是对境内企业增资，收款银行在收到外商投资企业转入被投资企业外汇资本金账户的外汇资金后，应查询外汇局资本项目信息系统流入控制信息表中尚可流入金额，确认被投资企业已经按规定办理了接收境内再投资基本信息登记，并据此为被投资企业办理资金入账

---

① 《资本项目外汇业务指引（2024年版）》之"7.6 外汇资本金账户的开立、入账和使用"。
② 《资本项目外汇业务指引（2024年版）》之"7.6 外汇资本金账户的开立、入账和使用"。
③ 《资本项目外汇业务指引（2024年版）》之"7.6 外汇资本金账户的开立、入账和使用"。

手续；银行还应于资金划入时确认划入资金是否符合账户收入范围，并与开户主体核对该笔资金交易的划出信息以确认交易准确性，对不符合账户收入范围及境内划转规定，或经核实划转错误的，划入行应将资金原路汇回。①

需要注意的是，与外商投资企业境外汇入的资本金投资人可以与缴款人不一致（此时由银行在出资入账登记中将"投资人与缴款人是否一致"一项勾选为"否"）不同，境内外汇再投资的投资人和缴款人必须一致，且被投资企业外汇资本金账户内资金不得以现钞存入。②

被投资企业外汇资本金账户的使用，适用的是与外商投资企业外汇资本金账户基本相同的规则。有关情况请见本章"三、外资新设涉及的主要外汇事项"之"（五）外商投资企业外汇资本金账户的使用"。

（六）被投资企业股权出让方接收境内再投资基本信息登记

在外商投资企业以外汇资本金原币收购境内企业股权的情况下，作为股权出让方的被投资企业的境内机构股东，需要先到该境内机构所属外汇分局（外汇管理部）辖内外汇指定银行申请办理接收境内再投资基本信息登记，取得业务编号以"19"开头的业务登记凭证。③

作为股权出让方的被投资企业的境内机构股东办理接收境内再投资基本信息登记，与被投资企业办理接收境内再投资基本信息登记适用的是基本相同的规则，也需要向银行提交：（1）书面申请和《境内直接投资基本信息登记业务申请表（二）》；（2）被投资企业加盖单位公章的营业执照复印件（按规定无须提供的除外）；（3）外商投资企业出具的符合现行外资准入管理规定、依法合规办理相关业务、自行承担相关法律责任并加盖单位公章的承诺函。④

但是，作为股权出让方的被投资企业的境内个人股东接收股权转让对价款，则无须办理接收境内再投资基本信息登记，也无须开立资本项目结算账户（原为

---

① 《资本项目外汇业务指引（2024年版）》之"7.6 外汇资本金账户的开立、入账和使用"。
② 《资本项目外汇业务指引（2024年版）》之"7.6 外汇资本金账户的开立、入账和使用"。
③ 《国家外汇管理局关于精简外汇账户的通知》（汇发〔2019〕29号）附件2《银行办理相关资本项目外汇业务操作指引》之"2.接收境内再投资基本信息登记、变更"、《资本项目外汇业务指引（2024年版）》之"7.3 接收境内再投资基本信息登记及变更登记"和"7.6 外汇资本金账户的开立、入账和使用"。
④ 《国家外汇管理局关于进一步促进跨境贸易投资便利化的通知》（汇发〔2019〕28号，经汇发〔2023〕28号修改）第2条、《资本项目外汇业务指引（2024年版）》之"7.3 接收境内再投资基本信息登记及变更登记"。

资本金账户）或结汇待支付账户，作为股权受让方的外商投资企业可以将外汇资本金结汇或已结汇待支付账户内资金用于向其直接支付股权转让价款。[①]

需要注意的是，《国家外汇管理局关于扩大跨境贸易投资高水平开放试点的通知》（汇发〔2023〕30号）决定自2023年12月4日起，在上海市、江苏省、广东省（含深圳市）、北京市、浙江省（含宁波市）、海南省全域（以下统称试点地区）扩大实施跨境贸易投资高水平开放政策试点，该通知第6条规定："外商投资企业开展境内再投资业务时，……股权出让方如为试点地区辖内注册的企业，无需办理接收境内再投资登记手续"。

（七）被投资企业股权出让方机构资本项目结算账户的开立、入账和使用

在外商投资企业以外汇资本金原币收购境内企业股权的情况下，作为股权出让方的被投资企业的境内机构股东，在办理接收境内再投资基本信息登记之后，还需要开立资本项目结算账户，用于接收外商投资企业支付的外汇资金。[②]

作为股权出让方的被投资企业的境内机构股东资本项目结算账户的开立、入账和使用，与被投资企业外汇资本金账户的开立、入账和使用适用的是基本相同的规则，具体要求请见本章"七、外商投资企业外汇资本金原币再投资外汇管理"之"（三）被投资企业外汇资本金账户的开立"和"（五）被投资企业外汇资本金账户的入账和使用"。

需要注意的是，在外商投资企业以外汇资本金原币收购境内企业股权的情况下，与作为股权出让方的被投资企业的境内机构股东需要办理接收境内再投资基本信息登记并需要开立资本项目结算账户不同，作为股权出让方的被投资企业的境内个人股东既无须办理接收境内再投资基本信息登记，也无须开立资本项目结算账户（原为资本金账户）或结汇待支付账户，作为股权受让方的外商投资企业可以将外

[①] 《资本项目外汇业务指引（2024年版）》之"7.3 接收境内再投资基本信息登记及变更登记"。
[②] 《国家外汇管理局关于进一步促进跨境贸易投资便利化的通知》（汇发〔2019〕28号，经汇发〔2023〕28号修改）第2条第2款（"非投资性外商投资企业以资本金原币划转开展境内股权投资的，被投资企业应按规定办理接收境内再投资登记并开立资本金账户接收资金，无需办理货币出资入账登记，出让股权的境内机构应按规定办理接收境内再投资登记并开立资本项目结算账户接收股权转让对价"）、《资本项目外汇业务指引（2024年版）》之"7.3 接收境内再投资基本信息登记及变更登记"和"7.6 外汇资本金账户的开立、入账和使用"。《国家外汇管理局关于进一步深化改革 促进跨境贸易投资便利化的通知》（汇发〔2023〕28号）规定，"将资本项目资产变现账户调整为资本项目结算账户（相关账户整合方案见附件3）。境内股权出让方（含机构和个人）接收境内主体以外币支付的股权转让对价资金，……可直接汇入资本项目结算账户。资本项目结算账户内资金可自主结汇使用"。

汇资本金结汇或以结汇待支付账户内资金用于向其直接支付股权转让价款。①

（八）外商投资企业外汇资本金账户资金原币划转至被投资企业股权出让方机构资本项目结算账户

在被投资企业的境内机构股东办理接收境内再投资基本信息登记并开立资本项目结算账户后，在外商投资企业履行股权转让对价支付义务的条件成就时，以外汇资本金现汇投资的外商投资企业需要到银行办理外汇资本金账户资金原币划转至被投资企业的境内机构股东的资本项目结算账户的手续。

为此，外商投资企业需要向银行提交：（1）书面申请（申请中应准确表述资金划出原因和用途、划出和接收主体信息、划出和划入行名称及账号信息、划出资金金额和币种等重要信息）；（2）本企业外国投资者货币出资入账登记表。银行则应审核划转交易的真实性、合法性。②

被投资企业的境内机构股东的资本项目结算账户内资金可自主结汇使用。③

八、外商投资企业资本金结汇再投资外汇管理

现阶段，外商投资企业以外汇资本金结汇方式开展境内股权投资涉及的外汇事项，因其属投资性外商投资企业还是非投资性外商投资企业以及再投资方式属新设、增资并购还是转股并购而有所不同。

（一）投资性外商投资企业资本金结汇再投资外汇管理

现阶段，按照再投资方式的不同，投资性外商投资企业资本金结汇再投资涉及的外汇事项主要包括：④

---

① 《资本项目外汇业务指引（2024年版）》之"7.3 接收境内再投资基本信息登记及变更登记"。
② 《资本项目外汇业务指引（2024年版）》之"7.6 外汇资本金账户的开立、入账和使用"。
③ 《国家外汇管理局关于进一步深化改革 促进跨境贸易投资便利化的通知》（汇发〔2023〕28号）规定："将资本项目资产变现账户调整为资本项目结算账户（相关账户整合方案见附件3）。境内股权出让方（含机构和个人）接收境内主体以外币支付的股权转让对价资金，……可直接汇入资本项目结算账户。资本项目结算账户内资金可自主结汇使用"。
④ 《国家外汇管理局关于改革外商投资企业外汇资本金结汇管理方式的通知》（汇发〔2015〕19号）第4条第2款、《国家外汇管理局关于进一步促进跨境贸易投资便利化的通知》（汇发〔2019〕28号，经汇发〔2023〕28号修改）第2条第2款、《国家外汇管理局关于精简外汇账户的通知》（汇发〔2019〕29号）附件2《银行办理相关资本项目外汇业务操作指引》之"2. 接收境内再投资基本信息登记、变更"和"5. 直接投资所涉结汇待支付账户的开立、使用和关闭"、《资本项目外汇业务指引（2024年版）》之"7.3 接收境内再投资基本信息登记及变更登记"。

序号	再投资方式	交易对方	外汇事项
1	外汇资本金结汇新设企业	被投资企业	投资性外商投资企业按照实际投资规模将外汇资本金直接结汇并支付至被投资企业人民币账户
2		被投资企业	投资性外商投资企业将外汇资本金结汇划入其结汇待支付账户，并按照实际投资规模将其结汇待支付账户中的人民币资金划入被投资企业人民币账户
3	外汇资本金结汇对境内企业增资	被投资企业	投资性外商投资企业按照实际投资规模将外汇资本金直接结汇并支付至被投资企业人民币账户
4		被投资企业	投资性外商投资企业将外汇资本金结汇划入其结汇待支付账户，并按照实际投资规模将其结汇待支付账户中的人民币资金划入被投资企业人民币账户
5	外汇资本金结汇收购境内企业股权	被投资企业股权出让方（境内机构和个人）	投资性外商投资企业按照实际投资规模将外汇资本金直接结汇并支付至被投资企业股权出让方人民币账户
6		被投资企业股权出让方（境内机构和个人）	投资性外商投资企业将外汇资本金结汇划入其结汇待支付账户，并按照实际投资规模将其结汇待支付账户中的人民币资金划入被投资企业股权出让方人民币账户

投资性外商投资企业资本金直接结汇应当遵守普通的外商投资企业资本金结汇的要求，具体事项请见本章"三、外资新设涉及的主要外汇事项"之"（五）外商投资企业外汇资本金账户的使用"。并且，投资性外商投资企业将结汇待支付账户中人民币划入被投资企业或作为股权出让方的被投资企业的境内股东（机构或个人）的人民币账户应当遵守结汇待支付账户的使用要求，具体事项请见本章"八、外商投资企业资本金结汇再投资外汇管理"之"（六）被投资企业结汇待支付账户的使用"。

需要说明的是，在投资性外商投资企业依法以外汇资本金结汇方式开展境内股权投资（包括新设企业、对境内企业增资和收购境内企业股权）的情况下，被投资企业不需要办理境内直接投资货币出资入账登记[①]（但需要报送"多报合

[①] 《国家外汇管理局关于精简外汇账户的通知》（汇发〔2019〕29号）附件2《银行办理相关资本项目外汇业务操作指引》之"3. 外汇资本金账户的开立、入账和使用"规定："来源于境内外汇再投资或股权转让对价外汇资金，无需办理货币出资入账登记"；；《资本项目外汇业务指引（2024年版）》之"7.6 外汇资本金账户的开立、入账和使用"规定："来源于境内外汇再投资外汇资金，无需办理货币出资入账登记"。

一"年度报告①)。

此外,不论是被投资企业接收投资性外商投资企业的人民币形式(指直接结汇所得或结汇待支付账户内的人民币资金)的再投资资金,还是作为股权出让方的被投资企业的境内股东(包括机构和个人)接收投资性外商投资企业的人民币形式(指直接结汇所得或结汇待支付账户内的人民币资金)的股权转让对价,既无须办理接收境内再投资基本信息登记,也无须开立结汇待支付账户,投资性外商投资企业的人民币形式的出资或股权转让价款可直接划入被投资企业或作为股权出让方的被投资企业的境内股东(包括机构和个人)的人民币账户。②

(二) 非投资性外商投资企业资本金结汇再投资外汇管理

现阶段,按照再投资方式的不同,非投资性外商投资企业资本金结汇再投资涉及的外汇事项主要包括:③

---

① 《市场监管总局、商务部、外汇局关于做好年报"多报合一"改革有关工作的通知》第1条规定:"自2019年度年报开始,外商投资企业(机构)应按照《外商投资法》的规定,统一通过国家企业信用信息公示系统(www.gsxt.gov.cn,以下简称公示系统)报送'多报合一'年报。年报内容在现有向市场监管部门报送年报信息的基础上,增加商务主管部门和外汇管理部门年报事项(详见附件1年报文书),新增的年报事项不对社会公示。"《商务部、市场监管总局、外汇局关于开展2019年度外商投资信息报告年度报告的公告》(商务部公告2019年第72号)第1条第1款规定:"2019年12月31日前在我国境内依法设立并登记注册的外商投资企业,应于2020年1月1日至6月30日期间,登录国家企业信用信息公示系统(网址:www.gsxt.gov.cn)报送年度报告。相关数据信息将在商务、市场监管、外汇部门间实现共享。"第6条规定:"外国(地区)企业在中国境内从事生产经营活动,外商投资性公司、创业投资企业、以投资为主要业务的外商投资合伙企业在中国境内投资设立的企业等,参照外商投资企业报送年度报告。"

② 《国家外汇管理局关于改革外商投资企业外汇资本金结汇管理方式的通知》(汇发〔2015〕19号)第4条第1款、《资本项目外汇业务指引(2024年版)》之"7.3 接收境内再投资基本信息登记及变更登记"。

③ 《国家外汇管理局关于改革外商投资企业外汇资本金结汇管理方式的通知》(汇发〔2015〕19号)第4条第2款、《国家外汇管理局关于进一步促进跨境贸易投资便利化的通知》(汇发〔2019〕28号,经汇发〔2023〕28号修改)第2条第2款("非投资性外商投资企业以资本金原币划转开展境内股权投资的,被投资企业应按规定办理接收境内再投资登记并开立资本金账户接收资金,无需办理货币出资入账登记,出让股权的境内机构应按规定办理接收境内再投资登记并开立资本项目结算账户接收股权转让对价;非投资性外商投资企业以资本金结汇开展境内股权投资的,被投资主体应按规定办理接收境内再投资登记并开立'资本项目-结汇待支付账户'接收相应资金")、《资本项目外汇业务指引(2024年版)》之"7.3 接收境内再投资基本信息登记及变更登记"。《国家外汇管理局关于进一步深化改革 促进跨境贸易投资便利化的通知》(汇发〔2023〕28号)规定:"将资本项目资产变现账户调整为资本项目结算账户(相关账户整合方案见附件3)。境内股权出让方(含机构和个人)接收境内主体以外币支付的股权转让对价资金,以及境内企业境外上市募集的外汇资金,可直接汇入资本项目结算账户。资本项目结算账户内资金可自主结汇使用。境内股权出让方接收外商投资企业以结汇所得人民币资金(来源于直接结汇所得或结汇待支付账户内的人民币资金)支付的股权转让对价资金,可直接划转至境内股权出让方的人民币账户。"

序号	再投资方式	交易对方	外汇事项
1	外汇资本金结汇新设企业	被投资企业	被投资企业接收境内再投资基本信息登记
2			被投资企业结汇待支付账户的开立和使用
3			非投资性外商投资企业按照实际投资规模将外汇资本金直接结汇支付至被投资企业结汇待支付账户，或者将其结汇待支付账户中的人民币资金支付至被投资企业结汇待支付账户
4	外汇资本金结汇对境内企业增资	被投资企业	被投资企业接收境内再投资基本信息登记
5			被投资企业结汇待支付账户的开立和使用
6			非投资性外商投资企业按照实际投资规模将外汇资本金直接结汇支付至被投资企业结汇待支付账户，或者将其结汇待支付账户中的人民币资金支付至被投资企业结汇待支付账户
7	外汇资本金结汇收购境内企业股权	被投资企业股权出让方（境内机构）	被投资企业股权出让方机构接收境内再投资基本信息登记
8		被投资企业股权出让方（境内机构）	非投资性外商投资企业按照实际投资规模将外汇资本金直接结汇所得人民币资金或者将其结汇待支付账户中的人民币资金直接划转至被投资企业股权出让方机构的人民币账户
9		被投资企业股权出让方（境内个人）	非投资性外商投资企业按照实际投资规模将外汇资本金结汇所得人民币资金或将结汇待支付账户内人民币资金支付至被投资企业股权出让方个人

与投资性外商投资企业类似，非投资性外商投资企业以资本金结汇方式开展境内股权投资（包括新设企业、对境内企业增资和收购境内企业股权），被投资

企业也不需要办理境内直接投资货币出资入账登记①，(但需要报送"多报合一"年度报告②)；并且，非投资性外商投资企业以结汇方式收购境内企业个人股东股权的交易，作为股权出让方的境内企业个人股东也无须开立资本金账户或结汇待支付账户，非投资性外商投资企业可以将人民币形式（指直接结汇所得或结汇待支付账户内的人民币资金）的股权转让对价直接给境内个人。③ 此外，非投资性外商投资企业以结汇方式收购境内企业机构股东股权的交易，作为股权出让方的境内企业机构股东也无需开立资本金账户或结汇待支付账户，非投资性外商投资企业可以将人民币形式（指直接结汇所得或结汇待支付账户内的人民币资金）的股权转让对价直接给境内机构。④

不过，现阶段，非投资性外商投资企业以资本金结汇资金开展境内股权投资，被投资企业接收非投资性外商投资企业的人民币形式（指直接结汇所得或结

---

① 《国家外汇管理局关于进一步促进跨境贸易投资便利化的通知》（汇发〔2019〕28号，经汇发〔2023〕28号修改）第2条第2款规定："非投资性外商投资企业以资本金原币划转开展境内股权投资的，被投资企业应按规定办理接收境内再投资登记并开立资本金账户接收资金，无需办理货币出资入账登记，出让股权的境内机构应按规定办理接收境内再投资登记并开立资本项目结算账户接收股权转让对价；非投资性外商投资企业以资本金结汇开展境内股权投资的，被投资主体应按规定办理接收境内再投资登记并开立'资本项目-结汇待支付账户'接收相应资金"；《国家外汇管理局关于精简外汇账户的通知》（汇发〔2019〕29号）附件2《银行办理相关资本项目外汇业务操作指引》之"3. 外汇资本金账户的开立、入账和使用"规定："来源于境内外汇再投资或股权转让对价外汇资金，无需办理货币出资入账登记"；《资本项目外汇业务指引（2020年版）》之"6.6 外汇资本金账户的开立、入账和使用"规定："来源于境内外汇再投资和境外上市的外汇资金，无需办理货币出资入账登记，《资本项目外汇业务指引（2024年版）》之"7.6 外汇资本金账户的开立、入账和使用"规定："来源于境内外汇再投资外汇资金，无需办理货币出资入账登记"。

② 《市场监管总局、商务部、外汇局关于做好年报"多报合一"改革有关工作的通知》第1条规定："自2019年度年报开始，外商投资企业（机构）应按照《外商投资法》的规定，统一通过国家企业信用信息公示系统（www.gsxt.gov.cn，以下简称公示系统）报送'多报合一'年报。年报内容在现有向市场监管部门报送年报信息的基础上，增加商务主管部门和外汇管理部门年报事项（详见附件1年报文书），新增的年报事项不对社会公示。"《商务部、市场监管总局、外汇局关于开展2019年度外商投资信息报告年度报告的公告》（商务部公告2019年第72号）第1条第1款规定："2019年12月31日前在我国境内依法设立并登记注册的外商投资企业，应于2020年1月1日至6月30日期间，登录国家企业信用信息公示系统（网址：www.gsxt.gov.cn）报送年度报告。相关数据信息将在商务、市场监管、外汇部门间实现共享。"第6条规定："外国（地区）企业在中国境内从事生产经营活动，外商投资性公司、创业投资企业、以投资为主要业务的外商投资合伙企业在中国境内投资设立的企业等，参照外商投资企业报送年度报告。"

③ 《国家外汇管理局关于改革外商投资企业外汇资本金结汇管理方式的通知》（汇发〔2015〕19号）第4条第1款、《资本项目外汇业务指引（2024年版）》之"7.3 接收境内再投资基本信息登记及变更登记"。

④ 《国家外汇管理局关于进一步深化改革 促进跨境贸易投资便利化的通知》（汇发〔2023〕28号）规定："境内股权出让方接收外商投资企业以结汇所得人民币资金（来源于直接结汇所得或结汇待支付账户内的人民币资金）支付的股权转让对价资金，可直接划转至境内股权出让方的人民币账户"。

汇待支付账户内的人民币资金）的再投资资金，还是作为股权出让方的被投资企业的境内机构股东接收非投资性外商投资企业的人民币形式（指直接结汇所得或结汇待支付账户内的人民币资金）的股权转让对价，都应先到所在地银行申请办理接收境内再投资基本信息登记并且被投资企业还应当开立结汇待支付账户（作为股权出让方的被投资企业的境内机构股东无需开立结汇待支付账户），之后再由开展投资的非投资性外商投资企业按实际投资规模将结汇所得人民币资金划往被投资企业开立的结汇待支付账户或者直接划转至作为股权出让方的被投资企业的境内机构股东的人民币账户。[①]

接下来介绍非投资性外商投资企业以资本金结汇方式开展境内股权投资涉及的主要外汇事项。

（三）被投资企业接收境内再投资基本信息登记

不论是非投资性外商投资企业以外汇资本金结汇所得人民币资金新设企业还是对境内企业增资，被投资企业都应在所属外汇分局（外汇管理部）辖内外汇指定银行申请办理接收境内再投资基本信息登记后，再开立结汇待支付账户用于接收外商投资企业境内人民币再投资资金。[②] 具体要求请见本章"七、外商投资企业外汇资本金原币再投资外汇管理"之"（二）被投资企业接收境内再投资基本信息登记"。

需要注意的是，《国家外汇管理局关于扩大跨境贸易投资高水平开放试点的通知》（汇发〔2023〕30号）决定自2023年12月4日起，在上海市、江苏省、

[①] 《国家外汇管理局关于改革外商投资企业外汇资本金结汇管理方式的通知》（汇发〔2015〕19号）第4条第2款、《国家外汇管理局关于进一步促进跨境贸易投资便利化的通知》（汇发〔2019〕28号，经汇发〔2023〕28号修改）第2条第2款、《资本项目外汇业务指引（2024年版）》之"7.3 接收境内再投资基本信息登记及变更登记"、《国家外汇管理局关于进一步深化改革 促进跨境贸易投资便利化的通知》（汇发〔2023〕28号）第七项规定："……境内股权出让方接收外商投资企业以结汇所得人民币资金（来源于直接结汇所得或结汇待支付账户内的人民币资金）支付的股权转让对价资金，可直接划转至境内股权出让方的人民币账户"。需要注意的是，《国家外汇管理局关于扩大跨境贸易投资高水平开放试点的通知》（汇发〔2023〕30号）决定自2023年12月4日起，在上海市、江苏省、广东省（含深圳市）、北京市、浙江省（含宁波市）、海南省全域（以下统称试点地区）扩大实施跨境贸易投资高水平开放政策试点，该通知第6条规定："外商投资企业开展境内再投资业务时，被投资企业或股权出让方如为试点地区辖内注册的企业，无需办理接收境内再投资登记手续"。据此，当时非试点地区并未全面实行外商投资企业境内再投资免予登记制度。

[②] 《国家外汇管理局关于进一步促进跨境贸易投资便利化的通知》（汇发〔2019〕28号，经汇发〔2023〕28号修改）第2条第2款、《资本项目外汇业务指引（2024年版）》之"7.3 接收境内再投资基本信息登记及变更登记"。

广东省（含深圳市）、北京市、浙江省（含宁波市）、海南省全域（以下统称试点地区）扩大实施跨境贸易投资高水平开放政策试点，该通知第6条规定："外商投资企业开展境内再投资业务时，被投资企业……如为试点地区辖内注册的企业，无需办理接收境内再投资登记手续"。

（四）被投资企业结汇待支付账户的开立

现阶段，国家外汇管理局将境内机构资本项目外汇收入意愿结汇所得人民币资金均纳入结汇待支付账户管理。[①] 在结汇待支付账户管理方面，外商投资企业与被投资企业适用的是基本相同的规则。

被投资企业结汇待支付账户是以被投资企业名义开立的、用于接收非投资性外商投资企业外汇资本金结汇所得人民币再投资资金等资本项目外汇收入意愿结汇所得人民币资金的账户，属于境内直接投资账户的一种。

1. 开立条件

在开立条件方面，被投资企业结汇待支付账户的开立须以完成接收境内再投资基本信息登记为前提；外汇指定银行在为被投资企业办理结汇待支付账户开立业务之前，应确认其已按规定办理了接收境内再投资基本信息登记，并根据外汇局资本项目信息系统登记信息为其办理开户手续。[②] 在例外情况下，被投资企业确有需要开立结汇待支付账户但无业务登记凭证的，经办银行可协商注册地外汇局处理。[③]

2. 收入范围

在收入范围方面，被投资企业结汇待支付账户的收入限于：（1）由开展境内股权投资的非投资性外商投资企业的资本金账户结汇划入的资金；（2）由开展境内股权投资的非外商投资企业的结汇待支付账户划入的资金；（3）由本账户合规划出后划回的资金；（4）因交易撤销退回的资金（含以支付结汇制合规支付的资金划回）；（5）符合规定的人民币收入；（6）账户利息收入；（7）经外

[①]《国家外汇管理局关于改革和规范资本项目结汇管理政策的通知》（汇发〔2016〕16号）第3条。
[②]《国家外汇管理局关于进一步促进跨境贸易投资便利化的通知》（汇发〔2019〕28号，经汇发〔2023〕28号修改）第2条、《资本项目外汇业务指引（2024年版）》之"7.3 接收境内再投资基本信息登记及变更登记"和"11.3 资本项目-结汇待支付账户的开立、使用和关闭"。
[③]《资本项目外汇业务指引（2024年版）》之"11.3 资本项目-结汇待支付账户的开立、使用和关闭"。

汇局（银行）登记或外汇局核准的其他收入。[①]

3. 支出范围

在支出范围方面，被投资企业结汇待支付账户的支出限于：经营范围内的支出，支付境内股权投资资金和人民币保证金，划往资金集中管理专户、同名结汇待支付账户，购付汇或直接对外偿还外债，外国投资者减资、撤资资金购付汇或直接对外支付，为境外机构代扣代缴境内税费，购付汇或直接对外支付经常项目支出及经外汇局（银行）登记或外汇局核准的其他资本项目支出。[②]

（五）非投资性外商投资企业资本金结汇支付至被投资企业结汇待支付账户

在被投资企业办理接收境内再投资基本信息登记并开立结汇待支付账户后，在非投资性外商投资企业履行境内股权投资的出资义务的条件成就时，非投资性外商投资企业需要到其注册地银行办理将外汇资本金结汇支付至被投资企业结汇待支付账户的手续。

为此，非投资性外商投资企业需要向银行提交：（1）《资本项目账户资金支付命令函》；（2）本企业外国投资者货币出资入账登记表（仅限于外国投资者跨境汇入的资本金）；（3）证明该笔资金划出用于境内出资用途的真实性证明材料（须经主管部门批准或备案的应提供相应批准或备案文件）。[③] 有关外商投资企业资本金使用的其他要求，请见本章"三、外资新设外汇管理"之"（五）外商投资企业外汇资本金账户的使用"。

（六）被投资企业结汇待支付账户的使用

被投资企业结汇待支付账户内的资金属于资本项目收入[④]，其使用应当遵守

[①] 《资本项目外汇业务指引（2024年版）》之"11.3 资本项目-结汇待支付账户的开立、使用和关闭"。

[②] 《资本项目外汇业务指引（2024年版）》之"11.3 资本项目-结汇待支付账户的开立、使用和关闭"。

[③] 《国家外汇管理局关于改革和规范资本项目结汇管理政策的通知》（汇发〔2016〕16号）第5条、《资本项目外汇业务指引（2024年版）》之"7.6 外汇资本金账户的开立、入账和使用"和"11.2 资本项目收入结汇支付"。

[④] 《国家外汇管理局关于改革和规范资本项目结汇管理政策的通知》（汇发〔2016〕16号）第5条第1款规定："境内机构申请使用资本项目收入办理支付（包括结汇后不进入结汇待支付账户而是直接办理对外支付、从结汇待支付账户办理人民币对外支付或直接从资本项目外汇账户办理对外付汇）时，应如实向银行提供与资金用途相关的真实性证明材料"，其中把"从结汇待支付账户办理人民币对外支付"也列为"使用资本项目收入办理支付"。

有关资本项目收入使用的一般要求,具体如下:①

1. **一般要求**

被投资企业结汇待支付账户内人民币资金,可用于自身经营范围内的经常项下支出,以及法律法规允许的资本项下支出。

被投资企业使用结汇待支付账户内人民币资金,需要向银行提交《资本项目收入支付(含意愿结汇)命令函》和与资金用途相关的真实性证明等材料。银行在办理结汇待支付账户内每一笔资金支付时,均应审核前一笔支付证明材料的真实性与合规性(如果在办理前一笔资金支付时,银行已审核该笔业务的真实性与合规性,银行在办理本笔支付时无须重复审核)。②

2. **使用结汇待支付账户内资金进行股权投资的特别要求**

被投资企业使用结汇待支付账户内人民币资金继续开展境内股权投资,参照适用与外商投资企业以结汇资金境内股权投资相同的原则,即:接收被投资企业结汇待支付账户内人民币资金投资的主体(被投资主体)应先按规定办理接收境内再投资登记并开立"资本项目-结汇待支付账户",用于接收被投资企业结汇待支付账户内划入的人民币投资资金。③

3. **其他要求**

被投资企业结汇待支付账户的使用,还需遵循以下要求:

(1)结汇待支付账户内的人民币资金不得购汇汇回资本项目账户。

(2)由结汇待支付账户划出用于担保或支付其他保证金的人民币资金,除因交易达成支付价款或因交易未达成需违约扣款外,其余资金均须原路划回结汇待支付账户。

(3)对于申请一次性将结汇待支付账户中全部人民币进行支付的境内机构,银行应在审核相关真实性证明材料后为其办理;如不能提供相关真实性证明材

---

① 除特别注明外,本部分内容主要源自《国家外汇管理局关于改革和规范资本项目结汇管理政策的通知》(汇发〔2016〕16号)第3条至第5条,《资本项目外汇业务指引(2024年版)》之"7.6 外汇资本金账户的开立、入账和使用"、"11.2 资本项目收入结汇支付"、"11.3 资本项目-结汇待支付账户的开立、使用和关闭"、表22"资本项目收入支付(含意愿结汇)命令函"。

② 《国家外汇管理局关于改革和规范资本项目结汇管理政策的通知》(汇发〔2016〕16号)第5条第1款,《资本项目外汇业务指引(2024年版)》之"11.2 资本项目收入结汇支付"、"11.3 资本项目-结汇待支付账户的开立、使用和关闭"、表22"资本项目收入支付(含意愿结汇)命令函"。

③ 《国家外汇管理局关于改革外商投资企业外汇资本金结汇管理方式的通知》(汇发〔2015〕19号)第4条、《资本项目外汇业务指引(2024年版)》之"7.3 接收境内再投资基本信息登记及变更登记"。

料，银行不得为其办理支付。

（4）境内机构名下各类资本项目账户已关闭的情况下，结汇待支付账户可继续使用，待使用完毕后再行关闭。

（七）被投资企业股权出让方机构接收境内再投资基本信息登记

非投资性外商投资企业以外汇资本金结汇所得人民币资金收购境内企业机构股东股权的交易，作为股权出让方的被投资企业的境内机构股东应在所在地银行申请办理接收境内再投资基本信息登记。① 这与外商投资企业以外汇资本金原币收购境内企业股权涉及的接收境内再投资基本信息登记适用的是基本相同的规则，具体要求请见本章"七、外商投资企业外汇资本金原币再投资外汇管理"之"（二）被投资企业接收境内再投资基本信息登记"。

需要注意的是，非投资性外商投资企业以结汇方式收购境内企业个人股东股权的交易，作为股权出让方的被投资企业的境内个人股东无须办理接收境内再投资基本信息登记。②

还需注意的是，《国家外汇管理局关于扩大跨境贸易投资高水平开放试点的通知》（汇发〔2023〕30号）决定自2023年12月4日起，在上海市、江苏省、广东省（含深圳市）、北京市、浙江省（含宁波市）、海南省全域（以下统称试点地区）扩大实施跨境贸易投资高水平开放政策试点，该通知第6条规定："外商投资企业开展境内再投资业务时，……股权出让方如为试点地区辖内注册的企业，无需办理接收境内再投资登记手续"。

（八）非投资性外商投资企业资本金结汇支付至被投资企业股权出让方机构人民币账户

在被投资企业的境内机构股东办理接收境内再投资基本信息登记后，在非投资性外商投资企业履行股权转让对价支付义务的条件成就时，以外汇资本金结汇投资的非投资性外商投资企业需要到银行办理将外汇资本金结汇所得人民币资金（来源于直接结汇所得或结汇待支付账户内的人民币资金）直接划转至境内股权出让方的人民币账户的手续。

---

① 《国家外汇管理局关于进一步促进跨境贸易投资便利化的通知》（汇发〔2019〕28号，经汇发〔2023〕28号修改）第2条第2款、《资本项目外汇业务指引（2024年版）》之"7.3 接收境内再投资基本信息登记及变更登记"。

② 《资本项目外汇业务指引（2024年版）》之"7.3 接收境内再投资基本信息登记及变更登记"。

为此，非投资性外商投资企业需要向银行提交：(1)《资本项目账户资金支付命令函》；(2) 本企业外国投资者货币出资入账登记表（仅限于外国投资者跨境汇入的资本金）；(3) 证明该笔资金划出用于境内出资用途的真实性证明材料（须经主管部门批准或备案的应提供相应批准或备案文件）。[①]

需要注意的是，在外商投资企业以外汇资本金结汇收购境内企业股权的情况下，与作为股权出让方的被投资企业的境内机构股东在办理接收境内再投资基本信息登记不同，作为股权出让方的被投资企业的境内个人股东无须办理接收境内再投资基本信息登记，作为股权受让方的非投资性外商投资企业可以将人民币形式（指直接结汇所得或结汇待支付账户内的人民币资金）的股权转让价款直接支付给该境内个人。

九、外商投资企业利润汇出

（一）外商投资企业利润汇出属于经常项目外汇支出

外国投资者从外商投资企业分得的利润，属于《企业所得税法》所说的"股息、红利等权益性投资收益"（适用于外国投资者为机构的情形），或《个人所得税法》所说的"股息、红利"（适用于外国投资者为个人的情形）。根据《外汇管理条例》第52条第3项关于"经常项目，是指国际收支中涉及货物、服务、收益及经常转移的交易项目等"的规定，外商投资企业利润汇出，即外商投资企业向其外方股东支付利润，属于外商投资企业经常项目外汇支出。

不过，国家通常是将外商投资企业利润汇出纳入资本项目实施管理的。对此，《经常项目外汇业务指引（2020年版）》（汇发〔2020〕14号文附件1）第47条第3款规定："外商投资企业的利润、股息和红利项下对外支付按照直接投资利润汇出管理规定办理。"《资本项目外汇业务指引（2024年版）》也单独针对"境内直接投资（不含银行、保险机构）利润汇出"的具体要求作出了规定。国家外汇管理局官网于2021年2月26日发布的《其它经常项目外汇业务政策问答》更是进一步明确："外商投资企业利润汇出业务，不区分股东或合伙人是个

[①] 《国家外汇管理局关于改革和规范资本项目结汇管理政策的通知》（汇发〔2016〕16号）第5条、《资本项目外汇业务指引（2024年版）》之"7.6 外汇资本金账户的开立、入账和使用"和"11.2 资本项目收入结汇支付"、《国家外汇管理局关于进一步深化改革 促进跨境贸易投资便利化的通知》（汇发〔2023〕28号）。

人还是企业，均应按照《资本项目外汇业务指引（2020年版）》的'6.11 境内直接投资（不含银行、保险机构）利润汇出'进行办理，即企业提交书面申请、与本次利润汇出相关的股东会或董事会利润分配协议、经审计的财务报表和相关税务凭证等材料，由银行按规定审核办理。"[1]

（二）外国投资者从外商投资企业分得的利润可依法自由汇出

1. 国家对外商投资企业利润汇出不作限制

一直以来，国家对外国投资者依法汇出其从外商投资企业分得的利润都不作限制。

对此，《外汇管理条例》第5条规定："国家对经常性国际支付和转移不予限制。"《外商投资法》第21条也规定："外国投资者在中国境内的出资、利润、资本收益、资产处置所得、知识产权许可使用费、依法获得的补偿或者赔偿、清算所得等，可以依法以人民币或者外汇自由汇入、汇出。"

在此基础上，《外商投资法实施条例》第22条第1款更是进一步规定："外国投资者在中国境内的出资、利润、资本收益、资产处置所得、取得的知识产权许可使用费、依法获得的补偿或者赔偿、清算所得等，可以依法以人民币或者外汇自由汇入、汇出，任何单位和个人不得违法对币种、数额以及汇入、汇出的频次等进行限制。"

2. 外商投资企业利润汇出的真实、合法要求

当然，外商投资企业利润汇出必须真实、合法。

对此，《外汇管理条例》第12条第1款规定："经常项目外汇收支应当具有真实、合法的交易基础。经营结汇、售汇业务的金融机构应当按照国务院外汇管理部门的规定，对交易单证的真实性及其与外汇收支的一致性进行合理审查。"这也是《外商投资法》第21条和《外商投资法实施条例》第22条第1款所说的"依法……自由汇入、汇出"的应有之义。

因此，外商投资企业违反上述关于"经常项目外汇收支应当具有真实、合法的交易基础"的规定向外方股东汇出利润，属于《外汇管理条例》第39条所说

---

[1] http://www.safe.gov.cn/safe/file/file/20210226/4912484dd2c14b2faf1b149262e017e3.pdf?n=%E5%85%B6%E5%AE%83%E7%BB%8F%E5%B8%B8%E9%A1%B9%E7%9B%AE%E5%A4%96%E6%B1%87%E4%B8%9A%E5%8A%A1%E6%94%BF%E7%AD%96%E6%96%87%E4%BB%B6%94，最近访问日期：2024年3月1日。

的"违反规定将境内外汇转移境外,或者以欺骗手段将境内资本转移境外等逃汇行为",可能面临"由外汇管理机关责令限期调回外汇,处逃汇金额30%以下的罚款;情节严重的,处逃汇金额30%以上等值以下的罚款;构成犯罪的,依法追究刑事责任"的法律责任。

(三) 外商投资企业向外方股东汇出利润的要求

如前所述,外国投资者汇出利润应当依法进行,遵守法律规定的要求。这些要求主要包括:

(1) 只有在满足《公司法》等法律规定的利润分配条件的情况下,外商投资企业才能向包括外国投资者在内的出资人分配利润。如果不符合利润分配条件,外商投资企业不得向出资人分配利润,自然也就不存在外国投资者利润汇出的问题。

(2) 外国投资者从外商投资企业分得的利润应当在依法纳税,之后方可汇出。

其中,外商投资的公司分配利润的条件主要是由《公司法》第210条和第225条规定的,即:

第一,外商投资的公司分配当年税后利润时,应当提取利润的10%列入公司法定公积金(公司法定公积金累计额为公司注册资本的50%以上的,可以不再提取)。

第二,外商投资的公司的法定公积金不足以弥补以前年度亏损的,在依法提取法定公积金之前,应当先用当年利润弥补亏损。

第三,外商投资的公司从税后利润中提取法定公积金后,经公司权力机构决议,还可以从税后利润中提取任意公积金。

第四,外商投资的公司弥补亏损和提取公积金后所余税后利润,有限责任公司依照实缴的出资比例或全体股东的约定(仅适用于全体股东另有约定的情形)分配;股份有限公司按照股东持有的股份比例或公司章程的规定分配(仅适用于股份有限公司章程另有规定的情形)。[①] 但是,公司持有的本公司股份不得分配利润。

第五,在外商投资的公司依照《公司法》第215条前两款规定减少注册资本弥补亏损的情况下,在公司的法定公积金和任意公积金累计额达到公司减资后的注册资本50%前,不得分配利润。

[①] 《国家外汇管理局关于进一步改进和调整资本项目外汇管理政策的通知》(汇发〔2014〕2号)第5条第2款取消了外商投资企业本年度处置利润金额原则上不得超过最近一期财务审计报告中属于外方股东"应付股利"和"未分配利润"合计金额的限制。

也因此，外商投资企业申请外国投资者利润汇出时，需要向银行提交书面申请、与本次利润汇出相关的股东会或董事会利润分配决议（或合伙人利润分配决议）、经审计的财务报表、主管税务部门出具的税务凭证（如纸质或电子《服务贸易等项目对外支付税务备案表》，按规定无须提交的除外）[①] 等材料。[②] 银行在审核过程中也需要注意该外商投资企业以往年度是否存在亏损、其财务报表中是否已经体现了弥补以往年度亏损的情况。[③] 国家外汇管理局官网于 2021 年 2 月 26 日发布的《其它经常项目外汇业务政策问答》更是进一步明确："企业在申请办理利润汇出业务时，需提供上一年度经审计的财务审计报告，只要上一年度财务审计报告中存在可分配利润或已分配未汇出利润，即可办理利润汇出"，而不论本年度是否有亏损。[④]

需要注意的是，如果外商投资企业未按规定办理基本信息登记或登记变更、外国投资者货币出资入账登记等资本信息登记，或者处于业务管控状态，可能不能办理外国投资者利润汇出业务。[⑤]

[①] 《国家税务总局 国家外汇管理局关于服务贸易等项目对外支付税务备案有关问题的公告》（国家税务总局 国家外汇管理局公告 2013 年第 40 号，经国家税务总局公告 2018 年第 31 号修改）第 1 条规定："境内机构和个人向境外单笔支付等值 5 万美元以上（不含等值 5 万美元，下同）下列外汇资金，除本公告第三条规定的情形外，均应向所在地主管税务机关进行备案：……（二）境外个人在境内的工作报酬，境外机构或个人从境内获得的股息、红利、利润、直接债务利息、担保费以及非资本转移的捐赠、赔偿、税收、偶然性所得等收益和经常转移收入……"该公告第 3 条未将"境外机构或个人从境内获得的股息、红利、利润"列入无须办理提交《服务贸易等项目对外支付税务备案表》的对外支付情形。

[②] 《资本项目外汇业务指引（2024 年版）》之"7.12 境内直接投资（不含银行、保险机构）利润汇出"。

[③] 《资本项目外汇业务指引（2024 年版）》之"7.12 境内直接投资（不含银行、保险机构）利润汇出"。《国家外汇管理局关于进一步推进外汇管理改革完善真实合规性审核的通知》（汇发〔2017〕3 号）第 7 条也规定："继续执行并完善直接投资外汇利润汇出管理政策。银行为境内机构办理等值 5 万美元以上（不含）利润汇出业务，应按真实交易原则审核与本次利润汇出相关的董事会利润分配决议（或合伙人利润分配决议）、税务备案表原件、经审计的财务报表，并在相关税务备案表原件上加章签注本次汇出金额和汇出日期。境内机构利润汇出前应先依法弥补以前年度亏损。"

[④] http：//www.safe.gov.cn/safe/file/file/20210226/4912484dd2c14b2faf1b149262e017e3.pdf？n＝%E5%85%B6%E5%AE%83%E7%BB%8F%E5%B8%B8%E9%A1%B9%E7%9B%AE%E5%A4%96%E6%B1%87%E4%B8%9A%E5%8A%A1%E6%94%BF%E7%AD%96%E9%97%AE%E7%AD%94，最近访问日期：2024 年 3 月 1 日。

[⑤] 《外国投资者境内直接投资外汇管理规定》第 10 条、第 12 条，《国家外汇管理局关于进一步简化和改进直接投资外汇管理政策的通知》（汇发〔2015〕13 号）第 1 条、第 2 条，《资本项目外汇业务指引（2020 年版）》第三部分"外汇指定银行直接办理资本项目外汇业务指引"之"外汇指定银行直接办理资本项目外汇业务指引相关说明"，《资本项目外汇业务指引（2024 年版）》之"7.12 境内直接投资（不含银行、保险机构）利润汇出"。《资本项目外汇业务操作指引（2017 年版）》（已于 2020 年 11 月废止）之"6.27 境内直接投资（含非金融机构和非银行金融机构，不含保险公司）利润汇出"更是明确规定"未按规定办理存量权益登记的，不得申请利润汇出"。

（四）外国投资者利润汇出涉及的所得税事项

外国投资者利润汇出涉及外国投资者的企业所得税（适用于外方机构股东）或外国投资者的个人所得税（适用于外方个人股东）的申报、缴纳问题。

1. 普通外商投资企业外方机构股东的企业所得税

根据《企业所得税法》（2018 年修正）第 1 条[①]、第 2 条[②]、第 3 条第 2 款、第 3 款[③]、第 6 条第 4 项[④]和《企业所得税法实施条例》第 2 条[⑤]、第 3 条[⑥]、第 7 条第 4 项[⑦]的规定，外商投资企业的外方机构股东（包括外国的公司、合伙企业[⑧]等组织）属于《企业所得税法》所说的"非居民企业"，其从外商投资企业分得的利润属于"来源于中国境内的所得"，外商投资企业的外方机构股东应就该所得缴纳企业所得税。

在税率方面，根据《企业所得税法》第 27 条第 5 项[⑨]、《企业所得税法实施

[①]《企业所得税法》第 1 条规定："在中华人民共和国境内，企业和其他取得收入的组织（以下统称企业）为企业所得税的纳税人，依照本法的规定缴纳企业所得税。个人独资企业、合伙企业不适用本法。"

[②]《企业所得税法》第 2 条规定："企业分为居民企业和非居民企业。本法所称居民企业，是指依法在中国境内成立，或者依照外国（地区）法律成立但实际管理机构在中国境内的企业。本法所称非居民企业，是指依照外国（地区）法律成立且实际管理机构不在中国境内，但在中国境内设立机构、场所的，或者在中国境内未设立机构、场所，但有来源于中国境内所得的企业。"

[③]《企业所得税法》第 3 条第 2 款规定："非居民企业在中国境内设立机构、场所的，应当就其所设机构、场所取得的来源于中国境内的所得，以及发生在中国境外但与其所设机构、场所有实际联系的所得，缴纳企业所得税。"第 3 款规定："非居民企业在中国境内未设立机构、场所的，或者虽设立机构、场所但取得的所得与其所设机构、场所没有实际联系的，应当就其来源于中国境内的所得缴纳企业所得税。"

[④]《企业所得税法》第 6 条第 4 项规定："企业以货币形式和非货币形式从各种来源取得的收入，为收入总额。包括……（四）股息、红利等权益性投资收益……"

[⑤]《企业所得税法实施条例》第 2 条规定："企业所得税法第一条所称个人独资企业、合伙企业，是指依照中国法律、行政法规成立的个人独资企业、合伙企业。"

[⑥]《企业所得税法实施条例》第 3 条规定："企业所得税法第二条所称依法在中国境内成立的企业，包括依照中国法律、行政法规在中国境内成立的企业、事业单位、社会团体以及其他取得收入的组织。企业所得税法第二条所称依照外国（地区）法律成立的企业，包括依照外国（地区）法律成立的企业和其他取得收入的组织。"

[⑦]《企业所得税法实施条例》第 7 条第 4 项规定："企业所得税法第三条所称来源于中国境内、境外的所得，按照以下原则确定……（四）股息、红利等权益性投资所得，按照分配所得的企业所在地确定……"

[⑧]《国家税务总局关于税收协定执行若干问题的公告》（国家税务总局公告 2018 年第 11 号）第 5 条第 1 款第 2 项也提及，"依照外国（地区）法律成立的合伙企业，其实际管理机构不在中国境内，但在中国境内设立机构、场所的，或者在中国境内未设立机构、场所，但有来源于中国境内所得的，是中国企业所得税的非居民企业纳税人"。

[⑨]《企业所得税法》第 27 条第 5 项规定："企业的下列所得，可以免征、减征企业所得税……（五）本法第三条第三款规定的所得。"

条例》第91条第1款①的规定，现阶段，原则上，外方机构股东从外商投资企业分得的利润的企业所得税税率为10%。

不过，根据《企业所得税法》第58条关于"中华人民共和国政府同外国政府订立的有关税收的协定与本法有不同规定的，依照协定的规定办理"的规定，外方机构股东从外商投资企业分得的利润实际适用的税率，取决于其所属国家与中国之间是否订立税收协定以及所订立的税收协定的具体规定。此外，香港投资者、澳门投资者、台湾投资者从其投资的外商投资企业分得的利润实际适用的税率，分别适用内地/大陆与香港、澳门、台湾之间的税收安排②的规定。③

在源泉扣缴方面，根据《企业所得税法》第37条④、《企业所得税法实施条例》第103条⑤的规定，外商投资企业是外方机构股东从其分得的利润所应缴纳的企业所得税的扣缴义务人，扣缴义务发生之日为股息、红利等权益性投资收益实际支付之日，外商投资企业应当自扣缴义务发生之日起7日内向扣缴义务人所在地主管税务机关申报和解缴代扣税款。⑥

2. 普通外商投资企业外方个人股东的个人所得税

《财政部、国家税务总局关于个人所得税若干政策问题的通知》（财税字〔1994〕020号）第2条第8项规定："下列所得，暂免征收个人所得税……

---

① 《企业所得税法实施条例》第91条第1款规定："非居民企业取得企业所得税法第二十七条第（五）项规定的所得，减按10%的税率征收企业所得税。"

② 见《内地和香港特别行政区关于对所得避免双重征税和防止偷漏税的安排》及其后续议定书、《内地和澳门特别行政区关于对所得避免双重征税和防止偷漏税的安排》及其后续议定书、《海峡两岸避免双重课税及加强税务合作协议》（2015年8月25日签订，尚未生效）。

③ 《国家税务总局关于下发协定股息税率情况一览表的通知》（国税函〔2008〕112号）也提及："根据《中华人民共和国企业所得税法》及其实施条例的规定，2008年1月1日起，非居民企业从我国居民企业获得的股息将按照10%的税率征收预提所得税，但是，我国政府同外国政府订立的关于对所得避免双重征税和防止偷漏税的协定以及内地与香港、澳门间的税收安排（以下统称协定），与国内税法有不同规定的，依照协定的规定办理。"

④ 《企业所得税法》第37条规定："对非居民企业取得本法第三条第三款规定的所得应缴纳的所得税，实行源泉扣缴，以支付人为扣缴义务人。税款由扣缴义务人在每次支付或者到期应支付时，从支付或者到期应支付的款项中扣缴。"

⑤ 《企业所得税法实施条例》第103条规定："依照企业所得税法对非居民企业应当缴纳的企业所得税实行源泉扣缴的，应当依照企业所得税法第十九条的规定计算应纳税所得额。企业所得税法第十九条所称收入全额，是指非居民企业向支付人收取的全部价款和价外费用。"

⑥ 《国家税务总局关于非居民企业所得税源泉扣缴有关问题的公告》（国家税务总局公告2017年第37号）第7条。

（八）外籍个人从外商投资企业取得的股息、红利所得……"① 据此，现阶段，外方个人股东从外商投资企业分得的利润，无须缴纳个人所得税。

3. 上市公司向外国投资者分红涉及的所得税事项

上市公司（包括 A 股上市公司、B 股上市公司和 H 股上市公司）向持有其股票的外国投资者分配利润涉及的所得税事项更加复杂，需要区分持有不同类别股份的外方股东的具体情况（比如持有 A 股的 QFII 和 RQFII②、通过沪港通或深港通投资 A 股的香港市场机构投资者和个人投资者③、持有 B 股的境外机构投资者和境外个人投资者④、持有境内非外商投资企业在香港发行的 H 股的境外机构投资者和境外个人投资者⑤、持有境内外商投资企业在香港发行的 H 股的境外机构投资者和境外个人投资者等）加以确定，实务中应当予以关注。

---

① 尽管《国务院批转发展改革委等部门关于深化收入分配制度改革若干意见的通知》（国发〔2013〕6 号）提出"取消对外籍个人从外商投资企业取得的股息、红利所得免征个人所得税等税收优惠"，但是，在《个人所得税法》及其实施条例于 2018 年修改之后，2018 年 12 月 29 日公布的《财政部、税务总局关于继续有效的个人所得税优惠政策目录的公告》（财政部税务总局公告 2018 年第 177 号）仍将《财政部 国家税务总局关于个人所得税若干政策问题的通知》（财税字〔1994〕020 号）列为"继续有效的个人所得税优惠政策"，国家税务总局《稳外贸稳外资税收政策指引（修订版）》（2024 年 1 月 15 日发布）、《关于延续实施外籍个人有关津补贴个人所得税政策的公告》（财政部 税务总局公告 2023 年第 29 号）也引用了《财政部 国家税务总局关于个人所得税若干政策问题的通知》（财税字〔1994〕020 号），因此，《财政部 国家税务总局关于个人所得税若干政策问题的通知》（财税字〔1994〕020 号）关于外籍个人从外商投资企业取得的股息、红利所得暂免征收个人所得税的税收优惠政策目前仍然是有效的。

② 《国家税务总局关于中国居民企业向 QFII 支付股息、红利、利息代扣代缴企业所得税有关问题的通知》（国税函〔2009〕47 号）。

③ 《财政部、国家税务总局、证监会关于沪港股票市场交易互联互通机制试点有关税收政策的通知》（财税〔2014〕81 号）、《财政部、国家税务总局、证监会关于深港股票市场交易互联互通机制试点有关税收政策的通知》（财税〔2016〕127 号）。

④ 《国家税务总局关于非居民企业取得 B 股等股票股息征收企业所得税问题的批复》（国税函〔2009〕394 号）、《财政部、国家税务总局关于个人所得税若干政策问题的通知》（财税字〔1994〕020 号）。

⑤ 《国家税务总局关于非居民企业取得 B 股等股票股息征收企业所得税问题的批复》（国税函〔2009〕394 号）、《国家税务总局关于国税发〔1993〕045 号文件废止后有关个人所得税征管问题的通知》（国税函〔2011〕348 号）。

十、外资退出外汇管理

(一) 外国投资者退出的方式

就外商投资的公司①而言，现阶段，外国投资者退出的方式主要有：

(1) 向他人转让其在外商投资企业中的全部股权。

(2) 外商投资企业定向减少注册资本。

(3) 外商投资企业依法回购外国投资者所持全部股权。

(4) 外商投资企业依法清算后分配剩余财产。

需要说明的是，尽管《资本项目外汇业务指引（2024年版）》将"外国投资者先行回收投资"作为"外国投资者撤资"的一种，跟"外国投资者清算、减资所得"和"外国投资者境内出让股权"并列列出②，但是，本章没有将"外国投资者先行回收投资资金"列为外国投资者退出的方式，其原因在于《财政部关于中外合作经营企业外方合作者先行回收投资有关问题的通知》（财企〔2008〕159号，已废止）曾经明确将"外国投资者先行回收投资资金"界定为"外国合作者以股东（所有者）身份参与对企业收益的分配，从而实现投资回报"，其实质为"外国投资者优先获得利润分配"，而非退出中外合作经营企业。

对此，《财政部关于中外合作经营企业外方合作者先行回收投资有关问题的通知》（财企〔2008〕159号，已废止）曾明确提出："在按照投资或者提供合作条件进行分配的基础上，扩大外国合作者的收益分配比例，或者外国合作者在合作企业缴纳所得税前回收投资以及其他方式先行回收投资，其财务实质都是外国合作者以股东（所有者）身份参与对企业收益的分配，从而实现投资回报。从企业财务管理来讲，外国合作者先行回收投资的资金，主要来源于企业通过提取固定资产折旧或无形资产摊销积累的资金以及企业实现的利润。"并要求"外国合作者先行回收投资，应当与按照投资或者提供合作条件进行利润分配回收的投资合并计算"，且"外国合作者应当出具承诺函，承诺企业债务的偿付优先于

---

① 外商投资合伙企业的外国投资者退出的方式主要有：(1) 向其他合伙人或合伙人以外的人转让其在合伙企业中的全部财产份额（《合伙企业法》第22条、第73条）；(2) 将其在合伙企业中的出资额减少至0（《合伙企业法》第34条）；(3) 退伙（《合伙企业法》第45条、第46条、第51条至第54条）；(4) 合伙企业依法清算后分配剩余财产（《合伙企业法》第33条、第89条、第69条）。

② 《资本项目外汇业务指引（2020年版）》之"6.9 外国投资者撤资所得资金汇出"，《资本项目外汇业务指引（2024年版）》之"7.10 外国投资者撤资所得资金汇出"。

其先行回收投资，并且在先行回收投资的范围内对企业的债务承担连带责任"，还重申了当时有效的行政法规《中外合作经营企业法实施细则》（自2020年1月1日起废止）第45条第2款所说的"合作企业的亏损未弥补前，外国合作者不得先行回收投资"。

（二）外国投资者转让股权

外国投资者可以通过向他人转让其在外商投资企业中的全部股权的方式退出。其中的"他人"，可以是外商投资企业的其他股东，也可以是股东以外的人；可以是个人，也可以是机构；可以是中国投资者（即外方转中方），也可以是外国投资者（即外方转外方）。

外国投资者向他人转让股权涉及的外汇事项主要包括外商投资企业基本信息登记变更；在外商投资企业的各个外国投资者都将其各自在该企业中的全部股权转让给中国投资者的情况下，该外商投资企业将变更为内资企业，与此相关的外汇事项还包括境内机构或个人收购外商投资企业外方股权资金汇出。有关外商投资企业基本信息登记变更、境内机构或个人收购外商投资企业外方股权资金汇出的具体要求，请见本章"六、外商投资企业基本信息登记变更"之"（一）资本变动事项的登记变更"。

当然，外国投资者转让其在外商投资企业中的股权，需要与受让方在平等、自愿的基础上就股权转让的条款和条件达成一致为前提，也需要遵守《公司法》和该外商投资企业的公司章程有关股权转让的规定。[①] 此外，上市公司的外方股东转让其在上市公司的股份还需遵守《证券法》、中国证监会和证券交易所有关上市公司股份转让的规定。[②]

（三）外商投资企业减资

在有数个股东的外商投资企业，外国投资者还可以通过外商投资企业定向减少注册资本的方式退出，具体为外商投资企业股东会通过减少注册资本的决议、

[①] 这些规定包括但不限于《公司法》第84条和第86条至第89条（适用于外商投资的有限公司）、第157条至第162条（适用于外商投资的股份公司）。此外，对于《外商投资法》生效前成立的中外合资经营企业和中外合作经营企业，其外国投资者转让股权还需要遵守合资合同、合作合同的约定。

[②] 这些规定包括但不限于《证券法》第36条、第63条、第75条，《上市公司股东减持股份管理暂行办法》《上海证券交易所上市公司自律监管指引第15号——股东及董事、高级管理人员减持股份（2025年3月修订）》和《深圳证券交易所上市公司自律监管指引第18号——股东及董事、高级管理人员减持股份（2025修订）》

将该外国投资者在其注册资本中认缴的全部出资额减少至0（减少的注册资本总额当中可以包含、也可以不包含其他股东认缴的出资额）。① 其中，在既有外方股东、又有中方股东的外商投资企业的各个外国投资者都将其各自在该企业注册资本中的全部出资额都减少至0的情况下，该外商投资企业将变更为内资企业。

外国投资者参与减资涉及的外汇事项主要包括（1）外商投资企业基本信息登记变更；（2）外国投资者减资所得资金汇出（仅适用于外国投资者有减资所得且需要汇出境外的情形）。有关外商投资企业基本信息登记变更、外国投资者减资所得资金汇出的具体要求，请见本章"六、外商投资企业基本信息登记变更"之"（一）资本变动事项的登记变更"。

需要注意的是，现阶段，在外汇管理方面，除非法规另有规定，否则外国投资者减资所得金额（可汇出境外或境内再投资）原则上仅限于减少外国投资者实缴注册资本，不包括资本公积、盈余公积、未分配利润等其他所有者权益；并且，减资所得用于弥补账面亏损或调减外方出资义务的，减资所得金额应设定为零。②

（四）外商投资企业回购

在符合法律规定的条件的情况下，外国投资者还可以要求外商投资企业回购其所持股权。这主要是由《公司法》第89条（适用于外商投资的有限公司）和第161条、第162条（适用于外商投资的股份公司）规定的。

1. 外商投资有限公司回购股权

在外商投资的有限公司中，如果外商投资企业的股东会通过了下列任一决议，并且作为股东的外国投资者对该决议投了反对票，则该外国投资者可以要求外商投资企业按照合理的价格收购其股权：

（1）外商投资企业连续5年不向股东分配利润，而公司该5年连续盈利，并且符合《公司法》规定的分配利润条件③。

---

① 只有一个股东的外商投资企业，作为唯一股东的外国投资者不能通过减少注册资本的方式退出，因为减少其在注册资本中的全部出资额将导致该企业的注册资本变更为0，这将导致不符合《公司法》关于有限公司或股份公司成立条件的规定。此外，在法律、行政法规、国务院决定对外商投资企业注册资本最低限额有规定的情况下，该外商投资企业减资后的注册资本金额不得低于最低限额（《市场主体登记管理条例实施细则》第36条第3款）。

② 《资本项目外汇业务指引（2024年版）》之"7.2 外商投资企业基本信息登记（新设、并购）及变更、注销登记"。

③ 《公司法》第210条和第225条。

（2）外商投资企业与其他主体合并。

（3）外商投资企业实施分立。

（4）外商投资企业对外转让主要财产。

（5）外商投资企业的公司章程规定的营业期限届满，股东会通过决议修改章程使公司存续。

（6）外商投资企业的公司章程规定的其他解散事由出现，股东会通过决议修改章程使公司存续的。

在外国投资者与外商投资的有限公司达成股权收购协议的情况下，外商投资企业应依约向外国投资者支付股权转让对价并依法办理减少注册资本的企业变更登记。[①] 不过，在外汇事项方面，是适用"外国投资者减资所得资金汇出"还是适用"外国投资者境内出让股权所得资金汇出"，需要事先与外汇指定银行或外汇局确认。

在外国投资者与外商投资企业未能达成股权收购协议的情况下，外国投资者可以考虑在相关股东会决议通过之日起90内向人民法院提起诉讼，并在胜诉后向法院申请强制执行。

此外，根据《公司法》第89条第3款所说的"公司的控股股东滥用股东权利，严重损害公司或者其他股东利益的，其他股东有权请求公司按照合理的价格收购其股权"，在符合该款规定的条件时，作为外商投资的有限公司的股东的外国投资者也可以要求外商投资企业按照合理的价格收购其股权。

2. 外商投资股份公司回购股份

针对外商投资股份公司的股份回购，《公司法》第161条作出了与《公司法》第89条第1款类似的规定："有下列情形之一的，对股东会该项决议投反对票的股东可以请求公司按照合理的价格收购其股份，公开发行股份的公司除外：（一）公司连续五年不向股东分配利润，而公司该五年连续盈利，并且符合本法规定的分配利润条件；（二）公司转让主要财产；（三）公司章程规定的营业期限届满或者章程规定的其他解散事由出现，股东会通过决议修改章程使公司存续"。当然，上述规定不适用于公开发行股份的公司（主要是上市公司）。

---

① 《公司注册资本登记管理规定》（国家工商行政管理总局令第64号，已废止）第12条曾规定："有限责任公司依据《公司法》第七十四条的规定收购其股东的股权的，应当依法申请减少注册资本的变更登记。"

此外，在外商投资股份公司的股东会作出公司合并或分立的决议的情况下，作为股东的外国投资者如果对该股东会决议持有异议，也可以要求公司收购其所持股份。①

同样的，在外国投资者与外商投资股份公司达成股份收购协议的情况下，在外汇事项方面，是适用"外国投资者减资所得资金汇出"还是适用"外国投资者境内出让股权所得资金汇出"，需要事先与外汇指定银行或外汇局确认。

（五）外商投资企业清算

在外商投资企业因各种原因解散②而清算③后，外国投资者通常可以依照出资比例或持股比例获得分配外商投资企业的剩余财产。④ 依法终止的外商投资企业，按照国家有关规定进行清算、纳税后，属于外方投资者所有的人民币，可以向经营结汇、售汇业务的金融机构购汇汇出。⑤

外商投资企业清算涉及的外汇事项主要包括：（1）外商投资企业基本信息登记注销；（2）外国投资者清算所得资金汇出（仅适用于外国投资者有清算所得且需要汇出境外的情形）。有关外商投资企业基本信息登记注销的具体要求，请见本章"十一、外商投资企业基本信息登记注销"。

在办理外国投资者清算所得资金汇出之前，应当先办理外商投资企业基本信息登记注销手续。⑥ 外商投资企业办理外国投资者清算所得资金汇出时，需要向银行提交业务登记凭证和外国投资者就其清算所得缴纳所得税的《服务贸易等项目对外支付税务备案表》（向境外单笔支付等值不超过5万美元的无须提交）或其他完税证明等材料。银行则应根据资本项目系统清算流出控制信息表为申请主

---

① 《公司法》第162条第1款第4项。
② 外商投资的公司的解散事由见《公司法》第229条，外商投资合伙企业的解散事由见《合伙企业法》第85条。
③ 在外商投资企业因破产而清算的情形，根据《公司法》第236条第2款关于"公司财产在分别支付清算费用、职工的工资、社会保险费用和法定补偿金，缴纳所欠税款，清偿公司债务后的剩余财产，有限责任公司按照股东的出资比例分配，股份有限公司按照股东持有的股份比例分配"和第237条第1款关于"清算组在清理公司财产、编制资产负债表和财产清单后，发现公司财产不足清偿债务的，应当依法向人民法院申请破产清算"的规定，因该企业已经不能清偿到期债务并且资产不足以清偿全部债务或者明显缺乏清偿能力（《企业破产法》第2条第1款），故不存在剩余财产，也就无从分配剩余财产。
④ 《公司法》第236条第2款。
⑤ 《外汇管理条例》第22条第2款。
⑥ 《外国投资者境内直接投资外汇管理规定》第10条第1款、第12条第1款。

体办理资金汇出。①

十一、外商投资企业基本信息登记注销②

（一）基本信息登记注销的适用情形

外商投资企业基本信息登记注销，即外方权益注销③，适用于外商投资企业因破产、解散、营业期限届满、合并或分立等原因而进行的注销。④ 外商投资企业因此注销的，应在规定时限内到外汇指定银行办理基本信息登记注销手续。⑤

需要注意的是，在外商投资企业因外国投资者减资、转股、先行回收投资、上市公司外资股东减持股份等撤资行为转为内资企业的情形，该外商投资企业应在领取变更后的营业执照之后到所在地银行办理基本信息登记变更手续，无需办理基本信息登记注销。⑥

（二）基本信息登记注销的时限要求

在基本信息登记注销的时限方面，外商投资企业应当在完成税务登记注销手续之后，凭注销税务登记证明办理基本信息登记注销手续（依规定无须办理税务登记注销的除外）；并且，原则上应当先办理基本信息登记注销、后办理企业登记注销，即：应当在发布清算公告期结束后、企业登记注销前，到所属外汇分局（外汇管理部）辖内外汇指定银行办理基本信息登记注销手续。

不过，对于未经办理外商投资企业基本信息登记注销即完成企业登记注销的外商投资企业，如果尚未销毁企业公章，仍可以正常办理外商投资企业基本信息登记注销；如果已经销毁企业公章，则应以外商投资企业全体股东名义（或通过

---

① 《资本项目外汇业务指引（2024年版）》之"7.10 外国投资者撤资所得资金汇出"。
② 除特别注明外，本部分内容主要源自《资本项目外汇业务指引（2024年版）》之"7.2 外商投资企业基本信息登记（新设、并购）及变更、注销登记"。
③ 《资本项目外汇业务指引（2024年版）》之表15"境内直接投资基本信息登记业务申请表（一）"的"填表说明"第1点。
④ 《外国投资者境内直接投资外汇管理规定》第6条第2款、《资本项目外汇业务指引（2024年版）》之"7.2 外商投资企业基本信息登记（新设、并购）及变更、注销登记"。
⑤ 《外国投资者境内直接投资外汇管理规定》第6条第2款、《国家外汇管理局关于进一步简化和改进直接投资外汇管理政策的通知》（汇发〔2015〕13号）第1条、《资本项目外汇业务指引（2024年版）》之"7.2 外商投资企业基本信息登记（新设、并购）及变更、注销登记"。
⑥ 《资本项目外汇业务指引（2024年版）》之"7.2 外商投资企业基本信息登记（新设、并购）及变更、注销登记"。

经公证的授权委托书委派其中一名股东）办理基本信息登记注销。

（三）基本信息登记注销的申请材料

通常情况下，外商投资企业办理基本信息登记注销需要向银行提交下列材料：（1）业务登记凭证；（2）《境内直接投资基本信息登记业务申请表（一）》；（3）尚未完成市场监督管理部门企业登记注销的，提交依《公司法》《合伙企业法》规定的清算公告，并提供已将企业债权债务清算完结，以及不存在股权（投资权益）被冻结、出质或抵押等情形的承诺书，或市场监督管理部门吊销企业营业执照的公告（证明文件），或人民法院判决公司解散的有关证明文件；已完成企业登记注销的，则提供市场监督管理部门出具的准予注销登记通知书；（4）注销税务登记证明（依规定无须办理税务登记注销的除外）；（5）会计师事务所出具的清算审计报告（因合并办理注销或无清算所得的无须提供）或经人民法院裁决的清算结果等。

十二、跨境人民币境内直接投资

除了使用外汇来华投资，外国投资者也可以依法使用合法获得的人民币来华开展直接投资活动（包括新设企业、并购境内企业等）；并且，随着人民币国际化的稳步推进，外国投资者以人民币来华投资的情形也越来越多了[1]。中国人民银行等监管机构也明确提出："凡依法可以使用外汇结算的跨境交易，企业都可以使用人民币结算"[2]，"支持境外投资者以人民币来华投资、境内再投资"[3]。中

---

[1] 2020年，外商直接投资人民币跨境收付金额2.76万亿元，同比增长36.3%（见中国人民银行《2021年人民币国际化报告》，http：//www.pbc.gov.cn/huobizhengceersi/214481/3871621/4344602/2021091818083774334.pdf，最后访问日期：2024年3月29日）。2021年，外商直接投资人民币跨境收付金额4.16万亿元，同比增长50.7%（见中国人民银行《2022年人民币国际化报告》，http：//www.pbc.gov.cn/huobizhengceersi/214481/3871621/4666144/20221124114465947776.pdf，最后访问日期：2024年3月29日）；2022年，外商直接投资人民币跨境收付金额4.5万亿元，同比增长9.1%（见中国人民银行《2023年人民币国际化报告》，http：//www.pbc.gov.cn/huobizhengceersi/214481/3871621/5114765/2023102720175126516.pdf，最后访问日期：2024年3月29日）。

[2] 《中国人民银行关于进一步完善人民币跨境业务政策促进贸易投资便利化的通知》（银发〔2018〕3号）第1条。

[3] 《商务部、中国人民银行关于进一步支持外经贸企业扩大人民币跨境使用促进贸易投资便利化的通知》（商财函〔2023〕1号）第2条。

国人民银行还制定了专门的法规①,为外国投资者以人民币来华投资提供指引和便利。②

总体而言,外国投资者以人民币在境内投资,与外国投资者以外汇在境内投资,只是投资资金币种、监管机构③存在不同,但都属于外商投资,应当适用基本一致的规则。与以外汇在境内进行投资类似,外国投资者以人民币在境内投资也需要遵守《外商投资法》和《外商投资法实施条例》等有关外商投资的法律法规的要求,国家也主要是从外商投资企业信息登记、外商投资相关主体人民币银行结算账户的开立与使用等方面进行监管的。

外国投资者以人民币在境内进行直接投资涉及的跨境人民币业务事项主要包括:④

---

① 这些法规主要包括《外商直接投资人民币结算业务管理办法》(中国人民银行公告〔2011〕第 23 号)、《中国人民银行关于明确外商直接投资人民币结算业务操作细则的通知》(银发〔2012〕165 号)、《中国人民银行关于境外机构人民币银行结算账户开立和使用有关问题的通知》(银发〔2012〕183 号)、《中国人民银行关于简化跨境人民币业务流程和完善有关政策的通知》(银发〔2013〕168 号)、《中国人民银行办公厅关于调整境外机构人民币银行结算账户资金使用有关事宜的通知》(银办发〔2016〕15 号)、《中国人民银行关于进一步完善人民币跨境业务政策促进贸易投资便利化的通知》(银发〔2018〕3 号)、《中国人民银行办公厅关于进一步完善跨境资金流动管理,支持金融市场开放有关事宜的通知》(银办发〔2018〕96 号)、《中国人民银行 国家发展和改革委员会 商务部 国务院国有资产监督管理委员会 中国银行保险监督管理委员会 国家外汇管理局关于进一步优化跨境人民币政策 支持稳外贸稳外资的通知》(银发〔2020〕330 号)等。

② 值得一提的是,《国家外汇管理局关于外商以人民币再投资外汇管理有关问题的复函》(汇复〔2000〕129 号)曾经规定,"外商从其已投资的外商投资企业中因清算、股权转让及先行回收投资所得的人民币资金在境内再投资,在政策上可享有同外汇出资同样的待遇",并要求经外汇局批准。并且,《国家外汇管理局关于〈中华人民共和国外汇管理条例〉第七章法律责任部分条款内容含义和适用原则有关问题的通知》(汇发〔2008〕59 号)也曾明确"境外投资者未经外汇局批准以人民币在境内投资"属于《外汇管理条例》第 40 条所说的"等非法套汇行为"。不过,上述汇复〔2000〕129 号文件已经在 2013 年被《国家外汇管理局关于印发〈外国投资者境内直接投资外汇管理规定〉及配套文件的通知》(汇发〔2013〕21 号)废止了,中国人民银行《外商直接投资人民币结算业务管理办法》和《中国人民银行关于明确外商直接投资人民币结算业务操作细则的通知》等法规也没有要求境外投资者以人民币在境内投资须经中国人民银行或国家外汇管理局或其分支机构批准。

③ 《中国人民银行、国家外汇管理局关于跨境人民币业务管理职责分工的通知》(银发〔2012〕103 号)规定,"为进一步做好跨境人民币业务管理工作,按照币种划分的原则,明确推进跨境人民币业务由人民银行货币政策二司负责,并向外汇局有关司提供业务数据。"

④ 《外商直接投资人民币结算业务管理办法》(中国人民银行公告〔2011〕第 23 号)、《中国人民银行关于明确外商直接投资人民币结算业务操作细则的通知》(银发〔2012〕165 号)、《境外机构人民币银行结算账户开立和使用有关问题的通知》(银发〔2012〕183 号)、《中国人民银行关于进一步完善人民币跨境业务政策促进贸易投资便利化的通知》(银发〔2018〕3 号)、《中国人民银行 国家发展和改革委员会 商务部 国务院国有资产监督管理委员会 中国银行保险监督管理委员会 国家外汇管理局关于进一步优化跨境人民币政策 支持稳外贸稳外资的通知》(银发〔2020〕330 号)。

序号	外商人民币直接投资	交易对方	外汇事项
1	新设企业	被投资企业	外商投资企业信息登记
2			外商投资企业人民币资本金专用存款账户的开立和使用
3			外国投资者人民币前期费用专用存款账户的开立和使用
4	对境内企业增资	被投资企业	外商投资企业信息登记
5			外商投资企业人民币资本金专用存款账户的开立和使用
6			外国投资者人民币前期费用专用存款账户的开立和使用
7	收购境内企业股权	被投资企业股权出让方（境内机构和个人）	外商投资企业变更信息报送
8		被投资企业股权出让方（境内机构）	中方股东人民币并购专用存款账户的开立和使用
9	收购外商投资企业中方股权	被投资企业股权出让方（境内机构和个人）	外商投资企业变更信息报送
10		被投资企业股权出让方（境内机构和个人）	中方股东人民币股权转让专用存款账户的开立和使用
11	外商投资企业向外国投资者分配利润	被投资企业	外国投资者人民币利润汇出
12	外国投资者参与外商投资企业减资	被投资企业	外商投资企业变更信息报送
13		被投资企业	外国投资者减资所得人民币资金汇出
14	外国投资者转让股权	被投资企业股权受让方（境内机构和个人）	外商投资企业变更信息报送
15			外国投资者转股所得人民币资金汇出
16	外商投资企业清算	被投资企业	外国投资者清算所得人民币资金汇出
17	外商投资企业先行收回投资	被投资企业	外国投资者先行收回投资所得人民币资金汇出

续表

序号	外商人民币直接投资	交易对方	外汇事项
18	外国投资者将因人民币利润分配、先行回收投资、清算、减资、股权转让等所得人民币资金境内再投资	被投资企业或被投资企业股权受让方（境内机构和个人）	外国投资者人民币再投资专用存款账户的开立和使用

（注：自2021年2月4日起，中国人民银行取消了境外投资者以境内人民币利润所得境内再投资涉及的人民币再投资专用存款账户专户管理要求以及对应的被投资企业人民币资本金专用存款账户专户管理要求、境外投资者以人民币收购境内内资企业和境内外商投资企业的中方股东股权涉及的中方股东人民币并购专用存款账户或人民币股权转让专用存款账户专户管理要求[①]）

（一）外商投资企业信息登记与变更

1. 外商投资企业信息登记

外国投资者以人民币新设的外商投资企业和并购内资企业设立的外商投资企业，应当在领取营业执照后10个工作日内，选择一家结算银行作为主报告银行，并由其主报告银行通过人民币跨境收付信息管理系统（RCPMIS）办理企业信息登记，注册地中国人民银行分支机构进行事后管理。[②]

在办理企业信息登记时，外商投资企业应当向其主报告银行提交外商投资企业营业执照副本等文件；其中，外商投资合伙企业应当提供营业执照副本和企业登记机关出具的包括合伙企业全部登记事项在内的加盖企业登记机关查询章的企业基本信息单或网络查询结果打印单。[③] 银行可将企业营业执照、市场监督管理等部门系统披露的商事主体登记及备案信息等，作为业务审核、账户开立、企业

[①] 见《中国人民银行、国家发展和改革委员会、商务部 国务院国、有资产监督管理委员会、中国银行保险监督管理委员会、国家外汇管理局关于进一步优化跨境人民币政策 支持稳外贸稳外资的通知》（银发〔2020〕330号）第9项、第10项。

[②] 《外商直接投资人民币结算业务管理办法》第7条第1款、《中国人民银行关于明确外商直接投资人民币结算业务操作细则的通知》（银发〔2012〕165号）第5条第1款、《中国人民银行关于进一步完善人民币跨境业务政策促进贸易投资便利化的通知》（银发〔2018〕3号）第4条第2项。

[③] 《中国人民银行关于明确外商直接投资人民币结算业务操作细则的通知》（银发〔2012〕165号）第5条第2款。

信息登记依据。①

需要注意的是，境外投资者同时使用人民币资金和外汇资金新设外商投资企业或并购内资企业的，外商投资企业既要向注册地外汇指定银行办理外汇登记（外商投资企业基本信息登记），又要通过主报告银行办理企业信息登记（外商直接投资人民币结算业务）。②

2. 外商投资企业变更信息报送

已登记的外商投资企业发生名称、经营期限、出资方式、合作伙伴及合资合作方式等基本信息变更，或发生增资、减资、股权转让或置换、合并或分立等重大变更的，应当在经企业登记机关变更登记或备案后15个工作日内将上述变更情况报送主报告银行。③

（二）外商投资企业人民币资本金专用账户的开立与使用

1. 外商投资企业人民币资本金专用账户的开立

在外国投资者以人民币新设外商投资企业或增资并购内资企业设立外商投资企业的情形，外商投资企业需要向银行申请开立人民币资本金专用存款账户④，账户名称为存款人名称加"资本金"字样⑤，该账户按照专款专用原则，用于存放境外投资者汇入的人民币注册资本或人民币增资款，该账户不得办理现金收付业务。⑥

需要注意的是，投资性外商投资企业和非投资性外商投资企业使用资本项目

---

① 《中国人民银行、国家发展和改革委员会、商务部、国务院国有资产监督管理委员会、中国银行保险监督管理委员会、国家外汇管理局关于进一步优化跨境人民币政策、支持稳外贸稳外资的通知》（银发〔2020〕330号）第3项。

② 《外商直接投资人民币结算业务管理办法》第16条。

③ 《外商直接投资人民币结算业务管理办法》第7条第4款、《中国人民银行关于明确外商直接投资人民币结算业务操作细则的通知》（银发〔2012〕165号）第5条第1款。

④ 值得一提的是，《中国人民银行，中国银行保险监督管理委员会，中国证券监督管理委员会，国家外汇管理局，上海市人民政府关于进一步加快推进上海国际金融中心建设和金融支持长三角一体化发展的意见》（银发〔2020〕46号）第6条提出："在临港新片区内探索取消外商直接投资人民币资本金专用账户，探索开展本外币合一跨境资金池试点。"《中国人民银行、银保监会、证监会、外汇局、广东省人民政府关于金融支持横琴粤澳深度合作区建设的意见》（银发〔2023〕41号）第21项也提出："支持在合作区开展取消外商直接投资人民币资本金专用存款账户试点，在确保资金使用符合规定、交易行为可追溯的前提下，结算银行可直接为合作区内符合条件的外商投资企业办理人民币资本金入账结算业务，无需开立人民币资本金专用存款账户"。

⑤ 《中国人民银行关于明确外商直接投资人民币结算业务操作细则的通知》（银发〔2012〕165号）第6条。

⑥ 《外商直接投资人民币结算业务管理办法》第8条第1款。

人民币收入开展境内再投资,被投资企业无须开立人民币资本金专用存款账户;外国投资者将境内人民币利润所得用于境内再投资,可将人民币资金从利润分配企业的账户直接划转至被投资企业的账户,该外国投资者无须开立人民币再投资专用存款账户,该被投资企业也无须开立人民币资本金专用存款账户。①

外商投资企业可在异地银行开立人民币资本金专用存款账户,并可开立多个人民币资本金专用存款账户,并且同名人民币资本金专用存款账户之间可相互划转资金。② 人民币资本金专用存款账户为活期存款账户,存款利率按中国人民银行公布的活期存款利率执行。③

2. 外商投资企业人民币资本金的使用

外商投资企业人民币资本金专用存款账户的使用,应当遵守以下要求:

(1) 外商投资企业的人民币资本金专用存款账户存放的人民币资金等资本项目人民币收入(包括外商直接投资资本金、跨境融资及境外上市募集资金调回),在符合下列规定的情形下,可以在国家有关部门批准的经营范围内使用:不得直接或间接用于企业经营范围之外或国家法律法规禁止的支出;除另有明确规定外,不得直接或间接用于证券投资;除经营范围中有明确许可的情形外,不得用于向非关联企业发放贷款,不得用于建设、购买非自用房地产(房地产企业除外)。④

(2) 外商投资企业(包括投资性外商投资企业和非投资性外商投资企业)在符合现行规定且境内所投资项目真实、合规的前提下,可以依法以人民币资本金进行境内再投资。⑤

(3) 外商投资企业资本金专用存款账户的人民币资金可以转存为一年期以

---

① 《中国人民银行、国家发展和改革委员会、商务部、国务院国有资产监督管理委员会、中国银行保险监督管理委员会、国家外汇管理局关于进一步优化跨境人民币政策、支持稳外贸稳外资的通知》(银发〔2020〕330 号)第 9 项、第 10 项。
② 《中国人民银行关于进一步完善人民币跨境业务政策促进贸易投资便利化的通知》(银发〔2018〕3 号)第 4 条第 3 项。
③ 《中国人民银行关于明确外商直接投资人民币结算业务操作细则的通知》(银发〔2012〕165 号)第 15 条。
④ 《中国人民银行、国家发展和改革委员会、商务部、国务院国有资产监督管理委员会、中国银行保险监督管理委员会、国家外汇管理局关于进一步优化跨境人民币政策、支持稳外贸稳外资的通知》(银发〔2020〕330 号)第 10 项。
⑤ 《外商直接投资人民币结算业务管理办法》第 15 条、《中国人民银行、国家发展和改革委员会、商务部、国务院国有资产监督管理委员会、中国银行保险监督管理委员会、国家外汇管理局关于进一步优化跨境人民币政策、支持稳外贸稳外资的通知》(银发〔2020〕330 号)第 9 项。

内（含一年）的存款。[1]

（4）外商投资企业人民币资本金专用存款账户的人民币资金可以偿还国内外贷款。[2]

（5）除支付工资以及企业用作差旅费、零星采购、零星开支等用途的备用金等以外，外商投资企业人民币资本金专用存款账户资金不可划转至境内同名人民币存款账户。[3] 但是，同名人民币资本金专用存款账户之间可相互划转资金[4]；并且，外商投资企业人民币资本金用于工资、差旅费、零星采购等支出的，银行可在展业三原则基础上根据企业支付指令直接办理。[5]

银行应当对外商投资企业人民币资本金使用的真实性和合规性进行审查，监督外商投资企业依法使用人民币资金。在办理结算业务过程中，银行应当根据有关审慎监管规定，要求企业提供支付命令函、资金用途证明等材料，并进行认真审核。[6]

值得一提的是，《外商直接投资人民币结算业务管理办法》第 10 条第 1 款曾经规定："外商投资企业应当根据有关规定，委托会计师事务所对境外投资者缴付的注册资本、出资和股权收购人民币资金的实收情况进行验资询证。会计师事务所在向账户开户银行进行询证后，可以出具验资报告。"在此基础上，《外商直接投资人民币结算业务管理办法》第 11 条进一步规定："银行不得为未完成验资手续的人民币资本金专用存款账户办理人民币资金对外支付业务。"不过，由于（中国人民银行公告〔2015〕第 12 号）第 6 条删除了《外商直接投资人民币结算业务管理办法》第 10 条第 1 款，因此，建立在《外商直接投资人民币结算业务管理办法》第 10 条第 1 款的基础上的《外商直接投资人民币结算业务管理

---

[1] 《中国人民银行关于明确外商直接投资人民币结算业务操作细则的通知》（银发〔2012〕165 号）第 16 条、《商务部关于跨境人民币直接投资有关问题的公告》（商务公告 2013 年第 87 号，目前未查询到该公告被废止的信息）第 3 条。

[2] 《中国人民银行关于明确外商直接投资人民币结算业务操作细则的通知》（银发〔2012〕165 号）第 17 条。

[3] 《中国人民银行关于明确外商直接投资人民币结算业务操作细则的通知》（银发〔2012〕165 号）第 18 条。

[4] 《中国人民银行关于进一步完善人民币跨境业务政策促进贸易投资便利化的通知》（银发〔2018〕3 号）第 4 条第 3 项。

[5] 《中国人民银行关于进一步完善人民币跨境业务政策促进贸易投资便利化的通知》（银发〔2018〕3 号）第 4 条第 4 项。

[6] 《外商直接投资人民币结算业务管理办法》第 19 条。

办法》第 11 条关于"银行不得为未完成验资手续的人民币资本金专用存款账户办理人民币资金对外支付业务"的规定，应当也不再执行了。从而，除法律法规对外商投资企业注册资本验资有明确规定外，外商投资企业人民币资本金专用存款账户内资金的对外支付无须以完成验资手续为前提。

（三）外国投资者人民币前期费用专用账户的开立和使用

在外商投资企业办理信息登记前，外国投资者为筹建外商投资企业如需汇入人民币前期费用，可以申请开立境外机构人民币前期费用专用存款账户，该账户按照专户专用原则，用于存放与投资项目有关的人民币前期费用资金，不得办理现金收付业务。① 并且，境外投资者在境内拟设立多个外商投资企业或项目的，可分别开立人民币前期费用专用存款账户。②

境外投资者的人民币前期费用专用存款账户的收入范围为：（1）跨境货物贸易、服务贸易、收益及经常转移等经常项目人民币结算收入；（2）政策明确允许或经批准的资本项目人民币收入；（3）跨境贸易人民币融资款项；（4）账户孳生的利息；（5）从同名或其他境外机构境内人民币银行结算账户获得的收入；（6）中国人民银行规定的其他收入。③

境外投资者的人民币前期费用专用存款账户的支出范围为：（1）与投资有关的前期费用；（2）政策明确允许或经批准的资本项目人民币支出；（3）银行费用支出；（4）中国人民银行规定的其他支出项目。④ 但是，境外投资者人民币前期费用专用存款账户内的资金不得用于土地招拍挂或购买房产。⑤

其中，境外投资者以人民币参与境内企业国有产权转让交易的，如达成交易，其向国有资产监督管理部门指定机构汇入的人民币保证金，可作为后续产权交易的价款或对后续成立外商投资企业的出资，划入相应的专用存款账户。如交

---

① 《外商直接投资人民币结算业务管理办法》（中国人民银行公告〔2011〕第 23 号）第 5 条第 1 款。
② 《中国人民银行关于进一步完善人民币跨境业务政策促进贸易投资便利化的通知》（银发〔2018〕3 号）第 4 条第 1 项。
③ 《中国人民银行关于境外机构人民币银行结算账户开立和使用有关问题的通知》（银发〔2012〕183 号）第 4 条。
④ 《中国人民银行关于境外机构人民币银行结算账户开立和使用有关问题的通知》（银发〔2012〕183 号）第 4 条。
⑤ 《中国人民银行关于明确外商直接投资人民币结算业务操作细则的通知》（银发〔2012〕165 号）第 4 条第 2 款。

易不成功，境外投资者汇入的人民币保证金应原路汇回。①

需要注意的是，境外投资者如为境外自然人，可以按照《人民币银行结算账户管理办法》等银行结算账户管理规定申请开立个人人民币银行结算账户，专门用于存放前期费用；该账户的使用参照境外机构人民币前期费用专用存款账户进行管理。②

（四）外资转股并购：以人民币向中方股东支付股权转让对价款

在2021年2月4日之前，在外国投资者以人民币收购内资企业股权项目中，股权出让方（即向外国投资者转让股权的原内资企业的股东）因存在就其转让股权收取股权转让价款的需求，因此也就需要申请开立人民币并购专用存款账户，专门用于存放境外投资者汇入的人民币并购资金，该账户不得办理现金收付业务。③

每一中方股东只能开立一个人民币并购专用存款账户，账户名称为存款人名称加"并购"字样。在并购行为完成后，上述人民币并购专用存款账户存放的资金可依法使用，账户的境内使用信息无须报人民币跨境收付信息管理系统。④

不过，中方股东为境内自然人的，中方股东可以按照《人民币银行结算账户管理办法》等银行结算账户管理规定申请开立个人人民币银行结算账户，专门用于存放境外投资者汇入的人民币并购款，该账户的使用应当参照人民币并购专用存款账户进行管理。银行将中方股东开立的用于并购的个人银行结算账户向人民币跨境收付信息管理系统报备时，应在"备注"最前面注明"并购"字样。⑤

需要注意的是，自2021年2月4日起，中国人民银行取消对外商直接投资人民币并购专用存款账户专户管理要求。境外投资者以人民币转股并购境内企业设立外商投资企业的，被并购境内企业的各中方机构股东也无须开立人民币并购

---

① 《中国人民银行关于进一步完善人民币跨境业务政策促进贸易投资便利化的通知》（银发〔2018〕3号）第4条第5项。
② 《中国人民银行关于明确外商直接投资人民币结算业务操作细则的通知》（银发〔2012〕165号）第2条第2款。
③ 《外商直接投资人民币结算业务管理办法》第8条第2款。
④ 《中国人民银行关于明确外商直接投资人民币结算业务操作细则的通知》（银发〔2012〕165号）第8条第1款、第3款。
⑤ 《中国人民银行关于明确外商直接投资人民币结算业务操作细则的通知》（银发〔2012〕165号）第9条。

专用存款账户了。①

（五）外企中转外：以人民币向中方股东支付股权转让对价款

在 2021 年 2 月 4 日之前，在外国投资者以人民币收购外商投资企业中方股东所持股权的项目中，股权出让方（即向外国投资者转让股权的原外商投资企业的中方股东）因存在就其转让股权收取股权转让价款的需求，因此也就需要申请开立人民币股权转让专用存款账户，专门用于存放境外投资者汇入的人民币股权转让对价款，该账户不得办理现金收付业务。②

每一中方股东只能开立一个人民币股权转让专用存款账户，账户名称为存款人名称加"股权转让"字样。在股权转让行为完成后，上述人民币股权转让专用存款账户存放的资金可依法使用，账户的境内使用信息无须报人民币跨境收付信息管理系统。③

不过，中方股东为境内自然人的，中方股东可以按照《人民币银行结算账户管理办法》等银行结算账户管理规定申请开立个人人民币银行结算账户，专门用于存放境外投资者汇入的人民币股权转让款，该账户的使用应当参照人民币股权转让专用存款账户进行管理。银行将中方股东开立的用于股权转让的个人银行结算账户向人民币跨境收付信息管理系统报备时，应在"备注"最前面注明"股权转让"字样。④

需要注意的是，自 2021 年 2 月 4 日起，中国人民银行取消对外商直接投资人民币股权转让专用存款账户专户管理要求。境外投资者以人民币向境内外商投资企业的中方股东支付股权转让对价款的，该外商投资企业的各中方机构股东也无须开立人民币股权转让专用存款账户了。⑤

---

① 《中国人民银行、国家发展和改革委员会、商务部、国务院国有资产监督管理委员会、中国银行保险监督管理委员会、国家外汇管理局关于进一步优化跨境人民币政策 支持稳外贸稳外资的通知》（银发〔2020〕330 号）第 10 项。
② 《外商直接投资人民币结算业务管理办法》第 8 条第 3 款。
③ 《中国人民银行关于明确外商直接投资人民币结算业务操作细则的通知》（银发〔2012〕165 号）第 8 条第 2 款、第 3 款。
④ 《中国人民银行关于明确外商直接投资人民币结算业务操作细则的通知》（银发〔2012〕165 号）第 9 条。
⑤ 《中国人民银行、国家发展和改革委员会、商务部、国务院国有资产监督管理委员会、中国银行保险监督管理委员会、国家外汇管理局关于进一步优化跨境人民币政策 支持稳外贸稳外资的通知》（银发〔2020〕330 号）第 10 项。

(六) 外国投资者人民币利润汇出

国家允许外国投资者将从其投资的外商投资企业分得的利润以人民币形式汇出。对此，《外商投资法》第 21 条规定："外国投资者在中国境内的出资、利润、资本收益、资产处置所得、知识产权许可使用费、依法获得的补偿或者赔偿、清算所得等，可以依法以人民币或者外汇自由汇入、汇出。"此基础上，《外商投资法实施条例》第 22 条第 1 款更是进一步规定："外国投资者在中国境内的出资、利润、资本收益、资产处置所得、取得的知识产权许可使用费、依法获得的补偿或者赔偿、清算所得等，可以依法以人民币或者外汇自由汇入、汇出，任何单位和个人不得违法对币种、数额以及汇入、汇出的频次等进行限制。"

外国投资者将其在境内依法取得的利润、股息等投资收益汇出的，银行在按规定审核外商投资企业有关利润处置决议及纳税证明等有关材料后直接办理人民币跨境结算，确保境外投资者利润所得依法自由汇出。[①]

(七) 外国投资者人民币再投资专用账户管理

外国投资者将因人民币利润分配、先行回收投资、清算、减资、股权转让等所得人民币资金用于境内再投资或增加注册资本的，应当按照专户专用原则，申请开立人民币再投资专用存款账户存放，账户不得办理现金收付业务。[②] 境外国投资者开立人民币再投资专用存款账户，其账户名称为存款人名称加"再投资"字样。[③]

境外投资者的人民币再投资专用存款账户的收入范围为：（1）因人民币利润分配、先行回收投资、清算、减资、股权转让等所得人民币收入；（2）政策明确允许或经批准的资本项目人民币收入；（3）账户孳生的利息；（4）中国人民银行规定的其他收入。[④]

境外投资者的人民币再投资专用存款账户的支出范围为：（1）划入后续设立的外商投资企业人民币资本金专用存款账户；（2）划入被并购的内资企业原

[①]《外商直接投资人民币结算业务管理办法》第 12 条、《中国人民银行关于进一步完善人民币跨境业务政策促进贸易投资便利化的通知》（银发〔2018〕3 号）第 4 条第 6 项。

[②]《外商直接投资人民币结算业务管理办法》第 5 条、第 14 条。

[③]《中国人民银行关于明确外商直接投资人民币结算业务操作细则的通知》（银发〔2012〕165 号）第 3 条第 1 款。

[④]《中国人民银行关于境外机构人民币银行结算账户开立和使用有关问题的通知》（银发〔2012〕183 号）第 4 条。

中方机构股东人民币并购专用存款账户或自然人股东个人人民币银行结算账户；（3）划入被投资的外商投资企业中方机构股东人民币股权转让专用存款账户或自然人股东个人人民币银行结算账户；（4）银行费用支出；（5）中国人民银行规定的其他支出项目。①

银行应当在审核国家有关部门的核准或备案文件和纳税证明后办理人民币资金对外支付。②

不过，境外投资者为境外自然人的，可以按照《人民币银行结算账户管理办法》等银行结算账户管理规定申请开立个人人民币银行结算账户，专门用于存放再投资资金。该账户的使用应当参照境外机构人民币再投资专用存款账户进行管理。③

需要注意的是，自 2021 年 2 月 4 日起，中国人民银行取消对外国投资者以境内人民币利润所得境内再投资专户管理要求。外国投资者将境内人民币利润所得用于境内再投资（包括收购和增资），可将人民币资金从利润分配企业的账户直接划转至被投资企业或股权转让方的账户，无须开立人民币再投资专用存款账户。④ 但外国投资者因先行回收投资、清算、减资、股权转让等所得人民币资金境内再投资仍应当遵守上述专户专用管理要求。

---

① 《中国人民银行关于境外机构人民币银行结算账户开立和使用有关问题的通知》（银发〔2012〕183 号）第 4 条。
② 《外商直接投资人民币结算业务管理办法》第 14 条。
③ 《中国人民银行关于明确外商直接投资人民币结算业务操作细则的通知》（银发〔2012〕165 号）第 3 条第 2 款。
④ 《中国人民银行、国家发展和改革委员会、商务部、国务院国有资产监督管理委员会、中国银行保险监督管理委员会、国家外汇管理局关于进一步优化跨境人民币政策 支持稳外贸稳外资的通知》（银发〔2020〕330 号）第 10 项。

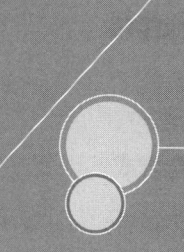

第十五章 外商投资安全审查

外商投资安全审查是国家对外商投资实施监督管理的重要环节，也是部分外商投资项目顺利开展所必须面对的事项。本章接下来围绕外商投资安全审查制度展开讨论。

一、外商投资安全审查的法律体系

建立外商投资安全审查制度，是适应我国利用外资方式逐步转变、对外开放继续推进的新形势，是加强统筹国内发展和对外开放、完善安全高效的开放型经济体系的重要举措；外商投资安全审查制度着眼于完善利用外资政策法规体系，提高透明度、可预期性，促进外商投资有序发展，符合WTO安全例外原则，不会改变对外开放、利用外资的方针，将有利于规范和促进外商投资持续健康发展。[1] 实施外商投资安全审查，不是搞保护主义，更不是开放倒退，主要目的是适应推动形成全面开放新格局的需要，健全对外开放安全保障体系，在积极促进和保护外商投资的同时，有效预防和化解国家安全风险，为更高水平对外开放保驾护航。[2]

现行外商投资安全审查的法律体系，主要是由《国务院办公厅关于建立外国投资者并购境内企业安全审查制度的通知》（国办发〔2011〕6号）、《国务院办公厅关于印发自由贸易试验区外商投资国家安全审查试行办法的通知》（国办发〔2015〕24号）等国务院文件、《商务部实施外国投资者并购境内企业安全审查制度的规定》（商务部公告2011年第53号）以及《外商投资安全审查办法》

---

[1] 《国家发展改革委有关负责人就建立外资并购安全审查制度答记者问》（http://www.gov.cn/zwhd/2011-02/16/content_1804588.htm，最后访问日期：2024年3月2日）。

[2] 《健全外商投资安全审查制度 为更高水平对外开放保驾护航——外商投资安全审查工作机制办公室负责人就〈外商投资安全审查办法〉答记者问》（https://www.ndrc.gov.cn/xxgk/jd/jd/202012/t20201219_1255027.html，最后访问日期：2024年3月2日，下同）。

(国家发展和改革委员会、商务部令第37号)等法规逐步建立起来的。

其中,在2021年1月18日之前,国家已经建立起了适用于全国范围的影响或者可能影响国家安全的各种形式的外商投资的安全审查制度,并出台了适用于全国范围内的影响或者可能影响国家安全的外资并购的外商投资安全审查实施办法和适用于自贸区范围内的影响或者可能影响国家安全的各种形式的外商投资的安全审查试行办法。自2021年1月18日起生效的《外商投资安全审查办法》,则建立起了统一适用于全国范围内的影响或者可能影响国家安全的各种形式的外商投资的安全审查制度的实施办法。

(一) 外商投资国家安全审查的立法过程

我国的外商投资安全审查制度是随着国家改革开放的进程逐步建立、完善起来的。

1. 1990年的《外资企业法实施细则》

1990年10月28日由国务院批准、1990年12月12日由原对外经济贸易部发布的《外资企业法实施细则》在其第6条规定:"申请设立外资企业,有下列情况之一的,不予批准:(一)有损中国主权或者社会公共利益的;(二)危及中国国家安全的;(三)违反中国法律、法规的;(四)不符合中国国民经济发展要求的;(五)可能造成环境污染的。"

应该说,该细则关于"申请设立外资企业,有下列情况之一的,不予批准……(二)危及中国国家安全的"的规定,较早地提出了要从国家安全的角度对设立外资企业进行审查的原则性要求。

2. 1995年的《指导外商投资方向暂行规定》和2002年的《指导外商投资方向规定》

1995年经国务院批准发布的《指导外商投资方向暂行规定》在其第7条规定:"属于下列情形之一的外商投资项目,列为禁止类外商投资项目:(一)属于危害国家安全或者损害社会公共利益的;(二)属于对环境造成污染损害,破坏自然资源或者损害人体健康的;(三)属于占用大量耕地,不利于保护、开发土地资源,或者危害军事设施安全和使用效能的;(四)属于运用我国特有工艺或者技术生产产品的;(五)属于国家法律、行政法规规定禁止的其他项目。前款规定的外商投资项目,任何公司、企业、其他经济组织或者个人均不得举办。"

上述规定经由2002年国务院发布的《指导外商投资方向规定》延续至今。《指导外商投资方向规定》第7条规定："属于下列情形之一的，列为禁止类外商投资项目：（一）危害国家安全或者损害社会公共利益的；（二）对环境造成污染损害，破坏自然资源或者损害人体健康的；（三）占用大量耕地，不利于保护、开发土地资源的；（四）危害军事设施安全和使用效能的；（五）运用我国特有工艺或者技术生产产品的；（六）法律、行政法规规定的其他情形。"其中的"外商投资项目"包括在我国境内投资举办中外合资经营企业、中外合作经营企业和外资企业的项目以及其他形式的外商投资项目。[①]

应该说，国务院关于指导外商投资方向的规定，在行政法规层面明确提出了要从国家安全的角度对各类外商投资进行审查的原则性要求。

3. 2006年的《关于外国投资者并购境内企业的规定》

商务部、国务院国资委、国家税务总局、原国家工商行政管理总局、中国证监会、国家外汇管理局于2006年联合制定的《关于外国投资者并购境内企业的规定》第12条规定："外国投资者并购境内企业并取得实际控制权，涉及重点行业、存在影响或可能影响国家经济安全因素或者导致拥有驰名商标或中华老字号的境内企业实际控制权转移的，当事人应就此向商务部进行申报。当事人未予申报，但其并购行为对国家经济安全造成或可能造成重大影响的，商务部可以会同相关部门要求当事人终止交易或采取转让相关股权、资产或其他有效措施，以消除并购行为对国家经济安全的影响。"

应该说，上述规定在商务部等部委层面建立起了适用于全国范围的外资并购交易的国家安全审查机制。

4. 2011年的《国务院办公厅关于建立外国投资者并购境内企业安全审查制度的通知》

2011年2月的《国务院办公厅关于建立外国投资者并购境内企业安全审查制度的通知》（国办发〔2011〕6号）首次在国务院层面建立起了适用于全国范围内的外资并购交易的正式的外商投资安全审查制度。

5. 2015年的《自由贸易试验区外商投资国家安全审查试行办法》

在国办发〔2011〕6号文的基础上，国务院办公厅于2015年4月印发的《自由贸易试验区外商投资国家安全审查试行办法》，则首次在国务院层面建立

---

① 《指导外商投资方向规定》第2条。

起了适用于自贸区范围内的各类外商投资交易的正式的外商投资安全审查制度。

6. 2015 年的《国家安全法》

2015 年 7 月 1 日通过的《国家安全法》第 59 条规定："国家建立国家安全审查和监管的制度和机制，对影响或者可能影响国家安全的外商投资、特定物项和关键技术、网络信息技术产品和服务、涉及国家安全事项的建设项目，以及其他重大事项和活动，进行国家安全审查，有效预防和化解国家安全风险。"

上述规定首次从法律层面提出了在全国范围内对影响或者可能影响国家安全的各类外商投资进行国家安全审查的要求。

7. 2019 年的《外商投资法》

2019 年 3 月 15 日通过的《外商投资法》第 35 条第 1 款规定："国家建立外商投资安全审查制度，对影响或者可能影响国家安全的外商投资进行安全审查。"

该规定首次从法律层面规定了外商投资安全审查制度，进一步提出了在全国范围内对影响或者可能影响国家安全的各类外商投资进行国家安全审查的原则性要求。

8. 2020 年 12 月的《外商投资安全审查办法》

2020 年 12 月 19 日，经国务院批准后，国家发改委和商务部联合公布了《外商投资安全审查办法》。该办法以《外商投资法》和《国家安全法》为主要法律依据，践行总体国家安全观和新发展理念，坚持统筹发展和安全，坚持开放和安全并重，总结自 2011 年以来近十年的外商投资安全审查工作实践，借鉴主要国家审查制度成果，对外商投资安全审查制度作出较为全面系统的规定。[①]

至此，就基本形成了国家现阶段有关外商投资国家安全审查的法律体系。

（二）法律层面的规定

现有法律都只是对外商投资安全审查作了原则性的规定。

1.《反垄断法》

在法律层面，2007 年 8 月 30 日通过的《反垄断法》首次提到了外资并购安

[①] 《国家发展改革委、商务部发布〈外商投资安全审查办法〉》（https://www.ndrc.gov.cn/xwdt/xwfb/202012/t20201219_1255023.html，最后访问日期：2024 年 3 月 2 日）。

全审查问题。[1]

2007年《反垄断法》第31条（即2022年修正后的《反垄断法》第38条）规定："对外资并购境内企业或者以其他方式参与经营者集中，涉及国家安全的，除依照本法规定进行经营者集中审查外，还应当按照国家有关规定进行国家安全审查。"

需要注意的是，《反垄断法》上述规定只是提及外资并购国家安全审查，但没有直接涉及外资并购国家安全审查的具体事项，而是交由"国家有关规定"去处理。此外，该规定也没有提及除外资并购之外的其他外商投资的国家安全审查问题。

2.《国家安全法》

2015年7月1日通过的新的《国家安全法》[2]，作为国家安全领域的综合性、全局性、基础性法律[3]，首次以法律的形式直接地、明确地规定了适用于包括外商投资在内的各个重大事项和活动的国家安全审查制度，为开展包括外商投资安

---

[1] 当然，在《反垄断法》之前，就有法规提到外商投资国家安全审查问题了。比如，1990年的《外资企业法实施细则》第6条规定："申请设立外资企业，有下列情况之一的，不予批准：（一）有损中国主权或者社会公共利益的；（二）危及中国国家安全的；（三）违反中国法律、法规的；（四）不符合中国国民经济发展要求的；（五）可能造成环境污染的。"2002年的《指导外商投资方向规定》第7条规定："属于下列情形之一的，列为禁止类外商投资项目：（一）危害国家安全或者损害社会公共利益的；（二）对环境造成污染损害，破坏自然资源或者损害人体健康的；（三）占用大量耕地，不利于保护、开发土地资源的；（四）危害军事设施安全和使用效能的；（五）运用我国特有工艺或者技术生产产品的；（六）法律、行政法规规定的其他情形。"2006年的《关于外国投资者并购境内企业的规定》第12条规定："外国投资者并购境内企业并取得实际控制权，涉及重点行业、存在影响或可能影响国家经济安全因素或者导致拥有驰名商标或中华老字号的境内企业实际控制权转移的，当事人应就此向商务部进行申报。当事人未予申报，但其并购行为对国家经济安全造成或可能造成重大影响的，商务部可以会同相关部门要求当事人终止交易或采取转让相关股权、资产或其他有效措施，以消除并购行为对国家经济安全的影响。"

[2] 旧的《国家安全法》是全国人大常委会1993年2月22日通过并于2009年修正的《国家安全法》。全国人大常委会在2014年修订旧的《国家安全法》的过程中决定将该法的名称修改为"反间谍法"，并在2014年11月1日通过《反间谍法》的同时废止了旧的《国家安全法》。

[3] 见全国人民代表大会常务委员会时任委员长张德江于2016年3月9日在第十二届全国人民代表大会第四次会议上作的《全国人民代表大会常务委员会工作报告》（http://www.xinhuanet.com/politics/2016lh/2016-03/19/c_1118381075.htm，最后访问日期：2024年3月29日），全国人大法律委员会（现为全国人大宪法和法律委员会）时任副主任委员李适时于2014年12月22日在第十二届全国人民代表大会常务委员会第十二次会议上作的《全国人大常委会关于〈中华人民共和国国家安全法（草案）〉的说明》（载《全国人民代表大会常务委员会公报》2015年第4期，下同）、2015年6月24日在第十二届全国人民代表大会常务委员会第十五次会议上作的《全国人民代表大会法律委员会关于〈中华人民共和国国家安全法（草案）〉审议结果的报告》（载《全国人民代表大会常务委员会公报》2015年第4期，下同）。

全审查在内的各项国家安全审查提供了法律遵循和依据①。

《国家安全法》第 59 条规定："国家建立国家安全审查和监管的制度和机制，对影响或者可能影响国家安全的外商投资、特定物项和关键技术、网络信息技术产品和服务、涉及国家安全事项的建设项目，以及其他重大事项和活动，进行国家安全审查，有效预防和化解国家安全风险。"这一规定不仅适用外商投资领域的安全审查，还适用于其他领域的安全审查②，是国家安全审查的基本法律依据。

就外商投资安全审查的适用对象而言，《国家安全法》第 59 条的原则性规定适用于全国范围内的各种形式的外商投资，而不像国办发〔2011〕6 号文件仅仅适用于全国范围内的外资并购，也不像国办发〔2015〕24 号文件仅仅适用于自贸区内的外商投资。

3.《种子法》

2015 年 11 月 4 日通过修订后的《种子法》首次针对种业领域明确规定了国家安全审查机制。

《种子法》第 62 条规定："国家建立种业国家安全审查机制。境外机构、个人投资、并购境内种子企业，或者与境内科研院所、种子企业开展技术合作，从事品种研发、种子生产经营的审批管理依照有关法律、行政法规的规定执行。"

这一规定针对的是整个种业领域的国家安全审查问题。其中，就外商投资安全审查而言，适用于外国投资者在种业领域进行的投资和生产经营活动。

4.《外商投资法》

在《国家安全法》第 59 条的基础上，2019 年 3 月 15 日通过的《外商投资法》针对外商投资领域的安全审查制度进一步出了原则性的规定。

《外商投资法》第 35 条第 1 款规定："国家建立外商投资安全审查制度，对

---

① 原全国人大法律委员会（现为全国人大宪法和法律委员会）时任副主任委员李适时于 2015 年 6 月 24 日在第十二届全国人民代表大会常务委员会第十五次会议上作的《全国人民代表大会法律委员会关于〈中华人民共和国国家安全法（草案）〉审议结果的报告》指出："考虑到国家安全审查主要针对涉外事项，对目前已有规定且实践中已开展审查工作的事项在本法中作出明确规定，为安全审查提供遵循和依据是必要的。"

② 当然，国家安全审查主要针对的是涉外事项。见原全国人大法律委员会（现为全国人大宪法和法律委员会）时任副主任委员李适时于 2015 年 6 月 24 日在第十二届全国人民代表大会常务委员会第十五次会议上作的《全国人民代表大会法律委员会关于〈中华人民共和国国家安全法（草案）〉审议结果的报告》。

影响或者可能影响国家安全的外商投资进行安全审查。"《外商投资法实施条例》第 40 条则完全重述了该规定的内容。

在此基础上，《外商投资法》第 35 条第 2 款明确了安全审查决定的效力，即"依法作出的安全审查决定为最终决定"。

值得注意的是，《外商投资法》第 35 条的原则规定适用于全国范围内的各种形式的外商投资，而不像国办发〔2011〕6 号文件仅仅适用于全国范围内的外资并购，也不像国办发〔2015〕24 号文件仅仅适用于自贸区内的外商投资。

《外商投资法》第 35 条和《国家安全法》第 59 条一起，成为外商投资领域国家安全审查的基本法律依据，属于法律关于外商投资安全审查的一般规定；而《种子法》第 62 条则属于法律关于外商投资安全审查的特别规定。

（三）国务院层面的规定

尽管 1990 年的《外资企业法实施细则》第 6 条规定了"申请设立外资企业，有下列情况之一的，不予批准：（一）有损中国主权或者社会公共利益的……" 2002 年的《指导外商投资方向规定》第 7 条也规定了"属于下列情形之一的，列为禁止类外商投资项目：（一）危害国家安全或者损害社会公共利益的……"但是，外商投资安全审查制度的基本框架主要是在现行《国家安全法》和《外商投资法》出台之前，由国务院层面的文件建立起来的。

1. **国办发〔2011〕6 号文**

2011 年 2 月 3 日的《国务院办公厅关于建立外国投资者并购境内企业安全审查制度的通知》（国办发〔2011〕6 号），对外资并购国家安全审查的范围、内容、工作机制、程序等事项作出了规定。

这是首次在国家层面规定外资并购国家安全审查制度。在适用的地域范围方面，这一制度适用于全国。当然，在适用对象方面，这一制度仅适用于外资并购，不适用于除外资并购之外的其他外商投资。

2. **国办发〔2015〕24 号文**

国务院办公厅 2015 年 4 月 8 日的《自由贸易试验区外商投资国家安全审查试行办法》（国办发〔2015〕24 号），对自由贸易试验区（以下简称自贸区）内的外商投资的国家安全审查的范围、内容、工作机制程序等事项作出了规定。

这是首次在国家层面规定全面的外商投资安全审查制度。在适用对象方面，这一制度不仅适用于外资并购，还适用于其他外商投资。当然，在适用地域范围方面，这一制度目前仅适用于自贸区，还不适用于自贸区以外的区域。

3. 国办发〔2018〕19 号文

国务院办公厅 2018 年 3 月 18 日的《知识产权对外转让有关工作办法（试行）》（国办发〔2018〕19 号），对外国投资者并购境内企业安全审查中涉及知识产权对外转让的审查问题作出了特别的规定。

在适用对象方面，这一制度仅适用于属于外资并购安全审查范围并且涉及知识产权对外转让的外资并购，不适用于其他外商投资；在适用地域范围方面，这一制度适用于全国。

4.《外商投资国家安全审查条例》的立法动态

值得一提的是，在《中共中央、国务院关于构建开放型经济新体制的若干意见》（2015 年 5 月 5 日）提出"完善外商投资国家安全审查机制。完善外商投资国家安全审查的法律制度，制定外商投资国家安全审查条例。建立与负面清单管理模式相适应的外商投资国家安全审查制度。完善国家安全审查范围，加强事中事后监管，充分发挥社会监督作用，确保安全审查措施落到实处"的要求的基础上，作为《外商投资法》和《国家安全法》的重要配套行政法规，《外商投资国家安全审查条例》的立法工作也曾在推进当中。制定《外商投资国家安全审查条例》也曾先后被列入国务院 2016 年、2017 年和 2018 年立法工作计划[①]。《外商投资国家安全审查条例》将来如能正式出台，外商投资安全审查就有了更加正式、效力等级更高、适用范围更全面、更广泛的行政法规依据。不过，考虑到国务院 2019 年至 2023 年的立法工作计划都没有明确列出《外商投资国家安全审查条例》，而经国务院批准的部门规章《外商投资安全审查办法》也已于 2021 年 1 月 18 日生效实施，后续是否仍然会出台、何时会出台《外商投资国家安全审查条例》，有待观察。

（四）部委层面的规定

1. 商务部公告 2011 年第 53 号文

在《国务院办公厅关于建立外国投资者并购境内企业安全审查制度的通知》

[①] 见《国务院办公厅关于印发国务院 2016 年立法工作计划的通知》（国办发〔2016〕16 号）、《国务院办公厅关于印发国务院 2017 年立法工作计划的通知》（国办发〔2017〕23 号）、《国务院办公厅关于印发国务院 2018 年立法工作计划的通知》（国办发〔2018〕14 号）。所不同的是，《国务院 2016 年立法工作计划》规定的起草单位是国家发改委、商务部，而《国务院 2018 年立法工作计划》规定的起草单位则变成了国家发改委一家。

（国办发〔2011〕6号）的基础上，商务部发布了《商务部实施外国投资者并购境内企业安全审查制度的规定》（商务部公告2011年第53号）对外资并购安全审查的申报、受理、审查等具体事项作出了规定[1]，该文件是国办发〔2011〕6号文的配套实施细则。[2]

需要注意的是，目前尚未出台《自由贸易试验区外商投资国家安全审查试行办法》（国办发〔2015〕24号）的配套实施细则。

2. 2006年的《关于外国投资者并购境内企业的规定》

值得一提的是，可以从2006年的《关于外国投资者并购境内企业的规定》中找到现行外商投资安全审查制度的影子。

其中，国办发〔2011〕6号第4条第6项关于"外国投资者并购境内企业行为对国家安全已经造成或可能造成重大影响的，联席会议应要求商务部会同有关部门终止当事人的交易，或采取转让相关股权、资产或其他有效措施，消除该并购行为对国家安全的影响"的规定，就直接来源于2006年的《关于外国投资者并购境内企业的规定》第12条第2款关于"当事人未予申报，但其并购行为对国家经济安全造成或可能造成重大影响的，商务部可以会同相关部门要求当事人终止交易或采取转让相关股权、资产或其他有效措施，以消除并购行为对国家经济安全的影响"的规定。

3.《外商投资安全审查办法》

《外商投资法》及其实施条例生效后，经国务院批准，国家发改委和商务部于2020年12月19日公布了《外商投资安全审查办法》（国家发展和改革委员会、商务部令第37号），该办法自2021年1月18日起施行。

《外商投资安全审查办法》共23条，总结了自2011年建立外国投资者并购境内企业安全审查制度近十年来的工作实践，特别是自由贸易试验区外商投资安全审查的有益做法，对外商投资安全审查机构、审查范围、申报机制、审查程序和时限、审查决定执行违规惩戒等事项作出了规定，统一适用于全国范围内的影

---

[1] 在此之前，商务部曾发布《商务部实施外国投资者并购境内企业安全审查制度有关事项的暂行规定》（商务部公告2011年第8号），该暂行规定自2011年3月5日起实施，有效期至2011年8月31日。

[2] 根据2019年4月30日的国家发展和改革委员会公告2019年第4号（《关于外商投资安全审查申报渠道调整的公告》），因部门职能调整，从2019年4月30日起，外商投资安全审查申报改由国家发展改革委政务大厅接收，不再由商务部接收。但《商务部实施外国投资者并购境内企业安全审查制度的规定》（商务部公告2011年第53号）目前未被明文废止或修改。

响或者可能影响国家安全的各种形式的外商投资。

二、外商投资安全审查的定义和性质

（一）外商投资安全审查的定义

现有法律法规暂未对外商投资安全审查直接作出定义。

结合《国家安全法》第 2 条[①]、第 59 条[②]，《外商投资法》第 35 条第 1 款[③]，《国务院办公厅关于建立外国投资者并购境内企业安全审查制度的通知》（国办发〔2011〕6 号），国务院办公厅《自由贸易试验区外商投资国家安全审查试行办法》（国办发〔2015〕24 号）和《外商投资安全审查办法》关于安全审查的范围、内容、工作机制和程序的规定，可以将外商投资安全审查理解为：为了预防和化解国家安全风险，外商投资安全审查工作机制对法规规定范围内的外商投资，从是否影响国家安全或可能影响国家安全的角度进行审查，并作出相应的审查决定的过程。

（二）外商投资安全审查的性质

1.《外商投资法》实施之前

在《外商投资法》实施之前，监管机构没有把外商投资安全审查作为独立的行政许可看待。

在《国务院办公厅关于建立外国投资者并购境内企业安全审查制度的通知》出台时，国家发改委有关负责人在答记者问时曾指出："建立安全审查制度是对现行外资并购审核管理的完善，不新增行政许可。"[④]

此外，在此前由商务部负责接收外商投资安全审查申报时期，商务部公布的《外国投资者并购境内企业安全审查办事指南》则明确将"外国投资者并购境内

[①]《国家安全法》第 2 条规定："国家安全是指国家政权、主权、统一和领土完整、人民福祉、经济社会可持续发展和国家其他重大利益相对处于没有危险和不受内外威胁的状态，以及保障持续安全状态的能力。"

[②]《国家安全法》第 59 条规定："国家建立国家安全审查和监管的制度和机制，对影响或者可能影响国家安全的外商投资、特定物项和关键技术、网络信息技术产品和服务、涉及国家安全事项的建设项目，以及其他重大事项和活动，进行国家安全审查，有效预防和化解国家安全风险。"

[③]《外商投资法》第 35 条第 1 款规定："国家建立外商投资安全审查制度，对影响或者可能影响国家安全的外商投资进行安全审查。"

[④] 见《国家发展改革委有关负责人就建立外资并购安全审查制度答记者问》。

企业安全审查"界定为"行政许可内部环节"。[1]

据此,在《外商投资法》实施之前,在性质上,外商投资安全审查本身并非行政许可,而只是"外资并购审核"等行政许可的内部环节[2]。

2.《外商投资法》实施之后

在外商投资审批制时代,外资并购安全审查作为"外资并购审核"这一行政许可的内部环节,这不成问题。问题是,在《外商投资法》实施之后,国家实行外商投资信息报告制度,包括外资并购在内的各项外商投资已经不需要在商务主管部门办理审批或备案手续了。在这种背景下,外商投资安全审查可以作为哪个行政许可的内部环节呢?还是需要独立作为一个行政审批事项?外商投资安全审查如何与其他外商投资管理制度有效衔接?此外,《外商投资法》第35条第2款关于"依法作出的安全审查决定为最终决定"的规定,是不是意味着需要对外商投资安全审查作出新的定性?

包括《外商投资安全审查办法》在内的现有法规对这些问题未直接作出规定。这些都有待将来出台的《外商投资国家安全审查条例》予以明确。不过,在国家层面作出新的规定之前,"外商投资安全审查并非独立的行政许可"的定性应该仍然未变。

三、外商投资安全审查的范围

需要明确的是,并非所有外商投资都需要进行国家安全审查,只有特定行业和特定领域的特定的外商投资才被列入国家安全审查的范围。

(一) 并非所有外商投资都需要进行安全审查

针对外商投资安全审查,《国家安全法》第59条的规定是"国家建立国家安全审查和监管的制度和机制,对影响或者可能影响国家安全的外商投资……,进行国家安全审查,有效预防和化解国家安全风险",《外商投资法》第35条第1款的规定是"国家建立外商投资安全审查制度,对影响或者可能影响国家安全的外商投资进行安全审查。依法作出的安全审查决定为最终决定"。

---

[1] 见商务部外国投资者并购境内企业安全审查办事指南(https://egov.mofcom.gov.cn/dzzwxt/wzbg-sc.wzs/,最后访问日期:2022年3月28日)。

[2] 在《外商投资法》实施之前,外商投资安全审查具体对应于哪个行政许可,取决于该外商投资的具体方式(比如认购增资、受让转让还是新设企业等)。

《国家安全法》第 59 条所使用的"对影响或者可能影响国家安全的外商投资……进行国家安全审查"和《外商投资法》第 35 条所使用的"……对影响或者可能影响国家安全的外商投资进行安全审查"的表述，本身就表明：并非所有的外商投资都需要安全审查，只有"影响国家安全的外商投资"或"可能影响国家安全的外商投资"这两种外商投资才需要进行国家安全审查。

(二) 外商投资安全审查范围的制度构成

就外商投资安全审查的具体范围而言，《国务院办公厅关于印发国家发展和改革委员会主要职责内设机构和人员编制规定的通知》（国办发〔2008〕102 号）曾经规定："国家发展和改革委员会、商务部会同有关部门建立外国投资者并购境内企业安全审查部际联席会议制度。国家发展和改革委员会会同有关部门提出需要进行外国投资者并购境内企业安全审查的战略性、敏感性行业和领域目录，报国务院批准。"

不过，现阶段，国家尚未公布正式的外商投资安全审查范围目录，而是采用了"对安全审查范围作出原则性规定"+"特定文件作出专项规定"相结合的方式，对外商投资安全审查范围作出了规定。以下分别予以介绍。

(三) 国办发〔2011〕6 号文规定的外资并购安全审查范围

2011 年的《国务院办公厅关于建立外国投资者并购境内企业安全审查制度的通知》（国办发〔2011〕6 号）首次在国家层面建立起了适用于全国范围内的外资并购的国家安全审查制度。

1. 外资并购安全审查的范围

国办发〔2011〕6 号文件确定的现阶段属于国家安全审查范围的外资并购的范围如下：

序号	外国投资者并购的境内标的企业	是否需要取得标的企业的实际控制权
1	军工企业	不以取得并购标的实际控制权为要件
2	军工配套企业	
3	重点军事设施周边企业	
4	敏感军事设施周边企业	
5	关系国防安全的其他单位	

续表

序号	外国投资者并购的境内标的企业	是否需要取得标的企业的实际控制权
6	关系国家安全的重要农产品企业	须以可能取得并购标的企业实际控制权为要件
7	关系国家安全的重要能源企业	
8	关系国家安全的重要资源企业	
9	关系国家安全的重要基础设施企业	
10	关系国家安全的重要运输服务企业	
11	关系国家安全的关键技术企业	
12	关系国家安全的重大装备制造企业	
13	关系国家安全的其他企业	

2. 外资并购的界定

其中，国办发〔2011〕6号文件规定的"外国投资者并购境内企业"，包括下列各种情形：

（1）外国投资者购买境内非外商投资企业的股权，使该境内企业变更设立为外商投资企业；

（2）外国投资者认购境内非外商投资企业增资，使该境内企业变更设立为外商投资企业；

（3）外国投资者购买境内外商投资企业中方股东的股权；

（4）外国投资者认购境内外商投资企业增资；

（5）外国投资者设立外商投资企业，并通过该外商投资企业协议购买境内企业资产并且运营该资产；

（6）外国投资者设立外商投资企业，并通过该外商投资企业购买境内企业股权；

（7）外国投资者直接购买境内企业资产，并以该资产投资设立外商投资企业运营该资产。

3. 外国投资者取得境内企业实际控制权的认定

此外，国办发〔2011〕6号文件界定的"外国投资者取得实际控制权"，是指外国投资者通过并购成为境内企业的控股股东或实际控制人，包括下列各种情形：

（1）外国投资者及其控股母公司、控股子公司在并购后持有的股份总额在50%以上；

（2）数个外国投资者在并购后持有的股份总额合计在50%以上；

（3）外国投资者在并购后所持有的股份总额不足50%，但依其持有的股份所享有的表决权已足以对股东会或股东大会、董事会的决议产生重大影响；

（4）其他导致境内企业的经营决策、财务、人事、技术等实际控制权转移给外国投资者的情形。

从上述范围看，国办发〔2011〕6号文仅涉及外资并购安全审查，不涉及其他形式的外商投资安全审查。

（四）国办发〔2015〕24号文规定的自贸区外商投资安全审查范围

国务院办公厅2015年印发的《自由贸易试验区外商投资国家安全审查试行办法》（国办发〔2015〕24号）首次在国家层面建立起了适用于自贸区范围内的各种形式的外商投资的国家安全审查制度。

1. 自贸区外商投资安全审查的总原则

首先，《自由贸易试验区外商投资国家安全审查试行办法》确立了自由贸易试验区外商投资国家安全审查的总的原则，即："对影响或可能影响国家安全、国家安全保障能力，涉及敏感投资主体、敏感并购对象、敏感行业、敏感技术、敏感地域的外商投资进行安全审查"。

2. 自贸区外商投资安全审查的范围

其次，在上述总的原则的基础上，《自由贸易试验区外商投资国家安全审查试行办法》进一步明确了自贸区范围内属于国家安全审查范围的外商投资的范围，具体如下：

序号	外国投资者在自贸区内投资的标的领域	是否需要取得标的企业的实际控制权
1	军工领域	不以取得所投资企业实际控制权为要件
2	军工配套领域	
3	其他关系国防安全的领域	
4	重点军事设施周边地域	
5	敏感军事设施周边地域	

续表

序号	外国投资者在自贸区内投资的标的领域	是否需要取得标的企业的实际控制权
6	关系国家安全的重要农产品领域	须以取得所投资企业实际控制权为要件
7	关系国家安全的重要能源领域	
8	关系国家安全的重要资源领域	
9	关系国家安全的重要基础设施领域	
10	关系国家安全的重要运输服务领域	
11	关系国家安全的重要文化领域	
12	关系国家安全的重要信息技术产品和服务领域	
13	关系国家安全的关键技术领域	
14	关系国家安全的重大装备制造领域	
15	关系国家安全的其他领域	

3. 自贸区外商投资的界定

其中,《自由贸易试验区外商投资国家安全审查试行办法》规定的"外国投资者在自贸试验区内投资",包括下列各种情形:

序号	外商投资方式	备注
1	外国投资者单独新建项目	国办发〔2011〕6号文无此规定,系《自由贸易试验区外商投资国家安全审查试行办法》首次作出规定
2	外国投资者与其他投资者共同投资新建项目	
3	外国投资者单独设立企业	
4	外国投资者与其他投资者共同投资设立企业	
5	外国投资者通过并购方式取得已设立企业的股权	国办发〔2011〕6号文有此规定,但在自贸区优先适用《自由贸易试验区外商投资国家安全审查试行办法》
6	外国投资者通过并购方式取得已设立企业的资产	

续表

序号	外商投资方式	备注
7	外国投资者通过协议控制方式投资	国办发〔2011〕6号文无此规定，系《自由贸易试验区外商投资国家安全审查试行办法》首次作出规定
8	外国投资者通过代持方式投资	
9	外国投资者通过信托方式投资	
10	外国投资者通过再投资方式投资	
11	外国投资者通过境外交易方式投资	
12	外国投资者通过租赁方式投资	
13	外国投资者通过认购可转换债券方式投资	
14	外国投资者通过其他方式投资	

4. 外国投资者取得所投资自贸区企业实际控制权的认定

此外，《自由贸易试验区外商投资国家安全审查试行办法》界定的"外国投资者取得所投资企业的实际控制权"，包括下列各种情形：

（1）外国投资者及其关联投资者持有企业股份总额在50%以上；

（2）数个外国投资者持有企业股份总额合计在50%以上；

（3）外国投资者及其关联投资者、数个外国投资者持有企业股份总额不超过50%，但所享有的表决权已足以对股东会或股东大会、董事会的决议产生重大影响。

（4）其他导致外国投资者对企业的经营决策、人事、财务、技术等产生重大影响的情形。

5. 外资并购安全审查与自贸区外商投资安全审查的比较

通过比较国办发〔2011〕6号文和《自由贸易试验区外商投资国家安全审查试行办法》，可以发现：

一是《自由贸易试验区外商投资国家安全审查试行办法》从总体上延续了国办发〔2011〕6号文建立的外资并购安全审查的制度框架，与国办发〔2011〕6号文基本保持了一致。

二是后制定的《自由贸易试验区外商投资国家安全审查试行办法》也因其后发优势，新增了关于外商投资国家安全审查的原则规定，并能以此统领整个外商投资安全审查制度。

三是后制定的《自由贸易试验区外商投资国家安全审查试行办法》还对外商投资安全审查的范围、外商投资和外国投资者取得所投资企业的实际控制权的定义，作出了更为全面、更有针对性的规定，不仅涉及外资并购的国家安全审查，还涉及其他外商投资的国家安全审查。

当然，《自由贸易试验区外商投资国家安全审查试行办法》仅适用于自贸区外商投资，不适用于自贸区外的外商投资。不过，根据《外商投资法实施条例》第10条第2款关于"国家在部分地区实行的外商投资试验性政策措施，经实践证明可行的，根据实际情况在其他地区或者全国范围内推广"的规定，结合自贸区改革试点经验逐步在全国范围内复制推广的实践①，从趋势上看，《自由贸易试验区外商投资国家安全审查试行办法》建立起来的外商投资安全审查的具体实施办法也将逐步在全国范围内得到复制推广，进而建立起适用于全国范围的各种外商投资的国家安全审查制度实施办法。

(五)《外商投资安全审查办法》规定的申报范围

《外商投资法》及其实施条例生效后，国家发展和改革委员会、商务部于2020年12月19日公布、自2021年1月18日起施行的《外商投资安全审查办法》明确了适用于全国范围内的影响或可能影响国家安全的各种形式的外商投资的国家安全审查制度的实施办法。

1. 外商投资安全审查的申报范围

与国办发〔2011〕6号文、国办发〔2015〕24号文使用了"审查范围"的表述不同，《外商投资安全审查办法》使用的是"申报范围"的表述（第4条第3款、第16条）。《外商投资安全审查办法》确定的现阶段属于国家安全审查申报范围的外商投资如下：

---

① 见《国务院关于做好自由贸易试验区新一批改革试点经验复制推广工作的通知》（国发〔2016〕63号）、《国务院关于做好自由贸易试验区第五批改革试点经验复制推广工作的通知》（国函〔2019〕38号）、《国务院关于做好自由贸易试验区第四批改革试点经验复制推广工作的通知》（国发〔2018〕12号）等文件。

序号	外国投资者投资的标的领域	是否需要取得标的企业的实际控制权
1	军工领域	不以取得所投资企业实际控制权为要件
2	军工配套领域	
3	其他关系国防安全的领域	
4	军事设施周边地域	
5	军工设施周边地域	
6	关系国家安全的重要农产品领域	须取得所投资企业的实际控制权
7	关系国家安全的重要能源领域	
8	关系国家安全的重要资源领域	
9	关系国家安全的重大装备制造领域	
10	关系国家安全的重要基础设施领域	
11	关系国家安全的重要运输服务领域	
12	关系国家安全的重要文化产品与服务领域	
13	关系国家安全的重要信息技术领域	
14	关系国家安全的重要互联网产品与服务领域	
15	关系国家安全的重要金融服务领域	
16	关系国家安全的关键技术领域	
17	关系国家安全的其他重要领域	

与《自由贸易试验区外商投资国家安全审查试行办法》相比，《外商投资安全审查办法》规定的外商投资安全审查的申报范围主要有以下变化：

一是将"重点、敏感军事设施周边地域"修改为"军事设施周边地域"，不限于"重点、敏感军事设施周边地域"，而将所有"军事设施周边地域"的外商投资都纳入外商投资国家安全审查的申报范围；

二是新增"军工设施周边地域"，将所有"军工设施周边地域"的外商投资都纳入外商投资国家安全审查的申报范围；

三是新增"关系国家安全的重要金融服务"，将所有"关系国家安全的重要金融服务"的外商投资都纳入外商投资国家安全审查的申报范围；

四是将"关系国家安全的重要文化领域"进一步明确为"关系国家安全的重要文化产品与服务领域"；

五是将"关系国家安全的重要信息技术产品和服务"进一步明确为"关系国家安全的重要信息技术和互联网产品与服务领域"。

《外商投资安全审查办法》在总结近十年来的安全审查实践的基础上,将金融等敏感领域一并纳入审查申报范围,填补了此前的监管空白。[1]

需要注意的是,由于《外商投资安全审查办法》第4条第1款第1项使用了"下列范围内的外商投资,外国投资者或者境内相关当事人(以下统称当事人)应当在实施投资前主动向工作机制办公室申报:(一)投资军工、军工配套等关系国防安全的领域,以及在军事设施和军工设施周边地域投资"的表述,因此,在"军工、军工配套等关系国防安全的领域"以及"在军事设施和军工设施周边地域"进行的外商投资,不论外国投资者是否直接或间接取得所投资企业的实际控制权,只要存在外资成分、哪怕只有一个外国投资者、甚至该外国投资者持有权益的数量极少、权益比例极低(外资成分极低),该项外商投资都属于外商投资安全审查的申报范围;并且,在"军工、军工配套等关系国防安全的领域"以及"在军事设施和军工设施周边地域"进行的外商投资,既包括对相关领域或地域的企业进行投资,又包括在相关地域投资建设项目。

与此不同,在"关系国家安全的重要农产品、重要能源和资源、重大装备制造、重要基础设施、重要运输服务、重要文化产品与服务、重要信息技术和互联网产品与服务、重要金融服务、关键技术以及其他重要领域"进行的外商投资,则需要以"取得所投资企业的实际控制权"为前提,才属于外商投资安全审查的申报范围;如果相关外商投资未取得所投资企业的实际控制权,则不属于外商投资安全审查的申报范围。其中的"取得所投资企业的实际控制权",包括下列情形:(1)外国投资者持有企业50%以上股权;(2)外国投资者持有企业股权不足50%,但其所享有的表决权能够对董事会、股东会或者股东大会的决议产生重大影响;(3)其他导致外国投资者能够对企业的经营决策、人事、财务、技术等产生重大影响的情形。[2]

2. 纳入安全审查申报范围的外商投资的界定

《外商投资安全审查办法》规定的属于外商投资安全审查申报范围的外商投

---

[1] 见《健全外商投资安全审查制度 为更高水平对外开放保驾护航——外商投资安全审查工作机制办公室负责人就〈外商投资安全审查办法〉答记者问》。

[2] 《外商投资安全审查办法》第4条第2款。

资，是指外国投资者直接或者间接在境内进行的投资活动，包括下列情形：（一）外国投资者单独或者与其他投资者共同在境内投资新建项目或者设立企业；（二）外国投资者通过并购方式取得境内企业的股权或者资产；（三）外国投资者通过其他方式在境内投资。[①] 当然，只有影响或者可能影响国家安全的外商投资才属于外商投资安全审查的范围。

与《外商投资法》第 2 条第 2 款规定的"外商投资"的定义相比，《外商投资安全审查办法》的上述定义虽然在表述上存在一定差异，但在实质内容上还是与《外商投资法》第 2 条第 2 款规定的"外商投资"的定义保持了一致。

3. 如何判断外商投资是否属于安全审查的申报范围

问题是，监管机构如何判断是否相关外商投资是否属于安全审查的申报范围？

对此，《外商投资安全审查办法》没有直接作出规定。可以作为参考的是此前《商务部实施外国投资者并购境内企业安全审查制度的规定》（商务部公告 2011 年第 53 号）第 9 条的规定："对于外国投资者并购境内企业，应从交易的实质内容和实际影响来判断并购交易是否属于并购安全审查的范围；外国投资者不得以任何方式实质规避并购安全审查，包括但不限于代持、信托、多层次再投资、租赁、贷款、协议控制、境外交易等方式。"

由此，根据《外商投资法》第 35 条第 1 款关于"国家建立外商投资安全审查制度，对影响或者可能影响国家安全的外商投资进行安全审查"的规定，外商投资交易的实质内容及其对国家安全的实际影响是判断该外商投资是否属于安全审查范围的关键因素，而外国投资者通过代持、信托、多层次再投资、租赁、贷款、协议控制、境外交易等方式进行投资，可能会被视为规避安全审查的行为，仍然会被认定为属于安全审查范围的外商投资。

（六）《外商投资安全审查办法》与国办发〔2011〕6 号文、国办发〔2015〕24 号文的关系

《外商投资安全审查办法》是国家发改委和商务部在"经国务院批准"后联合公布的部门规章，而《国务院办公厅关于建立外国投资者并购境内企业安全审查制度的通知》（国办发〔2011〕6 号）和《国务院办公厅关于印发自由贸易试

[①] 《外商投资安全审查办法》第 2 条第 2 款。

验区外商投资国家安全审查试行办法的通知》（国办发〔2015〕24号）则国务院办公厅在"经国务院同意"后印发或公布的国务院文件①。

考虑到国办发〔2011〕6号文和国办发〔2015〕24号文都是《外商投资法》通过之前制定的，而《外商投资安全审查办法》是在《外商投资法》及其实施条生效之后依据《外商投资法》制定并经国务院批准后出台的；也考虑到制定《外商投资安全审查办法》的思路之一就是"总结审查实践，填补监管空白"，并且《外商投资安全审查办法》"总结近十年来的工作实践，特别是自由贸易试验区外商投资安全审查有益做法，对审查机构、审查范围等进行适当调整"②，结合《外商投资安全审查办法》（尤其是第3条关于外商投资安全审查机构、第7条至第12条关于外商投资安全审查程序、时限和决定的规定）实际上已经对国办发〔2011〕6号文和国办发〔2015〕24号文所规定的外商投资安全审查工作机制和程序作出了比较大的调整，因此，可以认为，自2021年1月18日起，有关境内外商投资安全审查的具体要求，应该主要适用《外商投资安全审查办法》，而不是主要适用国办发〔2011〕6号文和国办发〔2015〕24号文的规定。

当然，由于国务院尚未宣布国办发〔2011〕6号文和国办发〔2015〕24号文失效或明文废止国办发〔2011〕6号文和国办发〔2015〕24号文，因此，在被宣布失效或废止之前，国办发〔2011〕6号文和国办发〔2015〕24号文的相关规定仍然可作参考；在《外商投资安全审查办法》未作规定的范围内，仍然可以适用。

（七）专项法律法规规定的外商投资安全审查范围

除了国办发〔2011〕6号文、《自由贸易试验区外商投资国家安全审查试行办法》和《外商投资安全审查办法》上述规定，从其他相关法律、法规的规定中，也大致可以看出哪些行业或领域需要或可能需要进行外商投资安全审查。主要如下：

（1）关系国民经济命脉的行业和领域

《国家安全法》第19条规定："国家维护国家基本经济制度和社会主义市场

---

① "国务院文件"指的是以国务院和国务院办公厅名义印发的政策性文件（不包括行政法规）。见《国务院关于宣布失效一批国务院文件的决定》（国发〔2016〕38号）、《国务院办公厅关于国务院文件网上公开发布后做好贯彻落实工作有关事项的通知》（国办函〔2016〕72号）。

② 见《健全外商投资安全审查制度 为更高水平对外开放保驾护航——外商投资安全审查工作机制办公室负责人就〈外商投资安全审查办法〉答记者问》。

经济秩序，健全预防和化解经济安全风险的制度机制，保障关系国民经济命脉的重要行业和关键领域、重点产业、重大基础设施和重大建设项目以及其他重大经济利益安全。"

基于上述规定，关系国民经济命脉的行业和领域的外商投资，当属需要进行外国家安全审查的范围。

（2）金融领域

《国家安全法》第 20 条规定："国家健全金融宏观审慎管理和金融风险防范、处置机制，加强金融基础设施和基础能力建设，防范和化解系统性、区域性金融风险，防范和抵御外部金融风险的冲击。"

《国务院办公厅关于建立外国投资者并购境内企业安全审查制度的通知》（国办发〔2011〕6 号）和《自由贸易试验区外商投资国家安全审查试行办法》也都分别规定："外国投资者并购境内金融机构的安全审查另行规定"和"外商投资金融领域的安全审查另行规定"。

《国务院关于实施银行卡清算机构准入管理的决定》（国发〔2015〕22 号）规定："外国投资者并购银行卡清算机构的，应当按照相关规定进行外资并购安全审查。"《银行卡清算机构管理办法》（中国人民银行、中国银行业监督管理委员会令〔2016〕第 2 号）第 13 条规定："申请人向中国人民银行提出银行卡清算机构筹备申请的，应当提交下列申请材料……经研判，依法需要进行国家安全审查的，在完成国家安全审查后，中国人民银行正式受理上述材料"；第 26 条也规定："外国投资者并购银行卡清算机构，应当执行外资并购境内基础设施安全审查的管理规定。"《中国人民银行、发展改革委、教育部、公安部、财政部、商务部、税务总局、工商总局、质检总局、银监会、证监会、保监会、外汇局、最高人民法院关于促进银行卡清算市场健康发展的意见》（银发〔2016〕324 号）更是针对整个金融领域提出："依法建立银行卡清算服务等金融领域安全审查机制，保障国家金融安全。"

中共中央办公厅、国务院办公厅印发、自 2019 年 1 月 19 日起施行的《中国人民银行职能配置、内设机构和人员编制规定》第 4 条规定："中国人民银行贯彻落实党中央关于金融工作的方针政策和决策部署，在履行职责过程中坚持和加强党对金融工作的集中统一领导。主要职责是：（一）拟订金融业改革、开放和发展规划，承担综合研究并协调解决金融运行中的重大问题、促进金融业协调健康发展的责任。牵头国家金融安全工作协调机制，维护国家金融安全……"第 5

条规定："中国人民银行设下列内设机构……（七）金融稳定局。监测和评估系统性金融风险，牵头提出防范和化解风险的政策建议、处置方案并组织实施。……推动实施国家金融安全审查工作……"

此外，中国人民银行、商务部、原银监会等于2015年印发的《进一步推进中国（上海）自由贸易试验区金融开放创新试点 加快上海国际金融中心建设方案》也提出"在自贸试验区内金融开放领域试点开展涉及外资的国家安全审查"。

中国证监会公布的《外商投资证券公司管理办法》（2020年修正）第23条也规定："外商投资证券公司涉及国家安全审查的，按照国家有关规定办理。"

《外资保险公司管理条例实施细则》（2021年修正）第42条规定："投资外资保险公司，影响或者可能影响国家安全的，应当依法进行外商投资安全审查。"

《外商投资安全审查办法》第4条也将关系国家安全的重要金融服务领域进行的"取得所投资企业的实际控制权"的外商投资纳入了外商投资安全审查申报范围。

不过，需要注意的是，金融领域的外商投资安全审查适用的是特别的规定，不适用《国务院办公厅关于建立外国投资者并购境内企业安全审查制度的通知》（国办发〔2011〕6号）和《国务院办公厅关于印发自由贸易试验区外商投资国家安全审查试行办法的通知》（国办发〔2015〕24号）。目前尚未公布有关外商投资金融领域国家安全审查的具体实施办法。

（3）重要资源能源行业和领域

《国家安全法》第21条规定："国家合理利用和保护资源能源，有效管控战略资源能源的开发，加强战略资源能源储备，完善资源能源运输战略通道建设和安全保护措施，加强国际资源能源合作，全面提升应急保障能力，保障经济社会发展所需的资源能源持续、可靠和有效供给。"

《人类遗传资源管理条例》第28条第1款规定："将人类遗传资源信息向外国组织、个人及其设立或者实际控制的机构提供或者开放使用，不得危害我国公众健康、国家安全和社会公共利益；可能影响我国公众健康、国家安全和社会公共利益的，应当通过国务院卫生健康主管部门组织的安全审查。"

国办发〔2011〕6号文、《自由贸易试验区外商投资国家安全审查试行办法》和《外商投资安全审查办法》也都将"关系国家安全的重要能源和资源领域"的外资并购或外商投资列入国家安全审查的范围（当然须以取得所投资企业的实际控制权为要件）。

基于上述规定，人类遗传资源信息等重要资源能源行业和领域的外商投资，应当属于国家安全审查的范围。

（4）重要基础设施领域

《国家安全法》第19条规定："国家维护国家基本经济制度和社会主义市场经济秩序，健全预防和化解经济安全风险的制度机制，保障关系国民经济命脉的重要行业和关键领域、重点产业、重大基础设施和重大建设项目以及其他重大经济利益安全。"

《基础设施和公用事业特许经营管理办法》（2015年版）第57条规定："基础设施和公用事业特许经营涉及国家安全审查的，按照国家有关规定执行。"

国办发〔2011〕6号文和《自由贸易试验区外商投资国家安全审查试行办法》也都将"关系国家安全的重要基础设施领域"的外资并购或外商投资列入国家安全审查的范围。

基于上述规定，基础设施和公用事业等重要基础设施①领域的外商投资，应当属于国家安全审查的范围。

（5）农业领域

《农业法》第2条第1款规定："本法所称农业，是指种植业、林业、畜牧业和渔业等产业，包括与其直接相关的产前、产中、产后服务"，第3条第1款规定："国家把农业放在发展国民经济的首位"，第31条第1款规定："国家采取措施保护和提高粮食综合生产能力，稳步提高粮食生产水平，保障粮食安全"。

《国家安全法》第22条规定："国家健全粮食安全保障体系，保护和提高粮食综合生产能力，完善粮食储备制度、流通体系和市场调控机制，健全粮食安全预警制度，保障粮食供给和质量安全。"

《粮食安全保障法》第63条规定："外商投资粮食生产经营，影响或者可能影响国家安全的，应当按照国家有关规定进行外商投资安全审查"。

---

① 综合第十二届全国人民代表大会第四次会议批准的《国民经济和社会发展第十三个五年规划纲要》《国务院关于印发2007年工作要点的通知》（国发〔2007〕8号）、《国务院关于推进物联网有序健康发展的指导意见》（国发〔2013〕7号）、《国务院关于加强城市基础设施建设的意见》（国发〔2013〕36号）、《国务院办公厅关于加强城市地下管线建设管理的指导意见》（国办发〔2014〕27号）、国务院办公厅印发的《国家突发事件应急体系建设"十三五"规划》（国办发〔2017〕2号）、《银行卡清算机构管理办法》，重要基础设施主要包括供水、排水、供气、供热、供电、通信、能源、水利、交通（铁路、公路、港口、航道等）、广播电视、互联网、金融市场基础设施等。

《中共中央关于推进农村改革发展若干重大问题的决定》（中发〔2008〕16号）提出"健全符合世界贸易组织规则的外商经营农产品和农业生产资料准入制度，建立外资并购境内涉农企业安全审查机制"。

《中共中央、国务院关于2009年促进农业稳定发展农民持续增收的若干意见》（中发〔2009〕1号）要求"按照世界贸易组织规则，健全外商经营农产品和农资准入制度，明确外资并购境内涉农企业安全审查范围和程序，建立联席会议制度"。

《国务院关于支持农业产业化龙头企业发展的意见》（国发〔2012〕10号）也规定："积极有效利用外资，在符合世贸组织规则前提下加强对外商投资的管理，按照《国务院办公厅关于建立外国投资者并购境内企业安全审查制度的通知》（国办发〔2011〕6号）的规定，对外资并购境内龙头企业做好安全审查。"

《国务院办公厅关于加强鲜活农产品流通体系建设的意见》（国办发〔2011〕59号）要求"做好外资并购大型农产品批发市场的安全审查工作"。

《商务部关于贯彻落实2010年中央1号文件的意见》（商建发〔2010〕74号》规定："进一步健全符合世界贸易组织规则的外商经营农产品和农业生产资料准入制度，制定和完善外商投资农业领域的相关管理规定，建立完善外资并购境内涉农企业安全审查机制。"

国家发展改革委、工业和信息化部联合印发的《食品工业"十二五"发展规划的通知》（发改产业〔2011〕3229号）规定："做好外资并购境内重要农产品企业安全审查工作。"

《农机工业发展政策》（工业和信息化部公告2011年第26号）第30条规定："境外产业资本、金融资本并购境内农机重要生产企业并取得实际控制权，应按国家有关规定进行并购安全审查。"

《国家粮食局关于严格规范国有粮食企业改革改制和经营行为维护职工合法权益的通知》（国粮财〔2009〕135号）提出"建立外资并购境内国有粮食企业安全审查机制。"

国家粮食局印发的《粮油加工业"十二五"发展规划》（国粮展〔2012〕5号）规定："外商投资粮油加工项目，按照坚持对外开放和保障粮食安全的原则，严格执行国家相关法律法规、外商投资产业指导目录及相关规定，进一步健全粮油加工业的外商投资准入制度。严格按照《国务院办公厅关于建立外国投资者并购境内企业安全审查制度的通知》，做好并购安全审查工作。"

《农业部关于做好 2013 年农业农村经济工作的意见》(农发〔2013〕1 号)规定:"……强化对农业重点领域外资并购活动的安全审查和管理,维护农业产业安全。"

基于上述规定,农业领域的重要的外商投资(目前至少包括粮食企业、农业产业化龙头企业、大型农产品批发市场、重要农产品企业、重要粮油加工企业、农机重要生产企业),属于国家安全审查的范围。

(6) 种业领域

《种子法》(2021 年修订)第 62 条规定:"国家建立种业国家安全审查机制。境外机构、个人投资、并购境内种子企业,或者与境内科研院所、种子企业开展技术合作,从事品种研发、种子生产经营的审批管理依照有关法律、行政法规的规定执行。"

《国务院关于加快推进现代农作物种业发展的意见》(国发〔2011〕8 号)规定:"农作物种业是国家战略性、基础性核心产业,是促进农业长期稳定发展、保障国家粮食安全的根本。……鼓励外资企业引进国际先进育种技术和优势种质资源,规范外资在我国从事种质资源搜集、品种研发、种子生产、经营和贸易等行为,做好外资并购境内种子企业安全审查工作。"

国务院办公厅印发的《全国现代农作物种业发展规划(2012—2020 年)》(国办发〔2012〕59 号)也规定:"农作物种业是国家战略性、基础性核心产业,是促进农业长期稳定发展、保障国家粮食安全的根本。……制定和完善外资进入农作物种业开展资源研究及种子研发、生产、经营等领域相关管理办法,规范国内种子企业、科研机构与国外种子企业技术合作,做好外资并购我国种子企业的安全审查工作。"

农业农村部办公厅印发的《2020 年推进现代种业发展工作要点》(农办种〔2020〕1 号)规定:"加强种业国家安全审查制度研究,逐步推动对重点品种和外资企业的信息监测分析,探索构建种业信息监测与风险预警体系,建立健全种业国家安全审查机制。"2016 年 8 月 29 日的《农业部关于政协十二届全国委员会第四次会议第 2087 号(农业水利类 197 号)提案答复的函》(农办案〔2016〕76 号)也提出:"下一步,我们将按照党中央、国务院的统一部署,加快推进种业改革与发展,提升种业竞争力,保障国家农业生产安全。一是规范外资监管。按照新修订《种子法》关于建立种业国家安全审查机制的规定,我们将加快制订配套规章,并配合国家发展改革委、商务部等部委,进一步规范外资在我国从事种质资源搜集、品种研发、种子生产、经营和贸易等行为,确保种业安全。……"

基于上述规定,种业领域的外商投资,应当也属于国家安全审查的范围。

(7) 物流业

物流业是融合运输、仓储、货代、信息等产业的复合型服务业,是支撑国民经济发展的基础性、战略性产业。①

《国务院关于印发物流业调整和振兴规划的通知》(国发〔2009〕8号)提出:"建立产业安全保障机制,完善物流业外资并购安全审查制度。"

国务院印发的《物流业发展中长期规划(2014—2020年)》(国发〔2014〕42号)要求:"做好物流业外资并购安全审查工作,扩大商贸物流、电子商务领域的对外开放。"

《自由贸易试验区外商投资国家安全审查试行办法》也将"关系国家安全的重要运输服务领域"的外商投资列入国家安全审查的范围。

基于上述规定,物流领域重要的外商投资,属于国家安全审查的范围。

(8) 汽车工业

自2019年1月10日起施行的《汽车产业投资管理规定》(国家发展和改革委员会令第22号)第39条规定:"对涉及产业安全的新建、兼并重组和股权变更等重大汽车投资项目,有关部门应按规定及时进行反垄断审查。涉及外商投资的,还应按规定进行安全审查。"

基于上述规定,汽车工业领域重要的外商投资,属于国家安全审查的范围。

(9) 重要的食品行业

《国家发展改革委、工业和信息化部关于促进食品工业健康发展的指导意见》(发改产业〔2017〕19号)提出"加快探索食品工业对外资准入前国民待遇加负面清单管理制度,完善外商投资国家安全审查制度。"

基于上述规定,食品行业重要的外商投资,属于国家安全审查的范围。

(10) 重要的再生资源行业

商务部、国家发展和改革委员会等联合印发的《再生资源回收体系建设中长期规划(2015—2020)》(商流通发〔2015〕21号):"鼓励国内外各类资本进入再生资源回收、分拣和加工环节,健全外国投资者并购安全审查管理。"

---

① 见国务院印发的《物流业发展中长期规划(2014—2020年)》(国发〔2014〕42号)

基于上述规定，再生资源行业重要的外商投资，可能属于国家安全审查的范围。

（11）资产评估行业

财政部《资产评估行业财政监督管理办法》（2019年修改）第70条规定："外商投资者在中华人民共和国境内设立、参股、入伙资产评估机构或者开展法定资产评估业务，应当依法履行国家安全审查程序。"

基于上述规定，资产评估行业的重要外商投资，属于国家安全审查的范围。

（12）其他重要服务业

国务院印发的《服务业发展"十二五"规划》（国发〔2012〕62号）规定："优化服务业利用外资的政策环境，增强政策透明度，保护投资者合法权利，做好外资并购安全审查。"

基于上述规定，其他重要的服务业①领域的外商投资，可能属于国家安全审查的范围。

比如，针对电子政务电子认证服务，《商用密码管理条例》（2023年修订）第27条规定："外商投资电子政务电子认证服务，影响或者可能影响国家安全的，应当依法进行外商投资安全审查"。

又如，针对旅游业，国家旅游局印发的《导游自由执业试点管理办法（试行）》（旅发〔2016〕59号文附件2）第11条第3款规定："外商投资企业开展导游自由执业业务的，应当符合法律规定及外商投资国家安全审查的相关要求。"

当然，外商投资安全审查的具体范围应当以有权机关正式公布或认定的为准。

四、外商投资安全审查的内容

根据《国家安全法》第59条关于"国家建立国家安全审查和监管的制度和机制，对影响或者可能影响国家安全的外商投资……进行国家安全审查，有效预防和化解国家安全风险"的规定，外商投资安全审查的内容主要是特定的外商投

---

① 《服务业发展"十二五"规划》列出要大力发展的生产性服务业和生活性服务业这两大类服务业务，其中，生产性服务业主要包括金融服务业、交通运输业、现代物流业、高技术服务业、设计咨询、科技服务业、商务服务业、电子商务、工程咨询服务业、人力资源服务业、节能环保服务业、新型业态和新兴产业这12类，生活性服务业则主要包括商贸服务业、文化产业、旅游业、健康服务业、法律服务业、家庭服务业、体育产业、养老服务业、房地产业这9类。

资是否会影响国家安全或可能影响国家安全。

2020年12月19日公布的《外商投资安全审查办法》没有直接规定外商投资安全审查的内容。不过，此前的国办发〔2011〕6号文和国办发〔2015〕24号文则明确规定了外商投资安全审查的内容。外资并购国家安全审查和自贸区外商投资安全审查的内容总体上是一致的，但也存在略微的差别。

（一）国办发〔2011〕6号文规定的外资并购安全审查的内容

国办发〔2011〕6号文规定，外资并购安全审查的内容包括以下几个方面：

一是并购交易对国防安全，包括对国防需要的国内产品生产能力、国内服务提供能力和有关设备设施的影响；

二是并购交易对国家经济稳定运行的影响；

三是并购交易对社会基本生活秩序的影响；

四是并购交易对涉及国家安全关键技术研发能力的影响。

（二）国办发〔2015〕24号文规定的自贸区外商投资安全审查的内容

《自由贸易试验区外商投资国家安全审查试行办法》（国办发〔2015〕24号）规定的自贸区外商投资安全审查内容如下：

一是外商投资对国防安全，包括对国防需要的国内产品生产能力、国内服务提供能力和有关设施的影响；

二是外商投资对国家经济稳定运行的影响；

三是外商投资对社会基本生活秩序的影响；

四是外商投资对国家文化安全、公共道德的影响；

五是外商投资对国家网络安全的影响；

六是外商投资对涉及国家安全关键技术研发能力的影响。

（三）国办发〔2011〕6号文与国办发〔2015〕24号文的比较

通过比较可以发现，《自由贸易试验区外商投资国家安全审查试行办法》基本上延续了国办发〔2011〕6号文规定的外资并购安全审查内容，并将这些内容扩大适用到除外资并购之外的其他外商投资的安全审查，还新增了"外商投资对国家文化安全的影响""外商投资对公共道德的影响"和"外商投资对国家网络安全的影响"这3项审查内容。

尽管这3项内容目前仅适用于自贸区，但是，根据《外商投资法实施条例》第10条第2款关于"国家在部分地区实行的外商投资试验性政策措施，经实践证明可行的,根据实际情况在其他地区或者全国范围内推广"的规定,结合自贸区改革试点经验逐步在全国范围内复制推广的实践①,从趋势上看,《自由贸易试验区外商投资国家安全审查试行办法》规定的外商投资安全审查内容也将逐步推广适用于全国范围内的各种形式的外商投资的国家安全审查。

(四)外商投资法时代外商投资安全审查的内容

尽管《外商投资安全审查办法》没有直接规定外商投资安全审查的内容,但是,考虑到《外商投资安全审查办法》是基于"总结审查实践,填补监管空白"等思路,在"总结近十年来的工作实践,特别是自由贸易试验区外商投资安全审查有益做法,对审查机构、审查范围等进行适当调整,将金融等敏感领域一并纳入审查范围"的基础上形成的②,外商投资安全审查工作机制及其办公室依照《外商投资安全审查办法》的规定对影响或者可能影响国家安全的外商投资进行安全审查的内容,应该也包含了《自由贸易试验区外商投资国家安全审查试行办法》(国办发〔2015〕24号)规定的自贸区外商投资安全审查内容;在此基础上,外商投资安全审查的内容还应当包含"外商投资对国家金融安全的影响"。

五、外商投资安全审查的机构③

以《外商投资安全审查办法》生效为分界,前后两个时期的外商投资安全审查的机构存在差异。

在《外商投资安全审查办法》实施之前,外资并购安全审查和自贸区外商投资安全审查的工作机制大体是相同的,都是外国投资者并购境内企业安全审查

---

① 见《国务院关于做好自由贸易试验区新一批改革试点经验复制推广工作的通知》(国发〔2016〕63号)、《国务院关于做好自由贸易试验区第五批改革试点经验复制推广工作的通知》(国函〔2019〕38号)、《国务院关于做好自由贸易试验区第四批改革试点经验复制推广工作的通知)(国发〔2018〕12号)等文件。

② 见《健全外商投资安全审查制度 为更高水平对外开放保驾护航——外商投资安全审查工作机制办公室负责人就〈外商投资安全审查办法〉答记者问》。

③ 根据《外商投资法》第41条关于"对外国投资者在中国境内投资银行业、证券业、保险业等金融行业,或者在证券市场、外汇市场等金融市场进行投资的管理,国家另有规定的,依照其规定"的规定和《外商投资安全审查办法》第22条关于"外国投资者通过证券交易所或者国务院批准的其他证券交易场所购买境内企业股票,影响或者可能影响国家安全的,其适用本办法的具体办法由国务院证券监督管理机构会同工作机制办公室制定"的规定,本章以下部分所说的外商投资安全审查指的是普通的外商投资涉及的安全审查事宜。

部际联席会议制度，都由外国投资者并购境内企业安全审查部际联席会议（"外资安全审查部际联席会议"）具体承担相应的安全审查工作。

2020年12月19日公布的《外商投资安全审查办法》对外商投资安全的审查机构等事项进行了"适当调整"[1]。《外商投资安全审查办法》建立起了"外商投资安全审查工作机制"，由外商投资安全审查工作机制负责组织、协调、指导外商投资安全审查工作；外商投资安全审查工作机制办公室设在国家发展改革委，由国家发展改革委、商务部牵头，承担外商投资安全审查的日常工作。[2]

（一）2021年1月18日之前：外国投资者并购境内企业安全审查部际联席会议

在《外商投资安全审查办法》于2021年1月18日生效之前，国办发〔2011〕6号文和《自由贸易试验区外商投资国家安全审查试行办法》建立了外国投资者并购境内企业安全审查部际联席会议制度。外资安全审查部际联席会议制度主要包括以下三个方面的内容：一是外商投资安全审查工作由谁来具体承担，二是外资安全审查部际联席会议的主要职责有哪些，三是外资安全审查部际联席会议如何开展安全审查工作。

1. 2021年1月18日之前：外商投资安全审查工作的具体承担主体

根据国办发〔2011〕6号文和《自由贸易试验区外商投资国家安全审查试行办法》，外资安全审查部际联席会议是2021年1月18日之前的外商投资安全审查工作的具体承担主体。

此外，结合国办发〔2011〕6号文关于"联席会议收到商务部提请安全审查的并购交易申请后，在5个工作日内，书面征求有关部门的意见。有关部门在收到书面征求意见函后，应在20个工作日内提出书面意见。如有关部门均认为并购交易不影响国家安全，则不再进行特别审查，由联席会议在收到全部书面意见后5个工作日内提出审查意见，并书面通知商务部"的规定，和国务院办公厅印发的《知识产权对外转让有关工作办法（试行）》关于"外国投资安全审查机构在对外国投资者并购境内企业进行安全审查时，对属于并购安全审查范围并且涉及知识产权对外转让的，应当根据拟转让知识产权的类别，将有关材料转至相

---

[1] 见《健全外商投资安全审查制度 为更高水平对外开放保驾护航——外商投资安全审查工作机制办公室负责人就〈外商投资安全审查办法〉答记者问》。

[2] 《外商投资安全审查办法》第3条。

关主管部门征求意见。……相关主管部门应及时进行审查并出具书面意见书,反馈至外国投资安全审查机构。外国投资安全审查机构应当参考相关主管部门出具的书面意见书,按照有关规定作出审查决定"的规定,在2021年1月18日之前,外资安全审查部际联席会议即为当时的"外国投资安全审查机构"或"外商投资安全审查机构"。

(1) 通常部际联席会议制度的一般特征

通常情况下,在性质上,部际联席会议是为了协商办理涉及多个部门职责的事项而建立的一种工作机制,各成员单位按照共同商定的工作制度,及时沟通情况、协调不同意见,以推动各项工作任务的落实。[①]

国务院要求,建立部际联席会议,应当从严控制;只有确有必要的才建立部际联席会议;可以由主办部门与其他部门协调解决的事项,一般不建立部际联席会议。[②]

在建立程序上,部际联席会议的建立通常由牵头部门请示、报经国务院同意之后,由国务院办公厅专门发文,明确部际联席会议的名称、召集人、牵头单位、成员单位、工作职责、工作规则、工作要求等事项。

对此,《国务院办公厅关于部际联席会议审批程序等有关问题的通知》(国办函〔2003〕49号)第2条规定:"建立部际联席会议,均须正式履行报批手续,具体由牵头部门请示,明确部际联席会议的名称、召集人、牵头单位、成员单位、工作任务与规则等事项,经有关部门同意后,报国务院审批。"金融监管协调部际联席会议、促进投资部际联席会议、公平竞争审查工作部际联席会议等部际联席会议,都是这样建立起来的。[③]

在名称上,新建立的部际联席会议,如果由国务院领导同志牵头负责,其名

[①] 《国务院办公厅关于部际联席会议审批程序等有关问题的通知》(国办函〔2003〕49号)第1条。
[②] 《国务院办公厅关于部际联席会议审批程序等有关问题的通知》(国办函〔2003〕49号)第1条。
[③] 见《国务院关于同意建立金融监管协调部际联席会议制度的批复》(国函〔2013〕91号)、《国务院关于同意建立不动产登记工作部际联席会议制度的批复》(国函〔2014〕28号)、《国务院办公厅关于同意建立促进投资部际联席会议制度的函》(国办函〔2015〕140号)、《国务院办公厅关于同意建立公平竞争审查工作部际联席会议制度的函》(国办函〔2016〕109号)、《国务院办公厅关于同意建立民办教育工作部际联席会议制度的函》(国办函〔2017〕78号)、《国务院办公厅关于同意调整完善危险化学品安全生产监管部际联席会议制度的函》(国办函〔2018〕58号)、《国务院办公厅关于同意建立养老服务部际联席会议制度的函》(国办函〔2019〕74号)、《国务院办公厅关于同意调整完善消费者权益保护工作部际联席会议制度的函》(国办函〔2020〕27号)等。

称可冠"国务院"字样，其他的则统一称"部际联席会议"。①

在印章和行文方面，部际联席会议不刻制印章，也不正式行文；如确需正式行文，可以牵头部门名义使用牵头部门印章，也可以由有关成员单位联合行文。②

（2）外资安全审查部际联席会议制度的特殊之处

外资安全审查部际联席会议制度，作为部际联席会议制度的一种，同样具有部际联席会议制度的上述主要一般特征。

与其他部际联席会议不同的是，外资安全审查部际联席会议制度有以下主要的特殊之处：

一是外资安全审查部际联席会议制度的建立不是基于牵头部门的请示，而是由国务院办公厅在经国务院同意之后直接发文（国办发〔2011〕6号文）建立的。

二是外资安全审查部际联席会议制度最初的牵头单位不止一家，而是由国家发改委、商务部两家牵头单位。

三是国务院办公厅关于建立外资安全审查部际联席会议的文件只是明确了牵头部门（"由发展改革委、商务部牵头"），没有明确成员单位（只是提及"根据外资并购所涉及的行业和领域，会同相关部门"或"根据外商投资涉及的领域，会同相关部门"），也没有明确召集人。也因此，外资安全审查部际联席会议的成员单位，除了国家发改委和商务部之外，其他成员单位可能并非确定不变的，需要根据特定的外商投资涉及的领域加以确定。

2. 外资安全审查部际联席会议的主要职责

根据国办发〔2011〕6号文和《自由贸易试验区外商投资国家安全审查试行办法》，外资安全审查部际联席会议的主要职责包括：

一是分析外商投资对国家安全的影响。

二是研究、协调外商投资安全审查工作中的重大问题。

三是对需要进行安全审查的外商投资进行安全审查并作出决定。

3. 外资安全审查部际联席会议的工作机制

结合国办发〔2011〕6号文、《自由贸易试验区外商投资国家安全审查试行办法》《商务部主要职责内设机构和人员编制规定》（国办发〔2008〕77号）、

---

① 《国务院办公厅关于部际联席会议审批程序等有关问题的通知》（国办函〔2003〕49号）第3条。
② 《国务院办公厅关于部际联席会议审批程序等有关问题的通知》（国办函〔2003〕49号）第4条。

《国家发展和改革委员会主要职责内设机构和人员编制规定》（国办发〔2008〕102号）、《商务部实施外国投资者并购境内企业安全审查制度的规定》（商务部公告2011年第53号）以及国家发展和改革委员会公告2019年第4号等文件的规定，在2021年1月18日之前，外资安全审查部际联席会议的工作机制大致如下：

一是，外资安全审查部际联席会议接受国务院的领导；并且，在外资安全审查部际联席会议针对特定外商投资的安全审查意见存在重大分歧的情况下，应当报请国务院决定。

二是，外资安全审查部际联席会议由国家发展改革委、商务部牵头。

三是，在针对具体的外商投资项目的安全审查当中，需要根据该外商投资项目所涉及的行业和领域，由国家发改委、商务部会同与该行业和领域相关的部门，共同开展安全审查工作，其中国家发改委承担安全审查申请的受理以及安全审查的主要职责。

（二）2021年1月18日以来：外商投资安全审查工作机制

1. 外商投资安全审查机构

2021年1月18日生效的《外商投资安全审查办法》没有提及国办发〔2011〕6号文和国办发〔2015〕24号文规定的外资安全审查部际联席会议，而是在其第3条规定了："国家建立外商投资安全审查工作机制（以下简称工作机制），负责组织、协调、指导外商投资安全审查工作。工作机制办公室设在国家发展改革委，由国家发展改革委、商务部牵头，承担外商投资安全审查的日常工作。"

考虑到《外商投资安全审查办法》"对审查机构、审查范围等进行适当调整"，结合《外商投资安全审查办法》第3条至第18条关于外商投资安全审查工作机制办公室职责的规定，可以认为，自2021年1月18日起，《外商投资安全审查办法》所规定的外商投资安全审查工作机制办公室即为外商投资安全审查机构。

2. 外商投资安全审查工作机制办公室的主要职责

如前所述，外商投资安全审查工作机制办公室设在国家发展改革委，由国家发展改革委、商务部牵头，承担外商投资安全审查的日常工作。

具体而言，外商投资安全审查工作机制办公室主要行使下列职责：

（1）接收属于外商投资安全审查申报范围的外商投资的当事人的申报。[1]

（2）对属于外商投资安全审查申报范围的外商投资，当事人未申报时，要求当事人申报。[2]

（3）在当事人申报之前，接受当事人就有关问题（包括相关投资是否属于外商投资安全审查范围[3]）进行的咨询[4]。

（4）对当事人申报外商投资安全审查应当提交的材料以及申报书应当载明的事项作出具体规定。[5]

（5）根据工作需要，可以委托省级人民政府有关部门代为收取并转送当事人的申报材料。[6]

（6）对申报的外商投资作出不需要进行安全审查的决定或需要进行安全审查的决定，并书面通知当事人。[7]

（7）对申报的需要进行安全审查的外商投资进行一般审查，并作出通过安全审查的决定或启动特别审查的决定，并书面通知当事人。[8]

（8）对申报的需要进行特别审查的外商投资进行特别审查，并作出通过安全审查的决定、禁止投资的决定或附条件通过安全审查的决定，并书面通知当事人。[9]

（9）对申报的需要进行特别审查的外商投资进行特别审查的过程中，根据项目的特殊情况，可以延长审查期限，并书面通知当事人。[10]

（10）对申报的外商投资进行安全审查（包括但不限于一般审查、特别审查）期间，可以要求当事人补充提供相关材料，并向当事人询问有关情况。[11]

---

[1] 《外商投资安全审查办法》第4条第1款。

[2] 《外商投资安全审查办法》第4条第3款。

[3] 见《健全外商投资安全审查制度 为更高水平对外开放保驾护航——外商投资安全审查工作机制办公室负责人就〈外商投资安全审查办法〉答记者问》。

[4] 《外商投资安全审查办法》第5条。根据《健全外商投资安全审查制度 为更高水平对外开放保驾护航——外商投资安全审查工作机制办公室负责人就〈外商投资安全审查办法〉答记者问》和国家发展改革委2019年第4号公告。

[5] 《外商投资安全审查办法》第6条第1款、第2款。

[6] 《外商投资安全审查办法》第6条第3款。

[7] 《外商投资安全审查办法》第7条、第8条第1款。

[8] 《外商投资安全审查办法》第8条。

[9] 《外商投资安全审查办法》第9条第1款。

[10] 《外商投资安全审查办法》第9条第2款。

[11] 《外商投资安全审查办法》第10条。

（11）会同有关部门、地方人民政府监督实施外商投资安全审查决定。①

（12）对附条件通过安全审查的外商投资，可以采取要求提供有关证明材料、现场检查等方式，对附加条件的实施情况进行核实。②

（13）接收认为外商投资影响或者可能影响国家安全的有关机关、企业、社会团体、社会公众等提出的进行安全审查的建议。③

（14）对属于申报范围但未依法申报即实施的外商投资，责令当事人限期申报；当事人拒不申报的，责令限期处分股权或者资产以及采取其他必要措施，恢复到投资实施前的状态，消除对国家安全的影响。④

（15）当事人向外商投资安全审查工作机制办公室提供虚假材料或者隐瞒有关信息的，由外商投资安全审查工作机制办公室责令改正。⑤

（16）当事人提供虚假材料或者隐瞒有关信息骗取通过安全审查的，由外商投资安全审查工作机制办公室撤销相关决定；已经实施投资的，责令限期处分股权或者资产以及采取其他必要措施，恢复到投资实施前的状态，消除对国家安全的影响。⑥

（17）对于附条件通过安全审查的外商投资，当事人未按照附加条件实施投资的，由工作机制办公室责令改正；拒不改正的，责令限期处分股权或者资产以及采取其他必要措施，恢复到投资实施前的状态，消除对国家安全的影响。⑦

（18）当事人应当申报但未依法申报即实施投资且在外商投资安全审查工作机制办公室责令限期申报后仍拒不申报，或向外商投资安全审查工作机制办公室提供虚假材料或者隐瞒有关信息，或附条件通过安全审查的外商投资的当事人未按照附加条件实施投资且在外商投资安全审查工作机制办公室责令改正后仍拒不申改正的，将其作为不良信用记录纳入国家有关信用信息系统，并按照国家有关规定实施联合惩戒。⑧

---

① 《外商投资安全审查办法》第13条。
② 《外商投资安全审查办法》第13条。
③ 《外商投资安全审查办法》第15条。
④ 《外商投资安全审查办法》第16条。
⑤ 《外商投资安全审查办法》第17条。
⑥ 《外商投资安全审查办法》第17条。
⑦ 《外商投资安全审查办法》第18条。
⑧ 《外商投资安全审查办法》第19条。

3. 国家发改委在外商投资安全审查工作机制中承担主要的审查职责

需要注意的是,在外商投资安全审查工作机制办公室进行安全审查(包括初步审查、一般审查和特别审查)的过程中,主要的审查工作是由国家发改委具体承担和执行的。

对此,国务院办公厅印发的《国家发展和改革委员会主要职责内设机构和人员编制规定的通知》(国办发〔2008〕102号)曾经明确规定:"国家发展和改革委员会、商务部会同有关部门建立外国投资者并购境内企业安全审查部际联席会议制度……属于安全审查范围内的并购行为,由外国投资者并购境内企业安全审查部际联席会议进行安全审查……国家发展和改革委员会承担并购安全审查的主要责任……"

4. 外商投资安全审查工作机制的成员单位和工作规则

需要注意的是,与《网络安全审查办法》第4条第1款关于"在中央网络安全和信息化委员会领导下,国家互联网信息办公室会同中华人民共和国国家发展和改革委员会、中华人民共和国工业和信息化部、中华人民共和国公安部、中华人民共和国国家安全部、中华人民共和国财政部、中华人民共和国商务部、中国人民银行、国家市场监督管理总局、国家广播电视总局、中国证券监督管理委员会、国家保密局、国家密码管理局建立国家网络安全审查工作机制"的规定明确了国家网络安全审查工作机制的成员单位不同,《外商投资安全审查办法》只是规定了外商投资安全审查工作机制的职责("负责组织、协调、指导外商投资安全审查工作")、办公室及其牵头单位("由国家发改委、商务部牵头")和职责("承担外商投资安全审查的日常工作"),没有规定外商投资安全审查工作机制的成员单位、工作规则等事项,也没有明确"外商投资安全审查工作机制"与国办发〔2011〕6号文和国办发〔2015〕24号文规定的"外国投资者并购境内企业安全审查部际联席会议"这一工作机制①之间的关系。

在《外商投资安全审查办法》实施过程中,上述事项以及国办发〔2011〕6号文和国办发〔2015〕24号文规定的外商投资安全审查的工作规则能否继续沿用,都有待观察,建议监管机构进一步予以明确。

---

① 《国务院办公厅关于部际联席会议审批程序等有关问题的通知》(国办函〔2003〕49号)第1条规定:"部际联席会议是为了协商办理涉及多个部门职责的事项而建立的一种工作机制……"

(三) 国家发改委和商务部的职责分工及其演变

值得注意的是,尽管国家发改委和商务部一开始都是国务院办公厅文件明确的外资安全审查部际联席会议制度的牵头单位,但是,两家单位之间也存在着职责分工;并且,随着国家机构改革的推进和《外商投资法》的出台,两家单位之间的职责也发生了一些变化。

1.《外商投资法》出台之前的职责分工

针对商务部、国家发改委各自在外商投资安全审查中的职责,国务院办公厅于 2008 年 7 月 11 日印发的《商务部主要职责内设机构和人员编制规定》(国办发〔2008〕77 号)和 2008 年 7 月 15 日印发的《国家发展和改革委员会主要职责内设机构和人员编制规定》(国办发〔2008〕102 号)分别作出了明确的规定,具体如下表所列:

序号	国家发改委职责	商务部职责
1	国家发改委、商务部会同有关部门建立外国投资者并购境内企业安全审查部际联席会议制度	
2	国家发改委会同有关部门提出需要进行外国投资者并购境内企业安全审查的战略性、敏感性行业和领域目录,报国务院批准	商务部负责统一受理并答复外国投资者并购境内企业申请
3	国家发改委承担并购安全审查的主要责任	商务部承担依据目录提请并购安全审查以及执行并购安全审查决定的主要责任
4	属于安全审查范围内的并购行为,由外国投资者并购境内企业安全审查部际联席会议进行安全审查	
5	涉及新增固定资产投资的,按国家固定资产投资管理规定办理	
6	重大安全事项,召开部际联席会议研究	

据此,在外商投资安全审查过程中,国家发改委单独承担着以下两项主要职责:

(1) 牵头提出需要进行外商投资安全审查的战略性、敏感性行业和领域目录,并报国务院批准;

(2) 承担外商投资安全审查的主要责任。

而商务部一开始则主要承担着以下两项主要职责:

（1）依据国务院批准的需要进行外商投资安全审查的战略性、敏感性行业和领域目录，将相关外商投资提请外资安全审查部际联席会议进行安全审查；

（2）承担执行外资安全审查部际联席会议作出的安全审查决定的主要责任。

正是基于这一职责分工，商务部在2011年先后出台了《商务部实施外国投资者并购境内企业安全审查制度有关事项的暂行规定》（商务部公告2011年第8号）和《商务部实施外国投资者并购境内企业安全审查制度的规定》（商务部公告2011年第53号），对外资并购安全审查的申报、受理、审查等具体事项作出了规定。

2.《外商投资法》出台之后的职责分工

2019年3月15日，全国人大通过《外商投资法》。《外商投资法》第34条第1款规定："国家建立外商投资信息报告制度。外国投资者或者外商投资企业应当通过企业登记系统以及企业信用信息公示系统向商务主管部门报送投资信息。"

据此，自2020年1月1日起，外商投资信息报告制度取代了原有的外商投资企业设立及变更的审批、备案和联合年报制度[①]，各级商务主管部门不再受理有关外商投资企业设立、变更及注销的审批或备案业务，不再颁发外商投资企业批准证书，不再办理外商投资企业设立及变更备案手续[②]。

也因此，商务部不再具有"统一受理并答复外国投资者并购境内企业申请"等职责。进而，国务院办公厅印发的《商务部主要职责内设机构和人员编制规定》（国办发〔2008〕77号）和《国家发展和改革委员会主要职责内设机构和人员编制规定》（国办发〔2008〕102号）所规定的商务部在外资安全审查部际联席会议制度当中的职责，也就需要相应移交给其他部门。

其中，就"接收外商投资安全审查申报"职责而言，国家发改委于2019年4月30日发布的国家发展和改革委员会公告对此2019年第4号予以明确，即"根据部门职责调整，外商投资安全审查申报即日起改由国家发展改革委政务大

[①] 见《商务部、市场监管总局有关司局负责人就〈外商投资信息报告办法〉有关问题答记者问》。

[②] 当然，针对在2019年12月31日以前已经办理了设立登记但尚未办理设立备案的以及已有的外商投资企业在2019年12月31日以前发生了变更但尚未办理变更备案的不涉及国家规定实施外商投资准入特别管理措施的外商投资企业，《商务部关于外商投资信息报告有关事项的公告》（商务部公告2019年第62号）也规定了一个月的过渡期，这些外商投资企业在2020年1月31日前仍可通过商务部外商投资综合管理系统（网址：wzzxbs.mofcom.gov.cn）办理备案。

厅接收"。

需要注意的是，原来由商务部承担的"执行外资安全审查部际联席会议作出的安全审查决定的主要责任"是否也一并由国家发改委承担，国家发改委的上述公告没有提及。不过，考虑到商务部原承担的"接收外商投资安全审查申报"的职责已经移交给了国家发改委，笔者理解，与该职责紧密相关联的"依据目录提请并购安全审查的主要责任"和"执行并购安全审查决定的主要责任"，也应该随着"接收外商投资安全审查申报"职责，一并移交给了国家发改委。

由此，至少自2019年4月30日起，国家发改委实际上承担了外资安全审查部际联席会议制度当中几乎所有的主要职责，包括：

（1）牵头提出需要进行外商投资安全审查的战略性、敏感性行业和领域目录，报国务院批准；

（2）承担外商投资安全审查的主要责任；

（3）接收外商投资安全审查申报；

（4）依据国务院批准的需要进行外商投资安全审查的战略性、敏感性行业和领域目录，将相关外商投资提请外资安全审查部际联席会议进行安全审查；

（5）执行外商投资安全审查决定。

不过，在《外商投资法》及其实施条例于2020年1月1日生效后，国家发改委和商务部2020年12月19日公布的《外商投资安全审查办法》只是在第3条第2款规定了"工作机制办公室设在国家发展改革委，由国家发展改革委、商务部牵头，承担外商投资安全审查的日常工作"，并没有涉及国家发改委和商务部之间的职责分工。这有待有权机关[①]进一步明确。

六、外商投资安全审查的程序

根据《外商投资安全审查办法》，并结合国办发〔2011〕6号文、《自由贸

[①] 根据《中国人民银行职能配置、内设机构和人员编制规定》（自2019年1月19日起施行）和《中共中央办公厅 国务院办公厅关于印发〈国家矿山安全监察局职能配置、内设机构和人员编制规定〉的通知》等关于国务院行政机构的"三定规定""由中央机构编制委员会办公室负责解释，其调整由中央机构编制委员会办公室按规定程序办理"的规定，并结合《中央编办对文化部、广电总局、新闻出版总署〈"三定"规定〉中有关动漫、网络游戏和文化市场综合执法的部分条文的解释》（中央编办发〔2009〕35号），在国家发改委与商务部之间有关外商投资安全审查的职责出现不同理解时，通常将由中央机构编制委员会办公室予以解释。

易试验区外商投资国家安全审查试行办法》《商务部主要职责内设机构和人员编制规定》（国办发〔2008〕77号）、《国家发展和改革委员会主要职责内设机构和人员编制规定》（国办发〔2008〕102号）、《商务部实施外国投资者并购境内企业安全审查制度的规定》（商务部公告2011年第53号）和国家发展和改革委员会公告2019年第4号等文件的规定，外商投资安全审查的程序大致如下：

（一）提出安全审查申报

实践中，主要有两种提出外商投资安全审查申报的方式：一是当事人（外国投资者或者境内相关当事人）主动提出安全审查申报，二是当事人被监管机构要求提交安全审查申报。其中，第一种是当事人主动申报，第二种则是当事人被动申报。

1. 安全审查申报的主动提出

外国投资者在境内投资，属于安全审查范围的，外国投资者有义务在实施投资之前主动向国家发改委提出安全审查申报。①

其中，两个或者超过两个外国投资者共同投资的，可以共同或确定一个外国投资者向国家发改委提出安全审查申报。②

2. 安全审查申报的被动提出

外国投资者在境内投资，属于安全审查范围但当事人未主动申报的，国家发改委有权要求当事人申报。③这属于安全审查申报的被动提出。此前实践中涉及外商投资安全审查的项目，通常是被国家发改委要求提交外商投资安全审查申请的。2019年发生的永辉超市要约收购中百集团和2020年发生的金光纸业要约收购博汇纸业的项目都是这样的例子。④

以被要求申报时相关外商投资是否已经实施为标准，安全审查申报的被动提出又可以分为以下两种情形：

一是属于审查范围的尚未申报的外商投资在实施之前，当事人被国家发改委

---

① 《外商投资安全审查办法》第4条第1款、国家发展和改革委员会公告2019年第4号。
② 参考《商务部实施外国投资者并购境内企业安全审查制度的规定》第1条第2款、国家发展和改革委员会公告2019年第4号。
③ 《外商投资安全审查办法》第4条第3款。
④ 见《永辉超市股份有限公司关于收到国家发展和改革委员会关于外商投资安全审查通知的公告》（2019年8月23日）、《山东博汇纸业股份有限公司关于金光纸业（中国）投资有限公司申报外商投资安全审查的公告》（2020年7月22日）。

通知提交安全审查申报。①

二是属于审查范围的尚未申报的外商投资在实施之后，当事人被国家发改委责令限期提交安全审查申报。②

也因此，《外商投资安全审查办法》第4条第3款所说的"对本条第一款规定范围（以下称申报范围）内的外商投资，工作机制办公室有权要求当事人申报"中的"外商投资"，既包括尚未实施的外商投资，也包括已经实施的外商投资；其中的"工作机制办公室有权要求当事人申报"，既包括通知当事人申报，也包括了责令当事人申报（也就是《外商投资安全审查办法》第16条所说的"对申报范围内的外商投资，当事人未依照本办法的规定申报即实施投资的，由工作机制办公室责令限期申报"）。从而，《外商投资安全审查办法》第4条第3款的规定既适用于尚未实施的属于申报范围的外商投资，也适用于已经实施的属于申报范围的外商投资，这跟《外商投资安全审查办法》第16条只适用于已经实施的属于申报范围的外商投资是不同的。

值得一提的是，在《外商投资法》实施之前，监管机构在履行有关外商投资管理职责时，有权、也有义务要求拟进行特定外商投资的外国投资者向有权机构提出安全审查申请。

对此，《自由贸易试验区外商投资国家安全审查试行办法》（国办发〔2015〕24号）第3条第4款规定："自贸试验区管理机构在办理职能范围内外商投资备案、核准或审核手续时，对属于安全审查范围的外商投资，应及时告知外国投资者提出安全审查申请，并暂停办理相关手续。"《商务部实施外国投资者并购境内企业安全审查制度的规定》第2条也规定："地方商务主管部门在按照《关于外国投资者并购境内企业的规定》《外商投资企业投资者股权变更的若干规定》《关于外商投资企业境内投资的暂行规定》等有关规定受理并购交易申请时，对于属于并购安全审查范围，但申请人未向商务部提出并购安全审查申请的，应暂停办理，并在5个工作日内书面要求申请人向商务部提交并购安全审查申请，同时将有关情况报商务部。"此外，《商务部关于做好外商投资企业设立及变更备案监督检查有关工作的通知》（商资函〔2016〕第954号）③也曾规定："在实施

---

① 《外商投资安全审查办法》第4条第3款、《永辉超市股份有限公司关于收到国家发展和改革委员会关于外商投资安全审查通知的公告》（2019年8月23日）。

② 《外商投资安全审查办法》第16条、国家发展和改革委员会公告2019年第4号。

③ 《外商投资法》生效后，该文件应当属于需要废止的规范性文件。

监督检查时，备案机构应认真甄别备案事项是否存在可能触发国家安全审查的情形。省级商务主管部门可通过主动与相关行业主管部门、行业协会沟通等方式进行判断，对可能属于外商投资安全审查范围的，应及时向商务部提交相关安全审查信息。根据商务部反馈结果，继续实施备案和监督检查，或书面要求相关外商投资企业的外国投资者向商务部提出安全审查申请。"

当然，上述要求主要适用于《外商投资法》实施之前。在《外商投资法》实施后，地方商务主管部门因不再具有受理外商投资审批或备案申请的职权而不再执行上述规定，其他主管部门（比如发展改革部门、市场监管部门）在履行有关外商投资管理的职责时是否会要求相关外国投资者向国家发改委提出安全审查申请，有待法规作出明确的规定。[①]

3. 有关主体可以提出安全审查建议

《外商投资安全审查办法》第15条规定："有关机关、企业、社会团体、社会公等认为外商投资影响或众者可能影响国家安全的，可以向工作机制办公室提出进行安全审查的建议。"

结合国办发〔2011〕6号文第4条2款关于"外国投资者并购境内企业，国务院有关部门、全国性行业协会、同业企业及上下游企业认为需要进行并购安全审查的，可以通过商务部提出进行并购安全审查的建议"、《商务部实施外国投资者并购境内企业安全审查制度的规定》第3条关于"外国投资者并购境内企业，国务院有关部门、全国性行业协会、同业企业及上下游企业认为需要进行并购安全审查的，可向商务部提出进行并购安全审查的建议，并提交有关情况的说明（包括并购交易基本情况、对国家安全的具体影响等），商务部可要求利益相关方提交有关说明"的规定，《外商投资安全审查办法》第15条所说的可以提出安全审查建议的"有关企业"至少包括相关外商投资涉及的同业企业及上下

[①] 《国家发展改革委办公厅关于外国投资者并购境内企业项目核准有关问题的复函》（发改办外资〔2011〕1213号）曾规定："地方发展改革部门在受理外国投资者并购境内企业项目核准申请时，对属于并购安全审查范围，但外国投资者没有提出并购安全审查申请的，应暂停项目核准程序。联席会议确认不影响国家安全的外国投资者并购境内企业项目，按照现行外商投资项目管理有关规定办理项目核准。联席会议确认影响国家安全的外国投资者并购境内企业项目，不得办理项目核准。"但没有像《商务部实施外国投资者并购境内企业安全审查制度的规定》第2条那样规定"地方发展改革部门应当要求申请人向有权机构提出安全审查申请"。国家发改委接替商务部履行接收外商投资安全审查申报等职责之后，可能会（也应当）明确要求地方发展改革部门在受理外商投资项目核准申请时，对属于外商投资安全审查范围、但外国投资者没有提出审查申请的，应暂停项目核准程序，并要求申请人向国家发改委提出安全审查申请。

游企业；其中的"有关社会团体"则至少包括相关外商投资涉及的全国性行业协会。

值得一提的是，《外商投资安全审查办法》规定的可以提出安全审查建议的主体范围，比国办发〔2011〕6号文或《商务部实施外国投资者并购境内企业安全审查制度的规定》（商务部公告2011年第53号）规定的范围要大，不仅包括了原来规定的"国务院有关部门、全国性行业协会、同业企业及上下游企业"，还在此基础上赋予了"国务院有关部门"以外的有关机关、"全国性行业协会"以外的有关社会团体、"同业企业及上下游企业"以外的有关企业提出安全审查建议的权利，并且新增允许"社会公众"和其他有关主体提出安全审查的建议。

就有关主体提出安全审查建议而言，需要注意以下两点：

（1）有关机关、企业、社会团体、社会公众等针对特定的外商投资提出的安全审查建议，并不必然导致发生"外商投资安全审查机制工作办公室要求当事人提出安全审查申报"的结果。

由于《外商投资安全审查办法》第4条第3款使用了"对本条第一款规定范围（以下称申报范围）内的外商投资，工作机制办公室有权要求当事人申报"的表述，因此，对于有关主体针对特定的外商投资提出的安全审查建议，国家发改委首先需要进行判断，认定该外商投资是否属于安全审查的范围。如果国家发改委认为该外商投资不属于安全审查的范围，自然也就无须提交外资安全审查部际联席会议审查、无须要求外国投资者提出安全审查申请了；只有国家发改委认为该外商投资属于安全审查的范围，才可以、也应当要求当事人申报。

（2）即使国家发改委基于有关机关、企业、社会团体、社会公众等针对特定的外商投资提出的安全审查建议，要求当事人提出安全审查申报，也并不必然导致启动外商投资安全审查。

对此，《外商投资安全审查办法》第7条规定了："工作机制办公室应当自收到当事人提交或者省、自治区、直辖市人民政府有关部门转送的符合本办法第六条规定的材料之日起15个工作日内，对申报的外商投资作出是否需要进行安全审查的决定，并书面通知当事人。……工作机制办公室作出不需要进行安全审查决定的，当事人可以实施投资"，第8条规定了："外商投资安全审查分为一般审查和特别审查。工作机制办公室决定对申报的外商投资进行安全审查的，应当自决定之日起30个工作日内完成一般审查……"

4. 安全审查的申报材料

《外商投资安全审查办法》第6条规定，当事人向外商投资安全审查工作机制办公室申报外商投资，应当提交下列材料：

（1）申报书（申报书应当载明外国投资者的名称、住所、经营范围、投资的基本情况以及工作机制办公室规定的其他事项）；

（2）投资方案；

（3）外商投资是否影响国家安全的说明；

（4）外商投资安全审查工作机制办公室规定的其他材料。

从总体上看，上述要求比较原则化。相比较而言，《商务部实施外国投资者并购境内企业安全审查制度的规定》（商务部公告2011年第53号）第5条关于外商投资安全审查申报文件的规定更为具体、更具指引性。《商务部实施外国投资者并购境内企业安全审查制度的规定》（商务部公告2011年第53号）第5条规定："在向商务部提出并购安全审查正式申请时，申请人应提交下列文件：（一）经申请人的法定代表人或其授权代表签署的并购安全审查申请书和交易情况说明；（二）经公证和依法认证的外国投资者身份证明或注册登记证明及资信证明文件；法定代表人身份证明或外国投资者的授权代表委托书、授权代表身份证明；（三）外国投资者及关联企业（包括其实际控制人、一致行动人）的情况说明，与相关国家政府的关系说明；（四）被并购境内企业的情况说明、章程、营业执照（复印件）、上一年度经审计的财务报表、并购前后组织架构图、所投资企业的情况说明和营业执照（复印件）；（五）并购后拟设立的外商投资企业的合同、章程或合伙协议以及拟由股东各方委任的董事会成员、聘用的总经理或合伙人等高级管理人员名单；（六）为股权并购交易的，应提交股权转让协议或者外国投资者认购境内企业增资的协议、被并购境内企业股东决议、股东大会决议，以及相应资产评估报告；（七）为资产并购交易的，应提交境内企业的权力机构或产权持有人同意出售资产的决议、资产购买协议（包括拟购买资产的清单、状况）、协议各方情况，以及相应资产评估报告；（八）关于外国投资者在并购后所享有的表决权对股东会或股东大会、董事会决议、合伙事务执行的影响说明，其他导致境内企业的经营决策、财务、人事、技术等实际控制权转移给外国投资者或其境内外关联企业的情况说明，以及与上述情况相关的协议或文件；（九）商务部要求的其他文件。"

在执行《外商投资安全审查办法》的过程中，国家发改委可能会对外商投资安全审查申报文件及其具体要求作出进一步的规定（如办事指南），届时应当以其最新的要求为准。

5. 申报前的咨询

值得一提的是，不论是外国投资者主动提出安全审查申报，还是被要求提出安全审查申报，都可以在申报之前，就有关问题（包括其投资是否属于安全审查的范围）向国家发改委进行咨询。①

不过，《外商投资安全审查办法》没有规定申报前咨询制度的细节。可以作为比较和参考的是此前《商务部实施外国投资者并购境内企业安全审查制度的规定》规定的外商投资安全审查预约商谈制度。

外商投资安全审查预约商谈制度是商务部首创的，源于经营者集中申报的预约商谈制度②。对此，《商务部实施外国投资者并购境内企业安全审查制度的规定》第4条规定："在向商务部提出并购安全审查正式申请前，申请人可就其并购境内企业的程序性问题向商务部提出商谈申请，提前沟通有关情况。该预约商谈不是提交正式申请的必经程序，商谈情况不具有约束力和法律效力，不作为提交正式申请的依据。"

关于商务部的外商投资安全审查预约商谈制度，需要注意以下几点：

一是从程序上看，预约商谈并非外国投资者提交外商投资安全审查的必经程序。这就意味着：（1）从申请人的角度，外国投资者可以跳过预约商谈、直接提交安全审查正式申请；（2）从监管机构的角度，在外国投资者提出商谈申请的情况下，监管机构可以批准预约商谈、也可以不批准预约商谈（当然，基于便利申请人的原则，通常都会批准预约商谈）。

二是从内容上看，预约商谈的内容仅限于外商投资的程序性问题，不涉及实体性问题。

---

① 《外商投资安全审查办法》第5条、《健全外商投资安全审查制度 为更高水平对外开放保驾护航——外商投资安全审查工作机制办公室负责人就〈外商投资安全审查办法〉答记者问》。

② 2009年1月的《商务部反垄断局关于经营者集中申报的指导意见》第1条规定："在申报前，经营者如需与反垄断局就经营者集中申报的具体问题商谈，应满足如下条件：（一）经营者应事先向反垄断局提出书面商谈申请，并预约商谈时间。（二）书面申请应包括申请人、申请事项、交易概况、拟商谈问题以及联系人等信息。（三）经营者应向反垄断局提供与拟进行商谈的集中交易有关的必要文件、资料。"2014年修订的《商务部反垄断局关于经营者集中申报的指导意见》进一步完善了经营者集中申报预约商谈制度，并在2018年9月修订后的《国家市场监督管理总局反垄断局关于经营者集中申报的指导意见》中得到了延续。

三是从效力上看，商谈情况不具有约束力、不具有法律效力，无须、也不得以预约商谈作为提交安全审查正式申请的依据或前置条件。

回到《外商投资安全审查办法》第 5 条规定的申报前咨询制度。《外商投资安全审查办法》本身没有对申报前咨询的事项作出诸如"程序性问题"的限制，只要是"与外商投资安全审查有关的问题"都可以向国家发改委咨询，其中就包括"相关投资是否属于安全审查范围内的外商投资"等实体性问题，应该也包括安全审查的程序性问题。除此之外，笔者理解，咨询情况同样也不具有约束力、不具有法律效力，同样无须、也不得以申报前咨询作为提交安全审查申报的依据或前置程序。

6. 主动申报或被要求申报并不必然启动安全审查

值得注意的是，当事人主动申报或被要求申报，并不意味着相关外商投资肯定会影响国家安全，也不意味着相关外商投资必然会启动外商投资安全审查。

一是，在接收外商投资安全审查申报材料后，外商投资安全审查工作机制办公室可能会作出申报的外商投资不影响国家安全的判断和不需要进行安全审查的决定。

比如，外商投资性公司金光纸业（中国）投资有限公司（以下简称金光纸业）通过收购山东博汇集团有限公司（以下简称博汇集团）100%股权间接收购上交所上市公司山东博汇纸业股份有限公司（股票代码：600966，以下简称博汇纸业）的项目就是这样的例子。

在金光纸业收购博汇集团股权案中，在收到市场监管总局针对该收购项目作出的《经营者集中反垄断审查不予禁止决定书》（反垄断审查决定〔2020〕243号）之后，金光纸业被国家发改委书面通知提交外商投资安全审查申报材料。不过，国家发改委经审查提出了"不对该并购进行外商投资安全审查"的意见，并书面通知了金光纸业。[1] 这也就意味着，金光纸业收购博汇集团股权案不属于外商投资安全审查的范围、无须进行外商投资安全审查。

二是，在启动外商投资安全审查之后，无论是在一般审查阶段还是在特别审查阶段，外商投资安全审查工作机制办公室都有可能作出申报的外商投资不影响

---

[1] 见《山东博汇纸业股份有限公司关于金光纸业（中国）投资有限公司申报外商投资安全审查的公告》（2020 年 7 月 22 日）、《山东博汇纸业股份有限公司关于外商投资安全审查进展的公告》（2020 年 8 月 25 日）。

国家安全的判断和通过安全审查的决定（相关内容，请见下文）。

（二）接收安全审查申报

1. 安全审查申报材料的接收部门

现阶段，接收外商投资安全审查申报材料的部门为国家发改委。① 但国家发改委根据工作需要，也可以委托省级人民政府有关部门代为收取并转送当事人的申报材料。②

2. 受理安全审查申报

需要注意的是，《外商投资安全审查办法》没有规定安全审查申报的受理问题。在此前的实践中，申请人提交的安全审查申报文件完备且符合法定要求的，国家发改委将书面通知申请人受理其安全审查申请，亦即：申请人将收到"安全审查申请已经获得受理"的"通知书"。③ 当然，如果申请文件不完备、不符合法定要求，国家发改委可能书面通知申请人补正或补充材料。④

此外，《外商投资安全审查办法》因没有规定安全审查申报的受理问题，也就没有对国家发改委受理时限作出规定。实践中，国家发改委可以将受理通知和需要进行安全审查的决定的通知合并于同一份通知书。比如，针对永辉超市股份有限公司2019年部分要约收购中百控股集团股份有限公司项目，国家发改委就在2019年9月的《外商投资安全审查受理通知》中明确了"该项投资属于外商投资安全审查范围"和"自即日起正式受理"这两个事项。⑤ 不过，考虑到《外商投资安全审查办法》第7条第1款使用了"工作机制办公室应当自收到当事人提交或者省、自治区、直辖市人民政府有关部门转送的符合本办法第六条规定的材料之日起15个工作日内，对申报的外商投资作出是否需要进行安全审查的决定，并书面通知当事人"的表述，因此，国家发改委如果作出受理决定的话，该时限不应超过《外商投资安全审查办法》第7条第1款规定的"作出是否需要进

---

① 见国家发展和改革委员会公告2019年第4号。
② 见《外商投资安全审查办法》第6条第3款。
③ 见《商务部实施外国投资者并购境内企业安全审查制度的规定》第6条第1款、国家发展和改革委员会公告2019年第4号、《永辉超市股份有限公司关于要约收购中百控股集团股份有限公司的进展公告》（2019年9月26日）。
④ 结合《外商投资安全审查办法》第10条，并参考商务部外国投资者并购境内企业安全审查办事指南（https://egov.mofcom.gov.cn/dzzwxt/wzbgsc.wzs/，最后访问日期：2022年3月28日）。
⑤ 见《永辉超市股份有限公司关于要约收购中百控股集团股份有限公司的进展公告》（2019年9月26日）。

行安全审查的决定"的时限,即"自收到符合规定的材料之日起 15 个工作日内"。其中的"符合本办法第六条规定的材料"指的是通常所说的"申报材料齐全,符合法定形式"①。

(三) 初步审查

在收到符合规定要求的全部申报材料之后,国家发改委(具体承办司局为国家发改委利用外资和境外投资司,即外资司)②首先应当进行初步审查,而不能直接启动安全审查(不论是一般审查还是特别审查)。③ 如果国家发改委认为该外商投资不属于安全审查的范围,自然也就无须启动安全审查了。④

需要注意的是,《外商投资安全审查办法》本身没有使用"初步审查"的表述。"初步审查"是外商投资安全审查工作机制办公室负责人就《外商投资安全审查办法》答记者问时采用的表述,是针对《外商投资安全审查办法》第 7 条第 1 款进行的解读。⑤

1. 初步审查的主要工作和目的

初步审查的主要工作和目的是判断申报的外商投资是否影响或可能影响国家安全,并作出是否需要进行安全审查的决定,⑥ 而不仅仅是判断申报的外商投资是否属于安全审查的范围。

2. 初步审查的时限

由于《外商投资安全审查办法》第 7 条第 1 款使用了"工作机制办公室应当自收到当事人提交或者省、自治区、直辖市人民政府有关部门转送的符合本办法第六条规定的材料之日起 15 个工作日内,对申报的外商投资作出是否需要进行

---

① 《合伙企业法》第 10 条第 1 款规定:"申请人提交的登记申请材料齐全、符合法定形式,企业登记机关能够当场登记的,应于当场登记,发给营业执照";《行政许可法》第 32 条第 1 款第 5 项规定:"行政机关对申请人提出的行政许可申请,应当根据下列情况分别作出处理……(五)申请事项属于本行政机关职权范围,申请材料齐全、符合法定形式,或者申请人按照本行政机关的要求提交全部补正申请材料的,应当受理行政许可申请"。

② 见《永辉超市股份有限公司关于要约收购中百控股集团股份有限公司的进展公告》(2019 年 9 月 26 日)。

③ 见《外商投资安全审查办法》第 7 条、第 8 条、第 9 条。

④ 值得一提的是,从金光纸业收购博汇集团项目看,国家发改委可能在受理环节就会判断相关外商投资项目是否属于安全审查的范围;如果认为该外商投资项目不属于外商投资安全审查的范围,可能就不会受理该外商投资安全审查申请,而不是等到受理之后才作出判断。

⑤ 《健全外商投资安全审查制度 为更高水平对外开放保驾护航——外商投资安全审查工作机制办公室负责人就〈外商投资安全审查办法〉答记者问》。

⑥ 《外商投资安全审查办法》第 7 条。

安全审查的决定"的表述，因此，初步审查的时限为15个工作日，"自收到符合规定的全部申报材料之日起"计算。

问题是，在初步审查期间，如需当事人补充提供材料的，是否可以参照《外商投资安全审查办法》第10条的规定将补充提供材料的期间不计入初步审查的时限？考虑到《外商投资安全审查办法》第10条仅适用于"工作机制办公室对申报的外商投资进行安全审查期间"的补充提供材料，而《外商投资安全审查办法》并未明确允许初步审查期间的补充材料问题，并且《外商投资安全审查办法》第7条第1项已经明确规定了外商投资安全审查工作机制办公室作出是否需要进行安全审查的决定的时限（"自收到当事人提交或者省、自治区、直辖市人民政府有关部门转送的符合本办法第六条规定的材料之日起15个工作日内"），因此，不宜参照参照《外商投资安全审查办法》第10条的规定，将补充提供材料的期间不计入初步审查的时限。

需要注意的是，在初步审查决定作出之前，当事人不得实施投资。①

3. 初步审查的决定

初步审查的决定分为两种：一是不需要进行安全审查的决定②，二是进行安全审查的决定③。二者只能择其一。

在外商投资安全审查工作机制办公室对申报的外商投资作出不需要进行安全审查的决定的情况下，当事人可以实施投资；④ 在外商投资安全审查工作机制办公室对申报的外商投资作出进行安全审查的决定的情况下，将进入一般审查阶段，当事人在其后的安全审查期间仍然不得实施投资⑤。

当然，外商投资安全审查工作机制办公室对申报的外商投资作出进行安全审查的决定只是启动了一般审查程序⑥，并不意味着该外商投资肯定会影响或可能会影响国家安全、进而不得实施投资。因为经过一般审查，外商投资安全审查工作机制办公室有可能认为申报的外商投资不影响国家安全并作出通过安全审查的

---

① 《外商投资安全审查办法》第7条第1款。
② 《外商投资安全审查办法》第7条第2款使用了"作出不需要进行安全审查决定"的表述。
③ 《外商投资安全审查办法》第7条第1款使用了"作出是否需要进行安全审查的决定"的表述，第8条第1款使用了"决定对申报的外商投资进行安全审查"的表述。
④ 《外商投资安全审查办法》第7条第2款。
⑤ 《外商投资安全审查办法》第8条第1款。
⑥ 《外商投资安全审查办法》第8条第1款。

决定[1]；即使进入特别审查阶段，外商投资安全审查工作机制办公室经过特别审查之后仍然有可能认为申报的外商投资不影响国家安全并作出通过安全审查的决定[2]。

4. 如何判断是否需要启动安全审查

问题是，国家发改委如何判断是否属于启动安全审查？

对此，《外商投资安全审查办法》没有直接作出规定。考虑到与"如何判断是否需要启动安全审查"密切相关的是"如何判断是否属于安全审查范围"，因此，可以作为参考的是此前《商务部实施外国投资者并购境内企业安全审查制度的规定》（商务部公告2011年第53号）第9条的下列规定："对于外国投资者并购境内企业，应从交易的实质内容和实际影响来判断并购交易是否属于并购安全审查的范围；外国投资者不得以任何方式实质规避并购安全审查，包括但不限于代持、信托、多层次再投资、租赁、贷款、协议控制、境外交易等方式。"

由此，外商投资交易的实质内容及其对国家安全的实际影响是判断该外商投资是否属于安全审查范围的关键因素，也是判断是否需要对该外商投资启动安全审查的关键。

5. 初步审查的工作规则

问题是，外商投资安全审查办公室是怎样作出初步审查决定的？其成员单位如何召集、召开会议？会议的议事规则（议事程序、表决办法）如何？这涉及外商投资安全审查工作机制及其办公室的工作规则问题。不过，《外商投资安全审查办法》本身对此未作规定。

（四）通知当事人初步审查决定

在外商投资安全审查工作机制办公室经初步审查作出决定之后，不论是不需要进行安全审查的决定还是进行安全审查的决定，都需要将相应的决定书面通知当事人。[3]

在通知时限方面，由于《外商投资安全审查办法》第7条第1款使用了"工作机制办公室应当自收到当事人提交或者省、自治区、直辖市人民政府有关部门转送的符合本办法第六条规定的材料之日起15个工作日内，对申报的外商投资

---

[1] 《外商投资安全审查办法》第8条第2款。
[2] 《外商投资安全审查办法》第9条第1款第1项。
[3] 《外商投资安全审查办法》第7条第1款。

作出是否需要进行安全审查的决定,并书面通知当事人"的表述,因此,初步审查决定的通知时限也是自收到符合规定的全部申报材料之日起 15 个工作日内。这就意味着,外商投资安全审查工作机制办公室需要在自收到符合规定的全部申报材料之日起 15 个工作日内完成"作出初步审查决定"和"将初步审查决定书面通知当事人"这两项工作。当然,结合《民事诉讼法》第 85 条第 4 款、《最高人民法院关于适用〈中华人民共和国行政诉讼法〉的解释》(法释〔2018〕1 号)第 48 条第 4 款关于"期间不包括在途时间",有关公文的在途时间不计入时限。

需要注意的是,自当事人申报之后直至外商投资安全审查工作机制办公室就是否需要对申报的外商投资进行安全审查作出决定之前,当事人都不得实施投资;并且,只有在外商投资安全审查工作机制办公室作出"不需要进行安全审查"的决定的情况下,当事人才可以实施投资。① 在外商投资安全审查工作机制办公室作出"进行安全审查"的决定的情况下,当事人也不得实施投资(除非后续收到"通过安全审查的决定"或"附条件通过安全审查的决定")。②

(五)一般审查

现阶段,外商投资安全审查分为一般审查和特别审查。③

1. 初步审查、一般审查与特别审查的关系

根据《外商投资安全审查办法》第 7 条至第 9 条的规定,初步审查、一般审查和特别审查是"根据申报项目风险情况,分层次、递进式推进的"并且"进入第二和第三阶段的项目梯次减少"④。具体而言,初步审查、一般审查与特别审查的关系如下:

一是初步审查是一般审查的前置程序,不可跳过初步审查直接进行一般审查。

二是并非所有的外商投资项目都需要进行一般审查。只有没有通过初步审查(外商投资安全审查工作机制办公室作出"进行安全审查"的决定)的外商投资,才需要(也必须)进行一般审查。

---

① 《外商投资安全审查办法》第 7 条。
② 《外商投资安全审查办法》第 8 条、第 9 条。
③ 《外商投资安全审查办法》第 8 条第 1 款。
④ 《健全外商投资安全审查制度 为更高水平对外开放保驾护航——外商投资安全审查工作机制办公室负责人就〈外商投资安全审查办法〉答记者问》。

三是一般审查是外商投资安全审查的必经程序，也是特别审查的前置程序，不可跳过一般审查直接进行特别审查。

四是并非所有的外商投资项目都需要进行特别审查。只有那些未能通过一般审查（外商投资安全审查工作机制办公室作出"启动特别审查"的决定）的外商投资，才需要（也必须）进行特别审查，而那些通过一般审查（外商投资安全审查工作机制办公室作出"通过安全审查"的决定）的外商投资，则可以实施投资、无须进行特别审查。

2. 一般审查的主要工作和目的

一般审查的主要工作和目的是判断申报的外商投资是否影响或者可能影响国家安全，并作出"通过安全审查"或"启动特别审查"的决定。[1]

3. 一般审查的时限

一般审查的时限为30个工作日，自外商投资安全审查工作机制办公室作出对申报的外商投资进行安全审查的决定之日起计算。[2]

考虑到外商投资安全审查工作机制办公室应当在收到符合规定的全部申报材料之日起15个工作日内作出是否需要进行安全审查的决定[3]。这就意味着，外商投资安全审查工作机制办公室应当在收到符合规定的全部申报材料之日起45个工作日内完成一般审查，并作出"通过安全审查"或"启动特别审查"的决定。

《外商投资安全审查办法》没有规定一般审查期限可以延长。当然，在一般审查期间，如需当事人补充提供材料的，补充提供材料的期间不计入一般审查的时限。[4] 如果当事人修改投资方案，一般审查的时限自外商投资安全审查工作机制办公室收到修改后的投资方案之日起重新计算。此外，当事人在一般审查期间撤销投资的，外商投资安全审查工作机制办公室将终止审查。[5]

需要注意的是，在一般审查期间，当事人也不得实施投资。

4. 一般审查的决定

一般审查的决定分为两种：一是"通过安全审查的决定"，二是"启动特别

---

[1] 《外商投资安全审查办法》第8条第2款。
[2] 《外商投资安全审查办法》第8条第1款。
[3] 《外商投资安全审查办法》第7条第1款。
[4] 《外商投资安全审查办法》第10条第2款。
[5] 《外商投资安全审查办法》第11条。

审查的决定"。① 二者只能择其一。

其中,"通过安全审查的决定"适用于外商投资安全审查工作机制办公室经一般审查认为申报的外商投资不影响国家安全的情形,而"启动特别审查的决定"则适用于外商投资安全审查工作机制办公室经一般审查认为申报的外商投资影响或者可能影响国家安全的情形。

根据《外商投资法》第35条第2款关于"依法作出的安全审查决定为最终决定"的规定,外商投资安全审查工作机制办公室经一般审查作出的"通过安全审查的决定"是最终的决定,表明申报的外商投资通过了安全审查,当事人可以实施投资;② 在外商投资安全审查工作机制办公室作出"启动特别审查的决定"的情况下,将进入特别审查阶段,当事人在特别审查期间仍然不得实施投资③。

当然,外商投资安全审查工作机制办公室对申报的外商投资作出启动特别审查的决定只是启动了特别审查程序,并不意味着该外商投资肯定会影响或可能会影响国家安全、进而不得实施投资。因为经过特别审查,外商投资安全审查工作机制办公室仍然有可能作出"通过安全审查的决定"或"附条件通过安全审查的决定"④。

5. 一般审查的工作规则

问题是,外商投资安全审查办公室如何进行一般审查、一般审查决定是怎样作出的?其成员单位如何召集、召开会议?会议的议事规则(议事程序、表决办法)如何?这涉及外商投资安全审查工作机制及其办公室的工作规则问题。不过,《外商投资安全审查办法》本身对此未作规定。

考虑到《外商投资安全审查办法》是在"总结2011年以来我国外商投资安全审查实践的基础上""对审查机构、审查范围等进行适当调整"后制定的⑤,因此,此前的《国务院办公厅关于建立外国投资者并购境内企业安全审查制度的通知》(国办发〔2011〕6号)第4条关于并购安全审查的一般性审查程序的下

---

① 《外商投资安全审查办法》第8条第2款。
② 《外商投资安全审查办法》第12条。
③ 《外商投资安全审查办法》第9条第2款。
④ 《外商投资安全审查办法》第9条第1款。
⑤ 《健全外商投资安全审查制度 为更高水平对外开放保驾护航——外商投资安全审查工作机制办公室负责人就〈外商投资安全审查办法〉答记者问》。

列规定可作参考:①

"一般性审查采取书面征求意见的方式进行。联席会议收到商务部提请安全审查的并购交易申请后,在5个工作日内,书面征求有关部门的意见。有关部门在收到书面征求意见函后,应在20个工作日内提出书面意见。如有关部门均认为并购交易不影响国家安全,则不再进行特别审查,由联席会议在收到全部书面意见后5个工作日内提出审查意见,并书面通知商务部。如有部门认为并购交易可能对国家安全造成影响,联席会议应在收到书面意见后5个工作日内启动特别审查程序。"

需要特别注意的是,在属于安全审查范围的外商投资涉及知识产权对外转让②的情况下,外商投资安全审查工作机制办公室还应当根据拟转让知识产权的类别,将有关材料转至知识产权相关主管部门③征求意见。④知识产权相关主管部门应及时从"知识产权对外转让对我国国家安全的影响"和"知识产权对外转让对我国重要领域核心关键技术创新发展能力的影响"的角度进行审查⑤,并出具书面意见书,反馈至外商投资安全审查工作机制办公室;外商投资安全审查工作机制办公室在作出审查决定时应当参考知识产权相关主管部门出具的书面意见书。⑥

(六)通知当事人一般审查决定

在外商投资安全审查工作机制办公室经一般审查作出决定之后,不论是通过

---

① 甚至,考虑到《外商投资安全审查办法》没有对一般审查的工作规则作出规定,在《国务院办公厅关于建立外国投资者并购境内企业安全审查制度的通知》(国办发〔2011〕6号)被废止或被宣布失效之前,《国务院办公厅关于建立外国投资者并购境内企业安全审查制度的通知》(国办发〔2011〕6号)第4条关于并购安全审查的一般性审查程序的规定,仍有其适用的空间。

② 其中,"知识产权"包括专利权、集成电路布图设计专有权、计算机软件著作权、植物新品种权等知识产权及其申请权;"知识产权对外转让"是指中国单位或者个人将其境内知识产权转让给外国企业、个人或者其他组织,包括权利人的变更、知识产权实际控制人的变更和知识产权的独占实施许可。见《知识产权对外转让有关工作办法(试行)》(国办发〔2018〕19号)第1条。

③ 其中,拟转让知识产权涉及专利权、集成电路布图设计专有权的,"相关主管部门"指国务院知识产权主管部门;拟转让知识产权涉及计算机软件著作权的,"相关主管部门"指国家版权主管部门;拟转让知识产权涉及植物新品种权的,"相关主管部门"指国务院农业主管部门和国务院林业主管部门(按职责分别负责)。见《知识产权对外转让有关工作办法(试行)》第3条。

④ 见《知识产权对外转让有关工作办法(试行)》第3条。

⑤ 见《知识产权对外转让有关工作办法(试行)》第2条。

⑥ 见《知识产权对外转让有关工作办法(试行)》第3条。

安全审查的决定还是启动特别审查的决定,都需要将相应的决定书面通知当事人。①

在通知时限方面,与《外商投资安全审查办法》第 7 条第 1 款针对初步审查决定的通知规定了自收到符合规定的全部申报材料之日起 15 个工作日内的时限不同,《外商投资安全审查办法》没有明确一般审查决定的通知时限,而只是规定了"工作机制办公室作出的决定应当书面通知当事人"。

经过一般审查,只有在收到外商投资安全审查工作机制作出的"通过安全审查"的决定后,当事人才可以实施投资;在没有收到一般审查决定或者收到外商投资安全审查工作机制办公室作出的"启动特别审查"的决定的情况下,当事人仍然不得实施投资(除非后续收到"通过安全审查的决定"或"附条件通过安全审查的决定")。②

(七)特别审查

如前所述,并非所有的外商投资项目都需要进行特别审查。只有那些未能通过一般审查(外商投资安全审查工作机制办公室作出"启动特别审查"的决定)的外商投资,才需要(也必须)进行特别审查。

1. 特别审查的主要工作和目的

特别审查的主要工作和目的也是判断申报的外商投资是否影响或者可能影响国家安全,并作出"通过安全审查"或"禁止投资"或"附条件通过安全审查"的决定。③

2. 特别审查的时限

特别审查的时限为 60 个工作日,自特别审查启动之日起计算;但在特殊情况下,特别审查时限可以延长。④ 当然,在特别审查期间,如需当事人补充提供材料的,补充提供材料的期间不计入特别审查的时限。⑤ 如果当事人修改投资方案,特别审查的时限自外商投资安全审查工作机制办公室收到修改后的投资方案之日起重新计算;此外,当事人在特别审查期间撤销投资的,外商投资安全

---

① 《外商投资安全审查办法》第 8 条第 2 款。
② 《外商投资安全审查办法》第 9 条第 1 款、第 12 条。
③ 《外商投资安全审查办法》第 9 条第 1 款。
④ 《外商投资安全审查办法》第 9 条第 2 款。
⑤ 《外商投资安全审查办法》第 10 条第 2 款。

工作机制办公室将终止审查。[①]

关于特别审查的时限，需要注意：

一是在起算方面，特别审查时限的起算日为"启动之日"，与"作出启动特别审查的决定之日"或"决定启动之日"不是一一对应的关系。

二是在延长方面，《外商投资安全审查办法》只是原则上性规定了可以延长特别审查时限，但并未对特别审查时限的延长次数、每一次延长的期间作出限制。在特殊情况下，外商投资安全审查工作机制办公室应该可以将原定60个工作日的特别审查时限延长数次、每次延长的期间视具体情况而定。当然，每一次延长特别审查时限，都应当书面通知当事人。[②]

需要注意的是，在特别审查期间，当事人也不得实施投资。[③]

3. 特别审查的决定

特别审查的决定分为三种：一是"通过安全审查的决定"，二是"禁止投资的决定"，三是"附条件通过安全审查的决定"。[④] 三者只能择其一。

其中，"通过安全审查的决定"适用于外商投资安全审查工作机制办公室经特别审查认为申报的外商投资不影响国家安全的情形，"禁止投资的决定"适用于外商投资安全审查工作机制办公室经特别审查认为申报的外商投资影响国家安全的情形，"附条件通过安全审查的决定"则适用于外商投资安全审查工作机制办公室经特别审查认为申报的外商投资影响国家安全但通过附加条件能够消除对国家安全的影响，且当事人书面承诺接受附加条件的情形。

需要注意的是，由于《外商投资安全审查办法》第9条第1款第2项使用了"可以作出附条件通过安全审查的决定"的表述，因此，外商投资安全审查工作机制办公室对于是否作出"附条件通过安全审查的决定"具有裁量权，对于申报的外商投资，只要外商投资安全审查工作机制办公室经特别审查后认为该外商投资影响国家安全，即使符合"通过附加条件能够消除对国家安全的影响"的条件并且"当事人也书面承诺接受附加条件"，仍然可以作出"禁止投资的决定"，而不作出"附条件通过安全审查的决定"。

根据《外商投资法》第35条第2款关于"依法作出的安全审查决定为最终

[①] 《外商投资安全审查办法》第11条。
[②] 《外商投资安全审查办法》第9条第2款。
[③] 《外商投资安全审查办法》第9条第2款。
[④] 《外商投资安全审查办法》第9条第1款。

决定"的规定，外商投资安全审查工作机制办公室经特别审查作出的"通过安全审查的决定""禁止投资的决定"和"附条件通过安全审查的决定"都是最终的决定；其中，"通过安全审查的决定"和"附条件通过安全审查的决定"，表明申报的外商投资通过了安全审查，当事人可以实施投资（当然，收到"附条件通过安全审查的决定"的当事人应当按照附加条件实施投资）；而"禁止投资的决定"则表明申报的外商投资未通过安全审查，当事人不得实施投资（已经实施的，应当限期处分股权或者资产以及采取其他必要措施，恢复到投资实施前的状态，消除对国家安全的影响）。[1]

4. 特别审查的工作规则

问题是，外商投资安全审查办公室如何进行特别审查、特别审查决定是怎样作出的？其成员单位如何召集、召开会议？会议的议事规则（议事程序、表决办法）如何？这涉及外商投资安全审查工作机制及其办公室的工作规则问题。不过，《外商投资安全审查办法》本身对此未作规定。

考虑到《外商投资安全审查办法》是在"总结 2011 年以来我国外商投资安全审查实践的基础上""对审查机构、审查范围等进行适当调整"后制定的[2]，因此，此前的《国务院办公厅关于建立外国投资者并购境内企业安全审查制度的通知》（国办发〔2011〕6 号）第 4 条关于并购安全审查的特别审查程序的下列规定可作参考[3]：

"一般性审查采取书面征求意见的方式进行。联席会议收到商务部提请安全审查的并购交易申请后，在 5 个工作日内，书面征求有关部门的意见。有关部门在收到书面征求意见函后，应在 20 个工作日内提出书面意见。如有关部门均认为并购交易不影响国家安全，则不再进行特别审查，……如有部门认为并购交易可能对国家安全造成影响，联席会议应在收到书面意见后 5 个工作日内启动特别审查程序。启动特别审查程序后，联席会议组织对并购交易的安全评估，并结合评估意见对并购交易进行审查，意见基本一致的，由联席会议提出审查意见；存

---

[1] 《外商投资安全审查办法》第 12 条。
[2] 《健全外商投资安全审查制度 为更高水平对外开放保驾护航——外商投资安全审查工作机制办公室负责人就〈外商投资安全审查办法〉答记者问》。
[3] 甚至，考虑到《外商投资安全审查办法》没有对特别审查的工作规则作出规定，在《国务院办公厅关于建立外国投资者并购境内企业安全审查制度的通知》（国办发〔2011〕6 号）被废止或被宣布失效之前，《国务院办公厅关于建立外国投资者并购境内企业安全审查制度的通知》（国办发〔2011〕6 号）第 4 条关于并购安全审查的特别审查程序的规定，仍有其适用的空间。

在重大分歧的，由联席会议报请国务院决定。联席会议自启动特别审查程序之日起60个工作日内完成特别审查，或报请国务院决定。审查意见由联席会议书面通知商务部。"

（八）通知当事人特别审查决定

在外商投资安全审查工作机制办公室经特别审查作出决定之后，不论是"通过安全审查的决定"，还是"禁止投资的决定"，抑或"附条件通过安全审查的决定"，都需要将相应的决定书面通知当事人。[①]

在通知时限方面，与《外商投资安全审查办法》第7条第1款针对初步审查决定的通知规定了自收到符合规定的全部申报材料之日起15个工作日内的时限不同，《外商投资安全审查办法》也没有明确特别审查决定的通知时限，而只是规定了"工作机制办公室决定对申报的外商投资启动特别审查的，审查后应当按照下列规定作出决定，并书面通知当事人……"

需要注意的是，考虑到《外商投资安全审查办法》第13条规定了"外商投资安全审查决定，由工作机制办公室会同有关部门、地方人民政府监督实施；对附条件通过安全审查的外商投资，可以采取要求提供有关证明材料、现场检查等方式，对附加条件的实施情况进行核实"，因此，外商投资安全审查工作机制办公室有必要也应当将外商投资安全审查决定书面通知申报的外商投资涉及的有关部门、地方人民政府、地方发展改革部门、地方商务主管部门和地方市场监管部门。这也延续了《外商投资安全审查办法》实施之前的类似做法。[②]

（九）执行安全审查决定

外商投资安全审查决定的执行主要体现在当事人的执行和监管机构的监督实施两个方面。

1. 当事人的执行

当事人对安全审查决定的执行主要体现为：

一是在收到"不需要进行安全审查的决定"或"通过安全审查的决定"（包

---

① 《外商投资安全审查办法》第9条第1款。
② 比如，《自由贸易试验区外商投资国家安全审查试行办法》第3条第5款规定："商务部将联席会议审查意见书面通知外国投资者的同时，通知自贸试验区管理机构。对不影响国家安全或附加条件后不影响国家安全的外商投资，自贸试验区管理机构继续办理相关手续"；《商务部实施外国投资者并购境内企业安全审查制度的规定》第7条规定："商务部收到联席会议书面审查意见后，在5个工作日内将审查意见书面通知申请人（或当事人），以及负责并购交易管理的地方商务主管部门……"

括经一般审查后作出的该决定和经特别审查后作出的该决定）后，当事人可以按照申报的投资方案实施投资。①

二是在收到"禁止投资的决定"后，当事人不得实施投资；已经实施的，应当限期处分股权或者资产以及采取其他必要措施，恢复到投资实施前的状态，消除对国家安全的影响。②

三是在收到"附条件通过安全审查的决定"后，当事人应当按照该决定列明的附加条件实施投资。③

四是在收到"不需要进行安全审查的决定"或"通过安全审查的决定"（包括经一般审查后作出的该决定和经特别审查后作出的该决定）后，当事人变更投资方案，且按照变更后的投资方案实施投资影响或者可能影响国家安全的，应当重新进行外商投资安全区审查申报。④

2. 监管机构的监督实施

外商投资安全审查决定的监督实施，是由外商投资安全审查工作机制办公室会同有关部门、地方人民政府负责的⑤，主要包括：

一是对附条件通过安全审查的外商投资，可以采取要求提供有关证明材料、现场检查等方式，对附加条件的实施情况进行核实。⑥

二是对附条件通过安全审查的外商投资，当事人未按照附加条件实施投资的，由外商投资安全审查工作机制办公室会责令改正；拒不改正的，责令限期处分股权或者资产以及采取其他必要措施，恢复到投资实施前的状态，消除对国家安全的影响。⑦

三是对申报的外商投资作出不需要进行安全审查或者通过安全审查的决定后，当事人变更投资方案，影响或者可能影响国家安全的，要求当事人重新申报。⑧

四是对作出禁止投资决定的外商投资，在当事人已经实施投资的情况下，由

---

① 《外商投资安全审查办法》第7条第2款、第12条。
② 《外商投资安全审查办法》第12条。
③ 《外商投资安全审查办法》第12条。
④ 《外商投资安全审查办法》第14条。
⑤ 《外商投资安全审查办法》第13条。
⑥ 《外商投资安全审查办法》第13条。
⑦ 《外商投资安全审查办法》第18条。
⑧ 《外商投资安全审查办法》第14条、第4条第3款。

外商投资安全审查工作机制办公室会限期处分股权或者资产以及采取其他必要措施，恢复到投资实施前的状态，消除对国家安全的影响。①

五是当事人有《外商投资安全审查办法》第16条至第18条规定情形的，将其作为不良信用记录纳入国家有关信用信息系统，并按照国家有关规定实施联合惩戒。②

其中，在监督安全审查决定实施的过程中，针对涉及需要办理或已经办理外商投资项目核准或备案的外商投资项目，参考《企业投资项目核准和备案管理办法》第45条关于"上级项目核准、备案机关应当加强对下级项目核准、备案机关的指导和监督，及时纠正项目管理中存在的违法违规行为"的规定，国家发改委可以通过对所涉外商投资项目所在地的地方发展改革部门的指导和监督，促使其采取撤销该外商投资项目的核准或备案文件等措施，消除该外商投资项目对国家安全的影响。

七、外商投资安全审查决定及其效力

《外商投资法》第35条规定了外商投资安全审查决定③的效力，《外商投资安全审查办法》则在此基础上进一步规定不同类型的安全审查决定。

（一）安全审查决定的类型

根据《外商投资安全审查办法》第7条至第9条、第12条至第14条的规定，现阶段，针对申报的外商投资安全审查申请，外商投资安全审查工作机制办公室经审查（包括初步审查、一般性审查或特别审查）后，根据不同的情况，可能作出下列5种类型的安全审查决定中的一种：

---

① 《外商投资安全审查办法》第12条。
② 《外商投资安全审查办法》第19条。
③ 在《外商投资法》通过之前，国办发〔2011〕6号文既使用了"（安全审查）决定"的表述、又使用了并且更多地使用了"审查意见"的表述，而《自由贸易试验区外商投资国家安全审查试行办法》和《商务部实施外国投资者并购境内企业安全审查制度的规定》使用的则是"审查意见"的表述；《国家安全法》第60条关于"中央国家机关各部门依照法律、行政法规行使国家安全审查职责，依法作出国家安全审查决定或者提出安全审查意见并监督执行"的规定也同时提到了"安全审查决定"和"安全审查意见"的表述。笔者理解，"安全审查决定"（或"审查决定"）和"安全审查意见"（或"审查意见"）是不同的概念，具有不同的含义，"审查意见"应该是作出"审查决定"的基础或参考。

序号	安全审查决定类型	作出阶段	适用对象	备注
1	不需要进行安全申请的决定	初步审查阶段	不影响国家安全的外商投资	应当作出该决定
2	通过安全审查的决定	一般审查阶段	不影响国家安全的外商投资	应当作出该决定
3	通过安全审查的决定	特别审查阶段	不影响国家安全的外商投资	应当作出该决定
4	禁止投资的决定	特别审查阶段	影响国家安全的外商投资	应当作出该决定
5	附条件通过安全审查的决定	特别审查阶段	影响国家安全但通过附加条件能够消除对国家安全的影响，且当事人书面承诺接受附加条件的外商投资	可以作出该决定，也可以直接作出"禁止投资"的决定

其中，取得"通过安全审查的决定"或"附条件通过安全审查的决定"都意味着申报的外商投资通过了国家安全审查；而取得"禁止投资的决定"则意味着申报的外商投资未通过国家安全审查。[①]

需要说明的是，针对申报的外商投资，外商投资安全审查工作机制办公室还可能作出其他决定，其中尤其包括：（1）进行安全审查的决定[②]；（2）启动特别审查的决定[③]；（3）延长特别审查期限的决定[④]；（4）终止审查的决定[⑤]。考虑到这些决定属于过程中的决定而并《外商投资法》第35条第2款所说的"最终决定"，因此，本部分未专门讨论这些决定。

1. 不需要进行安全申请的决定

在什么情况下，外商投资安全审查工作机制办公室可以或应当作出"不需要进行安全审查的决定"？对此，《外商投资安全审查办法》没有直接作出规定。

不过，根据《外商投资法》第35条第1款关于"国家建立外商投资安全审

[①] 《外商投资安全审查办法》第17条所说的"当事人……提供虚假材料或者隐瞒有关信息骗取通过安全审查……"中的"骗取通过安全审查"包括骗取"通过安全审查的决定"和骗取"附条件通过安全审查的决定"。

[②] 《外商投资安全审查办法》第7条第1款、第8条第1款。

[③] 《外商投资安全审查办法》第8条第2款。

[④] 《外商投资安全审查办法》第9条第2款。

[⑤] 《外商投资安全审查办法》第11条第2款。

查制度，对影响或者可能影响国家安全的外商投资进行安全审查"的规定，结合《外商投资安全审查办法》第4条关于安全审查申报范围的规定和第8条第2款、第9条第1款关于作出通过安全审查的决定的规定，可以认为，在初步审查阶段，只有在外商投资安全审查工作机制办公室认为申报的外商投资不影响国家安全的情况下，才能作出（也应当作出）"不需要进行安全审查的决定"；如果认为申报的外商投资影响国家安全，则不得作出"不需要进行安全审查的决定"，而应当作出"进行安全审查的决定"。

问题是，在当事人申报的外商投资不属于《外商投资安全审查办法》规定的申报范围的情况下，外商投资安全审查工作机制办公室应当如何处理？对此，《外商投资安全审查办法》未作规定。参考《行政许可法》第32条关于"行政机关对申请人提出的行政许可申请，应当根据下列情况分别作出处理：（一）申请事项依法不需要取得行政许可的，应当即时告知申请人不受理；……行政机关受理或者不予受理行政许可申请，应当出具加盖本行政机关专用印章和注明日期的书面凭证"的规定，笔者倾向于认为，应当以当事人申报的外商投资不属于规定的申报范围为由告知当事人不受理为宜，而不宜依据《外商投资安全审查办法》第7条的规定作出"不需要进行安全审查的决定"。

2. 通过安全审查的决定

在一般审查阶段和特别审查阶段，外商投资安全审查工作机制办公室都有可能作出"通过安全审查的决定"，该决定仅适用于以下两种情形：

一是外商投资安全审查工作机制办公室经一般审查认为申报的外商投资不影响国家安全的情形。

二是外商投资安全审查工作机制办公室经特别审查认为申报的外商投资不影响国家安全的情形。

在上述两种情形下，都"应当"而不是"可以"作出"通过安全审查的决定"。[1]

3. 禁止投资的决定和附条件通过安全审查的决定

"禁止投资的决定"仅适用于外商投资安全审查工作机制办公室经特别审查

---

[1] 《外商投资安全审查办法》第8条第2款规定："经一般审查，认为申报的外商投资不影响国家安全的，工作机制办公室应当作出通过安全审查的决定……"第9条第1款第1项规定："工作机制办公室决定对申报的外商投资启动特别审查的，审查后应当按照下列规定作出决定，并书面通知当事人：（一）申报的外商投资不影响国家安全的，作出通过安全审查的决定……"

认为申报的外商投资影响国家安全的情形。不论是在初步审查阶段还是在一般审查阶段，都不能作出该决定。

在上述情形下，"应当"而不是"可以"作出"禁止投资的决定"。

当然，申报的外商投资虽然影响国家安全但在符合"通过附加条件能够消除对国家安全的影响，且当事人书面承诺接受附加条件"的要求的情况下，外商投资安全审查工作机制办公室也可以选择不作出"禁止投资的决定"，而作出"附条件通过安全审查的决定"。

需要注意的是，对于是否要求对影响国家安全的外商投资附加条件以及附加什么样的条件，外商投资安全审查工作机制办公室拥有一定的裁量权。外商投资安全审查工作机制办公室既可以主动要求附加条件并要求当事人出具接受附加条件的书面承诺，也可以基于当事人的提议附加条件。但是，对于"影响国家安全，且通过附加条件也不能消除对国家安全的影响"的外商投资，则不得作出"附条件通过安全审查的决定"，而只能作出"禁止投资的决定"。

（二）安全审查决定的效力

1. 安全审查决定的终局效力

针对外商投资安全审查决定的效力，《外商投资法》第 35 条第 2 款规定："依法作出的安全审查决定为最终决定。"据此，外商投资安全审查工作机制办公室作出的安全审查决定属于最终决定。

注意到《反垄断法》第 65 条规定了"对反垄断执法机构依据本法第三十四条、第三十五条作出的决定不服的，可以先依法申请行政复议；对行政复议决定不服的，可以依法提起行政诉讼。对反垄断执法机构作出的前款规定以外的决定不服的，可以依法申请行政复议或者提起行政诉讼"，而《外商投资法》第 35 条第 2 款使用了"依法作出的安全审查决定为最终决定"的表述，并且没有规定"对安全审查决定不服的可以依法申请行政复议或依法提起行政诉讼"，再结合《反恐怖主义法》第 15 条第 1 款关于"被认定的恐怖活动组织和人员对认定不服的，可以通过国家反恐怖主义工作领导机构的办事机构申请复核。国家反恐怖主义工作领导机构应当及时进行复核，作出维持或者撤销认定的决定。复核决定为最终决定"，《出境入境管理法》第 36 条关于"公安机关出入境管理机构作出的不予办理普通签证延期、换发、补发，不予办理外国人停留居留证件、不予延长居留期限的决定为最终决定"、第 64 条第 1 款关于"外国人对依照本法规定对其实施的继续盘问、拘留审查、限制活动范围、遣送出境措施不服的，可以依法申请行政复议，该行政复议决定为最终决定"和第 81 条第 2 款关于"外国人违反本法规定，情节严重，尚不构成犯罪的，公安部可以处驱逐出境。公安部的处罚决定为最终决定"，《仲裁法》第 9 条第 1 款关于"仲裁实行一裁终局的制度。裁决作出后，当事人就同一纠纷再申请仲裁或者向人民法院起诉的，仲裁委员会或者人民法院不予受理"以及《行政诉讼法》第 13 条关于"人民法院不受理公民、法人或者其他组织对下列事项提起的诉讼：（一）国防、外交等国家行为……"，并参考《外国投资法（草案征求意见稿）》第 73 条关于"对于依据本章作出的国家安全审查决定，不得提起行政复议和行政诉讼"的规定，可以认为，依法作出的外商投资安全审查决定属于国家行为，不属于行政复议和行政诉讼的受案范围，外国投资者或其他主体不得就此提起行政复议或行政诉讼，这也是《外商投资法》第 35 条第 2 款所说的"依法作出的安全审查决定为最终决定"的应有之义。这跟《反外国制裁法》第 7 条明确规定国务院有关部门依据《反外国制裁法》第 4 条至第 6 条规定作出的反制决定为最终决定是类似的，都是基于强化相关措施的执行力和威慑力、"体现主权行为性质"的立法目的[①]；跟《对外关系法》第 33 条明确规定国务院及其部门依法针对"违反国际法和国际关系基本准则，危害中华人民共和国主权、安全、发展利益的行为"作出的采取相应反制和限制措施的决定为最终决定也是类似的，都是国家行为[②]。

2. 安全审查决定效力的体现

外商投资安全审查工作机制办公室作出的安全审查决定对外国投资者等当事人、提出安全审查建议的主体和有关外商投资的监管机构以及法院、仲裁机构都具有相应的法律约束力。

（1）对当事人的效力

安全审查决定对外国投资者和境内相关当事人的效力，主要体现在以下

[①] 全国人大常委会法制工作委员会主任沈春耀 2021 年 4 月 26 日在第十三届全国人民代表大会常务委员会第二十八次会议上作的《关于〈中华人民共和国反外国制裁法（草案）〉的说明》（http://www.npc.gov.cn/npc/c2/c30834/202106/t20210611_311958.html，最后访问日期：2024 年 3 月 29 日）。

[②] 全国人民代表大会宪法和法律委员会 2023 年 6 月 28 日作的《关于〈中华人民共和国对外关系法（草案二次审议稿）〉修改意见的报告》（http://www.npc.gov.cn/c2/c30834/202306/t20230628_430338.html，最后访问日期：2024 年 3 月 29 日）提及："有的常委委员提出，草案第三十三条规定的反制和限制措施是国家行为，建议明确依据本条规定作出的相关决定为最终决定。反外国制裁法也有这样的规定。宪法和法律委员会经研究，建议增加一款规定：'依据本条第一款、第二款作出的决定为最终决定'"。

方面：

一是外国投资者在境内进行属于法规规定的安全审查申报范围的投资（包括但不限于通过协议控制等方式进行投资），应向国家发改委提出安全审查申报，否则不得实施投资。[①]

二是自国家发改委收到符合规定的全部申报材料之日起的 15 个工作日内，当事人不得实施投资。[②]

三是在收到外商投资安全审查工作机制办公室作出的不需要进行安全审查决定后，当事人可以实施投资。[③]

四是在外商投资安全审查工作机制办公室决定对申报的外商投资进行一般审查期间，当事人不得实施投资。[④]

五是在收到外商投资安全审查工作机制办公室经一般审查后作出的通过安全审查的决定后，当事人可以实施投资。[⑤]

六是在外商投资安全审查工作机制办公室决定对申报的外商投资进行特别审查期间，当事人不得实施投资。[⑥]

七是在收到外商投资安全审查工作机制办公室经特别审查后作出的通过安全审查的决定后，当事人可以实施投资。[⑦]

八是在收到外商投资安全审查工作机制办公室经特别审查后作出的禁止投资的决定后，当事人不得实施投资；已经实施的，应当限期处分股权或者资产以及采取其他必要措施，恢复到投资实施前的状态，消除对国家安全的影响。[⑧]

九是在收到外商投资安全审查工作机制办公室经特别审查后作出的附条件通过安全审查的决定后，当事人可以实施投资但应当按照安全审查决定附加的条件实施投资。[⑨]

十是在收到外商投资安全审查工作机制办公室经特别审查后作出的附条件通

---

① 《外商投资安全审查办法》第 4 条、第 7 条第 1 款。
② 《外商投资安全审查办法》第 7 条第 1 款。
③ 《外商投资安全审查办法》第 7 条第 2 款。
④ 《外商投资安全审查办法》第 8 条第 1 款。
⑤ 《外商投资安全审查办法》第 12 条。
⑥ 《外商投资安全审查办法》第 9 条第 2 款。
⑦ 《外商投资安全审查办法》第 12 条。
⑧ 《外商投资安全审查办法》第 12 条。
⑨ 《外商投资安全审查办法》第 12 条。

过安全审查的决定后，当事人未按照附加条件实施投资的，由外商投资安全审查工作机制办公室责令改正；拒不改正的，责令限期处分股权或者资产以及采取其他必要措施，恢复到投资实施前的状态，消除对国家安全的影响。①

十一是在收到不需要进行安全审查的决定或通过安全审查的决定后，当事人变更投资方案，影响或者可能影响国家安全的，应当重新申报。②

与前项相对应，在收到禁止投资的决定后，若发生调整交易方案、修改有关协议文件、改变经营活动、附加相关条件以及其他变化，导致该外商投资不再属于规定的安全审查申报范围或不影响国家安全的，当事人可以重新提出安全审查申报。

（2）对提出安全审查建议的主体的效力

在外商投资安全审查程序是基于有关机关、企业、社会团体、社会公众等提出的安全审查建议而启动的情形，外商投资安全审查工作机制办公室作出安全审查决定对提出安全审查建议的主体也具有终局效力。

据此，如果外商投资安全审查工作机制办公室作出了不需要进行安全审查或者通过安全审查的决定，那么，不论是提出安全审查建议的主体，还是该外商投资的利益相关方，都不得以相同的事实和理由，针对同一外商投资提出安全审查建议。这与民事诉讼程序③、行政诉讼程序④和商标评审程序⑤中的"一事不再理"是类似的。

---

① 《外商投资安全审查办法》第18条。
② 《外商投资安全审查办法》第14条。
③ 针对民事诉讼程序中的"一事不再理"或"重复起诉"，《最高人民法院关于适用〈中华人民共和国民事诉讼法〉的解释》（2022年修正）第247条规定了"当事人就已经提起诉讼的事项在诉讼过程中或者裁判生效后再次起诉，同时符合下列条件的，构成重复起诉：（一）后诉与前诉的当事人相同；（二）后诉与前诉的诉讼标的相同；（三）后诉与前诉的诉讼请求相同，或者后诉的诉讼请求实质上否定前诉裁判结果。当事人重复起诉的，裁定不予受理；已经受理的，裁定驳回起诉，但法律、司法解释另有规定的除外。"
④ 针对行政诉讼程序中的"一事不再理"，《最高人民法院关于适用〈中华人民共和国行政诉讼法〉的解释》（法释〔2018〕1号）第106条规定："当事人就已经提起诉讼的事项在诉讼过程中或者裁判生效后再次起诉，同时具有下列情形的，构成重复起诉：（一）后诉与前诉的当事人相同；（二）后诉与前诉的诉讼标的相同；（三）后诉与前诉的诉讼请求相同，或者后诉的诉讼请求被前诉裁判所包含"，第69条规定："有下列情形之一，已经立案的，应当裁定驳回起诉……（六）重复起诉的……"
⑤ 针对商标评审中的"一事不再理"，《商标法实施条例》（2014年修订）第62条规定："申请人撤回商标评审申请的，不得以相同的事实和理由再次提出评审申请。商标评审委员会对商标评审申请已经作出裁定或者决定的，任何人不得以相同的事实和理由再次提出评审申请。但是，经不予注册复审程序予以核准注册后向商标评审委员会提起宣告注册商标无效的除外。"

当然，在外商投资安全审查工作机制办公室作出不需要进行安全审查或者通过安全审查的决定之后，如果出台新法规、出现新情况（比如外国投资者变更投资方案、修改有关协议文件、改变经营活动），影响或者可能影响国家安全的，有关机关、企业、社会团体、社会公众等可以基于新的事实和理由，针对相关外商投资提出新的安全审查建议。

（3）对监管机构的效力

外商投资安全审查工作机制办公室作出的安全审查决定对有关外商投资的监管机构的效力，主要体现在以下方面：

一是对作出禁止投资的决定的外商投资，当事人不得实施投资，有关外商投资的监管机构也不得为该外商投资办理相关手续。[1] 其中，地方发展改革部门在受理外商投资项目核准申请时，对作出禁止投资的决定的外商投资，不得办理项目核准。[2]

二是对作出通过安全审查的决定或附条件通过安全审查的决定的外商投资项目，按照有关规定办理相关手续。其中，地方发展改革部门在受理外商投资项目核准申请时，对作出通过安全审查的决定或附条件通过安全审查的决定的外商投资项目，按照现行外商投资项目管理有关规定办理项目核准。[3]

三是对于已经实施的影响国家安全的外商投资，具有相应管理权限的相关主管部门应当限期处分股权或者资产以及采取其他必要措施，恢复到投资实施前的状态，消除对国家安全的影响。[4]

（4）对法院和仲裁机构的效力

外商投资安全审查工作机制办公室作出的安全审查决定对法院和仲裁机构的效力，主要体现在以下方面：

一是如前所述，《外商投资法》第35条第2款关于"依法作出的安全审查决定为最终决定"的规定表明，外商投资安全审查工作机制办公室依法作出的安全审查决定是最终决定，不得对其提起行政复议或行政诉讼，法院也不得受理与此

---

[1] 《外商投资安全审查办法》第12条。
[2] 《外商投资安全审查办法》第12条、《国家发展改革委办公厅关于外国投资者并购境内企业项目核准有关问题的复函》（发改办外资〔2011〕1213号）。
[3] 《外商投资安全审查办法》第12条、《国家发展改革委办公厅关于外国投资者并购境内企业项目核准有关问题的复函》（发改办外资〔2011〕1213号）。
[4] 《外商投资安全审查办法》第12条。

相关的行政诉讼案件。

二是在民事程序或仲裁程序中，法院或仲裁机构不享有认定特定外商投资是否影响国家安全的法定职权。①

三是在审理涉及国家安全审查的外商投资的民事诉讼案件或仲裁案件时，相关法院或仲裁机构应当对相关外商投资行为或合同是否涉及影响国家安全问题及其效力作出审慎认定，并依据外商投资安全审查工作机制办公室作出的安全审查决定作出裁判；尤其是，如果发生争议的外商投资进入安全审查程序，在外商投资安全审查工作机制办公室作出安全审查决定之前，应当依据《民事诉讼法》第153条②等相关规定③中止诉讼程序或仲裁程序为宜。

在这方面，最高人民法院的以下意见可作参考：

"要遵循基础法律关系先行处理的思路。商事审判在调查案件事实、认定合同效力等方面与行政管理、行政诉讼相互牵连的，应当先解决基础法律关系问题。如果商事审判必须以具体行政行为内容或者行政诉讼查明的事实来认定法律行为要件事实，在具体行政行为作出前或行政诉讼裁判作出前，商事案件应中止审理。具体行政行为作出后或行政诉讼裁判作出后，商事案件应及时恢复审理。尤其要注意，法律、行政法规明确规定应由行政机关专门处理或先行处理的纠纷，在行政机关处理前，对当事人提起的民事诉讼应裁定不予受理。如果行政行

---

① 需要注意的是，在刑事案件当中，法院具有认定相关行为是否构成危害国家安全犯罪的职权。对此，《国家安全法》第41条规定："人民法院依照法律规定行使审判权，人民检察院依照法律规定行使检察权，惩治危害国家安全的犯罪"，《刑法》第3条规定："法律明文规定为犯罪行为的，依照法律定罪处刑；法律没有明文规定为犯罪行为的，不得定罪处刑"，《刑事诉讼法》第12条规定："未经人民法院依法判决，对任何人都不得确定有罪。"

② 《民事诉讼法》（2023年修正）第153条规定："有下列情形之一的，中止诉讼：（一）一方当事人死亡，需要等待继承人表明是否参加诉讼的；（二）一方当事人丧失诉讼行为能力，尚未确定法定代理人的；（三）作为一方当事人的法人或者其他组织终止，尚未确定权利义务承受人的；（四）一方当事人因不可抗拒的事由，不能参加诉讼的；（五）本案必须以另一案的审理结果为依据，而另一案尚未审结的；（六）其他应当中止诉讼的情形。中止诉讼的原因消除后，恢复诉讼。"

③ 《中国国际经济贸易仲裁委员会仲裁规则》（2015版）第45条（"程序中止"）规定："（一）双方当事人共同或分别请求中止仲裁程序，或出现其他需要中止仲裁程序的情形的，仲裁程序可以中止。（二）中止程序的原因消失或中止程序期满后，仲裁程序恢复进行。（三）仲裁程序的中止及恢复，由仲裁庭决定；仲裁庭尚未组成的，由仲裁委员会仲裁院院长决定。"《北京仲裁委员会仲裁规则》（2022版）第45条（"仲裁程序中止和恢复"）规定："（一）各方当事人共同申请或者一方当事人申请、其他当事人未表示反对的，仲裁程序可以中止。任何一方当事人申请恢复仲裁程序或者本会或仲裁庭认为有必要恢复的，仲裁程序恢复。（二）出现特殊情况需要中止仲裁程序的，仲裁程序可以中止。特殊情况消失后，仲裁程序恢复。（三）中止和恢复仲裁程序的决定，仲裁庭组成前由本会作出；仲裁庭组成后由仲裁庭作出。程序中止的期间不计算在本规则第四十八条、第五十九条及第六十八条规定的期限内。"

为、行政诉讼必须以商事审判结果为依据，商事审判应及时作出裁判。在一些复杂案件的审判中，必要时可以研究探索商事审判或行政审判等对部分问题依法先行裁判或处理。"①

（三）影响国家安全的外商投资行为的效力

与《最高人民法院关于适用〈中华人民共和国外商投资法〉若干问题的解释》针对外国投资者在涉及外商投资准入负面清单之外和之内的领域进行投资所形成的相关协议的效力问题作出的规定不同，最高人民法院现有司法解释还没有针对涉及外商投资安全审查的外商投资行为和相应的投资合同的效力问题作出直接、明确的规定。②

但是，由于《民法典》第8条规定了"民事主体从事民事活动，不得违反法律，不得违背公序良俗"，第143条规定了"具备下列条件的民事法律行为有效：（一）行为人具有相应的民事行为能力；（二）意思表示真实；（三）不违反法律、行政法规的强制性规定，不违背公序良俗"，第153条规定了"违反法律、行政法规的强制性规定的民事法律行为无效。但是，该强制性规定不导致该民事法律行为无效的除外。违背公序良俗的民事法律行为无效"，《外商投资法》第6条也规定了"在中国境内进行投资活动的外国投资者、外商投资企业，应当遵守中国法律法规，不得危害中国国家安全、损害社会公共利益"，《公司法》第262条规定了"利用公司名义从事危害国家安全、社会公共利益的严重违法行为的，吊销营业执照"，因此，在外商投资安全审查工作机制办公室针对特定的外商投资作出了禁止投资的决定的情况下，该外商投资行为以及与该外商投资有关的投资协议，也应属于无效的行为、无效的合同。从而，审理相关案件的法院或仲裁机构应当相应地将相关行为、相关合同认定为无效的行为、无效的合同。

---

① 见杨临萍（最高人民法院民事审判第二庭时任庭长、现最高人民法院副院长）2015年12月24日在第八次全国法院民事商事审判工作会议上作的《当前商事审判工作中的若干具体问题》，载《人民司法·应用》2016年第4期。

② 针对外国投资者在涉及外商投资准入负面清单规定限制投资的领域进行投资而形成的相关协议的效力，该司法解释第4条规定："外国投资者投资外商投资准入负面清单规定限制投资的领域，当事人以违反限制性准入特别管理措施为由，主张投资合同无效的，人民法院应予支持。人民法院作出生效裁判前，当事人采取必要措施满足准入特别管理措施的要求，当事人主张前款规定的投资合同有效的，应予支持。"从其内容（尤其是第2款）看，该司法解释应该是没有考虑影响国家安全的外商投资以及相应的合同的效力问题的。

八、外国投资者在外商投资安全审查程序中的权利和义务

《外商投资安全审查办法》没有集中规定外国投资者在外商投资安全审查程序中的权利和义务,而是在不同的条款当中作了相应的规定。

(一) 外国投资者在外商投资安全审查程序中的权利

从上述分析看,外国投资者在安全审查程序中享有的权利主要有:[1]

一是在申报之前,就包括是否属于安全审查范围在内的有关问题向工作机制办公室进行咨询的权利。[2]

二是获得有关是否需要进行安全审查的决定、一般审查的结果、特别审查的结果的书面通知的权利。[3]

三是在特别审查期限延长的情况下,获得延长审查期限的书面通知的权利。[4]

四是在安全审查期间,修改投资方案或者撤销投资的权利。[5]

五是在安全审查结束后,基于"通过安全审查的决定"或按照"附条件通过安全审查的决定"实施投资的权利。[6]

(二) 外国投资者在外商投资安全审查程序中的义务

外国投资者在安全审查程序中承担的义务主要有:[7]

一是就拟进行的属于安全审查申报范围的外商投资,依法提出安全审查申报和提交申报文件的义务。[8]

---

[1] 需要注意的是,外国投资者享有的其他权利不受影响。比如,《外商投资法》第26条规定了:"国家建立外商投资企业投诉工作机制,及时处理外商投资企业或者其投资者反映的问题,协调完善相关政策措施。外商投资企业或者其投资者认为行政机关及其工作人员的行政行为侵犯其合法权益的,可以通过外商投资企业投诉工作机制申请协调解决。外商投资企业或者其投资者认为行政机关及其工作人员的行政行为侵犯其合法权益的,除依照前款规定通过外商投资企业投诉工作机制申请协调解决外,还可以依法申请行政复议、提起行政诉讼。"

[2] 《外商投资安全审查办法》第5条。
[3] 《外商投资安全审查办法》第7条第1款、第8条第2款、第9条第1款。
[4] 《外商投资安全审查办法》第9条第2款。
[5] 《外商投资安全审查办法》第11条。
[6] 《外商投资安全审查办法》第12条。
[7] 需要注意的是,外国投资者还需承担其他义务,《外商投资法》第36条至第37条也规定了外国投资者违反规定进行投资的法律责任。
[8] 《外商投资安全审查办法》第4条第1款、第16条。

二是在申报之后、安全审查期间，不得实施投资的义务。①

三是配合外商投资安全审查工作机制办公室的安全审查工作，按要求提交安全审查需要的材料、信息，接受有关询问的义务。②

四是收到禁止投资决定后，不得实施投资；已经实施的，按照要求限期处分股权或者资产以及采取其他必要措施，恢复到投资实施前的状态，消除对国家安全的影响。③

五是收到附条件通过安全审查的决定后，按照附加条件实施投资。④

六是就执行外商投资安全审查决定的行为，接受外商投资安全审查工作机制办公室和有关部门、地方人民政府的监督、核查。⑤

九、外商投资安全审查和其他制度的关系与衔接

外商投资安全审查作为外商投资管理的一个重要环节，需要与其他外商投资管理制度相互衔接、协调适用。接下来围绕外商投资安全审查与主要的外商投资管理制度的关系和衔接问题展开讨论。

（一）外商投资安全审查与负面清单管理制度

外商投资安全审查制度与负面清单管理制度都是现行外商投资管理制度的主要组成部分，二者具有一些相似之处，但总体上属于相互独立的制度。

1. 相似之处

外商投资安全审查制度与负面清单管理制度的相似之处主要包括：

一是负面清单的制定和实施也必须坚持总体国家安全观，遵循维护国家安全的法律法规和国家关于各领域安全的制度体系，以保障经济安全为重点，维护国家基本经济制度和社会主义市场经济秩序，健全预防和化解经济安全风险的制度机制，保障关系国民经济命脉的重要行业和关键领域、重点产业、重大基础设施和重大建设项目以及其他重大经济利益安全。⑥ 这在总体上跟外商投资安全审查制度的目的是一致的。

---

① 《外商投资安全审查办法》第7条至第9条。
② 《外商投资安全审查办法》第6条、第10条。
③ 《外商投资安全审查办法》第12条。
④ 《外商投资安全审查办法》第12条。
⑤ 《外商投资安全审查办法》第13条。
⑥ 见《国务院关于实行市场准入负面清单制度的意见》（国发〔2015〕55号）。

二是并非所有的外商投资都会涉及负面清单规定的领域，甚至涉及负面清单规定的领域的外商投资的比例还比较小；与此类似，并非所有的外商投资都属于安全审查的范围、都需要进行安全审查，属于安全审查范围且需要进行安全审查的外商投资的比例也比较小。

三是国家对负面清单之外的外商投资，给予国民待遇；与此类似，外商投资安全审查申报范围之外的外商投资，无须进行申报、也无须进行安全审查。

四是负面清单规定禁止投资的领域，外国投资者不得投资；与此类似，经安全审查特别审查认为影响国家安全的外商投资，不得实施。

五是负面清单规定限制投资的领域，外国投资者进行投资应当符合负面清单规定的限制性准入特别管理措施；与此类似，经安全审查特别审查认为影响国家安全但通过附加条件能够消除对国家安全的影响且当事人书面承诺接受附加条件的外商投资，外国投资者必须按照附加条件实施投资。

2. 不同之处

尽管有诸多相似之处，但是，总体而言，外商投资安全审查制度与负面清单管理制度是相互独立的制度。

一是出发点和目的不同。

在目的方面，外商投资安全审查制度主要是出于预防和化解国家安全风险的目的，从是否影响国家安全或可能影响国家安全的角度对特定的外商投资进行审查。[1] 而负面清单管理制度则主要是从建立公平开放透明的市场规则的角度，通过明确政府发挥作用的职责边界、发挥市场在资源配置中的决定性作用，赋予市场主体更多的主动权，落实市场主体自主权和激发市场活力，形成各类市场主体依法平等使用生产要素、公开公平公正参与竞争的市场环境，形成统一开放、竞争有序的现代市场体系。[2]

二是审查顺序不同。

在审查的顺序方面，应当先依据负面清单管理制度来审查相关外商投资是否涉及负面清单规定的领域。在负面清单规定禁止外商投资的领域，因外国投资者不得进行投资，自然也就不会进入外商投资安全审查制度的规范范围；只有不涉

---

[1] 见《国家安全法》第59条。
[2] 见《中共中央关于全面深化改革若干重大问题的决定》（2013年11月12日通过）、《国务院关于实行市场准入负面清单制度的意见》（国发〔2015〕55号）。

及负面清单规定禁止外商投资的领域的外商投资（包括不涉及负面清单规定的领域和涉及负面清单规定限制投资的领域），才有必要考虑是否需要进行安全审查。

三是一项外商投资是否属于安全审查的范围，与是否涉及负面清单规定的领域，不具有一一对应的关系。

比如，外国投资者在负面清单以外的领域进行投资，尽管不涉及负面清单规定的禁止投资的领域、也不涉及负面清单规定限制投资的领域，但仍然可能属于安全审查的范围，需要进行安全审查，甚至可能因影响国家安全而不得实施投资。下文介绍的永辉超市要约收购中百集团项目就是这样的例子。

四是制度实施机构不同。

负面清单管理制度的直接执行机构是行业主管部门、地方市场监管部门、地方发展改革部门和地方商务主管部门，而外商投资安全审查则由外商投资安全审查工作机制办公室负责（其中由国家发改委承担主要审查职责）。

有关外商投资负面清单管理制度的更多内容，请见本书第九章"外商投资的国民待遇与负面清单管理制度"。

（二）外商投资安全审查与外商投资项目核准的衔接

在外商投资项目属于国家安全审查范围时，存在外商投资项目核准或备案与安全审查的衔接问题。

对此，《国家发展改革委办公厅关于外国投资者并购境内企业项目核准有关问题的复函》（发改办外资〔2011〕1213号）曾规定："根据《国务院办公厅关于建立外国投资者并购境内企业安全审查制度的通知》（国办发〔2011〕6号），属于并购安全审查范围的项目，应由外国投资者并购境内企业安全审查部际联席会议（以下简称联席会议）进行安全审查。地方发展改革部门在受理外国投资者并购境内企业项目核准申请时，对属于并购安全审查范围，但外国投资者没有提出并购安全审查申请的，应暂停项目核准程序。联席会议确认不影响国家安全的外国投资者并购境内企业项目，按照现行外商投资项目管理有关规定办理项目核准。联席会议确认影响国家安全的外国投资者并购境内企业项目，不得办理项目核准。"

结合上述规定，可以将外商投资安全审查理解为外商投资项目核准或备案的前置条件，只有通过了国家安全审查的外商投资项目（包括取得通过安全审查决定的外商投资和取得附条件通过安全审查决定的外商投资），发展改革部门才可以办理项目核准或备案手续；当然，需要注意的是，外商投资安全审查不是受理外商投资项目核准或备案申请的前置条件，不能以未经外商投资安全审查为由不予受理外商投资项目的核准或备案申请。

（三）外商投资安全审查与外商投资企业登记的衔接

与法规针对外商投资安全审查与外商投资审核、外商投资安全审查与外商投资项目核准的衔接作出过或提出过直接的要求不同，现有法规没有直接规定外商投资企业的登记（包括设立登记、变更登记）如何与外商投资安全审查进行衔接。

实务中也存在着属于安全审查范围的外商投资已经实施（其中就包括完成外商投资企业登记或变更登记），但未进行外商投资安全审查申报或者未通过安全审查的情况。事实上，国办发〔2011〕6号文第4条第6款关于"外国投资者并购境内企业行为对国家安全已经造成或可能造成重大影响的，联席会议应要求商务部会同有关部门终止当事人的交易，或采取转让相关股权、资产或其他有效措施，消除该并购行为对国家安全的影响"，《自由贸易试验区外商投资国家安全审查试行办法》第3条第6款关于"自贸试验区管理机构应做好外贸投资监管工作。如发现外国投资者提供虚假信息、遗漏实质信息、通过安全审查后变更投资活动或违背附加条件，对国家安全造成或可能造成重大影响的，即使外商投资安全审查已结束或投资已实施，自贸试验区管理机构应向国家发展改革委和商务部报告"，《商务部实施外国投资者并购境内企业安全审查制度的规定》第7条第3项关于"外国投资者并购境内企业行为对国家安全已经造成或可能造成重大影响的，根据联席会议审查意见，商务部会同有关部门终止当事人的交易，或采取转让相关股权、资产或其他有效措施，以消除该并购行为对国家安全的影响"的规定，以及《外商投资安全审查办法》第12条关于"工作机制办公室对申报的外商投资作出通过安全审查决定的，当事人可以实施投资；作出禁止投资决定的，当事人不得实施投资，已经实施的，应当限期处分股权或者资产以及采取其他必要措施，恢复到投资实施前的状态，消除对国家安全的影响；作出附条件通过安全审查决定的，当事人应当按照附加条件实施投资"和第16条关于"对申报范围内的外商投资，当事人未依照本办法的规定申报即实施投资的，由工作机制办公室责令限期申报；拒不申报的，责令限期处分股权或者资产以及采取其他必要措施，恢复到投资实施前的状态，消除对国家安全的影响"的规定，也都认识到了这个问题。

考虑到《外商投资法》实施之后，国家对外商投资实行信息报告制度，商务部门已经不再具有对外商投资进行审核的职责，外商投资信息报告制度并非针对外国投资者或者外商投资企业设立的行政审批事项，报送投资信息本身也不是外国投资者或者外商投资企业办理企业登记（包括设立登记、变更登记和注销登记）或其他手续的前置条件[①]，因此，在外商投资安全审查的实施方面，有必要加强部门之间的协调和配合，并考虑赋予作为外商投资企业登记机关的市场监管部门更多的监管职责。

(四) 外商投资安全审查与外商投资信息报告的衔接

现有法规也没有直接规定外商投资信息报告制度如何与外商投资安全审查进行衔接。

当然，在外商投资经过安全审查后，有关外国投资者或外商投资企业应当依照《外商投资信息报告办法》的相应规定向商务主管部门报送投资信息。这是《外商投资法》第34条的要求。

此外，基于《外商投资安全审查办法》第13条关于"外商投资安全审查决定，由工作机制办公室会同有关部门、地方人民政府监督实施……"的规定，并结合《自由贸易试验区外商投资国家安全审查试行办法》第3条第6款关于"自贸试验区管理机构应做好外商投资监管工作。如发现外国投资者提供虚假信息、遗漏实质信息、通过安全审查后变更投资活动或违背附加条件，对国家安全造成或可能造成重大影响的，即使外商投资安全审查已结束或投资已实施，自贸试验区管理机构应向国家发展改革委和商务部报告"的规定，在履行外商投资信息报告监督管理职能的过程中，商务主管部门发现上述情形的，也应当向国家发改委和商务部报告，确保外商投资安全审查制度获得有效执行。

(五) 外商投资安全审查与经营者集中审查

《外商投资法》分别针对外商投资涉及的国家安全审查和经营者集中审查作出了规定。其中，针对经营者集中审查，《外商投资法》第33条规定："外国投资者并购中国境内企业或者以其他方式参与经营者集中的，应当依照《中华人民共和国反垄断法》的规定接受经营者集中审查"；针对国家安全审查，《外商投

[①] 见《商务部、市场监管总局有关司局负责人就〈外商投资信息报告办法〉有关问题答记者问》。

资法》第35条第1款规定:"国家建立外商投资安全审查制度,对影响或者可能影响国家安全的外商投资进行安全审查。"

此外,《反垄断法》第38条更是更明确地规定:"对外资并购境内企业或者以其他方式参与经营者集中,涉及国家安全的,除依照本法规定进行经营者集中审查外,还应当按照国家有关规定进行国家安全审查。"

根据上述规定,外商投资安全审查与经营者集中审查也是相互独立的两种制度。尤其是,经营者集中审查不仅仅适用于外商投资,还适用于不涉及外商投资的投资交易。

总体而言,经营者集中审查是《反垄断法》对经营者集中实行必要的控制、防止因经济力的过于集中而影响市场竞争的主要手段,其主要目的在于预防和制止垄断行为,保护市场公平竞争,维护市场竞争秩序,充分发挥市场配置资源基础性作用,提高经济运行效率,维护消费者利益和社会公共利益。[①] 而外商投资安全审查则主要是出于预防和化解国家安全风险的目的,从是否影响国家安全或可能影响国家安全的角度对特定的外商投资进行的审查。

需要注意的是,一项外商投资是否需要进行经营者集中审查,与是否需要进行安全审查,有各自不同的判断标准,二者不具有一一对应的关系。当然,对于同时涉及经营者集中审查和安全审查的外商投资来说,实务中,通常是先进行经营者集中审查、后进行安全审查程序。《国家市场监督管理总局反垄断局关于经营者集中申报文件资料的指导意见》(2018年9月29日修订)第18条也要求"如集中涉及破产企业、国家安全、产业政策、国有资产、其他部门职能、驰名商标等问题,应就以上问题作出特别说明"。

值得一提的是,经营者集中审查与外商投资安全审查具有一些相似之处。比如,与外商投资安全审查适用于属于安全审查范围的各种形式的外商投资一样,经营者集中审查也适用于达到法定申报标准的各种形式的外商投资[②]。

此外,外商投资安全审查制度也从多个方面借鉴了经营者集中审查制度。比

[①] 见《反垄断法》第1条、原国务院法制办公室时任主任曹康泰2006年6月24日在第十届全国人民代表大会常务委员会第二十二次会议上作的《关于〈中华人民共和国反垄断法(草案)〉的说明》(http://www.npc.gov.cn/zgrdw/wxzl/gongbao/2007-10/09/content_5374671.htm,最后访问日期:20245年3月29日)。

[②] 见《反垄断法》第25条、第26条,《国务院关于经营者集中申报标准的规定》第2条、第3条,《国家市场监督管理总局反垄断局关于经营者集中申报的指导意见》(2018年9月29日修订)。

如，外商投资安全审查制度中的申报前咨询制度（或此前的预约商谈制度）、附加条件不影响国家安全的审查意见制度，都可以从2009年的《经营者集中申报办法》和《经营者集中审查办法》中找到对应的制度先例。预计，将来制定《外商投资国家安全审查条例》时，也会进一步借鉴经营者集中审查制度（比如其中的商谈、听证、附加条件等），建立起更加完善的外商投资安全审查制度。[①]

（六）外商投资安全审查与网络安全审查等制度的关系

除了外商投资安全审查，《国家安全法》还规定了其他安全审查制度。

对此，《国家安全法》第59条规定："国家建立国家安全审查和监管的制度和机制，对影响或者可能影响国家安全的外商投资、特定物项和关键技术、网络信息技术产品和服务、涉及国家安全事项的建设项目，以及其他重大事项和活动，进行国家安全审查，有效预防和化解国家安全风险。"

其中，针对网络信息技术产品和服务，《网络安全法》第35条规定："关键信息基础设施的运营者采购网络产品和服务，可能影响国家安全的，应当通过国家网信部门会同国务院有关部门组织的国家安全审查。"在此基础上，国家互联网信息办公室、国家发展和改革委员会、工业和信息化部、公安部、国家安全部、财政部、商务部、中国人民银行、国家市场监督管理总局、国家广播电视总局、国家保密局、国家密码管理局于2020年4月联合制定了《网络安全审查办法》，对网络安全审查的工作机制、组织、程序等事项作出了具体的与外商投资安全审查工作机制不同的规定[②]，主要如下：

一是针对网络安全审查的工作机制，《网络安全审查办法》第4条第1款规定："在中央网络安全和信息化委员会领导下，国家互联网信息办公室会同中华

[①] 考虑到经营者集中审查并非专门针对外商投资或外国投资者，并且，经营者集中审查有其独立的标准、程序和制度体系，本书不对经营者集中审查的具体事项作具体展开。有关经营者集中审查，请见《反垄断法》《国务院关于经营者集中申报标准的规定》《国务院反垄断委员会关于相关市场界定的指南》《经营者集中申报办法》《经营者集中审查规定》《金融业经营者集中申报营业额计算办法》《关于评估经营者集中竞争影响的暂行规定》《关于经营者集中申报的指导意见》（2018年9月29日修订）、《经营者集中反垄断审查办事指南》（2018年9月29日修订）等法规的规定。

[②] 《网络安全审查办法》第4条第1款规定："在中央网络安全和信息化委员会领导下，国家互联网信息办公室会同中华人民共和国国家发展和改革委员会、中华人民共和国工业和信息化部、中华人民共和国公安部、中华人民共和国国家安全部、中华人民共和国财政部、中华人民共和国商务部、中国人民银行、国家市场监督管理总局、国家广播电视总局、中国证券监督管理委员会、国家保密局、国家密码管理局建立国家网络安全审查工作机制"，第2款规定："网络安全审查办公室设在国家互联网信息办公室，负责制定网络安全审查相关制度规范，组织网络安全审查。"

人民共和国国家发展和改革委员会、中华人民共和国工业和信息化部、中华人民共和国公安部、中华人民共和国国家安全部、中华人民共和国财政部、中华人民共和国商务部、中国人民银行、国家市场监督管理总局、国家广播电视总局、中国证券监督管理委员会、国家保密局、国家密码管理局建立国家网络安全审查工作机制。"

二是针对网络安全审查工作的具体承担，《网络安全审查办法》第4条第2款规定："网络安全审查办公室设在国家互联网信息办公室，负责制定网络安全审查相关制度规范，组织网络安全审查。"

三是针对网络安全审查的一般程序，《网络安全审查办法》第11条规定："网络安全审查办公室认为需要开展网络安全审查的，应当自向当事人发出书面通知之日起30个工作日内完成初步审查，包括形成审查结论建议和将审查结论建议发送网络安全审查工作机制成员单位、相关部门征求意见；情况复杂的，可以延长15个工作日"，第12条第1款规定："网络安全审查工作机制成员单位和相关部门应当自收到审查结论建议之日起15个工作日内书面回复意见。"

四是针对网络安全的特别审查程序，《网络安全审查办法》第12条第2款规定："网络安全审查工作机制成员单位、相关部门意见一致的，网络安全审查办公室以书面形式将审查结论通知当事人；意见不一致的，按照特别审查程序处理，并通知当事人"，第13条规定："按照特别审查程序处理的，网络安全审查办公室应当听取相关单位和部门意见，进行深入分析评估，再次形成审查结论建议，并征求网络安全审查工作机制成员单位和相关部门意见，按程序报中央网络安全和信息化委员会批准后，形成审查结论并书面通知当事人。"

五是针对监管机构依职权启动网络安全审查，《网络安全审查办法》第16条规定："网络安全审查工作机制成员单位认为影响或者可能影响国家安全的网络产品和服务以及数据处理活动，由网络安全审查办公室按程序报中央网络安全和信息化委员会批准后，依照本办法的规定进行审查。"

基于上述规定可以发现，外商投资安全审查与网络安全审查、有关国家安全审查的其他制度是相互独立的审查制度。[①] 在特定外商投资同时涉及其他的国家

[①] 《网络安全审查办法》规定的网络安全审查制度大体延续了此前国办发〔2011〕6号文和国办发〔2015〕24号文建立的外商投资安全审查制度的主要制度，而《外商投资安全审查办法》则建立起了跟国办发〔2011〕6号文和国办发〔2015〕24号文建立的外商投资安全审查制度颇有差异的外商投资安全审查制度。

安全审查事项的情况下,不仅需要适用外商投资安全审查制度,还需要适用其他国家安全审查制度。①

十、有待进一步明确的事项

由于《外商投资安全审查办法》对此前由国办发〔2011〕6号文和国办发〔2015〕24号文建立起来的外商投资安全审查制度进行了"适当调整",因此,在如何与原有外商投资安全审查的做法、有关外商投资监管的其他制度进行衔接方面,存在若干有待进一步明确的事项。

1. 外商投资安全审查机构的成员单位

现阶段,外商投资安全审查工作机制办公室具体承担了外商投资安全审查的日常工作②,也被称为"外国投资安全审查机构"③。除了曾由国务院办公厅印发的《商务部主要职责内设机构和人员编制规定》(国办发〔2008〕77号)和《国家发展和改革委员会主要职责内设机构和人员编制规定》(国办发〔2008〕102号)对国家发改委和商务部各自在外资安全审查部际联席会议制度中的职责分工作出规定外,现有法规没有对外商投资安全审查工作机制或其办公室的成员单位还包括哪些部门、这些部门各自负有哪些具体职责等事项作出规定。

因此,在《外商投资安全审查办法》的实施过程中,应当对外商投资安全审查工作机制或其办公室的成员单位的组成以及各成员单位的具体职责等事项作出明确规定为宜。

2. 外商投资安全审查机构的工作规则

国办发〔2011〕6号文曾对外资安全审查部际联席会议的工作规则作出了原则性的规定。不过,《外商投资安全审查办法》在"对审查机构、审查范围等进行适当调整"的同时,针对外商投资安全审查机构的工作规则,包括会议的召集、主持、议事、表决权的分配、表决办法、表决程序、意见基本一致和重大意见分歧的认定、决定、记录等具体事项,则没有予以规定或公布正式的文件予以明确。

因此,在《外商投资安全审查办法》的实施过程中,有必要明确外商投资

---

① 外商投资安全审查与其他的国家安全审查之间如何协调,是个值得研究的问题;从优化营商环境的角度,可以考虑由相应的牵头部门之间建立工作协调机制,优化各自的国家安全审查工作。
② 《外商投资安全审查办法》第3条。
③ 《健全外商投资安全审查制度 为更高水平对外开放保驾护航——外商投资安全审查工作机制办公室负责人就〈外商投资安全审查办法〉答记者问》。

安全审查机构的工作规则，为外商投资安全审查提供程序保障。

3. 如何确保外商投资安全审查决定的执行

在《外商投资法》实施后，商务部已经不再具有对外商投资进行审核或备案的职权，在此情况下，如何确保外商投资安全审查决定得到有效执行？各相关监管机构，包括国家发改委、商务部、市场监管总局以及行业主管部门等，在执行外商投资安全审查决定的过程中各自负有怎样的职权、义务？是否可以采取行政强制措施、可以采取哪些行政强制措施？对此，有必要予以明确为宜。

4. 市场监管总局在外商投资安全审查制度中的地位和职责

考虑到：（1）《外商投资法》建立了外商投资信息报告制度，商务部门不再对外商投资进行审批或备案，市场监管部门作为登记机关，负责所有外商投资企业的设立登记、变更登记、备案、注销登记等工作，实际上担负着对绝大多数外商投资是否涉及负面清单、甚至是否涉及影响或可能影响国家安全的事项进行审查的工作；（2）外商投资安全审查决定的执行，尤其是其中的"责令限期处分股权或者资产以及采取其他必要措施，恢复到投资实施前的状态，消除对国家安全的影响"[①]，都有赖于市场监管部门积极履行职责；（3）市场监管总局作为国务院反垄断执法机构，还负责反垄断执法工作，并且对同时涉及经营者集中审查和安全审查的外商投资来说，实务中，通常是先进行经营者集中审查、后进行安全审查；因此，在《外商投资安全审查办法》的实施过程中，应当考虑赋予市场监管总局在外商投资安全审查工作中更重要的地位和职责，发挥其作为企业登记机关和反垄断执法机构的优势。

5. 外商投资安全审查与网络安全审查等其他安全审查之间的关系

如前所述，除了外商投资安全审查，《国家安全法》还规定了其他安全审查制度，外商投资安全审查与网络安全审查、有关国家安全审查的其他制度之间是相互独立的审查制度。在特定外商投资同时涉及其他国家安全审查事项的情况下，外商投资安全审查与其他国家安全审查之间的关系如何、如何协调适用，有必要对此加以明确为宜。

---

① 《外商投资安全审查办法》第16条至第18条。

6. 在外商投资安全审查过程中，如果外国投资者修改投资方案或者标的企业剥离相关业务使得该项投资不再属于外商投资安全审查的范围，后续程序如何适用

对于那些原本属于外商投资安全审查范围的外商投资项目，在进入外商投资安全审查（包括一般审查和特别审查）界定之后、作出安全审查决定之前，如果交易各方修改了交易方案并使得该项投资不再属于外商投资安全审查申报范围，或者，标的企业剥离了相关业务并使得标的企业不再涉及需要进行外商投资安全审查的领域，那么，在程序上，外商投资安全审查机构是应当继续审查并作出通过安全审查的决定，还是终止审查并告知申请人该项投资不属于申报范围（或不需要进行安全审查），或者采取跟《国家市场监督管理总局反垄断局关于经营者集中申报的指导意见》（2018年9月29日修订）第19条关于"符合下列情形之一的，申报人可以书面申请撤回申报：（一）交易不属于经营者集中的；（二）集中未达到申报标准的……对于符合上述情形的交易，反垄断局审核后应书面同意其撤回"的规定类似的方式，由申请人撤回安全审查申报？对此，在《外商投资安全审查办法》的实施过程中，应当予以明确为宜。

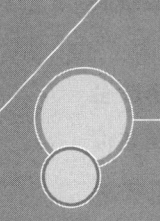

第十六章 外商投资的协议控制模式

协议控制作为外商投资的重要方式，实践中被广泛应用于电信行业等限制乃至禁止外商投资的领域，本章接下来围绕外商投资的协议控制模式展开讨论。

一、协议控制及其与协议控制（VIE 模式）的比较

（一）协议控制的法律依据

根据《公司法》第 265 条第 3 项关于"实际控制人，是指通过投资关系、协议或者其他安排，能够实际支配公司行为的人"的规定，除了可以"通过投资关系实际支配公司的行为"，还可以"通过协议或其他安排"来实际支配、控制公司的行为。实践中，这通常表现为协议控制的情形。

（二）协议控制的主要形式

具体来说，协议控制可以表现为这么几种形式：

1. 股东权利概括授权

一是不存在股权投资关系的双方之间，由一方的股东将其全部股东权利授权给另一方行使，由另一方作为被授权方全权决定该方的全部重大事务，从而取得该方的控制权。

这种形式的典型的例子就是在境外上市的中概股公司所采用的模式，即 VIE 模式（Variable Interest Entities，VIE，直译为"可变利益实体"）。当然，在 VIE 模式下，在股东权利授权之外，通常还会采取诸如借款、股权质押、独家购股权、独家咨询与服务等安排，以确保 VIE 公司取得的大部分乃至全部收益都能够转移至境外上市主体；不过，笔者倾向于认为，尽管这些安排有助于认定控制权的归属，但并非认定 VIE 模式下的控制权归属的关键因素，其关键因素应当是股东权利授权的安排。

2. 受托经营管理

二是不存在股权投资关系的双方之间，由一方通过接受另一方的委托对该方进行经营管理而取得对另一方的控制权。

在这方面，财政部会计司 2000 年发布的《〈企业会计准则——关联方关系及其交易的披露〉问题解答》（已于 2008 年废止）曾提到一个不存在直接或间接投资关系但存在控制关系的例子："企业承包无投资关系的另一企业，按照承包协议规定，承包方在承包期间可以自主决定被承包方的财务和经营政策，无论被承包企业实现利润多少，均需交给出包方一定金额的承包利润，承包方交完承包利润后的剩余利润归承包方所有。在这种情况下，虽然承包方与被承包方无任何投资与被投资关系，但是通过协议，承包方在承包期间可以控制被承包方……"

并且，财政部在 2013 年 1 月印发的《财政部关于进一步做好执行企业会计准则的企业 2012 年年报审计工作的通知》也要求："企业应当按照企业会计准则中有关'控制'的规定，确定企业合并的会计处理和合并财务报表的合并范围。企业将所属的有关主体交由其他方经营管理，或者接受其他方委托对有关主体进行经营管理的，应当综合考虑有关合同、协议等约定的相关主体财务和经营决策、经济利益或损失的分享和承担、委托或受托经营管理期限、委托或受托经营管理权的授予和取消等因素，正确判断是否对有关主体具有控制，并据此进行有关会计处理。"

中国证监会于 2010 年修订的《公开发行证券的公司信息披露编报规则第 15 号——财务报告的一般规定》（已于 2014 年废止）也曾规定，在不存在直接或间接投资关系的情况下，通过受托经营或承租等方式也能形成控制权。

此外，在 2011 年 12 月 31 日发布的证监会公告〔2011〕41 号（《关于做好上市公司 2011 年年报编制、审计和披露工作的公告》）中，中国证监会要求，"在存在委托、受托经营的情况下，受托方公司应结合实际情况从委托或受托经营企业的财务和经营决策权，相关经济利益、风险和报酬的归属，以及合同期限的长短、可撤销性等方面综合判断控制权的归属，并对判断的结果和依据作出充分披露"。

因此，在不存在直接或间接的股权投资关系的情况下，通过受托经营或承租等方式也能取得对其他公司的控制权。实践中，这种例子比较常见，尤其是上市公司通常会采取受托经营的模式来解决同业竞争的问题。

比如，根据上海证券交易所上市公司某啤酒股份有限公司 2009 年年度报告，某啤酒通过与其控股股东某啤酒集团有限公司（以下简称某集团）于2009年7月27日签订的某股权托管协议，将某集团的全资子公司某啤酒（济南）趵突泉啤酒销售有限公司作为受托经营形成控制权的经营实体纳入其合并报表范围；通过其与某集团于2003年1月及2004年12月签订的委托经营管理协议及其补充协议，将某集团持股80%、某啤酒持股20%的某啤酒（扬州）有限公司及其子公司扬州中某啤酒物资回收有限公司纳入其合并报表范围。

又如，根据深圳证券交易所上市公司湖南某州矿业股份有限公司2009年年度报告，某州矿业通过与城步苗族自治县某铜矿有限责任公司（以下简称某铜矿）于2005年9月22日签订的《承包经营合同》，将与其不具有持股关系的某铜矿纳入其合并报表范围。

3. 一致行动

三是不存在股权投资关系的双方之间，因采取一致行动取得对公司的共同控制权。

4. 表决权委托

四是不存在股权投资关系的双方之间，因通过协议取得他人对公司的表决权而对公司拥有控制权。

实践中，上述两种情形在上市公司中比较常见。比如，深交所中小板上市公司凯某德控股股份有限公司、深交所主板上市公司鲁某纺织股份有限公司都曾发生因股东之间签署一致行动协议而成为上市公司实际控制人的情形[1]；深交所中小板上市公司新疆准某石油技术股份有限公司、广东某华股份有限公司、江苏通某动力科技股份有限公司、深交所创业板上市公司青岛市恒某众昇集团股份有限公司（后来更名为青岛中某中程集团股份有限公司）都曾发生过因股东之间通过签署表决权委托协议而取得或丧失上市公司控制权的情形[2]。

5. 委托持股

五是不存在股权投资关系的双方之间，一方通过受其委托持股的名义股东对

---

[1] 分别见鲁泰A2016年10月12日的《关于实际控制人变更的提示性公告》、凯某德2017年8月1日的《关于股东签订一致行动人协议暨公司实际控制人变更的提示性公告》。

[2] 分别见准油股份2016年12月22日的《关于收到第一大股东签署的〈表决权委托协议〉暨公司实际控制人发生变更的提示性公告》、通达动力2017年2月13日的《关于公司实际控制人签署股权转让协议、表决权委托协议暨实际控制人拟发生变更的提示性公告》、威华股份2017年6月19日的《关于股东签订〈表决权委托协议〉暨控股股东和实际控制人变更的公告》、恒顺众昇2017年10月26日的《关于股东签署〈表决权委托协议〉暨实际控制人变更的提示性公告》。

另一方实现控制。

比如，在2016年12月10日就周某、陶某与中某佳展地产（徐州）有限公司、中某（徐州）房地产开发有限公司、江苏天某投资有限公司、江苏青某置业有限公司、重庆首某环境治理有限公司股权及权益转让纠纷上诉案作出的（2014）民二终字第259号民事判决书[①]中，最高人民法院认为："一般而言，根据权益的不同性质，可将权利人对公司的权益分为投资性权益和债权性权益两种基本类型。《中华人民共和国公司法》第四条规定：'公司股东依法享有资产收益、参与重大决策和选择管理者等权利'；第二百一十六条第三项规定：'实际控制人，是指虽不是公司的股东，但通过投资关系、协议或者其他安排，能够实际支配公司行为的人'。据此，权利人对公司投资性权益的拥有，除直接登记为股东这一方式之外，还可以通过投资关系、当事人之间的协议约定、以他人名义持有股份等多种其他安排对公司加以实际控制和支配。因此，在审查、认定当事人是否对公司享有投资性权益时，除了工商登记记载的股权关系结构之外，还应当结合当事人之间的相关协议约定、资金投入、资产收益、重大决策、选择管理者等权利的实际行使等多种因素加以判断。"

6. 通过资金、经营、购销等方式实施控制

六是不存在股权投资关系的双方之间，一方在资金、经营、购销等方面受到另一方的控制。

国家税务总局2009年印发的《特别纳税调整实施办法（试行）》（国税发〔2009〕2号）第77条规定："控制，是指在股份、资金、经营、购销等方面构成实质控制。"因此，在资金、经营、购销等方面也可能存在控制关系。

根据《特别纳税调整实施办法（试行）》第77条和第9条的规定，不存在股权投资关系的双方之间，在资金、经营、购销等方面存在控制关系主要表现为：（1）一方借贷资金总额的10%以上是由另一方（独立金融机构除外）担保；（2）一方的生产经营活动必须由另一方提供的工业产权、专有技术等特许权才

---

① https：//wenshu.faxin.cn/wenshu/v2/#/detail？uniqid = C1330795&data = 20240329&cid = fef6aff3 - 1edf - 4584 - 8895 - b2642309bdc8&token = onK10kvDzuRoEacbc9jvez7uzHFP% 252fEn7kieIqznEy8XGDEOkJl2Cb4xGltcO74kobdKP% 252bPeBECi% 252b5w43Hvi5hq1T8REK6GEiVzmC2S6cIF72mQYXiK19S39db7VNyboov8Zg9U4F%252fxX7ShoGyu4uNMNwZoi% 252fSmUeK9v D4nhNKegos6NoX0wQ8w% 253d% 253d&tokenType = jtoken&from=cpws&backurl = https% 3A% 2F% 2Fwww.faxin.cn% 2FdataCollector = detail _ fxal _% E6% A0% 87% E9% A2%98，最后访问日期：2024年3月29日。

能正常进行；(3) 一方的购买或销售活动主要由另一方控制；(4) 一方接受或提供劳务主要由另一方控制；(5) 一方对另一方的生产经营、交易具有实质控制。

综合上述，实务中，在认定某一公司控制权的过程中，可以在《国务院办公厅关于建立外国投资者并购境内企业安全审查制度的通知》（国办发〔2011〕6号）的界定的基础上，结合财政部、中国证监会等部委的规定，遵循"实质重于形式"的原则，综合考虑所有相关事实和因素进行判断。

（三）VIE模式与其他协议控制模式的比较

值得注意的是，尽管都属于协议控制模式，但是，VIE模式与表决权委托模式、一致行动模式之间仍然存在比较明显的差异，主要在于：

(1) 在VIE模式下，相关主体之间通过协议委托或授权的是包括表决权在内的几乎所有股东权利，受托或受权行使股东权利的主体可以不持有标的公司的股权。

(2) 在表决权委托模式下，相关主体之间通过协议委托或授权的则主要是股东权利中的表决权，受托或受权行使表决权的主体可以不持有标的公司的股权。

(3) 在一致行动模式下，采取一致行动的主体通常都各自直接持有标的公司的股权、但不将其对相关公司享有的股东权利（不限于表决权）委托给其他方行使，而只是约定在部分或全部事项上采取与相关方一致的行动。

二、协议控制模式属于《外商投资法》规范的外商投资方式

针对目前电信行业等限制乃至禁止外商投资的领域盛行的VIE模式是否属于《外商投资法》所规范的外商投资的问题，《外商投资法》本身没有作出直接的明文规定。

我理解，外国投资者通过包括VIE模式在内的各种协议控制方式，以及通过代持、信托、再投资等方式在境内进行的投资，属于《外商投资法》第2条第2款第4项所说的"法律、行政法规或者国务院规定的其他方式的投资"，属于《外商投资法》第2条第2款所说的"外国投资者间接在中国境内进行的投资活动"，应当适用《外商投资法》关于外商投资的规定。

因为，在现阶段，至少在自由贸易试验区内，外国投资者通过这些方式进行的投资，已经被国务院办公厅明确界定为外商投资了。

对此，国务院办公厅《自由贸易试验区外商投资国家安全审查试行办法》（国办发〔2015〕24号）针对自贸试验区内的外商投资明确规定了："外国投资者在自贸试验区内投资，包括下列情形……3. 外国投资者通过协议控制、代持、信托、再投资、境外交易、租赁、认购可转换债券等方式投资。"国务院时任副总理汪洋2015年4月22日在第十二届全国人民代表大会常务委员会第十四次会议上作的《国务院关于自由贸易试验区工作进展情况的报告》也指出："国务院办公厅发布了统一适用于4个自贸试验区的与负面清单管理模式相配套的国家安全审查试行办法。与过去的相关规定相比，拓宽了安全审查范围，从主要审查外资并购扩大到绿地投资；丰富了安全审查的内容，将互联网、文化、协议控制（VIE）等敏感领域和商业模式都纳入进来；完善了审查工作机制和程序，明确了自贸试验区地方管理机构的职责。"

尽管《自由贸易试验区外商投资国家安全审查试行办法》属于《外商投资法》第13条所说的"在部分地区实行的外商投资试验性政策措施"，目前也仅适用于自由贸易试验区、不适用于境内其他地区，但是，由于在"外商投资"的界定方面，与外国投资者通过协议控制方式在自由贸易试验区进行的投资相比，外国投资者通过协议控制方式在自由贸易试验区以外的其他地区进行的投资，仅仅是在投资所在的地区不同，在投资的主体和投资的内容等方面都是相同的，由此，既然外国投资者通过协议控制方式在自由贸易试验区进行的投资都被明文规定为"外商投资"，那么，就没有理由认为，外国投资者通过协议控制方式在自由贸易试验区以外的其他地区进行的投资不属于"外商投资"，也没有理由不承认外国投资者通过协议控制方式在自由贸易试验区以外的其他地区进行的投资的合法性（禁止外商投资的领域或法律明确禁止的除外[①]）。

同时，考虑到国家建立自贸试验区的任务之一是"发挥试验田作用，探索可复制和可推广的经验，为加快政府职能转变，创新对外开放模式，为进一步深化改革、扩大开放积累经验"[②]，而"可复制、可推广是党中央、国务院对自贸

---

① 比如，《中共中央 国务院关于学前教育深化改革规范发展的若干意见》（2018年11月7日）规定："社会资本不得通过兼并收购、受托经营、加盟连锁、利用可变利益实体、协议控制等方式控制国有资产或集体资产举办的幼儿园、非营利性幼儿园"。

② 商务部时任部长高虎城2013年8月26日在第十二届全国人民代表大会常务委员会第四次会议上作的《关于〈关于授权国务院在中国（上海）自由贸易试验区等国务院决定的试验区内暂时停止实施有关法律规定的决定（草案）〉的说明》（http://www.npc.gov.cn/zgrdw/npc/cwhhy/12jcwh/2013-11/25/content_1872478.htm，最后访问日期：2024年3月29日）。

试验区建设的基本要求",并且"试验有阶段性、临时性的特点,制度创新经过试验证明有效的,将不定期在全国范围内推广"①,因此,针对自由贸易试验区内的包括"外国投资者通过协议控制、代持、信托、再投资、境外交易、租赁、认购可转换债券等方式投资"在内的外商投资实施的国家安全审查措施,将来也可能、也应当会在全国范围内推广适用。

更何况,在外商投资国家安全审查方面,法律并未对自由贸易试验区和自由贸易试验区以外的其他地区的外商投资作出不同的规定。

对此,《外商投资法》第 35 条第 1 款规定了"国家建立外商投资安全审查制度,对影响或者可能影响国家安全的外商投资进行安全审查",《国家安全法》第 59 条规定了"国家建立国家安全审查和监管的制度和机制,对影响或者可能影响国家安全的外商投资……进行国家安全审查,有效预防和化解国家安全风险",2021 年 1 月 18 日生效的《外商投资安全审查办法》第 2 条也规定了"对影响或者可能影响国家安全的外商投资,依照本办法的规定进行安全审查。本办法所称外商投资,是指外国投资者直接或者间接在中华人民共和国境内(以下简称境内)进行的投资活动,包括下列情形:(一)外国投资者单独或者与其他投资者共同在境内投资新建项目或者设立企业;(二)外国投资者通过并购方式取得境内企业的股权或者资产;(三)外国投资者通过其他方式在境内投资"。上述规定不是仅仅适用于自由贸易试验区的外商投资的,而是统一适用于自由贸易试验区内和区外的各种形式的外商投资的。

基于上述,有理由认为,外国投资者通过包括 VIE 模式在内的各种协议控制方式,以及通过代持、信托、再投资等方式在境内进行的投资,属于《外商投资法》第 2 条第 2 款第 4 项所说的"法律、行政法规或者国务院规定的其他方式的投资",属于《外商投资法》第 2 条第 2 款所说的"外国投资者间接在中国境内进行的投资活动",应当适用《外商投资法》关于外商投资的规定。

三、特定领域的协议控制模式的合法性得到了认可

外国投资者在特定领域通过协议控制、代持、信托等方式进行的投资,逐渐得到了国务院的认可。具体如下:

---

① 国务院时任副总理汪洋 2015 年 4 月 22 日在第十二届全国人民代表大会常务委员会第十四次会议上作的《国务院关于自由贸易试验区工作进展情况的报告》。

1. 国办发〔2015〕24号文

如前所述，国办发〔2015〕24号文件使用了"外国投资者在自贸试验区内投资，包括下列情形……3.外国投资者通过协议控制、代持、信托、再投资、境外交易、租赁、认购可转换债券等方式投资"的表述，这就表明，至少在自由贸易试验区内，外国投资者通过协议控制（包括但不限于VIE模式）、代持方式，对外商投资准入负面清单规定禁止外商投资的领域以外的领域进行的投资，其合法性已经获得了国务院的认可。

2. 国办发〔2018〕21号文

《国务院办公厅转发证监会关于开展创新企业境内发行股票或存托凭证试点若干意见的通知》（国办发〔2018〕21号）规定"允许试点红筹企业按程序在境内资本市场发行存托凭证上市；具备股票发行上市条件的试点红筹企业可申请在境内发行股票上市"（其中的"红筹企业"，是指注册地在境外、主要经营活动在境内的企业），并要求"对存在协议控制架构的试点企业，证监会会同有关部门区分不同情况，依法审慎处理"。

在发行条件方面，国办发〔2018〕21号文规定："试点红筹企业在境内发行以股票为基础证券的存托凭证应符合证券法关于股票发行的基本条件，同时符合下列要求……二是存在投票权差异、协议控制架构或类似特殊安排的，应于首次公开发行时，在招股说明书等公开发行文件显要位置充分、详细披露相关情况特别是风险、公司治理等信息，以及依法落实保护投资者合法权益规定的各项措施。"

上述规定表明，在中国证监会层面乃至国务院层面，也已经在承认特定领域的VIE模式等协议控制模式的合法性的前提下，允许存在VIE架构等协议控制架构的境外公司在保留VIE架构等协议控制架构的情况下在境内发行股票或存托凭证。

四、协议控制模式的合法性得到认可的过程

（一）VIE模式合法性得到认可的过程

应该说，VIE模式的合法性在境内经历了被默许、受质疑到部分认可的过程；并且，时至今日，监管机构的态度仍然是"审慎"的。

VIE模式的合法性得到部分认可，是一个渐进的过程，其脉络大致如下：

1. 2011 年 9 月之前

2000 年起，因法律法规对协议控制缺乏明确和详细的界定，一些行业管理部门对 VIE 模式采取默许的态度，也有越来越多的公司采取 VIE 模式等协议控制模式的到境外上市。

2. 2011 年 9 月之后

2011 年 9 月，部分监管机构倾向于认为 VIE 模式存在违规之处。对此，2011 年 9 月流传的《关于土豆网等互联网企业境外上市的情况汇报》曾经有具体的分析。

3. 国办发〔2015〕24 号文

2015 年 4 月 8 日，国务院办公厅印发《自由贸易试验区外商投资国家安全审查试行办法》（国办发〔2015〕24 号），明确将"外国投资者通过协议控制、代持、信托、再投资、境外交易、租赁、认购可转换债券等方式投资"界定为"外商投资"，纳入外商投资安全审查的范围[①]。自此，在国务院层面，特定领域的 VIE 模式等协议控制模式的合法性得到了认可。

4. 商务部公告 2016 年第 23 号

2016 年 5 月 30 日，商务部发布商务部公告 2016 年第 23 号，解除了沃尔玛公司收购纽海控股有限公司 33.6%股权经营者集中限制性条件，其中就包括解除了"本次交易完成后，沃尔玛公司不得通过 VIE 架构从事之前由益实多运营的增值电信业务"这一条件[②]。这表明，在商务部层面，对于外国投资者通过 VIE 模式从事增值电信业务，商务部在某种程度上已经放行了（不管是有意还是无意的）。

5. 中国证监会 2018 年之前的审核要求

2018 年之前，针对海外上市的红筹企业回归 A 股上市，中国证监会在当时的审核实践中，原则上要求上市主体先拆除 VIE 协议控制架构，并专门发布了《关于重大资产重组中标的资产曾拆除 VIE 协议控制架构的信息披露要求的相关

---

① 国务院时任副总理汪洋 2015 年 4 月 22 日在第十二届全国人民代表大会常务委员会第十四次会议上作的《国务院关于自由贸易试验区工作进展情况的报告》。

② 见《关于附加限制性条件批准沃尔玛公司收购纽海控股 33.6%股权经营者集中反垄断审查决定的公告》（商务部公告 2012 年第 49 号，来源于 http：//fldj.mofcom.gov.cn/article/ztxx/201303/20130300058730.shtml，最后访问日期：2022 年 3 月 28 日）；《关于解除沃尔玛收购纽海控股 33.6%股权经营者集中限制性条件的公告》（商务部公告 2016 年第 23 号，来源于 http：//fldj.mofcom.gov.cn/article/ztxx/201606/20160601335200.shtml，最后访问日期：2022 年 3 月 28 日）。

问题与解答》，对相关信息披露事项提出了要求①。

6. 国办发〔2018〕21 号文

2018 年 3 月 22 日，国务院办公厅以国办发〔2018〕21 号文转发《中国证监会关于开展创新企业境内发行股票或存托凭证试点若干意见》，明确"允许试点红筹企业按程序在境内资本市场发行存托凭证上市；具备股票发行上市条件的试点红筹企业可申请在境内发行股票上市"，并要求"对存在协议控制架构的试点企业，证监会会同有关部门区分不同情况，依法审慎处理""存在投票权差异、协议控制架构或类似特殊安排的，应于首次公开发行时，在招股说明书等公开发行文件显要位置充分、详细披露相关情况……"

由此，在中国证监会乃至国务院层面，符合条件的存在 VIE 等协议控制架构的红筹企业可以直接在境内资本市场发行存托凭证上市、甚至可以申请在境内发行股票上市。

7. 科创板注册制实施

2019 年 1 月 28 日，中国证监会经党中央、国务院同意，公布了《关于在上海证券交易所设立科创板并试点注册制的实施意见》，该意见明确规定，符合国办发〔2018〕21 号文件规定的红筹企业可以申请发行股票或存托凭证并在科创板上市。

2019 年 3 月 1 日，中国证监会公布《公开发行证券的公司信息披露内容与格式准则第 41 号——科创板公司招股说明书》，规定"发行人存在协议控制架构的，应披露协议控制架构的具体安排，包括协议控制架构涉及的各方法律主体的基本情况、主要合同的核心条款等"。

8. 创业板注册制实施

2020 年 4 月 27 日，中央深改委审议通过了创业板试点注册制的实施方案。2020 年 6 月，中国证监会公布《创业板首次公开发行股票注册管理办法（试行）》《创业板上市公司证券发行注册管理办法（试行）》《创业板上市公司持

---

① 《关于重大资产重组中标的资产曾拆除 VIE 协议控制架构的信息披露要求的相关问题与解答》（http：//www.csrc.gov.cn/pub/newsite/ssgsjgb/ssbssgsjgfgzc/ywzx/201512/t20151218_288273.html，最后访问日期：2020 年 9 月 14 日）。该相关问题与解答虽已被中国证监会 2020 年 7 月 31 日发布的《监管规则适用指引——上市类第 1 号》（http：//www.csrc.gov.cn/csrc/c101864/c1570929/content.shtml，最后访问日期：2022 年 3 月 28 日）废止，但《监管规则适用指引——上市类第 1 号》第 1 部分至 9 部分"VIE 协议控制架构的信息披露"基本延续了其全部内容。

续监管办法（试行）》等文件。其中，《公开发行证券的公司信息披露内容与格式准则第 28 号——创业板公司招股说明书（2020 年修订）》第 58 条也要求："发行人存在协议控制架构的，应披露协议控制架构的具体安排，包括协议控制架构涉及的各方法律主体的基本情况、主要合同的核心条款等。"

9. 创新试点红筹企业在境内上市相关安排

中国证监会 2020 年 4 月 30 日公布《关于创新试点红筹企业在境内上市相关安排的公告》（证监会公告〔2020〕26 号），提出："存在协议控制架构的红筹企业申请发行股票，中国证监会受理相关申请后，将征求红筹企业境内实体实际从事业务的国务院行业主管部门和国家发展改革委、商务部意见，依法依规处理。"

10. 中国人民银行《非银行支付机构重大事项报告管理办法》

中国人民银行 2021 年 7 月印发的《非银行支付机构重大事项报告管理办法》（银发〔2021〕198 号）第 5 条第 2 项规定："支付机构的下列事项，应当事前向所在地中国人民银行分支机构报告……（二）支付机构的主要出资人或者实际控制人拟首次公开发行股票，包括但不限于其直接作为首次公开发行股票的主体，或者通过协议控制架构等方式赴境外首次公开发行股票的"，第 9 条规定："支付机构报告本办法第五条第一项至第四项事项的，应当于相关事项实施或者生效前至少 30 个自然日向所在地中国人民银行分支机构提交书面报告。……报告的内容包括但不限于……支付机构的主要出资人、实际控制人通过协议控制架构等方式赴境外首次公开发行股票的，还应当说明协议控制架构的具体安排。"

11. 存在协议控制架构安排的境内企业直接或间接境外上市相关安排

2023 年 2 月 17 日，经国务院批准，中国证监会发布 6 项境外上市备案管理相关制度规则，包括《境内企业境外发行证券和上市管理试行办法》和 5 项配套指引。其中的《监管规则适用指引——境外发行上市类第 2 号：备案材料内容和格式指引》附件 3 "境内法律意见书内容指引"之"股权结构与控制架构核查要求"之"四、关于协议控制架构"针对境内企业直接或间接境外发行上市的境内法律意见书内容规定："发行人存在协议控制架构安排的，发行人境内律师应就以下方面进行核查说明：（1）境外投资者参与发行人经营管理情况，例如派出董事等；（2）是否存在境内法律、行政法规和有关规定明确不得采用协议或合约安排控制业务、牌照、资质等的情形；（3）通过协议控制架构安排控制的境内运营主体是否属于外商投资安全审查范围，是否涉及外商投资限制或禁止领域"。

此外，针对"备案管理对协议控制（VIE）架构企业境外上市有何安排"的问题，证监会有关部门负责人答记者问时提出："对于VIE架构企业境外上市，备案管理将坚持市场化、法治化原则，加强监管协同。证监会将征求有关主管部门意见，对满足合规要求的VIE架构企业境外上市予以备案，支持企业利用两个市场、两种资源发展壮大"。[1]

（二）监管机构对协议控制模式的审慎态度

值得注意的是，尽管特定领域的VIE模式等协议控制模式的合法性已经得到了认可，但是，由于国办发〔2018〕21号文提出了"对存在协议控制架构的试点企业，证监会会同有关部门区分不同情况，依法审慎处理"的要求，因此，总体上，监管机构对包括VIE模式在内的各种协议控制模式采取的是较为审慎的态度。

甚至，在特定的行业，国家仍然禁止外国投资者或其他投资者通过协议控制模式进行投资。比如，在学前教育领域，《中共中央、国务院关于学前教育深化改革规范发展的若干意见》（2018年11月7日）明确提出："社会资本不得通过兼并收购、受托经营、加盟连锁、利用可变利益实体、协议控制等方式控制国有资产或集体资产举办的幼儿园、非营利性幼儿园；已违规的，由教育部门会同有关部门进行清理整治，清理整治完成前不得进行增资扩股。"又如，在义务教育领域和学前教育领域，2021年修订后的《民办教育促进法实施条例》第13条第4款也规定："任何社会组织和个人不得通过兼并收购、协议控制等方式控制实施义务教育的民办学校、实施学前教育的非营利性民办学校"。

此外，证监会公告〔2020〕26号也提出"将征求红筹企业境内实体实际从事业务的国务院行业主管部门和国家发展改革委、商务部意见，依法依规处理"。

因此，在具体的监管实践当中，作为商务主管部门的商务部、作为投资主管部门的国家发改委以及行业主管机关的具体审核要求，仍有待观察。

值得一提的是，中国证监会于2020年9月21日以《关于同意九号有限公司公开发行存托凭证注册的批复》（证监许可〔2020〕2308号）同意了带有协议控制架构的、注册于开曼群岛的九号有限公司公开发行存托凭证的注册申请，该公

---

[1] 见《证监会有关部门负责人答记者问》，http：//www.csrc.gov.cn/csrc/c100028/c7124481/content.shtml，最后访问日期：2024年3月2日。

司公开发行的存托凭证已于 2020 年 10 月 29 日在上海证券交易所科创板上市。[1]

五、《外商投资法》对 VIE 等协议控制模式的监管逻辑

（一）协议控制模式须遵守《外商投资法》关于外商投资管理的要求

基于上述，《外商投资法》对 VIE 模式等协议控制模式、代持模式、再投资模式的监管逻辑，可以理解为：

由于外国投资者通过包括 VIE 模式在内的各种协议控制方式，以及通过代持、信托、再投资等方式在境内进行的投资，在性质上属于《外商投资法》第 2 条第 2 款第 4 项所说的"法律、行政法规或者国务院规定的其他方式的投资"，属于《外商投资法》第 2 条第 2 款所说的"外国投资者间接在中国境内进行的投资活动"，因此，这类投资属于《外商投资法》的规范对象，必须遵守《外商投资法》关于外商投资的规定。

其中，尤其需要遵守《外商投资法》第四章关于外商投资管理的规定，即第 28 条至第 35 条的规定，特别是其中的负面清单管理制度（第 28 条）、投资项目核准或备案制度（第 29 条）、行业许可制度（第 30 条）、经营者集中审查制度（第 33 条）、国家安全审查制度（第 35 条）、信息报告制度（第 34 条）。

接下来，主要从外商投资负面清单管理制度的角度，对外国投资者通过包括 VIE 模式在内的各种协议控制方式，以及通过代持、信托、再投资等方式在境内进行的投资所须遵守的要求（当然，这些要求也适用于其他外商投资方式），作一解读。

（二）禁止外商投资的领域：不得通过协议控制模式或其他任何方式进行投资

由于《外商投资法》第 28 条第 1 款规定了"外商投资准入负面清单规定禁止投资的领域，外国投资者不得投资"、第 2 条第 2 款规定了"本法所称外商投资，是指外国的自然人、企业或者其他组织（以下称外国投资者）直接或者间接在中国境内进行的投资活动"，因此，外商投资准入负面清单规定禁止投资的

---

[1] 《九号有限公司公开发行存托凭证并在科创板上市招股意向书附录（三）》（2020 年 9 月 30 日公告）、《九号有限公司公开发行存托凭证并在科创板上市招股说明书》（2020 年 10 月 23 日公告）、《九号有限公司境内公开发行存托凭证科创板上市公告书》（2020 年 10 月 28 日公告）。

领域，外国投资者不得以任何方式直接或间接地进行投资，包括不得通过协议控制（包括但不限于 VIE 模式）、代持、信托、再投资方式进行投资。

在这方面，可以从商务部 2015 年 7 月针对上交所上市公司同达创业（股票代码：600647）向香港公司非公开发行股票的交易作出的附加限制性条件批准的批复中，观察到商务主管部门的审核尺度。[①]

在法律后果方面，针对外国投资者通过 VIE 模式等协议控制方式或其他方式投资外商投资准入负面清单规定禁止投资的领域的情形，《外商投资法》第 36 条第 1 款规定了"责令停止投资活动""责令限期处分股份、资产，恢复到实施投资前的状态""责令限期采取除处分股份、资产之外的其他必要措施，恢复到实施投资前的状态"和"没收违法所得"这 4 种追究行政责任的监管措施，其实施主体为"有关主管部门"（根据具体情况，可以是商务主管部门、投资主管部门或行业主管部门）。

此外，针对外国投资者投资外商投资准入负面清单规定禁止投资的领域的情形，《外商投资法》第 36 条第 3 款还规定了"还应当依法承担相应的法律责任"。其中的"相应的法律责任"，是由其他法律法规加以规定的，包括民事责任、行政责任；构成犯罪的，还应当承担相应的刑事责任。

就《外商投资法》第 36 条第 1 款规定的这 4 种监管措施而言，"责令停止投资活动""责令限期处分股份、资产，恢复到实施投资前的状态""责令限期采取除处分股份、资产之外的其他必要措施，恢复到实施投资前的状态"属于其他具体行政行为[②]，"责令"的内容包括"停止投资活动""限期处分股份、资产"（或"限期采取除处分股份、资产之外的其他必要措施"）和"恢复到实施投资前的状态"，其目的和效果都是"恢复到实施投资前的状态"，使得外商投资准入负面清单规定禁止投资的相关领域不存在外商投资的情形。

而"没收违法所得"则属于行政处罚行为[③]，仅适用于"外国投资者投资外商投资准入负面清单规定禁止投资的领域且有违法所得"的情形；并且，"没收

[①] 见本书第五章"外商投资的界定"之"八、外商投资企业境内投资"。

[②] 尽管全国人大官网 2020 年 7 月 3 日公布的《行政处罚法（修订草案）》第 9 条曾将"限制开展生产经营活动""责令停止行为"和"责令作出行为"列为行政处罚的种类，但是，全国人大常委会 2021 年 1 月 22 日通过的修订后的《行政处罚法》第 9 条规定的行政处罚的种类中没有直接列明"责令停止行为"和"责令作出行为"。

[③] 见《行政处罚法》第 9 条第 2 项。

违法所得"不能单独适用,需要与"责令停止投资活动,限期处分股份、资产,恢复到实施投资前的状态"或"责令停止投资活动,限期采取其他必要措施,恢复到实施投资前的状态"同时适用。

值得注意的是,《外商投资法》第36条第1款并未赋予有关主管部门直接"处分股份、资产,恢复到实施投资前的状态"或直接"采取其他必要措施,恢复到实施投资前的状态"的权力。有关主管部门应当先作出责令相关外国投资者限期自行"处分股份、资产,恢复到实施投资前的状态"或"采取其他必要措施,恢复到实施投资前的状态"的决定;在相关外国投资者在限期届满之后仍未恢复到实施投资前的状态的情况下,再依照《行政强制法》等法律的规定予以强制执行(适用于具有行政强制执行权的行政机关)或申请人民法院强制执行(适用于没有行政强制执行权的行政机关)[①]。

(三)限制外商投资的领域:可以通过协议控制等方式进行投资,但须符合准入特别管理措施的要求

由于,《外商投资法》第28条第2款规定了"外商投资准入负面清单规定限制投资的领域,外国投资者进行投资应当符合负面清单规定的条件"、第30条第1款规定了"外国投资者在依法需要取得许可的行业、领域进行投资的,应当依法办理相关许可手续"、第2条第2款规定了"本法所称外商投资,是指外国的自然人、企业或者其他组织(以下称外国投资者)直接或者间接在中国境内进行的投资活动",因此,在外商投资准入负面清单规定的非禁止外商投资的领域,外国投资者是可以通过协议控制(包括但不限于VIE模式)、代持、信托、再投资等方式进行投资的,但是,必须符合外商投资准入负面清单所规定的条件(包括但不限于其所列出的股权要求、高管要求等外商投资准入方面的特别管理措施)。

并且,如果外国投资者通过协议控制(包括但不限于VIE模式)、代持、信托、再投资等方式进行投资的领域或行业需要取得相应的许可的话,还应当依照该领域或行业的法律法规(尤其是其中有关外商投资的要求),办理相关许可手续。

在法律后果方面,针对外国投资者通过协议控制(包括但不限于VIE模

---

① 《行政强制法》第2条、第13条、第46条。

式)、代持、信托、再投资等方式进行的投资活动违反外商投资准入负面清单规定的限制性准入特别管理措施的情形,《外商投资法》第36条第2款规定了"责令限期改正""责令采取必要措施满足准入特别管理措施的要求""责令停止投资活动""责令限期处分股份、资产,恢复到实施投资前的状态""责令限期采取除处分股份、资产之外的其他必要措施,恢复到实施投资前的状态"和"没收违法所得"这6种追究行政责任的监管措施,其实施主体为"有关主管部门"(根据具体的情况,可以是商务主管部门、投资主管部门或行业主管部门)。

此外,针对外国投资者通过协议控制(包括但不限于VIE模式)、代持、信托、再投资等方式进行的投资活动违反外商投资准入负面清单规定的限制性准入特别管理措施的情形,《外商投资法》第36条第3款还规定了"还应当依法承担相应的法律责任"。其中的"相应的法律责任",是由其他法律法规加以规定的,包括民事责任、行政责任;构成犯罪的,还应当承担相应的刑事责任。

就《外商投资法》第36条第2款规定的前2种监管措施而言,"责令限期改正""责令采取必要措施满足准入特别管理措施的要求",均属其他具体行政行为,"责令"的内容包括"限期改正"和"采取必要措施满足准入特别管理措施的要求",其目的和效果都是"满足准入特别管理措施的要求",使得外国投资者的投资活动满足限制性准入特别管理措施的要求。

《外商投资法》第36条第2款规定的"责令停止投资活动""责令限期处分股份、资产,恢复到实施投资前的状态""责令限期采取除处分股份、资产之外的其他必要措施,恢复到实施投资前的状态"和"没收违法所得"这4种监管措施,仅仅适用于"有关主管部门已经作出了'责令限期改正,采取必要措施满足准入特别管理措施的要求'的决定而相关外国投资者逾期不改正"的情形。有关这4种监管措施,请见上文的分析。

(四)负面清单以外的领域:原则上可以通过协议控制等方式进行投资,按照内外资一致原则进行监管

由于《外商投资法》第28条第3款规定了"外商投资准入负面清单以外的领域,按照内外资一致的原则实施管理",第30条第1款规定了"外国投资者在依法需要取得许可的行业、领域进行投资的,应当依法办理相关许可手续",第2条第2款规定了"本法所称外商投资,是指外国的自然人、企业或者其他组织(以下称外国投资者)直接或者间接在中国境内进行的投资活动",《外商投资准

入特别管理措施（负面清单）（2024年版）》也规定了"《外商投资准入负面清单》之外的领域，按照内外资一致原则实施管理"，因此，在外商投资准入负面清单以外的领域，原则上，外国投资者是可以通过协议控制（包括但不限于VIE模式）、代持、信托、再投资等方式进行投资的，但是，应当遵守中国投资者同类投资所须遵守的要求。

此外，如果外国投资者通过协议控制（包括但不限于VIE模式）、代持、信托、再投资等方式进行投资的领域或行业需要取得相应的许可的话，还应当依照该领域或行业的法律法规办理相关许可手续。

在法律后果方面，针对外国投资者通过协议控制（包括但不限于VIE模式）、代持、信托、再投资等方式进行的投资活动违反法律法规的情形，《外商投资法》第38条作出了原则性的规定："对外国投资者、外商投资企业违反法律、法规的行为，由有关部门依法查处，并按照国家有关规定纳入信用信息系统。"

其中的"由有关部门依法查处"，指的是由具有相应的权限的部门，基于依法行政的原则，依照法律规定的权限和程序，采取法律规定的措施予以查处。

其中的"按照国家有关规定纳入信用信息系统"，也属于外商投资的监管措施，属于具体的行政行为。

六、《外商投资法》对已有协议控制模式的溯及力

《外商投资法》自2020年1月1日起施行。由于《外商投资法》本身没有规定其具有溯及效力，因此，根据《立法法》（2023年修正）第104条关于"法律、行政法规、地方性法规、自治条例和单行条例、规章不溯及既往，但为了更好地保护公民、法人和其他组织的权利和利益而作的特别规定除外"的规定，在《外商投资法》生效之前（2019年12月31日以前）已经通过VIE模式等协议控制模式进行的外商投资（已有的协议控制安排），似可不受《外商投资法》的规范和约束（当然，这应当以权威机关的明确意见为准）。

在这方面，国家发改委在过去发布新一版《外商投资产业指导目录》后针对新目录和旧目录如何衔接的问题提出的以下意见，可作参考：

（1）在发布《外商投资产业指导目录》（2011年修订）后，针对《外商投资产业指导目录》（2011年修订）如何与《外商投资产业指导目录》（2007年修订）衔接的问题，国家发改委有关负责人答复："新《目录》将于2012年1月

30日起施行，在此之后核准的外商投资项目依照新《目录》执行，在此之前核准的外商投资项目依照2007年版《目录》执行。对此次新《目录》中增设限制条件（含禁止）的项目，如1月30日以前已经存在并运营的外商投资企业，执行项目核准时的政策，但原有老企业的增资、股权转让或境内企业境外上市等，须按照新《目录》的规定执行。"①

（2）在发布《外商投资产业指导目录（2015年修订）》后，针对《外商投资产业指导目录（2015年修订）》如何与《外商投资产业指导目录（2011年修订）》衔接的问题，国家发改委有关负责人答复："新目录将于2015年4月10日起施行，在此之后核准或备案的外商投资项目依照新目录执行，在此之前核准或备案的外商投资项目依照2011年版目录执行。"②

（3）在发布《外商投资产业指导目录（2017年修订）》后，针对《外商投资产业指导目录（2017年修订）》如何与《外商投资产业指导目录（2015年修订）》衔接的问题，国家发改委有关负责人答复："2017年版《目录》发布后将有30天左右的过渡期，2017年7月28日起正式施行，在此之后核准或备案的外商投资项目依照2017年版《目录》执行，在此之前核准或备案的外商投资项目依照2015年版《目录》执行。"③

回到《外商投资法》对已有协议控制模式的溯及力问题，如果《外商投资法》对其生效之前已有的协议控制安排不具有溯及力，基于法不溯及既往的原则，已有的协议控制安排在不发生变更的情况下，似可在原有范围内继续存续。

但是，《外商投资法》生效之后，在已有的协议控制安排发生变更而需要办理相应的审批、登记或备案手续，或者涉及的经营许可的有限期限届满需要办理延期（或延续）的情况下，就应当适用《外商投资法》的规定（尤其是关于负面清单管理、安全审查、经营者集中审查的规定），依照国家关于外商投资的规

---

① 《国家发展改革委有关负责人就〈外商投资产业指导目录（2011年修订）〉答记者问》。
② 《推进新一轮对外开放，以开放促改革促发展——发展改革委有关负责人就〈外商投资产业指导目录（2015年修订）〉答记者问》。
③ 《主动扩大对外开放 实现更广互利共赢——国家发展改革委有关负责人就〈外商投资产业指导目录（2017年修订）〉答记者问》。

定办理相应的手续（审批、核准、许可或备案）。[①]

举例来说，就VIE模式而言，如果境内运营实体（VIE）在申请相关经营许可或办理相关经营许可的变更或延续的过程中，没有如实披露外国投资者通过协议控制模式进行的投资的安排、没有如实披露其受外国投资者控制的事实，可能就构成了"以欺骗等不正当手段取得行政许可"的行为。从而，一方面，可能需要适用《外商投资法》第36条第2款的规定，被有关主管部门责令"限期改正，采取必要措施满足准入特别管理措施的要求"；另一方面，根据《行政许可法》（2019年4月23日修正）第69条第2款关于"被许可人以欺骗、贿赂等不正当手段取得行政许可的，应当予以撤销"的规定，其相关经营许可可能会被撤销；并且，《行政许可法》第69条第4款还进一步规定了"依照本条第二款的规定撤销行政许可的，被许可人基于行政许可取得的利益不受保护"。

当然，根据《行政许可法》（2019年4月23日修正）第69条第3款关于"依照前两款的规定撤销行政许可，可能对公共利益造成重大损害的，不予撤销"的规定，如果相关主体的重要性已经达到了撤销其经营许可就"可能对公共利益造成重大损害"的条件和程度（类似于"大到不能倒"或"大到不能死"），其经营许可将不被撤销，可待其经营许可有效期届满后自动失效。

七、国务院特批豁免条款的适用

值得注意的是，在取得国务院特别批准的情况下，特定的外商投资的协议控制安排可能可以豁免适用外商投资准入负面清单的规定。

对此，《外商投资准入特别管理措施（负面清单）（2024年版）说明》第5条明确规定："经国务院有关主管部门审核并报国务院批准，特定外商投资可以不适用《外商投资准入负面清单》中相关领域的规定。"

考虑到外商投资协议控制安排可以被认为是"特定外商投资"，加之可以从

[①] 值得一提的是，针对应当如何处理已有协议控制安排的问题，商务部在2015年1月19日公布的《关于〈中华人民共和国外国投资法（草案征求意见稿）〉的说明》中曾提及以下三种观点：一是，实施协议控制的外国投资企业，向国务院外国投资主管部门申报其受中国投资者实际控制的，可继续保留协议控制结构，相关主体可继续开展经营活动；二是，实施协议控制的外国投资企业，应当向国务院外国投资主管部门申请认定其受中国投资者实际控制；在国务院外国投资主管部门认定其受中国投资者实际控制后，可继续保留协议控制结构，相关主体可继续开展经营活动；三是，实施协议控制的外国投资企业，应当向国务院外国投资主管部门申请准入许可，国务院外国投资主管部门会同有关部门综合考虑外国投资企业的实际控制人等因素作出决定。

商务部 2015 年 1 月 19 日公布的《关于〈中华人民共和国外国投资法（草案征求意见稿）〉的说明》针对如何处理已有协议控制安排提出的观点[①]中找到国务院特批豁免条款的影子，因此，有理由认为，《外商投资准入特别管理措施（负面清单）（2024 年版）说明》第 5 条规定的国务院特批豁免条款可以适用于特定的外商投资协议控制安排。

有关国务院特批豁免条款的理解和适用及其渊源，请见本书第九章"外商投资的国民待遇与负面清单管理制度"。

八、境内企业赴境外上市负面清单豁免条款的适用

还需注意的是，从事《外商投资准入负面清单》禁止投资领域业务的境内企业，作为协议控制模式下的 VIE 公司间接到境外发行股份并上市交易，如果能取得国家有关主管部门同意，可以豁免适用外商投资准入负面清单中的相关禁止性规定。

对此，《外商投资准入特别管理措施（负面清单）（2024 年版）说明》第 6 条明确规定："从事《外商投资准入负面清单》禁止投资领域业务的境内企业到境外发行股份并上市交易的，应当经国家有关主管部门审核同意，境外投资者不得参与企业经营管理，其持股比例参照境外投资者境内证券投资管理有关规定执行。"

考虑到，《外商投资准入特别管理措施（负面清单）（2024 年版）说明》第 6 条所说的"境内企业到境外发行股份并上市交易"，既包括境内企业直接到境外发行股份并上市、也包括境内企业间接到境外发行股份并上市，而从事《外商投资准入负面清单》禁止投资领域业务的境内企业，作为协议控制模式下的 VIE 公司间接到境外发行股份并上市交易属于"境内企业间接到境外发行股份并上市"，因此，有理由认为，《外商投资准入特别管理措施（负面清单）（2024 年版）说明》第 6 条规定的豁免条款可以适用于特定的外商投资协议控制安排。

有关境内企业赴境外上市负面清单豁免条款的理解和适用，请见本书第九章"外商投资的国民待遇与负面清单管理制度"。

[①] 针对应当如何处理已有协议控制安排的问题，商务部在 2015 年 1 月 19 日公布的《关于〈中华人民共和国外国投资法（草案征求意见稿）〉的说明》中曾提及理论界和实务界的三种观点，其中第二种观点是"实施协议控制的外国投资企业，应当向国务院外国投资主管部门申请认定其受中国投资者实际控制；在国务院外国投资主管部门认定其受中国投资者实际控制后，可继续保留协议控制结构，相关主体可继续开展经营活动"，第三种观点是"实施协议控制的外国投资企业，应当向国务院外国投资主管部门申请准入许可，国务院外国投资主管部门会同有关部门综合考虑外国投资企业的实际控制人等因素作出决定"。

第十七章

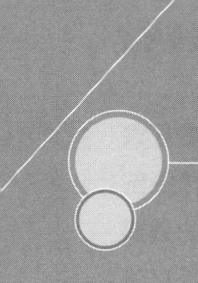

外资并购的要点

外国投资者并购境内企业（外资并购）是与外资新设相对应的外商投资方式。本章接下来围绕外资并购的相关要点展开讨论。

一、外资并购的界定

（一）《外商投资法》关于外资并购的界定

尽管《外商投资法》没有明确、直接地将其第33条使用的"外国投资者并购中国境内企业"的表述，与其第2条第2款第2项所说的"外国投资者取得中国境内企业的股份、股权、财产份额或者其他类似权益"对应起来，但是，考虑到《国务院办公厅关于建立外国投资者并购境内企业安全审查制度的通知》（国办发〔2011〕6号）第1条第2款规定了"外国投资者并购境内企业，是指下列情形：1. 外国投资者购买境内非外商投资企业的股权或认购境内非外商投资企业增资，使该境内企业变更设立为外商投资企业。2. 外国投资者购买境内外商投资企业中方股东的股权，或认购境内外商投资企业增资。3. 外国投资者设立外商投资企业，并通过该外商投资企业协议购买境内企业资产并且运营该资产，或通过该外商投资企业购买境内企业股权。4. 外国投资者直接购买境内企业资产，并以该资产投资设立外商投资企业运营该资产"，因此，可以将"外国投资者并购境内企业"理解为"外国投资者取得中国境内企业的股份、股权、财产份额或者其他类似权益"。

其中，作为并购对象的"境内企业"，既包括内资公司、内资合伙企业，也包括外商投资企业；"外国投资者取得中国境内企业的股份"对应于外国投资者认购或收购境内股份有限公司的股份；"外国投资者取得中国境内企业的股权"对应于外国投资者认购或收购境内有限责任公司的股权；而"外国投资者取得中国境内企业的财产份额"则对应于外国投资者认购境内合伙企业的出资或受让境内合伙企业的合伙人在该合伙企业中的财产份额。

（二）《商务部关于外国投资者并购境内企业的规定》关于外资并购的界定

不过，在《外商投资法》通过之前就已经出台的《商务部关于外国投资者并购境内企业的规定》（2009年修正）界定的"外国投资者并购境内企业"，则仅限于外国投资者并购内资公司，不包括外国投资者并购外商投资企业，也不包括外国投资者收购境内合伙企业中的财产份额。

对此，《商务部关于外国投资者并购境内企业的规定》第2条规定："本规定所称外国投资者并购境内企业，系指外国投资者购买境内非外商投资企业（以下简称境内公司）股东的股权或认购境内公司增资，使该境内公司变更设立为外商投资企业（以下简称股权并购）；或者，外国投资者设立外商投资企业，并通过该企业协议购买境内企业资产且运营该资产，或，外国投资者协议购买境内企业资产，并以该资产投资设立外商投资企业运营该资产（以下简称资产并购）。"

此外，商务部外资司发布的《外商投资准入管理指引手册（2008年版）》（商资服字〔2008〕530号）第五部分"下放或委托审批的有关说明"之"五、关于并购的审批说明"针对"并购适用对象"的说明更是明确："已设立的外商投资企业中方向外方转让股权，不参照并购规定。不论中外方之间是否存在关联关系，也不论外方是原有股东还是新进投资者。并购的标的公司只包括内资企业。"

在《外商投资法》生效之后，商务部等部委是否会对《商务部关于外国投资者并购境内企业的规定》（尤其是其中关于"外国投资者并购境内企业"的界定的规定）进行修改，以及国家对外国投资者并购外商投资企业将如何进行监管，有待观察。

为方便讨论，除非特别说明，本章所说的"外国投资者并购境内企业"或"外资并购"仅指外国投资者并购境内内资公司，不包括外国投资者并购境内外商投资企业，也不包括外商投资者并购内资合伙企业。

二、外资并购的方式

根据《外商投资法》第2条第2款第2项关于"外商投资，是指外国的自然人、企业或者其他组织（以下称外国投资者）直接或者间接在中国境内进行的投资活动，包括下列情形：……（二）外国投资者取得中国境内企业的股份、股权、财产份额或者其他类似权益"的规定,结合《国务院办公厅关于建立外国投资者并购境内企业安全审查制度的通知》(国办发〔2011〕6号)和《商务部关于外国投资者并购境内企业的规定》关于"外国投资者并购境内企业"的界定,外资并购主要包括以下几种方式:(1)外资转股并购;(2)外资增资并购;(3)外资资产并购。其中的"外资转股并购"和"外资增资并购"合称为"外资股权并购"。

(一) 外资转股并购

"外资转股并购"是指外国投资者购买内资企业的股权,使该内资企业变更为外商投资企业。

其中,按照外国投资者支付股权转让对价的方式区分,外资转股并购包括外国投资者以外汇原币并购、以外汇结汇所得人民币并购、以境外人民币并购、以境内合法人民币并购、以非货币资产并购;按照转让方的身份区分,外资转股并购包括中方机构转外方、中方个人转外方。

(二) 外资增资并购

"外资增资并购"是指外国投资者认购内资企业增资,使该内资企业变更为外商投资企业。

其中,按照外国投资者支付增资款的方式区分,外资增资并购包括外国投资者以外汇原币增资、以外汇结汇所得人民币增资、以境外人民币增资、以境内合法人民币增资、以非货币资产增资。

(三) 外资资产并购

"外资资产并购"包括以下几种情形:

(1) 外国投资者先设立外商投资企业,并通过该外商投资企业协议购买内资企业的资产并且运营该资产。

(2) 外国投资者先设立外商投资企业,并通过该外商投资企业购买内资企业股权或财产份额。

(3) 外国投资者直接购买境内企业的资产,并以该资产投资设立外商投资企业运营该资产。

(四) 外资并购合伙企业

外资并购合伙企业,即外国投资者取得内资合伙企业的财产份额,也属于外资并购的方式。这种方式主要包括：(1) 外国投资者对内资合伙企业入伙①（类似于增资），使该内资合伙企业变更为外商投资合伙企业；(2) 外国投资者购买内资合伙企业合伙人所持该合伙企业的财产份额，使该内资合伙企业变更为外商投资合伙企业。

三、外资转股并购交易的要点

外资转股并购交易涉及股权转让双方、被并购企业及其其他股东等诸多当事人，涉及接洽协商、尽职调查、交易文件谈判与签署、交割等诸多环节，还涉及市监、商务、税务、外汇等监管机关从产业政策、行业许可、企业登记、税务、外汇等方面的监管。

总体上而言，外资转股并购交易的要点主要（但不限于）如下：

（一）产业政策

外商投资准入负面清单规定禁止投资的领域，外国投资者不得投资；外商投资准入负面清单规定限制投资的领域，外国投资者进行投资应当符合负面清单规定的条件；外商投资准入负面清单以外的领域，外国投资者可以投资，但应当遵守中国投资者也需要遵守的要求。②

其中，中国投资者需要遵守的要求主要是由市场准入负面清单规定的。市场准入负面清单包括禁止准入类和限制准入类，是适用于境内外投资者的一致性管理措施，适用于各类市场主体基于自愿的初始投资、扩大投资、并购投资等投资经营行为及其他市场进入行为。对禁止准入事项，市场主体不得进入，行政机关不予审批、核准，不得办理有关手续；对限制准入事项，或由市场主体提出申请，行政机关依法依规作出是否予以准入的决定，或由市场主体依照政府规定的准入条件和准入方式合规进入；对市场准入负面清单以外的行业、领域、业务等，各类市场主体皆可依法平等进入。③

（二）外国投资者主体资格

在外资转股并购交易中，被并购的境内企业办理企业变更登记时，需要提交

---

① 国务院发布的《外国企业或者个人在中国境内设立合伙企业管理办法》（2020年11月废止）第12条。
② 《外商投资法》第28条。
③ 《国务院关于实行市场准入负面清单制度的意见》（国发〔2015〕55号）。

外国投资者的主体资格证明（所属国的登记证书或护照等），并且其主体资格证明可能还需要办理相应的公证、认证手续①，港澳台投资者的主体资格证明或者身份证明则可能需要依法提供当地公证机构的公证文件②。

此外，在特定行业进行投资的外国投资者可能还需要满足相应的行业业绩和经验、资产总额等要求。比如，国务院《外商投资电信企业管理规定》《外资银行管理条例》《外资保险公司管理条例》等法规都有相应的规定。

（三）转股并购交易当事人

总体而言，外资转股并购交易是作为股权转让方（或出让方）的内资企业中方股东与作为股权受让方的外国投资者之间的交易。但是，外资转股并购交易涉及被并购境内企业股东的变更③，甚至还可能涉及被并购企业的法定代表人、董事、监事、高级管理人员的变更和公司章程的修订④，还有其他股东放弃优先购买权⑤、后续企业变更登记⑥、外汇登记⑦乃至行业许可⑧的办理。

考虑到外资转股并购交易的顺利推进需要被并购境内企业乃至该企业其他股东的积极配合、协助甚至主动作为，因此，在外资转股并购交易合同的签约主体

---

① 《市场监管总局关于贯彻落实〈外商投资法〉做好外商投资企业登记注册工作的通知》（国市监注〔2019〕247号）第5条。不过，因《取消外国公文书认证要求的公约》于2023年11月7日在中国生效实施，自2023年11月7日起，《取消外国公文书认证要求的公约》缔约国的企业在中国境内办理外商投资企业、外国（地区）企业在中国境内从事生产经营活动、外国企业常驻代表机构登记注册时，登记机关不再要求申请人提交经中国驻外使（领）馆认证的主体资格文件，而是改为提交所属国公证机关的公证材料和当地有权机关签发的附加证明书。当然，非《取消外国公文书认证要求的公约》缔约国的企业办理相关业务时，仍然应当遵守国市监注〔2019〕247号文件的上述要求。见《〈取消外国公文书认证要求的公约〉将于2023年11月7日在中国生效实施》（外交部2023年10月23日公布）、《河北省市场监督管理局全省经营主体2023年度报告报送公示公告》《重庆市市场监督管理局、成都市市场监督管理局、德阳市市场监督管理局、广安市市场监督管理局、眉山市市场监督管理局、资阳市市场监督管理局关于经营主体和外国（地区）企业常驻代表机构报送2023年度年报的通告》《大连市市场监督管理局关于外国企业常驻代表机构提交2023年度报告的通告》。

② 《市场监管总局关于贯彻落实〈外商投资法〉做好外商投资企业登记注册工作的通知》（国市监注〔2019〕247号）第6条。

③ 《公司法》第32条、第34条。

④ 《公司法》第32条、第34条、第35条、第87条，《市场主体登记管理条例》第9条、第29条。

⑤ 《公司法》第84条。

⑥ 《公司法》第34条、第35条、第86条。

⑦ 《外汇管理条例》第16条第1款、《外国投资者境内直接投资外汇管理规定》第6条第1款。

⑧ 比如，《外商投资职业介绍机构设立管理暂行规定》（2019年修订）第3条、第7条至第9条要求设立外商投资职业介绍机构应当到企业住所地国家市监总局授权的地方市场监管部门进行登记注册后，由县级以上人民政府劳动保障行政部门批准、发给职业介绍许可。

方面，除了作为股权转让方的被并购境内企业的中方股东，有必要考虑在可行的范围内尽可能：（1）将被并购境内企业、该企业的其他各个股东也作为并购交易合同的当事人；（2）在并购交易合同中约定被并购境内企业、该企业的其他各个股东各自在外资转股并购交易中的义务和责任。这在被并购企业属于有限责任公司的交易当中显得尤为必要。

（四）被并购企业的资产与负债的范围

总体而言，在外资转股并购交易当中，作为交易标的的是被并购企业中方股东所持的股权。该股权属于该中方股东的财产权利[1]，并非被并购企业的财产，与被并购企业的资产、负债也不具有直接的一一对应的关系。

此外，被并购企业与其股东属于相互独立的民事主体、被并购企业的财产与其股东的财产相互独立[2]，与股东可以按照自己的意思（或意愿）对其财产（包括其在被并购企业中的股权）进行占有、使用、收益、处分一样，被并购企业也可以按照自己的意思（或意愿）对其财产进行占有、使用、收益、处分（包括转让、互换、出资或者赠与）或以其财产设定抵押或质押担保或为他人提供保证担保。[3]

考虑到被并购企业的资产、负债情况将决定其净资产情况，而其净资产情况又将直接决定作为交易标的被并购企业中方股东所持的股权的市场价格，因此，在外资转股并购交易当中，为避免发生被并购企业并购交易合同签订之后实施处置资产（不论是低价还是高价）、新增负债（包括或有负债）、设定新的担保等影响被并购企业的业务、经营和财务等状况的行为，有必要考虑在可行的范围内尽可能：（1）聘请专业中介机构（审计师、评估师、律师等）对被并购企业的业务、资产、负债等情况进行全面、深入的尽职调查；（2）在并购交易合同中明确约定交易标的对应的被并购企业的资产、负债的具体项目，并在交易标的与被并购企业的主要业务、资产、负债之间建立起一一对应的关系，即将纳入并购范围的被并购企业的资产、负债等特定化。

（五）定价与审计、评估

外资转股并购交易的定价原本属于股权转让双方当事人意思自治的范畴，交

---

[1]《民法典》第125条。
[2]《公司法》第3条，《民法典》第57条、第60条、第268条、第269条。
[3]《民法典》第5条、第113条至第126条、第130条、第269条、第394条、第425条、第440条、第681条等，《公司法》第15条。

易双方可以自行协商确定股权转让价格。但是，由于外资转股并购交易同时涉及被并购企业、转让方的债权人等主体的利益，同时也为了避免当事人借外资并购变相向境外转移资产，国家也加强了对外资转股并购交易的定价的监管。

对此，《商务部关于外国投资者并购境内企业的规定》第14条第1款规定："并购当事人应以资产评估机构对拟转让的股权价值或拟出售资产的评估结果作为确定交易价格的依据。并购当事人可以约定在中国境内依法设立资产评估机构。资产评估应采用国际通行的评估方法。禁止以明显低于评估结果的价格转让股权或出售资产，变相向境外转移资本。"

需要注意的是，《商务部关于外国投资者并购境内企业的规定》是在《外商投资法》通过之前出台的，是外商投资审批制时代的要求。在《外商投资法》生效之后，《商务部关于外国投资者并购境内企业的规定》第14条第1款的要求是否仍然会得到延续，有待观察。不过，对于在《外商投资法》生效后因外资并购设立的外商投资企业，《关于外商投资信息报告有关事项的公告》（商务部公告2019年第62号）仍然要求其在报送的外商投资信息报告的初始报告中填报"被并购股权/资产价值评估情况"，其中就包括"股权/资产评估值"和"财务审计报告编号"；并且，还要求交易对价低于评估值的90%的外资并购说明其原因。[①]

此外，从外汇管理的角度，国家外汇管理局《资本项目外汇业务指引（2024年版）》也要求"外国投资者直接或间接获得企业股权的，应遵循商业原则，按公允价格进行交易。银行应对相关交易及价格的真实性、合规性进行尽职审核"。[②] 并且，从税收管理的角度，在外资转股并购交易的股权转让价格明显偏低又无正当理由的情况下，税务机关也可以核定转让方的股权转让收入（适用于中方个人股东）或核定转让方的应税所得率或应纳所得税额（主要适用于中方

[①] 《关于外商投资信息报告有关事项的公告》（商务部公告2019年第62号）的附件1《外商投资初始、变更报告表》中的表三"并购设立外商投资企业交易基本情况（仅公司、合伙企业初始报告填报）"。

[②] 《资本项目外汇业务指引（2024年版）》之"7.2 外商投资企业基本信息登记（新设、并购）及变更、注销登记"。此前的《资本项目外汇业务指引（2020年版）》之"6.2 外商投资企业基本信息登记（新设、并购）及变更、注销登记"也有类似要求。

机构股东）。[1]

还有，在中方股东向外国投资者无偿转让或以明显不合理的低价转让其在被并购企业中的股权的情况下，可能因损害其债权人的利益而被其债权人起诉撤销该股权转让交易。[2]

基于上述，考虑到《关于外商投资信息报告有关事项的公告》（商务部公告2019年第62号）和《资本项目外汇业务指引（2024年版）》是作为《外商投资法》的配套法规出台并实施的，也考虑到对交易标的进行审计、评估并以评估结果作为定价依据也是并购交易的通常做法，《外商投资法》时代的外资转股并购交易也仍然有必要考虑聘请境内依法设立的会计师事务所对被并购企业进行审计，聘请境内依法设立的资产评估机构采用国际通行的评估方法对拟转让的股权价值进行评估，并以其出具的评估结果作为确定交易价格的依据。

（六）合同的生效

由于《外商投资法》取消了外商投资审批制和备案制，各级商务主管部门不再受理有关外商投资企业设立、变更及注销的审批或备案业务，不再办理外商投资企业设立及变更备案手续[3]，因此，结合《民法典》第136条第1款关于民事法律行为生效[4]和第502条关于合同生效的规定[5]，原则上，外资转股并购交易合同自成立时生效。

不过，特定行业的外资转股并购交易合同需要以经监管机构批准为生效要

---

[1] 《税收征收管理法》（2015年修正）第35条第1款第6项，《股权转让所得个人所得税管理办法（试行）》（国家税务总局公告2014年第67号，经《税务总局关于修改部分税收规范性文件的公告》（国家税务总局公告2018年第31号）修改）第11条第1项、第12条、第13条，《企业所得税核定征收办法（试行）》（国税发〔2008〕30号）第3条第1款第6项。

[2] 《民法典》第538条、第539条。

[3] 当然，针对在2019年12月31日以前已经办理了设立登记但尚未办理设立备案的以及已有的外商投资企业在2019年12月31日以前发生了变更，但尚未办理变更备案的不涉及国家规定实施外商投资准入特别管理措施的外商投资企业，商务部《关于外商投资信息报告有关事项的公告》（商务部公告2019年第62号）也规定了一个月的过渡期，这些外商投资企业在2020年1月31日前仍可通过商务部外商投资综合管理系统（网址：wzzxbs.mofcom.gov.cn）办理备案。

[4] 《民法典》第136条第1款规定："民事法律行为自成立时生效，但是法律另有规定或者当事人另有约定的除外。"

[5] 《民法典》第502条规定："依法成立的合同，自成立时生效，但是法律另有规定或者当事人另有约定的除外。依照法律、行政法规的规定，合同应当办理批准等手续的，依照其规定。未办理批准等手续影响合同生效的，不影响合同中履行报批等义务条款以及相关条款的效力。应当办理申请批准等手续的当事人未履行义务的，对方可以请求其承担违反该义务的责任。依照法律、行政法规的规定，合同的变更、转让、解除等情形应当办理批准等手续的，适用前款规定。"

件。比如，针对商业银行持股5%以上股东的变更，《商业银行法》第24条第1款第5项规定："商业银行有下列变更事项之一的，应当经国务院银行业监督管理机构批准……（五）变更持有资本总额或者股份总额百分之五以上的股东……"因此，在外资转股并购中资商业银行的交易当中，如果涉及商业银行持股5%以上的股东的变更但未经银行业监管部门批准，则应当认定股权转让合同未生效。①

此外，经当事人协商一致，也可以根据《民法典》第158条关于"民事法律行为可以附条件，但是根据其性质不得附条件的除外。附生效条件的民事法律行为，自条件成就时生效"的规定，约定外资转股并购交易合同在满足特定条件（比如经双方各自的执行机构或权力机构批准）时才生效。

甚至，当事人也可以针对外资转股并购交易合同的不同条款约定不同的生效条件。比如，外资转股并购交易合同中各方的陈述和保证条款、违约责任条款、保密条款、适用法律和争议解决条款在合同签署后即生效，其他条款则须在合同约定的条件均被满足之后才生效。

（七）股权转让价款的支付

外资转股并购股权转让价款的支付，包括以什么方式支付、什么时候支付、是否分期支付、每次支付多少等等，原本也属于股权转让双方当事人意思自治的范畴，交易双方可以自行协商确定股权转让价款的支付安排。但是，由于外资转股并购交易同时涉及外汇管理、税收征管等事项，国家也从支付方式、支付时间等方面加强了对外资转股并购股权转让价款的支付的监管。

---

① 最高人民法院2016年9月23日就湖北某农村合作银行与秭归县某小额贷款有限公司、宜昌某药业有限公司案外人执行异议之诉再审案作出的（2016）最高法民申1268号民事裁定书（https：//wenshu.court.gov.cn/website/wenshu/181107ANFZ0BXSK4/index.html? docId=NDOtIA+hdMivM92nWE0VV/PeKfAHM++vdhKZSF90AKAbhbbCNgXBWJ/dgBYosE2gFjhz/JG5GnvcwqPrg8+L+41xj0SfQbKl96UyX3wjSUPzqRfeCZwD9LjnBWnztyzb，最后访问日期：2024年3月29日）。需要注意的是，司法实践中，法院对涉及金融机构主要股东变更的股权转让合同是否须经批准方可生效持有不同意见。比如，最高人民法院在2014年6月10日就广东某水电股份有限公司与某创业投资股份有限公司等股权转让纠纷上诉案作出的（2009）民二终字第00117号民事判决书（https：//wenshu.court.gov.cn/website/wenshu/181107ANFZ0BXSK4/index.html? docId=M1kKoTaFpa274fbwSDim31Xhg/jGwDm4bcJXW9d1bddSbP8gHkcmbZ/dgBYosE2gFjhz/JG5GnvcwqPrg8+L+41xj0SfQbKl96UyX3wjSUNvlmZTQvLczBuaaDMNPJTt，最后访问日期：2024年3月29日）中就认为："《证券法》及《国务院对确需保留的行政审批项目设定行政许可的决定》等均未明确规定只有经过批准股权转让合同才生效，因此上述批准行为也不属于合同生效要件。某公司关于其与某公司签订的《股份转让协议》与《股份转让协议之补充协议》因未经中国证监会批准而未生效的主张没有法律依据，本院不予支持。"

其中，在外国投资者以外汇（包括境外汇入的外汇和境内合法的外汇）支付股权转让价款的情况下，作为股权转让方的中方股东需要先到银行开立专门的"资本项目结算账户"（原为资产变现账户），用于接收外国投资者支付的外汇股权转让价款，而不能直接以普通的人民币账户接收外汇形式的股权转让价款。[①]而作为股权转让方的中方股东开立资本项目结算账户（原为资产变现账户）则需要以外资转股并购设立的外商投资企业已经完成了外汇登记（基本信息登记），并且中方股东也取得了业务编号以"16"开头的业务登记凭证为前提。此外，外资转股并购设立的外商投资企业办理基本信息登记又需要以完成了企业变更登记并取得了变更后的营业执照为前提。[②]

从而，现阶段，外资转股并购交易的外汇形式的股权转让价款的支付需要在以下事项均已完成之后才能进行：（1）被并购企业完成了与外资转股并购有关的企业变更登记，并取得变更为外商投资企业后的营业执照；（2）外资转股并购设立的外商投资企业已经完成了外汇登记，并取得了相应的外汇业务登记凭证；（3）作为股权转让方的中方股东已经开立了用于接收外汇股权转让价款的资本项目结算账户（原为资产变现账户）。

也就是说，在外资转股并购交易当中，作为股权转让方的中方股东需要"先交货后收钱"；甚至，被并购内资有限公司的中方自然人股东在收款之前可能还需要依照《个人所得税法》第15条第2款关于"个人转让股权办理变更登记的，市场主体登记机关应当查验与该股权交易相关的个人所得税的完税凭证"和国家税务总局《股权转让所得个人所得税管理办法（试行）》的规定缴纳相应的股权转让个人所得税税款（适用于有股权转让所得的情形）。

有鉴于此，站在股权转让方的立场，有必要考虑要求作为受让方的外国投资者提供相应的担保，比如：要求作为受让方的外国投资者依法提前汇入保证金，作为履行支付股权转让价款的义务的担保[③]；要求作为受让方的外国投资者协调

[①] 《资本项目外汇业务指引（2024年版）》之"7.7 资本项目结算账户的开立、入账和使用"。相关内容也可见本书第十四章"外商投资外汇管理"之"四、外资转股并购外汇管理"之"（二）资本项目结算的开立、入账和使用"。

[②] 《资本项目外汇业务指引（2024年版）》之"7.2 外商投资企业基本信息登记（新设、并购）及变更、注销登记"。相关内容也可见本书第十四章"外商投资外汇管理"之"四、外资转股并购外汇管理"之"（一）转股并购设立外商投资企业基本信息登记"。

[③] 有关保证金专用外汇账户的开立、入账和使用，可见《资本项目外汇业务指引（2024年版）》之"7.8 保证金专用外汇账户的开立、入账和使用"。

相关境内主体为其履行支付股权转让价款的义务提供担保。

而站在股权受让方的立场，则有必要考虑采取资金托管的方式对股权转让价款进行监管，尽可能保持对股权转让价款流向的参与乃至控制。

（八）股权转让方的个人所得税

如前所述，由于《个人所得税法》（2018年修正）第15条第2款第2句规定了"个人转让股权办理变更登记的，市场主体登记机关应当查验与该股权交易相关的个人所得税的完税凭证"，因此，在依法需要办理企业变更登记的个人股权转让交易当中，个人所得税纳税申报、税款缴纳将是个人转让股权涉及的企业变更登记的前置程序；在完成个人所得税纳税申报、税款缴纳并取得相应的完税凭证（或免税证明、不征税证明）的情况下，个人股权转让交易将无法完成相应的企业变更登记，从而导致交易不能顺利交割。

事实上，A股市场上就曾发生过数起在上市公司发行股份购买资产的交易中，因转让方个人股东无力筹措缴纳相应的个人所得税所需的资金而导致交易终止的案例。[1]

有鉴于此，在涉及中方个人转让股权的外资转股并购交易当中，交易各方有必要充分考虑转让方个人股权转让交割所需要的额外的时间，为办理股权转让变更登记预留充足的时间，以便与主管税务机关进行沟通、办理纳税申报和税款缴纳（或代扣代缴，或委托被并购企业代为办理纳税申报、税款缴纳事宜），避免发生因预留时间不足导致无法按约定完成变更登记等违约情况。

此外，交易各方也有必要充分考虑转让方个人履行相应的个人所得税纳税义务涉及的资金需求，避免发生因转让方个人无力履行纳税义务而导致违约、交易无法顺利进行的情况。

（九）过渡期安排

在外资转股并购交易当中，自并购交易合同签订之日起至交割完成之日止的

---

[1] 相关情况，可见上交所上市公司国投中鲁（股票代码：600962）2015年4月8日的《终止重大资产重组事项公告》、深交所上市公司北纬通信（股票代码：002148）2015年11月15日的《关于终止发行股份及支付现金购买资产事项暨股票复牌的公告》等。

期间通常被称为过渡期①。过渡期间，作为股权出让方的中方股东尚未收到股权转让对价，在被转让的股权变更登记至外国投资者名下之前，仍然对被转让的股权享有股东权利；而作为股权受让方的外国投资者因尚未完成交割而没有取得对被转让股权的完整的权利。因此，有必要对被并购企业及其股东在过渡期间的行为作出特别的约定。也因此，过渡期安排更多的是站在作为股权受让方的外国投资者的立场作出的。

过渡期安排的主要目的在于确保被并购企业在过渡期间仍然保持持续稳定经营以及平稳过渡，通常涉及以下几个方面的事项：

一是被并购企业及其股东的积极作为的义务，包括对被并购企业尽到善良管理的义务，确保被并购企业在过渡期内按照以往惯常的方式经营、管理、使用和维护其自身的资产及相关业务，并做出商业上合理的努力保证被并购企业现有治理结构、机构设置和核心人员稳定，继续维持与监管机构、客户及员工的关系等。

二是被并购企业及其股东的不作为的义务，包括未经受让方同意，不得采取或实施可能对被并购企业的股权、资产、业务、财务、人员等状况或本次交易产生不利影响的行为（比如实施资产处置、对外担保、对外投资、增加债务或放弃债权等导致被并购企业价值减损的行为），不得进行特定金额以上的交易等。

三是被并购企业及其股东的通知义务，包括及时将有关对被并购企业或本次交易造成或可能造成不利的事件等情况通知受让方等。

其中，在涉及上市公司收购的交易当中，中国证监会更是直接对收购方和被收购方各自在过渡期内的行为提出了明确的要求，即：（1）对收购方而言，在过渡期内，收购人不得通过控股股东提议改选上市公司董事会，确有充分理由改选董事会的，来自收购人的董事不得超过董事会成员的1/3；（2）对被收购方而言，在过渡期内，被收购公司不得为收购人及其关联方提供担保，不得公开发行股份募集资金，不得进行重大购买、出售资产及重大投资行为或者与收购人及其

---

① 实务中，有把"自签订收购协议起至相关股份完成过户的期间"认定为过渡期的（见《上市公司收购管理办法》（2020年修正）第52条），也有把"自评估基准日至资产交割日"认定为过渡期的（见中国证监会2020年7月31日发布的《监管规则适用指引——上市类第1号》）。从交易价格调整的角度，应当将"自评估基准日至资产交割日"认定为过渡期，以便确定交易标的在交割日相对于定价基准日的净资产值的变化情况。但从整个交易的角度，应当以协议签订日至交割日之间的期间认定为过渡期更适宜。因为在协议签订之前，即使确定了定价基准日，也因当事人之间尚未建立买卖合同关系而不具有合同的约束力，其后存在协商不成、未能缔约的可能。

关联方进行其他关联交易（但收购人为挽救陷入危机或者面临严重财务困难的上市公司的情形除外）。①

（十）交割

外资转股并购交易的交割需要分别从股权转让方和股权受让方各自的立场来考察。

站在股权转让方的立场，外资转股并购交易的交割相对简单，主要指向的是股权转让价款的支付，包括付款条件是否满足、付款期限是否届至等。

站在股权受让方的立场，外资转股并购交易的交割主要指向的是被转让的股权是否已经变更登记至受让方名下。但是，在外国投资者通过转股并购取得被并购企业的控制权的情况下，交割事项就更加复杂，还包括被并购企业的董事、高级管理人员、法定代表人及其他关键岗位人员（会计、出纳等）的更换，被并购企业的证照（营业执照、经营许可证等）、印章（公章、合同专业章、财务专业章、发票专用章等）、银行账户（预留签字人、账户密码、网银登录密码、交易密码等）、工商、商务、税务、社保、外汇等网上业务平台的登录账号和密码以及与被并购企业的经营、管理有关的其他财产、物件、事项（账册、档案等）的移交等。

（十一）股权转让与股东权利义务继受

在纯粹的外资转股并购交易当中，因只涉及被并购企业的老股的转让，作为受让方的外国投资者通常只是继受了作为转让方的中方股东原有的股东权利和义务；除非能够取得被并购企业其他股东的同意，否则，通常不会涉及被并购企业的公司章程的实质内容的修改或股东权利义务的重大调整②。对此，外国投资者应当有预期并据以作出投资决策。

（十二）其他特别事项

在外资转股并购交易涉及经营者集中、国家安全审查③、国有资产管理、返程投资并购、跨境关联并购、跨境换股等特别事项时，还需要遵守法规关于这些特别事项的要求。

---

① 《上市公司收购管理办法》（2025年修正）第52条。
② 《公司法》第87条。
③ 有关外商投资安全审查的具体事项，请见本书第十五章"外商投资安全审查"。

四、外资增资并购交易的要点

外资增资并购交易也涉及诸多当事人（被并购企业及其其他股东等）、诸多环节（接洽协商、尽职调查、交易文件谈判与签署、交割等），同样也涉及市监、商务、税务、外汇等监管机关从产业政策、行业许可、企业登记、税务、外汇等方面的监管。

总体而言，外资增资并购交易的要点与外资转股并购交易的要点有相通之处，也有不同之处。

（一）与外资转股并购交易相通之处

在"产业政策""外国投资者主体资格""并购交易当事人""被并购企业的资产与负债的范围""定价与审计、评估""合同的生效""过渡期安排""交割""其他特别事项"等方面，外资增资并购交易与外资转股并购交易大体上是类似的，有关事项请见上述"三、外资转股并购交易的要点"的相应内容。

（二）被并购企业增资决议

被并购企业增资是《公司法》规定的被并购企业的权力机构职权范围内的事项，原则上须由其权力机构作出决议[1]；并且，在非一人公司的情形，其增资决议须经代表 2/3 以上表决权的股东（适用于有限公司）[2] 或原则上须经出席股东会会议的股东所持表决权的三分之二以上通过（适用于股份公司）[3]。也因此，外资增资并购交易的实施，须以被并购企业依法通过有效的增资决议为条件。这与外资转股并购交易的股权转让并非《公司法》规定的须经被并购企业权力机构决议是不同的。因此，有必要关注被并购企业权力机构作出增资决议的程序（包括召集、主持、召开、表决等）和内容是否符合法律及其公司章程的规定，避免出现增资决议因在程序或内容方面存在瑕疵或缺陷而被撤销或被宣告无效或被确认不成立的问题。[4]

（三）增资决议与增资协议

外资增资并购交易同时涉及被并购企业的内部法律关系与外部法律关系。其

---

[1] 股份公司章程或股东会授权董事会发行新股的除外，见《公司法》第 152 条、第 153 条。
[2] 《公司法》第 66 条第 3 款。
[3] 《公司法》第 116 条第 3 款、第 152 条、第 153 条。
[4] 《公司法》第 25 条至第 27 条。

中，内部法律关系主要体现为被并购企业的权力机构就外国投资者增资并购作出有效的决议，而外部法律关系则主要体现为外国投资者与被并购企业就增资并购达成并订立增资协议（在必要且可行时，增资协议的当事人还包括被并购企业的股东）。仅有增资决议或仅有增资协议，通常都不足以建立完整的外资增资并购交易法律关系。

当然，在意思表示的解释上，外国投资者在被并购企业的增资决议上签署，可能可以被解释为外国投资者已经与被并购企业就增资事宜达成了协议；被并购企业的各个股东在外国投资者与被并购企业之间的增资协议上签署，也可能可以被解释为被并购企业的权力机构已经就增资作出了决议。此外，经外国投资者签署或认可的被并购企业依法制定的新的公司章程也可能可以被解释为外国投资者与被并购企业就增资事宜达成的协议。

（四）增资出资义务的履行与股东权利的行使

股东增资义务的履行通常会影响其能否享有并行使相应的股东权利。在外资增资并购交易当中，外国投资者未按照被并购企业的公司章程的规定缴纳增资部分的出资，可能会面临不享有表决权[1]、分红权[2]或者相应的股东权利受到限制的结果[3]；在极端情况下，甚至可能会被解除股东资格[4]或被宣告丧失其未缴纳出资的股权[5]。因此，外国投资者有必要按照足额履行出资义务。

（五）增资协议的解除与增资款的返还

增资协议既适用《民法典》关于合同的规定（主要是合同编），也需要适用《公司法》关于公司的注册资本和股东出资的规定[6]。在增资协议因各种原因而被解除的情况下，对于在外资增资并购交易当中通过对被并购企业进行溢价增资的外国投资者来说，尽管合同解除通常也伴随着恢复原状[7]，但是，基于公司与

---

[1] 《公司法》第 65 条。
[2] 《公司法》第 210 条。
[3] 《最高人民法院关于适用〈中华人民共和国公司法〉若干问题的规定（三）》（2020 年修正）第 16 条。
[4] 《最高人民法院关于适用〈中华人民共和国公司法〉若干问题的规定（三）》（2020 年修正）第 17 条。
[5] 《公司法》第 52 条。
[6] 《公司法》第 53 条、第 213 条、第 214 条、第 253 条等。
[7] 《民法典》第 157 条。

股东相互独立、公司财产与股东财产相互独立①，增资协议的解除不当然意味着外国投资者在合同解除时能够获得全部增资款的返还。② 因此，外国投资者有必要考虑要求被并购企业的控股股东或实际控制人提供相应的担保或采取类似的方式，以便在增资协议因被并购企业的原因解除的情况下能够尽可能多地收回增资款。

（六）股东协议与公司章程

在外资增资并购交易当中，投资者通常会在签署被并购企业的公司章程的同时签署合资合同等股东协议，更加具体、全面地约定各个股东的权利和义务。

尽管在《外商投资法》时代，法律不再强制要求外商投资企业的投资者签署合资合同等股东协议，但是，投资者在签署外商投资企业公司章程的同时，另行签订股东协议也是可以的，并且在某种程度上也是必要的：股东协议可以作为公司章程的补充③，在外商投资企业的股东之间，也可以以股东协议的约定为准（当然，股东协议的相关约定被公司章程的规定取代的除外）。

不过，考虑到股东协议只对作为协议当事人的各个股东具有约束力，对并非协议当事人的外商投资企业、外商投资企业的新股东、董事、监事、高级管理人员不具有约束力④，在《公司法》上不具有与公司章程那样的法律地位，而外商投资企业的公司章程则具有《公司法》上的地位，是设立外商投资企业的必备法律文件，且对外商投资企业及其各个股东、董事、监事、高级管理人员均具有

---

① 《公司法》第3条，《民法典》第57条、第269条。
② 浙江省高级人民法院2012年11月19日就浙江某股份有限公司与浙江新某集团股份有限公司、董某华、冯某珍、青某碱业有限公司公司增资纠纷上诉案作出的（2011）浙商终字第36号民事判决书（https：//wenshu.faxin.cn/wenshu/v2/#/detail? uniqid=C1136488&data=20240329&cid=fef6aff3-1edf-4584-8895-b2642309bdc8&token=onK10kvDzuRoEacbc9jvez7uzHFP%252fEn7kieIqznEy8XGDEOkJl2Cb4xGltcO74kobdKP%252bPeBECi%252b5w43Hvi5hq1T8REK6GEiVzmC2S6cIF72mQYXiK19S39db7VNyboov8Zg9U4F%252fxX7ShoGyu4uNMNwZoi%252fSmUeK9vD4nhNKegos6NoX0wQ8w%253d%253d&tokenType=jtoken&from=cpws&backurl=https%3A%2F%2Fwww.faxin.cn%2Fdata Collector=detail_fxal_%E6%A0%87%E9%A2%98，最后访问日期：2024年3月29日），最高人民法院2013年12月23日就江门市江某建筑有限公司与江门市金某物业投资管理有限公司、江门市金某投资有限公司执行异议之诉再审案作出的（2013）民提字第226号民事判决书（https：//wenshu.court.gov.cn/website/wenshu/181107ANFZ0BXSK4/index.html? docId=uRWyTlZjqeGzsOg2IfifFWDo3anPORqFn3WJRnmHOx+/Bk7FRtE7fVp/dgBYosE2gFjhz/JG5GnvcwqPrg8+L+41xj0SfQbKl96UyX3wjSUMyYXtGUuvhTvZuzZhItVvK，最后访问日期：2024年3月29日）。
③ 《公司法》第64条、第210条、第224条、第227条。
④ 《民法典》第465条第2款。

约束力①，还是规范公司的组织和行为、股东的权利和义务、公司与股东之间的关系等事项的依据②。因此，在涉及外商投资企业的组织、内部治理、公司与股东、公司与公司的人员、股东与公司的人员之间的关系以及第三人利益时，应当适用《公司法》的规定并以外商投资企业的公司章程为准③；并且，股东协议的终止、被确认无效、被撤销或被解除，并不当然导致外商投资企业的公司章程无效或导致外商投资企业终止或投资款的返还，亦不当然导致相关股东的股东资格的丧失。④

有鉴于此，在外资增资并购交易当中，在同时签署股东协议和公司章程的情况下，有必要考虑将并购设立的外商投资企业也纳入股东协议当事人的范围，由外商投资企业与各股东一起签署股东协议。此外，也有必要考虑在可行的范围内尽可能将股东协议的内容写入外商投资企业的公司章程，并将该公司章程提交给企业登记机关备案。

---

① 《公司法》第5条。

② 《公司法》第1条。

③ 《山东省高级人民法院关于审理公司纠纷案件若干问题的意见（试行）》（鲁高法发〔2007〕3号）第4条、最高人民法院2017年9月6日就王某侃与潍坊振某焦化有限公司合同纠纷上诉案作出的（2017）最高法民终127号民事裁定书（https://wenshu.court.gov.cn/website/wenshu/181107ANFZ0BXSK4/index.html? docId = VYffBF5m + piXQcY5jlOwM8AugQ/wjitRo + YxqiDJTtkmek1MvMbEg5/dgBYosE2gFjhz/JG5GnvcwqPrg8+L+41xj0SfQbKl96UyX3wjSUPeNu3CJOaNh5/QPkNhIrAB，最后访问日期：2024年3月29日）。此外，针对投资者在公司章程之外另行签订的股东协议与公司章程不一致的问题，有的监管机关可能会直接要求以公司章程的规定为准。比如，针对保险公司的章程，原中国保监会（现为中国银保监会）印发的《保险公司章程指引》（保监发〔2015〕36号）要求保险公司的章程必须载明"公司发起人协议、股东出资协议或者其他股东协议中的内容与章程规定不一致时，以本章程为准"这样的规定公司章程效力的条款。又比如，针对公司制私募股权投资基金，中国证券投资基金业协会2016年4月印发的《私募投资基金合同指引2号（公司章程必备条款指引）》要求其公司章程"应明确规定当章程的内容与股东之间的出资协议或其他文件内容相冲突的，以章程为准"。

④ 北京市高级人民法院2018年12月19日就北京承某房地产开发有限责任公司与历某投资有限公司、北京荟某房地产开发有限责任公司、北京兆某集团股份有限公司股东资格确认纠纷案作出的（2017）京民初117号民事判决书（https://wenshu.court.gov.cn/website/wenshu/181107ANFZ0BXSK4/index.html? docId = OUD3Tm7EvER/I2IR40249Ox+5i8l/F6KepevOB5jQ0VypLZj8LWdrJ/dgBYosE2gFjhz/JG5GnvcwqPrg8+L+41xj0SfQbKl96UyX3wjSUNKfkXc0v/NN0T3laJAMo+h，最后访问日期：2024年3月29日）和最高人民法院2019年9月27日就北京承某房地产开发有限责任公司与历某投资有限公司、北京某房地产开发有限责任公司、北京兆某集团股份有限公司股东资格确认纠纷再审案作出的（2019）最高法民申3945号民事裁定书（https://wenshu.court.gov.cn/website/wenshu/181107ANFZ0BXSK4/index.html? docId = kPOB9XJWQhdCYUcvPfEMtEF4/YL6DwxzajOezMLGwJ0cInDMGGwUAZ/dgBYosE2gFjhz/JG5GnvcwqPrg8 + L + 41xj0SfQbKl96UyX3wjSUNKfkXc0v/NNzNeZfXsr3Bp，最后访问日期：2024年3月29日）。

五、外资并购合同的准据法

针对外资并购涉及的合同（中方转让外方的股权转让合同和外国投资者认购内资企业增资的合同）的准据法，《最高人民法院关于审理涉外民事或商事合同纠纷案件法律适用若干问题的规定》（法释〔2007〕14号）第8条曾经规定："在中华人民共和国领域内履行的下列合同，适用中华人民共和国法律：（一）中外合资经营企业合同；（二）中外合作经营企业合同；（三）中外合作勘探、开发自然资源合同；（四）中外合资经营企业、中外合作经营企业、外商独资企业股份转让合同；（五）外国自然人、法人或者其他组织承包经营在中华人民共和国领域内设立的中外合资经营企业、中外合作经营企业的合同；（六）外国自然人、法人或者其他组织购买中华人民共和国领域内的非外商投资企业股东的股权的合同；（七）外国自然人、法人或者其他组织认购中华人民共和国领域内的非外商投资有限责任公司或者股份有限公司增资的合同；（八）外国自然人、法人或者其他组织购买中华人民共和国领域内的非外商投资企业资产的合同；（九）中华人民共和国法律、行政法规规定应适用中华人民共和国法律的其他合同"，即外资并购涉及的合同，不论是股权转让合同还是增资认购合同，均适用中国法律。[①]

不过，《涉外民事关系法律适用法》自2011年4月1日起施行后，因"与涉外民事关系法律适用法相冲突"，上述司法解释被《最高人民法院关于废止1997年7月1日至2011年12月31日期间发布的部分司法解释和司法解释性质文件（第十批）的决定》（法释〔2013〕7号）废止了。

根据《涉外民事关系法律适用法》第3条关于"当事人依照法律规定可以明示选择涉外民事关系适用的法律"和第41条关于"当事人可以协议选择合同适用的法律。当事人没有选择的，适用履行义务最能体现该合同特征的一方当事人经常居所地法律或者其他与该合同有最密切联系的法律"的规定，在外商投资

[①] 在此之前，最高人民法院2005年12月印发的《第二次全国涉外商事海事审判工作会议纪要》的通知（法发〔2005〕26号）第57条也曾经规定："具有中华人民共和国国籍的自然人、法人或者其他组织与外国的自然人、法人或者其他组织订立的在我国境内履行的下列合同，适用中华人民共和国法律：(1) 中外合资经营企业合同；(2) 中外合作经营企业合同；(3) 中外合作勘探、开发自然资源合同；(4) 转让中外合资经营企业、中外合作经营企业、外商独资企业股份的合同；(5) 外国自然人、法人或者其他组织承包经营在我国境内设立的企业的合同。"

企业股权转让合同属于涉外合同的情况下，原则上，股权出让方和股权受让方可以协议选择合同适用的法律。

其中，民事关系具有下列情形之一的，可以认定为涉外民事关系：（1）当事人一方或双方是外国公民、外国法人或者其他组织、无国籍人；（2）当事人一方或双方的经常居所地在中华人民共和国领域外；（3）标的物在中华人民共和国领域外；（4）产生、变更或者消灭民事关系的法律事实发生在中华人民共和国领域外；（5）可以认定为涉外民事关系的其他情形。①

据此，外资并购涉及的合同属于涉外合同，原则上，这两类合同的当事人可以协议选择该合同适用中国法律、也可以协议选择适用境外法律。

但是，需要注意的是，有关外商投资的监管机构可能会要求外资并购涉及的合同适用中国法律，实务中应当予以关注。

比如，针对外资并购，《商务部关于外国投资者并购境内企业的规定》第22条要求外国投资者股权并购的"股权购买协议、境内公司增资协议应适用中国法律"、第24条要求外国投资者资产并购的"资产购买协议应适用中国法律"；又如，针对外国投资者对上市公司的收购，《上市公司收购管理办法》（2025年修正）第4条第3款也规定了"外国投资者进行上市公司的收购及相关股份权益变动活动的，应当取得国家相关部门的批准，适用中国法律，服从中国的司法、仲裁管辖。"

还要注意的是，根据《涉外民事关系法律适用法》第14条第1款关于"法人及其分支机构的民事权利能力、民事行为能力、组织机构、股东权利义务等事项，适用登记地法律"，外资并购涉及的合同中有关并购后设立的外商投资企业的组织机构、股东权利义务等事项的约定，应当适用其登记法律，即中国法律，不得适用境外法律。

此外，根据《民法典》第467条第2款关于"在中华人民共和国境内履行的中外合资经营企业合同、中外合作经营企业合同、中外合作勘探开发自然资源合同，适用中华人民共和国法律"的规定，外资并购完成后，如果并购设立的外商投资企业为中外合资经营企业或中外合作经营企业，则中外投资者有关合资（或

---

① 《最高人民法院关于适用〈中华人民共和国涉外民事关系法律适用法〉若干问题的解释（一）》（2020年修正）第1条。

六、外资并购合同争议解决办法

外资并购交易的合同当事人可以自主选择解决与并购交易合同有关的争议[②]的办法。当事人之间发生的合同争议,可以通过协商或者调解解决;不愿通过协商、调解解决或者协商、调解不成的,可以根据交易合同约定的仲裁协议或者事后达成的书面仲裁协议,向仲裁机构申请仲裁;交易合同未订立仲裁条款,事后又没有达成书面仲裁协议的,可以向人民法院起诉。[③]

(一)仲裁

不论是外资转股并购交易合同,还是外资增资并购交易合同,因其当事人中有外国投资者,具有涉外因素、属于涉外合同,当事人可以在并购交易合同中约定仲裁条款或在并购交易合同之外另行订立书面仲裁协议,约定在发生合同争议时通过仲裁解决,并且约定的仲裁机构既可以是中国的仲裁机构,也可以是境外仲裁机构。[④] 当然,法律法规另有强制性规定的除外。比如,《上市公司收购管理办法》(2025年修正)第4条第3款规定:"外国投资者进行上市公司的收购及相关股份权益变动活动的,应当取得国家相关部门的批准,适用中国法律,服从中国的司法、仲裁管辖";2024年修订后的《外国投资者对上市公司战略投资

[①] 需要注意的是,《民事诉讼法》(2023年修正)第279条第3项所说的"下列民事案件,由人民法院专属管辖……(三)应在中华人民共和国领域内履行中外合资经营企业合同、中外合作经营企业合同、中外合作勘探开发自然资源合同发生纠纷提起的诉讼",是针对相关合同纠纷提起的诉讼的专属管辖的规定,不影响中外合资经营企业合同、中外合作经营企业合同的当事人根据《仲裁法》第2条关于"平等主体的公民、法人和其他组织之间发生的合同纠纷和其他财产权益纠纷,可以仲裁"和第65条关于"涉外经济贸易、运输和海事中发生的纠纷的仲裁,适用本章规定。本章没有规定的,适用本法其他有关规定"的规定,协议选择仲裁作为争议解决办法。对此,《最高人民法院关于适用〈中华人民共和国民事诉讼法〉的解释》(2022年修正)第529条第2款也规定了:"根据民事诉讼法第三十四条和第二百七十三条规定,属于中华人民共和国法院专属管辖的案件,当事人不得协议选择外国法院管辖,但协议选择仲裁的除外。"

[②] 基于合同成立、效力、变更、转让、履行、违约责任、解释、解除等产生的纠纷都属于合同争议(见《最高人民法院关于适用〈中华人民共和国仲裁法〉若干问题的解释》第2条)。

[③] 《合同法》(自2021年1月1日起废止)第128条、《合伙企业法》第103条第2款。

[④] 《民事诉讼法》第288条第1款、《最高人民法院关于适用〈中华人民共和国民事诉讼法〉的解释》(2022年修正)第529条第2款、《最高人民法院关于北京朝来新生体育休闲有限公司申请承认大韩商事仲裁院作出的第12113-0011号、第12112-0012号仲裁裁决案件请示的复函》(〔2013〕民四他字第64号)、《最高人民法院关于为自由贸易试验区建设提供司法保障的意见》(法发〔2016〕34号)第9条。

管理办法》第 4 条第 3 项也规定："战略投资应当遵循以下原则：……（二）坚持公开、公平、公正的原则，维护上市公司及其股东的合法权益，接受政府、社会公众的监督，适用中国法律，服从中国的司法和仲裁管辖"。

不过，涉及被并购企业的公司决议效力（无效或撤销或不成立）、会计账簿查阅、异议股东股权回购、解散、强制清算等的争议，不属于可以仲裁的事项，只能通过诉讼解决。①

（二）诉讼

在并购交易合同未订立仲裁条款、事后又没有达成书面仲裁协议的情况下，应当将有关合同争议提交人民法院通过诉讼解决；此外，如前所述，即使存在仲裁协议，涉及被并购企业的解散、强制清算等的争议，也只能通过诉讼解决。

在管辖法院方面，在不违反法定的级别管辖和专属管辖的前提下，外资转股并购交易合同的当事人可以以书面方式（包括在合同中直接约定和诉讼前以书面协议约定）约定向与合同争议有实际联系的地点（包括被告住所地、合同履行地、合同签订地、原告住所地、标的物所在地等）的人民法院起诉。②

但是，外资增资并购交易合同的当事人只能向被并购企业住所地法院起诉。③ 并且，除增资纠纷外，因被并购企业的设立、确认股东资格、股东名册记载、分配利润、请求变更公司登记、股东知情权、公司决议、公司合并、公司分立、公司减资、解散、清算等纠纷提起的诉讼，也只能向被并购企业住所地法院起诉。④

---

① 《公司法》第 25 条、第 57 条和第 110 条、第 89 条、第 231 条、第 233 条。
② 《民事诉讼法》第 35 条、《最高人民法院关于适用〈中华人民共和国民事诉讼法〉的解释》第 29 条、第 30 条。
③ 《民事诉讼法》第 27 条、《最高人民法院关于适用〈中华人民共和国民事诉讼法〉的解释》第 22 条。
④ 《民事诉讼法》第 27 条、《最高人民法院关于适用〈中华人民共和国民事诉讼法〉的解释》第 22 条。

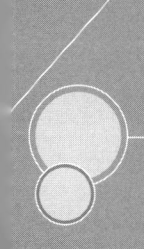

第十八章 外国投资者对上市公司战略投资

外国投资者对A股上市公司进行战略投资（外资战投）是外商投资的重要方式，国家也专门制定了《外国投资者对上市公司战略投资管理办法》（以下简称《外资战投办法》）对外资战投进行规范。本章接下来围绕外资战投展开讨论。[①]

一、外资战投的监管体制

（一）外资战投监管的法律体系

现阶段，国家有关外资战投的监管的法律体系主要是由有关外商投资的法律法规和有关A股股票发行、交易的证券法律法规组成的，而《外资战投办法》则起到了将外商投资法律法规和证券法律法规衔接起来的作用，并成为外资战投监管的"基本法"。

1. 外商投资法律法规

外国投资者对A股上市公司进行战略投资，属于外商投资的一种方式，自然需要适用外商投资法律法规。关于外商投资法律法规，请见本书第一章"外商投资的法律体系"。

2. 证券法律法规

现阶段，外国投资者对A股上市公司进行战略投资，主要是通过A股上市公司向外国投资者定向发行新股、外国投资者受让A股上市公司股东所持股份或外国投资者对上市公司进行要约收购等方式进行的。如此进行的战略投资不可避免地要适用《证券法》的规定，其中A股上市公司向外国投资者定向发行新股

[①] 有关2024年修订后的《外资战投办法》的更详细的解读，可见微信公众号《秋荣法律评论》2024年11月4日发布的《新外国投资者对上市公司战略投资管理办法：逐条解读》（https://mp.weixin.qq.com/s/W0IQzSeVxK2jT-j5fObfxg，最后访问日期：2024年11月11日）。

还须适用有关上市公司证券发行的法规，外国投资者受让 A 股上市公司股东所持股份还须适用有关上市公司证券交易的法规，外国投资者对上市公司进行要约收购则还须适用有关上市公司收购的法规。这些证券法律法规主要包括：

(1)《证券法》（2019 年修订）；

(2)《上市公司证券发行注册管理办法》及其配套法规，《北京证券交易所上市公司证券发行注册管理办法》及其配套法规；

(3)《上市公司重大资产重组管理办法》及其配套法规；

(4)《上市公司收购管理办法》及其配套法规；

(5)《上市公司股东减持股份管理暂行办法》；

(6)《上市公司信息披露管理办法》及其配套法规。

3.《2005 年版外资战投办法》

针对外国投资者对 A 股上市公司进行战略投资，商务部、中国证监会、国家税务总局、原国家工商总局、国家外汇管理局于 2005 年 12 月 31 日发布了《外资战投办法》，该办法在 2015 年经过一次修正（以下简称《2005 年版外资战投办法》）。

《2005 年版外资战投办法》旨在规范股权分置改革后外国投资者对 A 股上市公司进行战略投资，维护证券市场秩序，引进境外先进管理经验、技术和资金，改善上市公司治理结构，保护上市公司和股东的合法权益。[①] 该办法适用于外国投资者对已完成股权分置改革的上市公司和股权分置改革后新上市公司通过具有一定规模的中长期战略性并购投资、取得该公司 A 股股份的行为。[②]

《2005 年版外资战投办法》共 28 条，规定了外资战投的定义、方式、原则、条件等事项，建立起了外资战投的审批管理体制[③]。

4.《2024 年版外资战投办法》

随着我国经济持续快速发展和改革开放的进一步深化，《2005 年版外资战投办法》在实践中也遇到了不少问题，这些问题主要包括：（1）投资门槛较高，比如禁止外国自然人进行战略投资、要求外国投资者持股比例不低于 10%、对外国投资者境外实有资产要求高、设定了 36 个月的持股锁定期；（2）投资方式较

---

① 《2005 年版外资战投办法》第 1 条。
② 《2005 年版外资战投办法》第 1 条。
③ 《2005 年版外资战投办法》第 3 条至第 11 条。

少，仅规定了定向发行和协议转让两种方式，对要约收购等方式未作出明确规定，且不允许外国投资者以境外非上市公司股权作为支付对价；（3）管理体制与现行改革不衔接，因为《外商投资法》取消了外商投资企业设立及变更的审批或备案，建立外商投资信息报告制度，而《2005年版外资战投办法》对此未作出衔接性规定。[1]

为解决上述问题，鼓励外资并购投资，保障《外资战投办法》与《外商投资法》及其实施条例顺畅衔接，商务部、中国证监会、国务院国资委、税务总局、市场监管总局、国家外汇局对《2005年版外资战投办法》进行了修订，并于2024年11月1日发布了修订后的《外国投资者对上市公司战略投资管理办法》（以下简称"《2024年版外资战投办法》"）。《2024年版外资战投办法》自2024年12月2日起施行，《2005年版外资战投办法》同时废止。

《2024年版外资战投办法》共36条，主要修改内容包括：一是允许外国自然人实施战略投资，二是放宽外国投资者的资产要求，三是增加要约收购这一战略投资方式，四是以定向发行、要约收购方式实施战略投资的，允许以境外非上市公司股份作为支付对价，五是适当降低持股比例和持股锁定期要求。

（二）外资战投的主要监管机构

作为外商投资的一种方式，外资战投也受到普通的外商投资的监管机构的监管。关于普通的外商投资的监管体制，请见本书第二章"外商投资的监管体制"。

当然，作为特别的外商投资方式，外资战投的主要监管机构为商务部和中国证监会；甚至，考虑到在《外商投资法》时代，各级商务主管部门已经不再受理有关外商投资企业设立、变更及注销的审批或备案业务，不再颁发外商投资企业批准证书，不再办理外商投资企业设立及变更备案手续，并且，外资战投主要涉及的是A股上市公司股票的发行、交易或上市公司收购等证券事务，因此，可以认为，在《外商投资法》时代，外资战投的主要监管职责更多的是由中国证监会承担的。

（三）《2005年版外资战投办法》在过渡期的效力

如前所述，《外商投资法》自2020年1月1日起生效后，外商投资信息报告

---

[1] 《商务部关于〈外国投资者对上市公司战略投资管理办法（修订草案公开征求意见稿）〉的说明》（2020年6月18日公布，http：//www.mofcom.gov.cn/article/b/g/202007/20200702979804.shtml，最后访问日期：2024年3月28日，下同）。

制度取代了原有的外商投资企业设立及变更的审批、备案和联合年报制度[1]，各级商务主管部门不再受理有关外商投资企业设立、变更及注销的审批或备案业务，不再颁发外商投资企业批准证书，不再办理外商投资企业设立及变更备案手续[2]，原外资三法及其实施条例（或实施细则）以及《外商投资企业设立及变更备案管理暂行办法》也都被废止了。

《外商投资法》第41条规定："对外国投资者在中国境内投资银行业、证券业、保险业等金融行业，或者在证券市场、外汇市场等金融市场进行投资的管理，国家另有规定的，依照其规定。"该规定一方面明确授权国家在《外商投资法》生效之后、在必要时针对金融行业和金融市场的外商投资的管理作出新的、不同于《外商投资法》的规定，另一方面也对国家在《外商投资法》生效之前针对金融行业和金融市场的外商投资的管理已经作出的、不同于《外商投资法》的规定的既有规定作出了明确的承认，以确保金融秩序和金融监管政策的稳定和延续。应该说，这些既有的规定当中就包括《2005年版外资战投办法》。

因此，《2005年版外资战投办法》仍然是有效的，外资战投仍然应当适用《2005年版外资战投办法》。[3]

二、外资战投的界定

（一）外资战投的定义

1. 外资战投的定义

《外资战投办法》第2条规定了"外国投资者对上市公司战略投资"的定义，即"外国投资者通过上市公司定向发行新股、协议转让、要约收购以及国家

---

[1] 见《商务部、市场监管总局有关司局负责人就〈外商投资信息报告办法〉有关问题答记者问》。

[2] 当然，针对在2019年12月31日以前已经办理了设立登记但尚未办理设立备案的以及已有外商投资企业在2019年12月31日以前发生了变更但尚未办理变更备案的不涉及国家规定实施外商投资准入特别管理措施的外商投资企业，《商务部关于外商投资信息报告有关事项的公告》（商务部公告2019年第62号）也规定了一个月的过渡期，这些外商投资企业在2020年1月31日前仍可通过商务部外商投资综合管理系统（网址：wzzxbs.mofcom.gov.cn）办理备案。

[3] 需要注意的是，有的商务主管部门认为："《外国投资者对上市公司战略投资管理办法》中与《外商投资法》及其实施条例不一致的内容不再执行。外国投资者投资A股上市公司应符合《外商投资法》及其实施条例的规定，并履行信息报告义务。"见商务部公众留言栏目2020年5月6日针对"上市公司向外国投资者发行低于10%股份如何适用《外国投资者对上市公司战略投资管理办法》规定"作出的答复（https://gzlynew.mofcom.gov.cn/gzlynew/servlet/SearchServlet?OP=getCommentAnswer&id=a2a567b11cef41369dc45bea936f0741&siteid=&orderFiled=undefined，最后访问日期：2024年3月2日）。

法律法规规定的其他方式取得并中长期持有上市公司 A 股股份的行为"。

据此,《外资战投办法》第 2 条从投资主体（"外国投资者"）、投资方式（"通过上市公司定向发行新股、协议转让、要约收购以及国家法律法规规定的其他方式取得"）、投资标的（"上市公司 A 股股份"）和投资期限（"中长期持有"）这 4 个方面,对"外国投资者对上市公司战略投资"进行界定,也明确了《外资战投办法》的适用条件和适用范围。

其中的《外资战投办法》第 2 条所说的"外国投资者",具有《外资战投办法》第 3 条第 1 款规定的含义,即"外国的自然人、企业或者其他组织"。

《外资战投办法》第 2 条所说的"上市公司",具有《外资战投办法》第 3 条第 2 款规定的含义,即"A 股上市公司"。其中的"A 股",即人民币普通股,有别于人民币特种股票（B 股或境内上市外资股）、H 股等境外上市外资股、CDR（中国存托凭证）等。

结合《外资战投办法》第 10 条所说的"外国投资者通过战略投资方式取得的上市公司 A 股股份 12 个月内不得转让。……《中华人民共和国证券法》和国务院证券监督管理机构规定、证券交易所规则对股份限售期有更长期限要求的,从其规定",可以认为,《外资战投办法》第 2 条所说的"中长期持有",指的是持股期限超过 12 个月（即一年）。这与外债管理方面以一年为界区分"短期外债"和"中长期外债"是类似的。①

需要注意的是,就持股比例而言,《外资战投办法》第 14 条和第 15 条分别针对通过协议转让方式实施的外资战投和通过要约收购方式实施的外资战投,规定了外国投资者取得的股份比例"不得低于该上市公司已发行股份的百分之五"的要求。但是,针对通过上市公司定向发行新股方式实施的外资战投,《外资战投办法》对外国投资者的持股数量（或比例）不作要求,也就意味着,不论外国投资者持股数量是多少,即使只持有 1 股,只要符合《外资战投办法》第 2 条所说的"外国投资者通过上市公司定向发行新股方式取得并中长期持有上市公司

---

① 《外债管理暂行办法》第 14 条规定:"国家对国有商业银行举借中长期国际商业贷款实行余额管理,余额由国家发展计划委员会会同有关部门审核后报国务院审批",第 15 条规定:"境内中资企业等机构举借中长期国际商业贷款,须经国家发展计划委员会批准",第 16 条规定:"国家对境内中资机构举借短期国际商业贷款实行余额管理,余额由国家外汇管理局核定";《企业中长期外债审核登记管理办法》(2023 年)第 2 条第 1 款规定:"本办法所称企业中长期外债（以下称'外债'）,是指中华人民共和国境内企业及其控制的境外企业或分支机构,向境外举借的、以本币或外币计价、按约定还本付息的 1 年期（不含）以上债务工具。"

511

A股股份"的条件，就属于外国投资者战略投资、就应当适用《外资战投办法》。《商务部、中国证监会等六部门有关司局负责人就〈外国投资者对上市公司战略投资管理办法〉答记者问》也提及："本次修订，结合证券市场监管规则，我们取消以定向发行方式实施战略投资的持股比例要求，将以协议转让、要约收购方式实施战略投资的持股比例要求从10%降低至5%"。

2. A股上市公司的范围

《外资战投办法》第3条第2款将作为外资战投对象的"上市公司"，界定为"A股上市公司"，这就排除了B股上市公司、H股上市公司和其他境外上市公司。

结合《公司法》第134条所说的"本法所称上市公司，是指其股票在证券交易所上市交易的股份有限公司"，可以认为，《外资战投办法》所说的作为外资战投对象的"A股上市公司"，指向的是在境内注册且其人民币普通股票（即A股）在境内上市交易的股份有限公司，既包括只有A股股票在境内的证券交易所上市交易的股份公司（即A股上市公司），也包括既有A股股票、又有境内上市外资股股票（即B股）在境内的证券交易所上市交易的股份公司（即A+B股上市公司），还包括既有A股股票在境内的证券交易所上市交易、又有境外上市外资股股票（即H股、S股等）在境外证券交易所上市交易的股份公司（即A+H股上市公司），还包括既有A股股票、B股股票在境内的证券交易所上市交易、又有境外上市外资股股票（即H股、S股等）在境外证券交易所上市交易的股份公司（即A+B+H股上市公司）；但不包括其人民币普通股票（即A股）在境内上市但在境外注册的公司，比如发行A股但注册于开曼群岛的华润微电子有限公司（A股代码：688396）。也因此，外国投资者取得A股上市公司发行的境内上市外资股（即B股）或境外上市外资股（即H股等）的行为，均不属于外资战投。

需要注意的是，结合《外资战投办法》第18条第2款所说的"除对所投资的上市公司继续进行战略投资和前款所述情形外，外国投资者不得以其因战略投资开立的证券账户进行证券买卖"，可以认为，《外资战投办法》第3条第2款所说的"A股上市公司"，既包括"内资A股上市公司"，也包括"外商投资的A股上市公司"。商务部《关于外商投资信息报告有关事项的公告》（商务部公告2019年第62号）附件1"外商投资初始、变更报告表"之"一、基本信息"之"投资方式"也分别列出了"外国投资者战略投资境内上市非外商投资企业"和

"外国投资者战略投资境内上市外商投资企业"。而《外资战投办法》第 13 条至第 15 条关于外资战投程序的规定中提到的"外国投资者或者上市公司向商务主管部门报送投资信息"中的"上市公司向商务主管部门报送投资信息",主要指向的也是作为投资对象的 A 股上市公司本身就已经是外商投资股份公司的情况。此外,《外资战投办法》第 18 条、第 17 条第 3 款和《中国证券登记结算有限责任公司特殊机构及产品证券账户业务指南》(中国结算发〔2025〕36 号)关于外国投资者开立 A 股证券账户的限制性规定、关于外国投资者开立的证券账户买卖证券的限制性规定,也意味着,即使是在外商投资股份公司 IPO 的情形,原外资股东尽管因为在外商投资股份公司 IPO 之前就持有该公司股份并因该公司 IPO 而开立 A 股证券账户、持有来该 A 股上市公司的 A 股股份,但其 A 股证券账户进行证券买卖是受到严格限制的,该外商投资的 A 股上市公司的原外资股东继续增持该外商投资的 A 股上市公司新增发行的 A 股股份,仍然需要适用《外资战投办法》(该外商投资 A 股上市公司以未分配利润、公积金转增注册资本等情形除外)。

3. 外国投资者战略投资新三板公司

外国投资者可以参照《外资战投办法》,对新三板公司实施战略投资。对此,《2024 年版外资战投办法》第 34 条明确规定:"外国投资者对全国中小企业股份转让系统挂牌公司实施战略投资的,参照本办法办理。"事实上,在此之前,《国务院关于积极有效利用外资推动经济高质量发展若干措施的通知》(国发〔2018〕19 号)第 11 条就已经规定:"比照上市公司相关规定,允许外商投资全国中小企业股份转让系统挂牌公司。"

(二) 外资战投的性质

在性质上,外资战投属于《外商投资法》第 41 条所说的"外国投资者在金融市场(具体为证券市场)进行投资"的行为。《外商投资法》第 41 条也是《外资战投办法》的上位法依据。

根据《外商投资法》第 41 条关于"对外国投资者在中国境内投资银行业、证券业、保险业等金融行业,或者在证券市场、外汇市场等金融市场进行投资的管理,国家另有规定的,依照其规定"的规定,中国证监会、商务部等监管机构可以据此针对外资战投作出特别的规定。

这些特别的规定包括但不限于针对外资战投的条件、外国投资者的资格、投资方式、持股期限、程序等事项作出限制性规定。甚至，基于《外商投资法》第 41 条的授权和认可，在管理体制方面，继续延续此前的外资战投审批管理体制，也不是不可以。

（三）不适用《外资战投办法》的取得 A 股股份行为

需要注意的是，根据《2024 年版外资战投办法》第 33 条，以下取得上市公司股份的行为不适用外资战投办法，但应当遵守国家有关外商投资和证券交易的规定：

（1）合格境外机构投资者和人民币合格境外机构投资者对上市公司投资①;②

（2）外国投资者通过境内外股票市场交易互联互通机制对上市公司投资③；

（3）外国投资者因所投资的外商投资股份有限公司在 A 股上市取得的上市公司股份；

（4）符合中国证监会有关规定的外国自然人在二级市场买卖上市公司股份④或通过股权激励取得上市公司股份⑤。

三、外资战投的条件

外国投资者对上市公司进行战略投资，需要遵循法定的原则、符合特定的资格、满足特定的条件。

---

① 主要适用《合格境外机构投资者和人民币合格境外机构投资者境内证券期货投资管理办法》和《关于实施〈合格境外机构投资者和人民币合格境外机构投资者境内证券期货投资管理办法〉有关问题的规定》（证监会公告〔2020〕63 号）。

② 实务中，合格境外机构投资者或人民币合格境外机构投资者作为上市公司董事会确定的发行对象认购上市公司非公开发行的 A 股股份通常不按外国投资者战略投资上市公司执行，而是按照合格境外机构投资者或人民币合格境外机构投资者境内证券投资执行。见《中国长江电力股份有限公司关于中国证券监督管理委员会〈关于中国长江电力股份有限公司发行股份购买资产并募集配套资金申请相关问题的函〉的回复报告》（2016 年 3 月 26 日公告）第 1-1-1-24 页至第 1-1-1-28 页、《中国长江电力股份有限公司发行股份及支付现金购买资产并募集配套资金暨关联交易实施情况报告书》（2016 年 4 月 15 日公告），《长江润发机械股份有限公司关于〈中国证监会行政许可项目审查一次反馈意见通知书〉（160961 号）之反馈意见回复》第 94 页至第 95 页（2016 年 6 月 16 日公告）、《长江润发机械股份有限公司发行股份及支付现金购买资产并募集配套资金暨关联交易实施情况暨新增股份上市报告书》（2016 年 11 月 17 日公告）。

③ 主要适用中国证监会《内地与香港股票市场交易互联互通机制若干规定》（2022 年修订）。

④ 主要适用《证券法》（2019 年修正）、中国证监会《证券登记结算管理办法》和《上海证券交易所交易规则》（或《深圳证券交易所交易规则》《北京证券交易所交易规则（试行）》）。

⑤ 主要适用《上市公司股权激励管理办法》（2025 年修正）。

(一) 外资战投须遵循的原则

外国投资者对上市公司进行战略投资应遵循以下原则:[①]

(1) 遵守国家法律、法规，不得危害国家安全和社会公共利益；

(2) 坚持公开、公平、公正的原则，维护上市公司及其股东的合法权益，接受政府、社会公众的监督，适用中国法律，服从中国的司法和仲裁管辖；

(3) 开展中长期投资，维护证券市场的正常秩序，不得炒作；

(4) 不得妨碍公平竞争，不得排除、限制竞争；

(5) 外国投资者不得对涉及外商投资准入负面清单规定禁止投资领域的上市公司进行战略投资；外国投资者对涉及外商投资准入负面清单规定限制投资领域的上市公司进行战略投资，应符合负面清单规定的股权要求、高级管理人员要求等限制性准入特别管理措施（《2024年版外资战投办法》第5条）。这也是《外商投资法》第28条和第36条、《外商投资法实施条例》第33条的当然要求。

(二) 进行战略投资的外国投资者的资格

对上市公司进行战略投资的外国投资者应当同时符合以下条件:[②]

(1) 外国投资者为依法设立、经营的外国企业或其他组织，财务稳健、资信良好且具有成熟的管理经验，有健全的治理结构和良好的内控制度，经营行为规范；或者，外国投资者为具备相应的风险识别和承担能力的外国自然人。

(2) 外国投资者实有资产总额不低于5000万美元或管理的实有资产总额不低于3亿美元。其中，外国投资者成为上市公司控股股东的，实有资产总额应当不低于1亿美元或管理的实有资产总额不低于5亿美元。

(3) 外国投资者近3年内（成立未满3年的外国机构投资者，自成立之日起计）未受到境内外刑事处罚或监管机构的重大处罚。

不过，对于实有资产总额或管理的实有资产总额不符合上述第2项条件的外国机构投资者来说，如果其全资投资者（指全资拥有该外国机构投资者的外国自然人、企业或者其他组织）同时符合上述条件，那么，在该全资投资者单独承诺或与该外国机构投资者约定对该外国机构投资者的投资行为共同承担责任的前提

[①] 《2024年版外资战投办法》第4条。
[②] 《2024年版外资战投办法》第6条第1款。

下，该外国机构投资者也可以依据《外资战投办法》对上市公司进行战略投资。①

(三) 跨境换股的特别要求

在同时满足前述条件的基础上，如果还同时符合以下条件，那么，外国投资者可以以其持有的境外上市公司股权或境外非上市公司股权，或外国投资者以其增发的股份作为支付手段，对上市公司实施战略投资：②

(1) 境外公司合法设立并且注册地具有完善的公司法律制度，且境外公司及其管理层最近3年未受到境内外监管机构重大处罚；但是，通过协议转让方式实施的外资战投，作为支付手段的境外公司股权所属的境外公司应为上市公司，境外非上市公司股权不得作为支付手段；

(2) 用作支付手段的应为外国投资者合法持有并可依法转让的境外公司股份，或外国投资者合法增发的股份；

(3) 符合《证券法》《公司法》及国务院、中国证监会、证券交易所、证券登记结算机构的相关规定；

(4) 符合国家对外投资管理有关规定，完成相关手续。

四、外资战投的情形和方式

(一) 外资战投的情形

1. 外资战投的主要情形

外资战投主要包括以下几种情形：③

(1) 外国投资者战略投资境内上市非外商投资企业，即外国投资者对内资上市公司进行战略投资。该内资上市公司因此将变更为外商投资企业。这种情形也属于外国投资者并购境内内资企业的范畴。

---

① 《2024年版外资战投办法》第6条第2款。《2005年版外资战投办法》第13条曾经要求外国法人或其他组织的全资投资者提交其对该外国法人或其他组织的投资行为承担连带责任的不可撤销的承诺函。

② 《2024年版外资战投办法》第7条。

③ 《关于外商投资信息报告有关事项的公告》(商务部公告2019年第62号) 附件1"外商投资初始、变更报告表"之"一、基本信息"之"投资方式"分别列出了"外国投资者战略投资境内上市非外商投资企业"和"外国投资者战略投资境内上市外商投资企业"；该附件1"外商投资初始、变更报告表"之"四、外国投资者战略投资上市公司交易基本情况"之"战略投资阶段"分别列出了"投资者首次战略投资"和"投资者对其已持有股份的上市公司继续进行战略投资"。

（2）外国投资者在对内资上市公司进行战略投资、该内资上市公司变更为外商投资企业之后，继续对该上市公司进行投资。这种情形属于外商投资企业变更的范畴。这种情形是《2005 年版外资战投办法》第 11 条明确规定的外资战投情形，也是《关于外商投资信息报告有关事项的公告》（商务部公告 2019 年第 62 号）附件 1 "外商投资初始、变更报告表"之"四、外国投资者战略投资上市公司交易基本情况"之"战略投资阶段"之"投资者对其已持有股份的上市公司继续进行战略投资"所反映的外资战投情形。

（3）外商投资的上市公司引入新的外国投资者。其中的外商投资的上市公司包括：（i）因外国投资者首次战略投资后变更为外商投资企业的上市公司；（ii）原外商投资股份有限公司通过首次公开发行 A 股股票上市的上市公司。这种情形也属于外商投资企业变更的范畴。这种情形是《关于外商投资信息报告有关事项的公告》（商务部公告 2019 年第 62 号）附件 1 "外商投资初始、变更报告表"之"一、基本信息"之"投资方式"之"外国投资者战略投资境内上市外商投资企业"所反映的外资战投情形。

其中，第 1 种情形和第 3 种情形可以合称为"外国投资者首次战略投资"；第 2 种情形和第 3 种可以合称为"外国投资者战略投资境内上市外商投资企业"。

2. 关于第二种情形是否属于外资战投的问题

针对外国投资者在对内资上市公司进行战略投资、该内资上市公司变更为外商投资企业之后，继续对该上市公司进行投资，《2005 年版外资战投办法》第 11 条规定："投资者对其已持有股份的上市公司继续进行战略投资的，需按本办法规定的方式和程序办理。"据此，在《2005 年版外资战投办法》项下，外国投资者在对内资上市公司进行战略投资、该内资上市公司变更为外商投资企业之后，继续对该上市公司进行的投资，属于外资战投。

《2024 年版外资战投办法》虽然没有保留《2005 年版外资战投办法》第 11 条的内容，但其第 18 条第 2 款所说的"除对所投资的上市公司继续进行战略投资和前款所述情形外，外国投资者不得以其因战略投资开立的证券账户进行证券买卖"，似乎也意味着，外国投资者在对内资上市公司进行战略投资、该内资上市公司变更为外商投资企业之后，继续对该上市公司进行的投资，也属于外资战投。

3. 关于第三种情形是否属于外资战投的问题

值得注意的是，在《2005 年版外资战投办法》项下，新的外国投资者对外商投资上市公司进行投资（包括认购外商投资上市公司发行的新股）是否属于外国投资者对上市公司战略投资、是否适用《外资战投办法》，实务中有不同的观点，既有认为属于外资战投的意见，也有认为不属于外资战投的意见。

其中，在深交所上市公司青某金王应用化学股份有限公司（以下简称青某金王）2017年向香港公司马某孛罗电子商务有限公司（以下简称马某孛罗）等主体发行股份及支付现金购买资产并募集配套资金项目当中，青某金王拟以发行股份及支付现金方式自马某孛罗购买其持有的杭州悠某化妆品有限公司（以下简称杭州悠某）23.2363%股权，马某孛罗以其持有的杭州悠可股权作为对价认购青某金王定向发行的股份。鉴于马某孛罗为注册于香港特别行政区的公司，青某金王当时参照《商务部关于涉及外商投资企业股权出资的暂行规定》、2015年修正后的《外资战投办法》的相关规定，就本次交易可能涉及的外国投资者对上市公司进行战略投资的审批事项依次向即墨市商务局、青岛市商务局分别报送了申请文件，青岛市商务局于2017年1月4日印发提交商务部外资司批复的请示文件（青商资字〔2017〕1号），同意将青某金王申请材料上报，青某金王已于2017年1月6日将相关申请材料上报至商务部。2017年1月16日，商务部向青岛市商务局下发《关于青某金王应用化学股份有限公司引进外国投资者适用管理程序问题的函》（商资产函〔2017〕27号），经核认定青某金王系外商投资上市股份有限公司，依据《外国投资者对上市公司战略投资管理办法》《关于外国投资者并购境内企业的规定》的规定，外国投资者收购外商投资企业的股权不属于并购境内企业的范畴，故将申请资料退回，交由青岛市商务局办理。因此，依据商务部的上述意见，该次交易无须取得商务部针对外国投资者对上市公司进行战略投资的审批。[1]

在《2024年版外资战投办法》项下，由于《2024年版外资战投办法》第2条关于"外国投资者通过上市公司定向发行新股、协议转让、要约收购以及国家法律法规规定的其他方式取得并中长期持有上市公司A股股份的行为（以下简称战略投资），适用本办法"的规定，并没有将外国投资者取得外商投资上市公司的A股股份的行为排除在外资战投之外；并且，《2024年版外资战投办法》第18条第2款也规定："除对所投资的上市公司继续进行战略投资和前款所述情形

---

[1] 《青某金王应用化学股份有限公司发行股份及支付现金购买资产并募集配套资金报告书（修订稿）》（2017年5月3日公告）第46页至第47页。

外，外国投资者不得以其因战略投资开立的证券账户进行证券买卖"，《中国证券登记结算有限责任公司特殊机构及产品证券账户业务指南》（中国结算发〔2025〕36号）第2.16.1条规定："【开户资格】不具备A股市场投资资格的外国投资者以及我国香港特别行政区、澳门特别行政区、台湾地区的投资者因对上市公司进行战略投资或其他原因合法取得A股股份和存托凭证的，可由相关申请人本人或委托上市公司、挂牌公司赴相应市场柜台申请开立相关市场的一个证券账户，也可以委托证券公司或由上市公司、挂牌公司委托证券公司通过在线业务平台申请开立相关市场的一个证券账户"，第2.16.4条规定："【其他事项】办理境外战略投资者证券账户业务应遵守以下规定：……（3）外国战略投资者证券账户仅用于持有合法获得的上市公司A股股份以及在限售期届满后卖出股份，除法律法规另有规定外，不得在二级市场进行其他证券买卖。股份全部卖出后，外国战略投资者应当及时申请注销账户。（4）为便于管理，中国结算对外国战略投资者证券账户加注专门标识"，因此，可以认为，外商投资的上市公司引入新的外国投资者，乃至外商投资的上市公司的原外资股东认购该上市公司新发行的股份，也应该属于《2024年版外资战投办法》界定的外资战投。

（二）外资战投的方式

现阶段，外国投资者对上市公司进行战略投资的方式主要有3种：（1）外国投资者协议受让上市公司股东所持股份（"协议转让方式"）；（2）上市公司向外国投资者定向发行新股（"上市公司定向发行新股方式"）；（3）外国投资者要约收购上市公司（"要约收购方式"）。

此外，在符合法律法规规定的情况下，外国投资者还可以除这3种方式之外的国家法律法规规定的其他方式进行战略投资（《2024年版外资战投办法》第2条）。需要注意的是，《外资战投办法》第2条所说的"外国投资者通过……国家法律法规规定的其他方式取得并中长期持有上市公司A股股份"，须以法律法规作出了允许战略投资的明文规定为依据，如无规定，则仅限于前述三种方式。"国家法律法规规定的其他方式"既包括现有法律法规规定的其他方式，也包括将来的法律法规规定的其他方式，为把将来出现的新的外资战投实施方式纳入合法化轨道预留了空间。

五、外资战投之协议转让

外国投资者通过协议转让方式对上市公司进行战略投资，指的是外国投资者与持有上市公司股份的股东（转让方）经过协商达成协议，由外国投资者受让转让方持有的上市公司股份。

（一）通过协议转让方式实施战略投资的程序

外国投资者通过协议转让方式对上市公司进行战略投资，应按以下程序办理：[1]

（1）上市公司按法律法规和公司章程规定履行有关内部程序；

（2）转让方与外国投资者签订股份转让协议；

（3）转让双方向证券交易所办理股份转让确认手续、向证券登记结算机构申请办理登记过户手续；

（4）外国投资者和上市公司按照有关规定办理手续完成协议转让后，外国投资者或上市公司向商务主管部门报送投资信息。

其中，外国投资者通过协议转让方式对上市公司进行战略投资的股份过户手续办理，需要遵守上海证券交易所、深圳证券交易所和中国证券登记结算有限责任公司发布的《上市公司流通股协议转让业务办理暂行规则》，在达成股份转让协议之后、向证券登记结算机构申请办理登记过户之前，向证券交易所申请确认其股份转让的合规性，并在取得证券交易所对股份转让的确认文件之后，向证券登记结算机构申请办理股份转让过户登记。[2]

（二）通过协议转让方式实施战略投资的持股比例

外国投资者通过协议转让方式对上市公司进行战略投资，取得的股份比例不得低于该上市公司已发行股份的5%。[3]

《上海证券交易所上市公司自律监管指引第15号——股东及董事、高级管理人员减持股份（2025年3月修订）》第14条第1款和《深圳证券交易所上市公司自律监管指引第18号——股东及董事、高级管理人员减持股份（2025修订）》第15条第1款也都要求上市公司大股东（即持有5%以上股份的股东、实际控制人）通过协议转让方式减持股份或特定股东（即大股东以外持有上市

---

[1]《2024年版外资战投办法》第14条。
[2]《上市公司流通股协议转让业务办理暂行规则》第3条至第9条。
[3]《2024年版外资战投办法》第14条。需要注意的是，《2005年版外资战投办法》第5条第2项要求外国投资者通过协议转让方式战略投资首次投资完成后取得的股份比例不低于该上市公司已发行股份的10%。

公司首次公开发行前发行的股份的股东）通过协议转让方式减持其持有的首发前股份的，原则上，单个受让方的受让比例不得低于上市公司公司股份总数的5%（法律法规及证券交易所规则等另有规定的除外）。

（三）通过协议转让方式实施战略投资的持股期限

外国投资者通过协议转让方式实施战略投资取得的上市公司A股股份，在12个月内不得转让；《证券法》和中国证监会规定、证券交易所规则对股份限售期有更长期限要求的，还应遵守该等更长期限要求。①

六、外资战投之定向增发

外国投资者通过定向增发方式对上市公司进行战略投资，指的是外国投资者通过认购上市公司向其新增发行的股份的方式对上市公司进行投资，外国投资者可以依法以现金（包括外汇或合法取得的人民币）、在境内公司的股权（包括上市公司吸收合并该境内公司②）等作为认购上市公司股份的支付手段。

（一）通过定向增发方式实施战略投资的程序

外国投资者通过上市公司定向增发方式实施战略投资，既可以作为上市公司董事会提前确定的发行对象认购新股，也可以作为通过竞价方式确定的发行对象认购新股。③

其中，外国投资者作为上市公司董事会提前确定的发行对象认购新股，应当按照以下程序办理：④

（1）上市公司与外国投资者签订定向发行的合同；

---

① 《2024年版外资战投办法》第10条。需要注意的是，《2005年版外资战投办法》第5条第3项要求外国投资者通过协议转让方式战略投资取得的上市公司A股股份三年内不得转让。

② 比如，上交所上市公司广西慧某科技股份有限公司通过向北京天某秀科技股份有限公司（以下简称天某秀）全体股东发行股份的方式购买天某秀100%股权，并对天某秀进行吸收合并，天某秀的原外方股东ShowWorld HongKong Limited、WB Online Investment Limited因上述吸收合并战略投资上市公司。见《广西慧某科技股份有限公司关于收到〈商务部关于原则同意广西慧某科技股份有限公司吸收合并北京天某秀科技股份有限公司等事项的批复〉的公告》（2019年12月11日公告）、《广西慧某科技股份有限公司吸收合并北京天某秀科技股份有限公司暨关联交易报告书（修订稿）》（2019年9月12日公告）、《广西慧某科技股份有限公司吸收合并北京天某秀科技股份有限公司暨关联交易实施情况报告书》（2020年1月4日公告）。

③ 《2024年版外资战投办法》第11条。

④ 《2024年版外资战投办法》第12条。

（2）上市公司董事会通过向外国投资者定向发行新股的相关决议，披露本次战略投资是否符合本办法规定的条件；

（3）上市公司股东会通过向外国投资者定向发行新股的有关决议；

（4）上市公司按照国务院证券监督管理机构、证券交易所规定履行注册程序，取得注册决定；

（5）上市公司向证券登记结算机构申请办理股份登记手续；

（6）上市公司完成定向发行后，外国投资者或者上市公司向商务主管部门报送投资信息。

而外国投资者作为通过竞价方式确定的发行对象认购新股的，则应当按照以下程序办理：[1]

（1）上市公司董事会、股东会通过定向发行新股的有关决议；

（2）上市公司按照国务院证券监督管理机构、证券交易所规定履行股票发行的注册程序，取得注册决定；

（3）外国投资者通过竞价确定为发行对象后，上市公司与外国投资者签订定向发行的合同；

（4）上市公司向证券登记结算机构申请办理股份登记手续；

（5）上市公司完成定向发行后，外国投资者或者上市公司向商务主管部门报送投资信息。

（二）通过定向增发方式实施战略投资的持股比例

外国投资者通过定向增发方式实施战略投资的，国家对其取得的股份比例不作要求。[2]

（三）通过定向增发方式实施战略投资的持股期限

外国投资者通过定向增发方式实施战略投资取得的上市公司A股股份，在12个月内不得转让；《证券法》和中国证监会规定、证券交易所规则对股份限售

---

[1] 《2024年版外资战投办法》第13条。
[2] 《商务部、中国证监会等六部门有关司局负责人就〈外国投资者对上市公司战略投资管理办法〉答记者问》提及："本次修订，结合证券市场监管规则，我们取消以定向发行方式实施战略投资的持股比例要求，将以协议转让、要约收购方式实施战略投资的持股比例要求从10%降低至5%……"。需要注意的是，《2005年版外资战投办法》第5条第2项要求外国投资者通过定向增发方式战略投资首次投资完成后取得的股份比例不低于该上市公司已发行股份的10%。

期有更长期限要求的,还应遵守该等更长期限要求。①

七、外资战投之要约收购

外国投资者通过要约收购方式对上市公司进行战略投资,指的是外国投资者通过依法向上市公司所有股东发出收购其所持有的全部股份的要约(即全面要约收购)或收购其所持有的部分股份的要约(即部分要约收购)的方式,对上市公司进行的投资。

(一)通过要约收购方式实施战略投资的程序

外国投资者通过要约收购方式对上市公司进行战略投资,应按以下程序办理:②

(1)外国投资者依法编制要约收购报告书摘要;

(2)外国投资者、上市公司及相关方按照法律法规和中国证监会、证券交易所的相关规定履行报告、公告等程序;

(3)外国投资者向证券交易所办理股份转让确认手续,向证券登记结算机构申请办理预受要约股票的临时保管、股份转让结算、过户登记手续;

(4)外国投资者按照有关规定办理手续完成要约收购后,外国投资者或上市公司向商务主管部门报送投资信息。

(二)通过要约收购方式实施战略投资的持股比例

外国投资者通过要约收购方式对上市公司进行战略投资,预定收购(而非实际收购)的上市公司股份比例不得低于该上市公司已发行股份的5%。③

(三)通过要约收购方式实施战略投资的持股期限

外国投资者通过协议转让方式实施战略投资取得的上市公司A股股份,在12个月内不得转让;《证券法》和中国证监会规定、证券交易所规则对股份限售期有更长期限要求的,还应遵守该等更长期限要求。④

---

① 需要注意的是,《2005年版外资战投办法》第5条第3项要求外国投资者通过定向增发方式战略投资取得的上市公司A股股份三年内不得转让。
② 《2024年版外资战投办法》第15条。
③ 《2024年版外资战投办法》第15条。
④ 《2024年版外资战投办法》第11条。

八、外资战投的其他要求

除了需要遵守《外商投资法》和《外资战投办法》，外国投资者对上市公司进行战略投资，还须遵守包括《证券法》在内的其他法律法规的规定和包括中国证监会在内的其他监管机构的要求。主要如下：

（一）《外商投资法》

在《外商投资法》方面，外国投资者对上市公司进行战略投资时，应当遵守下列要求：

（1）外国投资者不得对涉及外商投资准入负面清单规定禁止投资领域的上市公司进行战略投资；外国投资者对涉及外商投资准入负面清单规定限制投资领域的上市公司进行战略投资时，应符合负面清单规定的股权要求、高级管理人员要求等限制性准入特别管理措施。①

（2）在外国投资者对上市公司完成战略投资后，外国投资者或上市公司应向商务主管部门报送投资信息；其后，在外国投资者持股比例变化累计超过5%或外方控股、相对控股地位发生变化时，上市公司或外国投资者应向商务主管部门报送投资信息。②

（3）外资战投影响或可能影响国家安全的，应按照外商投资安全审查制度的相关规定办理。③

（4）外国投资者对上市金融机构进行战略投资的，还应符合国家关于外商投资金融机构的相关规定。④

（二）《证券法》

在《证券法》方面，外国投资者对上市公司进行战略投资应当遵守下列要求：

（1）外国投资者进行战略投资的，外国投资者、上市公司应当聘请在中国注册登记的符合《证券法》规定的财务顾问机构、保荐机构或者律师事务所

---

① 《外商投资法》第28条、《外商投资法实施条例》第33条、《2024年版外资战投办法》第5条。
② 《外商投资法》第34条、《外商投资法实施条例》第39条、《外商投资信息报告办法》第11条第3款、《2024年版外资战投办法》第12条第6项、第13条第5项、第14条第4项、第15条第4项、第19条。
③ 《外商投资法》第35条、《2024年版外资战投办法》第26条。
④ 《外商投资法》第41条、《2024年版外资战投办法》第27条。

（以下统称中介机构）担任顾问。其中，战略投资通过上市公司定向发行新股方式实施的，由外国投资者聘请中介机构就该战略投资是否符合《外资战投办法》第6条、第7条、第10条第2款规定，作尽职调查；上市公司聘请中介机构就该战略投资是否影响或者可能影响国家安全，是否涉及外商投资准入负面清单、是否符合《外资战投办法》第5条，作尽职调查。战略投资通过协议转让、要约收购方式实施的，由外国投资者聘请中介机构就该战略投资是否影响或者可能影响国家安全、是否涉及外商投资准入负面清单，是否符合《外资战投办法》第5条、第6条、第7条、第10条第2款规定，作尽职调查。[1]

（2）外国投资者对上市公司实施战略投资，应按《证券法》和中国证监会、证券交易所的相关规定履行信息披露及其他法定义务。[2]

（3）外国投资者进行战略投资构成上市公司收购及相关股份权益变动的，编制的权益变动报告书、要约收购报告书及其摘要、上市公司收购报告书及其摘要中应披露该战略投资是否涉及外商投资准入负面清单，是否符合《外资战投办法》第5条、第6条、第7条规定的条件。[3]

（三）《公司法》

外资战投涉及上市公司登记事项变更的（主要指的是外国投资者通过定向增发方式实施战略投资），上市公司应当依法向公司登记机关申请办理登记注册手续。[4]

（四）外汇管理法规

外国投资者实施战略投资涉及外汇管理有关事项，应按照外汇管理有关规定办理相关的外汇登记和注销、账户开立和注销、结售汇和跨境收支等手续。[5]

（五）国有资产管理法规

外国投资者战略投资涉及国有企业及国有控股上市公司境外投资或上市公司国有股权变动的，应遵守国有资产管理和境外投资管理的相关规定。[6]

---

[1]《2024年版外资战投办法》第8条。
[2]《2024年版外资战投办法》第16条第1款。
[3]《2024年版外资战投办法》第16条第2款。
[4]《公司法》第32条、第34条、《2024年版外资战投办法》第24条。
[5]《2024年版外资战投办法》第23条。
[6]《2024年版外资战投办法》第21条。

（六）税收法规

外资战投涉及税收事宜的，应当依照法律、行政法规和国家有关规定办理，并接受税务主管部门依法实施的监督检查。[①]

（七）《反垄断法》

外国投资者战略投资达到经营者集中反垄断审查申报标准的，应当依照《反垄断法》的规定事先向国务院反垄断执法机构申报，未申报的不得实施集中。[②]

九、外资战投与外资并购的关系

外资战投和外资并购都属于外商投资的方式，二者具有密切联系。

（一）外国投资者对内资上市公司的战略投资属于外资并购

外国投资者对内资上市公司进行的投资，不论是通过协议转让的方式，还是通过上市公司定向增发的方式，抑或通过要约收购的方式，也不论其投资比例是多少，都属于外国投资者并购境内内资企业的行为，同时也构成了外国投资者对境内上市公司进行战略投资的行为，应同时适用《外资战投办法》和有关外国投资者并购境内内资企业的规定，并应优先适用《外资战投办法》。在这个意义上，有关外国投资者并购境内内资企业的规定是一般规定、《外资战投办法》是特别规定，《外资战投办法》是有关外国投资者并购境内内资企业的规定的特别规定。

（二）外国投资者对外商投资上市公司的战略投资不属于外资并购

外国投资者对外商投资上市公司进行战略投资，包括外商投资上市公司引入新的外国投资者和外商投资上市公司的原有外国投资者对该上市公司进行战略投资等，属于外商投资企业变更的范畴，而非外国投资者并购境内内资企业，仅适用《外资战投办法》，不适用有关外国投资者并购境内内资企业的规定。[③]

[①] 《2024年版外资战投办法》第25条。
[②] 《外商投资法》第33条、《2024年版外资战投办法》第22条。
[③] 商务部外资司《外商投资准入管理指引手册（2008年版）》（商资服字〔2008〕530号）第五部分"下放或委托审批的有关说明"之"五、关于并购的审批说明"之"（一）并购适用对象"规定："已设立的外商投资企业中方向外方转让股权，不参照并购规定。不论中外方之间是否存在关联关系，也不论外方是原有股东还是新进投资者。并购的标的公司只包括内资企业"。

（三）外国投资者并购上市公司股东不属于外资战投

实践中，外国投资者也会采取通过并购上市公司股东（包括收购其股权或认购其增资）的方式，实现对上市公司的控制或投资，即间接收购上市公司[①]。比如，拉某基中国海外控股公司 2006 年通过收购深交所上市公司四川双某水泥股份有限公司（以下简称四川双某）当时的控股股东四川双某投资集团有限公司（后更名为"拉某基瑞安（四川）投资有限公司"）100%的股权的方式间接收购上市公司四川双某，帝某吉欧高地控股有限公司 2006 年通过收购上交所上市公司四川全某股份有限公司（后更名为"四川水某坊股份有限公司"）当时的第一大股东四川全某集团有限公司（以下简称全某集团）的控股股东成都盈某投资控股有限公司（以下简称盈某投资）持有的全兴集团 43%的股权的方式间接收购上市公司水某坊，都是这样的例子。

不过，外国投资者通过并购上市公司股东的方式实现对上市公司的控制或投资，不论作为并购标的的上市公司的股东是内资企业还是外商投资企业，都不属于外资战投。在作为并购标的的上市公司的股东是内资企业的情况下，该并购交易属于外资并购，适用的是外资并购内资企业的程序；在作为并购标的的上市公司的股东是外商投资企业的情况下，该并购交易不属于外资并购，适用的是外商投资企业变更的程序。

[①] 关于间接收购上市公司的要求，请见《上市公司收购管理办法》（2020 年修正），尤其是其第五章"间接收购"。

第十九章

外商投资涉及的技术转让

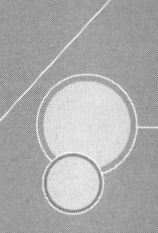

针对外商投资涉及的技术转让问题，《外商投资法》第 22 条第 2 款规定了"国家鼓励在外商投资过程中基于自愿原则和商业规则开展技术合作。技术合作的条件由投资各方遵循公平原则平等协商确定。行政机关及其工作人员不得利用行政手段强制转让技术。"

应该说，《外商投资法》是将技术转让作为投资各方之间的技术合作的组成部分来加以规范的。其中的"技术转让"是指合法拥有技术的权利人（包括其他有权对外转让技术的人）将现有特定的专利、专利申请、技术秘密的相关权利让与他人或者许可他人实施、使用。[①] "技术秘密"，即不为公众所知悉、具有商业价值并经权利人采取保密措施的技术信息[②]。

针对上述规定，应当分别从行政机关、投资者和司法机关的角度加以解读。

一、行政机关：鼓励技术合作，但不得利用行政手段强制转让技术

《外商投资法》第 22 条第 2 款关于"国家鼓励在外商投资过程中……开展技术合作。……行政机关及其工作人员不得利用行政手段强制转让技术"的规定，表明：

一方面，在国家层面，国家对投资各方在外商投资过程中开展技术合作，是持积极鼓励态度的。

另一方面，在行政机关层面，国家禁止各级行政机关及其工作人员利用行政手段强制投资各方转让技术。

[①] 《民法典》第 862 条第 1 款、《最高人民法院关于审理技术合同纠纷案件适用法律若干问题的解释》（法释〔2004〕20 号）第 22 条第 1 款（2020 年修正后的《最高人民法院关于审理技术合同纠纷案件适用法律若干问题的解释》未再保留该款）。

[②] 《最高人民法院关于审理技术合同纠纷案件适用法律若干问题的解释》（2020 年修正）第 1 条第 2 款。

就《外商投资法》所说的"行政机关及其工作人员不得利用行政手段强制转让技术"而言,其关键词在于"行政机关及其工作人员""利用行政手段""强制转让",具体如下:

一是在主体方面,《外商投资法》明确禁止强制转让技术的主体,包括并且仅限于"行政机关及其工作人员",其他组织或人员不受该条款约束。尤其是,不影响人民法院依据《民事诉讼法》等法律采取强制执行措施。

二是在手段方面,《外商投资法》明确禁止用于强制转让技术的手段,包括并且仅限于"行政手段",未明文禁止其他手段,尤其不影响人民法院依法采取的强制执行措施。

三是在转让方式方面,《外商投资法》明确禁止的是由行政机关或其工作人员利用行政手段实施的强制技术转让行为,投资者自愿转让技术不受该条款约束。

四是在对象方面,《外商投资法》禁止实施强制技术转让的对象,既包括外国投资者、又包括中国投资者,还包括外商投资企业。行政机关及其工作人员既不得利用行政手段强制外国投资者转让技术,也不得利用行政手段强制中国投资者转让技术,也不得利用行政手段强制外国投资者或中国投资者或外商投资企业接受或受让相关技术,即既不能强卖、也不能强买。

在《外商投资法》第22条第2款规定的基础上,全国人大常委会2019年4月23日通过了对《行政许可法》等八部法律的修改决定,修改后的《行政许可法》第31条第2款进一步规定了"行政机关及其工作人员不得以转让技术作为取得行政许可的条件;不得在实施行政许可的过程中,直接或者间接地要求转让技术"。

二、投资者:经协商一致,可以要求将技术转让作为投资条件

《外商投资法》第22条第2款关于"国家鼓励在外商投资过程中基于自愿原则和商业规则开展技术合作。技术合作的条件由投资各方遵循公平原则平等协商确定"的规定,表明:

一是基于平等原则,结合《民法典》第4条关于"民事主体在民事活动中的法律地位一律平等"的规定,并参考《合同法》(已废止)第3条关于"合同当事人的法律地位平等,一方不得将自己的意志强加给另一方"的规定,投资各

方，不论是中国投资者还是外国投资者，在外商投资过程中的法律地位是平等的，都不具有强行要求对方向己方转让技术的特别权利，也不具有强行要求对方接受己方转让的技术的特别权利。

二是基于自愿原则，结合《民法典》第 5 条关于"民事主体从事民事活动，应当遵循自愿原则，按照自己的意思设立、变更、终止民事法律关系"和第 130 条关于"民事主体按照自己的意愿依法行使民事权利，不受干涉"的规定，投资各方，不论是中国投资者还是外国投资者，都有权自主决定是否在外商投资过程中进行技术合作，有权自主决定是否以进行技术合作作为投资的前提条件，有权自主决定进行技术合作的具体条款和条件，包括但不限于对哪些技术进行合作、如何进行技术合作、技术合作的期限、地域、技术合作成果的归属等等。

三是基于商业规则，结合《民法典》第 6 条关于"民事主体从事民事活动，应当遵循公平原则，合理确定各方的权利和义务"的规定，投资各方，不论是中国投资者还是外国投资者，都应当遵循公平原则，经平等协商并达成一致之后，确定进行技术合作的各项条款和条件。

正是基于《外商投资法》的上述规定，在外商投资过程中，中国投资者才可以以要求外国投资者转让相应的技术作为外商投资的前提条件。

当然，站在外国投资者的立场，外国投资者也可以根据《外商投资法》的上述规定，拒绝接受以技术转让作为外商投资的前提条件，或者要求中国投资者也以进行技术合作作为投资的前提条件。

三、司法机关：可依法强制执行合法有效的技术转让合同

在中国投资者与外国投资者有关外商投资的合同约定了技术转让的前提下，根据《民法典》第 119 条关于"依法成立的合同，对当事人具有法律约束力"、第 465 条第 2 款关于"依法成立的合同，仅对当事人具有法律约束力，但是法律另有规定的除外"和第 509 条第 1 款关于"当事人应当按照约定全面履行自己的义务"的规定，如果发生外国投资者违反合同约定、不转让技术的情形，中国投资者或外商投资企业可以要求外国投资者承担相应的违约责任。

具体而言，根据《民法典》第 577 条关于"当事人一方不履行合同义务或者履行合同义务不符合约定的，应当承担继续履行、采取补救措施或者赔偿损失等违约责任"；第 580 条关于"当事人一方不履行非金钱债务或者履行非金钱债

务不符合约定的，对方可以请求履行，但是有下列情形之一的除外：（一）法律上或者事实上不能履行；（二）债务的标的不适于强制履行或者履行费用过高；（三）债权人在合理期限内未请求履行。有前款规定的除外情形之一，致使不能实现合同目的的，人民法院或者仲裁机构可以根据当事人的请求终止合同权利义务关系，但是不影响违约责任的承担"的规定，在不存在《民法典》第580条所列的除外情形的情况下，中国投资者可以基于上述规定，请求法院或仲裁机构支持其要求外国投资者实际履行合同、转让相关技术的请求。

在中国投资者的上述请求得到法院或仲裁机构的支持的情况下，根据《民事诉讼法》（2023年修正）第247条关于"发生法律效力的民事判决、裁定，当事人必须履行。一方拒绝履行的，对方当事人可以向人民法院申请执行，也可以由审判员移送执行员执行。调解书和其他应当由人民法院执行的法律文书，当事人必须履行。一方拒绝履行的，对方当事人可以向人民法院申请执行"，第248条第1款关于"对依法设立的仲裁机构的裁决，一方当事人不履行的，对方当事人可以向有管辖权的人民法院申请执行。受申请的人民法院应当执行"和第263条关于"对判决、裁定和其他法律文书指定的行为，被执行人未按执行通知履行的，人民法院可以强制执行或者委托有关单位或者其他人完成，费用由被执行人承担"的规定，在符合法律规定的条件的情况下，法院对技术转让予以强制执行，并非绝不可能。

也基于此，《外商投资法》第22条第2款使用的是"行政机关及其工作人员不得利用行政手段强制转让技术"的表述，而没有像该条第1款关于"国家对外国投资者的投资不实行征收"的规定那样使用"国家不得强制转让技术"的表述。

第二十章

优化营商环境与更高水平对外开放

《外商投资法》第19条要求各级人民政府及其有关部门按照便利、高效、透明的原则,简化办事程序,提高办事效率,优化政务服务,进一步提高外商投资服务水平,为外国投资者和外商投资企业提供服务和便利。《外商投资法实施条例》第2条更是明确提出"持续优化外商投资环境,推进更高水平对外开放"。

党中央、国务院高度重视优化营商环境和对外开放工作,近年来持续作出了一系列重要部署、出台了一系列文件[①],其中的一个重要标志就是《优化营商环境条例》的出台。

一、《优化营商环境条例》的定位和意义

《优化营商环境条例》分为总则、市场主体保护、市场环境、政务服务、监管执法、法治保障、附则7章,共72条,是国务院在《外商投资法》通过之后、生效之前出台的,与《外商投资法》同步自2020年1月1日起施行。

《优化营商环境条例》定位于优化营商环境的基础性行政法规,确立了优化营商环境的基本制度规范,明确了方向性要求,以概括性、统领性规定为主,不

[①] 国务院层面的文件就包括(但不限于):(1)《国务院办公厅关于部分地方优化营商环境典型做法的通报》(国办函〔2018〕46号);(2)《国务院办公厅关于聚焦企业关切进一步推动优化营商环境政策落实的通知》(国办发〔2018〕104号);(3)《国务院办公厅关于印发全国深化"放管服"改革优化营商环境电视电话会议重点任务分工方案的通知》(国办发〔2019〕39号);(4)《国务院办公厅关于做好优化营商环境改革举措复制推广借鉴工作的通知》(国办函〔2019〕89号);(5)《国务院办公厅关于进一步优化营商环境更好服务市场主体的实施意见》(国办发〔2020〕24号);(6)《国务院办公厅关于印发全国深化"放管服"改革优化营商环境电视电话会议重点任务分工方案的通知》(国办发〔2020〕43号);(7)《国务院关于开展营商环境创新试点工作的意见》(国发〔2021〕24号);(8)国务院办公厅关于进一步优化营商环境降低市场主体制度性交易成本的意见》(国办发〔2022〕30号)。此外,最高人民法院也发布了《最高人民法院关于为加快建设全国统一大市场提供司法服务和保障的意见》(法发〔2022〕22号)、《最高人民法院办公厅转发《关于推动和保障管理人在破产程序中依法履职进一步优化营商环境的意见》的通知》(法办〔2021〕80号)等文件,为优化营商环境提供司法保障。

规定流程性内容，不创设具体行业、领域的管理制度，同时也为各地区、各部门探索创新优化营商环境的具体措施留出了充分空间。①

出台《优化营商环境条例》最重要最核心的意义，就在于把近年来各地区、各部门在优化营商环境方面大量行之有效的政策、经验、做法上升到法规制度，使其进一步系统化、规范化，增强权威性、时效性和法律约束力，从制度层面为优化营商环境提供更加有力的保障和支撑，并进一步增强各级政府以及社会各方面对优化营商环境的意识，在全社会营造优化营商环境的浓厚氛围，稳定预期、提振信心。②

二、《优化营商环境条例》的主要措施

《优化营商环境条例》平等适用于中国投资者和外国投资者、内资企业和外商投资企业，主要从市场主体平等保护、营造良好市场环境、提升政务服务水平、规范创新监管执法和加强营商环境建设的法治保障等方面，对优化营商环境提出了要求。

（一）市场主体平等保护

《优化营商环境条例》明确规定，国家坚持权利平等、机会平等、规则平等，保障各种所有制经济平等受到法律保护，着力加强对各类市场主体的平等保护，落实市场主体公平待遇③。具体而言：④

一是强调平等对待各类市场主体⑤。明确国家依法保护各类市场主体在使用要素⑥、享受支持政策⑦、参与招标投标和政府采购⑧等方面的平等待遇，为各类

---

① 《以政府立法为各类市场主体投资兴业提供制度保障——司法部、发展改革委负责人就〈优化营商环境条例〉有关问题答记者问》（http：//www.gov.cn/zhengce/2019-10/23/content_5444250.htm，最后访问日期：2024年3月2日，下同）。

② 国家发改委2019年7月14日公布的《〈优化营商环境条例（征求意见稿）〉起草说明》《以政府立法为各类市场主体投资兴业提供制度保障——司法部、发展改革委负责人就〈优化营商环境条例〉有关问题答记者问》。

③ 《优化营商环境条例》第10条。

④ 《以政府立法为各类市场主体投资兴业提供制度保障——司法部、发展改革委负责人就〈优化营商环境条例〉有关问题答记者问》。

⑤ 《优化营商环境条例》第6条第2款。

⑥ 《优化营商环境条例》第12条第1款。

⑦ 《优化营商环境条例》第12条第2款。

⑧ 《优化营商环境条例》第13条。

市场主体平等参与市场竞争强化法律支撑[1]。

二是强调为市场主体提供全方位的保护。依法保护市场主体经营自主权[2]、财产权和其他合法权益,保护企业经营者人身和财产安全[3]。加大对市场主体知识产权的保护力度,建立知识产权侵权惩罚性赔偿制度[4]。

三是强调为市场主体维权提供保障。推动建立全国统一的市场主体维权服务平台,为市场主体提供高效、便捷的维权服务[5]。

(二) 营造良好市场环境

在营造良好市场环境方面,《优化营商环境条例》围绕破解市场主体生产经营活动中的痛点难点堵点问题,着力净化市场环境,更好地激发市场主体更多活力、提高竞争力。具体而言:[6]

一是聚焦破除市场准入和市场退出障碍。明确了通过深化商事制度改革、推进证照分离改革、压缩企业开办时间、持续放宽市场准入等措施,为市场主体进入市场和开展经营活动破除障碍[7]。要求进一步优化市场主体注销办理流程,精简申请材料、压缩办理时间、降低注销成本,推动解决市场主体"退出难"问题[8]。

二是聚焦落实减税降费政策。明确各地区、各部门应当严格落实国家各项减税降费政策,保障减税降费政策全面、及时惠及市场主体,并对设立涉企收费作出严格限制,切实降低市场主体经营成本[9]。

三是聚焦解决"融资难、融资贵"问题。明确鼓励和支持金融机构加大对民营企业和中小企业的支持力度、降低民营企业和中小企业综合融资成本,不得对民营企业和中小企业设置歧视性要求[10]。

---

[1] 《优化营商环境条例》第5条。
[2] 《优化营商环境条例》第11条。
[3] 《优化营商环境条例》第14条。
[4] 《优化营商环境条例》第15条。
[5] 《优化营商环境条例》第16条、第18条。
[6] 《以政府立法为各类市场主体投资兴业提供制度保障——司法部、发展改革委负责人就〈优化营商环境条例〉有关问题答记者问》。
[7] 《优化营商环境条例》第19条至第22条。
[8] 《优化营商环境条例》第33条。
[9] 《优化营商环境条例》第24条、第25条、第28条。
[10] 《优化营商环境条例》第26条至27条。

(三) 提升政务服务水平

《优化营商环境条例》围绕打造公平、公开、透明、高效的政府运行体系，着力提升政务服务能力和水平，提供惠企便民的高效服务[1]。具体而言:[2]

一是推进政务服务标准化。明确政府及其有关部门应当落实减环节、减材料、减时限要求，编制并向社会公开政务服务事项标准化工作流程和办事指南，推动同一事项无差别受理、同标准办理。[3]

二是推进马上办、网上办、就近办、一次办。明确政府及其有关部门应当推行当场办结、一次办结、限时办结的服务模式，实现集中办理、就近办理、网上办理、异地可办，并对全国一体化在线政务服务平台建设、政务信息整合共享、电子证照推广应用作了具体规定，使"一网、一门、一次"改革要求成为有法律约束力的制度规则。[4]

三是推进行政审批制度改革。明确国家严格控制新设行政许可并大力精简已有行政许可，通过整合实施、下放审批层级等多种方式，优化审批服务，提高审批效率。[5]

四是推进重点领域服务便利化。对标国际一流标准，推广国内最佳实践，对提升办理建筑许可、跨境贸易、纳税、不动产登记等与市场主体生产经营活动密切相关的重点领域政务服务便利化程度提出具体要求，为相关领域深化改革提供了目标指引。[6]

(四) 规范创新监管执法

《优化营商环境条例》明确规范和创新监管执法，为促进公平公正监管、更好实现公平竞争提供基本遵循。具体而言:[7]

一是推动健全执法机制。建立健全跨部门跨区域行政执法联动和响应机制，在相关领域推行综合行政执法，减少执法主体和执法层级，推动解决困扰市场主

---

[1] 《优化营商环境条例》第34条。
[2] 《以政府立法为各类市场主体投资兴业提供制度保障——司法部、发展改革委负责人就〈优化营商环境条例〉有关问题答记者问》。
[3] 《优化营商环境条例》第35条。
[4] 《优化营商环境条例》第36条、第37条。
[5] 《优化营商环境条例》第39条、第40条。
[6] 《优化营商环境条例》第41条至第50条。
[7] 《以政府立法为各类市场主体投资兴业提供制度保障——司法部、发展改革委负责人就〈优化营商环境条例〉有关问题答记者问》。

体的行政执法检查过多过频问题，实现从监管部门"单打独斗"转变为综合监管，做到"一次检查、全面体检"。①

二是推动创新监管方式。明确除直接涉及公共安全和群众生命健康等特殊行业、重点领域外，都要实行"双随机、一公开"监管，推行"互联网+监管"，对新兴产业实行包容审慎监管。②

三是推动规范执法行为。明确行政执法应当依法慎重实施行政强制，减少对市场主体正常生产经营活动的影响，不得随意采取要求市场主体普遍停产、停业的措施，避免执法"一刀切"。③ 要求行政执法应当规范行使自由裁量权，合理确定裁量范围、种类和幅度。④

（五）加强营商环境建设的法治保障

《优化营商环境条例》围绕推进法治政府建设，重点针对法规政策制定透明度不足，新出台法规政策缺少缓冲期，企业对政策环境缺乏稳定预期等突出问题作了明确规定，着力提高政策透明度和稳定性，强化营商环境的法治保障。具体而言：⑤

一是增强法规政策制定的透明度。明确制定与市场主体生产经营活动密切相关的法规政策，应当充分听取市场主体、行业协会商会的意见。除依法需要保密外，应当向社会公开征求意见并反馈意见采纳情况。⑥

二是增强法规政策实施的科学性。明确新出台法规政策应当结合实际为市场主体留出必要的适应调整期，并加强统筹协调、合理把握出台节奏、全面评估政策效果，避免因政策叠加或相互不协调对市场主体正常生产经营活动造成不利影响。⑦

三是加大涉企法规政策的宣传解读力度。明确政府及其有关部门应当集中公布涉及市场主体的各类法规政策，并通过多种途径和方式加强宣传解读。⑧

---

① 《优化营商环境条例》第56条至第58条。
② 《优化营商环境条例》第54条、第55条。
③ 《优化营商环境条例》第59条。
④ 《优化营商环境条例》第60条。
⑤ 《以政府立法为各类市场主体投资兴业提供制度保障——司法部、发展改革委负责人就〈优化营商环境条例〉有关问题答记者问》。
⑥ 《优化营商环境条例》第62条。
⑦ 《优化营商环境条例》第65条。
⑧ 《优化营商环境条例》第38条、第64条。

三、中国营商环境的持续优化与更高水平对外开放

在国家持续优化营商环境的努力之下，中国在优化营商环境方面取得了"史无前例的成就"①。

世界银行 2019 年 10 月 24 日发布的《营商环境报告》（DOING BUSINESS 2020）显示，中国营商环境全球排名从《2018 年营商环境报告》到《2020 年营商环境报告》之间跃升了近 50 位，从全球第 78 位升至第 31 位，连续两年成为全球优化营商环境改善幅度最大的十大经济体之一②，也成为大型经济体中自 2005 年以来营商环境改善幅度最大的经济体③。

事实上，中国在过去十年中在几乎所有的《营商环境报告》指标上都取得了进步，当然在 2018 至 2020 年的营商环境报告中的进步尤其显著，在此期间，绝大多数的《营商环境报告》指标都得到了改善（除了获得信贷和登记财产）；甚至，中国在特定指标方面已经位于世界前沿。例如，在获得电力方面，中国已处于全球领先者行列，排名全球第十二位；在合同执行方面，中国也维持了其领先地位，位列世界第六。④

中国营商环境的持续优化也提振了外商投资信心，吸引了更多外资。在 2018 年，流入中国的投资增长 4%，达到 1383 亿美元的历史最高水平，中国仍然是第二大外资流入国。⑤ 在 2019 年，在全球经济增长放缓、跨国投资低迷、国际环境不确定性增加、各国引进外资竞争加剧的条件下，中国吸收外资实现逆势增长，

---

① 世界银行 2020 年 7 月 27 日发布的《中国优化营商环境的成功经验——改革驱动力与未来改革机遇》专题报告的"摘要"。世界银行《中国优化营商环境的成功经验——改革驱动力与未来改革机遇》专题报告全文，可见 http：//documents1.worldbank.org/curated/en/175481595621184018/pdf/China-s-Doing-Business-Success-Drivers-of-Reforms-and-Opportunities-for-the-Future.pdf，最后访问日期：2024 年 3 月 2 日。
② 世界银行《2020 年营商环境报告》第 4 页和世界银行《中国优化营商环境的成功经验——改革驱动力与未来改革机遇》专题报告的"摘要"。世界银行《2020 年营商环境报告》全文，可见 https：//openknowledge.worldbank.org/bitstream/handle/10986/32436/9781464814402.pdf，最后访问日期：2024 年 3 月 2 日。
③ 世界银行《中国优化营商环境的成功经验——改革驱动力与未来改革机遇》专题报告第 5 页。
④ 世界银行《中国优化营商环境的成功经验——改革驱动力与未来改革机遇》专题报告第 5 页。
⑤ 联合国贸易和发展会议《世界投资报告 2019：要旨和概述》（https：//unctad.org/en/PublicationsLibrary/wir2019_overview_ch.pdf，最后访问日期：2024 年 3 月 2 日）、《世界投资报告 2020》（World Investment Report 2020 - International Production Beyond the Pandemic）（https：//unctad.org/en/PublicationsLibrary/wir2020_en.pdf，最后访问日期：2024 年 3 月 2 日）。

按人民币计，达到9415.2亿元，比上年增长5.8%；以美元计，达1381.4亿美元[1]，保持第二大外资流入国地位。[2] 在2020年，受新冠疫情影响，全球外国直接投资（FDI）总额大幅下滑，但中国FDI逆势增长，全国实际使用外资1493.4亿美元，同比增长5.7%，超过美国成为全球最大外资流入国。[3] 在2021年，全国实际使用外资1809.6亿美元，同比增长21.2%。[4] 在2022年，全国实际使用外资1891.3亿美元，同比增长4.5%。[5] 在2023年，全国实际使用外资金额11339.1亿元人民币，同比下降8.0%，规模仍处历史高位。[6]

相信随着中国营商环境的持续优化，中国在更高水平、更宽领域、更深层次、按更高标准、以更大力度推进全方位高水平对外开放方面也将取得新的更大成绩，实现更高质量、更有效率、更加公平、更可持续的发展。

---

[1] 联合国贸易和发展会议2020年6月16日发布的《世界投资报告2020》（World Investment Report 2020 – International Production Beyond the Pandemic）（https://unctad.org/en/PublicationsLibrary/wir2020_en.pdf，最后访问日期：2024年3月2日）第239页的表1（table 1）显示，2019年流入中国的投资为1412.25亿美元。

[2] 见商务部外资司司长宗长青在国务院新闻办2020年1月21日举行的新闻发布会上介绍2019年中国吸收外资态势时披露的数据（来源于《新闻办就2019年商务工作及运行情况举行发布会》，http://www.gov.cn/xinwen/2020-01/21/content_5471242.htm，最后访问日期：2024年3月2日）。

[3] 《中国外资统计公报2021》（https://fdi.mofcom.gov.cn/resource/pdf/2021/12/20/433f4350cecd4fb1a0e32c24be30aefd.pdf，最后访问日期：2024年3月29日）第1页；http://www.mofcom.gov.cn/article/i/jyjl/e/202101/20210103034971.shtml，https://unctad.org/news/global-foreign-direct-investment-fell-42-2020-outlook-remains-weak，最后访问日期：2024年3月2日。

[4] 《中国外资统计公报2022》（https://fdi.mofcom.gov.cn/resource/pdf/2022/11/18/259ea977664c49b9874d2c10d4431eea.pdf，最后访问日期：2024年3月29日）第1页。

[5] 《中国外资统计公报2023》（https://fdi.mofcom.gov.cn/resource/pdf/2023/12/19/7a6da9c9fb4b45d69c4dfde4236c3fd9.pdf，最后访问日期：2024年3月29日）第1页。

[6] 《2023年全国吸收外资1.1万亿元人民币》，https://fdi.mofcom.gov.cn/come-datatongji-con.html?id=15885，最后访问日期：2024年3月2日。

图书在版编目（CIP）数据

外商投资法实务精要 / 谢秋荣著. -- 北京：中国法治出版社, 2025.6. -- ISBN 978-7-5216-5330-4

Ⅰ. D922.295.5

中国国家版本馆 CIP 数据核字第 2025JJ5198 号

责任编辑：赵 燕　　　　　　　　　　　　　　封面设计：赵 博

外商投资法实务精要
WAISHANG TOUZIFA SHIWU JINGYAO

著者/谢秋荣
经销/新华书店
印刷/三河市国英印务有限公司
开本/710 毫米×1000 毫米　16 开　　　　印张/ 35.25　　字数/ 610 千
版次/2025 年 6 月第 1 版　　　　　　　　2025 年 6 月第 1 次印刷

中国法治出版社出版
书号 ISBN 978-7-5216-5330-4　　　　　　　　定价：125.00 元

北京市西城区西便门西里甲 16 号西便门办公区
邮政编码 100053
网址：http：//www.zgfzs.com　　　　　　传真：010-63141852
　　　　　　　　　　　　　　　　　　　　编辑部电话：010-63146119
市场营销部电话：010-63141612　　　　　印务部电话：010-63141606

（如有印装质量问题，请与本社印务部联系。）